ŒUVRES

COMPLÈTES

DE BOSSUET

PUBLIÉES

D'APRÈS LES IMPRIMÉS ET LES MANUSCRITS ORIGINAUX

PURGÉES DES INTERPOLATIONS ET RENDUES A LEUR INTÉGRITÉ

PAR F. LACHAT

ÉDITION

RENFERMANT TOUS LES OUVRAGES ÉDITÉS ET PLUSIEURS INÉDITS

VOLUME III

PARIS
LIBRAIRIE DE LOUIS VIVÈS, ÉDITEUR
RUE DELAMBRE, 5
1863

> # ŒUVRES COMPLÈTES
> ## DE BOSSUET.

ŒUVRES
COMPLÈTES
DE BOSSUET

PUBLIÉES

D'APRÈS LES IMPRIMÉS ET LES MANUSCRITS ORIGINAUX

PURGÉES DES INTERPOLATIONS ET RENDUES A LEUR INTÉGRITÉ

PAR F. LACHAT

ÉDITION
RENFERMANT TOUS LES OUVRAGES ÉDITÉS ET PLUSIEURS INÉDITS

VOLUME III

PARIS

LIBRAIRIE DE LOUIS VIVÈS, ÉDITEUR

RUE DELAMBRE, 5

1863

AVERTISSEMENT AUX PROTESTANS

SUR LEUR PRÉTENDU ACCOMPLISSEMENT DES PROPHÉTIES,

DE EXCIDIO BABYLONIS,

AVERTISSEMENT SUR LE LIVRE DES RÉFLEXIONS MORALES,

INSTRUCTIONS

SUR LA VERSION DU NOUVEAU TESTAMENT DE TRÉVOUX,

PLAN D'UN TRAITÉ DE THÉOLOGIE.

REMARQUES HISTORIQUES.

I.

Avertissement aux protestans. — Comme on peut le voir dans les *Remarques historiques* du deuxième volume, les architectes et les premiers manœuvres de la Réforme faisoient du Pape l'Antechrist, de l'Eglise romaine la Babylone idolâtre; et ils annonçoient que l'*Apocalypse* alloit recevoir dans un prochain avenir, par la chute du catholicisme, son accomplissement. C'est pour réfuter ces oracles et ces prophéties, je voulois dire ces grossiers blasphèmes et ces contes absurdes, que Bossuet fit son commentaire sur la Révélation du disciple bien-aimé. Dans cet ouvrage il prouve que la Babylone décrite par saint Jean, c'est Rome païenne, persécutrice des Saints, gorgée de rapines et de sang; si bien que l'*Apocalypse* s'est accomplie déjà, dans une de ses principales parties, par le démembrement de l'empire romain sous Alaric. Cette conclusion renverse de fond en comble tout l'échafaudage protestant.

Cependant Bossuet joignit à l'interprétation de l'*Apocalypse* comme un ouvrage supplémentaire, pour étendre la démonstration jusqu'aux dernières conséquences de ses principes. Dans l'*Avertissement aux protestans*, il prend corps à corps les faux prophètes de la Réforme; il déjoue leurs manœuvres, déroute leurs stratagèmes et renverse toutes leurs batteries; il dénonce à la conscience chrétienne les calomnies qu'ils répandent contre les saints pour fomenter la haine religieuse, les outrages qu'ils font à l'Eglise pour étayer une secte chancelante, et les attentats qu'ils commettent sur un Livre sacré pour donner crédit à des rêves ridicules. Le grand polémiste rencontre en première ligne Dumoulin et Jurieu, zélateurs d'une même souche comme d'une même doctrine; Dumoulin ministre à Charenton, Jurieu professeur de théologie protestante à Rotterdam. Ces deux rêveurs avoient publié deux ouvrages qui parurent, l'un en 1624, l'autre en 1686, sous le titre commun d'*Accomplissement des prophéties*. La Réforme doit en outre à Jurieu les *Préjugés légitimes contre le papisme* et les *Lettres pastorales*.

Voilà les auteurs et les principaux écrits que l'évêque de Meaux réfute dans le supplément de l'*Apocalypse*. Si l'on veut connoître le résultat de la discussion, le voici : d'abord les interprétations protestantes ont la haine pour principe; ensuite elles heurtent de front les oracles sacrés; enfin elles se détruisent elles-mêmes par leur contradiction.

Bossuet publia l'*Avertissement* avec l'*Apocalypse* en 1689, chez la veuve Marbre Cramoisy, en un volume in-8°. Cette édition renferme des fautes importantes. L'auteur les signale à la fin d'un autre ouvrage, et nous les avons corrigées dans le collationnement.

Les grands écrivains de notre grand siècle littéraire admiroient les travaux de Bossuet sur l'*Apocalypse*; un religieux d'Italie les traduisit dans sa langue, et l'on en donna plusieurs éditions dans la terre classique des hallucinations prophétiques, en Hollande. La décence et la raison, gagnant de proche en proche, recouvrèrent leur empire jusque dans ce dernier pays; les protestans honnêtes, Vossius, Grotius, Hammond, se déclarèrent contre Jurieu; malgré la crainte qu'il inspiroit aux ministres, en dépit de la pression qu'il faisoit peser sur plusieurs consistoires, le professeur de Rotterdam vit ses écrits censurés par les synodes de Maddelbourg, de Bois-le-Duc, de Camdem et de Breda [1].

De Excidio Babylonis. — La Réforme, devenue prudente par sa défaite, demeura longtemps derrière ses retranchemens, et ne reprit l'offensive qu'avec une extrême circonspection. Ce fut un professeur de l'académie de Bâle qui le premier recommença la lutte; Samuel Werensfels attaqua l'interprète catholique dans une dissertation latine, dont on verra le titre plus loin; il l'attaqua, dis-je, non pas à la manière des visionnaires fanatiques, mais avec autant de convenance et de courtoisie que de science et de talent, montrant le plus grand respect pour son caractère et la plus juste admiration pour son génie.

Bossuet composa la réponse, tout en se livrant à d'autres travaux, dans trois séjours qu'il fit à Germigny, à Versailles et à Paris, du 6 novembre 1701 au 2 février 1702. Il confronta les objections du savant professeur avec son explication de l'*Apocalypse*; il recueillit dans de longs extraits les passages de l'Ecriture sur l'Antechrist, avec

---

[1] Bayle, lettre CVI, 6 octobre 1692.

les commentaires des catholiques et des protestans ; il étudia de nouveau les premiers siècles du christianisme dans les auteurs contemporains, soit ecclésiastiques, soit profanes ; enfin il consigna sur le papier le résultat de ses recherches et de ses méditations [1].

Son ouvrage renferme trois démonstrations : la première, que la Babylone de saint Jean ne porte les caractères ni de l'Eglise romaine, ni d'aucune église chrétienne ; la deuxième, que cette Babylone présente les traits de Rome idolâtre, persécutrice des saints, renversée par terre avec son féroce empire ; la troisième, que cette interprétation se justifie par le texte de l'*Apocalypse* et par les faits de l'histoire.

A peine l'auteur avoit-il fourni cette triple démonstration, que de nouvelles attaques contre la vérité vinrent l'appeler sur un nouveau terrain, si bien qu'il n'eut pas le temps de publier la dissertation sur la *Chute de Babylone*.

Son légataire universel, l'évêque de Troyes vit le manuscrit parmi les papiers qu'il reçut en héritage ; mais il en trouva l'écriture difficile à lire, et l'abbé Ledieu lui dit qu'il « n'y avoit à Meaux personne capable de le déchiffrer ni de l'entendre [2] ; » d'ailleurs ce Jacques-Bénigne Bossuet d'une nouvelle sorte se devoit aux promenades, aux antichambres, aux festins ; il laissa l'ouvrage dans la poussière des cartons.

Les bénédictins des *Blancs-Manteaux* le publièrent en 1772, et déposèrent le manuscrit à la Bibliothèque Royale. Alors on colla les feuilles sur des souches pour former des volumes, et souvent l'amidon joignit ensemble deux ou plusieurs feuillets. Nous les avons trouvés dans cet état, si bien qu'on ne les avoit point ouverts depuis 1772. Néanmoins, de toutes les éditions postérieures à cette époque, il n'en est aucune qui ne porte écrit à son frontispice : « Faite d'après les manuscrits originaux ! »

En outre l'éditeur de Versailles promet de donner les textes des Livres saints tels que son auteur les présente, et non comme ils se trouvent dans nos Bibles [3] ; car on sait que Bossuet ne suivoit pas toujours la *Vulgate*, mais souvent des versions plus anciennes ou les Pères, particulièrement saint Augustin. Cependant qu'on lise ce passage de l'*Apocalypse* : *Ego Joannes, frater vester, particeps in tribulatione*...; et l'explication : *Quo se fratrem et socium professus est eorum qui* [4]...; on verra que le *particeps* du texte biblique ne cadre pas avec le *socium* du commentaire ; aussi Bossuet emploie-t-il ce dernier mot dans les deux cas. Autre passage : *Ex tribus immundis spiritibus, ex ore draconis, et ex ore pseudoprophetæ, in modum ranarum* [5]. Il n'y a pas là trois

---

[1] Ledieu, *Journal*, aux dates indiquées, du 16 novembre 1701 au 2 février 1702. — [2] *Ibid.* — [3] Edit. de Vers., vol. I, p. XLVIII. — [4] *Ibid.*, vol. IV, p. 24. — [5] *Ibid.*, p. 160.

esprits immondes; Bossuet dit : ... *Ex ore draconis, et ex ore bestiæ, et ex ore pseudoprophetæ.* Continuons : *Numerus equestris exercitùs vicies millies dena millia, et audivi numerum eorum* [1]. Bossuet : *Audivi numerum equestris exercitùs vicies decies dena millia.* Encore un exemple : *Intelligentiam prophetarum, diligenter observanda, de longinquo et quæ de proximo nuntientur* [2]. Inintelligible; Bossuet : *Ad intelligentiam prophetarum, diligenter observanda quæ de longinquo et quæ de proximo nuntiantur.* L'espace nous oblige de finir; mais qu'on ne nous accuse pas d'infidélité, quand on ne trouvera pas dans cette édition les textes sacrés tels qu'ils se lisent dans la *Vulgate.*

II.

Avertissement sur le livre des RÉFLEXIONS MORALES. — Quesnel, qui fut directeur de l'Oratoire, auteur de livres ascétiques et chef du jansénisme, publia les *Réflexions morales sur les Evangiles* en 1693. Le cardinal de Noailles, alors évêque de Châlons, approuva cet écrit, l'offrant aux fidèles de son diocèse « comme le pain des forts et le lait des foibles. »

Trois ans plus tard, en 1696, l'abbé Barcos, neveu du fameux abbé de Saint-Cyran, fit paroître une *Exposition de la foi catholique touchant la grace.* On reconnut dans ce livre les erreurs de Jansénius; et M. de Noailles, devenu archevêque de Paris, le condamna.

L'ordonnance de condamnation fut composée, dans sa partie dogmatique, par l'évêque de Meaux; mais l'archevêque de Paris y mêla des adoucissemens plus prudens qu'utiles; en sorte qu'elle sembloit, tout en défendant la vérité catholique, ménager les erreurs jansénistes. Au milieu de la guerre qui se poursuivoit avec acharnement, elle souleva un blâme égal, quoique contraire, dans les deux camps; elle tourna contre son auteur les combattans qu'elle devoit séparer. D'une autre part on disoit que Quesnel enseignoit, dans les *Réflexions morales*, la même doctrine que Barcos dans l'*Exposition*, et l'on avoit peine à comprendre pourquoi le cardinal avoit approuvé l'un et condamné l'autre. Cette contradiction, plus apparente que réelle, donna le jour au *Problême ecclésiastique*, qui parut en 1699. L'auteur du libelle opposoit M. de Noailles évêque de Châlons à M. de Noailles archevêque de Paris : « Il demandoit lequel des deux on devoit croire, ou l'approbateur des *Réflexions morales,* ou le censeur du livre de l'*Exposition*; il se jouoit... entre l'approbation de ce qu'on appeloit le *jansénisme* dans le P. Quesnel, et la condamnation du même jansénisme dans l'*Exposition* [3]. »

Edit. de Vers., vol. IV, p. 46. — [2] *Ibid.*, p. 41. — [3] *Mém. du chanc. d'Aguesseau,* vol. XIII, p. 165.

Au milieu de ces conjonctures, les amis de Quesnel demandoient la réimpression des *Réflexions morales*. Cette fois le cardinal de Noailles, avant de donner son approbation, exigea que le livre fût examiné par plusieurs théologiens. Bossuet, voulant prévenir de nouveaux troubles, ne refusa pas une place dans la commission. Il découvrit bientôt les erreurs cachées dans l'ouvrage du novateur; il déclara qu'il « n'étoit pas possible de le corriger, mais qu'il falloit le refondre :..... ce sont ses propres expressions, poursuit son successeur immédiat sur le siége de Meaux : nous le savons par le témoignage de personnes exemptes de soupçons et dignes de toute vénération; nous le savons aussi des jansénistes mêmes, par les reproches piquans qu'ils firent à feu M. de Meaux [1]. » En conséquence Bossuet proposa, dans la commission, de nombreux amendemens qui détruisoient le venin des *Réflexions morales* [2]; puis il composa un *Avertissement* qui devoit comme préface en fixer nettement la doctrine. Dans cet écrit, « il prit occasion de combattre le jansénisme et d'établir les principes qui y sont le plus opposés : la grace générale offerte à tous, les graces suffisantes avec leurs véritables pouvoirs, le secours divin toujours présent aux fidèles dans les plus grandes tentations [3]. »

L'archevêque de Paris se servit de l'*Avertissement* pour sa justification; il en fit extraire par deux de ses théologiens quatre lettres, qu'il opposa au *Problême ecclésiastique* [4]. Il accueillit avec moins d'empressement les rectifications qui devoient faire disparoître les erreurs des *Réflexions morales*; comme il avoit approuvé la première édition de ce livre, il craignit de se condamner lui-même en corrigeant la seconde. De leur côté les jansénistes repoussoient tout amendement, et Quesnel disoit qu'on ne pouvoit mettre tant de cartons à un ouvrage imprimé. Alors Bossuet retira l'*Avertissement*, et M. de Noailles refusa son approbation.

Ainsi les *Réflexions morales* parurent sans changement et sous la

[1] *Mandem. de M. de Bissy*, 25 avril 1714. Voir aussi *Instruct. past.* des évêques de Luçon et de la Rochelle, 14 mai 1711. — [2] Voici quelques-uns de ces amendemens : *Jean*, XV, 5 : « La grace de Jésus-Christ, principe efficace, » ôter « efficace. » — I *Cor.*, XII, 3 : « Cette grace, » etc., au lieu de quoi mettre : « Il faut demander la grace souveraine, sans laquelle on ne confesse point Jésus-Christ. » — *Jean*, VIII, 58 : « Devant qu'Abraham fût, » mettre « Avant qu'Abraham fût fait, » etc. — *Ephes.*, III, 17 : « La charité opérante, » etc., mettre : « La charité commencée à la charité habitante et justifiante qui est, » etc. — II *Cor.*, V, 21 : « Etoit une suite, » etc., mettre : « Etoit attachée à la création, puisqu'en formant la nature, Dieu en même temps donna la grace. » — I *Cor.*, X, 13 : « Dieu permet, » etc., mettre à la place : « Dieu a promis à ses serviteurs de ne les abandonner jamais, s'ils ne l'abandonnent les premiers. Il est fidèle, et par une suite de cette promesse il ne permet pas qu'ils soient attaqués par tant de tentations extérieures ou intérieures qui passent leurs forces. » — *Apoc.*, XI, 1 : « Unie personnellement, » ôter « personnellement, » etc., etc. — [3] Ledieu, *Déclar.* du 27 mars 1812. — [4] *Journal*, 24 juin 1703.

seule garantie de Quesnel; le souverain Pontife Clément XI les condamna par un décret spécial en 1708, et plus solennellement encore dans la constitution *Unigenitus* en 1713.

Cependant l'abbé Ledieu avoit conservé dans ses portefeuilles une copie de l'*Avertissement*. En 1709 il la confia, sous la promesse qu'on n'en prendroit pas le double, au successeur de Bossuet, par l'intermédiaire du théologal Treuvé. Alors se trouvoit à Meaux, logeant à l'évêché, l'abbé le Brun, doyen de Tournay, qui avoit quitté cette dernière ville reprise sur les François par les alliés. Quelques jours après la communication du manuscrit, M. de Bissy dit à l'abbé Ledieu : « Les jansénistes veulent le faire imprimer. Ce discours, poursuit l'ancien secrétaire de Bossuet, ne pouvoit regarder que le doyen de Tournay et le théologal de Meaux, les seuls docteurs jansénistes que l'évêque vit à Meaux, avec qui il étoit tous les jours en conférence; ce qui suppose qu'il avoit fait part de cet écrit au doyen de Tournay [1]. » On crut bientôt après que l'abbé le Brun avoit envoyé à Quesnel une copie de l'*Avertissement*.

Quoi qu'il en soit, l'ouvrage fut imprimé d'abord en Flandre, puis secrètement à Paris en 1710, sous la fausse rubrique de « Lille, chez Jean-Baptiste Brovellio. » Cette édition reproduit-elle fidèlement l'original ? On peut répondre négativement sans crainte d'erreur. Dès les premiers mots, l'éditeur littéraire changea le titre d'*Avertissement* en celui-ci : *Justification des Réflexions sur le Nouveau Testament*, comme si Bossuet avoit voulu justifier le grand prêtre du jansénisme, et non l'archevêque de Paris, comme s'il avoit approuvé les *Réflexions* non corrigées. Et dans la longue préface qu'il joignit à l'*Avertissement*, après avoir dit comment sa copie a été faite sur une autre copie, Quesnel ajoute : « Ce qu'on y a fait de plus est seulement de numéroter les titres, de mettre par-ci par-là de petits sommaires à la marge, d'y rectifier quelques passages fautifs, d'y en ajouter quelques autres hors du texte, pour fortifier les pensées de l'auteur. » Quand un sectaire avoue de pareilles interpolations, on doit s'attendre à tout. D'ailleurs Bossuet combattoit, comme on l'a vu, le jansénisme dans l'*Avertissement* : Quesnel ne pouvoit publier cet écrit sans altérations.

Mais que faire aujourd'hui ? Peut-on rétablir avec certitude le texte original ? Il existe encore une ancienne copie de l'ouvrage, il est vrai ; mais si elle ne doit pas le jour aux jansénistes, elle a passé par les mains de plusieurs. A tout prendre, mieux vaut encore l'imprimé que la copie : car l'éditeur, destinant l'ouvrage à une publicité prochaine, devoit redouter l'animadversion des contemporains ; mais le copiste, manœuvrant dans l'ombre en vue d'un avenir éloigné, pouvoit se promettre l'impunité. — On s'est servi, dans le collationnement,

---

[1] *Déclar.* du 27 mars 1712.

de l'édition de Quesnel. Le lecteur est prévenu; cela doit suffire.

Après l'ouvrage on donne les *Extraits de l'Ordonnance de l'archevêque de Paris*, et parce que Bossuet l'a composée pour la plus grande partie, et parce qu'il en parle plusieurs fois dans l'*Avertissement*.

III.

Instruction sur la version de Trévoux. — Richard Simon fut, comme Quesnel, membre de l'Oratoire. Homme d'une imagination vive, mais d'un jugement peu sûr; versé dans les langues orientales, mais jaloux d'étaler son érudition; exégète savant, mais plus ami du bruit que de la vérité, il appuyoit de singulières nouveautés sur les rêves des rabbins, de bizarres paradoxes sur des livres qui n'avoient d'autre mérite que leur obscurité. Un de ses premiers ouvrages, l'*Histoire critique de l'Ancien Testament* souleva la réprobation générale. Bossuet s'efforça vainement dans de nombreuses conférences de dissiper les ténèbres qui offusquoient son esprit; vainement il déploya toutes les séductions de la charité, de la science et du génie pour le ramener de ses égaremens; il poursuivit la voie de l'erreur et mit au jour un ouvrage non moins dangereux que le premier, la *Version du Nouveau Testament*, qui parut à Trévoux en 1702. Simon avoit obtenu l'approbation des censeurs, dont l'un étoit M. Bourret. Ce nom reviendra dans la réfutation.

Le duc de Maine, qui exerçoit à Trévoux les droits de la souveraineté, fit remettre à Bossuet, par son secrétaire Malezieu, un exemplaire de la nouvelle traduction. Le prélat en fit l'examen dans la fin de mars et dans le commencement de mai 1702, « travaillant toute la matinée jusqu'à deux heures, aussi actif qu'il l'eût jamais été; » déclarant « nettement que cette affaire étoit plus importante pour l'Eglise que celle de M. de Cambray, puisqu'il s'agissoit d'un livre fait pour le peuple [1]. »

Vers la fin de mai il envoya 89 *Remarques* critiques avec trois lettres, à M. de Noailles, à M. de Malezieu, et à l'abbé Bertin zélé défenseur de Richard Simon. On trouvera ces lettres avant les *Instructions*. Après avoir signalé les nouveautés du traducteur, « tant de singularités affectées et de pensées particulières mises à la place du texte sacré; un si grand nombre d'affoiblissemens des vérités chrétiennes ou dans leur substance, ou dans leurs preuves, ou dans leurs expressions, » il indique les moyens de sauver tout ensemble et les droits de l'Eglise et les intérêts du traducteur. « Je vous laisse, dit-il à l'abbé Bertin, le soin de ménager l'esprit de l'auteur avec toute votre discrétion; je ferai valoir sa bonne foi autant qu'il le pourra souhaiter... Je ne lui veux

[1] *Journal*, du 19 mars au 1er mai, et 29 mai 1702.

que du bien et rendre utiles à l'Eglise ses beaux talens, qu'il a lui-même rendus suspects par la hardiesse et les nouveautés de ses critiques. Toute l'Eglise sera ravie de lui voir tourner son esprit à quelque chose de meilleur... La chose peut s'exécuter en deux manières très-douces : l'une, que j'écrive à l'auteur une lettre honnête,... et qu'il y réponde pour une lettre d'acquiescement; l'autre, que s'excitant de lui-même à une révision de ses ouvrages de critique,... il y fasse les changemens, corrections et explications que demande l'édification de l'Eglise. Il n'y aura rien de plus doux ni de plus honnête. » Voilà comment Bossuet, cet homme dur, inflexible, persécutoit ses adversaires!

De longues négociations se poursuivirent entre Simon et ses amis. Après des promesses peu sincères, le vaniteux traducteur refusa toute rétractation de ses erreurs; il répondit « avec mépris que ses querelles avec M. de Meaux étoient des querelles d'auteur à auteur, que chacun avoit ses sentimens, qu'il n'avoit besoin de prendre aucun ménagement pour soutenir ses opinions [1]. » Et dans une autre occasion, parlant encore de Bossuet : « Il faut, dit-il, le laisser mourir; il n'ira pas loin! » Dans le même temps la Version de Trévoux se vendoit publiquement en Hollande, à Lyon, à Paris, partout [2].

Alors ou jamais, le moment étoit venu de protéger les droits de la vérité. Bossuet se disposoit à publier la sentence de condamnation, lorsque le chancelier M. de Pontchartrain défendit de la mettre au jour sans l'approbation d'un censeur, qu'il nommoit dans la personne du docteur Pirot. Etrange renversement d'idées! quoi! soumettre l'enseignement des évêques au contrôle des docteurs! Dans un conflit mémorable, dont nous devrons parler ailleurs, le dernier des Pères défendit l'autorité épiscopale avec une fermeté digne des Ambroise et des Chrysostome; entre son indépendance apostolique et l'accusation de servilisme acceptée sur la foi des prétendus philosophes, quel contraste! Le chancelier fut obligé de retirer la défense qui protégeoit l'erreur, et ce prélat publia l'ordonnance qui vengeoit les droits de la vérité.

Déjà le savant auteur avoit corrigé, en y ajoutant un grand nombre de *Remarques* critiques, la réfutation du socinien françois. Un de ses amis lui demanda plusieurs modifications, il les obtint; pendant l'impression le docteur Pirot désira un carton sur Maldonat, il l'obtint; l'archevêque de Paris demanda un changement dans son propre éloge, il l'obtint. « C'est ainsi que M. de Meaux, écrivoit alors son secrétaire, est payé de ses peines : les autres, qui laisseroient tout passer et n'osent rien entreprendre s'ils ne sont excités ou avertis et instruits par lui, se croient après cela nécessaires pour l'instruire lui-même, le corriger, lui conduire la main [3] ! »

[1] *Journal*, 14 septembre 1702. — [2] *Ibid.*, 10 et 31 juillet 1702. — [3] *Ibid.*, 19 décembre 1702.

Les *Instructions* renferment deux parties : dans la première, l'auteur dévoile les desseins perfides, les ruses et les artifices de Simon; dans la seconde, il discute les passages particuliers de sa version pour en montrer l'inexactitude et le danger. En étudiant le sujet, il passa en revue les ouvrages des sociniens, parce qu'il y retrouvoit les interprétations de son adversaire. Delà la dissertation, qui précède la seconde partie, sur la doctrine et la critique de Grotius.

L'*Instruction sur la version du Nouveau Testament* imprimée à *Trévoux* parut chez Anisson le 29 décembre 1702, et l'*Instruction sur les passages particuliers* de la même version parut semblablement chez Anisson, le 9 août 1703. — Ces deux éditions ont servi de type à la nôtre.

IV.

Plan d'une théologie. — Avant toutes choses l'auteur nous indique les ouvrages que nous devons étudier pour nous former « une idée générale » de la religion; il nous recommande les symboles de l'Eglise, les décrets des conciles, les écrits des Pères et particulièrement ceux de saint Augustin; n'oublions jamais ces précieuses indications. Ensuite il nous apprend comment nous devons ranger les livres dans notre bibliothèque, prescrivant cet ordre d'indications : l'Ecriture sainte, la théologie, les prédicateurs, le droit, la littérature, l'histoire, la géographie. Enfin notre *Plan* présente sous le même coup d'œil, dans l'unité d'une seule idée générale, tout l'ensemble de la science divine, et nous montre en même temps les matières qu'embrassoit au XVIIe siècle l'enseignement de la théologie. A côté de ce vaste système, en présence de ces vastes conceptions qui descendent jusqu'aux dernières profondeurs du dogme pour remonter jusqu'aux sublimités de la foi, qui vantera les manuels fabriqués dans une époque de décadence; ces recueils de propositions jetées pêle-mêle, sans liaison, sans ensemble, qui mutilent la science et dépècent les doctrines; ces indigestes compilations censurées par l'autorité souveraine, ou simplement tolérées dans l'Eglise, ou frappées d'une désolante nullité.

Bossuet composa le *Plan d'une théologie* pour lui servir de guide à lui-même, et nous l'avons imprimé d'après une copie faite en 1683 par l'abbé Ledieu.

AVERTISSEMENT

AUX PROTESTANS

SUR LEUR PRÉTENDU ACCOMPLISSEMENT DES PROPHÉTIES.

I. — Que les interprétations des prophéties, et surtout de l'*Apocalypse*, proposées par les ministres, sont une manifeste profanation du texte sacré. Trois vérités démontrées sur ce sujet dans ce discours.

Si la profanation des Ecritures est toujours un attentat plein de sacrilége, la profanation des prophéties est d'autant plus criminelle, que leur obscurité sainte devoit être plus respectée. C'est néanmoins aux prophéties que les ministres se sont attachés plus qu'à tous les autres livres de l'Ecriture, pour y trouver tout ce qu'ils ont voulu. L'obscurité de ces divins livres, et surtout de l'*Apocalypse*, leur a été une occasion de les tourner à leur fantaisie : au lieu d'approcher avec frayeur des ténèbres sacrées dont souvent il plaît à Dieu d'envelopper ses oracles, jusqu'à ce que le temps de les découvrir soit arrivé, ces hommes hardis ont cru qu'ils pouvoient se jouer impunément de ce style mystérieux. Leur haine a été leur guide dans cette entreprise. Ils vouloient, à quelque prix que ce fût, rendre l'Eglise romaine odieuse; ils en ont fait la prostituée de l'*Apocalypse;* et comme s'ils avoient démontré ce qu'ils ont avancé sans fondement, il n'y a rien qu'ils n'aient osé sur ce principe. Ce n'a pas été seulement au commencement de la Réforme qu'ils se sont servis des prophéties pour animer contre nous un peuple trop crédule. En 1628, on vit paroître à Leyde, de la belle impression des Elzévirs, un livre dédié au roi de la Grande-Bretagne par un Ecossois, dont le titre étoit : *Du Droit Royal,* que ces nations ont tant respecté, comme on a vu[1]. Mais ce n'est pas de quoi il s'agit ici : il y avoit un chapitre dont le sommaire étoit proposé en ces termes : « Que les rois et

---

[1] Vid. *Epist. vir. Ecclesiasticor. et Theol.*, ep. 637.

les autres fidèles ont eu raison de secouer le joug de la tyrannie pontificale, et qu'ils sont obligés à persécuter le Pape et les papistes. » Un titre si violent n'étoit rien encore en comparaison du corps du chapitre, où on lisoit ces mots : « Ce n'est pas assez aux fidèles d'être sortis de Babylone, s'ils ne lui rendent perte pour perte, et ruine pour ruine. » « Rendez-lui, dit l'*Apocalypse,* comme elle vous a rendu : rendez-lui le double de tous les maux qu'elle vous a fait souffrir, et faites-lui boire deux fois autant du calice dont elle vous a donné à boire. Il est vrai que Dieu est la source des miséricordes, mais il ne garde point de mesure avec cette prostituée; et encore qu'en toute autre occasion il défende la vengeance, il veut à ce coup qu'on arme contre elle, et qu'on se venge avec une rigueur impitoyable. » C'est ainsi que parloient aux rois et aux peuples les docteurs de la Réforme : ces gens qui en apparence ne se glorifioient que de leur patience, ne respiroient dans le fond du cœur que des desseins de se venger; et comme si c'eût été peu d'avoir établi sur l'*Apocalypse* ces maximes sanguinaires, ils ajoutoient à une telle doctrine cette cruelle exhortatation : « Que tardent les fidèles à persécuter les papistes? Se défient-ils de leurs forces? Mais le Seigneur leur promet une victoire assurée sur la prostituée et sur ses compagnes, » sur Rome et sur toutes les églises de sa communion. Voilà, mes chers frères, les exhortations dont retentissoient toutes vos églises. Toutes les boutiques des libraires étoient pleines de livres semblables. Les luthériens n'étoient pas plus modérés que les calvinistes; et le ministre principal de la cour de l'électeur de Saxe, nommé Mathias Hohe, fit débiter à Francfort un livre dont le titre étoit : *Le jugement et l'entière extermination de la prostituée, de la Babylone romaine,* ou *Livre VI des commentaires sur l'Apocalypse*[1]. Le livre n'est pas moins outré que le titre, et voilà ce qu'on écrivoit en Allemagne et dans le Nord. En France, tous nos réformés avoient entre les mains, avec une infinité d'autres livres sur cette matière, celui de Dumoulin *sur l'Accomplissement des prophéties,* où en parlant des dix rois qui selon lui devoient détruire le Pape avec Rome, et de l'*accomplissement prochain* de cette prophétie

---

[1] Lips., in-4°.

il donnoit cette instruction aux rois : « C'est aux rois à se disposer à servir Dieu dans une si grande œuvre[1]. » C'est ce qu'il disoit dans ce livre qui est devenu si fameux par la remarque qu'il y fait sur l'an 1689. On voit qu'il ne tenoit pas à lui que les rois ne hâtassent l'exécution de la prophétie par tous les moyens qu'ils ont en main. Le ministre Jurieu ne dégénère pas de cette doctrine, puisqu'il dit dans son *Avis à tous les chrétiens,* à la tête de son *Accomplissement des prophéties :* « C'est maintenant qu'il faut travailler à ouvrir les yeux aux rois et aux peuples de la terre; car voici le temps qu'ils doivent dévorer la chair de la bête et la brûler au feu, dépouiller la paillarde, lui arracher ses ornemens, renverser de fond en comble Babylone et la réduire en cendres[2]. » Qui n'admireroit ces réformés? Ils sont les saints du Seigneur, à qui il n'est pas permis de toucher et toujours prêts à crier à la persécution. Mais pour eux, il leur est permis de tout ravager parmi les catholiques; et si on les en croit, ils en ont reçu le commandement d'en haut. C'est à quoi se terminoit toute la douceur qu'on ne cessoit de vanter dans la Réforme. Ses ministres ont toujours cherché à faire paroître dans l'*Apocalypse* la chute prochaine de Rome, dans le dessein d'inspirer à ses ennemis l'audace de tout entreprendre pour la perdre; et ceux-là mêmes qui ne croyoient pas que ces excessives interprétations « fussent véritables, croyoient néanmoins qu'il les falloit conserver à cause de l'utilité publique, » c'est-à-dire pour nourrir dans les protestans la haine contre Rome, et une confiance insensée de la détruire bientôt. Voilà ce que Grotius écrivoit de bonne foi à Gérard-Jean Vossius[3], qui le savoit aussi bien que lui. Que si les ministres n'en veulent pas croire Grotius qui leur est suspect, quoiqu'il n'ait jamais été tout à fait des nôtres et qu'alors constamment il fût des leurs, que répondront-ils à Vossius, un si bon protestant et tout ensemble un si savant homme, qui raconte à Grotius, en faisant réponse à sa lettre[4], qu'ayant doucement remontré à un ministre de Dordrecht, qu'il appelle en se moquant lourde tête, « qu'il ne devoit pas imposer, comme il faisoit, aux

---

[1] *Accomp. des Prophéties*, p. 288, à Sedan, an. 1624. — [2] *Ibid.*, p. 4. — [3] *Ibid.* p. 288, epist. 557, quæ est Grot. — [4] *Ibid.*, epist. 571.

papistes des sentimens qu'ils n'avoient jamais eus, ce séditieux harangueur lui demanda brusquement s'il vouloit défendre les papistes, et conclut comme un furieux qu'on ne pouvoit trop décrier la doctrine de l'Eglise romaine devant le peuple, afin qu'il déteste davantage cette Eglise ; ce qui revient assez, » poursuit Vossius, à ce qu'on me disoit à Amsterdam : « A quoi bon dire que le Pape n'est pas l'Antechrist ? Est-ce afin qu'on nous quitte de plus en plus, pour s'unir à l'Eglise romaine, comme s'il n'y avoit déjà pas assez de gens qui le fissent, et qu'il en fallût encore augmenter le nombre ? » On voit donc qu'il n'est que trop vrai, du propre aveu des ministres, que rien ne retenoit tant le peuple protestant dans le parti, que la haine qu'on lui inspiroit contre l'Eglise romaine, et ses séditieuses interprétations où on la faisoit paroître comme l'église antichrétienne que Jésus-Christ alloit détruire. Cet esprit a dominé de tout temps dans la Réforme : à la première lueur d'espérance, il se réveille ; et quoique trompés cent fois sur la chute imaginaire de Rome, les protestans croient toujours la voir prochaine dès le premier succès qui les flatte. C'est en vain qu'on leur représente la nullité de leurs preuves, la visible contradiction de leurs faux systèmes, l'expérience des erreurs passées et la témérité manifeste de leurs prophètes tant de fois menteurs. Dès que quelque chose leur rit, ils n'écoutent plus ; et sans songer aux profondeurs des conseils de Dieu, qui livre durant quelque temps à des espérances trompeuses ceux qu'il veut punir ou, comme j'aime mieux le présumer, ceux qu'il veut désabuser de leurs erreurs, ils s'obstinent à croire leurs flatteurs. Je ne m'étonne donc pas de les voir aujourd'hui crier de tous côtés à la victoire, et s'imaginer qu'ils vont profiter des dépouilles des catholiques par toute la terre. Il y a longtemps que Bucer, un de leurs réformateurs les plus vantés, a écrit : « Qu'ils parloient toujours avec beaucoup de courage, lorsqu'ils se croyoient soutenus du bras de la chair[1]. » Nourris dans cet esprit, ils le reprennent aisément, et il semble que c'est inutilement que nous allons entreprendre de les désabuser pendant qu'ils sont enivrés de leurs prophéties imaginaires. Mais comme l'illusion

---

[1] Bucer., *int. Ep. Calv.*, p. 509, 510; *Hist. des Var.*, lib. V, n. 14.

pourra passer, et d'ailleurs qu'ils ne sont pas tous également emportés, je leur adresse ce discours pour leur faire voir que tout ce qu'ils tirent contre nous des prophéties, est une profanation manifeste du texte sacré ; et parce que l'*Apocalypse* est le livre dont ils abusent le plus, c'est à celui-là principalement que je m'attacherai dans ce discours. J'en ai déjà dit assez dans un autre ouvrage[1], pour détruire tout le système protestant ; mais comme M. Jurieu a fait de vains efforts pour y répondre, je découvrirai les illusions dont il éblouit ses lecteurs en continuant à faire le prophète : je passerai encore plus avant, et je me propose de démontrer aux protestans trois défauts essentiels de leurs interprétations : le premier, en ce qu'elles n'ont aucun fondement ni d'autres principes que leur haine ; le second, en ce qu'elles ne satisfont à aucun des caractères de l'*Apocalypse*, au contraire qu'elles les détruisent tous sans en excepter un seul ; et le troisième, en ce qu'elles se détruisent elles-mêmes. Voilà trois défauts essentiels que je prétends démontrer, et je ne crains point de me trop avancer en me servant de ce mot. Il se pourroit faire qu'on n'eût encore que des conjectures vraisemblables sur le véritable sens de l'*Apocalypse*. Mais à l'égard de l'exclusion du sens des ministres, comme on y procède par des principes certains, on peut dire avec confiance qu'elle est démontrée. C'est ce qu'on verra clairement, pour peu qu'on lise ce discours avec attention, et qu'on écoute Dieu et sa propre conscience en le lisant.

II. — Premier défaut. Que le système des protestans n'a aucun principe.
Preuve par eux-mêmes, et par le ministre Jurieu.

Je dis donc avant toutes choses, que les protestans parlent sans principes et n'ont de guide que leur haine, lorsqu'ils appliquent la prostituée et la bête de l'*Apocalypse* au pape et aux églises de sa communion. Je n'en veux point de meilleures preuves que leur propre légèreté et l'inconstance dont ils ont usé en cette matière. Selon le ministre Jurieu, dans son *Avis à tous les chrétiens*, à la tête de son *Accomplissement des prophéties*, la

[1] *Hist. des Var.*, liv. XIII.

doctrine du Pape Antechrist « est une vérité si capitale, que sans elle on ne sauroit être vrai chrétien [1]. C'est, poursuit-il, le fondement de toute notre réformation : car certainement, ajoute-t-il, je ne la crois bien fondée qu'à cause de cela. » Ceux des protestans qui ont osé mépriser ce fondement de la Réforme, « sont l'opprobre, non-seulement de la réformation, mais du nom chrétien [2]. » Ce n'est donc pas seulement ici un article fondamental de la Réforme, mais c'est encore le plus fondamental de tous, sans lequel la Réforme ne peut subsister un seul moment; et cet article est si essentiel, que le nier c'est la honte du christianisme. Loin de rougir de ces excès, le ministre les a confirmés dans les lettres qu'il a publiées contre l'endroit des *Variations* où la suite de mon histoire m'amenoit à cette matière. « C'est là, dit-il, le grand fondement de notre séparation d'avec l'Eglise romaine, lequel comprend tous les autres [3]. » Et encore : « Si l'Eglise romaine n'étoit point Babylone, vous n'auriez pas été obligés d'en sortir; car il n'y a que Babylone dont il nous soit ordonné de sortir : Sortez de Babylone, mon peuple. » C'est donc ici, encore un coup, à l'égard de la Réforme, le fondement des fondemens, que le Pape est l'Antechrist et que Rome est la Babylone antichrétienne. Mais en même temps, pour faire voir combien ce fondement est ruineux, de l'aveu de la Réforme même, il ne faut que considérer ce que j'en ai dit dans le livre des *Variations*. M. Jurieu croit avoir droit de mépriser cet ouvrage, à l'exception des endroits où je parle du Pape Antechrist; car pour ceux-là il reconnoît qu'à cause que j'y attaque directement son *Accomplissement des prophéties,* « il y doit prendre un intérêt particulier [4]. » Voyons donc s'il répondra un seul mot à ce que j'ai dit sur ce sujet. J'ai dit que ce dogme si essentiel et si fondamental du Pape Antechrist, tiroit son origine des manichéens les plus insensés, les plus impurs et les plus abominables de tous les hérétiques. A cela M. Jurieu ne dit pas un seul mot; et comme un nouveau prophète qui ne doit compte à personne de ce qu'il annonce, il se contente de m'appeler au juste tribunal de Dieu. Mais pardonnons-lui cette omission : peut-être que cet endroit ne touche pas d'assez

[1] P. 49. — [2] P. 50. — [3] Lett. XI, de la troisième ann., p. 85, col. 1. — [4] *Ibid.*

près son *Accomplissement des prophéties*. J'ai avancé[1] que Luther, qui le premier des nouveaux réformateurs a renouvelé ce dogme du Pape Antechrist, avoit posé pour fondement que l'Eglise où l'Antechrist présidoit, étoit la vraie Eglise de Dieu ; car c'est ainsi qu'il entendoit ce mot de saint Paul, qui établit la séance de l'Antechrist dans le temple de Dieu. Quel aveuglement ou, s'il est permis une fois d'appeler les choses par leur nom, quel renversement du bon sens et quelle brutalité, que pour reconnoître le Pape comme l'Antechrist et l'Eglise romaine comme antichrétienne, le premier pas qu'il faille faire soit de reconnoître cette Eglise comme le vrai temple où Dieu habite et comme la vraie Eglise de Jésus-Christ; en sorte qu'il en faille sortir et y demeurer tout ensemble, l'aimer et la détester en même temps ! M. Jurieu passe encore ceci sous silence. J'ai ajouté que quelque emportés que fussent les réformateurs contre le Pape, ils n'avoient osé insérer le dogme à présent si fondamental qui en a fait l'Antechrist dans leurs Confessions de foi, puisqu'on ne le trouve ni dans celle d'Ausbourg, qui étoit celle des luthériens, ni dans celle de Strasbourg, qui étoit celle du second parti de la Réforme en Allemagne [2]; de sorte que ce grand dogme se trouve banni de la Confession de foi des deux partis réformés. M. Jurieu se tait à tout cela. Loin que dans ces Confessions de foi on ait traité le Pape d'Antechrist, on y supposoit le contraire, puisqu'on s'y soumettoit au concile qu'il assembleroit. On y appeloit à ce concile; on y déclaroit publiquement qu'on n'en vouloit pas à l'Eglise romaine ; et ces déclarations se trouvent également dans les Confessions de foi des deux partis, dans celle d'Ausbourg et dans celle de Strasbourg. Appeloit-on au concile convoqué par l'Antechrist? Qui ne voit donc que ce dogme du Pape Antechrist, maintenant le plus essentiel et celui qui comprend tous les autres, ne fut jamais avancé sérieusement, et qu'il n'étoit proposé que comme un amusement du peuple, que non-seulement on n'osoit insérer dans les Confessions de foi, mais qu'on y combattoit ouvertement? M. Jurieu, si fécond à répondre à tout lorsqu'il croit avoir la

---

[1] *Var.*, liv. III, n. 60, 62. — [2] *Præf. Conf. Aug.; Conf. Argent.* in fine. *Var.*, III, 62; XIV, 74.

moindre raison, garde encore ici le silence. Répondra-t-il du moins à ce que je dis [1], que les articles de Smalcalde de 1536, lorsque le parti de Luther, fortifié par des ligues, commença à devenir plus menaçant, furent le premier acte de foi où l'on nomma le Pape Antechrist, et que Mélanchthon, si soumis d'ailleurs à son maître Luther, s'y opposa en deux manières : l'une, en protestant qu'il étoit prêt à reconnoître l'autorité du Pape; et l'autre, en déclarant qu'il falloit se soumettre au concile qu'il convoqueroit? Tout cela n'est rien pour M. Jurieu, et il ne fait pas même semblant de l'avoir lu, de peur d'être obligé d'y répondre. J'ai continué l'histoire de ce nouveau dogme, et je reconnois franchement que pour la première fois nos prétendus réformés le voulurent passer en article de foi et l'insérer dans leur Confession en 1603, dans le synode de Gap, cinquante ans après qu'elle eut été dressée. Le ministre commence ici à rompre le silence : « Voilà donc, dit-il, qui est passé en article de foi dans les églises de France; et je souhaite, » ajoute-t-il deux lignes après, « qu'on fasse attention à cet endroit, afin qu'on sache que tout protestant qui nie que le papisme soit l'antichristianisme, par cela même renonce à la foi et à la communion de l'Eglise réformée de France; car c'est un article d'un synode national [2]. » Qu'il est fort et qu'il parle haut, lorsqu'il croit avoir quelque avantage ! Mais cependant il oublie que ce grand article, qu'on nous donnoit « pour si solennel et pour scellé du sang des martyrs [3], » avoit pour titre : *Article omis*. Je l'avois expressément remarqué : mais M. Jurieu, qui se voyoit convaincu par l'autorité de son synode, où l'on confessoit qu'un article qu'on jugeoit si important avoit néanmoins été omis et ne commençoit à paroître parmi les articles de foi que tant d'années après la Réforme, passe encore ceci sous silence et se contente d'exagérer magnifiquement l'autorité d'un synode national. Mais encore, pourquoi ce synode a-t-il tant d'autorité? Nous avons fait voir en tant d'endroits que les synodes les plus généraux de la Réforme sont pour M. Jurieu si peu de chose [4] : et sans sortir de celui de Gap, il se moque ou-

[1] *Var.*, liv. XIII, n. 6. — [2] Lett. XI, 85, col. 2. — [3] Hier., *ibid.* — [4] Lett. X, de la troisième ann., 2; *Var.*, liv. XII, 27 et suiv.

II. PREMIER DÉFAUT DE LEURS INTERPRÉTATIONS.

vertement de ce qu'il a défini sur l'affaire de Piscator, encore qu'en cet endroit il soit suivi par trois autres synodes nationaux. Mais c'est que dans la Réforme, les synodes n'ont rien de sacré et d'inviolable, que ce qu'on y dit pour nourrir la haine des peuples contre Rome et entretenir leurs espérances.

Le ministre me demande ici que je lui montre que ce synode ait jamais été révoqué [1]. Il me produit un grand nombre d'auteurs protestans qui ont soutenu que le Pape étoit l'Antechrist [2]; et il s'étonne de m'entendre dire que dans tous les entretiens que j'ai eus avec nos protestans, je n'en ai jamais trouvé aucun qui fît fort sur cet article. Il trouve mauvais que j'allègue Hammond et Grotius, auteurs protestans; et c'est là le seul endroit de mon livre où il paroisse vouloir faire quelque réponse. Mais il dissimule ce qu'il y a de principal. Si je dis que la controverse du Pape Antechrist m'avoit toujours paru tout à fait tombée, c'est après que le ministre reconnoît lui-même à la tête de son *Accomplissement des prophéties*, « que cette controverse de l'Antechrist a langui depuis un siècle; qu'on l'a malheureusement abandonnée [3]; » que la cause de tous les malheurs et de ces dernières foiblesses des prétendus réformés, c'est qu'on ne leur mettoit plus devant les yeux « cette grande et importante vérité, que le papisme est l'antichristianisme. Il y avoit, dit-il, si longtemps qu'ils n'avoient ouï dire cela, qu'ils l'avoient oublié : ils croyoient que c'étoit un emportement des réformateurs dont on étoit revenu. On s'est uniquement attaché à des controverses qui ne sont que des accessoires, et on a négligé celle-ci, » qui étoit la fondamentale et la plus essentielle de toutes. Voilà ce qu'il avoit dit lui-même. Il m'attaque et il me reproche que j'allègue mon propre témoignage; mais il dissimule que je ne le fais qu'après avoir produit le sien. Que lui sert de me citer des ministres qui ont écrit pour ce nouveau dogme du Pape Antechrist? Ce n'est pas ce que j'ai nié : je sais bien que les ministres n'ont cessé de faire ce qu'ils ont pu pour entretenir dans le peuple ce sujet de haine contre Rome. Mais je dis qu'on ne laissoit pas *d'abandonner* cette controverse, comme

---

[1] Lett. x, de la troisième ann., 2; *Var.*, liv. XII, 27 et suiv. — [2] *Ibid.*, p. 86. — [3] *Avis à tous les chrét.*, p. 48, 49.

le ministre l'avoue [1] : que ce soit, comme il voudroit le faire croire, « par une mauvaise politique et pour obéir aux princes papistes, » quoi qu'il en soit, j'ai raison de dire que ce grand article de foi du synode de Gap étoit oublié, puisque M. Jurieu l'a dit aussi en termes plus forts que je n'ai fait. Je passe encore plus avant. Loin de croire qu'on abandonnât cet article par politique, je dis que ce n'étoit que par politique et pour animer la multitude, que la plupart des ministres le soutenoient; mais qu'au fond, ils n'y croyoient pas; je viens d'en produire la preuve par Vossius, irréprochable témoin [2]. J'ajoute que ce n'étoit pas seulement par politique qu'on abandonnoit un dogme si insoutenable; c'est qu'on avoit ouvert les yeux à son absurdité; c'est que Grotius, protestant alors et estimé de tous les savans du parti, en avoit rougi et en avoit inspiré la honte aux habiles gens de la Réforme; c'est qu'il avoit été suivi publiquement par Hammond, constamment le plus savant et le plus célèbre de tous les protestans anglois, sans que personne l'en eût repris; et qu'il avoit conservé sa dignité, sa réputation, son crédit parmi les siens, quoiqu'il combattît ouvertement ce dogme qu'on nous veut donner pour si essentiel; c'est que d'autres savans protestans étoient entrés dans les mêmes sentimens, jusque-là que M. Jurieu lui-même étoit si touché des raisons ou de l'autorité de si graves auteurs, qu'en 1685, un an devant qu'il publiât son *Accomplissement des prophéties*, il écrivoit ces paroles : « Chacun sait, et ce n'est pas la peine d'en faire un mystère, que nous regardons le papisme comme le siége de l'Antechrist : si c'étoit une chose unanimement reçue, ce ne seroit plus un préjugé; ce seroit une démonstration [3]. » Ce n'étoit donc pas une chose *unanimement reçue :* ce ministre savoit bien qu'on en doutoit dans la Réforme : c'est pourquoi il n'ose dire que ce soit *une démonstration*, c'est-à-dire une chose assurée, mais seulement *un préjugé*, c'est-à-dire, selon lui, une chose vraisemblable. Il doutoit donc lui-même encore en 1685, de ce qui lui a paru en 1686 le fondement le plus essentiel de la Réforme, sans lequel elle ne peut subsister.

[1] *Avis à tous les chrét.*, p. 48, 49. — [2] Sup., n. 1. — [3] *Préj. lég.*, 1ere part., chap. IV, p. 72.

On n'imagine pas ce qu'il pouvoit répondre à un passage si précis : car je lui demande ce qu'il lui faudroit, afin que le dogme du Pape Antechrist passât *en démonstration comme une chose unanimement reçue*? Que demanderoit-il pour cela? Quoi? notre consentement? Voudroit-il faire dépendre de notre aveu sa démonstration, et le Pape ne sera-t-il jamais convaincu d'être l'Antechrist qu'il ne l'avoue? Donc ce qui empêche la démonstration de ce dogme, c'est que la Réforme elle-même, malgré l'article de Gap, n'en convenoit pas comme d'une chose assurée et *unanimement reçue*. C'est pourquoi M. Jurieu ajoute encore qu'*il laisse indécise cette grande controverse* [1], quoiqu'il n'oublie aucune des raisons dont on s'est servi dans le parti, et au contraire qu'il les étende jusqu'à en faire un gros volume. Il avoue donc que son dogme du Pape Antechrist, si essentiel en 1686, demeuroit encore indécis avec toutes les preuves dont on le soutient en 1685.

Voilà de toutes les autorités qu'on pouvoit jamais produire contre M. Jurieu, la plus pressante pour lui, puisque c'étoit la sienne propre, dans un livre composé exprès sur la matière dont il s'agit entre nous. A cela on sent d'abord qu'il n'y a rien à répondre, ni d'autre parti à prendre que celui du silence. C'est aussi ce qu'a fait M. Jurieu. Je lui objecte ces passages dans le xiiie livre des *Variations* [2], et c'étoit une des autorités dont je me servois pour détruire la certitude de ce nouvel article fondamental. M. Jurieu s'étoit engagé dans sa lettre xie, de répondre à cet endroit de mon livre comme à une chose où il a *un intérêt particulier* [3]. Il n'y avoit rien où il eût *un intérêt plus particulier*, qu'une autorité tirée de lui-même : mais il n'en dit pas un mot. Il traite cette matière dans sa onzième lettre pastorale, et il dit dans la douzième, au commencement, « qu'après avoir anéanti les autorités de M. Bossuet dans sa lettre précédente, il faut anéantir ses raisons. » Il en est donc aux raisons, et il a passé le lieu des autorités, dont la plus considérable étoit la sienne, à laquelle il ne dit mot.

Qui ne voit maintenant plus clair que le jour, que ce dogme du

---

[1] *Préj. lég.*, 1ere part., chap. IV, p. 72.— [2] *Var.*, liv. XIII, n. 10.— [3] *Lett.* XI, de la troisième ann., p. 85.

Pape Antechrist n'est fondé sur aucun principe? Dans les *Préjugés légitimes* en 1685, il n'est pas certain : en 1686, dans l'*Accomplissement des prophéties*, il est si certain et si évident, qu'on ne le peut nier sans renoncer non-seulement à la Réforme, mais encore au christianisme, et sans en être l'opprobre. Mais je dis plus. Dans l'*Accomplissement des prophéties*, où M. Jurieu se donne aux siens, non tant comme un interprète que comme un homme inspiré, il confesse et il répète souvent qu'il y a tant d'obscurité dans les endroits de l'*Apocalypse* où il met le dénoûment de tout le mystère, qu'après les avoir lus « vingt et vingt fois, il n'y entendoit pas davantage, et qu'il s'assuroit seulement que personne n'y avoit jamais rien entendu [1]. » S'il avoit voulu parler de bonne foi, il nous auroit avoué que les interprétations des protestans sur les autres endroits de l'*Apocalypse*, ne sont ni plus claires, ni plus certaines ; c'est pourquoi un an auparavant et en 1685, il nous les donnoit pour problématiques. Il ne répond rien à tout cela, et ne laisse pas de nous dire avec un air triomphant, qu'il *a anéanti mes autorités*, et qu'il ne reste plus qu'*à anéantir mes raisons* [2]. S'il appelle *anéantir*, passer sous silence ce qu'il y a de plus décisif, il a tout anéanti, je le confesse : mais si, *pour anéantir* des autorités, il faut du moins en dire quelque mot, on doit croire que mes raisons seront autant invincibles que *mes autorités* lui ont paru inattaquables.

Concluons, encore une fois, qu'il n'y a point de principes dans le système protestant ; qu'on l'avance, qu'on l'abandonne, qu'on le reprend, qu'on le rabaisse, qu'on le relève sans raison : de sorte qu'il ne faut point s'étonner si, durant un si long temps, les honnêtes gens en ont rougi, et si M. Jurieu lui-même n'a osé s'y appuyer tout à fait.

III. — Que les ministres n'ont aucun principe pour prouver que la Babylone de l'*Apocalypse* fût une église chrétienne, et que cela est impossible.

Mais comme il paroît se peu soucier qu'on ait varié dans son parti, et d'avoir varié lui-même, recommençons le procès et cherchons si les protestans ont en effet quelque principe par où ils puis-

---

[1] *Avis aux chrét.*, p. 46 ; *Accomp. des Prophéties*, chap. IV, VII, etc. — [2] Lett. XII.

sent prouver que la Babylone de saint Jean soit l'Eglise romaine. Je démontre qu'ils n'en ont aucun ; car tout le principe qu'ils ont, c'est que visiblement il s'agit de Rome : or ce n'est pas là un principe, puisqu'ils ne font rien pour eux, s'ils ne montrent dans l'*Apocalypse,* non-seulement Rome, mais encore l'Eglise romaine, dont il n'y a pas seulement le moindre vestige dans les endroits qu'ils produisent.

Qu'ainsi ne soit, cherchons dans ce divin livre quelque caractère de l'Eglise romaine en particulier ou, pour ne point trop pousser nos adversaires, du moins de quelque église en général. Saint Jean dit que la bête est posée sur sept montagnes, je l'avoue : c'est un caractère de Rome, mais qui ne montre pas une église chrétienne. Saint Jean dit *qu'elle a sept rois ;* quoi que ce soit que ces sept rois, ils ne marquent pas une église, et ce n'en est pas là un caractère. Saint Jean dit qu'elle *est vêtue d'écarlate ;* ce n'est pas un caractère d'église, puisque le sénat de Rome, ses magistrats et ses princes avoient cette marque. Saint Jean dit *qu'elle a l'empire sur tous les rois de la terre ;* Rome païenne l'avoit, et il falloit autre chose pour nous marquer une église.

Mais elle corrompt le genre humain par ses ivrogneries et ses impuretés ; ce qui marque une autorité d'enseigner, et par conséquent une église. Quelle illusion ! les prophètes en ont autant dit de Tyr, de Ninive et de Babylone, qui sans doute n'étoient pas des églises corrompues. Nous avons vu [1] que ces trois superbes villes avoient corrompu ou enivré les nations : Rome païenne a corrompu le monde à leur exemple, en étendant le culte des dieux par tout son empire et y faisant enseigner une fausse philosophie qui autorisoit l'idolâtrie.

Quand donc on veut faire passer la Rome de saint Jean pour une église, à cause qu'elle entreprend de faire embrasser aux hommes une religion, on abuse trop grossièrement de l'ignorance d'un peuple crédule. Car n'étoit-ce pas en effet une religion que Rome païenne vouloit établir par toute la terre et y forcer les chrétiens ? Et quand on seroit contraint par l'*Apocalypse* à regarder cette religion comme particulière à Rome, ce qui n'est pas,

[1] *Préf.,* n. 9, explic. du chap. XVII.

n'étoit-ce pas quelque chose d'assez particulier à Rome païenne de faire adorer ses empereurs, et avec eux elle-même comme une déesse, dans des temples bâtis exprès? C'est l'idolâtrie que nous avons vue très-bien marquée dans l'*Apocalypse* de saint Jean [1]; mais de cette nouvelle idolâtrie qu'on veut attribuer à l'Eglise romaine, de cette idolâtrie dont le vrai Dieu est le principal objet, où l'on reconnoît la création par un seul Dieu et la rédemption par un seul Jésus-Christ; quoiqu'elle soit d'un espèce si particulière, on n'en montre pas un seul trait dans saint Jean, qui néanmoins, à ce qu'on prétend, n'a écrit que pour la faire connoître.

IV. — Démonstration que saint Jean ne parle ni du Pape ni d'aucun pasteur de l'Eglise chrétienne. Vaines objections des ministres.

Peut-être qu'on trouvera plus clairement le caractère du Pape, c'est-à-dire celui d'un pasteur de l'Eglise, que celui de l'Eglise même. Et en effet, nous dit-on, il y a la seconde bête, qui est appelée *un faux prophète*[2]; mais en cela on ne voit rien qui marque un caractère de christianisme : les païens ont leurs prophètes ; tout en est plein dans les philosophes, parmi les Egyptiens, dans Platon, dans Porphyre, dans Jamblique, dans tous les autres auteurs: on n'a qu'à voir les remarques sur le xiiie chapitre de l'*Apocalypse*, pour y voir autant de l'histoire de ces faux prophètes qu'il en faut pour épuiser le sens de l'*Apocalypse*. Mais, dit-on, le faux prophète de l'*Apocalypse* « fait venir le feu du ciel [3]; » donc, c'est le Pape. Pour moi, j'ai bien remarqué ce prestige dans les faux prophètes du paganisme, et j'en ai donné des exemples qu'on peut voir dans le *Commentaire :* mais où est ce feu du ciel que le Pape envoie? C'est, dit-on, qu'il lance le foudre de l'excommunication. Si un feu allégorique suffit, quelle abondance en trouverai-je dans l'histoire du paganisme? Il n'y a donc jusqu'ici, dans les bêtes de l'*Apocalypse*, aucun caractère de chrétien; et quand on y trouveroit le pouvoir d'excommunier en termes formels, les ministres seroient donc aussi des antechrists comme nous, puisqu'ils ne prétendent pas moins que leur excommunication pro-

---

[1] Voyez les notes sur les chap. XI, XIII, XVII. — [2] *Apoc.*, XIII, 13; XVI, 13. — [3] Voyez les notes sur le chap. XIII, 13.

noncée selon l'Evangile, est une sentence venue du ciel et un feu spirituel qui dévore les méchans. Que si c'est là un caractère de l'Antechrist, il en faudra venir aux indépendans et à l'oncle de M. Jurieu [1], qui soutient que la puissance d'excommunier, qu'on a conservée dans la réformation prétendue, étoit dès les premiers temps et dans l'Eglise romaine, la tyrannie antichrétienne qu'il falloit détruire. En un mot, quand on nous oppose la puissance d'excommunier, ou c'est l'abus, ou la chose même qu'on nous veut donner pour un caractère de faux pasteurs. Mais la chose est apostolique, et il n'y a dans saint Jean aucun mot qui marque l'abus.

V. — Que le mystère écrit sur le front de la prostituée, ne prouve point que ce soit une église chrétienne.

Mais, dit-on, la prostituée a écrit sur son front : *Mystère*[2]; elle voudra donc qu'on la respecte comme une chose sacrée. Je le veux : qui ne sait aussi que Rome païenne vouloit passer pour une ville sainte, consacrée dès son origine par des auspices éternels? C'étoit, disoit-on, par la puissante vertu de ses auspices divins, que la destinée de Rome avoit été supérieure à celle des autres villes; c'est ce qui avoit aveuglé Brennus, ôté le sens à Annibal, effrayé Pyrrhus, en sorte qu'ils ne purent tenir Rome qu'ils avoient entre les mains. D'ailleurs ne connoît-on pas les mystères du paganisme, et en particulier ceux de Rome, ses augures, ses divinations, ses consécrations, ses cérémonies cachées, ses sacrifices? On sait même que les mystères des païens étoient souvent une imitation de la véritable religion, et qu'en particulier les philosophes païens et Julien l'Apostat affectèrent quelque imitation du christianisme; ce qui donne lieu à saint Jean d'attribuer à la bête « deux cornes semblables à celles de l'Agneau [3]. » On n'a qu'à voir nos remarques sur cet endroit et sur le chapitre XIII de l'*Apocalypse*, pour y trouver clairement toute autre chose qu'une église chrétienne.

[1] Fasc. Epist., an. 1676; *Eptt. à M. Allix*, p. 145. — [2] *Apoc.*, XVII, 5. — [3] *Apoc.*, XIII, 11.

VI. — Conte ridicule de Scaliger, méprisé par Drusius, protestant, et relevé par le ministre Jurieu.

Il ne faudroit pas ici se donner la peine de rapporter un conte qui court parmi les protestans, si leur déplorable crédulité ne leur faisoit prendre pour vrai tout ce que leurs gens leur débitent. Les critiques d'Angleterre ont inséré parmi leurs remarques, « qu'un homme digne de foi avoit raconté à M. de Montmorency étant à Rome, que la tiare pontificale avoit écrit au frontal ces lettres d'or : *Mysterium*, mais qu'on avoit changé cette inscription [1]. » M. Jurieu relève cette historiette toute propre à tromper les simples, avec ces termes magnifiques : « Ce n'est pas sans une providence toute particulière que Dieu a permis qu'autrefois les papes portassent ce nom de *mystère* écrit sur leur mitre. Joseph Scaliger et divers autres ont attesté avoir vu de ces vieilles mitres sur lesquelles ce nom étoit écrit [2]. » Ce ministre artificieux ajoute du sien, que Scaliger l'avoit vu : on vient de voir que ce qu'il en écrit n'est qu'un ouï-dire de ouï-dire et sans aucun auteur certain. Drusius, auteur protestant, en est demeuré d'accord, et reconnoît que Scaliger en a parlé seulement sur la foi d'autrui : il fait même fort peu de cas de ce petit conte, dont il demande des preuves et un meilleur témoignage [3]. On se tourmenteroit en vain à le chercher : c'est un fait inventé en l'air; mais M. Jurieu ne veut rien perdre, et il trouve digne de foi tout ce qui fait, pour peu que ce soit, contre le Pape.

VII. — Sur le mot *Lateinos*; qu'il n'a rien de commun avec le Pape. Démonstration par saint Irénée, duquel il est pris.

Mais voici le grand dénouement : il est dans ce mot de *Lateinos* où saint Irénée, un si grand docteur et si voisin des apôtres, a trouvé le nombre fatal du nom de l'Antechrist. Or *Lateinos*, visiblement, c'est le nom du Pape et de l'Eglise latine dont il est le pasteur. Voilà tout ce qu'on a pu trouver : mais voyons en peu de mots ce que c'est.

[1] *Critic. ad cap.* XVII, 5, tom. VII, col., 858. — [2] *Préj. lég.*, Ire part., ch. VII, p. 171. — [3] *Critic. ad cap.* XVII, 5, tom. VII, p. 857.

C'est, dit-on, une ancienne tradition que l'Antechrist seroit Latin, et on la voit commencer dès le temps de saint Irénée. Mais premièrement on se trompe : car saint Irénée propose son mot *Lateinos*, non pas comme venu de la tradition, mais comme venu de sa conjecture particulière; et nous avons vu [1], comme il dit en termes formels, qu'il n'y a point de tradition de ce nom mystique. Mais avouons, si l'on veut, la tradition du mot *Lateinos;* saint Irénée l'entend-il d'une église? A-t-il seulement songé qu'il regardât l'Eglise latine? Ecoutons : « Ce mot, *Lateinos,* convient fort à la prophétie de l'Antechrist. » Pourquoi? « Parce que ceux qui règnent à présent sont les Latins. » Saint Irénée vouloit donc parler de ceux qui régnoient de son temps, et ne pensoit pas seulement à une église.

VIII. — Evidence de la démonstration précédente.

De là résulte ce raisonnement. Saint Jean a voulu donner à la bête qu'il nous a montrée, des caractères par où on la pourroit reconnoître : je le prouve. Il a voulu que l'on connût Rome; il l'a si bien caractérisée, qu'il n'y a personne qui ne croie la voir dans sa situation par ses sept montagnes, et dans sa dignité par son empire sur tous les rois de la terre. S'il avoit voulu marquer l'Eglise, il ne l'auroit pas désignée moins clairement : or dans toute son *Apocalypse* on ne trouve pas un seul mot qui marque la bête, ni la prostituée comme une église corrompue. Donc, démonstrativement, ce n'est pas là ce qu'il a voulu marquer.

IX. — Confirmation de cette preuve, parce que saint Jean a évité d'appeler du nom d'*adultère* la prostituée de son *Apocalypse.*

Loin de marquer la prostituée comme une église corrompue, nous avons montré clairement qu'il a pris des idées toutes contraires à celles-là, puisqu'au lieu de produire une Jérusalem infidèle, ou du moins une Samarie, autrefois partie du peuple saint, comme il auroit fait s'il avoit voulu nous représenter une église corrompue, il nous propose une Babylone qui jamais n'a été nommée dans l'alliance de Dieu. Nous avons aussi remarqué [2]

---

[1] *Préf.*, 5, n. 25. — [2] *Préf.*, n. 9, 10.

qu'il n'avoit jamais donné à la prostituée le titre d'épouse infidèle ou répudiée, mais que partout il s'étoit servi du terme de *fornication* et de tous ceux qui revenoient au même sens. Je sais que ces mots se confondent quelquefois avec celui d'*adultère ;* mais le fort du raisonnement consiste en ce que, de propos délibéré, saint Jean évite toujours ce dernier mot, qui marqueroit la foi violée, le mariage souillé et l'alliance rompue : tout au contraire de ce que Dieu fait en parlant de Juda et d'Israël, de Jérusalem et de Samarie, à qui il ne cesse de reprocher *qu'elles sont des adultères,* qui ont méprisé *leur premier Epoux,* en s'abandonnant aux dieux étrangers. C'est pourquoi il parle ainsi dans Ezéchiel ; « Je t'ai, dit-il, introduite au lit nuptial : je t'ai engagé ma foi par serment : j'ai fait avec toi un contrat, et tu es devenue mienne; et cependant, poursuit-il, tu as prostitué ta beauté aux dieux étrangers : ainsi, conclut-il, je te jugerai du jugement dont on condamne les femmes adultères, parce que tu es du nombre de celles qui ont abandonné leur époux [1]. » C'est ce que le même prophète répète en un autre endroit : « Samarie et Jérusalem, dit-il, sont des femmes adultères, et elles seront jugées comme on juge de telles femmes; elles seront lapidées [2] ; » qui est, comme on sait, le supplice des épouses infidèles, afin que rien ne manque à la figure. Mais qu'y a-t-il de plus clair que ce qu'il avoit dit auparavant ? « Tu t'es bâti un lieu infâme, » c'est-à-dire un temple d'idoles; « et tu n'y as pas été comme une femme publique qui se fait valoir en faisant la dédaigneuse, mais comme une femme adultère, qui reçoit des étrangers dans la couche de son époux [3]. » Le Saint-Esprit a jugé cette image si propre à donner aux Juifs et aux chrétiens qui manqueroient à la foi promise à Dieu une juste horreur de leur infidélité, qu'il la met sans cesse à la bouche de tous ses prophètes ; car écoutez Jérémie : « Un mari ne recherche plus la femme qu'il a quittée et qui s'est donnée à un autre homme : tu t'es abandonnée à tes amans ; toutefois reviens à moi, je te recevrai. Viens me dire : Vous êtes celui à qui j'ai été donnée étant vierge [4]. » Et dans une autre vision : « J'ai

---

[1] *Ezech.,* xvi, 8, 15, 31, 32, 38, 45. — [2] *Ezech.,* xxiii, 37, 45, 47. — [3] *Ezech.,* xvi, 31. — [4] *Jerem.,* iii, 1, 4.

répudié la rebelle et l'infidèle Israël à cause de ses adultères, et je lui ai envoyé la lettre de divorce; mais l'infidèle Juda, sa sœur, n'a point profité de cet exemple, s'abandonnant elle-même à ses amans et commettant adultère avec les idoles de bois et de pierre. Revenez néanmoins, convertissez-vous, parce que je suis votre époux[1]. » Isaïe n'en dit pas moins : « Quelles sont les lettres de divorce que j'ai envoyées à votre mère[2]? » Et Osée : « Jugez, jugez votre mère, parce qu'elle n'est plus ma femme, et je ne suis plus son mari; qu'elle efface ses adultères[3]. » Et un peu après : « Elle reviendra, et me dira : O mon cher époux[4]. » Tout est plein d'expressions semblables dans les prophètes : mais j'en ai rapporté assez pour faire voir que le Saint-Esprit s'y plaît, parce qu'en effet il n'y en a point de plus propre à nous faire sentir l'horreur de nos prévarications contre Dieu, la justice de ses vengeances quand il nous punit, et l'excès de sa bonté quand il nous pardonne. Si donc la prostituée que saint Jean dépeint avec de si horribles couleurs, est une église infidèle, comme Jérusalem et Samarie, pourquoi évite-t-il si soigneusement de lui donner les mêmes titres? Pourquoi Dieu ne marque-t-il en aucun endroit qu'il punit en elle la foi méprisée? Que ne lui reproche-t-il, comme à l'infidèle Jérusalem, « les joyaux » qu'il lui a donnés en l'épousant, « l'eau sainte dont il l'a lavée, et les immenses richesses dont il l'a dotée dans sa misère[5]? » Saint Jean, à qui l'ange dit[6], comme on a vu[7], que pour écrire son *Apocalypse*, il a été rempli de l'esprit de tous les prophètes, et qui en effet emploie toutes leurs plus belles figures pour en montrer dans ce divin livre un parfait accomplissement : que n'a-t-il du moins une fois donné à la prostituée le nom de *répudiée* et d'*adultère?* Jésus-Christ avoit bien appelé les Juifs, *race mauvaise et adultère*[8], les regardant comme un peuple qui violoit l'alliance. Mais saint Jean évite exprès toutes les expressions semblables, comme nous l'avons démontré; sa prostituée n'est jamais une épouse corrompue, comme le furent Samarie et Jérusalem; elle n'est qu'une femme publique, et

---

[1] *Jerem.*, III, 8, 9, 14. — [2] *Isa.*, L, 1. — [3] *Ose.*, II, 2. — [4] *Ibid.*, 16. — [5] *Ezech.*, XVI, 9, 10 et seq. — [6] *Apoc.*, XXII, 6. — [7] Voyez ci-dessus *Préf.*, n. 1, 2. — [8] *Matth.*, XII, 19; XVI, 4; *Marc.*, VIII, 38.

ne reçoit de reproches que ceux que nous avons vu[1] qu'on faisoit à une Tyr, à une Ninive, à une Babylone, à une Sodome, à une Egypte, tous peuples qui n'avoient jamais rien eu de commun avec le peuple de Dieu et n'avoient jamais été compris dans son alliance.

X. — Deux endroits de l'*Apocalypse* produits par les protestans, et leur inutilité.

Au défaut de ces grandes marques d'épouse infidèle que les ministres devroient montrer partout dans l'*Apocalypse*, et qu'ils ne montrent en aucun endroit, ils s'attachent à deux passages tournés d'une étrange sorte, le premier tiré du chapitre xi, et le second du chapitre xviii.

Ils disent donc premièrement, qu'il y a *un parvis du temple qui sera livré aux Gentils, et qu'ils fouleront aux pieds la cité sainte.* Cela, disent-ils, s'entend de l'Eglise considérée dans son extérieur[2]; j'en conviens sans hésiter. Donc il y aura dans l'Eglise une nouvelle espèce de gentilité, qui en remplira les dehors, encore qu'elle ne pénètre pas jusqu'à l'intime, qui sont les élus. Où va-t-on prendre cette conséquence? Où, dis-je, prend-on cette gentilité dont nous verrons dans la suite qu'on ne pourra donner la moindre marque? Mais sans s'arrêter à ces chimères qu'on avance en l'air et sans preuve, ce que veut dire saint Jean n'est pas obscur[3] : c'est que les Gentils, les vrais Gentils que tout le monde connoît, les adorateurs des faux dieux, de Junon et de Jupiter, fouleront aux pieds tout l'extérieur de la vraie Eglise, en abattront les maisons sacrées, en affligeront les fidèles, en contraindront à l'apostasie les membres infirmes. Donc la société antichrétienne marquée dans l'*Apocalypse*, est une église ou il y aura des Gentils, et une nouvelle gentilité dont l'Ecriture ne dit pas un mot : où en est-on réduit quand on n'a que de telles preuves pour établir des prodiges si nouveaux?

Celle qu'on tire de la Babylone de l'*Apocalypse*, dont le peuple

---

[1] *Préf.*, n. 9, 10. — [2] Jurieu, *Accomp. des Prophéties*, 1 part., chap. xi, p. 176 et suiv.; *Lett.* xii, an. 3, p. 89, etc. — [3] Voyez les notes sur le chap. xi, 1.

de Dieu doit sortir [1], est de même genre. Le peuple de Dieu y est, j'en conviens, comme il étoit autrefois dans l'ancienne Babylone : donc c'est une église chrétienne qui renferme le peuple de Dieu dans sa communion. On ne sait plus d'où vient cette conséquence, ni à quel principe elle tient : il faut conclure tout le contraire, et dire que la Babylone de saint Jean est une Rome païenne qui, à l'exemple de l'ancienne Babylone, renfermoit les enfans de Dieu dans son enceinte, non pas comme ses citoyens et comme ses membres, mais comme ses ennemis et ses captifs : de sorte que pour être mis en liberté, il en faut sortir, non pas comme on sort d'une église sans changer de place, en quittant sa communion ; mais comme on sort d'une ville, en cessant effectivement de demeurer renfermé dans ses murailles, qui nous tenoient lieu d'une prison. Voilà qui est clair ; mais je me réserve à dire encore aux ministres sur ce sujet des choses plus concluantes.

XI. — *Autre objection ridicule sur un jeu de mots. Ce que c'est dans l'Apocalypse que vendre les ames. Témoignage des savans protestans.*

Voilà, de très-bonne foi, ce qu'on nous objecte pour montrer que la Babylone de l'*Apocalypse* est l'Église romaine : il y a néanmoins encore une objection, mais qui m'a presque échappé, tant elle est mince ; c'est que dans le sac de la nouvelle Babylone, qui est décrit au xviii° chapitre de l'*Apocalypse*, on compte les ames parmi les marchandises qu'on y achetoit. Voici en effet comme les marchands déplorent la ruine de leur commerce dans la chute de cette ville opulente : « Personne, disent-ils, n'achètera plus ni les beaux ouvrages d'or et d'argent, ni les pierreries, ni les parfums, ni les chevaux, ni les carrosses, ni les esclaves, ni les ames des hommes. » Dumoulin et les autres ministres veulent qu'on entende ici le trafic des ames qu'ils font exercer à la Cour de Rome ; et le ministre Jurieu, qui n'ose insister sur une si misérable observation, ne veut pas qu'on la méprise tout à fait [2]. Ces messieurs devroient du moins se souvenir que la Rome dont parle saint Jean est l'acheteuse ; au lieu que celle dont ils nous parlent et à qui ils

---

[1] *Apoc.*, XVIII ; *Accomp. des Prophéties*, Ire part., p. 269 ; *Lett.* XII. — [2] *Accomp. des Prophéties*, II° part., chap. XII, p. 214.

attribuent ce sale commerce, est celle qui vend : si bien que pour entrer dans leur idée, saint Jean auroit dû dire que sa Babylone ne trouve plus de marchands à qui elle vende ses marchandises, et non pas, comme il fait, que les marchands ne la trouvent plus pour acheter les leurs. On voit donc bien que ces téméraires interprètes ne songent qu'à éblouir ceux qui lisent sans attention la sainte parole. Nous les avons renvoyés aux critiques et à la *Synopse* d'Angleterre [1], pour y être convaincus, par le témoignage des meilleurs auteurs protestans, que les ames dont le débit cesse dans la chute de la Babylone de saint Jean, selon le style de l'Ecriture, ne sont autre chose que les hommes ; de sorte que tout le mystère, c'est que dans une ville comme Rome, où étoit l'abord de tout l'univers, on vendoit chèrement avec les autres marchandises que saint Jean rapporte, tant les esclaves que les hommes libres, et que ce commerce cesseroit par sa ruine ; par où cet apôtre continue à nous donner l'idée d'une grande ville qui périt, et non pas d'une église qu'on dissipe.

Ainsi la démonstration est complète de tout point en cette sorte : s'il y avoit quelque chose à marquer bien expressément dans la Babylone de l'*Apocalypse*, c'est ce qu'elle auroit de plus particulier : or cela, dans le système des protestans, c'est qu'elle devoit être une église chrétienne, et encore la principale : il n'y en a pas un mot dans l'*Apocalypse*. En parcourant tout ce qu'on a pu ramasser contre nous depuis cent ans, nous n'avons trouvé, ni dans les deux bêtes, ni dans la prostituée de saint Jean, aucun trait ni aucun vestige d'une église corrompue : mais au défaut de toutes preuves, on présente ensemble à des esprits prévenus la pourpre, la prostitution, les sept montagnes, le mystère et les autres choses dont le mélange confus éblouit de foibles yeux et fait mettre l'Eglise romaine, contre laquelle on est préoccupé, à la place de la ville de Rome que saint Jean avoit en vue, comme celle qui de son temps et dans les siècles suivans tyranniseroit les fidèles.

[1] Voyez les notes sur ce passage.

XII. — Réflexion sur ce qui vient d'être dit. On passe au second défaut du système des protestans, qui est de détruire tous les caractères marqués dans l'*Apocalypse*.

Vous qui vous laissez éblouir à de si vaines apparences et qui, à quelque prix que ce soit, voulez voir une église chrétienne dans la Babylone de saint Jean, sans que cet apôtre, qui l'a si bien caractérisée, vous en ait donné la moindre marque : mes chers frères, n'ouvrirez-vous jamais les yeux pour considérer jusqu'à quel point on abuse de votre crédulité? Vos ministres vous disent toujours : Lisez vous-mêmes, vous avez en main la sainte parole ; vous n'avez qu'à voir si vous n'y trouverez pas tout ce que nous vous disons. C'est par cette trompeuse apparence qu'ils vous déçoivent ; c'est par cet appas de liberté apparente qu'ils vous font croire tout ce qui leur plaît. L'*Apocalypse* vous en est un bel exemple : vous croyez y voir tout ce qu'ils vous disent, et le Pape vous y paroît de tous côtés ; mais vous ne vous apercevez pas qu'on vous a premièrement inspiré une haine aveugle contre l'Eglise romaine. Prévenus de cette haine, vous voyez tout ce qu'on veut : vos ministres n'ont plus à vous ménager ; et il n'y a rien de si grossier ni de si faux, qu'ils ne vous fassent passer pour des vérités capitales. N'épargnons pas nos soins pour rompre cette espèce d'enchantement, et tâchons de vous faire voir le second défaut de vos interprétations.

XIII. — Les chapitres xiii et xvii de l'*Apocalypse* : deux choses à considérer.

Je commence cet examen par le chapitre où de l'aveu des ministres, comme du nôtre, consiste le dénouement de la prophétie, c'est-à-dire le chapitre xvii⁰ conféré avec le xiii⁰.

Il y a deux choses dans ces chapitres, les sept têtes et les dix cornes, où saint Jean explique lui-même qu'il faut entendre sept rois d'un côté et dix rois de l'autre [1]. Voilà un fondement certain : mais les protestans ajoutent d'un commun accord que les sept rois signifient l'Empire romain dans tous ses états, et que les dix rois

[1] *Apoc.*, xvii, 9, 12.

en représentent le démembrement et la chute, qui devoit être le signal de la naissance de leur prétendu Antechrist romain. Pour faire toucher au doigt combien leurs conjectures sont malheureuses, je n'aurois qu'à répéter ce que j'en ai dit ailleurs[1] : mais je veux aller plus avant. Il est vrai que dans un ouvrage comme celui des *Variations,* j'avois cru devoir seulement, en historien, marquer cinq ou six grands traits du système des protestans ; mais ce peu que j'en avois dit pour le faire bien connoître étoit décisif; et ceux qui doutent encore qu'il y eût de quoi imposer silence au ministre Jurieu, le vont voir par ses réponses.

XIV. — Les sept têtes pour les sept formes de gouvernemens. Première illusion des protestans.

Je commence par les sept rois; c'est, dit-on, sept formes de gouvernement par lesquelles Rome a passé : les rois, les consuls, les dictateurs, les décemvirs, les tribuns militaires avec la puissance de consul, les empereurs et finalement les papes; voilà, dit-on, les sept rois ; et c'est de quoi tous les protestans conviennent d'un commun accord.

C'est déjà une bizarre imagination de prendre des rois pour des formes de gouvernement, et de compter parmi les rois de Rome les consuls qui les ont chassés : c'est ce que j'avois objecté dans l'*Histoire des Variations*[2]*;* et le ministre n'en dit pas un mot dans sa XIIIe *Lettre pastorale,* où il entreprend expressément de répondre à ce que j'avois objecté sur les sept rois; mais il dissimule des choses bien plus pressantes. Je lui avois demandé [3] où il avoit pris que *des formes de gouvernement fussent des rois;* quel exemple de l'Ecriture il en avoit ; où il y trouvoit qu'un roi fût autre chose qu'un homme seul en qui résidât la puissance souveraine, et en un mot un monarque ; comment donc il pouvoit penser que deux consuls, ou dix décemvirs et sept ou huit tribuns militaires fussent un roi; dans quel endroit de l'histoire sainte, dans quelle figure des prophètes il avoit trouvé une façon de parler si bizarre et si nouvelle. Il sait bien en sa conscience qu'il n'en a aucun exemple : aussi ne se défend-il de cette objection que par

[1] *Hist. des Var.,* liv. XIII, n. 32 et suiv. — [2] *Ibid.,* n. 32. — [3] *Ibid.*

le silence. J'avois fait plus : non content de lui faire voir que dans toute l'Ecriture il n'y avoit rien de semblable à ce qu'il prétendoit, je lui avois montré tout le contraire au même lieu de l'*Apocalypse* dont il s'agissoit, en lui proposant un raisonnement qui se réduit à cette forme. Dans le chapitre XVII de l'*Apocalypse*, qui est celui dont nous disputons, les sept rois du verset 9 sont des rois de même nature que les dix rois du verset 12. Or ces dix rois sont de vrais rois, comme on en demeure d'accord, et non pas indéfiniment toute forme de gouvernement. Les sept rois sont donc aussi des rois véritables et pris à la lettre, et ce seroit tout brouiller que de prendre les rois en trois versets dans des significations si opposées.

Tout cela étoit compris manifestement dans cette demande des *Variations :* « Pourquoi les sept rois du verset 9 sont-ils si différens des dix rois du verset 12, qui constamment sont dix vrais rois, et non pas dix sortes de gouvernement[1] ? » Je ne pouvois mieux établir le style de l'*Apocalypse* que par l'*Apocalypse* même, ni le sens d'un verset qu'en le conférant avec un autre verset qui suit de si près celui dont il s'agit. Il falloit donc du moins dire quelque chose sur un passage si précis et si clairement objecté : mais le ministre se tait, et il croit satisfaire à tout en disant au commencement que mes preuves sont « si pitoyables, qu'il » croit que j'ai voulu « trahir ma cause[2] ; » pendant qu'il les sent si fortes, qu'il n'a osé seulement les faire envisager à son lecteur.

Mais après avoir vu ce qu'il a tu, voyons du moins s'il réussit dans ce qu'il a dit. De toutes mes objections sur les sept formes de gouvernement[3], il ne répond qu'à celle-ci : « Si saint Jean a voulu marquer tous les noms de la suprême puissance parmi les Romains, pourquoi avoir oublié les triumvirs ? N'eurent-ils pas pour le moins autant de puissance que les décemvirs ? Que si l'on dit qu'elle fut trop courte pour être comptée, pourquoi celle des décemvirs, qui ne dura que deux ans, le sera-t-elle plutôt ? » Puisque c'est ici la seule objection qu'il choisit pour y répondre, c'est celle où il se sent le plus fort : mais écoutons ce qu'il dit : C'est que saint Jean ne parle point des triumvirs, « parce que les triumvirs doi-

[1] *Hist. des Var.*, liv. XIII, n. 32. — [2] *Lett.* XIII. — [3] *Var.*, ibid.

vent être rapportés à la dictature perpétuelle. Et en effet, poursuit-il, le triumvirat d'Auguste, de Lépide et d'Antoine fit partie de la dictature perpétuelle établie par Sylla et par César. La république ne fut érigée en forme d'empire qu'après le triumvirat; car quand nous mettons les dictateurs pour l'un des gouvernemens, nous n'entendons pas cette dictature extraordinaire qui ne duroit quelquefois qu'un mois ou deux, et même beaucoup moins. Nous entendons ici cette dictature perpétuelle qui fut érigée par Sylla, et qui continua jusqu'à l'empire d'Auguste. Le triumvirat fut la fin de cette dictature perpétuelle, et ne fut rien autre chose que la dictature divisée et posée sur trois têtes[1]. » On ne peut pas brouiller davantage l'idée des choses. Si ce ministre avoit consulté M. Grævius, ou quelqu'autre de ces savans hommes qui ont cultivé les belles-lettres, il n'auroit pas dit que Sylla avoit érigé la dictature perpétuelle, comme si cette magistrature fût devenue de son temps ordinaire à Rome; ce ne fut qu'un pouvoir extraordinaire donné à Sylla, qui devoit expirer avec sa vie. Après qu'il l'eut abdiqué, comme il fit au bout de trois ou quatre ans, le consulat reprit le dessus trente ans durant; de sorte qu'il n'y a rien de plus contraire à l'histoire, que de faire continuer ce gouvernement jusqu'aux empereurs. Il est vrai qu'après ces trente ans la dictature perpétuelle fut donnée à César, qui en jouit cinq ou six ans, et le triumvirat suivit de près. Mais il ne fut jamais établi pour être perpétuel, puisqu'il ne devoit durer que cinq ans : de sorte qu'il n'y avoit rien de plus éloigné de la dictature perpétuelle; et cette charge tenoit plus du consulat que de la dictature, puisque même la dictature avoit été abolie à jamais en haine de la tyrannie de César, et qu'on donna aux triumvirs la puissance consulaire : le nom même de triumvirs répugnoit à la dictature, cette dernière magistrature n'étant autre chose qu'une parfaite monarchie, c'est-à-dire la souveraine puissance sans restriction dans un seul homme : de sorte que de regarder avec M. Jurieu le triumvirat comme « une dictature divisée et posée sur trois têtes, » c'est renverser la notion de cette charge. Par la même raison, on pourroit dire que le décemvirat n'étoit aussi qu'une dictature posée

[1] *Lett.* XIII, p. 100, col. 1.

sur dix têtes : on pourroit dire que la puissance des tribuns militaires, qui n'étoit en effet que la consulaire, d'où vient qu'on les appeloit *tribuni militum consulari potestate,* n'étoit que le consulat posé sur quatre ou sur six têtes, au lieu qu'auparavant il ne l'étoit que sur deux. Ainsi les tribuns militaires, qui en effet ne sont que des consuls multipliés, feroient encore moins un état à part et une forme particulière de gouvernement que les triumvirs; bien plus, les empereurs mêmes, qu'on nous donne pour si distingués des dictateurs, n'étoient en effet que des dictateurs perpétuels, c'est-à-dire, sous un autre nom, des monarques absolus. Ainsi ce nombre de sept si précis, selon M. Jurieu[1], pour distinguer les états de Rome, ne l'est point du tout : si on regarde les noms, il y en a plus de sept; si on regarde les choses, il y en a moins : c'est un nombre fait à plaisir, et tout le système protestant tombe à terre par ce seul défaut.

Quel opprobre du christianisme et de la sainte parole, de faire représenter à saint Jean tout l'Etat de Rome avec tant de confusion et de si fausses idées! Mais, dit M. Jurieu, si saint Jean n'a pas voulu poser dans Rome ces sept formes de gouvernement, on ne sait plus ce qu'il veut dire par ses sept têtes ni par ses sept rois[2]. Quoi! parce que les protestans ne savent plus où ils en sont sans ces sept états de Rome, il faudra que saint Jean ait dit toutes les absurdités qu'il leur aura plu de lui attribuer! Mais qui a dit à M. Jurieu que saint Jean ait voulu représenter tout l'Etat de Rome? Nous lui ferons bientôt voir le contraire par lui-même. Qui lui a dit que ce saint apôtre, dans un si grand nombre d'empereurs, n'en ait pas voulu choisir sept à qui convienne cet endroit de sa prophétie; ou bien qu'il n'ait pas voulu désigner un certain temps où il y ait eu en effet sept empereurs sous qui l'Eglise ait souffert? Que si tous ses dénouemens, qui ont contenté d'autres interprètes, ne lui plaisoient pas, ne valoit-il pas mieux avouer qu'on n'entendoit pas un passage obscur, que de n'y trouver de sortie qu'en faisant dire des extravagances à un prophète?

[1] *Lett.* xiii, p. 100, col. 1. — [2] *Ibid.*

XV. — Incertitude des protestans et renversement prodigieux de l'histoire dans leur système.

J'avois encore objecté aux protestans leur incertitude sur la naissance de l'Antechrist. Crépin le faisoit naître vers le temps de Grégoire VII; Dumoulin remontoit de quelques siècles, et le faisoit commencer vers l'an 755 [1]. On verra que cette opinion ne s'accorde guère avec les principes de la Réforme, qui demandent que l'Antechrist naisse dans le temps que l'Empire romain se démembre : mais c'est qu'on n'osoit pas remonter plus haut, et on respectoit le temps de saint Grégoire, loin de porter ses attentats jusque sur saint Léon : c'est pourquoi d'autres protestans mettoient l'Antechrist naissant un peu après saint Grégoire, sous Boniface III, à cause, à ce qu'on prétend, quoique sans preuve, qu'il se dit évêque universel. M. Jurieu, plus hardi que tous les autres, remonte jusqu'à saint Grégoire dans ses *Préjugés légitimes* [2], et même jusqu'à saint Léon dans son *Accomplissement des prophéties*. Nous avons vu [3] que rien n'empêchoit qu'on ne remontât jusqu'à saint Innocent, n'étoit que les mille deux cent soixante ans qu'il faut donner nécessairement au règne de l'Antechrist, seroient écoulés, et l'imposture confondue par l'expérience. Voilà ce qui a sauvé saint Innocent; car tout le reste lui convenoit aussi bien qu'à saint Léon, et l'audace ne manquoit pas à notre interprète.

Il compte pour rien ces variations, et il croit tout sauver en répondant que le Pape n'en est pas moins l'Antechrist [4], quoiqu'on ne convienne pas du temps où il commence de l'être; il fait semblant de ne pas voir la difficulté. Si les marques de l'Antechrist sont aussi éclatantes qu'on le prétend dans la Réforme, elles doivent être reconnues, et par manière de dire sauter aux yeux lorsque Dieu les fait paroître. Encore si la différence n'étoit que de peu d'années, on pourroit dire qu'il faudroit quelque temps à l'Antechrist pour se déclarer : mais elle est au moins de trois cents ans; il y en a autant bien comptés de 455 où commence M. Jurieu,

---

[1] *Accomp. des Prophéties*, chap. IV, p. 215. — [2] *Préj.*, I part., p. 83, etc. — [3] *Var.*, liv. XIII, n. 22, 29. — [4] *Lett.* XIII, p. 96, 97.

jusqu'à 755 où commence Dumoulin ; des 755 de Dumoulin jusqu'au temps de Grégoire VII, il y en a encore autant : ainsi depuis le cinquième siècle jusqu'à l'onzième, il y a six cents ans, dans le cours desquels les interprètes protestans se jouent pour trouver leur Antechrist prétendu, c'est-à-dire qu'on n'y voit rien. Que le Pape soit l'Antechrist, c'est une idée que la haine inspire et qu'on suit dans tout le parti ; mais on n'a aucune marque pour le reconnoître.

Qu'ainsi ne soit. Ecoutons M. Jurieu sur les causes qui ont empêché d'en établir la naissance dans saint Léon : « C'est, dit-il, qu'on n'avoit pas fait jusqu'ici assez d'attention sur ce passage de saint Paul : « Quand celui qui tient, » c'est-à-dire, l'Empire romain, « sera aboli, alors le méchant sera révélé ; » ni à cet autre de saint Jean : « Les dix rois prendront puissance avec la bête ; » passages que les protestans ne cessent de faire valoir depuis cent ans dans toutes leurs disputes et dans tous leurs livres ; et cependant M. Jurieu nous assure que «jusqu'ici on n'y avoit pas fait assez d'attention. » Car, poursuit-il, « on y auroit vu bien nettement que l'on doit compter les ans de l'Antechrist, du temps auquel l'Empire romain a été aboli et démembré en dix royaumes [1], » c'est-à-dire au cinquième siècle. Mais si la chose est *si nette*, comment les protestans ne l'ont-ils pas vue depuis tant d'années? Tous sont d'accord avec M. Jurieu que l'Antechrist doit prendre naissance dans le démembrement de l'Empire : ils savent tous aussi bien que lui que l'Empire a été démembré au cinquième siècle : d'où vient donc qu'ils ont hésité à faire naître l'Antechrist en saint Léon, si ce n'est qu'ils gardoient encore quelque mesure avec la sainte antiquité et qu'ils n'étoient point parvenus à un si haut point d'audace?

Mais ce qui fait voir clairement qu'il n'y a là aucun fond, c'est que tout s'y dément à l'œil. Il est plus clair que le jour que saint Léon et ses successeurs, loin de changer pour peu que ce soit la forme du gouvernement de Rome, n'ont pas seulement songé à s'y attribuer la puissance temporelle ; et afin que M. Jurieu ne nous dise pas, selon sa coutume, que les Papes commencèrent

---

[1] *Lett.* XIII, 98.

alors à s'établir, ou que ce fût là, comme il parle, l'enfance du gouvernement papal, je maintiens que durant ce temps, et plus de trois cents ans durant, on ne voit dans la Papauté aucun trait de puissance politique : les Papes demeurent sujets des empereurs ou des Hérules et des Ostrogoths qui régnoient dans Rome, pour ne point parler des empereurs françois et allemands. La forme du gouvernement ne fut donc point changée à Rome par saint Léon et les autres Papes, ni au temps du démembrement de l'Empire, ni plus de trois cents ans après : par conséquent la septième tête qu'on fait commencer alors, n'est pas une forme de gouvernement. Que si l'on vouloit compter, pour septième gouvernement, le gouvernement spirituel qu'il faudroit dire que saint Léon se voulut attribuer alors, outre qu'il est bien certain que Rome, pour le spirituel, ne déféra pas plus à saint Léon qu'elle avoit fait à ses prédécesseurs, on iroit contre le système, puisqu'on y regarde la bête à sept têtes au xiiie et au xviie chapitre comme un empire mondain [1], et la septième tête de la bête comme une septième forme du gouvernement politique, continuée avec la sixième, qui est celle des empereurs ; joint qu'il seroit ridicule que saint Jean ayant entrepris de conduire la description de l'état temporel de Rome durant six gouvernemens consécutifs, le laissât là tout d'un coup pour passer au spirituel, et encore sans en avertir ni nous en donner la moindre marque. Ainsi la septième tête, qu'on veut faire commencer à saint Léon, n'est ni un gouvernement politique, ni un gouvernement spirituel. Ce n'est non plus un gouvernement mêlé du spirituel et du temporel, puisque toujours il faudroit conclure, ou que saint Léon auroit été prince temporel, contre toutes les histoires, ou que ce ne seroit pas en lui qu'auroit commencé la septième tête.

XVI. — Renversement de tout le système, démontré par un seul mot de l'*Apocalypse*.

Mais quand à force de s'être entêté de la beauté du système, on auroit dévoré ces inconvéniens ; quand on auroit par force plié son esprit à prendre des formes de gouvernement pour des rois, et

[1] *Préj. lég.*, Ire part., p. 102.

qu'on s'opiniâtreroit contre la vérité de l'histoire à soutenir que l'Antechrist saint Léon auroit du moins commencé à changer le gouvernement de Rome : voici un mot de saint Jean qui va tout foudroyer par un seul coup. Car enfin le septième roi, qui n'étoit pas encore *venu de son temps*, qui selon les protestans devoit venir en 455, au démembrement de l'Empire ou, si l'on veut, en 600, plus ou moins, en un mot, le Pape Antechrist : « Quand il viendra, dit saint Jean, il ne doit subsister qu'un peu de temps, » chapitre XVII, verset 10. C'est le caractère que saint Jean lui donne; et il ajoute au verset suivant : « Il va à sa perte, » il n'a qu'un moment de durée, et ne paroît que pour disparoître aussitôt après, verset 11. Or le Pape dure encore, et sa durée, selon le système, doit être de douze cents ans; donc il est plus clair que le jour qu'il ne s'agit pas ici du Pape.

XVII. — Illusion des ministres sur la courte durée de la septième tête.

Les ministres se moquent de nous trop grossièrement, lorsqu'ils allèguent ici[1] ces beaux passages où il est dit que « mille ans devant Dieu ne sont qu'un jour[2] : » car il ne faut pas être grand prophète pour deviner de cette sorte. Ce ne sont pas les prophètes du Seigneur; ce n'est pas un saint Jean qui prévoit ainsi ce que tout le monde sait comme lui. Il ne s'agissoit pas de comparer la durée du septième roi avec l'éternité de Dieu, devant qui tous les siècles sont moins qu'un moment; il s'agissoit de la comparer avec la durée des autres rois et des autres gouvernemens, parmi lesquels il y en avoit, comme on vient de voir, qui n'avoient duré que deux ans. Mais quand on voudroit comparer tous les six gouvernemens ensemble avec celui de la Papauté, il se trouveroit que le dernier, à qui on donne la brièveté pour caractère, « devoit lui seul durer autant et plus que tous les autres ensemble, » comme le ministre l'avoue[3] : et la preuve en est évidente, puisqu'on donne, comme on a vu, douze cent soixante ans à ce nouveau gouvernement, et que toute la durée de Rome, depuis sa fondation jusqu'à la chute de son empire, n'en a pas tant.

[1] P. 5, 99, 4. — [2] II *Petr.*, III, 8. — [3] *Accomp.*, Ire part., chap. I, p. 11.

XVIII. — Réponses des ministres Dumoulin et Jurieu; et manifeste
corruption du texte sacré.

On sera bien aise de voir ce qu'ont ici répondu les deux ministres dont le parti protestant suit maintenant les lumières, je veux dire le ministre Dumoulin et le ministre Jurieu. Le premier a bien senti le ridicule du dénouement de l'éternité, auprès de laquelle tout est court [1]; mais après tout il sait trancher ce qu'il ne peut résoudre. Au lieu que saint Jean dit mot à mot du septième roi, c'est-à-dire, selon les ministres, de la septième forme de gouvernement, que « lorsqu'il sera venu, il faut qu'il demeure peu, » ὀλίγον. Genève avoit adouci ce *peu* si tranchant, en traduisant, « pour un peu de temps; » et Dumoulin avoit encore adouci en paraphrasant, que ce septième « roi devoit demeurer quelque temps [2]; » ce qui, ce semble, lui prolongeroit un peu plus sa vie que saint Jean, qui le fait passer aussi vite qu'on le vient de voir : mais comme cela ne cadre pas encore assez juste, et qu'il ne suffit pas, pour un si durable gouvernement, de dire qu'il « demeurera quelque temps, » le ministre tranche le mot, et voici comme il interprète *le peu* de saint Jean [3] : « Et quand le septième gouvernement, » qui est celui du Pape, « sera venu, il faut qu'il dure un peu plus de temps que les autres : » tout au contraire de saint Jean, qui en comparant le septième roi avec les autres, lui donne en partage la courte durée; celui-ci le fait durer *un peu plus de temps* que tous les autres ensemble. Voilà ce qu'est devenu entre les mains des ministres cet ὀλίγον de saint Jean, qui passe si vite; et il n'y a rien à ce prix qu'on ne trouve, ou qu'on ne mette dans l'*Apocalypse*.

M. Jurieu n'ose se tenir à cette pitoyable interprétation, qui n'est qu'une corruption manifeste du texte sacré : voyons si ce qu'il invente après tous les autres vaudra mieux. « Quand la septième tête sera venue, il faut qu'elle demeure pour un peu de temps; » c'est-à-dire, selon ce ministre, « il faut qu'elle demeure pour un long temps réel, mais pour un petit temps prophé-

---

[1] Dumoulin, *Accomplissement des Prophéties*, p. 265. — [2] P. 267. — [3] P. 284.

tique¹. » Merveilleuse interprétation ! *pour un peu de temps,* c'est-à-dire, *pour un long temps !* Mais je lui impose, dira-t-il; il ne dit pas absolument que *peu de temps* c'est *un long temps;* il dit que c'est un long temps *réel.* Je l'avoue, et c'est par là que je prétends que ce *peu de temps* est d'autant plus absolument *un long temps,* qu'il est, selon le ministre, *un long temps réel;* et, selon le même ministre, un temps qui n'est court qu'à cause de la manière figurée dont il prétend qu'on l'explique : mais poursuivons, et de peur qu'il ne nous accuse de lui imposer, rapportons de suite toutes ses paroles. Le peu de temps de saint Jean, c'est « un long temps réel, mais un petit temps prophétique; car sa durée est marquée à quarante-deux mois, à douze cent soixante jours, c'est-à-dire trois ans et demi; ce qui est un petit temps dans le style prophétique, selon lequel les siècles ne sont que comme des jours². » Mais quel temps ne sera pas court en ce sens ? et pourquoi la durée de la septième tête sera-t-elle caractérisée par sa rapide brièveté, si toutes les autres têtes, à l'entendre dans le même sens, passent encore plus vite, puisqu'enfin elles occupent moins de temps réel ? C'est ce qu'il falloit expliquer : mais c'est à quoi le ministre ne songe seulement pas, parce qu'il y trouveroit sa confusion trop manifeste ; car écoutons ce qu'il ajoute : c'est que « le Seigneur, dès le temps de saint Jean, dit : *Je viens bientôt,* quoique son avénement fût éloigné de près de deux mille ans. » Ce docteur n'ignore rien; il sait dans quel temps précis doit venir le Fils de Dieu, c'est-à-dire qu'il sait ce que « les anges ne savent pas, » ce que « le Fils de l'homme » lui-même a bien voulu dire « qu'il ignoroit³; » pour faire entendre à ses apôtres qu'il leur cachoit et à son Eglise cette connoissance ; mais laissons-lui étaler sa vaine science, et venons à notre fait. Jésus-Christ a dit dans l'*Apocalypse* qu'il viendroit bientôt : en effet, il viendra bientôt pour chacun de nous, parce que le terme de notre vie, qui est celui où il vient pour nous, est bien court; et quand il faudroit entendre : *Je viendrai bientôt,* par rapport à l'avénement général et dernier, le ministre ne comprendra-t-il

---

[1] *Préf. légit.,* Iᵉʳᵉ part., chap. VII, p. 124.— [2] *Ibid.*— [3] *Matth.,* XXIV, 36; *Marc.,* XIII, 32.

jamais que Jésus-Christ, quand il parle, peut bien dire que devant lui, et par rapport à l'éternité qui lui est toujours présente, tout est court ; mais que cette façon de parler, qui abrége également tous les temps, n'est pas celle que l'on emploie lorsqu'on veut les caractériser en particulier? Continuons : « Ce temps, qui prophétiquement et figurément parlant étoit très-court, parce qu'il n'étoit que de trois ans et demi prophétiques, devoit être par égard aux hommes, fort long, puisqu'il devoit être de douze cent soixante ans. » Avouons qu'on ne s'entend guère soi-même, quand on se jette dans de telles ambiguïtés, et qu'on se charge inutilement de tant de paroles. Ce que veut dire le ministre, c'est que ce temps, qui figurément est fort court, est en effet, à le bien entendre et à prendre l'esprit de la prophétie, non-seulement long, mais encore *fort long* : de sorte que le saint apôtre, qui l'appelle court absolument, parle dans le sens de ceux qui l'entendront mal, et non par rapport à la vérité selon laquelle il est *fort long*. Qui vit jamais de tels embarras? et n'est-ce pas montrer à saint Jean qu'il ne s'entend pas lui-même, puisqu'il appelle peu de temps un temps qui en effet est très-long, mais que les ignorans seuls prendront pour très-court?

Après cela le ministre s'applaudit encore : « Et c'est, dit-il, une chose extrêmement remarquable, que Dieu ait divisé la durée de Rome en deux périodes, environ de douze cent soixante ans chacune; en sorte qu'autant de temps qu'avoit duré Rome païenne, autant doive durer Rome antichrétienne. » Voilà les belles remarques dont on amuse les simples, qui cependant n'aperçoivent pas qu'en divisant en sept parts l'histoire de Rome, celle qu'on fait appeler courte par saint Jean est celle qui constamment, et de l'aveu du ministre, a seule duré autant, et plus même, comme on vient de voir[1], que toutes les autres ensemble.

Mais pourquoi disputerois-je ici davantage contre une si déplorable interprétation, puisque le ministre même l'abandonne dans sa lettre xiiie? C'est lui qui nous vient de dire : « Quand cette septième tête, » qui est aussi le septième roi, « sera venue, il faut qu'elle demeure pour un peu de temps : » maintenant il dit tout

[1] Sup., n. 17.

le contraire. « Nous répondons, dit-il, que ces paroles : *Il faut qu'il subsiste peu,* ne se doivent pas rapporter à la septième tête, mais à celui que saint Jean appelle le huitième roi [1]. » Voici un nouveau dénoûment : tout à l'heure c'étoit, selon lui, la septième tête *qui demeuroit peu,* et il se tourmentoit à expliquer comment lui convenoit cette courte durée; maintenant ce n'est plus la septième tête : ce n'est donc plus par conséquent *le septième roi,* puisque ce septième roi c'étoit, selon saint Jean, *la septième tête :* « Les sept têtes, dit-il, sont sept montagnes et sept rois : cinq sont tombés; l'un est, et le septième n'est pas encore; et quand il sera venu, il faut qu'il subsiste peu [2]. » C'est donc le septième roi qui subsiste peu; par conséquent *la septième tête,* puisque *les sept têtes sont sept rois;* et le ministre ne se dément lui-même que pour démentir saint Jean encore plus ouvertement.

Voilà comme est traitée la parole sainte par ceux qui ne cessent de nous vanter qu'elle est leur règle; voilà comme ils développent les prophéties, et comme ils trompent un peuple crédule. Le charitable lecteur me plaint, je le sais, d'avoir à réfuter sérieusement ces absurdités : mais la charité de Jésus-Christ nous y contraint et il faut voir si en travaillant à lever les difficultés dont on embarrasse nos malheureux frères, nous en pourrons sauver quelques-uns.

Ecoutons donc avec patience tout ce que dit le ministre : « Celui, dit-il [3], qui doit subsister peu n'est pas la septième tête, » mais c'est celui « que saint Jean appelle le huitième roi [4]. La bête qui étoit, dit-il, qui n'est plus, est aussi le huitième roi. » Le ministre veut embrouiller la matière; car, je vous prie, à quoi sert ici ce huitième roi dont saint Jean ne parle pas dans le verset dont il s'agit? « Ce huitième roi, dit saint Jean [5], est un des sept; » c'est-à-dire, comme nous l'avons expliqué, qu'il y a un de ces sept rois qui revient deux fois, et qui pour cela étant le huitième, ne laisse pas d'ailleurs d'être un des sept : mais ce roi, quel qu'il puisse être, ne sert de rien au septième dont nous parlons, puisque saint Jean ne dit pas qu'il soit le septième, mais seulement un des sept; et quoi qu'il en soit, s'il est aussi le septième, il sera donc malgré

---

[1] *Lett.* XIII, p. 100. — [2] *Apoc.,* XVII, 9, 10. — [3] *Lett.* XIII, p. 100. — [4] *Apoc.,* XVII, 11. — [5] Voyez explic., chap. XVII, 11.

le ministre celui qui durera peu, et dont il faudroit pouvoir prolonger la vie pour soutenir le système. Non, dit M. Jurieu, « ce huitième roi se fait par la division des empereurs qui se coupent en deux, empereurs païens et empereurs chrétiens; et c'est cette dernière moitié de tête qui devoit subsister peu. » Il se trouble; ces empereurs, soit païens, soit chrétiens, appartiennent au sixième roi, et à la sixième tête : qu'il compte bien ; les six premiers rois du système protestant sont les rois de Rome, ses consuls, ses décemvirs, ses dictateurs, ses tribuns, ses empereurs. Ces empereurs sont donc le sixième roi ou, ce qui est la même chose, la sixième tête : or ce n'est pas du sixième roi, mais distinctement du septième, que saint Jean a dit *qu'il dure peu.* Il ne parle donc en aucune sorte ni des empereurs païens, ni des empereurs chrétiens, soit qu'ils durent peu ou beaucoup; mais il parle du septième roi, qui, selon les protestans, est le Pape, dont l'empire *doit durer peu,* quoiqu'il dure douze cent soixante ans. Je ne sais plus quand il est permis de dire à un homme qu'il s'égare et je ne sais plus comment on revient de son égarement, si ce n'est lorsqu'il est si visible : cependant les peuples écoutent ces faux pasteurs qui, comme disoit Ezéchiel, « leur gâtent leurs alimens, » c'est-à-dire la sainte parole, « en les foulant aux pieds, » de peur qu'ils ne se nourrissent, « et qui leur troublent l'eau » afin qu'ils ne boivent rien de pur [1].

XIX. — Blasphème du ministre Jurieu.

Ce qui passe toute croyance, c'est qu'un homme qui visiblement ne sait plus où il en est; qui pour parler très-modérément, ne va qu'à tâtons dans cette matière, pour ne pas dire qu'il choppe à chaque pas, ose encore nous assurer que les oracles des anciens prophètes sur Jésus-Christ ne sont pas plus clairs que ceux qu'il produit pour montrer que le Pape est l'Antechrist. C'est ce qu'il n'a pas de honte d'avoir écrit tout nouvellement, et en sa dernière *Lettre pastorale* [2]; et je ne m'en étonne pas, puisque je me souviens très-certainement d'avoir lu dans son *Accomplissement des prophéties*, quoiqu'à présent je n'aie pas le lieu sous ma main,

[1] *Ezech.*, XXXIV, 18, 19.— [2] *Lett.* XII, p. 92, col. 2.

que le chapitre LIII d'Isaïe, où tous les chrétiens ont cru jusqu'ici voir Jésus-Christ aussi clairement que dans les quatre évangiles, n'est pas plus formel en sa faveur que ne le sont les passages qu'il produit pour établir sa prétendue Rome antichrétienne. Je ne crois pas qu'il y ait un chrétien qui ne frémisse à un tel blasphème. Mais afin que rien n'y manquât, le ministre ajoute ces mots : « Il est certain que les chicanes des Juifs contre nos oracles sont beaucoup plus apparentes que celles des papistes, des faux protestans et des libertins, contre les oracles qui dépeignent le papisme et le Pape sous les termes de Babylone et de l'homme de péché [1]. » Voilà, mes frères, les enthousiasmes de votre prophète, voilà comme il vous apprend à reconnoître Jésus-Christ dans les prophéties, voilà comme il justifie les Juifs; et quoiqu'il avoue que des protestans qu'il appelle faux, mais qui sont aussi bien que lui dans la communion des églises protestantes, ne veulent pas reconnoître son prétendu Antechrist; il soutient qu'il est prédit aussi clairement que Jésus-Christ même, tant il est vrai que sa haine l'emporte sur sa foi, et qu'il a plus d'aversion pour le Pape que d'attachement à Jésus-Christ.

XX. — Que les protestans font dire à saint Jean sur les sept gouvernemens de Rome des choses, non-seulement peu convenables, mais encore visiblement fausses.

Avant que de sortir des sept rois, je demande encore aux ministres ce que font à l'*Apocalypse* et à la persécution de l'Eglise, les sept gouvernemens de Rome, dont cinq avoient précédé la naissance du christianisme. C'est, dit-on, que saint Jean vouloit décrire tout l'état de Rome que Tacite, au commencement de ses *Annales*, avoit réduit à six gouvernemens; à quoi, pour ne rien oublier, saint Jean ajoute le septième, qui est le papal. Mais, je vous prie, qu'avoit à faire saint Jean de nous décrire curieusement tout l'état de Rome, et à quoi bon ici copier Tacite? Saint Jean n'étoit pas un historien qui voulût décrire ce qui s'étoit passé devant lui, mais un prophète qui alloit nous représenter ce que Rome devoit faire ou souffrir dans la suite. Il est vrai qu'il nous

[1] *Lett.* XII, p. 92, col. 2.

veut montrer cette grande ville, mais il nous la veut montrer comme persécutrice des saints et comme enivrée du sang des martyrs de Jésus [1]. Que servoient ici les consuls, et les dictateurs, et les rois de Rome, et ses décemvirs, et ses tribuns militaires ? C'étoit, dira-t-on peut-être, pour mieux faire connoître Rome. Mais elle étoit assez marquée par ses sept montagnes, par sa domination sur toute la terre et par ses violences contre les saints qu'elle a si longtemps tyrannisés. Que si enfin saint Jean vouloit faire voir qu'il connoissoit parfaitement l'état de Rome, pourquoi donc n'a-t-il pas marqué dans le sixième gouvernement, qui étoit celui des empereurs, qu'il seroit un jour chrétien ? Pourquoi mettre des noms de blasphème également sur les sept têtes ? Qu'on en mette, à la bonne heure, sur les rois de Rome, sur ses consuls, sur ses dictateurs, qui tous étoient idolâtres, quoique les blasphèmes de la bête regardent principalement ceux qu'elle vomissoit contre l'Eglise, contre le tabernacle de Dieu et contre les saints qui y habitent [2]; ce que n'ont pas fait les consuls ni les dictateurs qui ne les connoissoient pas. Mais pourquoi mettre encore des noms de blasphème sur la sixième tête comme sur les autres, c'est-à-dire sur les empereurs ? Saint Jean ignoroit-il que ces empereurs se convertiroient et que de trois à quatre cents ans qu'ils devoient durer depuis le temps de sa prophétie, il y en avoit près de cent cinquante qu'ils devoient être chrétiens ? Cependant saint Jean les fait tous également blasphémateurs, sans épargner ni les Constantins, ni les Théodoses. Et les protestans ne s'aperçoivent pas des effroyables ténèbres qu'ils répandent sur sa prophétie, et des contradictions dont elle seroit convaincue selon leur système.

Mais voici bien plus : saint Jean veut si peu parler de Rome dans les états qui ont précédé son *Apocalypse,* qu'au contraire il dit expressément que la bête dont il parloit devoit venir : « La bête que vous avez vue, dit-il, doit s'élever de l'abîme [3]. » Elle ne s'en étoit donc pas encore élevée. En effet, saint Jean l'en voit sortir : « Je vis, dit-il, une bête qui s'élevoit de la mer [4], » et il assiste à la sortie. M. Jurieu en convient lui-même; et en parlant de la bête à sept têtes, « elle étoit à venir, dit-il, puisqu'elle de-

---

[1] *Apoc.,* XVII, 6. — [2] *Apoc.,* XIII, 6. — [3] *Apoc.,* XVII, 8. — [4] *Apoc.,* XIII, 1.

voit monter de l'abîme, » et un peu après : « cette bête qui devoit monter de l'abîme, c'est celle-là dont il a dit : *Elle n'est plus* [1]. » Je demande aux protestans quelle est cette bête qui devoit venir du temps de saint Jean, et qui devoit périr dans la suite. Si c'est l'Empire romain dans tous ses états, à commencer par les rois et à finir par le Pape, comme le veulent les ministres, saint Jean nous a trompés : il nous fait voir comme devant venir et comme commençant alors à s'élever de l'abîme un empire qui avoit déjà duré sept ou huit cents ans. Ce n'étoit donc pas de Rome ni de l'Empire romain dans tous ses états que saint Jean vouloit parler : c'est de l'Empire romain dans un certain état qui devoit venir, où il persécuteroit le christianisme avec la dernière et la plus implacable violence, comme il a paru dans le Commentaire [2]. Ainsi encore une fois, les interprètes protestans n'ont apporté aucune attention à la lecture de saint Jean ; ils n'ont songé qu'à surprendre des lecteurs aussi prévenus qu'eux et aussi peu attentifs à ce divin livre.

XXI. — Illusion des protestans sur les dix rois qui doivent d'abord favoriser Rome, et ensuite la détruire.

Pour ce qui regarde les dix rois, comparons ce que saint Jean en a dit au chapitre xvii de l'*Apocalypse,* avec ce qu'en disent les protestans ; et afin de ne nous pas embrouiller dans les noms mystérieux de cet apôtre, remarquons d'abord que la bête, la prostituée ou la femme vêtue d'écarlate, et Babylone, sont au fond la même chose : car déjà « la prostituée qui est assise sur de grandes eaux (verset 1), avec laquelle les rois de la terre se sont corrompus, et les habitans de la terre se sont enivrés (verset 2), est la grande ville qui règne sur les rois de la terre (verset 18) ; et les eaux sur lesquelles elle est assise sont les peuples et les nations » qui lui obéissent (verset 15). Cette ville qui est aussi la prostituée, est « la grande Babylone, la mère des impuretés de la terre (verset 5) ; » et c'est encore la bête aux sept têtes, puisque, « ses sept têtes sont les sept montagnes sur lesquelles la femme » c'est-à-dire la ville, « est assise (verset 9) : » de sorte, comme

---

[1] *Préj. légit.,* 1ere part., chap. vii, p. 122. — [2] Voyez sur les chap. xiii et xvii.

on l'a dit, que la femme ou la prostituée, la bête aux sept têtes et la ville aux sept montagnes, ou la Babylone mystique, sont la même chose, sans encore examiner ce que c'est. Cela étant supposé, l'histoire des dix rois est aisée à faire et consiste principalement en deux choses : l'une, « qu'ils donneront leur force, leur puissance et leur royaume à la bête, » qui est aussi la femme ou la prostituée, et la grande ville ou Babylone (verset 13, 17), et que dans la suite, « ils la haïront, la réduiront dans la dernière désolation, la dépouilleront, en dévoreront la substance ou les chairs, » c'est-à-dire les richesses et les provinces; « et la feront brûler au feu (verset 16). » Ce qui fait qu'au chapitre XVIII l'ange s'écrie, « que la grande ville de Babylone, » c'est-à-dire, en même temps, la bête et la prostituée, « avec laquelle les rois de la terre se sont corrompus, est tombée (verset 1, 2), désolée par la famine et brûlée par le feu (verset 8); » et c'est de quoi on loue Dieu au ciel dans le chapitre XIX, « parce qu'il a condamné la grande prostituée qui a corrompu la terre par sa prostitution (verset 2). »

On voit d'un coup d'œil que tout cela nous représente la même action et le même événement, et il paroît sans difficulté que c'est la chute de Rome, ainsi que je l'ai fait voir dans le Commentaire, sans qu'il soit ici besoin de le répéter. La question est maintenant si, selon la prétention des protestans, ce peut être l'Eglise romaine : mais d'abord on voit bien que non par les principes des protestans mêmes; car ils demeurent d'accord que dans le chapitre XVII, les versets où il est dit des rois qu'ils *haïront la prostituée, la désoleront, la brûleront*, en dévoreront la substance, en pilleront les trésors, en partageront les provinces, représentent au vif la chute de Rome sous Alaric ou Genséric, ou sous tel autre qu'ils voudront avec le démembrement de son empire. Car en effet c'étoit à l'Empire que tous ces rois en vouloient : ce n'étoit pas l'Eglise romaine qu'ils dépouilloient des richesses et de la domination qu'elle n'avoit pas; c'étoit l'Empire romain qu'ils envahissoient et ses provinces dont ils faisoient de nouveaux royaumes. Les protestans en conviennent; et c'est de là qu'ils concluent que le règne de l'Antechrist commence alors, à cause, selon saint

Paul, que *celui qui tenoit*, c'est-à-dire, comme ils l'interprètent, l'Empire romain, *fut aboli* [1]. Mais de cette sorte, la prostituée n'est donc plus l'Eglise romaine ; et ne peut être autre chose que la ville de Rome pillée, saccagée, brûlée, dépouillée de sse provinces et de son empire par Alaric et les autres rois, de sorte que la prophétie des dix rois qui devoient désoler Rome a eu sa fin.

C'est donc dans le système protestant une contradiction manifeste, de s'imaginer encore une autre chute de Babylone et dix rois encore une fois acharnés contre elle, cela est entièrement accompli. C'est une autre contradiction de séparer l'événement du chapitre XVII d'avec celui du chapitre XVIII ; car c'est manifestement la même prostituée, la même bête, la même ville et la même Babylone qui tombe par les mêmes mains. Ce qu'on décrit si amplement dans le chapitre XVIII, c'est ce qu'on a préparé et ce qu'on a dit en moins de mots dans le chapitre XVII. Ainsi tout est accompli : il n'y a plus d'autre Babylone dont il faille sortir de nouveau et en attendre la chute, comme font les protestans ; il n'y a plus un autre mystère à chercher ; et lorsque les protestans sont convenus que le chapitre XVII s'entendoit du démembrement de l'Empire, ils ont eux-mêmes détruit tout ce qu'ils ont dit de la corruption et de la désolation future de l'Eglise romaine.

Il ne faut donc plus s'étonner si tout se dément dans leur système. On leur demande en quoi les rois goths, vandales, saxons, françois, et les autres, ou païens, ou hérétiques, et presque tous oppresseurs de Rome et des Papes, ont aidé l'Eglise romaine, et « quelle puissance ils lui ont donnée » pour établir son empire. C'est en peu de mots ce que j'objectois dans le livre XIII des *Variations* [2]. M. Jurieu répond : « Voilà une belle difficulté pour un grand auteur ! Et où a-t-il trouvé que ces dix rois devoient donner leur puissance à la bête dès qu'ils commenceroient de régner ? Cela n'est pas dans le texte de saint Jean, cela est sorti du cerveau de M. Bossuet [3]. » Qui ne croiroit, à voir ces airs dédaigneux et malhonnêtes, que je me les suis attirés par quelque extravagance manifeste ? Mais qu'on apprenne à connoître M. Jurieu et à se con-

[1] II *Thess.* II, 7. — [2] *Var.*, XIII, 34. — [3] *Lett.* XIII, p. 100, col. 2.

vaincre ici que lorsqu'il est le plus méprisant, c'est lorsqu'il est le plus foible : car que dit le texte de saint Jean où il nous appelle? Que dit-il dans la version de Genève même? « Les dix cornes sont dix rois, qui n'ont encore commencé à régner, mais prendront puissance comme rois en un même temps avec la bête¹. » M. Jurieu et tous les ministres concluent de là que ces rois commenceront à régner en démembrant l'Empire romain, en même temps que commencera l'empire du Pape Antechrist. Poursuivons : « Ceux-ci ont un même conseil, et ils bailleront leur puissance et autorité à la bête². » Voilà par où ils commencent; et en même temps que saint Jean leur fait prendre *leur puissance*, il la leur fait communiquer à ce qu'il appelle la bête, qui est selon les ministres l'Eglise romaine : et après cela on me demande où j'ai pris *que ces dix rois devoient donner leur puissance à la bête dès qu'ils commenceroient à régner!* Mais continuons; et après avoir appris de saint Jean par où ces rois devoient commencer, et comme d'abord ils aideroient la prostituée ou la bête, passons outre, et apprenons de lui-même que dans la suite ils la haïront : « Les dix cornes que tu as vues sont ceux qui haïront la prostituée, et la rendront désolée, et la brûleront au feu³; » mais ce sera, comme il vient de dire, après l'avoir auparavant favorisée et lui avoir donné leur puissance.

Et de peur qu'on ne s'imagine que saint Jean ait renversé, quoique sans saison, l'ordre des temps, il va lui-même au-devant de cette chicane : « Car, poursuit-il, Dieu a mis dans leurs cœurs qu'ils feront ce qu'il lui plaît, et qu'ils arrêtent un même propos, et qu'ils baillent leur royaume à la bête, jusqu'à ce que les paroles de Dieu fussent accomplies⁴; » c'est-à-dire, manifestement, jusqu'à ce que la bête périsse et que l'heure de son jugement soit arrivée; et tel étoit son jugement, que par un conseil admirable de Dieu qui tient en sa main les cœurs des rois, les mêmes qui la haïssoient et qui devoient la détruire fussent auparavant ses défenseurs.

C'est ce qu'on a vu arriver à la chute de l'Empire romain⁵. On

---

¹ *Apoc.*, XVII, 12. — ² *Ibid.*, 13. — ³ *Ibid.*, 16. — ⁴ *Ibid.*, 17. — ⁵ Voyez l'explic. du chap. XVII.

a vu que les rois, ses alliés, tournèrent tout à coup leurs armes contre elle; et si M. Jurieu n'a pas voulu apprendre cette vérité de Grotius et de Hammond, il auroit pu la trouver dans Bullinger[1].

Que si au lieu de l'Empire, on entend ici l'Eglise romaine, on n'a plus besoin de demander en quel temps ces rois destructeurs devoient commencer à l'aider ou à la détruire, puisqu'ils ne l'ont ni aidée, ni détruite, ainsi que M. Jurieu le reconnoît [2].

Mais, dit-il, afin que ces rois soient dits véritablement avoir donné leur puissance à l'Eglise romaine, c'est assez qu'ils l'aient fait dans leur progrès, quoiqu'ils ne l'aient pas fait au commencement, ni plusieurs siècles après, parce qu'enfin ce sont toujours les mêmes royaumes, comme le Rhin et les autres fleuves ne laissent pas d'être les mêmes que du temps de César, encore que ce ne soient pas les mêmes eaux, parce que c'est le même lit [3].

Passons-lui la comparaison pour la France, pour l'Angleterre et pour l'Espagne; mais le Danemark, la Norwége, la Suède, la Pologne, l'Ecosse, seront-elles encore de ces fleuves qui auront commencé leur cours au temps du démembrement de l'Empire? « Autre belle difficulté, dit notre auteur! comme si le sens de l'oracle évidemment n'étoit pas que l'empire antichrétien devoit toujours avoir sous lui dix royaumes, plus ou moins [4]; » ajoutons, qui lui donnassent leur puissance; car c'est ce qu'il faut trouver pour expliquer l'oracle de saint Jean. Mais où étoient-ils, ces royaumes qui devoient être *toujours?* où étoient-ils durant tout le temps où les François et les Anglois étoient païens, où les autres royaumes étoient ariens, où tous ces royaumes ensemble, de l'aveu de M. Jurieu, ne songeoient pas seulement à agrandir l'Eglise romaine?

Ne lui tenons pas tant de rigueur; exceptons trois ou quatre cents ans de son *toujours*, et venons au point où les rois doivent enfin *donner leur puissance* à l'Eglise romaine. Quelle puissance lui ont-ils donnée? La spirituelle, peut-être, « qui est celle que Léon I et ses successeurs commencèrent à s'arroger sur toute l'Eglise [5]. » Point du tout, car saint Jean a dit que ces rois donne-

---

[1] Bulling., *Comm. in Apoc.*, hic.— [2] *Lett.* XIII, p. 100, col. 2. — [3] *Ibid.* p. 101. [4] *Ibid.* — [5] *Ibid.*

roient *leur puissance;* c'est la leur qu'ils devoient donner, c'est-à-dire la temporelle, et non pas la spirituelle, qui n'est pas à eux. M. Jurieu l'a bien senti : c'est pourquoi « nous ne disons pas, répond-il, que ce soient ces rois proprement qui aient donné au Pape leur primauté spirituelle ; ce sont les Papes qui l'ont usurpée sur les autres évêques¹. » Donc les rois ne donneront pas au Pape la primauté spirituelle, qui est celle qui proprement le constitue Antechrist, selon les ministres. Mais lui donneront-ils du moins la puissance temporelle, qui est véritablement la leur? Où trouvera-t-on dix rois qui aient donné aux Papes quelque puissance temporelle? Pour moi, je n'en connois point avant Pepin et Charlemagne, plus de trois cents ans après saint Léon, et je ne trouve alors, ni plusieurs siècles après, que les rois de France qui aient fait aux Papes de pareils présens. Où sont donc tous les autres rois qu'on veut faire prophétiser à saint Jean? M. Jurieu a tranché ce nœud en disant : « Il suffit, pour l'accomplissement de l'oracle, que dans la suite les rois aient été assez foibles pour se laisser arracher par l'Eglise romaine leurs biens temporels et leur puissance temporelle. Lui donner, selon saint Jean, leur puissance, n'est autre chose que la laisser prendre². » Voilà cette prophétie du Pape Antechrist plus claire et plus lumineuse que toutes celles où le Saint-Esprit a tracé et Jésus-Christ et son règne. Hélas! que penseront de Jésus-Christ et des prophètes qui nous l'ont promis, ceux qui ne les connoîtront que par les ministres?

Mais après les temps où les rois donnent, il faut encore trouver ceux où ils détruisent, c'est-à-dire qu'il faut venir au temps de Luther, onze cents ans après saint Léon et la naissance de l'Antechrist, pour trouver ces rois ennemis qui attaquent directement l'Eglise romaine. Mais quand est-ce que s'achèvera ce grand œuvre de sa destruction? Il faut laisser écouler douze cent soixante ans, puisque son règne doit durer autant. Est-ce ainsi qu'on fait traîner durant tant de siècles ce que saint Jean fait marcher d'un pas si rapide ; et n'y a-t-il qu'à brouiller mille ou douze cents ans d'histoire, changer la force des mots, et non-seulement renverser

---

¹ *Lett.* XIII, p. 101. — ² *Ibid.,* p. 100, 101.

tout l'ordre de la prophétie, mais encore ses propres pensées, pour faire dire à l'*Apocalypse* tout ce qu'on voudra?

C'est le désordre où l'on tombe nécessairement, en abandonnant le principe et en s'éloignant de la route. Pour n'avoir pas voulu voir ce qui est plus clair que le jour, que les chapitres xvii et xviii ne sont qu'un même événement, et que la chute de Rome avec le démembrement de son empire en font partout le sujet, les ministres ont tout confondu. Ils trouvent l'Eglise romaine où saint Jean déclare lui-même qu'il ne présente à nos yeux que la ville et son empire ; ils trouvent de nouveaux rois amis de Rome, et ensuite ses ennemis, où saint Jean ne connoît que ceux qui en effet l'ont détruite au cinquième siècle ; ils trouvent la naissance de l'Antechrist dans un lieu où il n'y en a pas une seule parole ; et pour tout comprendre en un mot, ils trouvent une chute de Rome distincte de celle où ils reconnoissent eux-mêmes la dissipation de son empire : ils arrachent les passages de toute leur suite ; ils mettent en pièces l'Ecriture, et leur système n'est autre chose qu'une éternelle profanation de cette sainte parole.

XXII. — Illusion sur l'explication du chapitre xiii, et sur la seconde bête qui y est représentée.

Ainsi la première bête des protestans, avec leurs prétendus sept gouvernemens, dont le dernier est celui du Pape et les dix rois ennemis qui devoient détruire l'Eglise romaine, est un amas de contradictions et d'impossibilités. Mais le personnage qu'ils font faire à celle que saint Jean appelle *l'autre bête*[1], n'est pas moins absurde. La dernière tête de la première bête étoit le Pape, dans lequel ressuscitoit l'Empire romain blessé à mort. La seconde bête, c'est encore le Pape qui fait adorer la première bête ressuscitée, c'est-à-dire toujours le Pape. Cette bête qui fait adorer la première bête, en fait encore adorer l'image ; et cette image c'est encore le Pape qui n'est pas un vrai empereur, mais un empereur dont l'empire est imaginaire : c'est de quoi sont pleins tous les livres des interprètes protestans[2]. Ainsi *cette autre bête*, c'est la même

[1] *Apoc.*, xiii, 11, 12. — [2] Dumoulin, Joseph Mède et Jurieu, sur ces passages de l'*Apocalypse*.

bête ; c'est le Pape qui fait adorer le Pape. A force de vouloir trouver le Pape partout, on montre qu'il n'est nulle part ; et qu'en le cherchant vainement sous toutes les figures de l'*Apocalypse*, on ne songe qu'à contenter une haine aveugle ; et il faut ici remarquer que saint Jean ne dit en aucune sorte que la seconde bête se fasse adorer elle-même, mais il dit et il répète toujours qu'elle fait adorer la première bête [1]. Si la seconde bête c'est le Pape, le Pape ne se fait donc pas adorer lui-même, contre ce que disent tous les protestans. Mais qui fait-il donc adorer ? La première bête sans doute, comme dit saint Jean. Mais est-ce la première bête dans tous ses états et Rome sous ses consuls, sous ses dictateurs, sous ses empereurs ? Le Pape les fait-il adorer ? L'ose-t-on dire ? Qui fait-il donc adorer ? L'Empire romain dans sa septième tête, qui est lui-même : ainsi il se fait adorer lui-même, et il ne se fait pas adorer lui-même. Est-ce là faire révérer les prophéties, ou les tourner en ridicule ?

Pour éviter cette absurdité que la seconde bête qui ne se fait point adorer, mais qui fait adorer la première bête, soit la même que cette première et que celle à qui elle fait rendre des adorations, quelques protestans ont trouvé qu'il falloit distinguer le Pape de la Papauté, ou de l'empire papal [2]. Dumoulin a inventé ce dénoûment ; « Le Pape, dit-il, fait adorer la hiérarchie » romaine et papale [3], et ainsi la seconde bête fait adorer la première. Mais pourquoi est-ce que la seconde bête ne sera pas aussi bien la hiérarchie romaine que la première, ou pourquoi la première ne sera-t-elle pas le Pape comme la seconde ? Le démêle qui pourra : quoi qu'il en soit, on n'a que cela à nous répondre. D'autres protestans peu satisfaits d'une si vaine subtilité, disent que l'Empire romain ressuscité, c'est l'empire de Charlemagne et des empereurs françois et allemands que le Pape fait adorer, parce que c'est lui qui l'a établi. Mais comment il fait adorer à toute la terre un empire sitôt réduit à l'Allemagne toute seule : un empire que le Pape même a banni de Rome et de l'Italie : un empire dont on lui reproche qu'il prétend pouvoir disposer par un droit tout parti-

---

[1] *Apoc.*, XIII, 12. — [2] Dumoulin, *Accomplissement des prophéties*, p. 186. — [3] *Ibid.*, p. 272.

culier, sans parler ici maintenant de mille autres absurdités, je le laisse à expliquer aux protestans.

XXIII. — Réflexion sur le nom *Lateinos* et sur le nombre 666.

Sur la défense de vendre et d'acheter qu'ils marquent comme un caractère antichrétien, on peut voir notre Commentaire [1]. Et pour le mot *Lateinos*, et ce fameux caractère du nombre de 666, je n'en dirai maintenant que ce seul mot; c'est que saint Jean se sert de ce nombre pour nous désigner le nom propre d'un certain homme particulier, comme on l'a remarqué ailleurs [2] : c'est pourquoi il dit expressément que le nombre qu'on doit trouver dans ce nom est *un nombre d'homme*, c'est-à-dire visiblement le nombre *du nom d'un homme*, du nom propre d'une personne particulière, loin que ce puisse être un mot qui comprenne également avec tous les Papes toute l'Eglise latine. Mais, avec ces limitations du sens de saint Jean, on ne dit pas ce qu'on veut; et Dumoulin, pour se mettre au large, nous apprend que ce nombre d'homme est un nombre *usité entre les hommes*[3], comme s'il y avoit des nombres qui n'y fussent pas usités : mais c'est qu'une expression si vague donnoit au ministre la liberté de se promener, non-seulement par tous les noms propres, mais encore par tous les mots de toutes les langues où il y a des lettres numérales.

Le ministre Jurieu explique autrement. Il entend par ce *nombre d'homme*, un nombre *qui ne soit pas mystique*[4] : comme si les nombres mystiques n'étoient pas aussi à leur manière des *nombres d'homme*, ou que les pythagoriciens, qui ont trouvé tant de mystères dans les nombres, dussent être exclus du genre humain. Mais enfin, poursuit le ministre, c'est que « Dieu a ses manières de compter, comme quand il signifie 1260 ans par 42 mois, et quand il compte mille ans pour un jour, ou un jour pour mille ans. » Saint Jean veut donc dire, selon lui, que le nombre 666 contenu au nom de la bête et dans ses lettres numérales, « est un nombre pur et simple dans la signification où les hommes ont accoutumé de l'employer. » Mais comment se pourroit-il faire

---

[1] Sur le chap. XIII, 17. — [2] Remarq. sur le chap. XIII, 18. — [3] *Accompl. des proph.* p. 238. — [4] *Préj.*, Ire part., chap. IV, p. 115.

autrement? Comment, dis-je, se pourroit-il faire que les lettres numérales d'un nom ne composassent point un certain nombre pur et simple? Quand un auteur, et un auteur inspiré de Dieu, dont toutes les paroles pèsent, apporte des limitations à ses expressions, c'est qu'il veut exclure un certain sens où [il suppose qu'on pourroit tomber. Or qui pourroit tomber dans cette erreur, que les lettres numérales d'un nom ne fussent pas un certain nombre pur et simple au sens que les hommes l'entendent? Ce seroit dire que les lettres numérales ne seroient pas des lettres numérales, ou que le composé de plusieurs nombres n'en seroit pas un autre de même nature, quoique plus grand. On voit donc bien que saint Jean ne visoit pas là, quand il a dit que le nombre dont il parloit étoit *un nombre d'homme* [1]; visiblement il a voulu inculquer ce qu'il venoit de dire au verset précédent, que c'étoit *le nombre d'un nom* [2], et d'un nom propre, ὀνόματος, qui caractérisoit si précisément un certain homme particulier dont il vouloit parler, qu'on ne pourroit jamais le prendre pour un autre. C'est ce que nous avons trouvé dans le nom de *Dioclès* [3], auquel, si l'on joint le titre qui désigne un empereur, on marquera tellement Dioclétien, qu'il ne sera pas possible d'y trouver un autre empereur, ni même une autre personne. Il falloit donc proposer quelque chose de semblable pour bien entendre saint Jean; et la bête seroit alors, selon le dessein de cet apôtre, un homme particulier dont le nom propre seroit connu par ses lettres numérales, et non pas un individu vague, comme on parle dans l'école, un Pape indéfiniment et en général, et encore un Pape mal désigné, puisque le mot de *Latin* ne le désigne non plus que les peuples, les communautés et les personnes qu'on appeloit autrefois et qu'on pourroit encore appeler du nom latin, *latini nominis*; joint encore ici que le Pape ne s'est jamais appelé *Latinus pontifex*, mais partout et en une infinité d'endroits, *Romanus pontifex*, *Romanus episcopus*, *Romanus antistes*, afin que la déplorable application des ministres demeure confondue de toutes parts.

[1] *Apoc.*, XIII, 18. — [2] *Ibid.*, 17. — [3] Voyez les remarq. sur ces vers. du chap. XIII.

XXIV. — Système des protestans sur les douze cent soixante jours de la persécution. Démonstration que ces jours ne peuvent pas être des années, comme les ministres le veulent.

Mais l'endroit où l'erreur est le plus visible est celui où les ministres tâchent d'expliquer les douze cent soixante jours et, ce qui est la même chose, les quarante-deux mois ou les trois ans et demi de persécution dont saint Jean parle en cinq endroits de l'*Apocalypse*. M. Jurieu demeure d'accord que si l'on prend ici les jours pour de vrais jours, en sorte que les douze cent soixante jours composent seulement trois ans et demi, c'est fait de tout le système [1]. En effet, si l'Antechrist n'est pas un seul homme; si c'est une longue suite de Papes, qui au milieu de l'Eglise doivent blasphémer contre Dieu et persécuter les fidèles, on voit bien qu'il est impossible de faire rouler pour ainsi dire dans un si court espace toute cette grande machine : c'est pourquoi les protestans ont été contraints d'avoir recours à certains jours qu'ils ont voulu appeler prophétiques, dont selon eux chacun vaut une année. Mais il n'y a rien de si vain que cette invention : car d'abord il est bien certain qu'à la manière des autres hommes, les prophètes prennent les jours pour des jours et les années pour des années, témoin ce nombre célèbre de soixante-dix années où Jérémie avoit renfermé le temps de la captivité de Babylone. Voilà très-constamment l'usage ordinaire, sans que le style prophétique y ait rien changé. C'est en vain que les protestans allèguent ici d'un commun accord les semaines de Daniel [2], puisqu'en hébreu le mot de *semaine,* qui signifie seulement un composé en général du nombre de sept (a), ne dit pas plus sept jours que sept ans, et que le sens se détermine par les circonstances. Cet exemple ne fait donc rien à notre sujet, où il s'agit de montrer, non point des expressions qui soient communes aux jours et aux ans, mais des passages précis où les jours soient pris pour des années. Or les protestans n'en ont pu trouver dans toute l'Ecriture sainte que

---
[1] *Accomp.*, Ire part., chap. XVII, p. 203 et suiv. — [2] Jurieu, *ibid.;* Dumoulin, Mède, etc.

(a) Le mot *semaine* vient aussi de *septem* et de *mana* ou *mane,* sept matins de suite.

deux de cette nature; et cette signification est si éloignée, que le Saint-Esprit dans tous les deux trouve nécessaire, en s'en servant, de nous en avertir exprès. Il faut qu'un sage lecteur se donne la peine d'entendre ceci, afin qu'il connoisse une fois le prix de ces éruditions protestantes. Ceux qu'on avoit envoyés pour visiter la Terre sainte employèrent quarante jours à la reconnoître; ils en firent un faux rapport au peuple, qui les en crut trop légèrement, et se mit à murmurer contre Moïse [1]. Pour punir ces séditieux, Dieu ordonna qu'autant de jours qu'on avoit mis à reconnoître la terre, autant seroit-on d'années à errer dans le désert. « Je vous rendrai, dit le Seigneur, chaque année pour chaque jour, et vous porterez quarante ans durant la peine de vos iniquités [2]. » Voilà le premier passage. Dans le second, Dieu ordonne à Ezéchiel [3] de se mettre en un état de souffrance pour tout le peuple d'Israël durant un certain nombre de jours; et en même temps il lui déclare que chaque jour sera, par rapport au peuple, la figure d'une année pour exprimer le temps de son iniquité ou de son supplice: « Je t'ai donné, dit-il, le jour pour année; je t'ai, dis-je, donné, » je te le répète, afin que tu l'entendes, « je t'ai donné le jour pour année. » On voit dans les deux endroits où Dieu veut figurer les années par des jours, qu'il s'en explique en termes formels; et que dans le second passage, il le répète par deux fois pour le faire entendre au prophète : tant l'expression étoit peu commune et peu naturelle. Mais sans avoir ici besoin de nous mettre en peine du dessein particulier de ces deux passages dans les *Nombres* et dans *Ezéchiel* d'où ils sont tirés, il faut venir à saint Jean dont il s'agit, et voir si c'est ainsi qu'il compte les jours. Or visiblement cela ne se peut; car quoiqu'il ait voulu figurer par ces douze cent soixante jours et par ces trois ans et demi ce qu'on peut voir dans notre Commentaire [4], toujours est-il bien certain, et on en convient [5], que dans les endroits où il en est parlé, il regarde un passage de Daniel [6] où la persécution d'Antiochus est renfermée dans le même terme : c'est donc visiblement de cet endroit de Daniel qu'il faut prendre la véritable signification des trois ans et demi

---

[1] *Num.*, XIII, 22-31. — [2] *Num.*, XIV, 33, 34. — [3] *Ezech.*, IV, 5, 6. — [4] Explic. du chap. XI. — [5] Mède, 497; Accomp., 4. — [6] *Dan.*, XII, 11.

de saint Jean, puisque c'est là que regarde cet apôtre; et la chercher dans d'autres passages que saint Jean ne regarde pas, c'est abandonner le vrai principe de l'interprétation et chercher à tromper le monde. Or il est constant dans cet endroit de Daniel, et les ministres en conviennent [1], que les jours sont de vrais jours, et non pas des ans; autrement Antiochus, un seul prince, auroit persécuté le peuple de Dieu plus de mille deux cent soixante ans : par conséquent, chez Daniel chaque an est un an véritable; et non pas trois cent soixante ans, et ainsi trois ans et demi sont vraiment trois ans et demi, sans qu'il soit permis de sortir de cette idée. C'est donc la même chose dans saint Jean; et lorsqu'on nous allègue des jours prophétiques dont chacun emporte une année, comme si Daniel que saint Jean suivoit n'étoit pas du nombre des prophètes, ou que ce fût le style ordinaire des prophéties, de prendre les jours pour des années; c'est avec de grands efforts ne chercher qu'à éblouir les ignorans.

XXV. — Contradiction du ministre Dumoulin sur le sujet des douze cent soixante jours.

Lorsqu'on force le sens naturel et qu'on prend des notions écartées, on est sujet à ne les pas suivre, et même à les oublier. Dumoulin, comme les autres ministres, veut que les jours dans saint Jean soient de ces prétendus jours prophétiques dont chacun est une année. Mais sur le chapitre XII sa bizarrerie est extrême, puisqu'au lieu que partout ailleurs les douze cent soixante jours sont douze cent soixante ans, ici, où ce nombre se trouve deux fois, ce sont des jours naturels qui composent trois ans et demi, ni plus ni moins : mais c'est qu'il n'a pas plu à Dumoulin, on ne sait pourquoi, que le Pape se rencontrât dans ce chapitre XII, où tous les autres ministres le trouvent plus présent qu'ailleurs; de sorte que n'ayant que faire de ses prétendus jours prophétiques, il est revenu naturellement à la signification ordinaire des mots. Cependant, si le Pape n'est pas là, on ne sait plus où il est; si sous quelqu'autre que lui le dragon a voulu engloutir la femme, c'est-à-dire l'Eglise, l'a poussée dans le désert, l'y a tenue si cachée qu'elle ait

[1] *Accomp. des proph.*, 1ʳᵉ part., chap. XIII, XVIII, etc.

disparu de dessus la terre, comme on prétend qu'il arrive au chapitre XII, ce pourroit bien être aussi un autre que lui qui persécute les témoins au chapitre XI, un autre qui blasphème au chapitre XIII, et qui périt aux chapitres XVII et XVIII. Et pour revenir aux douze cent soixante jours, si de cinq passages de l'*Apocalypse* où on les trouve, il y en a déjà deux où, de l'aveu de nos adversaires, ce ne sont pas des années, c'est un préjugé favorable pour les autres, puisque saint Jean a tenu partout un même langage.

XXVI. — Plus grossière contradiction du ministre Jurieu sur le même sujet.

Le ministre Jurieu s'oublie encore plus ici que Dumoulin, et il tombe dans une contradiction si manifeste, que seule elle suffira pour l'humilier, s'il est capable de sentir ses égaremens : car d'un côté, il suppose toujours dans ses *Préjugés,* dans son *Accomplissement des prophéties* et dans ses autres ouvrages [1], qu'on trouve le Pape Antechrist et la durée de son règne dans le chapitre XII de l'*Apocalypse* comme dans les autres; et dans les trois ans et demi que la femme, qui est l'Eglise, doit passer dans le désert, « tout cela signifie, dit-il, la période de la durée du papisme [2]; » et voilà bien formellement le papisme et sa durée au chapitre XII. Mais d'autre part il l'en exclut en termes aussi formels [3], puisqu'il ne trouve dans ce chapitre que les quatre cents premières années de l'Eglise; ainsi de bonne foi, il ne songeoit plus à ce qu'il a dit partout ailleurs; car dans le lieu qu'on vient de marquer, où il fait l'analyse du chapitre XII, il nous apprend que ce chapitre contient l'histoire de quatre cents ans seulement : « Nous avons, dit-il, dans ce chapitre l'histoire de l'Eglise jusqu'à la fin du quatrième siècle, ou au commencement du cinquième [4]. » Cependant, comme on vient de voir, on trouve deux fois dans ce chapitre l'espace de douze cent soixante jours, et si au compte des ministres et de M. Jurieu ces jours sont des années, ce sera quelque chose de bien nouveau de placer douze cent soixante ans dans une histoire de quatre cents, ou un peu plus. Mais le ministre ne le dit pas pour

---

[1] *Préj.*, Ire part., chap. V, p. 90; chap. VI, p. 108; *Accomp.*, Ire part., chap. XVII, 294, etc.; *Lett.* XVII de la première année, p. 139. — [2] Ci-dessous, n. 35. — [3] *Ibid.*, chap. II, p. 21 et suiv. — [4] *Ibid.*, p. 22.

une fois, il répète encore un peu après, « que saint Jean ne donne qu'un chapitre (qui est le xiie) à la première période de l'Eglise de quatre cents ans [1]. » Mais de peur qu'on ne nous objecte qu'il se sera peut-être mépris dans les chiffres, voyons tout ce qu'il renferme dans ce premier période de temps. Il y place premièrement trois cents ans de persécution ; ensuite l'arianisme et les victoires de l'Eglise depuis Constantin jusqu'à Théodose le Grand, c'est-à-dire jusqu'à la fin du quatrième siècle. C'est donc une chose bien déterminée dans l'esprit du ministre, que le chapitre xii ne contient l'histoire que de quatre cents ans, et il a parfaitement oublié que les douze cent soixante jours devoient être douze cent soixante années. Quand il voudroit dire ici, malgré tant d'autres endroits de ses ouvrages, qu'il renonce à trouver dans ce chapitre le prétendu règne du Pape, on ne sauroit plus sur quel pied il faudroit prendre les douze cent soixante jours : car, ni ce ne seroit des années, puisque douze cent soixante ans ne pourroient tenir dans quatre cents ; ni ce ne seroit des jours naturels, puisqu'ils ne pourroient jamais faire que trois ans et demi : de sorte qu'on ne saura plus sur quelle règle notre apôtre aura formé son langage, et qu'enfin il faudra dire, non-seulement que saint Jean ne parle pas comme Daniel, qui est en cet endroit son original, mais encore que saint Jean ne parle pas comme saint Jean même.

XXVII. — En accordant aux ministres que les jours sont des années, l'embarras ne fait qu'augmenter, et ils ne savent où placer leurs douze cent soixante ans.

Eveillez-vous donc, mes chers frères, du moins aux contradictions si visibles de votre prophète. Mais voici bien un autre inconvénient. C'est qu'en accordant à vos ministres tout ce qu'ils demandent, et en prenant, comme ils veulent, les jours pour années, afin de donner à la prétendue tyrannie du Pape les douze cent soixante ans dont ils ont besoin, ils ne sauroient encore où les placer. Car puisque, selon leurs principes, le prétendu Antechrist doit naître dans le débris de l'Empire, c'est-à-dire au cinquième siècle, et comme ils le fixent à présent aux environs de

[1] *Lett.* xvii de la première ann., p. 23.

l'an 435, sous saint Léon, c'est à ce terme qu'il faut commencer la persécution antichrétienne, la guerre faite aux saints et les blasphèmes de la bête. La démonstration en est claire, puisqu'il est constant dans saint Jean que la Cité sainte est foulée aux pieds ; que les fidèles sont dans l'oppression ; que la femme, qui est l'Eglise, est dans le désert ; et que la bête blasphème et fulmine contre les saints durant tout le temps des douze cent soixante jours qu'on prend pour années [1]. Il faut donc trouver dans la chaire de saint Pierre et dans l'Eglise romaine, à commencer depuis saint Léon, douze cent soixante ans de blasphème ; ce qui fait horreur à penser et n'est pas seulement une impiété, mais encore une fausseté criante.

Ce blasphème qu'il faut trouver dans l'Eglise romaine, se doit trouver dans toutes les autres Eglises qui communioient avec elle, c'est-à-dire dans toutes les Eglises catholiques : car on convient qu'en ce temps du démembrement de l'Empire, elles étoient toutes dans sa communion ; de sorte qu'il faut trouver tout ensemble dans la même société et la catholicité et le blasphème ; ce qui ajoute l'absurdité à l'impiété et au mensonge.

XXVIII. — Les ministres forcés d'imputer l'idolâtrie à l'Eglise du quatrième siècle.

Et afin qu'on sache quel est ce blasphème qu'il faut attribuer à l'Eglise, nos adversaires s'en expliquent et soutiennent que c'est le plus grand de tous les blasphèmes, c'est-à-dire l'idolâtrie [2] ; de sorte qu'il faut trouver le règne de l'idolâtrie dans l'Eglise du cinquième siècle, et dès le temps du grand saint Léon.

Il faut même le trouver devant, puisqu'on met cette idolâtrie antichrétienne dans le culte des saints et de leurs reliques. Or on établit ce culte, et même l'invocation des saints, dès le temps de saint Basile, de saint Grégoire de Nazianze, de saint Ambroise, de saint Chrysostome, puisqu'on fait ces grands saints et avec eux tous les autres de ce siècle, non-seulement les complices, mais encore les instigateurs et les auteurs de cette idolâtrie antichrétienne.

C'est ce que fait Joseph Mède en termes formels ; c'est ce que

[1] *Apoc.*, XI, 2, 3 ; XII, 6, 14 ; XIII, 6, 7. — [2] Mède, 501, 502.

fait en trente endroits M. Jurieu¹. C'est saint Basile, c'est saint Chrysostome, c'est saint Ambroise, c'est saint Grégoire de Nazianze, c'est saint Augustin, c'est saint Jérôme, c'est tous les Pères de ce temps-là qui ont fleuri au quatrième siècle, qu'on fait les auteurs de cette idolâtrie qui constitue l'Antechrist.

XXIX. — Prodigieuse proposition du ministre Jurieu.

M. Jurieu ne s'émeut pas de toutes ces choses; et après avoir établi en termes formels le culte et l'invocation des saints dans le quatrième siècle, il se fait cette objection sous le nom des convertis : « Quoi qu'il en soit, disent-ils, vous avouez que l'invocation des saints a plus de douze cents ans sur la tête : cela ne vous fait-il point de peine? Et comment pouvez-vous croire que Dieu ait laissé reposer son Eglise sur l'idolâtrie durant tant de siècles² ? » Voilà l'objection bien clairement proposée; mais c'est afin de montrer un mépris encore plus clair d'un siècle si saint : « Nous répondons, dit-il, que nous ne savons point respecter l'antiquité sans vérité. » Et un peu après : « Nous ajoutons que nous ne sommes point étonnés de voir une si vieille idolâtrie dans l'Eglise, parce que cela nous a été formellement prédit. » Il allègue pour toute preuve deux passages de saint Jean qui ne font rien, comme on verra, selon lui-même, et il finit par ces paroles : « La femme, c'est-à-dire l'Eglise, doit être cachée dans un désert douze cent soixante jours, qui sont autant d'années : il faut donc que l'idolâtrie règne dans l'Eglise chrétienne douze cent soixante ans. » Voilà comme on tranche les difficultés dans la nouvelle Réforme; et on ne peut plus dire maintenant que cette idolâtrie prétendue ne fût pas publique et entièrement établie, puisqu'on est contraint d'avouer qu'elle étoit régnante.

XXX. — Réponse du ministre Jurieu.

Ecoutez-moi ici encore une fois, mes chers frères, à qui on adresse ces blasphèmes : est-il possible que des excès si insupportables ne vous fassent jamais ouvrir les yeux? Pour diminuer

---

¹ Jos. Mède, *Lett.* xv de la première ann., p. 16, 17; *Accomp.*, Iʳᵉ part. chap. xiv, etc. — ² *Lett.* xvii de la première ann., p. 139.

l'horreur que vous en auriez si on ne tâchoit de les adoucir, votre ministre vous dit que l'idolâtrie et l'antichristianisme qu'il objecte aux Pères du quatrième et du cinquième siècle, n'étoit qu'une idolâtrie et un antichristianisme commencé : c'est déjà une étrange impiété d'attribuer à l'Eglise et à ses saints, dans les siècles les plus illustres, cette idolâtrie et cet antichristianisme commencé, puisqu'en quelque état que l'on considère un si grand mal, il est constamment toujours mortel : mais votre ministre ne s'en tient pas là, et il vous fait voir dans des temps si saints et dans les plus saints hommes qui y florissoient, une idolâtrie et un antichristianisme régnant.

Arrêtez-vous ici un peu de temps, mes chers frères, à considérer les artifices de votre ministre. Je lui avois objecté dans l'*Histoire des Variations* [1], combien il étoit horrible de faire d'un saint Léon et des autres saints des antechrists, c'est-à-dire ce qu'il y a de plus exécrable parmi les chrétiens. J'avois relevé les trois caractères où ce ministre a établi son antichristianisme prétendu, qui sont dans les Papes l'usurpation de la primauté ecclésiastique, la corruption des mœurs et l'idolâtrie : trois abominables excès, qu'on ne peut imputer aux saints sans blasphémer. J'avois même poussé plus loin mes réflexions, et j'avois dit, ce qui est très-vrai, qu'on ne pouvoit trouver ces trois excès dans saint Léon, sans être obligé de les attribuer aux Pères du quatrième siècle, où on trouvoit les mêmes choses qui font faire de saint Léon un Antechrist; et je m'attachois principalement à l'idolâtrie, comme à l'exécration des exécrations, dont la moindre tache effaçoit toute sainteté dans l'Eglise. J'ai objecté toutes ces choses en quatre ou cinq chapitres que vous pouvez voir; ils ne tiennent que sept ou huit pages, et c'est sur cela que votre ministre a entrepris de vous satisfaire : mais vous verrez aisément qu'il ne fait que vous amuser, dissimuler les difficultés et augmenter les erreurs.

Laissons à part ses manières dédaigneuses et insultantes : si je les ai relevées, c'est pour l'amour de vous, afin que vous connussiez un des artifices dont on se sert pour vous tromper : c'est assez que vous l'ayez vu, n'en parlons plus. Mais voici l'important et le

---

[1] *Var.*, liv. XIII, n. 20 et suiv.

sérieux : « L'exclamation de M. Bossuet est à peu près aussi bien placée que si je la mettois après ce que je vais dire : Les phthisies, les hydropisies et cent autres maladies très-mortelles ont des commencemens insensibles ; c'est une indigestion d'estomac, quelque déréglement dans les humeurs, quelque dureté dans le foie, quelque intempérie dans les entrailles, qui dans le commencement n'empêchent pas de boire, de manger, d'aller à la chasse et à la guerre ; la maladie augmente et met le patient à l'extrémité. Un habile médecin se fait instruire des premiers et des plus simples accidens de la maladie : il en marque le commencement, et l'origine du temps de ces premières intempéries, qui n'empêchoient le malade d'aucune de ses fonctions. Un homme comme M. Bossuet lui diroit : Il faut avoir bu la coupe d'assoupissement, pour renfermer dans le période d'une maladie mortelle des semaines et des mois dans lesquels on buvoit, on mangeoit bien, on montoit à cheval, on couroit le cerf, on se trouvoit dans les occasions. Certainement l'antichristianisme est cela même ; c'est une maladie mortelle dans l'Eglise : elle a commencé dès le temps des apôtres. Dès l'âge de saint Paul, le mystère d'iniquité se mettoit en train ; l'orgueil et l'affectation de la préséance étoient les premiers germes de la tyrannie ; le service des anges, que l'Apôtre condamne, étoit le commencement de l'idolâtrie : ces germes couvèrent durant plusieurs siècles, et ne vinrent à éclore que dans le cinquième siècle. Ce monstre ne vint pas au monde tout grand ; il fut petit durant un long temps, et il passa par tous les degrés d'accroissement. Pendant qu'il fut petit, il ne ruina pas l'essence de l'Eglise. Léon et quelques-uns de ses successeurs furent D'HONNÊTES GENS, cela se peut, autant que l'honnêteté et la piété sont compatibles avec une ambition excessive... Il est certain aussi que de son temps l'Eglise se trouva FORT AVANT engagée dans L'IDOLATRIE du culte des créatures qui est un des caractères de l'antichristianisme ; et bien que ces maux ne fussent pas ENCORE EXTRÊMES, et ne fussent pas tels qu'ils DAMNASSENT la personne de Léon, qui d'ailleurs avoit de bonnes qualités, c'étoit pourtant assez pour faire les commencemens de l'antichristianisme [1]. »

[1] Lett. XIII, p. 98.

J'ai rapporté au long ces paroles, parce qu'elles expliquent très-bien et de la manière la plus spécieuse, le sentiment des protestans : mais il ne faut que deux mots pour tout renverser. Ces commencemens d'idolâtrie et d'antichristianisme, qui n'empêchoient pas saint Léon d'être *honnête homme*, et qui enfin *ne le damnoient pas*, étoient-ce des commencemens de la nature de ceux qu'on remarque du temps des apôtres, lorsque *le mystère d'iniquité se mettoit en train ?* Si cela est, l'antichristianisme étoit formé dès lors comme depuis dans saint Léon, et les mille deux cent soixante ans du règne de l'Antechrist doivent être commencés du temps de saint Paul. Les ministres ne le diront pas ; car le terme seroit écoulé il y a déjà plusieurs siècles. Ce n'étoit donc pas en ce sens que saint Léon étoit l'Antechrist ; c'étoit l'Antechrist formé ; bien plus, c'étoit l'Antechrist régnant ; car le ministre nous vient de dire que l'idolâtrie, qui est un des caractères de l'antichristianisme, *devoit régner dans l'Eglise* durant les mille deux cent soixante ans qui commencent, comme on a vu, au quatrième siècle ; et on prétend que le mal s'est augmenté sous saint Léon, jusqu'à faire de ce saint Pape, sans rien ménager, un véritable Antechrist. Voilà donc l'Antechrist formé, ou même l'Antechrist régnant, *un honnête homme ;* et pour ne pas dire que c'étoit un saint révéré de toute l'Eglise et de tous les siècles, c'est du moins un homme *qui n'est pas damné*.

Si on ne sent pas encore l'absurdité de cette pensée malgré les belles couleurs et les riches comparaisons dont on tâche de la couvrir, il ne faut qu'entendre saint Jean, qui nous apprend que durant douze cent soixante jours la ville sainte fut foulée aux pieds, les deux témoins persécutés jusqu'à la mort [1], la femme enceinte poussée dans le désert [2], et la guerre déclarée aux saints. C'est dès le commencement de ces jours que la bête commence à blasphémer contre Dieu, contre son saint nom, contre le ciel et ses citoyens [3] ; et durant tout le cours de ces jours malheureux, les blasphèmes ne sont point interrompus. Tout cela a dû commencer du temps de saint Léon et a dû durer sans interruption douze cent soixante ans, si les jours, qui sont des années, commencent sous

---

[1] *Apoc.*, XI. — [2] *Apoc.*, XII, 6, 14. — [3] *Apoc.*, XIII, 5, 6.

ce grand Pape. Qu'on nous dise comment des blasphèmes vomis contre Dieu, la guerre déclarée aux saints et l'Eglise foulée aux pieds n'empêchent pas, je ne dirai plus qu'on ne soit saint, puisque le ministre ne veut plus donner un si beau titre à saint Léon, mais qu'on ne soit honnête homme et qu'on n'évite la damnation.

Le ministre voudroit bien pouvoir exempter l'Eglise romaine de ces attentats affreux du temps de saint Léon et de saint Gélase, sous prétexte que l'Antechrist « peut n'avoir pas fait en naissant tout le mal qu'il a fait dans la suite [1]. » Mais saint Jean est trop exprès; il fait trop formellement commencer la persécution et les blasphèmes au moment que la bête paroît; il les fait durer trop évidemment durant tous ces jours : il faut enfin trancher le mot et avouer que « l'Eglise commença dès lors, » c'est-à-dire sous l'Antechrist saint Léon, « à blasphémer contre Dieu et contre ses saints; car ôter à Dieu son véritable culte pour en faire part aux saints, c'est blasphémer contre eux [2]. » Si saint Léon est exempt de ces blasphèmes, il n'est donc pas la bête de saint Jean; s'il l'est, quelque jeune qu'elle soit encore, elle est infâme et horrible, blasphématrice et persécutrice dès qu'elle paroît; autrement saint Jean s'est trompé, et il ne faut plus donner de croyance à ses prophéties.

On voit donc bien maintenant combien sont vaines les comparaisons dont le ministre éblouit le monde : il y a des dispositions à l'hydropisie et à la phthisie, qui n'empêchent peut-être pas absolument la santé, parce qu'elles ne dominent pas encore assez pour faire une hydropisie ou une phthisie formée : mais on ne dira jamais que la phthisie et l'hydropisie déjà formée soit autre chose qu'une extrême et funeste maladie. Qu'il y ait des dispositions à l'antichristianisme qui ne soient peut-être pas tout à fait mortelles, cela n'est pas impossible : mais que l'antichristianisme formé, c'est-à-dire le blasphème et l'idolâtrie formée, ne soit pas d'abord un mal mortel et un monstre exécrable dès le premier jour, c'est brouiller toutes les idées, et il ne reste plus aux ministres que de faire des blasphèmes une oppression, une idolâtrie innocente.

Lett. XIII, p. 99, col. 2. — [2] *Ibid.*

Mais, dit-il, l'idolâtrie avoit commencé dès le temps de saint Paul, et cet Apôtre en reprenoit le commencement dans quelques Asiatiques qui adoroient les anges [1]. Il est vrai, mais aussi que dit saint Paul à ces adorateurs des anges? « Qu'ils ne sont plus attachés à celui qui est la tête et le chef [2], » c'est-à-dire à Jésus-Christ, « d'où nous vient l'influence » de la vie : voilà comme cet Apôtre traite *ce commencement d'idolâtrie*. Si celle que saint Léon et les autres Pères ont autorisée étoit de cette nature, ils étoient dès lors séparés de Jésus-Christ.

Mais il faut remonter plus haut que saint Léon. J'ai demandé au ministre [3] qu'il nous montrât dans ce grand Pape ou dans les auteurs de son temps, au sujet des saints, quelque chose de plus ou de moins qu'on n'en trouve au quatrième siècle dans saint Ambroise, dans saint Basile, dans saint Chrysostome, dans saint Grégoire de Nazianze, dans saint Augustin : il ne fait pas seulement semblant de m'entendre, et il ne dit mot, parce qu'il sait bien qu'il n'y a rien à dire.

Tâchons de suppléer à ce défaut. Dans les temps de saint Léon, le ministre avoit choisi Théodoret, « comme celui dans les paroles duquel le faux culte des saints et des seconds intercesseurs étoit si bien formé [4]. » Ecoutons donc les paroles d'un si savant théologien, et voyons comme il a parlé aux Gentils sur les martyrs : « Nous n'en faisons pas des dieux comme vous faites de vos morts : nous ne leur offrons ni des effusions, ni des sacrifices ; mais nous les honorons comme des serviteurs de Dieu, comme ses martyrs et comme ses amis [5]. » C'est ce qu'avoient dit avant lui tous les autres Pères. Que s'il appelle leurs temples, ceux qu'on érige à Dieu en leur mémoire, ce n'étoit pas pour en faire des divinités, puisqu'il venoit de détruire cette fausse idée, et qu'il ajoute incontinent après « qu'on s'assembloit dans ces temples pour y chanter les louanges de leur Seigneur : » en quoi il ne dégénère pas des Pères, ses prédécesseurs, puisque saint Grégoire de Nazianze avoit parlé comme lui « des maisons sacrées qu'on offroit comme un présent

---

[1] *Lett.* XIII, p. 99, col. 1. — [2] *Coloss.*, II, 19. — [3] *Variat.*, liv. XIII, 27, 28. — [4] *Accomp. des prophéties*, II⁰ part., p. 21, 22.— [5] Serm. VIII, *de Martyr.*, p. 599, 605, etc.

aux martyrs[1]; » mais il avoit aussi ajouté que c'étoit le Dieu des martyrs qui les recevoit.

J'avois donc eu raison de conclure[2] qu'avec la même raison qu'on emploie à faire un Antechrist de saint Léon, on en auroit pu faire autant de saint Augustin, de saint Basile et des autres Pères du quatrième siècle; qu'il leur falloit faire commencer les blasphèmes et l'idolâtrie de la bête, et que rien n'en empêchoit, si ce n'est que les douze cent soixante ans seroient expirés trop tôt: cela étoit concluant, aussi n'y a-t-on rien opposé que le silence.

J'avois parlé de la même sorte de la primauté du Pape, et j'avois demandé qu'on me montrât que saint Léon en eût été plus persuadé que ses prédécesseurs, en remontant, sans aller plus loin, jusqu'au Pape saint Innocent. Il n'y avoit, pour me satisfaire, qu'à lire vingt ou trente lettres de ces Papes, et à me montrer que saint Léon eût dit de sa primauté quelque chose de plus ou de moins que ces grands hommes. On me dit pour toute réponse qu'un de nos critiques a écrit que Léon avoit poussé plus loin que les autres les prérogatives de son siége[3] : mais ce critique parle-t-il de la prérogative essentielle qui est celle de la primauté, ou de certains priviléges accidentels qui peuvent croître ou diminuer avec le temps? Qu'il le demande à cet auteur; il lui répondra que la primauté est de droit divin, et également reconnue par les prédécesseurs de saint Léon et par lui-même. Le ministre ne veut donc encore qu'amuser le monde par ses foibles allégations; et cependant il dit tout court, sans en apporter la moindre preuve : « La tyrannie de l'évêque de Rome étoit inconnue avant Léon[4]. » Saint Léon est donc le premier tyran qui se soit assis dans la chaire de saint Pierre : les tyrans sont devenus honnêtes gens, et la tyrannie même accompagnée de l'idolâtrie, ne damne plus.

Et sans entrer dans la dispute de la primauté, si c'est un caractère d'Antechrist que saint Léon ait été reconnu au concile de Chalcédoine comme le chef de l'Eglise et du concile[5], ce caractère

---

[1] *Orat.* III, quæ est I *in Julian.*, p. 59 et seq. — [2] *Var.*, liv. XIII, 28. — [3] *Accompl. des proph.* II° part. p. 99. — [4] *Ibid.* — [5] *Epist. ad Leon.*, etc.; Labb., *Conc.*, tom. IV, col. 833, etc.

avoit commencé dès le concile d'Ephèse, où les légats de saint Célestin disent hautement, avec l'approbation de tous les Pères : « Nous rendons graces au saint et vénérable concile, de ce que tous les saints membres qui le composent, par vos saintes acclamations, se sont unis avec leur saint Chef, Votre Sainteté n'ignorant pas que saint Pierre est le chef de la foi et des apôtres[1]. »

Qu'on me montre enfin que saint Léon ait jamais rien dit de plus magnifique sur la primauté de son siége que ce qu'en dit saint Innocent, lorsqu'il répond aux conciles de Carthage et de Milevi[2], qui lui demandoient la confirmation des chapitres qu'ils avoient dressés sur la foi, qu'ils s'étoient acquittés de leur devoir en recourant, comme ils avoient fait, au jugement du chef de leur ordre, selon qu'il étoit prescrit par l'autorité divine, et le reste qui est connu de tout le monde. Sur quoi, loin de lui répondre qu'il s'étoit attribué trop d'autorité, saint Augustin répond au contraire qu'il avoit parlé comme il convenoit au prélat du Siége apostolique.

Rétablissons donc hautement les conséquences de l'*Histoire des Variations* que le ministre a tâché de détruire, et concluons que de faire un Antechrist de saint Léon, de dire avec les ministres que l'Antechrist ait été dans ce saint Pape, au lieu de dire avec tous les Pères que c'est saint Pierre et Jésus-Christ même qui ont parlé par sa bouche, et de faire commencer sous lui les blasphèmes, la tyrannie et l'idolâtrie de la bête, c'est le comble de l'extravagance, et non-seulement une fausseté, mais encore une impiété manifeste.

XXXI. — Le ministre établit le commencement de l'idolâtrie dans les miracles que Dieu fait pour confondre Julien l'Apostat.

En vérité, mes frères, il n'est pas possible que vous envisagiez distinctement ce que vos docteurs sont obligés de vous dire, pour trouver au quatrième siècle leur idolâtrie prétendue dans l'Eglise de Jésus-Christ. Pourriez-vous entendre sans horreur ces paroles de votre ministre ? « Durant près de trois cent cinquante ans, dit-il, on n'avoit ouï parler d'aucun miracle fait par les reliques;

[1] *Conc. Ephes.*, act. II; Labb., tom. III, col. 619. — [2] Int. epist. August., 91, 93.

mais sous le règne de Julien l'Apostat, le martyr Babylas, enterré dans un faubourg d'Antioche, appelé Daphné, cent ans après sa mort, s'avisa de faire des miracles [1]. » Des paroles si méprisantes, dont on traite les saints martyrs, ne vous ouvriront-elles jamais les yeux ? Mais on n'a osé vous tout dire, de peur de vous faire voir trop d'impiété dans le discours que vous venez d'entendre : on vous a tu que ces miracles du saint martyr Babylas, dont on se moque, avoient été faits pour confondre le faux oracle d'Apollon, que Julien l'Apostat alloit consulter. Cet impie en fut effrayé ; toute l'Eglise fut édifiée et apprit à mépriser les menaces d'un prince infidèle : tous les saints, d'un commun accord, louèrent Dieu de la gloire qu'il avoit donnée à ses martyrs, que cet apostat traitoit de misérables esclaves et de scélérats. Je ne sais quand les miracles sont nécessaires, si ce n'est à ces occasions ; et ceux-ci eurent tant d'éclat, que les païens mêmes ne les turent pas [2]. Mais tout cela est le jouet de votre ministre ; et pour comble d'impiété, il ajoute : « Ainsi la corruption du christianisme commença dans le même lieu où les fidèles avoient commencé d'être appelés chrétiens, c'est-à-dire à Antioche. » En vérité est-on chrétien, quand on fait commencer la corruption et l'idolâtrie dans les miracles que Dieu fait pour confondre un prince qui relevoit les idoles abattues ?

XXXII. — Autre parole prodigieuse du même ministre.

Mais voici dans le même lieu des paroles qui ne sont pas moins étranges : « Il est, dit-il, à remarquer que cet esprit de fable s'est introduit dans l'Eglise précisément dans le temps que l'idolâtrie antichrétienne a commencé d'y entrer. Les Vies des anciens moines, Paul, Antoine, Hilarion, etc., ont été écrites par saint Jérôme sans bonne foi et sans jugement. L'histoire de l'Eglise depuis ce temps (c'est, comme on voit, depuis le quatrième siècle, car c'est alors que saint Jérôme écrivoit ces vies), commence à être un roman [3], » à cause qu'à chaque page la Réforme y est confondue. Allez, et accomplissez la mesure de vos pères : accomplissez les prédictions de l'*Apocalypse* au sens que vous voulez

[1] Jur., *Accompl.*, Ire part., chap. xi, p. 203.— [2] *Am. Marc.*— [3] *Ibid.*

nous les appliquer, et faites voir par votre exemple que des chrétiens peuvent blasphémer contre Dieu et contre les saints.

XXXIII. — Que les Pères que ce ministre accuse d'idolâtrie, sont de son aveu les plus grands théologiens de l'Eglise.

Cependant il ne faut pas croire que ce ministre, tout audacieux qu'il est, puisse mépriser en son cœur ces saints docteurs du quatrième siècle qu'il charge de tant d'outrages : c'est sa cause qui le contraint; car au reste voici ce qu'il dit de ces grands hommes : « Les iv° et v° siècles produisirent des docteurs distingués en comparaison des précédens. Les premiers docteurs du christianisme, après les apôtres, ont été de pauvres théologiens; ils ont volé rez pied, rez terre : il y a plus de théologie dans un seul ouvrage de saint Augustin que dans tous les livres des trois premiers siècles, si l'on en excepte Origène [1]. » Il dit aussi que jusqu'au cinquième siècle, « et durant l'espace de quatre cents ans, l'Eglise apostolique enfantoit le christianisme [2]. » Il fait durer la victoire qu'elle remporta sur les démons, « jusqu'à Théodose, » sous lequel tous ces grands hommes florissoient. Comment donc le pur argent de l'Eglise s'est-il changé tout à coup en écume? Comment tant de saints docteurs sont-ils tout à coup devenus idolâtres? Et comment établissent-ils l'empire du démon, pendant qu'on avoue qu'ils le renversent?

XXXIV. — Etrange idée du christianisme dans le parti protestant.

Voici, mes frères, dans la doctrine de votre ministre, une étrange constitution de l'Eglise chrétienne et une terrible tentation pour tous ceux qui se disent réformés. Pour peu qu'il leur reste d'amour envers l'Eglise de Jésus-Christ, ils ne peuvent pas n'être pas émus, quand ils la voient livrée au blasphème et à l'idolâtrie durant douze cent soixante ans. D'abord on avoit mis à couvert de la corruption les quatre, les cinq, les six, ou même les sept à huit premiers siècles, qu'on appeloit les beaux jours : mais ils se sont trouvés trop papistiques : on les a attaqués comme les autres, et le quatrième, tant révéré jusqu'à nos jours, n'a pu

---

[1] *Accomp.*, II° part., p. 333. — [2] *Accomp.*, I™ part., p. 22, 23.

s'en sauver. On avoit du moins réservé les trois premiers siècles, où la doctrine bannie de tous les autres sembloit avoir un refuge; mais maintenant c'est toute autre chose. Les Pères de ces trois siècles *sont de pauvres théologiens*, si on en excepte Origène, c'est-à-dire celui de tous dont les égaremens sont les plus certains et les plus extrêmes.

Mais peut-être que l'ignorance de ces pauvres théologiens des trois premiers siècles est dans des points peu importans. Non, dans les lettres que M. Jurieu oppose aux *Variations*, il n'accuse de rien moins ces saints docteurs que d'avoir tellement embrouillé le mystère de la Trinité, qu'il est demeuré « informe jusqu'au concile de Nicée : » la théologie de ces trois siècles a varié sur ce mystère : les anciens n'avoient « pas une juste idée de l'immutabilité de Dieu, » et ils ne savoient même pas du premier Etre ce que les philosophes en avoient connu : « ils ont mis de l'inégalité dans la Trinité; » ils n'avancent point cela « comme leur propre imagination; » c'étoit la doctrine reçue ; « et tous les anciens des trois premiers siècles » sont coupables de cette erreur. Le mystère de l'incarnation n'a pas été mieux connu : ce n'est que par les disputes avec tous les hérétiques, et entre autres avec les eutychiens, qu'enfin cette vérité est arrivée à sa perfection au concile de Chalcédoine. « Et de combien de ténèbres les lumières se trouvent-elles mêlées dans les Pères des trois premiers siècles, et même en ceux du quatrième [1] ? » A peine connoissoient-ils Dieu : il n'y a rien qu'ils dussent mieux savoir que l'unité, la toute-puissance, la sagesse, l'infinie bonté et l'infinie perfection de ce premier Etre; car c'est ce qu'ils soutenoient contre les païens : cependant combien trouve-t-on sur ce sujet de « variations et de fausses idées? » Voilà ce que dit la première lettre où les *Variations* sont attaquées. La II*, qui est en ordre la VII*, de 1688, confirme tout cela et fait voir la même ignorance et la même instabilité dans ce qui regarde la grace et la satisfaction de Jésus-Christ, articles essentiels au christianisme; et en un mot la théologie « des anciens est demeurée informe, imparfaite, flottante dans la manière d'expliquer les mystères. » Aussi ne paroît-il pas

[1] *Lett.* VI, de 1688, p. 43 et suiv.

que les anciens docteurs des trois premiers siècles « se soient beaucoup attachés à la lecture de l'Ecriture sainte, » où la vérité prend sa dernière forme : « Ils sortoient des écoles des platoniciens, et remplissoient leurs ouvrages de leurs idées, au lieu de s'attacher uniquement aux pensées du Saint-Esprit [1]. »

Il est vrai que la fin de cette lettre en détruit le commencement. Car aussi comment répondre aux objections des sociniens ou des tolérans, comme les appelle M. Jurieu [2], qui concluent que tous ces mystères ne sont pas bien importans, si les Pères des trois premiers siècles les ont ignorés? Mais enfin s'il a fallu, pour les satisfaire, dire qu'on n'a pas varié sur des points si essentiels, il a fallu dire le contraire pour soutenir les variations de la nouvelle Réforme : il faut, dis-je, que les premiers siècles aient varié, et il faut à la fin varier soi-même, afin de confondre l'évêque de Meaux, qui a osé avancer que la véritable religion ne varie jamais.

Cependant à quoi s'en tiendront les réformés? A l'Ecriture, dira-t-on : pendant qu'on la fait en même temps un livre que les docteurs des trois premiers siècles n'entendoient pas, n'étudioient guère et où, loin de trouver les mystères que Jésus-Christ avoit enseignés en venant au monde, ils ne trouvoient même pas ce que les philosophes connoissoient de Dieu par leur simple raisonnement : de sorte qu'à suivre le système entier des protestans, les impies peuvent reprocher au christianisme que jamais secte ne fut plus mal instruite, quoiqu'elle se vante d'avoir des livres divins, puisque dans les trois premiers siècles qui touchent de plus près à la source de l'instruction apostolique, on ne voit qu'une « si pauvre, une si infirme, une si flottante et si variable théologie; » et dans le quatrième siècle, où la science commence, on se replonge aussitôt dans l'idolâtrie : sans quoi il n'y a point de bête, ni de Babylone pour les protestans, il n'y a point de Pape Antechrist, il n'y a point d'idolâtrie antichrétienne.

[1] *Lett.* VII, de 1688, p. 50, 51. — [2] P. 56.

XXXV. — Démonstration que, de l'aveu du ministre, il n'y a rien dans l'*Apocalypse* qui marque sa prétendue idolâtrie ecclésiastique, quoique rien ne s'y dût trouver davantage selon ses principes.

Mais encore faudroit-il du moins que saint Jean nous eût expliqué ce grand mystère, et le ministre en convient : car en parlant de ce nouveau genre d'idolâtrie ecclésiastique, qu'il établit dès le quatrième siècle : « Cela, dit-il, ne s'est point fait par hasard : Dieu l'a permis, Dieu l'a prévu, et sans doute Dieu l'a prédit; car il n'y a point d'apparence, continue-t-il, qu'ayant pris le soin de marquer dans ses prophéties des événemens incomparablement moins considérables, il eût oublié celui-ci [1]. » J'en conviens; je donne les mains à une vérité si manifeste : je dis aussi, à l'exemple du ministre : Une idolâtrie dans l'Eglise, qui y règne treize cents ans dans ses plus beaux jours, et à commencer au quatrième siècle, une idolâtrie dont les saints sont les auteurs, est un prodige assez grand pour mériter d'être prédit; et Dieu « qui ne fait rien, » comme il dit lui-même, « qu'il ne révèle aux prophètes, ses serviteurs [2], » ne devoit pas leur cacher un si grand secret. Il s'en est tu néanmoins : je vois bien dans l'*Apocalypse* une idolâtrie persécutrice des saints; mais je n'y vois pas que les saints en soient les auteurs, qu'un saint Basile, un saint Augustin, un saint Ambroise, un saint Léon, un saint Grégoire dussent être ces idolâtres parmi lesquels l'Antechrist prendroit naissance. Je vois bien, encore un coup, dans l'*Apocalypse* [3], « que la sainte cité sera foulée aux pieds par les gentils. » Que les saints, « ces nouveaux gentils, » dussent eux-mêmes « fouler aux pieds la cité sainte, » c'est bien à la vérité le mystère des protestans et de M. Jurieu, après Joseph Mède et les autres; mais je ne le vois pas dans l'*Apocalypse*, quoiqu'on prétende que ce mystère en fasse le principal sujet.

Il est vrai que M. Jurieu produit deux passages de l'*Apocalypse* où il a tenté de trouver cette idolâtrie qui devoit régner dans l'Eglise; mais il est lui-même convenu que ces deux passages ne satisfont pas. Le premier étoit au chapitre xi dans le « parvis livré aux gentils. » Le second étoit au chapitre xvii, « où, dit-il, l'ido-

[1] Ire part., p. 178. — [2] *Amos*, III, 7. — [3] *Apoc.*, XI, 2.

lâtrie papistique est comparée à une adultère ¹. » Mais dans la suite il déclare qu'il n'est pas content de ces passages : « Le premier, dit-il, est trop obscur, et le second trop général ². » Il n'y a rien en effet de plus obscur que le premier passage. « Le parvis du temple est livré aux gentils ³; » donc ces gentils seront chrétiens, comme s'il étoit impossible que les vrais gentils, les Romains, adorateurs des faux dieux, aient opprimé l'extérieur de l'Eglise : non-seulement cela est obscur, comme l'avoue le ministre, mais il est absolument faux, comme nous l'avons démontré⁴. Pour les lieux où le ministre soutient que *l'idolâtrie* de l'*Apocalypse* est appelée *une adultère*, et que c'est par conséquent l'infidélité d'une épouse, c'est-à-dire d'une église, cela n'est pas seulement trop général, comme l'avoue le ministre, mais évidemment inventé par le mensonge du monde le plus hardi, puisque le mot d'*adultère*, loin de se trouver dans saint Jean une seule fois, y est même, comme on a vu ⁵, expressément évité.

Voilà ce que le ministre a produit pour trouver dans l'*Apocalypse* sa prétendue idolâtrie ecclésiastique. Mais à ces deux passages qu'il a produits dans son *Accomplissement des prophéties*, il en ajoute un troisième dans une de ses lettres; c'est celui « de la femme cachée dans le désert douze cent soixante jours; » d'où il conclut avec un air triomphant : « Il faut donc que l'idolâtrie règne dans l'Eglise chrétienne douze cent soixante ans ⁶. » Où y a-t-il en ce lieu un seul mot d'idolâtrie, et encore d'idolâtrie régnante dans l'Eglise? Est-ce qu'on ne peut être dans le désert, dans la fuite, dans la retraite, sans idolâtrie? Mathathias et ses enfans, et les autres qui les suivirent « dans les montagnes et dans le désert, pour y chercher le jugement et la justice ⁷, » y sacrifioient-ils aux idoles? Mais l'idolâtrie qui les y poussoit par ses persécutions étoit-ce une idolâtrie ecclésiastique, et au contraire n'étoit-ce pas l'idolâtrie d'un Antiochus et des Grecs? Pourquoi n'en sera-t-il pas de même de cette femme mystique, c'est-à-dire de l'Eglise? C'étoit la persécution des païens qui la contraignoit à

---

¹ Jur., *Accomp.*, 1ʳᵉ part., chap. XI, p. 178.— ² *Ibid.*, p. 179. — ³ *Apoc.*, XI.— ⁴ Ci-dessus, n. 8; explic. du chap. XI, de l'*Apoc.*, v, 2. — ⁵ Ci-dessus, n. 9; Préf., n. 9. — ⁶ *Lett.* XVII, première ann., p. 139. — ⁷ 1 *Mach.*, II, 29.

cacher son culte dans les endroits les plus retirés de la vue des hommes; c'étoit là le désert où elle étoit; mais elle y étoit dans « un lieu préparé de Dieu, » où « on la paissoit, comme porte l'*Apocalypse* [1], où ses pasteurs lui administroient la sainte parole. Elle y étoit soutenue par ces deux témoins qui ne cessèrent de la consoler tant que durèrent ses souffrances. Elle y avoit ses Moïse, ses Aaron, ses Mathathias et ses autres sacrificateurs, comme le peuple dans le désert en sortant d'Egypte, afin qu'on n'aille pas ici s'imaginer un état d'église invisible, que l'Ecriture ne connoît pas et que les ministres mêmes ne souffrent plus.

Ainsi le ministre est forcé de sortir de l'*Apocalypse* pour trouver son idolâtrie ecclésiastique. En effet il ne la trouve, dit-il [2], bien clairement expliquée que dans la première à Timothée, chapitre iv. Dieu soit loué : enfin l'*Apocalypse* est à cet égard en sûreté contre ses profanations : voyons en peu de paroles comme il profane saint Paul. Cet écart ne sera pas long, et nous reviendrons à saint Jean dans un moment.

XXXVI. — Examen d'un passage de saint Paul, où le ministre prétend trouver, après Joseph Mède, son idolâtrie régnante dans l'Eglise.

Voici le passage de saint Paul où, à quelque prix que ce soit, on veut trouver cette idolâtrie qui doit régner dans l'Eglise : « L'Esprit dit expressément que quelques-uns, dans les derniers temps, s'abandonneront à des esprits abuseurs et à des doctrines de démons [3]. » La voilà, dit le ministre, cette idolâtrie antichrétienne que nous cherchons [4]. Pour moi, j'ai beau ouvrir les yeux, je n'y vois rien; mais Joseph Mède, le plus outré et le plus entêté des interprètes, a développé ce secret, dont aucun auteur, ni catholique ni protestant, ne s'étoit encore avisé. La note de Desmarais avoit entendu naturellement *une doctrine de démons*, celle dont les démons sont les auteurs ou les promoteurs. Les autres avoient tous dit la même chose; on ne trouve que ce sens-là dans les critiques d'Angleterre. Il est vrai que dans la *Synopse* on propose le sentiment de Joseph Mède; mais on ne cite que lui seul,

---

[1] *Apoc.*, xi, 3; xii, 6; voyez l'explication de ces passages. — [2] Voyez l'explication de ces passages, p. 166. — [3] I *Timoth.*, iv, 1. — [4] P. 166.

et il paroît que tout le reste lui étoit contraire. Quoi qu'il en soit, Joseph Mède nous apprend, et le premier et le seul, « que la doctrine des démons, » c'est la doctrine qui honore les démons, c'est-à-dire celle qui honore les anges et les ames bienheureuses; et en un mot, c'est la doctrine du culte des saints, c'est-à-dire, comme il en convient, celle des docteurs du quatrième siècle.

Il faut bien du circuit pour arriver là : voyons par quel chemin M. Jurieu, le premier sectateur de Mède, nous y conduit : « Nous apprenons de saint Augustin que les corps des martyrs Gervais et Protais furent découverts à la faveur d'un songe. » Poursuivons : « Je ne voudrois pas faire à saint Ambroise le tort de l'accuser d'avoir supposé cette vision pour tromper le peuple, pour faire de faux miracles, afin de faire triompher le parti du consubstantiel sur l'arianisme [1]. » Voilà un homme précautionné, qui à ce coup semble vouloir épargner les saints : il insinue néanmoins qu'il pourroit bien y avoir quelque petite partialité, et que ces miracles servoient à soutenir le parti de saint Ambroise, c'est-à-dire celui du Fils de Dieu contre les ennemis de sa divinité. Mais sans entrer là-dedans, le ministre décide ainsi : « Ce qui est certain, c'est que ce fut un esprit trompeur qui abusa saint Ambroise et qui lui découvrit ces reliques pour en faire des idoles. » Il traite de la même sorte toutes les autres visions célestes que tous les Pères racontent en ce temps, et tous les miracles qui suivirent. Il n'étoit pas digne de Dieu d'autoriser par des miracles la consubstantialité de son Fils, pendant qu'une impératrice en persécutoit les défenseurs; et c'est une œuvre à renvoyer aux esprits trompeurs.

Mais enfin, quand cela seroit, toujours auroit-on peine à comprendre que par la doctrine des démons il fallût entendre, non pas la doctrine qu'ils inspirent, mais la doctrine qui enseigne à les adorer. On auroit encore plus de peine à entendre que saint Ambroise et les catholiques adorassent les démons, sous prétexte qu'on leur fait accroire qu'ils adorent les saints anges et les ames bienheureuses. Le ministre n'y trouve pourtant qu'un seul embarras : « C'est que le démon, dans l'Ecriture sainte, ne se prend

[1] P. 166.

jamais en bonne part : il signifie toujours ces esprits impies qui séduisent les hommes en ce monde et les tourmentent en l'autre¹. » Voilà une objection qui ne souffroit point de réplique. Mais Joseph Mède, et après lui M. Jurieu trouvent dans les *Actes* que les Athéniens parlent de saint Paul « comme d'un homme qui annonçoit de nouveaux démons ², » c'est-à-dire de nouveaux dieux. Voilà donc le nom de *démons* pris en bonne part, je l'avoue, *par les Athéniens* et par les gentils; que saint Luc fait parler ici et à qui ce langage étoit familier; mais ne nous montrer ce langage que dans la bouche des gentils, c'est visiblement confirmer que ce n'est pas le langage de l'Ecriture. Mais, dit-on, c'est saint Paul lui-même qui dans le même chapitre dit encore aux Athéniens « qu'il les trouve plus attachés que les autres au culte des démons, δεισιδαιμονεστέρους ³. » Quand cela seroit, les dieux des gentils, selon le style de l'Ecriture, ne sont-ils pas de vrais démons séducteurs, qui se font adorer par les hommes? Et quand saint Paul auroit parlé aux Athéniens selon leur langage, s'ensuit-il qu'il dût ainsi parler à Timothée? Mais au fond le mot de saint Paul ne veut dire que superstition ou fausse dévotion, comme l'a traduit la Vulgate et les protestans eux-mêmes ⁴.

Il n'y a donc constamment aucun endroit de l'Ecriture où le mot de *démons* se prenne autrement que pour de mauvais esprits; et M. Jurieu est insupportable, pour trouver son idolâtrie prétendue, de forcer tout le langage des Livres divins et de faire écrire saint Paul à Timothée dans un style qui n'est connu que des gentils. Mais ce qui suit est risible : « Il y a, dit-il, beaucoup d'apparence que c'est des Turcs que parle saint Jean au chapitre IX de l'*Apocalypse;* et que ceux qui sont affligés par leurs armées, sont les chrétiens auxquels est attribué le culte des démons, à cause qu'ils adoroient les saints et les anges ⁵. » Se moque-t-il de nous donner ses visions pour preuves? Et qui ne voit au contraire qu'il n'y a rien de plus creux que ses visions, si pour les soutenir, il faut renverser tout le langage de l'Ecriture?

¹ P. 191, 192. — ² *Act.*, XVII, 18. — ³ *Act.*, XXII, 22. — ⁴ Bib. de Gen., note de Desmar. — ⁵ *Accomplis. des proph.* p. 192.

Voici enfin son dernier refuge. Il est vrai, il n'est pas possible de trouver un seul endroit de l'Ecriture où les démons se prennent, comme nous voulons, en bonne part; mais nous ne laisserons pas de dire que les papistes adorent les démons, parce qu'encore qu'ils croient adorer, ou les anges, ou les ames saintes, toutefois ces esprits bienheureux ne recevant pas leur culte, il ne peut aller qu'aux démons. Qui ne seroit fatigué de ces violences qu'on fait au bon sens? Par ce moyen, s'il faut définir la religion des Mahométans, ou même celle des Juifs, et quel est l'objet qu'ils adorent, il n'y aura qu'à dire : Ce sont les démons, parce qu'il n'y a que les démons à qui leur culte soit agréable. Mais il y a plus : il n'y a qu'à dire que saint Ambroise et les autres saints du quatrième siècle, lorsqu'ils demandoient aux saints la société de leurs prières et qu'ils honoroient leurs reliques, étoient ces adorateurs des démons dont on prétend que saint Paul a voulu parler, puisque, selon M. Jurieu, ni Dieu ni les saints n'admettoient leur culte. Voilà donc, selon ce ministre, les saints mêmes adorateurs des démons, et c'est là tout le dénoûment de la pièce.

XXXVII. — Le ministre entraîné dans ses excès par le désespoir de sa cause.

Lorsqu'on tombe dans de si énormes excès, il faut être tout à fait livré à l'esprit d'erreur. Mais on voit aussi ce qui pousse le ministre dans cet abîme; car il déclare lui-même que « s'il s'est enfin déterminé à l'opinion de Joseph Mède, ce n'a pas été sans balancer, et qu'il a cru longtemps que cette opinion étoit plus ingénieuse que solide [1]. » Qu'est-ce donc qui l'a entraîné à ce mauvais choix, où il n'a l'approbation de personne, pas même des habiles gens de la Réforme? C'est que, sans cette bizarre interprétation, il ne savoit plus où trouver cette idolâtrie qu'il vouloit placer dans les saints : car il falloit bien, selon lui [2], qu'elle fût prédite; Dieu n'avoit pas manqué à son Eglise dans un point si important. Tous les passages de l'*Apocalypse* où il avoit vainement tenté de la trouver, ne contentoient pas son esprit : « Il ne pouvoit croire, dit-il, que Dieu n'eût laissé quelque oracle plus

---

[1] Bib. de Gen., note de Desmar., p. 172. — [2] *Ibid.*, p. 178, 179.

clair et moins général pour prédire cette admirable conformité qui est entre le culte de l'ancien paganisme et celui de l'antichristianisme. » Il falloit qu'il y eût un texte formel pour prouver ce culte antichrétien que les saints Pères du quatrième siècle devoient introduire. « Or, poursuit-il, ce texte plus formel et plus clair que les autres, je ne le trouve pas ailleurs : » il est donc ici, puisqu'autrement il ne seroit nulle part, et mon système seroit renversé. Mais renversons sur sa tête l'argument dont il se sert contre nous. Cette idolâtrie des saints, ce paganisme régnant dans l'Eglise, étoit d'un caractère assez particulier pour être expressément prédit; le ministre en est d'accord : or est-il qu'il n'est pas prédit; on ne le trouve nulle part : le ministre n'est pas content des passages de l'*Apocalypse* où il avoit cru le voir; nous avons même montré qu'ils sont contre lui : il ne trouve enfin sa chimère qu'en un endroit de saint Paul où nul homme de bon sens ne l'avoit trouvé, pas même parmi les protestans. C'est donc une vraie chimère et une chose qui ne subsiste que dans sa pensée et dans les calomnies des protestans.

XXXVIII. — La conformité que les protestans ont imaginée entre la théologie et le culte des Pères du premier siècle et les païens, détruite par les principes.

En effet, quoi qu'ils puissent dire, le vrai Dieu qu'on adoroit au quatrième siècle n'est pas le Jupiter des païens : les anges et les autres esprits bienheureux dont saint Ambroise et les autres saints demandoient la société dans leurs prières, n'étoient ni des dieux, ni des génies, ni des héros, ni rien enfin de semblable à ce que les gentils imaginoient : c'étoient des créatures que Dieu avoit faites du néant, seul et par lui-même; qu'il avoit sanctifiées par sa grace et couronnées par sa gloire, et toujours en les tirant du néant, ou de celui de l'être, ou de celui du péché : qu'on me montre ce caractère dans le paganisme, et j'avouerai aux protestans tout ce qu'ils voudront. Le culte est intérieur ou extérieur : l'intérieur consiste principalement dans le sentiment qu'on vient de voir, où il est clair que ni les saints Pères, ni nous qui les suivons, ne convenons pas avec les païens. Que si notre culte intérieur est si dissemblable, l'extérieur, qui n'est que le signe de l'intérieur, ne peut non plus nous être commun avec eux.

XXXIX. — Que l'interprétation des protestans brouille toutes les idées de l'Apocalypse et ne discerne ni les idolâtres, ni les saints dont parle saint Jean.

Ainsi l'interprétation des protestans brouille toutes les idées de l'*Apocalypse :* on ne sait plus ce que c'est de l'idolâtrie dont parle saint Jean, ni des idolâtres, des persécuteurs, des blasphémateurs dont il fait de si fréquentes peintures, si ces blasphémateurs et ces idolâtres sont les saints du quatrième siècle. Ceux qui trouvent les idolâtres dans les saints, afin que rien ne manquât à leur ouvrage, devoient encore trouver les saints dans des hérétiques et des impies. C'est ce qu'ils ont fait, puisqu'ils nous montrent les saints dans les Albigeois, qui sont de vrais manichéens; dans les Vaudois, qui font dépendre de leur sainteté l'efficace des sacremens; dans Viclef, un vrai impie, qui fait agir Dieu avec une inévitable et fatale nécessité, et le fait également cause du bien et du mal; dans Jean Hus, sans en dire ici autre chose, qui a canonisé Viclef; dans les taborites, qui furent les plus barbares de tous les hommes. Tout cela est clairement démontré au livre XI des *Variations* : voilà les saints de la Réforme.

Il est encore démontré dans le même livre que les Vaudois crurent comme nous la transsubstantiation; que Jean Hus l'a aussi tenue, et qu'il a dit la messe jusqu'à la fin; que Viclef a cru le purgatoire et l'invocation des saints; et que les Calixtins, qu'on met encore parmi les saints, ne diffèrent d'avec nous que dans la seule communion sous les deux espèces. On est donc saint avec tout le reste de notre doctrine et avec la Papauté même, qu'on nous donne comme le caractère de l'Antechrist, puisqu'on sait que les Calixtins étoient toujours prêts à la reconnoître.

XL. — Vaines interprétations du chapitre xvi.

Un des endroits de l'*Apocalypse* où le ministre se vante le plus d'avoir réussi, c'est celui des fioles ou des plaies, dans le chapitre XVI [1]; car, selon lui, c'est la clef de toute la prophétie, le plus important de tous les chapitres, celui aussi où le nouveau prophète se représente lui-même comme ayant frappé à la porte « deux fois, quatre, cinq et six fois » et tant qu'enfin la porte s'est ouverte. Alors donc lui fut révélé ce grand secret [2] que nous avons remarqué ailleurs [3], cette admirable liaison de la religion protestante et de l'empire ottoman que Dieu devoit « abaisser en même temps pour les relever en même temps. » C'est ainsi qu'il auguroit bien des armes de la chrétienté : mais ce n'est ici qu'un défaut particulier; en voici un dans tout le plan des protestans. C'est d'avoir fait verser les fioles ou les coupes pleines de la colère de Dieu, les unes après les autres, avec une distance entre chaque fiole de cent ou de deux cents ans; au lieu que le Saint-Esprit nous les fait voir comme répandues dans le même temps [4] et en vertu du même ordre; ce qui en soi est bien plus digne d'une prophétie, que de prendre huit ou neuf cents ans pour y placer au large tout ce qu'on voudra. Ce seroit là en vérité, pour un prophète aussi éclairé que saint Jean, prendre des idées trop vagues et ne rien marquer de précis. Mais de voir tous les fléaux de Dieu, et la peste avec la famine, s'unir à tous les malheurs de la guerre, tant civile qu'étrangère, et à d'autres maux infinis et inouïs jusqu'alors, ainsi qu'on l'aura pu voir dans l'explication de ce chapitre, c'est un caractère marqué et digne d'être observé par un prophète.

Je ne puis oublier ici une imagination du ministre, qu'un protestant a trouvée aussi ridicule que les catholiques. Pour ajuster le système et venir bientôt à la subversion de l'empire du prétendu Antechrist, M. Jurieu se croit obligé d'imaginer dans l'effusion de chaque fiole un certain période de temps qui le menât à peu près où il vouloit [5]. Je ne veux point répéter ici les remarques qu'on peut voir ailleurs sur ce sujet [6] : puisque le ministre n'y répond rien, c'est qu'il n'avoit rien à répondre; s'il les range parmi les choses qu'il ne juge pas seulement dignes de réponse, on doit

---

[1] *Accomp.*, IIe part., p. 5, 60, 94. — [2] *Ibid.*, p. 101. — [3] *Hist. des Var.*, liv. XIII, n. 39. — [4] Voyez explic. du chap. XVI, 1. — [5] Exam. des end. de l'*Accomp. des prophét.*, etc. — [6] *Hist. des Var.*, liv. XIII, n. 36 et suiv. 43.

connoître ses airs méprisans, qu'il ne prend que pour couvrir sa foiblesse. Remarquons seulement ici que pour faire que les sept fioles marquassent un certain temps, le ministre les a métamorphosées en clepsydres [1]. Ne parlons point de la figure des fioles, qui sont des espèces de petites tasses très-éloignées de la forme et du dessin des clepsydres. C'est ce que M. Jurieu auroit pu apprendre des interprètes protestans [2]. Mais laissant à part toutes ces critiques, il ne falloit que s'arrêter à l'idée que nous donne le Saint-Esprit. Ce n'est pas pour mesurer le temps que l'on remplit les fioles de la colère de Dieu, c'est pour la répandre : les anges la portent en leur main dans leur fiole, pour l'appliquer à ceux que Dieu veut punir; ils la versent tout à coup avec une action vive, non pas comme une liqueur propre à mesurer, mais comme une liqueur affligeante, dont aussi on voit d'abord l'effet terrible ; et le ministre croira satisfaire à l'idée si vive que le Saint-Esprit nous a donnée de ces anges, en les faisant de languissans mesureurs de temps, qui regardent couler la liqueur dont leurs fioles sont remplies.

Si ce n'est pas là faire ce qu'on veut des Ecritures, je ne sais plus ce que c'est. Mais que dira-t-on de cette belle explication où Armagédon est pris pour les anathèmes du Pape [3]? Armagédon, selon saint Jean, c'est le lieu où « les esprits des démons mènent les rois de la terre pour y livrer un grand combat [4]. » Tous les savans interprètes, et même les protestans [5], demeurent d'accord que saint Jean regarde ici à un lieu où il s'étoit donné de sanglantes batailles; et tout cela convient parfaitement avec le dessein de cet apôtre : mais pour celui du ministre, il falloit qu'Armagédon fût le lieu d'où partent les anathèmes; c'est assez, pour en convaincre les ignorans, que ce soit un grand mot qui fasse peur; et il ne faut pas s'étonner qu'avec un tel dictionnaire, on trouve tout ce qu'on voudra dans les prophéties.

---

[1] *Apol.*, p. 2. — [2] Note de Desmar. sur le chap. xv, 7; *Synops.*, ibid. — [3] *Synops.*, p. 120 et suiv. — [4] *Apoc.*, xvi, 14, 16. — [5] Voyez explic. de ce chap.

XLI. — Sur le commandement de sortir de Babylone : qu'on ne sait ce que veut dire ce commandement, selon l'idée des protestans.

Nous avons suivi les protestans dans tous les chapitres de saint Jean où ils croient trouver quelque chose contre nous : dans le chapitre xi⁰, dans le xii⁰, dans le xiii⁰, dans le xvi⁰ et dans le xvii⁰. Nous n'avons trouvé qu'erreur et contradiction dans toutes leurs prophéties : mais voici le comble dans le chapitre xviii, et cette remarque ne regarde pas un endroit particulier, mais tout le but du système.

Le but de tout le système est d'en venir à l'exécution de ce commandement : « Sortez de Babylone, mon peuple [1], » c'est-à-dire, comme on l'interprète, sortez de la communion romaine ; c'est là, selon les ministres [2], le vrai fondement de la réformation et la seule excuse du schisme. Or c'est ici qu'il y a le moins de sens. Pour l'entendre, il faut supposer, dans les principes de nos adversaires, que la Babylone d'où il faut sortir n'est pas un lieu destiné à la vengeance, telle qu'étoit l'ancienne Babylone, d'où il faille sortir selon le corps et passer en un pays plus heureux ; mais c'est une fausse église dont il faut, sans se déplacer et sans aucune transmigration, éviter la société. Cela posé, je demande quand est-ce qu'il faut sortir de la communion de cette mystique Babylone. Dès qu'elle est antichrétienne, et que son chef est l'Antechrist? C'est ce que notre auteur semble vouloir dire par ces paroles, où il reproche à ses réformés que « s'ils avoient bien eu devant les yeux cette vérité, que le papisme est l'antichristianisme, ils n'auroient pas pu se résoudre à se soumettre à l'Antechrist, parce que, » comme il ajoute aussitôt après, « il n'y a pas de communion entre Christ et Bélial [3]. » Mais maintenant cette raison qui paroissoit si spécieuse, n'a plus de force. L'auteur nous apprend que les fidèles n'ont pas dû rompre avec saint Léon ni avec saint Grégoire, quoiqu'antechrists déclarés par des marques indubitables, et qu'ainsi la communion dont il faut sortir en vertu de ce commandement : « Sortez de Babylone, » n'est pas précisément celle de l'Antechrist.

[1] *Apoc.*, XVIII, 4. — [2] *Avis à tous les chrétiens devant l'Accomp.*, p. 48, 49. — [3] *Ibid.*, p. 49.

De dire que ce commandement ne regarde pas les commencemens de l'Antechrist, mais seulement son progrès, c'est parler en l'air ; car dès son commencement, la bête de l'*Apocalypse* et la femme assise dessus, est appelée « Babylone, la mère des prostitutions et des abominations, » c'est-à-dire « des idolâtries et des corruptions de la terre[1]. » Elle porte des noms de blasphèmes ; « elle blasphème elle-même contre le ciel[2], » pendant toute la durée de son empire, qu'on veut être de douze cent soixante ans. Il la falloit donc quitter dès le commencement de ces douze cent soixante années. En effet le Saint-Esprit qui nous a marqué, à ce qu'on prétend, le commencement de cet empire par des caractères si précis, ne nous en a point donné d'autres pour nous expliquer le moment où il s'en faudroit séparer. Il falloit donc, ou commencer la séparation dès le temps de saint Léon, ce qu'on n'ose dire ; ou avouer qu'on ne sait plus quand il la faut commencer, et ainsi qu'on n'entend rien dans ce prétendu commandement dont on fait le fondement de la Réforme.

Il ne sert de rien de répondre qu'il y a des caractères marqués pour reconnoître les temps des grands progrès de la bête : car, sans ici s'arrêter à discuter ces caractères, si celui de l'idolâtrie ne suffit pas pour obliger à la séparation, quel autre caractère peut-on trouver qui puisse y obliger davantage ? S'il faut que l'idolâtrie soit formée, on nous a dit qu'elle l'étoit sous saint Léon par les écrits de Théodoret[3], et même qu'elle étoit régnante ; que s'il faut avoir résisté aux avertissemens, on avoit ouï ceux de Vigilance qu'on avoit laissé écraser à saint Jérôme.

Je ne m'arrêterai pas aux époques de Boniface III, ni même de Grégoire VII, où on prétend que l'antichristianisme a été le plus marqué[4] : car outre qu'il n'y a rien au-dessus de l'idolâtrie, qui néanmoins n'obligeoit pas à se séparer, il est encore certain que les titres les plus odieux qu'on prétend que Grégoire VII s'est attribués, sans ici vouloir en disputer, n'appartiennent pas à la foi, et on n'est pas obligé de les recevoir pour demeurer dans l'Eglise. Il n'y a donc dans ces titres aucun fondement légitime de se sé-

---

[1] *Apoc.*, XVIII, 5.— [2] *Apoc.*, XIII. — [3] *Sup.*, n. 28, 29. — [4] *Accomp.*, II⁵ part. chap. II, p. 40 et suiv.

parer; et saint Jean nous le montre bien, selon notre auteur, puisqu'à présent que Babylone s'est élevée, selon lui, au comble de l'impiété, et qu'elle touche de si près à sa chute irréparable, le temps de l'obligation du précepte ne peut pas être encore arrivé, puisque, selon le nouveau système de l'Eglise [1], celle où nous sommes est encore une véritable partie de l'Eglise universelle, où Dieu a encore ses élus, captifs à la vérité, à ce qu'on prétend, mais enfin de véritables élus, qui néanmoins n'observent pas ce grand précepte : « Sortez de Babylone, mon peuple. » En effet, et c'est ici qu'on va remarquer une prodigieuse contradiction dans toute la doctrine des protestans; à cause qu'il est dit : « Sortez de Babylone, mon peuple, » ils concluent que le peuple de Dieu y étoit donc, quoique captif [2]; d'où ils infèrent encore, bien ou mal, que Babylone ne signifie pas une société ouvertement opposée à Jésus-Christ, mais une église chrétienne « où le vrai peuple de Dieu étoit renfermé dans l'enceinte et dans la profession externe de cette Babylone spirituelle [3]. » Telle est la conclusion de nos adversaires. Mais de là nous concluons, à notre tour, que ce vrai peuple de Dieu sera renfermé jusqu'à la fin dans cette *profession externe* de la Babylone spirituelle; car c'est précisément au temps de sa chute que ce précepte vient du ciel : « Sortez de Babylone, mon peuple. » Qu'on lise l'endroit de l'*Apocalypse* où cette voix du ciel est entendue : c'est à point nommé quand l'Ange s'écrie : « Elle est tombée, elle est tombée, la grande Babylone. Sortez-en, mon peuple, pour n'avoir point de part à ses péchés et n'être point enveloppé dans son supplice, parce que ses péchés sont montés jusqu'au ciel [4]. » Voilà donc précisément le temps de la chute de Babylone qui concourt avec le temps du commandement d'en sortir. Ainsi dans ce moment fatal le peuple de Dieu est encore dans son enceinte, encore renfermé dans sa profession externe. Je demande premièrement, que veut dire ici le peuple de Dieu, si ce n'est le gros de ce peuple. Que si le gros du peuple de Dieu est encore dans la profession externe de Babylone dans le temps de

---

[1] *Préj., leg.*, 1re part., chap. I, p. 4 et seq., 15, 16, 22, etc.; chap. VII, 121, etc.— [2] *Préj. lég.*, 1re part., chap. VII, p. 121.— [3] *Syst.*, p. 145; *Var.*, liv. XV, 54 et suiv. — [4] *Apoc.*, XVIII, 4.

sa chute, les Vaudois et les Albigeois, et les vicléfites, et les taborites, et les luthériens, et les calvinistes, qui en étoient déjà sortis un si long temps avant celui où l'on met sa chute, qu'étoient-ils donc autre chose, sinon le peuple réprouvé? Et si l'on nous dit que le précepte d'en sortir, quoique prononcé au temps de la chute, s'étend à tous les siècles précédens, en sorte que le peuple de Dieu dût déjà en être sorti, pourquoi cette voix du ciel pour l'y obliger? Dira-t-on que la plus grande partie du peuple de Dieu en étoit sortie, et qu'une petite y demeuroit encore? Mais la voix parle en général à tout le peuple de Dieu, et la raison en est évidente; car cette voix de l'*Apocalypse* n'est qu'une répétition de celle que tous les prophètes avoient adressée aux Juifs, afin qu'ils sortissent tous de Babylone et de son empire, où ils étoient captifs. Ainsi cette parole : *Mon peuple*, enferme manifestement toute la société du peuple fidèle. Qu'on me montre enfin dans l'Ecriture que cette parole, ainsi prononcée généralement, ne signifie qu'une partie, et encore la plus petite du peuple de Dieu.

Mais je demande secondement, comment en tout cas cette petite parcelle du peuple de Dieu pouvoit être encore renfermée dans la *profession externe* de Babylone au temps de sa chute. Est-ce qu'elle n'étoit pas encore assez corrompue, assez idolâtre, assez tyrannique, en un mot assez Babylone jusqu'à ce temps? Qu'est-ce donc qui lui attiroit ces grandes plaies et une vengeance si terrible?

Je demanderois en troisième lieu, si ce peuple de Dieu pouvoit demeurer dans la *profession externe* de l'idolâtrie, n'étoit que nous avons déjà vu que l'idolâtrie de saint Léon et celle de l'Eglise de son temps n'obligeoit pas à en quitter la communion. Mais enfin si l'idolâtrie n'y oblige pas, à quel terme fixerons-nous la date de l'obligation? On ne sait plus où l'on va : voici un précepte d'un genre tout nouveau, qui n'oblige en aucun cas et dont on ne connoît pas le sujet.

XLII. — Question, si les protestans rebutés de l'absurdité du système de Joseph Mède et de M. Jurieu, en peuvent forger un autre plus soutenable.

Peut-être que ceux qui verront les absurdités manifestes de la nouvelle interprétation, à la fin abandonneront à la risée de tout l'univers Joseph Mède et son défenseur, et soutiendront que le Pape n'en est pas moins l'Antechrist, encore que ces téméraires aient donné une fausse date à la naissance de son antichristianisme : mais visiblement cela ne se peut ; car enfin, on ne tient plus rien, si on abandonne l'époque du démembrement de l'Empire romain. Pour peu qu'on change cette date, le Pape n'est plus l'Antechrist, Rome n'est plus Babylone, l'homme de péché ne vient plus au moment de la ruine de l'Empire, comme on veut que saint Paul l'ait prédit ; la septième tête, le septième roi, le septième gouvernement, qui est celui de l'Antechrist, ne commence plus au temps des dix rois ; en un mot, tout le sens qu'on veut donner aux prophéties de ces deux apôtres s'en va en fumée. Or ce démembrement ne peut tomber au plus tard que vers le temps de saint Léon, dans le pillage de Genséric. Et il est vrai qu'on pourroit trouver en 410, quarante ans au-dessus, sous le Pape saint Innocent, une autre prise de Rome par Alaric, et le vrai commencement du démembrement de l'Empire. Mais Joseph Mède et son disciple ont appréhendé cette date, à cause qu'à commencer par cet endroit-là, les douze cent soixante ans se trouveroient déjà écoulés, et le système des protestans démenti par l'événement. Si donc ils ont commencé trente ou quarante ans au-dessous, c'est pour prolonger d'autant la vie du système, et donner encore ce petit cours aux espérances dont on amuse les peuples. Avec ce misérable artifice et tout l'esprit qu'ils ont usé si mal à propos dans de vaines conjectures, tout est plein d'absurdités dans leurs ouvrages ; l'Antechrist devient un saint, l'idolâtrie devient innocente ; Babylone, la mère des prostitutions, devient en même temps la mère des enfans de Dieu ; et le peuple de Dieu est dans son enceinte, c'est-à-dire, comme on l'interprète, dans sa communion, *dans sa profession externe ;* on ne sait plus quand doit commencer, ni où doit finir le précepte : *Sortez de Babylone,* ni enfin ce qu'il signifie. Il est donc plus clair que le jour, que le nouvel article de foi de l'antichristianisme du Pape, sans lequel le ministre enseigne qu'on ne peut pas être chrétien, et où il met le fondement de la Réforme, non-seulement est destitué de toute autorité de l'Ecriture, mais encore si rempli de contradictions et d'absurdités, qu'il n'y a plus aucun moyen de le soutenir. On voit que tous ces grands mots : *Antechrist, idolâtrie, Babylone, blasphèmes, prostitutions*, sont des termes employés par la Réforme à exciter la haine d'un peuple crédule, puisqu'on trouve sous ces noms affreux la vraie Eglise, et non-seulement la piété ordinaire, mais encore la piété la plus éminente et la sainteté même.

XLIII. — Conclusion de ce qui regarde le chapitre xviii de l'*Apocalypse*.

Pour peu que les protestans considèrent les absurdités ou, pour mieux dire, les impiétés de cette interprétation, ils demeureront étonnés de s'être laissé surprendre à une illusion si grossière. Ils avoient devant les yeux un si grand objet : Rome tombée avec son empire du comble de la gloire, jusqu'à être la proie et le jouet des peuples qu'elle avoit vaincus! La chute de Babylone tant célébrée par les prophètes, n'a été ni plus grande, ni plus manifeste. Babylone n'avoit pas tant tyrannisé les saints que Rome, ni n'étoit demeurée plus longtemps qu'elle attachée à ses faux dieux. Que diront ici les protestans, en voyant tous les caractères de la ruine de Rome marqués par saint Jean, si évidemment accomplis? Diront-ils que saint Jean n'y a pas pensé, et que Dieu qui lui a fait voir, comme on en convient, les impiétés et les cruautés de Rome païenne qui a tant répandu de sang chrétien, ne lui en aura pas montré le juste supplice? C'est démentir l'événement, le plus sûr interprète des prophéties; c'est démentir tous les Pères, qui dès l'origine du christianisme ont cru lire dans l'*Apocalypse* la destinée de l'Empire romain; c'est démentir saint Jean, qui a donné à sa Babylone les caractères de Rome la païenne, comme ils étoient connus de son temps par tout le monde; c'est se démentir eux-mêmes, puisqu'ils ont reconnu dans les dix rois du chapitre xvii la dissipation prochaine de l'ancien Empire, dont on ne trouve la consommation que dans le chapitre xviii, comme il a été démontré [1].

[1] Ci-dessus, n. 21.

XLIV. — Si les protestans peuvent admettre une double chute de Rome.

Les protestans pourroient dire qu'ils ne veulent pas exclure du chapitre xviii de l'*Apocalypse* la chute de Rome païenne, mais qu'il y a un double sens dans ce divin livre; et qu'outre la chute de Rome sous Alaric ou sous Genséric, saint Jean regardoit encore celle qu'ils attendent.

Mais il ne leur est pas permis de nous alléguer ces deux chutes : car, ou ce seroit par le texte même qu'ils prétendroient nous y forcer, ce qui n'est pas, puisque la chute de Rome païenne épuise suffisamment le sens littéral; ou ce seroit par la tradition, mais premièrement ils la rejettent, secondement ils n'en ont aucune qui les favorise.

Il faut ici les faire souvenir que c'est la chute d'une église qu'ils se sont obligés à nous faire voir dans le chapitre xviii de l'*Apocalypse*, et encore de l'église la plus éclatante de tout le monde et dont la communion seroit la plus étendue. Or c'est de quoi il n'y a aucune tradition, et pas même la moindre trace dans les Pères. Il y en a encore moins dans l'*Apocalypse,* comme nous l'avons démontré si clairement, qu'on ne peut plus y imaginer aucune réplique.

XLV. — Prédiction de saint Paul, II *Thess.*, ii.

Ne laissons aux protestans aucune des prophéties qu'ils ont profanées, et sauvons encore de leurs mains celle de saint Paul, II *Thess.*, ii. Mais il faut avant toutes choses la remettre sous les yeux du lecteur, et la voici traduite de mot à mot sur le grec, en marquant aussi en particulier la version de Genève et celle du ministre Jurieu, dans les mots qui sont importans :

1. Nous vous conjurons, mes frères, par l'avénement de Notre-Seigneur Jésus-Christ et par notre réunion avec lui.

2. Que vous ne vous laissiez pas légèrement ébranler dans votre sentiment, et que vous ne vous troubliez pas, en croyant ou sur quelque prophétie, ou sur quelque discours, ou sur quelque lettre qu'on supposeroit venir de nous, que le jour du Seigneur soit près d'arriver :

3. Que personne ne vous séduise en aucune manière que ce

soit; car ce jour-là ne viendra point que la révolte (*Genève, ou* l'apostasie) ne soit arrivée auparavant, et qu'on n'ait vu paroître cet homme de péché, cet enfant de perdition.

4. L'ennemi (celui qui s'opposera *à Dieu*) et s'élèvera au-dessus de tout ce qui est appelé Dieu, ou qui est adoré, jusqu'à s'asseoir comme un dieu au temple de Dieu, voulant lui-même passer pour Dieu.

5. Ne vous souvient-il pas que je vous ai dit ces choses lorsque j'étois parmi vous?

6. Vous savez bien l'empêchement (ce qui l'empêche de venir, *ce qui le retient,* Gen.), afin qu'il paroisse en son temps.

7. Car le mystère d'iniquité commence déjà (se forme dès à présent, *se met en train,* Gen.) : seulement que celui qui tient (tienne encore), (celui qui a, ait encore); *ou,* celui qui obtient maintenant, obtiendra encore, *Gen.* Celui qui occupe, occupera, *Jur.,* jusqu'à ce qu'il soit détruit (aboli, *Gen.*).

8. Et alors se découvrira le méchant, que le Seigneur Jésus perdra (*déconfira,* Gen.) (*détruira,* Jur.) par le souffle de sa bouche, et qu'il abolira par l'éclat de sa présence (par son éclatante présence), *ou,* par la gloire de son avénement (au lieu de *gloire,* Gen. *clarté*).

9. Ce méchant, dis-je, qui doit venir accompagné de la puissance de Satan avec toutes sortes de miracles, de signes et de prodiges trompeurs;

10. Et avec toutes les illusions qui peuvent porter à l'iniquité ceux qui périssent.

11. C'est pourquoi Dieu leur enverra une efficace d'erreur, en sorte qu'ils croient au mensonge :

12. Afin que tous ceux qui n'ont pas cru la vérité et qui ont consenti à l'iniquité, soient condamnés.

Telles sont les paroles de saint Paul directement opposées au système des protestans touchant le Pape : la raison est que, selon leur propre interprétation, saint Paul fait paroître l'homme de péché, le méchant, l'ennemi de Dieu, et en un mot l'Antechrist, dans deux conjonctures; l'une, au temps «que celui qui tient, sera détruit, » versets 7, 8; l'autre, aux approches du jour du Seigneur, versets 2, 8 : et l'une et l'autre circonstance, selon leur propre explication, est incompatible avec ce qu'ils disent du Pape.

XLVI. — La première circonstance de la venue de l'Antechrist mal expliquée par les protestans.

La première, parce qu'ils entendent saint Paul du démembrement de l'Empire romain sous Alaric, et dans toute l'étendue du cinquième siècle : or il n'a paru dans tout ce temps ni prodiges, ni signes trompeurs, ni rien enfin d'extraordinaire dans la Papauté, pas même en allégorie. Les miracles qui se faisoient au tombeau des saints martyrs ne tendoient qu'à glorifier le Dieu des martyrs, à confirmer l'Evangile pour lequel ils étoient morts, à confondre un Julien l'Apostat et les infidèles endurcis, et à convertir les autres. Ceux qui les ont rapportés, c'est-à-dire tous les saints Pères et tous les historiens, n'ont pas été des trompeurs, mais des saints et la lumière de leur siècle. Les Papes n'y ont pas eu plus de part que tout le reste des évêques en Orient et en Occident, et par tout le monde. On n'a jamais produit aucun passage pour faire voir que les Papes aient rien fait de particulier sur cela, et on ne songe pas seulement à en produire. On n'a non plus osé imaginer que les Papes qui furent alors ni plusieurs siècles après, aient songé à s'élever au-dessus de Dieu, ni à se faire rendre les honneurs divins dans son temple : on n'a, dis-je, osé imaginer que saint Léon, ni saint Simplice, ni saint Gélase, ni saint Hormisdas, ni saint Grégoire, ni les autres, aient rien fait d'approchant, pas même, je le répète, en allégorie, car on demeure d'accord, même dans la réformation prétendue, que ces Papes étoient de grands saints, ou tout au moins des gens de bien : on se moque donc lorsqu'on ose dire que l'homme de péché parut alors.

XLVII. — La seconde, également mal entendue.

On ne se tire pas mieux de l'autre conjoncture où saint Paul fait naître l'homme de péché, c'est-à-dire dans les approches « du jour du Seigneur, » et de sa présence éclatante : car l'homme de péché des protestans ne devoit point du tout venir dans ces approches, ni vers le temps de ce grand éclat de la présence de

Jésus-Christ, puisque l'empire de ce méchant devoit durer dans une longue succession de Papes, et plus de douze cents ans, comme on a vu : donc l'homme de péché de saint Paul n'est pas celui des protestans.

Mais voici encore un autre inconvénient : c'est que la chute de l'Empire romain, qui est arrivée au cinquième siècle, ou en quelqu'autre endroit qu'on la voudra mettre, n'a rien de commun avec le jour du Seigneur, puisque nous avons vu la première chose, c'est-à-dire la chute de l'Empire, très-parfaitement accomplie, et que treize cents ans après nous ne voyons encore rien de plus avancé pour l'accomplissement de l'autre.

> XLVIII. — En accordant aux protestans tout ce qu'ils demandent, ils ne concluent rien de cette parole de saint Paul : *Celui qui tient*.

Mais que veut dire ce mot de saint Paul : « Que celui qui tient, tienne encore, jusqu'à ce qu'il soit détruit, » verset 7 ? Tout ce qu'il plaira aux protestans ; et en quelque sorte qu'ils l'entendent, il n'y a rien pour eux dans ce passage.

Ils savent bien que saint Augustin approuve l'interprétation où, par *celui qui tient*, on entend celui qui tient la foi, qui est solidement établi dessus [1] ; et il veut, selon ce sens, que saint Paul l'exhorte à persévérer malgré les illusions de l'Antechrist. Il n'y a point là de mystère, ni aucune sorte d'ambiguïté : « Que celui qui tient, tienne ; que celui qui a » la foi, dit saint Paul, « la conserve : » c'est la même chose qu'il dit ailleurs, que « celui qui croit être ferme, prenne garde de ne tomber pas, [2] » avertissement très-nécessaire dans la grande tentation de l'Antechrist, tant que dureront ses illusions et jusqu'à ce qu'il soit détruit par la présence éclatante du Fils de Dieu. Et dans le même chapitre dont il s'agit, saint Paul dit encore à ceux de Thessalonique : « Tenez ferme, et conservez les traditions que vous avez apprises de nous, soit de vive voix, soit par écrit [3], » où les mots dont se sert l'Apôtre στήκετε, κρατεῖτε, *tenez ferme, conservez, gardez*, ne sont pas moins forts que celui du verset 7, ἐπέχων·

---

[1] *De Civ.*, lib. XX, 19 ; *Epist. ad Hesich.*, CXCIX al. LXXX.— [2] I *Cor.*, X, 12.— [3] II *Thess.*, II, 14.

celui qui tient. Toutes les *Epîtres* de saint Paul sont pleines de ces préceptes : *Tenez ferme*, où le mot grec κατέχετε est fort voisin et à peu près de même force comme de même origine que celui dont nous parlons ; de sorte qu'il n'y a rien de plus naturel que l'interprétation de saint Augustin. Elle n'accommode pas les protestans : en voici une autre d'un grand auteur, qui ne leur conviendra pas davantage.

C'est le docte Théodoret, un des plus judicieux interprètes de l'Ecriture et de saint Paul. Dans ces mots du verset 6 : « Vous savez ce qui arrête, ou ce qui retient, » il n'a pas entendu avec beaucoup d'autres Pères l'Empire romain, mais « l'immuable décret de Dieu, qui arrêtoit l'Antechrist, parce qu'il vouloit qu'il ne parût qu'à la fin du monde, et après que l'Evangile auroit rempli toute la terre. » Il suit sa pensée au verset 7 ; et il veut « que celui qui tient, » s'entende « de l'idolâtrie, qui devoit toujours durer dans le monde jusqu'à la venue de l'Antechrist : » d'où il conclut qu'il ne paroîtra « qu'après que l'idolâtrie seroit tout à fait détruite, et l'Evangile annoncé par tout l'univers. »

Je ne vois rien qui combatte cette exposition, et j'en pourrois rapporter beaucoup d'autres aussi peu conformes au dessein des protestans ; mais venons à celles qu'ils y croient favorables.

Selon eux, celui qui tient, *celui qui obtient*, selon Genève ; *celui qui occupe*, selon M. Jurieu, c'est l'Empire romain, qui tenoit tout l'univers en sa puissance. C'est l'interprétation de plusieurs Pères : mais si on la nie aux protestans, comment la prouveront-ils ? Par les Pères et la tradition ? Ce seroit contre leurs principes ; et puis les Pères varient et la tradition n'est pas uniforme. Quoi donc, par le texte même ? Il n'y a rien de clair pour l'Empire romain. Que si l'on dit avec quelques Pères qu'en cela même que saint Paul affecte un langage mystérieux, il montre qu'il entendoit quelque chose qu'il y eût eu du péril à expliquer clairement, comme eût été la prédiction de la chute de l'Empire, dont on auroit pu faire un crime aux chrétiens et à l'Apôtre, cette réponse ne satisfait pas : car premièrement, nous pouvons répondre qu'il n'y a rien là d'ambigu, ni rien de mystérieux, selon l'interprétation qu'on vient de voir de saint Augustin ; secondement, qu'il peut y avoir beaucoup d'autres choses que saint Paul aura voulu envelopper dans un discours mystérieux, particulièrement dans l'avenir, où il transporte en esprit ses lecteurs.

En accordant néanmoins qu'il s'agit ici de l'Empire romain, plusieurs catholiques ont pensé qu'encore que cet empire ait été détruit en un certain sens lorsqu'il le fut en Occident, où étoit sa source, et dans Rome même, il a subsisté en quelque manière dans les empereurs d'Orient, et ensuite dans Charlemagne et dans les empereurs françois et allemands qui durent encore.

Ce sens est indifférent pour l'*Apocalypse.* La chute de Rome punie pour ses persécutions et pour son attachement à l'idolâtrie, avec la dissipation de son Empire dans sa source, est un assez digne objet de la prophétie de saint Jean; et rien n'empêche que tant de siècles après cette chute, on ne reconnoisse encore ce foible renouvellement de l'Empire romain, qui depuis un si long temps n'a plus rien à Rome. Que si l'on veut soutenir que jusqu'à la fin du monde ce nouvel Empire sera exempt des vicissitudes humaines sans jamais pouvoir périr qu'à la venue de l'Antechrist, et que ce soit là le sens de saint Paul, ce seroit en même temps manifestement la ruine des protestans, puisque cet Empire subsiste encore.

Aussi s'y opposent-ils de toute leur force[1] : ils ne trouvent aucune apparence que saint Paul, par *Celui qui tient,* parole si forte pour désigner un empire sous qui tout l'univers tremble, entende le nouvel Empire, et ils veulent qu'il entende l'Empire romain, dont nous avons vu la chute : mais c'est ce que je détruis par cette preuve démonstrative; car voici leur raisonnement : *Celui qui tient,* selon saint Paul, c'est Rome qui tenoit alors tout l'univers sous sa puissance; lorsque cette puissance sera détruite, l'Antechrist, selon cet Apôtre, paroîtra. Or il est détruit, poursuivent-ils, cet Empire de l'ancienne Rome sous qui l'univers avoit ployé : l'homme de péché est donc venu. Voilà leur raisonnement dans toute sa force. Mais poussons un peu plus loin la conséquence, pour découvrir clairement la fausseté du principe. Le même saint Paul qui nous donne la chute de celui *qui tient* pour signe pro-

[1] Jurieu, *Accomp.*, p. 82.

chain de l'Antechrist, nous la donne aussi pour signe prochain du jour du Seigneur; car écoutons ses paroles, et prenons la suite de son discours : « Ne vous laissez point troubler, dit-il, par ceux qui vous ont écrit sous mon nom, que le jour du Seigneur alloit venir.[1] » Pour les empêcher d'être troublés de la crainte d'une si soudaine arrivée de ce grand jour, il leur raconte un grand événement dont il devoit être précédé, qui étoit la découverte de *ce méchant* que Jésus-Christ devoit détruire. Vous savez, dit-il, ce qui « l'empêche, ce qui le retarde, » afin qu'il paroisse en son temps, « car le mystère d'iniquité commence déjà ; seulement que celui qui tient, tienne encore jusqu'à ce qu'il soit détruit ; et alors sera découvert ce méchant que le Seigneur détruira par le souffle de sa bouche, et qu'il perdra par l'éclat de sa présence. » Voilà les mots de saint Paul, versets 6, 7, 8, et on en voit le rapport avec « le jour du Seigneur, » du verset 2. On voit donc plus clair que le jour, qu'il fait marcher ensemble ces deux choses, la découverte du méchant qui s'élèvera au-dessus de Dieu, et sa soudaine destruction au jour du Seigneur par l'éclatante apparition de sa gloire : or est-il que ce grand jour et l'éclatante apparition de la gloire de Jésus-Christ n'est pas venue; par conséquent l'homme de péché qui en doit être un si prochain avant-coureur, ne l'est non plus, et on ne peut croire que saint Paul, par *celui qui tient*, entende l'Empire romain dont nous avons vu la chute.

XLIX. — S'il y a quelque avantage à tirer des Pères qui font venir l'Antechrist et le jugement à la chute de l'Empire romain.

Mais que veulent donc dire les Pères lorsqu'ils entendent ces mots, *Celui qui tient,* de l'Empire qui tenoit alors l'univers en sa puissance? Il est aisé de répondre : En premier lieu, ce n'est pas le sentiment de tous les Pères, comme on le peut voir sans aller plus loin et d'une manière à n'en point douter, dans les passages de saint Augustin et de Théodoret qu'on vient de produire. Il faut donc soigneusement distinguer les conjectures particulières des Pères d'avec leur consentement unanime : mais secondement, les mêmes Pères qui entendent l'Empire romain par *Celui qui tient,*

[1] II *Thess.,* II, 2.

entendent aussi par le *jour du Seigneur* et par *l'éclatante apparition de Jésus-Christ,* le jour du jugement universel, dont ce méchant devoit être le prochain avant-coureur : tellement que s'ils joignent la chute de ce grand Empire avec la venue de l'Antechrist, ils joignent aussi la venue de l'Antechrist avec le jugement dernier et la fin de l'univers; en un mot, ils présumoient que l'Empire romain sur toute la terre ne finiroit qu'avec le monde : ce qu'ils ont bien pu conjecturer avant que les choses fussent arrivées, mais ce qu'on ne peut dire sans folie maintenant que l'expérience nous a fait voir le contraire.

L. — Que le sentiment des Pères est directement contraire au système protestant, en ce qu'ils reconnoissent l'Antechrist pour un seul homme.

Il y a encore un autre endroit où l'interprétation protestante ne s'accorde en aucune sorte avec celle des Pères : c'est que tous unanimement, et sans exception d'un seul, ils ont cru que l'Antechrist dont saint Paul parle en ce lieu, seroit un seul homme [1]. Car ils ont bien vu avec saint Jean qu'il y auroit plusieurs Antechrists, parce que le dernier, comme on l'appeloit, qu'ils attendoient à la fin des siècles, auroit plusieurs avant-coureurs; mais pour lui, tous l'ont pris pour un seul homme, et ils étoient naturellement conduits à ce sens par ces expressions de l'Apôtre [2] : « L'homme de péché, le fils de perdition, l'ennemi, le méchant, celui qui viendra avec tous les signes trompeurs, celui que Jésus-Christ détruira; » tous caractères individuels, qui désignent un homme particulier, comme nous l'avons observé ailleurs [3].

On nous objecte que le Saint-Esprit nous représente souvent comme un seul homme tout un corps et tout un Etat : témoin le faux prophète de l'*Apocalypse,* que nous-mêmes nous avons pris pour une société de philosophes magiciens, encore que par trois fois il soit appelé en singulier et avec l'article, *le faux prophète,* comme l'Antechrist est appelé *le méchant, l'impie* [4].

C'est la méthode perpétuelle des protestans : aussitôt qu'ils ont trouvé dans l'Ecriture une figure, ils l'outrent sans aucune me-

[1] August., *De Civit.,* lib. XX, 19 sup. — [2] II *Thess.,* II, 3, 4, 8, 9. — [3] *Hist. des Var.,* lib. XII, 4. — [4] *Apoc.,* XVI, 13; XIX, 20; XX, 10.

sure, en sorte qu'on ne sait plus par où distinguer ce qui se dit proprement. Que si les Juifs ou les libertins, qui ne reçoivent pas l'Evangile, vouloient dire que les passages des anciens prophètes où il est parlé du Messie, désignent aussi un certain corps et un certain Etat, et non pas un homme particulier, n'y auroit-il point de règle pour les confondre? Et s'il doit y avoir un Christ, un homme particulier qui soit le Christ par excellence, devancé par plusieurs Christs en figure, pourquoi ne voudra-t-on pas qu'il y ait un Antechrist éminent, un homme particulier qui paroisse à la fin des siècles, que d'autres Antechrists inférieurs en impiété et en malice, un Nabuchodonosor, un Antiochus, un Néron, un Simon le Magicien ou d'autres pareils imposteurs aient précédé?

La règle que nous donnons pour entendre les figures de l'Ecriture, est de consulter l'Ecriture même. Par exemple, si nous disons que le faux prophète désigné dans l'*Apocalypse* comme un homme particulier, peut être pris pour un corps entier et une société, c'est que dès le commencement il est appelé une bête : « Et je vis, dit saint Jean, une autre bête[1]; » terme consacré dans ce livre pour signifier un corps de société, un grand empire, une ville dominante, ou quelqu'autre chose semblable, comme il est formellement expliqué par saint Jean même[2]; et cette idée venoit de plus haut, c'est-à-dire de Daniel, où les quatre bêtes représentent quatre royaumes, comme il est distinctement expliqué par ces paroles précises : « Ces quatre bêtes sont quatre royaumes qui s'élèveront de la terre[3]. »

Il faudroit donc nous montrer que saint Paul nous eût parlé en quelqu'endroit de ce méchant autrement que comme d'un homme particulier; ou qu'on ait jamais entassé tant de caractères individuels pour signifier une suite d'hommes. Et si l'on dit que ce méchant est le même que le faux prophète de saint Jean, visiblement cela ne se peut, puisqu'outre les autres raisons par lesquelles nous nous réservons de le démontrer dans la suite, il suffit de dire à présent qu'au lieu que le méchant de saint Paul se porte pour Dieu et s'élève au-dessus de tous les dieux, le faux prophète de saint Jean[4], qui est la seconde bête, ni ne se donne

[1] *Apoc.*, XIII, 11. — [2] *Apoc.*, XVIII, 9, 18. — [3] *Dan.*, VII, 17. — [4] *Apoc.*, XIII, 12.

pour un Dieu, ni ne se fait adorer, mais qu'il fait adorer la première bête.

LI. — Que les protestans ne s'accordent ni avec les Pères, ni avec saint Paul, ni avec eux-mêmes.

C'est donc pour cette raison que tous les Pères unanimement, et sans en excepter un seul, dès l'origine du christianisme ont reconnu naturellement le méchant, l'impie, l'homme de péché et l'enfant de perdition de saint Paul, et en un mot l'Antechrist, pour un homme particulier qui devoit venir à la fin du monde pour faire la dernière épreuve des élus de Dieu, et l'exemple le plus éclatant de sa vengeance avant le jugement prochain.

Les protestans nous répondent qu'aussi ne suivent-ils pas le plan des Pères : qu'il est bien vrai qu'avec eux ils prennent le méchant de saint Paul pour l'Antechrist et le font venir encore avec eux à la chute de l'Empire romain; mais qu'ils ne les suivent pas en ce qu'ils joignent toutes ces choses au dernier jour, et encore moins en ce qu'ils font de l'Antechrist un particulier. Voilà ce qu'ils nous répondent : d'où je conclus premièrement, qu'il ne faut donc plus, comme ils font, et comme fait encore en dernier lieu M. Jurieu[1], s'autoriser des anciens pour tout à coup les abandonner aux endroits les plus essentiels; et secondement, je leur demande ce que c'est donc, selon eux, que le jour du Seigneur et l'éclatante apparition de Jésus-Christ.

Dumoulin, très-embarrassé de cette difficulté et d'une si prompte exécution de son Antechrist qui devoit durer douze à treize cents ans, paraphrase d'une étrange sorte ce verset de saint Paul : « Et lors le méchant sera révélé, lequel le Seigneur Jésus déconfira par l'esprit de sa bouche, et abolira par la clarté de son avénement. » Voilà le texte de saint Paul selon la version de Genève, et en voici la paraphrase selon le ministre : « Et quand cet Empire romain sera détruit, alors sera pleinement manifesté ce pontife, et le siége papal sera exalté par la ruine de l'Empire, lequel pontife Dieu abattra ET AFFOIBLIRA, mais ne LE DÉTRUIRA point totalement qu'au dernier jour du jugement, lorsque Jésus-Christ viendra en

[1] *Préj., Accomp.*, Lett. XII.

sa gloire[1]. » Ce que, voulant expliquer plus amplement, il nous représente l'empire papal ébranlé par la prédication de Luther, et quant à la *pleine abolition,* il la réserve au jour du jugement, dans cinq ou six cents ans, s'il plaît à Dieu[2].

On voit bien ce qui le contraint à parler ainsi; c'est qu'enfin il n'a osé dire que Luther ait abattu et détruit ce prétendu Antechrist de la Réforme, comme il s'en étoit vanté : c'est pourquoi il a fallu distinguer deux temps : l'un où l'Antechrist seroit affoibli, et l'autre où il seroit détruit tout à fait. Mais ce n'est pas ainsi que saint Paul procède : il n'y a dans le texte aucun vestige de cette distinction; c'est-à-dire que le ministre a vu le mal, et n'y a point trouvé de remède qu'en falsifiant le texte de saint Paul.

Pour colorer une si indigne falsification, il a voulu s'imaginer que le mot grec qu'on a traduit à Genève par le vieux mot *déconfira,* et celui qu'on y a traduit par *abolira,* sont d'une vertu bien différente : ἀναλώσει (*analôsei*), selon lui, ne signifie pas *tuer,* comme l'a traduit la Vulgate, mais *une déconfiture par certains progrès, comme qui diroit user, dissiper, consumer.* Que veut dire ce faux savant avec son grec jeté en l'air pour éblouir le monde? Et qui jamais a conçu qu'*analôsei,* où il a traduit *déconfira,* soit plus foible que καταργήσει (*catargêsei*), où il traduit *abolira?* Quel enfant, qui ait ouï parler de la ruine de Troie, ne sait pas qu'elle s'appelle ἅλωσις (*alôsis*) de la racine ἁλίσκω (*alisco*), qui a la même vertu, et que ce terme ἅλωσις signifie *excidium,* la destruction, la ruine, la perte totale, comme l'ἀναλώσει (*analôsei*) de saint Paul signifie détruira, perdra, abolira tout à fait (a)? Que si c'est là ce qu'a fait Luther, que fera de plus Jésus-Christ quand il viendra dans sa gloire? Mais qu'y a-t-il qui tombe plus vite que ce qu'on abat par un souffle? Et qui ne voit plus clair que le jour que ces deux expressions de saint Paul, Jésus-Christ « perdra le méchant par son souffle et le détruira par la gloire de son avéne-

---

[1] *Accomp. des proph.,* p. 78. — [2] *Accomp. des proph.,* 14, p. 152.

(a) Le passage commençant par ces mots : *Quel enfant,* et finissant par ceux qu'on vient de lire : *Abolira tout à fait,* ne se trouve pas dans l'édition *princeps;* mais il a été signalé, pour y être inséré, à la fin des *Avertissemens aux protestans sur les Lettres du ministre Jurieu.* (Édit. de 1689.)

ment, » ne signifient que la même chose répétée deux fois, selon le génie de l'hébreu?

Saint Chrysostome, qui assurément savoit le grec, voulant expliquer la force du mot ἀναλίσκειν (*analiskein*), dont se sert saint Paul, et tout ensemble faire voir combien promptement l'Antechrist seroit défait par l'éclatante apparition de Jésus-Christ : « Ce sera, dit-il [1], comme un feu qui, tombant seulement sur de petits animaux, avant même que de les toucher, et quoiqu'ils soient encore éloignés, les rend immobiles de frayeur, et les consume, *analiskei ;* ainsi Jésus-Christ, par son seul commandement et par sa seule présence, consumera l'Antechrist, *analòsei :* c'est assez qu'il paroisse, et tout cela périt aussitôt. »

Le cardinal Bellarmin s'étoit servi très-à propos de ces paroles de saint Chrysostome, trop pressantes pour Dumoulin, quoiqu'alors foiblement traduites. Ce ministre les affoiblit encore davantage : au lieu de cette frayeur qui rend ces animaux immobiles, il veut que le feu, contre sa nature, ne fasse que les assoupir; au lieu de cette prompte action du plus vif et du plus vorace des élémens, il lui donne une lenteur qu'il n'eut jamais; et non content de changer le sens de saint Chrysostome, il voudroit encore changer la nature même pour faire vivre son Antechrist plus que saint Paul ne le permet.

Le même Dumoulin blâme la Vulgate [2], qui traduit l'*analòsei* de saint Paul par le latin *interficiet*. Mais saint Jérôme traduit partout ainsi; il dit partout : Le méchant que le Seigneur « tuera, fera mourir, *interficiet,* par le souffle de sa bouche et détruira par l'éclat de son avénement [3]. » Et voici comme il l'explique : « Le Seigneur, dit-il, le fera mourir, *interficiet,* par le souffle de sa bouche, c'est-à-dire par sa divine puissance et par un commandement absolu, puisqu'à lui, commander, c'est faire : ainsi ce ne sera ni par une armée, ni par la force des soldats, ni par le secours des anges que l'Antechrist sera tué ; et de même que les ténèbres sont dissipées par le seul avénement du soleil, ainsi Jésus-Christ détruira l'Antechrist par le seul éclat de son avénement [4]. »

[1] *In II ad Thess.*, cap. II; Hom. IV, n. 1. — [2] *Accompl. des proph.* 14, p. 152.— [3] Ep. IX *ad Ageruch.* — [4] Ep. *ad Alg.*, XI.

Voilà l'idée que met naturellement dans les esprits le passage de saint Paul : ce n'est pas un Antechrist qu'on fasse périr d'une mort lente et qu'on consume pour ainsi dire à petit feu ; on n'en fait point à deux fois, si on me permet de parler ainsi, et il périt tout d'un coup devant Jésus-Christ qui vient en sa majesté juger les vivans et les morts.

Le ministre Jurieu l'a pris autrement que Dumoulin, « et par la clarté de l'avénement de Jésus-Christ, » il entend, « non pas le dernier avénement du Seigneur, mais celui par lequel il viendra longtemps avant la fin du monde, abattre le paganisme, le mahométisme, le papisme[1], etc. » Nous ne connoissions jusqu'ici que deux avénemens de Jésus-Christ : l'un avec la mortalité, qui est accompli ; l'autre en gloire, qui est celui que nous attendons ; mais le ministre en met trois. Les Thessaloniciens ne craignoient qu'un seul jour du Seigneur, dont saint Paul leur avoit déjà parlé dans sa première *Epître*[2]; et c'étoit le jour du jugement, capable de faire trembler les plus justes. C'est ce jour dont la prochaine arrivée, que quelques-uns leur annonçoient, les avoit troublés : il n'y avoit donc à attendre qu'un jour du Seigneur. Le ministre leur en montre deux ; mais encore lequel des deux craignoient-ils ? celui où Jésus-Christ devoit apparoître pour confondre l'Antechrist avec le paganisme, le mahométisme, le papisme ? Qu'y avoit-il à craindre pour eux dans ce jour ? et devoient-ils être païens, mahométans, ou papistes ? Dans quel abîme se jette le ministre ! Il faut être bien poussé à bout, lorsqu'on fait de telles violences au langage de l'Ecriture : mais avec tout cela on ne gagne rien, et la difficulté demeure toujours. Car enfin, quoi qu'on veuille faire « du jour du Seigneur et de la présence éclatante de Jésus-Christ, » il est toujours très-constant que saint Paul l'attache à la chute de *celui qui tient :* « Alors, dit-il, se découvrira le méchant que Jésus-Christ détruira par l'éclat de sa présence. » Et tout cela devoit paroître aussitôt après la chute de *celui qui tient* (verset 7), puisqu'il n'y avoit que cela *qui retenoit* (verset 6). Que ce soit donc tout ce qu'on voudra, ou l'entier ren-

[1] *Prej. lég.*, Ire part., chap. IV, p. 89 ; *Accomp. des proph.*, IIe part., chap. XXIII. — [2] I *Thess.*, V, 2.

versement du monde dans le jugement dernier, ou dans quelqu'autre apparition de Notre-Seigneur, la destruction de l'Antechrist, *si celui qui tient,* c'est l'Empire dont Alaric, ou quelqu'autre qu'on voudra, a commencé la dissipation, et que pour cette raison l'homme de péché ait dû paroître vers ce temps-là, on en doit avoir vu vers ce même temps, non-seulement les attentats et les prodiges, mais encore la destruction éclatante, la prédiction de saint Paul nous menant si rapidement de l'un à l'autre et ne laissant entre deux aucun intervalle.

Mais ce rapide accomplissement de la prédiction de saint Paul, qu'il explique avec des paroles si vives, n'a rien qui convienne à l'Antechrist des protestans ; car il leur faut douze cents ans pour en composer la fable. L'Antechrist qu'ils nous proposent, est un Antechrist dont on ne voit trois cents ans durant, ni les impiétés, ni les prodiges. C'est un saint durant quatre siècles, plus ou moins ; et après qu'il a commencé à se déclarer, il faut encore huit ou neuf cents ans pour le détruire ; encore ne sait-on pas si on en viendra tout à fait à bout devant ce temps, et on croit qu'on sera contraint de lui laisser une vie traînante durant quelques siècles. Tout cela, qu'est-ce autre chose que de changer les vives idées et les éclairs de saint Paul en la froide allégorie d'une histoire aussi languissante qu'elle est d'ailleurs mal appuyée ?

LII. — Froideur des allégories des protestans.

Mais après tout, qui a dit à nos réformés que ces grands mots de saint Paul : « L'impie qui s'élèvera au-dessus de tout ce qu'on appelle Dieu, qui se montrera dans le temple de Dieu, comme étant Dieu lui-même, » et le reste ; qui leur a dit, encore un coup, que toutes ces choses soient des caractères allégoriques ? Est-ce qu'il n'est pas possible qu'elles arrivent à la lettre ? mais nous avons cent exemples de rois orgueilleux qui se sont fait rendre les honneurs divins ; et sans rappeler ici les Nabuchodonosor et les autres rois impies que l'on connoît, on sait que Caligula se vouloit faire adorer jusque dans le temple de Jérusalem ; que Néron ne fut pas moins emporté, ni moins impie ; que les Césars avoient des temples, et qu'ils furent les plus respectés de tous les dieux. Ces choses étoient communes dans le monde au temps que saint Paul écrivoit, et il parloit aux fidèles selon les idées qui étoient connues. Pourquoi veut-on y substituer des allégories ou plutôt des calomnies manifestes de la Papauté? Quand je fais ces objections à M. Jurieu [1], il me reproche sérieusement que je n'ai pas voulu voir les endroits qu'il a rapportés où le Pape est appelé Dieu [2]. Quoi! il voudroit qu'on allât répondre à toutes les thèses, à toutes les épîtres dédicatoires, à tous les mauvais complimens que lui et ses confrères ont ramassés, à cause qu'ils les débitent avec un air aussi sérieux que si c'étoient autant de dogmes de l'Eglise catholique! Mais je vais donner beau jeu à ces vains reproches. Oui, je lui avoue que le Pape est un de ces dieux dont a parlé le Psalmiste, qui « meurent comme les hommes [3], » mais qui néanmoins sont appelés *dieux,* parce qu'ils exercent sur la terre une autorité qui vient de Dieu, et qu'ils en représentent la puissance jusqu'au point que Dieu a voulu. Qui blâme cette façon de parler n'a qu'à s'en prendre au Saint-Esprit qui l'a dictée à David, et à Jésus-Christ qui l'a approuvée [4]. Si les flatteurs en abusent, qu'ils aillent en perdition avec leurs lâches et profanes discours : mais peut-on dire sérieusement que le Pape se fasse Dieu en un mauvais sens, pendant qu'il se reconnoît, non-seulement homme, mais encore pécheur, et que comme les autres fidèles il confesse ses péchés aux pieds d'un prêtre? Mais il se dit *vice-Dieu,* c'est-à-dire lieutenant de Dieu : il n'est donc pas Dieu. Les rois sont à leur manière vicaires de Dieu. Le Pape l'est d'une autre sorte et d'une façon plus particulière, comme établi spécialement par Jésus-Christ le pasteur de tout son troupeau. Se moque-t-on d'appeler cela se faire Dieu? Mais, dit M. Jurieu, « le Pape se met au-dessus des rois, qui sont des dieux [5]. » Qu'un homme ne rougisse pas d'objecter gravement de telles choses et qu'on puisse les écouter sérieusement, c'en seroit assez pour se détromper à jamais de tels docteurs. Que veut-on dire : *Le Pape se met au-dessus des rois?* Sans doute en un certain sens et comme pasteur : qui le peut nier, puisque les rois chrétiens font gloire

---

[1] *Var.,* liv. XIII, 3, 4, 7.— [2] *Lett.* XIII.— [3] *Psal.* LXXXI, 6, 7.— [4] *Joan.,* X, 34. [5] *Lett.* XIII.

d'être compris au nombre de ceux dont saint Paul a dit : « Obéissez à vos prélats ? » Si c'est là se faire Dieu, qu'on songe du moins que ceux dont le Psaume a dit : « Vous êtes des Dieux ; » et, « Dieu s'est assis dans l'assemblée des Dieux [1], » ce sont tous les juges; et parce qu'il y a des juges au-dessus des juges, des « grands au-dessus des grands, » et que « le roi commande à tous, » comme dit le Sage [2], le roi sera un Antechrist, et tout l'ordre du monde un antichristianisme? Les fanatiques le diront peut-être.— Mais le Pape se dit infaillible [3].— Si l'on demandoit au ministre quel Pape l'a dit, où en est la décrétale, et quel acte a jamais fait l'Eglise romaine pour établir ce dogme, il demeureroit muet; car je lui maintiens qu'il n'y en a point. Mais enfin peut-on dire sérieusement que de croire ou d'espérer avec quelques-uns que Dieu ne permettra pas qu'un Pape décide en faveur de l'erreur, ce soit en faire un Dieu, et non pas un homme assisté de Dieu, afin que la vérité soit toujours prêchée dans l'Eglise par celui qui en doit être la bouche? Cessons de perdre le temps à résoudre des objections qu'on ne peut faire sérieusement. Que saint Paul ait eu en vue des choses si froides quand il a écrit son *Epître* aux fidèles de Thessalonique, et qu'il ait voulu leur donner de si graves précautions contre des chimères de cette nature, c'est dégrader un si grand Apôtre que de le penser. Non, non, se faire passer pour Dieu et s'élever au-dessus de Dieu, ce ne sera pas seulement l'impertinente exagération de quelque flatteur, ou quelque cérémonie mal interprétée, ou même quelque prétention excessive; mais ce sera dans le littéral se donner réellement pour Dieu, et se faire bâtir des temples comme ont fait tant de rois impies. De même venir au monde avec « toute l'opération de Satan et toutes sortes de signes et de prodiges trompeurs, » jusqu'à faire descendre « le feu du ciel [4], » et autres choses de cette nature, ce ne sera pas donner la confirmation, ou prononcer des anathèmes, ni dire, ce qui est certain, que Dieu fait des miracles par ses saints, et durant leur vie et après leur mort. Ce sera, comme les enchanteurs de Pharaon, imiter les miracles de Moïse;

---

[1] *Psal.* LXXXI. — [2] *Eccles.*, V, 7, 8. — [3] *Lett.* XIII — [4] II *Thess.*, II, 9; *Apoc.*, XIII, 13.

ce sera, comme dit Jésus-Christ, « faire de si grands prodiges et des signes si surprenans, que les élus mêmes, s'il se peut, soient induits en erreur [1]; » en sorte que, pour être parfaitement confondu, il ne faille rien de moins que l'apparition éclatante de Jésus-Christ dans sa gloire et le grand jour du Seigneur. Quand les Papes entreprendront de tels prodiges, et qu'ils les entreprendront pour justifier qu'ils sont des dieux et se faire dresser des autels, je reconnoîtrai l'ennemi dont parle saint Paul.

LIII. — Ce que l'on peut dire de certain de l'Antechrist.

Que sera-ce donc, dira-t-on, que cet ennemi? Je réponds que si c'est quelque chose qui soit venu il y a longtemps, comme le prétendent les protestans, c'est aussi quelque chose qui est détruit il y a longtemps, comme on a vu. C'est donc une manifeste absurdité de dire que ce soit le Pape. Que si l'on entend par cet ennemi quelqu'un qui soit déjà venu et détruit, soit que ce soit Néron selon quelques-uns, ou Caligula, ou Simon le Magicien selon quelques autres, comme Grotius et Hammond, il n'y a rien là contre nous; la peine sera de faire cadrer les événemens avec les paroles de saint Paul et avec la date de son *Epître*, ce que j'avoue, quant à moi, que je n'ai pu faire. Que si, comme le veulent les anciens et comme saint Augustin nous assure par deux fois que tout le monde le croyoit sans aucun doute [2]; si, dis-je, ce méchant est quelqu'un qui ne soit pas encore venu, qui viendra à la fin des siècles et qu'on nommera l'Antechrist : qui peut dire ce que ce sera sans être prophète? Saint Augustin avoue du moins qu'il n'y connoît rien et propose tout ce qu'il peut imaginer, laissant tout absolument dans l'incertitude. Soit donc que ce soit quelqu'un qui, pour attirer les Juifs, rebâtisse le temple de Dieu dans Jérusalem, ou qui en bâtisse quelqu'autre au Dieu créateur, comme vouloit faire Julien, où enfin il se fasse rendre les honneurs divins, à l'exemple de tant de rois impies ; soit que ce méchant choisisse quelque célèbre église des chrétiens pour s'y faire adorer comme un dieu; soit que, selon une des interprétations de saint Augustin, ce soit un prince hérétique qui prétende

[1] *Matth.*, XXIV, 24. — [2] *De Civit.*, lib. XX, 19, etc.

que la société qui le suivra, soit la vraie Eglise, et qui par force ou par illusion y entraîne un très-grand peuple pour y paroître tout ce qu'il voudra à ses sectateurs; soit que ce soit un faux Christ et un faux Messie, mais plus grand trompeur et plus rempli de Satan que tous les autres, qui se disant le Fils de Dieu comme Jésus-Christ, et se mettant au-dessus de lui avec des signes proportionnés à sa prétention, accomplira à la lettre tout ce que dit saint Paul; soit que ce soit quelque chose qu'il ne soit pas donné aux hommes de prévoir : toujours est-il bien constant que c'est chercher à se tromper que de fonder un schisme sur cette énigme, et que tout ce qu'on en peut dire de plus assuré si c'est celui dont parle saint Paul, c'est qu'il ne durera pas longtemps et que sa chute suivra de près son audace.

Cependant on peut encore tenir pour assuré que ce sera quelque faux réformateur des erreurs et des corruptions du genre humain, et que le fond de sa mission sera une fine hypocrisie, qui est proprement le mystère d'iniquité dont saint Paul a dit qu'il commençoit de son temps à se former. Mais si ce détestable mystère se formoit au commencement par tant de sectes qui se cachoient jusque dans le sein de l'Eglise sous le nom et l'extérieur de la piété, il se consommera à la fin des siècles d'une manière bien plus trompeuse. La grande apostasie précédera, soit que ce soit la révolte contre quelque grand empire; soit que ce soit un grand schisme, peut-être encore plus étendu que celui de Luther et de Calvin, où des royaumes entiers se sont cantonnés avec une haine obstinée contre l'Eglise catholique. Et pour ces mots de saint Paul, que « celui qui tient tienne, » soit que ce soit une exhortation à ceux qui tiennent la vraie foi à la défendre contre les prestiges et les violences de l'Antechrist, ou pour ne point répéter les autres interprétations, qu'il doive s'élever encore quelque grand empire où saint Paul, à la manière des prophètes, nous ait voulu transporter en esprit, comme si la chose étoit présente : toujours est-il bien constant par les preuves qu'on en a vues, que si c'étoit l'Empire romain dominant sur tout l'univers, nous aurions déjà vu paroître aussi bien que la chute de ce grand Empire, non-seulement les blasphèmes, les faux miracles et la ruine de l'Antechrist, mais encore dans celle de tout l'univers le grand jour de Jésus-Christ.

LIV. — Que le méchant de saint Paul ne peut être aucune des bêtes de saint Jean, et qu'il n'y a de rapport entre saint Paul et l'*Apocalypse*, que dans le chapitre xx de cette dernière prophétie.

Au reste, les protestans se fondent beaucoup sur ce que la bête de l'*Apocalypse*, surtout la seconde, et le méchant de saint Paul sont la même chose; et il est vrai qu'il y a quelques caractères semblables, par exemple celui des faux miracles, qu'on voit paroître dans la seconde bête de saint Jean comme dans le méchant de saint Paul. Mais ce caractère équivoque leur est commun avec beaucoup d'autres, et nous avons remarqué entre eux deux différences essentielles. La première, que la bête de saint Jean ne se dit point Dieu et ne se fait point adorer elle-même comme le méchant de saint Paul; mais au contraire, loin de s'élever avec ce méchant sur tout ce qu'on adore, elle fait adorer un autre. La seconde, que le méchant de saint Paul vient et périt dans les approches du jugement universel, en sorte que sa séduction sera la dernière de l'univers, comme celle que Jésus-Christ se réserve à détruire par son dernier avénement; au lieu qu'après le supplice des deux bêtes de saint Jean et les mille ans qui le doivent suivre [1], quel qu'en puisse être le mystère, il reste encore à l'Eglise une dernière persécution à essuyer, qui est celle de Gog et de Magog, plus dangereuse que toutes les autres, comme il a été remarqué, puisqu'elle sera l'effet du dernier déchaînement de Satan [2].

Il ne faut donc point comparer avec le second chapitre de la IIe *aux Thessaloniciens* tout ce qu'il y a dans l'*Apocalypse*, depuis le chapitre IV jusqu'au XXe, comme si c'étoit la même chose; il n'y a de rapport précis du passage de saint Paul avec l'*Apocalypse*, que dans le chapitre XX et dans le feu tombé du ciel qui consume Gog et Magog, puisque ce feu n'étant autre chose que celui du dernier jugement, il a le rapport qu'on voit avec la dernière et éclatante apparition de Jésus-Christ, comme il a pareillement été dit ailleurs [3].

[1] *Apoc.*, XIX, 20; XX, 3, 7. — [2] Voyez les notes du chap. XX. — [3] *Ibid.*

J'espère que les catholiques se rendront aisément à ces preuves, et pour ce qui est des protestans, qu'ils se désabuseront de l'erreur grossière qui leur fait imaginer leur Antechrist dans plusieurs personnes et dans une suite de treize siècles, en sorte qu'après sa venue il nous fasse attendre si longtemps le jugement universel, contre tout ce qu'a dit saint Paul et contre toute la tradition qui l'a toujours entendu comme nous faisons, dès l'origine du christianisme.

LV. — Qu'il y a, selon le ministre, un autre Antechrist à qui, malgré qu'il en ait, les paroles de saint Paul conviennent mieux.

On croira peut-être que ce qui oblige les ministres à forcer le sens de saint Paul sur le sujet de l'Antechrist qui doit venir et être détruit à la fin des siècles, c'est qu'ils tiennent pour bien assuré que cet Antechrist ne viendra jamais, et que tout ce qu'en ont dit les Pères, est une fable : mais il n'en est pas ainsi. Le ministre Jurieu trouve vraisemblable qu'il y aura sur la fin des siècles, une « dernière persécution qui durera trois ans et demi [1]. » Quoi ! trois ans et demi à la lettre, sans que ce soit à ce coup des jours prophétiques? Le ministre le veut ainsi à cette fois; et « après cette persécution pourra venir, continue-t-il, l'Antechrist de saint Irénée, à qui, dit-il, je veux bien faire cet honneur de croire qu'il avoit appris de quelques hommes apostoliques le mystère de cette dernière persécution. » A cette fois il se rend traitable : saint Irénée a trouvé grace devant lui, et le voilà réconcilié avec les martyrs et les docteurs des premiers siècles : enfin il leur accorde « un Antechrist qui fera le Messie, » pour tromper les Juifs, « qui régnera trois ans et demi devant la fin du monde, et qui sera détruit peu de jours devant le dernier jugement. » Mais il n'accorde cela qu'à condition que cet homme que Jésus-Christ détruira par sa dernière arrivée ne sera « qu'un diminutif de l'Antechrist, » qui est le Pape; car surtout il se faut bien garder de croire que depuis le commencement jusqu'à la fin de l'univers, il y puisse jamais rien avoir de pis que lui, pas même celui qui se dira le Messie à la fin des siècles, qui néanmoins, apparemment,

[1] *Accomp.*, IIe part., p. 416.

sera le plus impudent de tous les imposteurs, et qui par là mériteroit bien d'être cru celui dont parle saint Paul. Mais le ministre ne l'endurera jamais : « Il ne faut point le confondre, dit-il, ni avec l'homme de péché de ce grand Apôtre, » ni avec aucune des bêtes de l'*Apocalypse*. Mais pourquoi en démêlant l'obscurité d'un passage aussi obscur que celui du IIe chapitre de la IIe *aux Thessaloniciens*, ne vouloit pas nous permettre d'y placer ce dernier Antechrist? Pourquoi ne vouloir pas croire que ce sera le plus méchant de tous, puisque Satan l'enverra à la fin des siècles pour faire les derniers efforts contre les élus, et que Jésus-Christ de son côté en réservera le châtiment à son grand et dernier jour pour être le dernier coup de sa puissance? Il est vrai que le ministre le défend, et je n'en sais pas la raison, car de bonne foi, il n'en dit point; mais c'est qu'il faudroit effacer tout ce qu'il a dit du Pape avec toute la Réforme, et renverser tout ce beau système qui le fait passer parmi les siens pour le prophète de son temps.

LVI. — Promesse de l'auteur sur Daniel. L'explication de saint Paul, I *Tim.*, IV, 1, déjà donnée. Conclusion de la seconde partie de cet Avertissement.

De peur qu'on n'abuse encore de la prophétie de Daniel comme de celles de saint Paul et de saint Jean, on en verra bientôt un commentaire, et je dirai en attendant que la prophétie de Daniel où l'on veut à présent trouver le Pape, étant accomplie dans la persécution d'Antiochus, comme les ministres en conviennent, ils ne peuvent plus y trouver d'autre sens qu'avec le secours de la tradition qu'ils rejettent.

Pour la prédiction de saint Paul dans la Ire *à Timothée*, chapitre IV, outre ce qu'on a vu dans cet Avertissement [1], on a pu voir clairement ailleurs [2] qu'elle est accomplie dans les manichéens et les autres sectes impies qui, dès l'origine du christianisme, avoient mis certaines viandes, et en général le mariage, parmi les choses réprouvées de Dieu et mauvaises de leur nature. Mais voici ce que répond M. Jurieu : « Les théologiens papistes, pour éluder ce passage, l'avoient voulu détourner il y a longtemps, du

[1] Sup., n. 36, 37. — [2] *Hist. des Var.*, liv. XI.

côté des manichéens : mais M. Bossuet sentoit bien que peu de gens de bon sens seroient capables de donner là dedans, quand ils sauroient que les manichéens ont été dans tous les siècles une secte obscure et peu nombreuse, et qui n'a pas duré dans le monde avec éclat. Si saint Augustin ne s'étoit laissé surprendre par ces abuseurs, et après les avoir quittés ne se fût donné la peine de réfuter amplement leurs rêveries, à peine seroient-ils connus. Ils périrent dans le cinquième et dans le sixième siècle ; et en mourant ils laissèrent quelque germe de gens lesquels conservèrent quelques-uns de leurs dogmes, comme l'abstinence de certaines viandes et le mépris des sacremens de l'Eglise [1]. » Et un peu après : « On ne prouvera jamais qu'ils aient composé une communion tant soit peu considérable : il y en avoit en beaucoup de lieux de l'Orient et de l'Afrique ; mais c'étoient de petites sociétés, comme celle des illuminés d'Espagne et de nos fanatiques. Aucune personne raisonnable ne pourra donc se persuader que saint Paul ait pensé à une secte qui ne devoit jamais être d'aucune distinction dans le monde. » Autant de faussetés et d'illusions que de paroles. « Les théologiens papistes ont détourné ce passage du côté des manichéens [2]. » Il falloit dire que tous les Pères qui ont entrepris d'expliquer cette prédiction de saint Paul, l'ont entendue unanimement de ces hérétiques, ou de ceux qui avant eux et sous d'autres noms enseignoient les mêmes erreurs. « Sans saint Augustin, cette secte seroit à peine connue. » Tous les écrits des saints Pères et les canons en sont pleins : ni Archélaüs, ni Origène, ni Eusèbe, ni saint Cyrille de Jérusalem, ni saint Basile, ni saint Epiphane, et les autres qui ont écrit avec tant de soin contre ces hérétiques, ne les ont connus par saint Augustin, qui est venu après eux ; et cette maudite secte n'étoit que trop renommée dans toute l'Eglise. « Il y en avoit en beaucoup de lieux de l'Orient et de l'Afrique : » il y en avoit en Italie et à Rome même ; il y en avoit dans tout l'Orient, et on n'y trouve guère de provinces où ce venin ne fût répandu. « C'étoient de petites sociétés qui n'étoient pas considérables, ni d'aucune distinction dans le monde. » On a montré au contraire dans l'*Histoire des Varia-*

[1] *Lett.* x. — [2] *Var.*, liv. XI, 9, 35.

tions ¹, que les erreurs de cette secte se trouvent sous divers noms dès l'origine du christianisme ; que le zèle d'étendre la secte étoit incroyable ; qu'elle s'étoit en effet beaucoup répandue, et qu'elle étoit surprenante et éblouissante jusqu'au prodige ; que dans le temps où le ministre ose dire qu'elle étoit tout à fait éteinte, on la trouve si multipliée en Arménie et ailleurs, qu'elle se cantonna contre les empereurs, bâtit des villes et des forteresses où ils ne pouvoient la forcer, et se trouva en état de leur faire une longue guerre ; qu'elle peupla la Thrace et la Bulgarie, d'où elle se répandit de tous côtés en Italie, en Allemagne, en France, où elle suscita de grandes guerres ; qu'elle dura très-longtemps dans tous ces pays ; et que même dans son déclin elle étoit si puissante en nombre, qu'encore que les parfaits de la secte ne fussent que quatre mille, le reste étoit innombrable : de sorte que n'y ayant, selon le ministre, que le peu de distinction et de considération de la secte qui ait empêché saint Paul de la prévoir, on voit au contraire qu'il n'y en a point qui, par son nombre, par sa durée, par ses illusions, par son hypocrisie, par ses prestiges et par les autres circonstances que j'ai remarquées, méritât plus d'être prédite : outre que le fait est constant, et qu'il est plus clair que le jour que saint Paul parle d'une secte qui attaquoit directement le Créateur, en trouvant de l'impureté dans les viandes qu'il avoit créées et en réprouvant le mariage qu'il avoit établi. Nous avons donc démontré les profanations de la Réforme dans toutes les prophéties qu'elle tourne contre nous, et il ne reste qu'à faire voir qu'elle détruit elle-même ses propres explications.

LVII. — Les protestans toujours trompés par leurs prophètes.

On trompe toujours aisément ceux qu'on a une fois trompés en flattant leurs passions. Nous avons raconté ailleurs ² que Luther enivré du succès de sa Réforme naissante, prit ses propres emportemens pour un instinct prophétique. Les propos qu'il tint alors furent merveilleux. A l'entendre ³, le Pape alloit tomber ; Daniel et saint Paul l'avoient prédit. La prédication de Luther étoit ce souffle

---

¹ *Var.*, liv. XI, 10, 12 et suiv., 16 et suiv., 31, 59, 137 et suiv. — ² *Hist. des Var.*, liv. I, n. 32 ; II, n. 9. — ³ Serm. *quod non Manic.*, etc.

de Jésus-Christ dont parloit cet Apôtre, par lequel l'homme de péché seroit détruit en un moment : il n'y avoit que peu de temps à souffrir sous sa tyrannie, puisqu'il n'avoit que deux ans à vivre; et l'empire turc devoit être renversé en même temps. Nous avons remarqué les endroits où l'on trouve ces prophéties de Luther, et la sérieuse croyance qu'on y avoit dans tout le parti : mais ce qu'il y eut de plus remarquable, c'est que tout devoit s'accomplir sans qu'il fût permis de prendre les armes; pendant que Luther boiroit sa bière tranquillement au coin de son feu avec ses amis, avec Amsdorf et Melanchthon, l'ouvrage se devoit accomplir tout seul [1].

Que des hommes se hasardent à trancher sur l'avenir, soit qu'ils veulent tromper les autres, ou qu'ils soient eux-mêmes trompés par leur imagination échauffée, il n'y a rien de fort merveilleux : qu'un peuple entêté les croie, c'est une foiblesse assez commune; mais qu'après que leurs prédictions sont démenties par les effets, on puisse encore vanter leurs prophéties, c'est un prodige d'égarement qu'on ne peut comprendre. Mais de quoi la foiblesse humaine n'est-elle point capable? A la honte du genre humain, Luther demeura prophète après qu'il fut convaincu de faux par l'événement : il n'en fut pas moins écouté; il n'en décida pas moins sur l'avenir, quoique les deux ans qu'il avoit donnés au Pape se poussassent loin, et que toutes les prophéties s'accomplissent mal [2]. Alors, contre le premier projet, il fallut avoir recours aux armes pour en hâter l'accomplissement. On n'avançoit pas davantage; et pendant qu'on se moquoit hautement et des prophéties de Luther et de la crédulité de ceux qui s'en laissoient fasciner, il fallut se contenter de la vaine défaite de Calvin, qui répondit que « si le corps de la Papauté subsistoit encore, l'esprit et la vie en étoient sortis; de manière que ce n'étoit plus qu'un corps mort [3]. »

Jamais nation ne fut si crédule que la réformée. Toutes les fois qu'il est arrivé à ce parti quelque chose de favorable, ils ne man-

---

[1] Serm. *quod non Manic.*, lib. I, n. 24, 30; lib. II, n. 9, 44; lib. IV, n. 1, 2; lib. V, n. 32, 33.— [2] *Var.*, liv. I, n. 25; liv. VIII, 1.— [3] *Gratul. ad Ven. presb.*, opusc., p. 331; *Var.*, liv. XIII, n. 2.

quent jamais de s'imaginer qu'ils vont devenir les maîtres, et ils prennent un air menaçant. On se souvient encore parmi nous des espérances que leur inspirèrent les victoires de Gustave-Adolphe, roi de Suède. Les calvinistes, pour y prendre part, firent leur décret d'union avec les luthériens et à ce coup Babylone alloit tomber. Que ne dit-on point de ce grand libérateur de la Réforme? Nous avons vu [1] qu'on lui adressa les mêmes paroles que le Psalmiste adresse en esprit au Messie futur, lorsqu'il en vit la gloire et les victoires; il fallut bien le trouver dans l'*Apocalypse*. Joseph Mède y eut de la peine : mais enfin, à l'effusion de la quatrième fiole [2], il vit que le soleil alloit être obscurci; chose rare et difficile à trouver dans les prophètes! Il n'en fallut pas davantage pour voir périr l'empire d'Allemagne, qui est le soleil du Pape. Je le veux : mais où étoit donc ce libérateur venu du Nord? Il n'y en paroît pas un mot : n'importe, il falloit bien qu'il y fût ; car enfin le soleil de Rome ne s'éteindroit pas tout seul et peut-être que les nuages qui l'obscurciroient devoient venir de dessous le pôle. Ainsi les hommes se trompent et deviennent le foible jouet de leurs espérances.

LVIII. — Ridicules interprétations de Dumoulin. Pourquoi il s'arrête à l'année 1689.

Sans chercher les autres exemples de semblables illusions, je ne veux plus parler ici que de celle de nos jours. Elle étoit réservée au ministre Dumoulin et à sa famille, puisque et lui et son petit-fils tiennent aujourd'hui tous les protestans en attente de cette fatale année 1689 où nous entrons. Quelque vaine que soit cette prédiction en elle-même, il n'est pas permis de négliger ce qui séduit tant d'ames et ce que Dieu semble avoir permis, ou pour punir les ennemis de la vérité en les livrant à l'erreur, ou plutôt, comme je l'espère, pour les faire revenir au bon sens par l'excès d'un égarement si manifeste. En l'an 1614 ou environ, Dumoulin, ministre de Paris, le plus autorisé de son parti et le plus mêlé dans les troubles du règne passé, fit un livre qu'il intitula l'*Accomplissement des prophéties*, qui fut imprimé à Sedan en

---

[1] *Var.*, liv. XIII, 38. — [2] *Apoc.*, XVI, 8.

1624. Nous avons déjà vu quelques traits de ses rares interprétations, et nous avons vu entre autres choses les bizarres et différentes manières dont il a pris les douze cent soixante jours de l'*Apocalypse* [1], tantôt pour des années et tantôt pour de vrais jours naturels, sans qu'il y ait dans le texte de saint Jean la moindre occasion de cette diversité. Ce ministre est aussi demeuré d'accord que le Pape ne se trouvoit point dans le chapitre XII [2], où tous ses confrères le mettent, quoiqu'il faille également ou le mettre là, ou l'ôter partout. Mais s'il met le Pape à couvert du chapitre XII, en récompense il le fait paroître magnifiquement dans le chapitre XIII. Il est la septième tête de la première bête, c'est-à-dire, comme la Réforme l'explique toujours [3], le septième gouvernement de Rome; il est encore la seconde bête qui fait adorer la première, qui est lui-même, puisque ce n'est plus qu'en lui seul qu'elle subsiste; il est encore l'image de la première bête que la seconde fait adorer : et bien que l'*Apocalypse* ne marque point qu'on adore la seconde bête qui fait seulement adorer la première et son image, le Pape est tout ensemble ce qui fait adorer, ce qu'on adore et ce qu'on n'adore pas. Les deux cornes de la seconde bête, c'est la mitre du Pape [4]. Le feu que le Pape fait descendre du ciel, le croiroit-on ? c'est le feu Saint-Antoine; ce sont bien aussi les anathèmes et les foudres que le Pape lance : car il faut, pour soutenir l'interprétation de la Réforme, que les conciles les plus vénérables et les plus saints, à cause qu'ils ont prononcé dès les premiers temps des anathèmes si authentiques et si marqués, portent un caractère de la bête; et je ne sais si saint Paul en sera exempt, puisque c'est de lui qu'on a appris ce grand *Anathema sit* [5], que nul n'a jamais méprisé que les impies. Au surplus la marque de la bête, c'est à Dumoulin comme aux autres, la croix de Jésus-Christ imprimée sur le front de ses fidèles par la confirmation. La faculté qu'on reçoit du Pape « pour vendre et pour acheter [6], » regarde les bénéfices que le Pape permet de vendre et d'acheter tant qu'on veut, encore qu'il n'y ait rien de plus anathématisé

---

[1] *Accomp. des proph.*, p. 216. — [2] *Accomp. des proph.*, chap. III, p. 175. — [3] *Accomp. des proph.*, chap. IV, p. 182. — [4] *Ibid.*, p. 184. — [5] I *Cor.*, XVI, 22. — [6] *Apoc.*, XIII, 17.

dans tout son empire. Le nombre d'homme qu'il faut trouver dans le nom du Pape n'est pas le nombre du nom d'un homme [1] ; c'est « un nombre usité parmi les hommes, » comme s'il y en avoit d'autres. Le nombre de six cent soixante-six, outre le mystère déjà connu du mot *Lateinos*, à compter depuis le temps de saint Jean, signifie encore l'année précise à laquelle le Pape a commencé à être proprement l'Antechrist [2] : mystère inconnu à cet Apôtre, qui ne s'avisa jamais de marquer par ce caractère la naissance de l'Antechrist ni de personne, mais seulement qui seroit celui dont l'Eglise auroit à souffrir tout ce qu'il raconte. Je n'ose dire le mystère infâme que ce ministre a trouvé dans le nom de *Rome* [3], à cause que dans *Roma,* si on en renverse les lettres, on trouve *amor,* ce qu'il appelle l'amour renversé. Au reste nous avons vu [4] comme ce hardi interprète n'épargne pas le texte de saint Jean, et l'artifice dont il s'est servi pour faire durer plus que toutes les autres têtes celle que cet apôtre fait durer le moins.

Voilà quel étoit le premier auteur de la prédiction de 1689 ; mais apparemment on voudra savoir comment il en est venu à un compte si précis. Il est aisé de l'entendre. C'est, en un mot, que tous les ministres ne songent qu'à trouver dans l'Ecriture de quoi abréger le temps des souffrances et à précipiter l'Empire de Rome. La nouvelle Eglise n'étoit pas fâchée d'avoir à vanter ses persécutions ; cela étoit capable d'éblouir les simples ; mais on y vouloit voir bientôt une fin : cependant il falloit donner au Pape douze cent soixante ans d'empire ; autrement les jours prophétiques et tout le système protestant alloit en poudre. Avec un si long empire, pour faire finir bientôt les persécutions, Dumoulin a trouvé un expédient ; son petit-fils, M. Jurieu, en invente un autre, et il les faut expliquer tous deux.

LIX. — Raisonnement de Dumoulin improuvé par M. Jurieu.

Selon le ministre Dumoulin, le règne du Pape commence en l'an 755, à peu près dans le même temps que les empereurs d'Orient perdirent Rome [5]. Ce terme ne semble pas mal trouvé. Il est

---

[1] *Accompl., des proph.* chap. IV, p. 184, 238. — [2] *Ibid.,* 260. — [3] *Ibid.,* 364. — [4] Ci-dessus, n. 18. — [5] *Accompl., des proph.* chap. IV, p. 147, 186, 215, 240.

vrai que les dix rois qui signifioient le démembrement de l'Empire, n'y conviennent pas; ce démembrement avoit précédé il y avoit plus de trois cents ans, comme M. Jurieu en est d'accord, et la date en est constante. Mais quoi! tout ne peut pas cadrer si juste dans un système fait à plaisir. Trouver aussi en ce temps, c'est-à-dire au temps de Pepin, dix royaumes qui fissent partie de l'empire du Pape, Dumoulin l'espère si peu, qu'il en recule le temps d'autres trois cents ans bien comptés, et ne pose les dix royaumes qui devoient servir au papisme qu'en l'an 1074, sous Grégoire VII, où, dit-il[1], « la Papauté s'est élevée au comble de la grandeur mondaine. » Trois cents ans de plus ou de moins ne font rien à ces messieurs; encore si à cela près tout alloit bien : mais non. Je pourrois montrer, si je le voulois, autant de violence faite à l'histoire dans le temps de Grégoire VII que dans les autres. Laissons tout cela, et venons à la question curieuse. Pourquoi, contre l'intérêt et les préjugés de la secte qui devoit faire venir l'Antechrist au milieu du débris de Rome, Dumoulin en a mis plus bas la naissance? C'est, en un mot, comme on l'a déjà touché, qu'il ne pouvoit s'empêcher de respecter en quelque manière les siècles précédens.

Cependant à commencer, selon Dumoulin, le règne de l'Antechrist à l'an 755, et à le continuer douze cent soixante ans, c'étoit pousser cet Empire jusqu'à l'an 2015, et laisser le peuple réformé quatre cent quatre ans dans l'oppression. A la vérité, elle étoit légère du temps que Dumoulin écrivoit. Depuis le temps de François II, la Réforme persécutrice plutôt que persécutée, étoit toujours prête à tirer l'épée et à appeler l'étranger : ses villes d'otage la faisoient redouter ; ses assemblées générales étoient fréquentes ; ses députés toujours plaintifs ; et on avoit tant d'égards pour eux, qu'il étoit bien plus dangereux de toucher à un protestant qu'à un prêtre. Je ne dis rien qui ne soit connu, et cela passoit en proverbe parmi le peuple : mais parce que la Réforme ne dominoit pas, elle se tenoit pour opprimée; et pour lui diminuer le temps de son affliction, le ministre le fit finir en 89 (a).

[1] *Accompl., des proph.* chap. IV, p. 286.
(a) On verra plus loin que c'est 1689.

Son fondement étoit si léger, qu'on auroit peine à le croire. Il se fonde sur les trois jours et demi de l'onzième de l'*Apocalypse,* durant lesquels « les corps des deux témoins demeurent gisans dans la place [1]. » « Cette place, dit Dumoulin [2], signifie l'Eglise romaine; » et « il est manifeste que saint Jean par là met un temps durant lequel les trois jours et demi sont la persécution de l'Eglise sous la hiérarchie romaine. » Passons cela; trois jours et demi seront donc apparemment trois ans et demi, selon la glose des jours prophétiques? Point du tout : trois ans et demi seront à ce coup six cent trente ans, et voici comment : « Trois jours et demi sont la moitié d'une semaine; ce qui nous donne à connoître que le Saint-Esprit comprend ici tout le temps de la domination de la bête par une semaine, et qu'il nous avertit que la persécution durera la moitié du temps de cette domination. Puis donc que sa domination doit durer douze cent soixante ans, il s'ensuit que la hiérarchie romaine doit persécuter les fidèles six cent trente ans : après cela la résistance qu'il fera sera sans effusion de sang, pour ce qu'il sera affoibli. »

Cela posé, il lui est aisé de venir à 1689. « Car, poursuit-il, je ne trouve point que le Siége romain ait persécuté et usé de cruauté généralement envers ceux qui se sont opposés à sa doctrine, que depuis Bérenger que le pape Nicolas II contraignit à se dédire par force l'an 1059 de Jésus-Christ; et depuis cela, les Papes ont toujours persécuté ceux qui ont tenu la même doctrine. Si donc à mille cinquante-neuf ans vous ajoutez six cent trente ans, vous trouverez que la persécution de l'Eglise sous les Papes doit finir en l'an 1689. »

Tout est faux visiblement dans ce discours : ce qu'on y dit de l'Ecriture, ce qu'on y dit de l'histoire; tout est faux encore une fois. L'histoire de la prétendue persécution est insoutenable. S'il faut compter pour persécution la condamnation de ceux qui ont nié la présence réelle, ce n'est point en 1059 et par Bérenger qu'on a commencé : ces hérétiques d'Orléans, que le roi Robert condamna au feu en 1017 [3], étoient de l'avis de Bérenger, et il

---

[1] *Apoc.,* XI, 8, 9, 11. — [2] Dumoulin, p. 35. — [3] Act. Conc. Aur., *Spicil.,* tom. II; *Concil.,* Labb., tom. IX; *Var.,* liv. XI, 17.

falloit les compter comme les premiers persécutés pour cette doctrine. Que si l'on a honte d'appeler persécution, le juste supplice de ces impies légitimement convaincus de manichéisme, il faut encore rayer les persécutions des Albigeois, également convaincus de même crime. Quant au temps de Bérenger, où le ministre établit une persécution générale, tout cela est faux : on voit bien des particuliers irrités de ces nouveautés, assemblés sans ordre contre lui; mais on ne voit ni sang répandu, ni décret publié, ni persécution générale; on ne voit aucune marque de violence dans les conciles où cet hérésiarque se rétracta : il a confirmé, en mourant, sa rétractation; on le laissa dans le ministère d'archidiacre; on l'honora de la sépulture ecclésiastique. Hildebert, évêque du Mans, mit sur son tombeau un éloge que ni cet évêque, constamment zélé défenseur de la présence réelle, n'auroît fait, ni ses confrères n'auroient enduré après la condamnation solennelle de Bérenger, si on n'avoit cru qu'il étoit permis d'honorer sa pénitence. C'en est assez pour faire voir la fausseté de l'histoire des persécutions, comme Dumoulin l'a bâtie, et par conséquent l'inutilité de sa prédiction prétendue, puisqu'elle est toute fondée sur cette date. Mais il nous sera bien plus aisé de convaincre ce ministre d'avoir abusé trop visiblement de l'Ecriture et du texte de saint Jean. Pour en venir à son compte, il faut supposer deux choses : l'une, que tout le temps de la bête est une semaine. Mais où cela est-il écrit? Une semaine, assurément, se compte par sept; une semaine de jours sont sept jours; d'années, sont sept ans; de siècles, si l'on vouloit pousser jusque-là, sont sept siècles et sept cents ans complets : mais douze cent soixante jours, soit qu'on les prenne pour des jours réguliers ou pour des années, comme le veulent les ministres et Dumoulin même, ne feront jamais une semaine; au contraire douze cent soixante jours sont, selon saint Jean, trois ans et demi, c'est-à-dire la juste moitié d'une semaine d'années, mais jamais la semaine entière; et douze cent soixante ans se réduisent encore moins au nombre de sept; en sorte qu'on ne peut comprendre comment le ministre en a fait une semaine, puisque c'est visiblement choquer le bon sens, le texte de saint Jean, le style et l'analogie de toute l'Ecriture. La seconde chose qu'il faut supposer, c'est que la bête, qu'on fait si cruelle, ne persécute que la moitié de son temps, contre le texte formel, où il est porté, non pas qu'elle durera, mais qu'elle persécutera douze cent soixante jours; « que la sainte cité sera foulée aux pieds autant de temps [1], » c'est-à-dire quarante-deux mois, et que les témoins prêcheront douze cent soixante jours dans le cilice, c'est-à-dire, selon Dumoulin lui-même [2], avec beaucoup *d'affliction :* d'où ce même ministre conclut que l'oppression de l'Eglise dure tout ce temps, selon saint Jean. Quel fondement y a-t-il donc de la réduire à la moitié, si ce n'est qu'on veut flatter un peuple impatient, d'une plus prompte délivrance? Mais, dit-on, la persécution doit durer trois jours et demi. Ce n'est pas ce que dit saint Jean : la persécution doit durer douze cent soixante jours, en quelque sorte qu'on les veuille prendre. De ces douze cent soixante jours, il y en aura trois et demi que les témoins paroîtront tout à fait morts : voilà ce que dit saint Jean ; mais voici ce que conclut Dumoulin : « Donc ces trois jours et demi composent six cent trente ans, et la moitié de douze cent soixante. » Je n'entends plus rien à ce compte : douze cent soixante sont sept, et trois et demi sont six cent trente : une pareille absurdité n'étoit jamais montée jusqu'alors dans une tête humaine : aussi l'a-t-on rejetée jusque dans la famille de Dumoulin, et le ministre Jurieu, son petit-fils, a décidé en deux endroits que son aïeul s'étoit trompé [3] : « Que prendre, comme il a fait, trois jours et demi pour six cent trente ans, est une chose qui n'a d'exemple dans aucune prophétie; que ses hypothèses se détruisent elles-mêmes; que le fondement sur lequel il a bâti, est tout à fait destitué de solidité : de sorte que ce seroit une rencontre tout à fait casuelle, si la chose arrivoit » comme il l'a dit. Voilà, selon M. Jurieu, ce que c'est que l'explication qui donne par toute la terre de si grandes espérances aux protestans, qu'ils se regardent déjà comme les maîtres de la chrétienté.

Il est vrai que Dumoulin lui-même ne se donne pas pour un homme inspiré, et ne donne son explication que comme une conjecture [4]. N'importe, la conjecture d'un ministre de cette impor-

---

[1] *Apoc.*, XI, XII, XIII. — [2] *Accompl. des proph.* p. 345, explic. — [3] *Accomp.*, Ire part., p. 71; IIe part., p. 185. — [4] *Ibid.*

tance, quoique jetée en l'air au hasard contre le texte de saint Jean et toute l'analogie des Ecritures, et avec des fondemens que M. Jurieu méprise lui-même, deviendra une prophétie, quand un peuple qui veut se venger et vaincre, s'en entêtera : tant on se joue de l'Ecriture, tant on écoute les hommes parmi ceux qui ne cessent de déclamer contre les inventions humaines.

LX. — Comment M. Jurieu a tâché de revenir à l'interprétation de son aïeul après l'avoir méprisée.

Il y a une autre raison qui oblige M. Jurieu à rejeter l'exposition de son grand-père ; c'est que ce bon homme s'est avisé de donner à chacune des sept fioles deux cent quatre-vingt-sept ans ; de sorte qu'à les commencer, comme il fait, à l'origine du christianisme, elles mèneront les protestans jusqu'après l'an 2000 ; et au lieu de dominer, comme ils le prétendent, ils auroient encore à souffrir jusqu'à l'an 2015, c'est-à-dire trois cent trente ans, n'y ayant aucune apparence, selon leurs principes, que le Pape règne sans persécuter[1]. Ennuyé d'un si long délai, M. Jurieu a tranché plus court. A force de désirer, comme il le confesse, d'annoncer de bonnes nouvelles à ses frères, il a trouvé que leurs souffrances et le règne de l'Antechrist tiroient à leur fin[2] ; et pour avancer la chute d'un règne qui l'importune, au mépris des anciens ministres et de Dumoulin qui n'ont osé mettre l'Antechrist dans saint Grégoire, celui-ci l'a fait remonter jusqu'à saint Léon.

Cependant comme, selon sa supputation, le règne papal doit aller jusqu'à 1710 ou 1715, ce qui lui paroît trop long pour ses réformés, et que l'hypothèse de Dumoulin, où la souffrance finit à 89, est plus favorable ; quoiqu'il la méprise autant qu'on a vu, il n'en veut pas perdre le fruit ; et il a mis à la tête de son *Accomplissement des prophéties*, imprimé en 1686, « que la persécution présente peut finir dans trois ans et demi[3], » c'est-à-dire, comme disoit son aïeul, en 89.

Ces termes : *Elle peut finir*, empêchent de se tromper. Mais le ministre paroît encore plus tremblant dans le corps de son dis-

---

[1] Jur., *Accomp.*, Ire part., p. 71; Dumoulin, *Accomp.*, p. 359. — [2] Jur., *Accomp.*, IIe part., p. 185. — [3] Titre de l'*Accomp.*

LX. JURIEU REVIENT A L'INTERPRÉTATION DE DUMOULIN.

cours, où il parle ainsi : « Néanmoins, » quoique Dumoulin ait bâti sur de si mauvais fondemens, « il n'est pas tout à fait hors d'apparence que la persécution ne puisse cesser en l'an 1689 [1]. »

Pour cela il ne faut que présupposer que cette persécution est constamment la dernière ; car les deux témoins sont morts, comme nous verrons [2], et il ne leur reste plus qu'à ressusciter après trois jours et demi, c'est-à-dire trois ans et demi. Au reste le ministre avoue qu'il s'étoit bien trompé dans ses *Préjugés légitimes* [3], lorsqu'il avoit mis cette mort des deux témoins dans tout le temps qui s'écoula depuis « la totale ruine des Thaboristes jusqu'à la prédication de Luther. » Il étoit pourtant assez beau de voir ressusciter ces deux témoins en la personne de Luther et de Zuingle ; et le ministre auroit persisté dans une idée si favorable aux réformateurs, si depuis la publication des *Préjugés*, il n'étoit arrivé en France des choses qu'il étoit bon de trouver dans l'*Apocalypse*. C'est ce qui nous a produit dans le livre de l'*Accomplissement des prophéties*, une nouvelle explication : mais voyons si elle sera plus heureuse que celle qu'on abandonne.

On veut que la mort des deux témoins, « qui doit éteindre la véritable religion durant trois ans et demi, soit certainement la persécution présente [4]. Ils mourront donc enfin ; et puisque nous sommes à la fin de leur témoignage et de la persécution antichrétienne, « la véritable religion, » c'est-à-dire toute la Réforme, va être éteinte. Non, le ministre a trouvé un expédient pour ne la faire mourir qu'en France. Ce sera là seulement que la bête tuera les deux témoins, et leurs corps seront gisans, non pas *sur les places* de la grande cité, mais *sur la place*, au singulier, qui est *la France*. Mais, poursuit le ministre, « s'ils y sont tués, ils n'y seront pas ensevelis ; » et Dieu, « dans la France même, se conservera des fidèles qui empêcheront que les deux témoins ne soient ensevelis, et que la vérité ne périsse tout à fait [5]. » Ce n'est donc pas périr tout à fait que de mourir, en sorte qu'il ne reste plus qu'à être enterré ? Nouvelle invention : mais elle va bientôt

---

[1] *Accomp.*, II⁰ part., p. 185.— [2] *Ibid.*, p. 184, 185 et suiv.— [3] *Préj.*, I⁰ part., chap. v, p. 97, 98. — [4] *Accomp.*, II⁰ part., p. 185. — [5] *Ibid.*, chap. x, p. 175, 176, 200, 205 ; *Ibid.*, 179.

disparoître. Suivons : « Tous les Etats où la réformation est la religion dominante, ne souffriront pas de cette dernière persécution. Il y a longtemps que ces Etats n'appartiennent plus à la bête ; la persécution ne se doit faire que dans l'étendue de l'empire du papisme, et où il est dominant ; » les deux témoins « ne seront tués qu'où ils prophétisoient revêtus de sacs, » c'est-à-dire dans la persécution et « sous la croix [1]. » Quoi donc ! ces pays heureux où la Réforme domine, ne sont plus au nombre « de ces deux témoins » qui soutiennent la vérité persécutée ? Il le faut bien, car autrement la nouvelle interprétation ne subsisteroit plus. Mais enfin est-on du moins bien assuré que tous les pays, sans exception, où la Réforme domine, n'auront point de persécution à souffrir ? Pas trop. Dans le livre de l'*Accomplissement des prophéties*[2], l'auteur doutoit encore un peu de l'Angleterre ; et peut-être qu'à présent, que ses lumières sont augmentées, il en parlera plus certainement. Sans doute il devinera que l'Angleterre ne devoit pas être persécutée, mais persécutrice, en commençant ses persécutions par son roi, et le privant de son trône après l'avoir reconnu et couronné unanimement, et lui avoir juré en particulier et en corps la fidélité qu'on a jurée à ses augustes prédécesseurs : voilà le bel endroit de la prophétie et de la Réforme.

Pour la fin de la persécution, comme constamment, selon l'auteur, elle ne doit durer que trois ans et demi, il y auroit vu clair dès lors, n'étoit qu'il ne sait pas bien s'il faut compter *les trois ans et demi* depuis la suppression de l'édit de Nantes, ou bien à quelques autres termes [3]. Quoi donc ! il n'est pas bien assuré que les deux témoins soient morts en France ? Pour moi, comme l'auteur en avoit parlé, je les aurois cru tout à fait morts, puisqu'il ne leur manquoit plus que la sépulture ; mais l'auteur s'est réservé de nous dire en un autre temps s'ils sont morts ou non : « Dieu, s'il veut, peut compter les trois ans et demi de la mort des témoins depuis la révocation de l'édit de Nantes, faite en 1685, au mois d'octobre ; mais que Dieu le veuille ainsi, nous n'en avons aucune certitude [4]. » Il a raison, et il fait très-bien de se réserver

---

[1] *Accomp.*, II⁰ part., p. 173, etc. — [2] *Ibid.*, p. 173, 174. — [3] *Ibid.*, p. 183, 184. — [4] *Ibid.*, p. 186.

à compter comme il lui plaira : c'est de même que s'il disoit : Nous saurons bien ajuster les choses et faire croire tout ce que nous voudrons à un peuple qui, en se vantant de tout voir par lui-même, nous en croit aveuglément en tout et partout, mais toujours et à coup sûr, sur les prophéties.

Cependant s'il arrive quelque chose de ce qu'on avoit hasardé dans ses prédictions, on se donne hardiment un air de prophète. Ecoutez comme le ministre triomphe de ce qu'aujourd'hui toute l'Europe semble conjurée contre la France, sa patrie : « Permettez-moi, mes frères, de vous faire ressouvenir que ce fut précisément notre conjecture, il y a plus de trois ans, quand nous expliquions ces paroles de l'onzième chapitre de l'Apocalypse : « Ceux des tribus, langues et nations ne permettront pas que leurs corps morts soient mis au sépulcre... » Il y a apparence, disions-nous, que toute l'Europe contribuera à empêcher que la France ne vienne à bout de son dessein d'extirper la vérité [1]. » Ne falloit-il pas être un grand prophète pour prévoir que la jalousie élevée depuis si longtemps contre un royaume que Dieu a relevé par tant d'avantages, produiroit de puissantes ligues et que la Réforme tâcheroit de s'en prévaloir ? M. Jurieu a prévu tout cela *précisément;* c'est un nouveau Jérémie qui a vu, mais avec des yeux secs, les maux dont ses voisins conjurés menacent son pays.

Qui peut voir sans indignation cette horrible profanation des oracles du Saint-Esprit et l'audace de s'en jouer à sa fantaisie, aussi bien que de l'avenir que Dieu se réserve et de la simplicité des peuples, doit craindre d'être livré aux illusions de son cœur. Dieu peut changer ces funestes dispositions et tourner en bien le mauvais présage : il y a même sujet d'espérer qu'il ne permet cet esprit de vertige dans les docteurs de la Réforme, que pour enfin ramener ceux qui sont trompés de bonne foi. Pour ceux qui s'endurciront contre la vérité manifeste, il n'y a pour les tromper qu'à les flatter dans leurs espérances et à faire un peu l'homme inspiré. Que M. Jurieu ne s'emporte pas, si je dis ici qu'il n'en joue pas mal le personnage, principalement à l'endroit où il parle ainsi : « Je puis dire que je ne me suis pas appliqué à l'étude des

[1] *Lett.* xii, p. 93, col. 2.

prophéties PAR CHOIX ET AVEC LIBERTÉ ; je m'y suis senti poussé par une espèce DE VIOLENCE A LAQUELLE JE N'AI PU RÉSISTER [1]. » Ce transport d'un homme entraîné avec une force invincible, sans liberté et sans choix, si ce n'est pas une fiction, ou c'est le transport d'une imagination échauffée et une illusion de fanatique, ou c'est une impression du malin esprit, ou c'est un coup de la main de Dieu ; après quoi il ne reste plus qu'à dire tout ouvertement avec les prophètes : « La main de Dieu a été faite sur moi. » Déjà on ne doute plus dans le parti que le ministre Jurieu ne soit inspiré : ce n'est aussi qu'après « avoir frappé deux, trois, quatre, cinq et six fois avec une attention religieuse et une profonde humilité, qu'il croit que la porte s'est ouverte [2]. » Enfin c'est le Daniel de toute la Réforme ; c'en est l'homme de désirs : déjà on frappe en Hollande, et on répand dans toute l'Europe des médailles où paroît sa tête. Il y en a de deux sortes : la première, à la vérité, est équivoque : on voit d'un côté le puits de l'abîme ouvert avec toute l'épaisse fumée qui s'élève contre le ciel de cette fournaise infernale ; et de l'autre, on voit paroître M. Jurieu comme si c'étoit lui qui vînt de l'ouvrir. Là on ne lui donne que ses qualités de ministre et de professeur en théologie ; mais dans la seconde, on s'explique mieux : c'est d'un côté la bête de l'*Apocalypse* et de l'autre M. Jurieu comme son vainqueur, avec cette inscription qui fera l'étonnement de la postérité et après laquelle aussi je n'ai rien à dire : *Petrus Jurieu propheta.*

RÉCAPITULATION,

Eclaircissement et confirmation de toutes nos preuves et de tout cet ouvrage sur l'Apocalypse.

LXI. — Pourquoi cette Récapitulation, ce qu'il y faudra observer.

Pour achever d'aider nos frères, j'ai encore à faire deux choses qui mettront, s'il plaît à Dieu, la vérité dans la dernière évidence : la première, de recueillir, dans un abrégé le plus court qu'il sera

---

[1] *Avis à tous les chrét.* au comm. de l'*Accomp. des proph.*, p. 4. — [2] *Accomp.*, 1re part., p. 94.

possible, toutes les preuves qui sont répandues, non-seulement dans cet *Avertissement*, mais encore dans tout le reste de l'ouvrage, en sorte qu'on les puisse voir comme d'un coup d'œil, et par ce moyen les mieux sentir; la seconde, de les réduire à un ordre qui les rende plus convaincantes et qui les mette (je l'oserai dire encore une fois dans ce qui regarde la réfutation) en forme démonstrative.

Autre est l'ordre dont on se sert pour instruire son lecteur et le conduire peu à peu à la lumière; autre est l'ordre qu'on doit employer pour achever de le convaincre après qu'il est déjà instruit. C'est à ce dernier ordre que je m'attache, et voici une première démonstration.

LXII. — Première démonstration, que la destruction de la prostituée aux chap. xvii, xviii et xix de l'*Apocalypse*, par les principes des protestans, est une chose accomplie; et ainsi qu'on y cherche en vain la chute future de la Papauté.

La prostituée dont il est parlé dans le xviie chapitre, que les dix rois doivent désoler et consumer par le feu, dont ils doivent dévorer les chairs, piller les richesses et partager les provinces, verset 16; c'est Rome, maîtresse du monde sous les anciens empereurs romains, prise et saccagée par les Goths, et son empire dissipé dans les environs du cinquième siècle : c'est un principe avoué par les protestans, et c'est de là qu'ils concluent que leur Antechrist prétendu doit naître du débris de Rome et au milieu de ses ruines. C'est aussi par là qu'ils prétendent que la prophétie de saint Paul où ils croient voir arriver l'Antechrist après la chute de l'Empire romain, a un parfait rapport avec celle de saint Jean; et ce rapport des deux prophéties fait constamment, comme on a vu, le fort de leur interprétation : par conséquent, selon eux, le verset 16 du chapitre xvii de saint Jean, où la prostituée est détruite et son empire dissipé, est une chose accomplie dans le sac de Rome. Or la chute qui est décrite si amplement au chapitre xviii, et dont on rend graces dans le ciel au xixe, est la même qui est proposée en peu de mots au verset 16 du chapitre xvii. Donc cette chute des chapitres xviii et xix est pareillement chose accomplie, et accomplie dans le sac de Rome; et les protestans se trompent eux-mêmes quand ils veulent s'imaginer après cela une autre Babylone qui doive tomber, et d'où il faille sortir.

Toute la difficulté est à prouver que la chute des chapitres xviii et xix est la même que celle du xvii. Or nous l'avons démontré d'une manière à ne laisser aucune réplique par les paroles de saint Jean [1]; et voici, pour faciliter toutes choses, l'abrégé de cette preuve. Au commencement du chapitre xvii, « l'ange promet à saint Jean de lui faire voir la condamnation de la grande prostituée, » verset 1. Or cette condamnation est celle qu'il lui fait voir dans les chapitres xviii et xix, où l'on voit tomber celle dont la prostitution avoit souillé tout l'univers, xviii, 3, et le jugement exercé sur *la grande prostituée dont la prostitution avoit corrompu toute la terre*, xix, 2. Par conséquent la prostituée, qui doit tomber au chapitre xvii, est la même qui est tombée en effet aux chapitres xviii et xix.

La même chose se démontre encore par une autre voie : la prostituée dont on nous fait voir la condamnation future au verset 1 du chapitre xvii, est la même qu'on nous fait voir entre les mains des dix rois qui haïssent la prostituée, la désolent et la brûlent dans le feu au verset 16. Or celle-là est la même dont on nous fait voir la chute effective dans les chapitres xviii et xix, en sorte qu'il n'y a nulle différence, sinon qu'on dit dans l'une : Elle tombera; et dans l'autre : Elle est tombée, xviii, 2; dans l'une, qu'elle sera consumée par le feu, xvii, 16; et dans l'autre, que la fumée de son embrasement a saisi de crainte tous les peuples, xviii, 9; dans l'une, que ses richesses seront pillées; et dans l'autre, qu'elles le sont en effet, xviii, 12, etc.; dans l'une enfin, que le jugement sera exercé sur elle, xvii, 1 ; et dans l'autre, qu'il a été exercé, et que Dieu en reçoit les justes louanges dans le ciel, xix, 1, 2, 3. Par conséquent ces trois chapitres ont déjà été accomplis dans le sac de Rome; et ce que les protestans veulent qu'on y trouve de la ruine future de l'Eglise romaine, et de la nécessité d'en sortir, non-seulement par la suite des paroles de

[1] *Avert.*, etc., n. 21.

saint Jean, mais encore par les principes des protestans mêmes, et encore par les principes où consistent les fondemens de tout le système, n'est qu'un songe.

LXIII. — Seconde démonstration du chap. xviii. Preuve par les protestans que l'Eglise romaine est la vraie Eglise.

Voici une seconde démonstration qui n'est pas moins évidente, et encore par les principes des protestans. Quand on leur auroit accordé, ce qui démonstrativement vient de paroître impossible, que la Babylone des chapitres xvii, xviii et xix seroit l'Eglise romaine, je conclus, selon leurs principes, que l'Eglise romaine est la vraie Eglise [1]. Car l'Eglise où est renfermé le peuple de Dieu, est sans doute la vraie Eglise. Or la Babylone qui tombe est celle où est renfermé le peuple de Dieu, puisque c'est de là qu'on lui ordonne de sortir : donc la Babylone qui tombe et qu'il faut quitter, est en même temps la vraie Eglise.

Si l'on dit que le peuple de Dieu y étoit au commencement et avant que l'Antechrist y fût tout à fait formé, tout le contraire paroît par cette preuve : Si Babylone est jamais abominable, si l'Antechrist y est jamais tout à fait formé, c'est au temps où elle est punie pour ses abominations et où elle tombe. Or c'est en ce temps précis qu'il est ordonné d'en sortir, comme il paroît par le texte : *Elle est tombée, elle est tombée*, xviii, 2. Et incontinent après : *Sortez-en, mon peuple, de peur d'être enveloppé dans ses ruines, parce que ses péchés sont parvenus jusqu'aux cieux*. C'est donc en ce temps précisément que le peuple de Dieu y est, et qu'elle est par conséquent la vraie Eglise, la mère des enfans de Dieu.

C'est ce qui se confirme encore par les principes des protestans en cette matière : Les protestans veulent qu'on en sorte, non pas comme d'une ville qui va tomber en ruine, mais comme d'une église corrompue dont il faut fuir la communion : c'étoit donc dans sa communion que le peuple de Dieu étoit ; et loin d'être une fausse église, c'est la véritable.

Si l'on dit que le peuple de Dieu, qui en doit sortir, est seulement le peuple de Dieu par la prédestination éternelle, quoiqu'il

[1] *Avert.*, n. 41.

soit encore en effet le peuple du diable, M. Jurieu entreprend de détruire cette réponse, et la détruit en effet par deux démonstrations [1] : la première, en faisant voir, ce qui est indubitable, que dans toutes les Ecritures, « Dieu n'appelle point son peuple des gens qui sont en état de damnation [2] : » donc le peuple dont il est parlé dans cet endroit de saint Jean n'est pas en état de damnation : ce n'est donc pas un peuple infidèle prédestiné à sortir de la damnation, mais un peuple justifié et croyant, qui en est actuellement délivré.

La seconde : « C'est qu'il est, dit-il, plus clair que le jour, que Dieu dans ces paroles : « Sortez de Babylone, mon peuple, » fait allusion aux Juifs de la captivité de Babylone, qui en cet état ne cessèrent pas d'être Juifs, et le peuple de Dieu : » donc ceux qui sortiront de la Babylone mystique seront le peuple de Dieu dans le même sens, et par conséquent la vraie Eglise.

On peut voir ici, en passant, avec quelle bonne foi le ministre s'est tant emporté sur ce que j'assure qu'il a reconnu qu'on se sauvoit dans notre communion, et que plusieurs saints y étoient actuellement renfermés. Il n'y a opprobre dont il ne me charge dans sa lettre xi pour l'avoir dit [3]. On voit maintenant si j'ai eu tort et si j'avois mérité d'essuyer toute l'amertume du style de ce ministre, pour lui avoir montré dans son système un labyrinthe d'où il ne peut sortir.

Tout ceci se confirme encore, en ce que le même ministre nous assure que « les cent quarante-quatre mille marqués de l'*Apocalypse*, sont représentés être dans l'empire de l'Antechrist, comme les Israélites étoient dans l'Egypte [4] : » or les Israélites étoient dans l'Egypte comme le vrai peuple de Dieu : donc ceux qu'on veut être sous l'Antechrist et dans la communion de son Eglise, sont le vrai peuple de Dieu.

Et il ne faut pas nous dire que c'en soit seulement une partie, car saint Jean dit universellement : « Sortez de Babylone, mon peuple. » C'en est donc manifestement, ou la totalité, ou tout au moins le plus grand nombre, d'autant plus que les cent quarante-

---

[1] *Syst.*, p. 145; *Var.*, liv. XV, 56. — [2] *Ibid.* — [3] *Lett.* xi, an. 3. — [4] *Préj.*, 1re part., p. 16.

quatre mille marqués que le ministre « reconnoît être dans l'empire de l'Antechrist, » représentent l'universalité des saints : c'étoit donc aussi tout le peuple saint qui devoit sortir de Babylone.

De là ce raisonnement : Ou ce peuple étoit déjà sorti de la communion de l'Eglise romaine, ou il y étoit encore; s'il en étoit déjà sorti, on ne lui doit pas dire : « Sortez-en; » et s'il n'en étoit pas sorti, l'Eglise romaine est la vraie Eglise, qui jusqu'au temps de sa chute renfermera en son sein les enfans de Dieu.

C'est encore une autre démonstration de dire, comme nous avons fait [1] : Selon vous, tout le dessein de l'*Apocalypse* est de vous faire connoître l'église antichrétienne, afin de vous obliger à en sortir; tout aboutit donc à ce précepte: « Sortez de Babylone, mon peuple : » or ce précepte ne vient du ciel qu'au moment de la chute de Babylone; il y faut donc demeurer jusqu'à sa chute. Tous ceux qui se sont séparés avant ce temps-là ont prévenu le précepte et ne sont pas le peuple de Dieu, mais des schismatiques qui se séparent de la vraie Eglise sans l'ordre d'en haut.

Si l'on dit que tout cela est impie, absurde, contradictoire, c'est aussi ce que je prétends, et c'est par là que je démontre que le système protestant a toutes ces qualités.

LXIV. — Troisième démonstration, en ce que la Babylone, la bête et la prostituée de saint Jean ne peut pas être une église corrompue.

Une troisième démonstration qui détruit de fond en comble, et par des principes généraux, tout le système protestant, se réduit à cette forme : Pour soutenir le système protestant, il faut que la Babylone, la bête et la prostituée des chapitres XIII, XVII, XVIII et XIX, soit une Eglise chrétienne corrompue : or cela n'est pas possible par une double démonstration [2]. La première en cette sorte : Ce que saint Jean a voulu marquer, il l'a caractérisé si nettement, que personne ne le peut méconnoître; par exemple, il a voulu caractériser Rome la païenne, et il l'a caractérisée par des traits si particuliers et si connus de son temps, par sa puissance, par ses sept montagnes, par ses violences, qu'on la reconnoît d'abord : donc si son dessein principal étoit de marquer une église, nous

---

[1] *Avert.*, n. 41. — [2] *Avert.*, n. 3 et suiv.

en verrions partout des traits aussi vifs, au lieu qu'on n'en voit aucun, ni durant que Babylone subsiste, ni dans son débris : donc l'apôtre positivement n'a point eu en vue une église corrompue, mais seulement une ville dominante.

On démontre en second lieu la même chose, en ce que saint Jean, non content d'avoir expressément évité toutes les marques que pourroit avoir une église corrompue, nous donne une idée contraire, lorsqu'au lieu de choisir une Jérusalem ou une Samarie, il a choisi une Babylone, une Tyr et en un mot tout ce qu'il y a de plus étranger [1] : donc ce qu'il a voulu représenter n'a jamais rien eu de commun avec le peuple de Dieu, et c'est toute autre chose qu'une église.

Nous l'avons confirmé encore par un nouveau caractère de la Babylone de saint Jean [2], puisque si c'étoit une église corrompue, ce seroit une femme adultère, une épouse répudiée, comme les prophètes ont appelé cent et cent fois Jérusalem et Samarie, Juda et Israël : or la prostituée de saint Jean n'a point du tout ce caractère, comme nous l'avons démontré, et les prostitutions qu'on lui reproche ne sont jamais appelées du nom d'infidélité et d'adultère, comme celles de Jérusalem et de Samarie, mais toujours et avec un choix aussi manifeste que perpétuel, des fornications et de simples impuretés : donc démonstrativement, la prostituée de saint Jean n'est pas une Eglise corrompue.

LXV. — Que le ministre Jurieu a senti la force de cette démonstration, et par là le foible de sa cause.

Cette preuve est si convaincante qu'elle a fait sentir au ministre le foible inévitable de sa cause en deux endroits de ses ouvrages.

Il l'a senti premièrement dans son *Accomplissement des prophéties* [3], où après avoir proposé le nom « d'adultère et de paillarde, » pour preuve que la Babylone étoit une Eglise corrompue, il avoue que ce lieu ne contente pas, qu'il « est trop général » à cause manifestement que l'adultère n'est pas spécifié, et qu'on n'attribue à Babylone qu'une simple corruption, sans y joindre

---

[1] *Avert.*, n. 9. — [2] *Préf.*, n. 8; *Comm.*, XVII, n. 3; *Avert.*, n. 9. — [3] Ire part p. 179; sup., n. 35.

l'infidélité. Et c'est pourquoi, en autre endroit le ministre a tâché de fortifier sa preuve, en remarquant que saint Jean appelle la prostituée une femme, « c'est-à-dire, » comme il ajoute, « une fausse épouse, une épouse infidèle [1]. » Mais ce lieu est encore plus général que le premier, puisqu'ici, très-constamment, le nom de *femme* ne signifie que le sexe, et ne signifie une femme mariée qu'au même cas où le nom de femme le signifie en notre langue, lorsqu'on y ajoute de qui on est femme. Témoin saint Jean même dans l'*Apocalypse* : « Viens, dit-il, je te montrerai l'épouse, femme de l'Agneau, τοῦ ἀρνίου τὴν γυναῖκα [2]. » Sans une telle addition, le mot de *femme* que saint Jean donne à la prostituée, γυνὴ, γυναῖκα [3], ne signifie que le sexe ; et quand le ministre ajoute du sien, « une fausse épouse, une épouse adultère, une fausse Eglise [4], » premièrement il fait voir qu'en sentant la difficulté, il n'y a vu de réponse qu'en ajoutant au texte de saint Jean ; et secondement il encourt cette terrible malédiction du même apôtre : « Si quelqu'un ajoute aux paroles de cette prophétie, Dieu le frappera des plaies qui sont écrites dans ce livre. » *Apoc.* XXII, 18.

LXVI. — Nouvelle réflexion sur la preuve précédente, et confirmation de cette preuve.

Le raisonnement précédent se confirme encore, parce que saint Jean vouloit consoler les fidèles sur les persécutions qui se commençoient alors, comme il paroît par toute la suite de son discours plein de la gloire des martyrs et de continuelles exhortations à la patience : or une grande partie de cette consolation étoit de leur faire voir la juste vengeance de Dieu sur l'empire persécuteur et enfin sa chute afin qu'ils ne fussent pas éblouis de la gloire des impies, si étonnés de leur puissance : c'est donc là qu'il visoit, et c'est le principal objet de sa prophétie.

Cela se confirme de nouveau, parce que pour parvenir à cette fin, il falloit donner à Rome persécutrice et à son empire les caractères qui étoient connus du temps de saint Jean ; ce qu'il a fait aussi, comme on vient de voir, et l'a fait si vivement et si bien, que personne ne s'y est trompé ni n'a douté de son dessein. Les

[1] *Lett.* XIII, 1, 90. — [2] *Apoc.*, XXI, 9. — [3] *Apoc.*, XVII, 3, 4. — [4] *Ibid.*

saints Pères ont connu, comme on a vu, que la destinée de Rome la païenne, de Rome dominante et persécutrice, étoit renfermée dans l'*Apocalypse ;* et nous avons démontré qu'il y a sur ce sujet une tradition constante dans l'Eglise. Or ¹ cette tradition regarde la ville de Rome : aucun n'a pensé à l'Eglise romaine; et les Albigeois, c'est-à-dire les manichéens, sont les premiers qui plus de mille ans après saint Jean ont commencé à tourner contre l'Eglise de Rome ce que tous les siècles précédens avoient entendu de la ville; par conséquent l'idée naturelle, et la seule véritable est celle-là.

Au reste il n'est pas permis aux protestans de mépriser, au moins en cette occasion, l'autorité des anciens, puisqu'elle fait l'un de leurs principaux fondemens : si bien que M. Jurieu, qui les méprise souverainement et plus que n'a jamais fait aucun ministre, est contraint ici d'y avoir recours dans tous ses livres, et en particulier dans sa lettre XIII ², où il reproche aux interprètes qu'il nomme nouveaux, qui sont entre autres ceux de la Réforme, qui ne veulent pas reconnoître que le Pape soit l'Antechrist, qu'ils s'opposent à l'autorité « de tous les Anciens. »

LXVII. — Quatrième démonstration par les principes généraux. Les persécutions de l'*Apocalypse* très-courtes, selon saint Jean. Ce que c'est que le peu de temps des ministres, qui dure douze cent soixante ans. Illusion des jours prophétiques. Confusion, absurdité et impiété manifeste.

On fait une quatrième démonstration contre le système protestant, en détruisant ses jours prophétiques et ses douze cent soixante ans de prétendue persécution papistique ; car c'est là un dénoûment de tout le système, sans lequel il faut qu'il tombe par cette raison. C'est que saint Jean nous représente partout les persécutions dont il parle comme devant durer seulement quarante-deux mois, autrement trois ans et demi, et douze cent soixante jours. De quelque sorte qu'il faille entendre ces mois, ces ans et ces jours, il est clair que le dessein de saint Jean est de marquer un temps court, la moitié d'une semaine, c'est-à-dire un temps imparfait, à l'exemple de la persécution d'Antiochus, dont Dieu

¹ *Pref.*, n. 7. — ² P. 83, 93.

expressément réduisit le temps à un si court terme, pour épargner ses élus selon sa coutume, comme nous l'avons démontré [1]. Et que ce soit là un des caractères des persécutions que saint Jean décrit, on le voit manifestement en ce qu'il le répète cinq fois en divers chapitres; et que notamment au douzième il assure que le dragon avoit peu de temps, quoiqu'il dût encore tenir dans le désert, c'est-à-dire dans l'oppression la femme, qui est l'Eglise, durant trois ans et demi, versets 12, 14. Ce qui montre que dans saint Jean quarante-deux mois, trois ans et demi, et douze cent soixante jours, c'est peu de temps; et que cet apôtre a voulu donner ce caractère aux persécutions qu'il prophétise : or est-il que les protestans ne songent pas seulement à trouver la brièveté dans leur prétendue tyrannie et persécution antichrétienne, puisqu'ils l'attribuent, non pas à un Pape particulier, mais à tous les Papes, à commencer ou à saint Léon, ou à saint Grégoire, ou à Boniface III, ou à Grégoire VII, jusqu'à la fin du monde : par conséquent leur système a un caractère opposé à la prophétie de saint Jean.

Pour sortir de cet embarras, ils ont inventé leurs jours prophétiques, dont chacun fait une année : d'où ils concluent que les quarante-deux mois, ou les trois ans et demi, ou, ce qui est la même chose, les douze cent soixante jours de saint Jean, sont douze cent soixante ans; et il n'y a point d'autre dénoûment à cette difficulté, mais il est nul par ces raisons.

La première, c'est que nous avons démontré [2] que cette invention de jours prophétiques n'a nul fondement dans les prophètes; que comme les autres hommes, les prophètes prennent des jours pour des jours; que lorsqu'ils les prennent autrement, ce qui ne leur est arrivé que deux fois dans toute l'Ecriture, ils en avertissent expressément; et qu'enfin quand tous les autres prophètes auroient parlé au gré des protestans, il faudroit entendre saint Jean par rapport à l'original qu'il regarde, c'est-à-dire à Daniel, où constamment et de l'aveu des ministres mêmes les jours ne sont que des jours.

Secondement cette idée de jours prophétiques est si con-

[1] Explic. du chap. XI. Réf., n. 2 et suiv., et sur le verset. 2.— [2] *Avert.*, n. 24.

trainte¹, que les ministres eux-mêmes l'oublient, lorsqu'ils parlent naturellement, comme Dumoulin a fait dans le chapitre xii, où sur deux versets différens du texte de saint Jean, il prend naturellement des jours pour des jours, et douze cent soixante jours pour trois ans et demi : mais ces douze cent soixante jours qui faisoient trois ans et demi en deux endroits du chapitre xii, venoient de faire douze cent soixante ans en deux endroits du chapitre xi, et puis en sortant du xii, où ils étoient revenus à leur naturel, tout à coup et sans qu'on sache pourquoi, ils se tournent encore une fois en douze cent soixante ans : ce qui montre que les protestans n'agissent point par principes, mais par caprice et par haine.

Le ministre Jurieu n'est pas plus constant à conserver ses jours prophétiques au chapitre xii, puisqu'encore que par tout son livre de l'*Accomplissement des prophéties*, il veuille trouver dans ce chapitre les douze cent soixante ans de la persécution papistique, il y renonce formellement à l'endroit de ce même livre que nous avons marqué² : de sorte qu'il n'y a rien de moins assuré que ces prétendus jours prophétiques, puisque de cinq endroits de saint Jean où ils ont un droit égal, il y en a déjà deux d'où ils sont exclus.

En troisième lieu ce peu de temps qu'il a fallu faire cadrer avec douze cent soixante ans, les a tellement troublés à l'endroit des sept têtes ou des sept rois, qu'il a fallu succomber visiblement³ : car en faisant de ces sept rois autant de formes de gouvernement de Rome pour conserver à la Papauté, qui est le septième, le caractère de « durer peu, » que saint Jean lui donne, quoiqu'il dure, non-seulement plus que chacun des six autres, mais encore plus que tous ensemble, l'on ne sait plus où l'on en est : autant de têtes, autant d'interprétations : les uns établissent ce peu de temps du septième gouvernement, c'est-à-dire de la Papauté par rapport à l'éternité, ce qui brouille tout et fait une illusion d'une prophétie ; les autres, comme Dumoulin, soutiennent que « durer un peu » à ce septième gouvernement⁴, c'est durer plus que tous les autres, et ne se sauvent que par cette insigne falsification. M. Jurieu se détruit lui-même : tantôt durer un peu de temps, c'est durer « un long temps réel, » exprimé sous la figure d'un temps

¹ *Avert.*, n. 25, 26. — ² *Avert.*, n. 25. — ³ *Avert.*, n. 16-18. — ⁴ *Ibid.*

court, en sorte qu'en effet il soit « fort long » et ne soit court que dans la pensée de ceux qui l'entendront mal ; tantôt rebuté lui-même d'une telle interprétation, il n'y sait plus de remède qu'en confondant la sixième tête, dont saint Jean ne dit point qu'elle durât peu, avec la septième, qui est la seule dont il le dit.

Mais je veux bien ajouter en quatrième lieu, que quand il seroit permis à ce ministre de substituer le sixième roi au septième, et les empereurs aux Papes, il n'y trouveroit pas mieux son compte, puisque toujours les empereurs ayant duré si longtemps, ils ne peuvent pas être ceux qui durent peu. Les protestans les font durer jusqu'au gouvernement papal : les uns huit cents ans, comme Dumoulin, qui les pousse jusqu'à Pepin et à Charlemagne; les autres onze cents ans, en allant jusqu'à Grégoire VII. M. Jurieu qui leur donne le moins de temps, puisqu'il ne les mène que jusqu'à saint Léon, ne leur en peut refuser cinq cents; et quand on voudroit admettre la finesse qu'il imagine de réduire ce temps des empereurs aux seuls empereurs chrétiens sans raison et sans fondement, car où prendra-t-il que saint Jean ait voulu caractériser le sixième roi, par rapport aux seuls empereurs chrétiens plutôt que par le total des empereurs? quand, dis-je, on voudroit admettre cette mauvaise finesse, pourquoi voudroit-on que le caractère des empereurs chrétiens soit de durer peu, puisque selon les diverses interprétations des protestans, ils ont duré cinq et six cents ans, et tout au moins cent cinquante, selon M. Jurieu; nombre qui ne peut être réputé petit dans un composé d'autres nombres, où il y en a qui ne contiennent que trente ans, d'autres que sept ou huit et d'autres que deux, comme celui des tribuns, des dictateurs perpétuels et des décemvirs?

En cinquième lieu, quand nous aurions accordé aux ministres contre toute l'analogie des Ecritures, et la suite même du texte, que ce court temps de douze cent soixante jours, c'est-à-dire de trois ans et demi, seroit un long temps et vaudroit douze cent soixante années, nous avons vu que leur embarras ne feroit que croître, puisqu'ils ne savent où placer ces douze cent soixante ans, et qu'en quelque temps qu'ils les commencent, les absurdités où ils tombent sont inexplicables.

Nous avons vu [1], selon leurs principes, que le Pape Antechrist, persécuteur et blasphémateur, doit naître parmi les ruines de l'Empire romain démembré; par conséquent au ve siècle, comme le tiennent Joseph Mède et M. Jurieu. Cette hypothèse, qui en elle-même est la plus suivie et la seule soutenable chez nos adversaires, est en même temps la plus absurde, puisqu'elle engage à reconnoître pour le premier Antechrist formé saint Léon ; à lui attribuer les caractères essentiels de l'antichristianisme, qui sont l'idolâtrie et le blasphème, la persécution et la tyrannie; à faire du concile de Chalcédoine un des quatre que les chrétiens ont toujours le plus révéré, une assemblée antichrétienne : et de la divine lettre de saint Léon, où le mystère de Jésus-Christ est expliqué si parfaitement, un ouvrage de l'Antechrist; à faire enfin de toute l'Eglise catholique, qui étoit dans la communion tant de ce grand Pape que de tous ses saints successeurs, l'église antichrétienne, sans pouvoir du moins en montrer une autre où Jésus-Christ fût connu, et faire encore de tous les Papes qui sont venus depuis saint Léon jusqu'à saint Grégoire, c'est-à-dire sans difficulté des plus saints et des plus doctes de tous les évêques qui aient rempli la chaire de saint Pierre, des blasphémateurs, des idolâtres, des persécuteurs, en un mot, et plus que tout cela, des Antechrists.

En sixième lieu, pour connoître l'absurdité et l'impiété de ce sentiment, il ne faut que voir les contradictions où sont tombés les ministres en le soutenant [2]; car ils tâchent d'abord de l'adoucir, en disant que l'Antechrist au commencement n'avoit pas encore toutes ces mauvaises qualités et, comme parle M. Jurieu [3], qu'il pouvoit être homme de bien, du moins qu'il n'étoit pas damné : mais tout cela n'est qu'illusion, et il faut avaler la coupe jusqu'à la lie. Car nous avons vu [4] expressément dans saint Jean que la bête qu'on veut être l'Antechrist avoit été idolâtre, persécutrice, blasphématrice, ennemie déclarée de Dieu et de ses saints, dès qu'elle est sortie de l'abîme, et le doit être sans discontinuer durant tous ses jours : elle le doit être par conséquent, selon les

---

[1] *Avert.*, n. 27 et suiv. — [2] *Avert.*, n. 29, 30 et suiv. — [3] *Lett.* xiii. — [4] *Avert.*, n. 27; *Apoc.*, xi, xii, xiii.

idées de la Réforme, durant douze cent soixante ans à commencer dès le temps de saint Léon, et toute l'Eglise de ce temps l'étoit avec lui.

Que répond ici le ministre? Des contradictions manifestes : car après avoir vainement tâché de mettre à couvert saint Léon et tous les saints de ce temps, en disant que l'antichristianisme n'étoit encore que commencé en leurs personnes, à la fin il a bien senti que tout cela n'étoit que plâtrer ; et il avoue en termes formels dans une des lettres qu'il vient d'opposer aux *Variations*, « que l'idolâtrie et la tyrannie du papisme se sont pleinement manifestées après le milieu du ve siècle, quand l'Empire romain a été démembré [1] ; » c'est-à-dire, selon lui-même, sous saint Léon. Est-ce là un mal commencé? et n'est-ce pas au contraire le mal non-seulement consommé, mais pleinement découvert et déclaré dans toute sa force? Et dans la XIIIe lettre, où ce ministre avoit eu horreur de nier que saint Léon et ses successeurs aient été gens de bien, quoiqu'antechrists, il est enfin contraint d'avouer que c'est sous eux, et dès le temps de saint Léon, que « le blasphème et l'idolâtrie » ont commencé avec le culte des saints; que l'Eglise dès ce temps a été « foulée aux pieds par les nouveaux païens [2], » c'est-à-dire par saint Léon et les autres : d'où il s'ensuit par la force du même passage de saint Jean, que la guerre a été dès lors déclarée à Dieu et à ses saints; en sorte que ce Pape et ses successeurs, à cela près gens de bien, ont été blasphémateurs et persécuteurs; qui étoit ce qu'on n'osoit dire, tant il étoit visiblement faux et détestable, et ce qu'à la fin on est contraint de passer.

Mais en septième et dernier lieu, il ne faut pas s'en tenir à saint Léon, puisqu'on a très-clairement démontré [3] que les Pères qui ont fleuri au IVe siècle, saint Ambroise, saint Basile, saint Grégoire de Nazianze, saint Chrysostome, saint Augustin et les autres lumières de ce temps, n'ont point d'autres sentimens sur ce prétendu service des créatures, c'est-à-dire sur les honneurs des saints, que celui de saint Léon, ne s'en sont pas exprimés en termes moins forts, et n'ont pas moins célébré les miracles que Dieu avoit faits en confirmation de ce culte [4] : ce qui aussi a obligé M. Jurieu

[1] *Lett.* XII, p. 89. — [2] *Lett.* XIII, p. 98. — [3] *Avert.*, n. 28-33. — [4] *Avert.*, n. 36.

à les mettre au rang des hommes abusés par les démons et au rang même de leurs adorateurs, et d'assurer que dès leur temps l'idolâtrie régnoit dans l'Eglise [1]. Il faudroit donc en faire encore des blasphémateurs, des idolâtres, et en un mot des Antechrists, aussi bien que saint Léon; et rien ne les a sauvés des mains de la Réforme, que le bonheur qu'ils ont eu de naître plus tôt : en sorte que les mesures que prennent les protestans pour faire finir le règne antichrétien, ne cadrent plus avec le temps de leur vie; ce qui dans le fond ne les empêche pas d'être autant Antechrists que saint Léon.

LXVIII. — Que les protestans ne se sauvent pas en prenant un autre système que M. Jurieu.

Si les protestans pensent se sauver en désavouant M. Jurieu qui fait de saint Léon un Antechrist, et en mettant l'Antechrist plus bas : en quelque temps que ce soit [2], ce ministre les convainc par leurs principes [3] : premièrement, parce qu'ils demeurent d'accord que la naissance de l'Antechrist doit arriver du temps des dix rois et au milieu du démembrement de l'Empire, qui constamment est arrivé au ve siècle. Ils demeurent encore d'accord que le passage où saint Paul fait naître l'Antechrist, « après que celui qui tient sera ôté, » s'entend de l'Empire romain et convient avec celui de saint Jean, où l'Empire est donné en proie aux dix rois. Ainsi en toutes manières, l'Antechrist doit naître en ce temps; et le reculer plus bas, c'est renverser le système protestant.

M. Jurieu les convainc secondement encore par deux autres de leurs principes, qui est que l'idolâtrie dans l'Eglise est un caractère antichrétien et même le principal, et que le culte des saints est une vraie idolâtrie : or il leur montre ce culte dès le temps de saint Léon, et plus haut; et il n'y a pas moyen de le nier, Daillé même ayant fait un livre pour le prouver [4]. Il leur montre donc dès lors le principal caractère antichrétien et l'Antechrist tout formé.

Par ces deux raisons concluantes, M. Jurieu a démontré que son système est le seul qui cadre avec les principes communs des interprètes protestans; de sorte que si on y trouve des impiétés,

[1] *Avert.*, n. 29. — [2] *Avert.*, n. 42. — [3] *Lett.* XII, XIII. — [4] Dall., *De Cult. latin.*

des inconvéniens, des absurdités inévitables, ce sera par là nous avouer que le système protestant est insoutenable et contradictoire ; qui est tout ce que nous pouvons souhaiter.

Mais d'ailleurs, si les protestans rejettent le système de ce ministre à cause qu'il ne convient pas avec l'histoire du temps, où l'on ne voit ni blasphème, ni persécution dans l'Eglise, quoi qu'ils fassent, ils tomberont dans les mêmes inconvéniens.

S'ils descendent à saint Grégoire, ils n'y trouveront ni plus de persécution, ni plus de blasphème; s'ils en viennent à Boniface III, à cause, à ce qu'ils prétendent, qu'il a pris le titre d'*Evêque universel*, qui est un titre antichrétien, selon saint Grégoire, il est faux que ce Pape ait pris ce titre ; il est faux qu'il ait étendu sa primauté plus ou moins que saint Léon ; il est faux qu'il ait honoré les saints ni plus ni moins : il est faux qu'on trouve de son temps la moindre ombre de persécution.

S'ils en viennent avec Dumoulin à l'an 755 et au temps où les Romains, abandonnés à la fureur des Lombards, furent contraints d'avoir recours aux François, ils trouveront bien alors la ville de Rome ôtée en quelque manière aux empereurs d'Orient, ou plutôt abandonnée par eux-mêmes et laissée en proie à ses voisins : mais outre qu'ils n'y trouveront ni les dix rois, ni le grand démembrement de l'Empire, qui a précédé cette époque de trois cents ans, ils n'y trouveront de saints opposés à la prétendue tyrannie du Pape que les iconoclastes; étranges saints, où pour toute marque de sainteté on nous donne le renversement des images réprouvé par les luthériens; esprits outrés, qui portent la haine des images jusqu'à détester la peinture et la sculpture comme des arts réprouvés de Dieu; gens au reste si peu éloignés de l'idolâtrie, selon les principes des protestans, qu'ils prononcent des anathèmes contre ceux qui refuseront d'implorer le secours des saints et d'en honorer les reliques [1]. Et après tout que gagnera-t-on, quand on aura emporté qu'il n'y a eu de saints que de telles gens, que l'Orient et l'Occident ont détesté ? Il y faut la persécution : or on n'en trouve aucune en ces temps que celle que les empereurs iconoclastes firent souffrir, cinquante ans durant, aux chrétiens

---

[1] *Act. Conc. Const.*, in *Conc. Nicæn.* II, Labb., tom. VII, col. 114.

qui retenoient les images, menaçant jusqu'aux Papes et ne cessant de les tourmenter par tous les moyens possibles; de sorte que contre le système l'Antechrist auroit été persécuté, et non pas persécuteur.

Quand enfin il en faudroit venir au temps de Grégoire VII, c'est-à-dire, contre les principes de la secte, à une époque éloignée de six cents ans de la dissipation de l'Empire, on n'y trouveroit non plus la persécution, si ce n'est qu'en prenant ce Pape pour l'Antechrist, on prît aussi l'empereur Henri IV, qu'il tâcha de déposséder, pour l'un de ces saints que la bête devoit persécuter. Et si l'on a recours à Bérenger et aux bérengariens, qu'on nous donne pour les saints persécutés de ce temps-là, premièrement les luthériens, la principale partie des protestans, n'y consentiront jamais; secondement ces saints bérengariens, de tous les dogmes de l'Eglise catholique ne contredisoient que celui de la présence réelle, que nos prétendus réformés trouvent le plus tolérable; et enfin nous avons fait voir[1] qu'il n'y eut point alors de persécuteur, puisque même les bérengariens ne se séparèrent jamais, et revinrent bientôt de leur erreur, à l'exemple de leur maître.

LXIX. — Cinquième et dernière démonstration par les principes généraux.

Il nous reste encore à abréger une cinquième et dernière démonstration par les principes généraux, et je la forme en cette sorte. Rien ne revient plus souvent dans l'*Apocalypse* que des gentils persécuteurs et des saints persécutés, car c'est ce qu'on y trouve partout : mais les protestans ne peuvent trouver, ni ces gentils, ni ces saints, parce qu'ils sont les uns et les autres d'une espèce si particulière, qu'on ne les trouve nulle part dans l'*Apocalypse*, ni même dans toute l'Ecriture.

Pour ce qui regarde les gentils, ceux dont ils ont besoin pour établir leur système sont des gentils chrétiens, qui croyant en Dieu Créateur, et en Jésus-Christ Sauveur, professent avec cela une idolâtrie dont les saints soient les défenseurs et les auteurs, et qui aussi devoit régner dans l'Eglise durant douze cent soixante ans[2].

[1] *Avert.*, n. 60. — [2] *Avert.*, n. 27, 28 et suiv.

LXIX. DÉMONSTRATION PAR LES PRINCIPES GÉNÉRAUX.   135

Si une telle idolâtrie a jamais été, elle est si singulière et si essentielle, que le Saint-Esprit, qui a révélé tant de choses bien moins importantes, a dû nous instruire d'un tel mystère; d'où le ministre conclut en termes formels que si cette idolâtrie ecclésiastique a été, elle a dû être prédite[1]. Que si elle l'a dû être, ç'a été principalement dans l'*Apocalypse*, puisqu'on suppose que ce divin livre a été écrit pour nous la faire connoître et éviter : mais le ministre se tourmente en vain à la chercher dans tout ce livre, et il avoue à la fin qu'il ne l'y voit pas.

D'abord il l'avoit trouvée, en ce que saint Jean appeloit la Babylone une prostituée; mais nous avons vu[2] que cette expression lui a paru « trop générale, » parce qu'il falloit avoir spécifié que c'étoit une adultère et une épouse infidèle, ce que saint Jean a évité.

Il croyoit aussi avoir rencontré ce qu'il cherchoit dans le passage, *où le parvis du dehors étoit livré aux gentils*[3]; mais ce passage à la fin lui a paru *trop obscur*, n'y ayant rien de moins clair que de prendre le parvis du temple pour une fausse église[4], au lieu que c'est seulement le dehors de la véritable; ou de conclure que l'extérieur de la vraie Eglise devienne une fausse église, parce qu'il est livré aux gentils qui le profanent; ou que ces gentils, profanateurs de l'extérieur de la vraie Eglise et du vrai temple, soient nécessairement de faux chrétiens, comme si on n'avoit pas vu la vraie Eglise opprimée durant trois cents ans dans ce qu'elle avoit de visible, par de vrais gentils adorateurs de Junon et de Jupiter.

Voilà les deux passages allégués, et ensuite désavoués par le ministre. Les autres ne sont pas plus clairs : la femme s'enfuit au désert; la prostituée est une religion qui a ses mystères; le peuple de Dieu est dans Babylone : donc il y aura des saints qui seront idolâtres, et une église chrétienne qui aura l'idolâtrie dans le sein : on n'entend rien à ces conséquences.

Ne nous amusons plus à répéter ce que nous avons dit pour les détruire[5], puisque le ministre qui s'est voulu fonder dessus

---

[1] *Avert.*, n. 35. — [2] *Ibid.* — [3] *Accomp.*, IIe part., p. 179. — [4] *Avert.*, n. 35.— [5] *Avert.*, n. 5, 6, 10, 35, etc.

sent à la fin qu'il n'a rien fait, s'il ne trouve cette idolâtrie en quelque texte « plus formel, » en quelque oracle « plus clair et moins général[1] : » mais cet oracle moins ambigu, « ce texte plus clair et plus formel, » il ne le trouve que hors de l'*Apocalypse*, de sorte qu'il faut sortir de la prophétie de saint Jean pour y trouver cette idolâtrie qui en fait le principal sujet.

Mais ce qu'il donne pour clair, par malheur se trouve encore plus ambigu, ou pour mieux dire plus visiblement faux que tout le reste, puisque c'est le passage de saint Paul où il dit qu'il y aura dans les derniers temps des hommes « qui, en s'adonnant à des esprits abuseurs et à la doctrine des démons, » condamneront le mariage et certaines viandes : passages où, loin de parler de la prétendue idolâtrie des chrétiens, il n'est même en aucune sorte parlé d'idolâtrie, comme on voit.

Car de prendre dans ce passage « la doctrine des démons, » non plus pour celle qu'ils inspirent, comme tout le monde et les protestans avec tous les autres l'avoient toujours entendu, mais pour « celle qui apprend à les adorer, » comme Joseph Mède l'a imaginé le premier[2], et ne trouver que là ce « texte formel » qu'on cherche depuis si longtemps : c'est à M. Jurieu, au lieu d'un texte formel, démêler une obscurité par une obscurité encore plus grande, et montrer manifestement qu'on n'a rien à dire.

Concluons que la prétendue idolâtrie ecclésiastique n'a été prédite nulle part. Or, dit M. Jurieu, si elle a été, elle a été prédite[3] : elle n'a donc jamais été ; et ce n'est qu'une invention pour mettre non-seulement les catholiques, mais encore tous les saints du quatrième siècle au rang de ces idolâtres qui en adorant les saints, selon M. Jurieu, ont adoré les démons.

Il ne sert de rien d'entamer ici avec le ministre un vain raisonnement sur les démons, que les païens reconnoissent pour des esprits médiateurs : il s'agit de nous faire voir par l'*Apocalypse*, ou du moins par quelque autre endroit de l'Écriture, qu'une semblable idolâtrie ait dû régner dans l'Église, et y régner un aussi long temps que douze cent soixante ans : et nous pourrions démontrer sans peine, s'il en étoit question, que ces

[1] *Avert.*, p. 179, n. 35-37. — [2] *Avert.*, n. 36. — [3] *Avert.*, n. 35.

démons, médiateurs chez les païens, étoient médiateurs de la création, Dieu jugeant indigne de lui de faire l'homme de sa main, et jugeant aussi la nature humaine indigne par elle-même de lui être réunie comme à son principe : médiation inconnue aux Pères aussi bien qu'à nous, et qui loin d'avoir jamais régné dans l'Eglise, y a toujours été détestée.

LXX. — Quels saints et quels martyrs les protestans ont trouvé dans l'*Apocalypse*, et qu'à la fin ils sont obligés de les dégrader. Passage exprès du ministre Jurieu.

Si les protestans n'ont pu trouver dans l'*Apocalypse* les chrétiens idolâtres et persécuteurs qu'ils y cherchoient, ils n'y ont non plus trouvé les saints persécutés dont ils ont un égal besoin; et ils ne nous les produisent qu'en nous donnant pour des saints les Albigeois, les Vaudois, un Viclef, un Hus, et leurs sectateurs jusqu'aux Thaborites, gens que nous avons convaincus par des faits constans des crimes et des erreurs que je n'ai plus besoin de répéter[1].

Aussi ai-je remarqué que les protestans ont honte de les mettre au rang des martyrs : car écoutons M. Jurieu sur le chapitre xx de l'*Apocalypse :* « Là paroissent les ames de ceux qui ont été décollés pour le témoignage de Jésus, et ce sont *ceux qui n'ont point adoré la bête, ni son image, et qui n'en ont porté le caractère, ni dans leur front, ni dans leurs mains*, verset 4. Ce sont ceux-là qui revivent et qui ressuscitent même corporellement avant tous les autres, » selon M. Jurieu[2]. Si la bête, c'est le Pape ; si son image, c'est le Pape encore ; si le caractère de la bête, c'est la profession du papisme, les martyrs, que saint Jean nous vient de décrire sont ceux qui ont souffert sous la Papauté ; et, selon M. Jurieu, ce doivent être les premiers qui ressusciteront en corps et en ame : mais non, c'est tout le contraire. Il décide nettement que « cette première résurrection ne sera que de très-peu de gens, c'est-à-dire DES ANCIENS MARTYRS, et que le reste des fidèles ne ressuscitera qu'à la fin du monde. » Ce n'est donc que des anciens martyrs que saint Jean a voulu parler dans toute l'*Apocalypse*,

---

[1] *Avert.*, n. 39. — [2] *Accomp.*, IIe part., chap. XXIII, p. 429.

c'est-à-dire très-constamment des martyrs de l'ancienne église et des prémices du nom chrétien : ce sont ces anciens martyrs qui ont méprisé la bête et son caractère. Voilà comme on parle naturellement, quand on veut de bonne foi parler des martyrs dont saint Jean exalte la gloire dans toute son *Apocalypse*. La bête n'est donc plus le Pape ; l'idolâtrie n'est plus le papisme ; et ces faux martyrs, qu'on n'appelle tels qu'à cause qu'ils ont résisté à la première puissance qui soit dans l'Eglise, ne paroissent plus.

Ainsi la démonstration est achevée. Les ministres en recherchant leurs idolâtres, nous ont montré les saints ; et pour comble d'aveuglement, en cherchant leurs saints, ils nous ont montré de faux martyrs qui échappent de leur mémoire, quand ils regardent de bonne foi les véritables.

LXXI. — Preuves tirées des chapitres particuliers. Abrégé de celles du chap. xi, où l'on commence à comparer notre système avec celui des protestans. Illusions pitoyables du ministre Jurieu sur les deux témoins.

Voilà cinq démonstrations où l'on pouvoit, comme on voit, en compter un bien plus grand nombre, si pour les rendre plus intelligibles, on ne les avoit réduites à certains principes généraux. Mais les preuves se multiplieront jusqu'à l'infini, si l'on descend en particulier aux neuf chapitres où il est parlé de la bête.

Par exemple, dans le chapitre xi, où elle paroît pour la première fois et où elle fait mourir les deux témoins, les erreurs des protestans sont infinies. Nous avons déjà remarqué le court temps qui est désigné par douze cent soixante jours, changé en l'espace immense de douze cent soixante ans : nous avons aussi remarqué qu'on fait une fausse église du parvis, qui n'est que l'extérieur de la véritable. On veut qu'une fausse église soit nécessairement celle qui « est livrée aux gentils[1] ; » et on ne songe pas « que la cité sainte, » qui sans doute n'est point une fausse église, leur est pareillement livrée « pour être foulée aux pieds : » on donne donc pour marque d'une fausse église l'oppression que la vraie Eglise est contrainte de souffrir, et la croix de Jésus-Christ qu'elle porte. Les gentils sont de faux chrétiens, sans qu'on puisse

[1] *Apoc.*, xi, 2.

trouver ce nom appliqué à des chrétiens, pas même à des chrétiens hérétiques, ni à d'autres qu'aux vrais païens. Les deux témoins que la bête a mis à mort sont les Albigeois, et les autres que nous avons convaincus d'impiété par des faits constans, et à qui aussi ceux qui nous les vantent n'ont osé conserver leur rang parmi les martyrs. Il en est à peu près de même de Luther et de Zuingle : c'étoient eux, avec leurs disciples, qui étoient, dans les *Préjugés*, les deux témoins [1], c'est-à-dire le petit nombre des défenseurs de la vérité, ressuscités tout à coup et montés au ciel, c'est-à-dire élevés au comble de la gloire, après avoir été morts pour un peu de temps « par la totale ruine » de ces grands saints, les Thaborites. Cela étoit spécieux et honorable aux réformateurs : mais le ministre a bien vu que ressusciter et monter au ciel devoit être quelque chose de plus grand que ce qu'ont fait Luther et Zuingle : ainsi il les a tirés d'un si haut rang [2], et il a renoncé publiquement à cette superbe interprétation dans son *Accomplissement des prophéties*.

En récompense il y dit que les deux témoins ne seront mis à mort que dans la France; que les fidèles des autres royaumes n'ont point de part à cet endroit de la prophétie ; et qu'avec des expressions qui regardent si visiblement toute l'Eglise, saint Jean n'a eu en vue que l'église prétendue réformée de ce royaume. Elle est si bien morte, dit le ministre, qu'il ne lui reste qu'à l'enterrer. C'est pour les morts le dernier honneur que celui de la sépulture ; et saint Jean ne nous montroit les corps morts de ces deux témoins gisant à terre, privés du tombeau, que pour mieux exprimer la haine qu'on poussoit contre eux jusqu'après la mort. Mais ce qui est dans le dessein de saint Jean la dernière marque d'opprobre, est à M. Jurieu le commencement du secours. Les amis de la Réforme étendue à terre toute morte, empêcheront seulement qu'on ne l'enterre; sans doute, parce que Dieu ne pourroit pas la ressusciter, si on l'avoit mise aussi bien dans le sépulcre, comme on a pu lui donner la mort. Au reste, dans tout ce chapitre, pour ressusciter les deux témoins, saint Jean ne voit autre chose que les ligues de tous les princes conjurés contre la France.

[1] *Préj.*, 1ʳᵉ part., p. 97; *Avert.*, n. 61. — [2] *Avert.*, n. 61.

Le ministre les avoit bien devinés [1], et il veut qu'on s'en ressouvienne, afin qu'on ne doute pas qu'il ne soit digne du titre de prophète qu'on lui donne déjà dans ses médailles. Pour qui écrit-il? Par quel endroit se montre-t-il à un siècle si éclairé? Et quel personnage veut-il faire dans le monde?

Mais pourquoi aimer mieux donner dans ces rêveries, que de voir dans les deux témoins les premiers chrétiens persécutés; dans le court terme de leur affliction, le soin de la providence, qui pour épargner ses fidèles, en abrégeoit les souffrances de temps en temps; dans leur mort, les supplices des martyrs; dans leurs corps morts étendus sur la terre, la cruauté de ceux qui leur refusoient jusqu'à la sépulture; dans leur résurrection, la gloire soudaine de l'Eglise sous Constantin et l'éclatante prédication de l'Evangile par tout l'univers, pendant que les païens se flattoient de la pensée d'en avoir éteint la lumière? Qu'y a-t-il là qui ne convienne parfaitement avec les paroles de saint Jean, et mieux sans comparaison que tous les songes qu'on nous débite; et n'est-ce pas être ennemi de la piété que d'aimer mieux voir dans des interprétations violentes sa particulière satisfaction, que dans les idées naturelles, la gloire commune du christianisme.

Passons au chapitre XII; c'est celui où Dumoulin reconnoît que douze cent soixante jours sont des jours, et non pas des années; et de cinq passages où l'on veut trouver les jours prophétiques, il en ôte deux à son parti.

LXXII. — Abrégé des preuves du chap. XII. Confirmation convaincante de celle qui détruit les douze cent soixante ans. Le système protestant se dément de tous côtés.

Mais venons au gros des protestans qui, avec M. Jurieu, veulent trouver dans la femme retirée au désert douze cent soixante jours, l'Eglise opprimée douze cent soixante ans sous le papisme. C'étoit donc aussi sous le papisme qu'elle devoit enfanter, et que le dragon vouloit dévorer elle et son fruit? Mais qu'est-ce donc, selon les ministres, que cet enfant mâle et dominant, que la femme devoit mettre au jour? Quoi? la Réforme triomphante?

[1] *Avert.*, n. 61.

Ne rougit-on pas d'aimer mieux la voir dans un si bel endroit que le christianisme régnant avec Constantin? Mais quoi? le combat des anges ne se donne que pour la Réforme? Le triomphe du christianisme n'en étoit pas un digne sujet? Satan n'y étoit pas assez atterré par la chute de ses idoles et de ses temples, et on attendoit pour cela la main de Luther? Le croient-ils, eux qui le disent? Mais si cela n'est pas encore assez absurde, voici de quoi exercer leur subtilité. La femme se retire deux fois dans le désert, comme nous l'avons fait voir[1]; et les protestans devoient trouver, non-seulement une fois, mais deux fois douze cent soixante ans de persécution papistique, c'est-à-dire deux mille cinq cent vingt années et plus, selon eux, que ne devoit durer depuis saint Jean le christianisme et l'univers même. Ce n'est pas tout, et nous verrons au chapitre XIII que la femme sera opprimée un pareil temps que nous montrerons distingué de celui-ci. C'est faire monter le temps des persécutions à près de quatre mille ans. Qui ne voit donc que ce temps souvent répété nous marque diverses persécutions, toutes courtes et à diverses reprises? Mais si les protestans ont à passer quatre mille ans sous le Pape, ils voient par là ce qui leur reste: il n'y a plus rien à chercher dans cet avenir immense, et l'*Apocalypse* est un abîme où il n'y a plus ni fond ni rive.

D'ailleurs l'interprétation protestante ne nous montre point les trois efforts du démon coup sur coup, ni les persécutions trois fois rendues inutiles, et la seconde en particulier par le secours de la terre, non plus que la troisième plus foible que les deux autres, dont aussi pour cette raison saint Jean ne marque aucun effet: c'est néanmoins ce que nous voyons très-distinctement au chapitre XIII, verset 4, 13, 17, comme on peut voir dans le Commentaire[2]. On ne nous explique non plus ce redoublement de la colère du diable à cause du peu de temps qui lui restoit, et qu'il se voyoit à la fin de sa domination[3]: ce peu de temps, dis-je, ne s'explique pas dans le système protestant, puisqu'il restoit au démon encore douze cent soixante ans entiers à tenir la femme opprimée dans

---

[1] Voyez la note sur le chap. XII, 13, 14. — [2] Voyez les notes sur ces passages.
[3] *Apoc.*, *ibid.* et les notes.

le désert, et que l'Antechrist qu'il animoit n'alloit que commencer son empire. Voilà des énigmes inexplicables pour la Réforme : aussi avons-nous vu qu'elle s'y perd ; le subtil Jurieu s'y contredit [1] ; Dumoulin y abandonne les jours prophétiques [2] ; et réduit à se renfermer dans les trois ans et demi que passèrent les chrétiens convertis du judaïsme à la petite ville de Pella, pendant que Tite détruisoit Jérusalem, il fait deviner mystérieusement à saint Jean des choses passées aux yeux de toute la terre il y avoit plus de vingt ans.

Mais notre interprétation n'a point ces inconvéniens : on y voit l'Eglise en travail dans la dernière persécution : on voit parmi les divers relâchemens qu'elle pouvoit avoir, trois intervalles marqués et trois reprises plus nettes sous trois princes : l'Eglise par deux fois contrainte à se retirer, mais toujours pour un peu de temps, dans ces retraites obscures où elle avoit accoutumé de cacher son culte : la terre l'aidant à la seconde fuite, c'est-à-dire Constantin et Licinius combattant pour elle, là paroissent les efforts du diable, la résistance et la victoire des anges, avec la rage impuissante de l'ennemi atterré qui voit la fin de son règne, enfin le dernier effort du dragon encore frémissant et sous la tyrannie de Licinius la persécution renouvelée, mais trop foible pour mériter qu'on en raconte les effets.

LXXIII. — La bête aux sept têtes et aux dix cornes, et les sept formes de gouvernement ruinées par de nouvelles remarques.

Nous avons vu que pour bien entendre la bête aux sept têtes et aux dix cornes, il faut joindre ensemble les chapitres XIII et XVII, où nous en avons la peinture. Pour commencer par les sept têtes qui, selon saint Jean, sont sept rois et sept formes de gouvernement pour les protestans, nous avons démontré :

Premièrement, combien peu il étoit utile au dessein de l'*Apocalypse* de reprendre les choses de si loin et de remonter jusqu'à l'origine de Rome, pour nous montrer tous les états par où elle avoit passé durant sept à huit cents ans, avant que saint Jean fût au monde : et c'étoit si peu le dessein de cet apôtre, qu'il nous

---

[1] *Avert.*, n. 25, 26. — [2] Dumoulin, *Accomp.*, p. 178.

déclare au contraire que la bête à sept têtes, où il déclare qu'il vouloit représenter Rome, devoit sortir de l'abîme après son temps; ce n'est donc pas Rome dans tous ses états, y compris les siècles passés, qu'il a dessein de représenter dans cette bête; c'est Rome dans un certain état particulier que cet apôtre avoit en vue[1].

En effet nous avons vu en second lieu [2] que saint Jean ne fait paroître la bête que comme blasphématrice et persécutrice, revêtue de la puissance du dragon, cruelle, enivrée de sang, ennemie de Dieu et de ses saints, tout en s'élevant de l'abîme, c'est-à-dire dès aussitôt qu'elle paroît et également dans ses sept têtes : au lieu que, dans le système protestant, il n'y auroit tout au plus que deux têtes persécutrices, c'est-à-dire les empereurs et les Papes, et les autres auroient occupé sept ou huit cents ans avant que les chrétiens eussent paru.

On a vu en troisième lieu [3], que si saint Jean avoit voulu nous représenter sept formes de gouvernement, il auroit pris toute autre chose que sept rois, dont même il auroit fallu que l'un fût l'abolition de la royauté et l'érection de l'état populaire; que bien éloigné qu'on puisse trouver dans les saints Livres, ou historiques, ou dogmatiques, ou prophétiques, aucun exemple d'une locution pareille, on trouve tout le contraire [4], notamment dans ce même endroit de l'*Apocalypse,* et enfin que les dix rois du verset 12 étant de vrais rois, les sept rois du verset 9 ne peuvent pas être d'une autre nature.

En quatrième lieu [5], nous avons vu que les six formes de gouvernement qu'on met à Rome jusqu'à saint Jean, n'ont nulle justesse; que c'est un nombre fait à plaisir, et qu'il y en a ou plus ou moins. Quant à la septième forme de gouvernement, qu'on veut être la Papauté [6], pour soutenir le système, il la faut faire commencer sous saint Léon, et changer le gouvernement de Rome vers le temps que l'Empire fut dissipé; ce qui emporte un si prodigieux renversement de l'histoire, que jusqu'ici on n'en vit jamais de pareil exemple.

---

[1] *Apoc.,* XI, 7; XIII, 1; XVII, 8. Voy. les notes ibid. *Avert.,* n. 20. — [2] *Ibid., Apoc.,* XI, XIII, 1, 2; XVII, 2, 3, etc. — [3] *Ibid.* — [4] *Avert.,* n. 14. — [5] *Ibid.* — [6] *Avert.,* n. 15.

Nous pouvons ajouter en cinquième lieu, sur ces sept formes de gouvernement, que si saint Jean eût eu en vue de nous faire voir par plaisir tous les états de Rome jusqu'au temps que les Papes y ont été souverains, il eût fallu la faire passer de la main des empereurs en celle des rois Hérules et Ostrogoths, rois au reste de bien différente nature, et d'un pouvoir bien plus étendu que les sept premiers, sous qui elle commença. En faisant revenir les empereurs, comme ils revinrent sous Justinien, il faudroit marquer à la fin les exarques et les patrices, dont la puissance approchoit si fort de la souveraine; puis encore le pouvoir du peuple sous la direction volontaire des Papes comme leurs pasteurs, sans qu'ils eussent le titre de princes; ensuite le patriciat, et enfin l'Empire des François; et les Papes par leur concession ayant alors quelque part à la souveraineté, mais toujours sous l'autorité supérieure de ces princes. Il ne faudroit pas oublier après la maison de Charlemagne, l'anarchie qui revient plusieurs fois, et surtout la tyrannie des barons romains pendant environ cent ans; le gouvernement des empereurs d'Allemagne modifié en tant de manières; et enfin, avant de venir à la souveraineté absolue des Papes, la puissance du sénateur changée aussi en tant de façons. Que si l'on ne veut pas que le Saint-Esprit descende dans ce détail, après l'avoir fait descendre jusqu'aux décemvirs et aux tribuns militaires, qu'on nous dise donc dans quelles bornes il faut renfermer la curiosité de saint Jean, ou plutôt qu'on avoue de bonne foi que la justesse qu'on a cru voir dans ces sept formes de gouvernement, n'est venue que de l'ignorance de l'histoire, ou du peu d'attention qu'on y a faite.

C'est encore un sixième inconvénient [1], supposé que le dessein de l'*Apocalypse* ait été de représenter dans sept têtes sept formes de gouvernement, de mettre sur la sixième qui est celle des empereurs, et universellement comme sur les autres, des noms de blasphème, sans faire du moins prévoir à saint Jean qu'une si grande partie de ces empereurs devoient être chrétiens, en sorte qu'il aura mis au rang des blasphémateurs les Constantins, les Gratiens et les Théodoses.

[1] *Avert.*, n. 20.

LXXIII. LES SEPT BÊTES DES PROTESTANS, ETC.

Enfin en septième lieu [1], quand on auroit dévoré tant d'absurdités manifestes, ce petit mot de l'*Apocalypse*, qui forceroit les protestans à reconnoître la Papauté comme un gouvernement de peu de durée, quoiqu'il dure douze cent soixante ans, et plus que tous les autres ensemble, sera toujours un écueil où leur système sera mis en pièces; de sorte qu'il n'y a rien en toutes manières de plus ruiné que ces sept prétendus gouvernemens.

C'est néanmoins le bel endroit des protestans : mais en vérité d'autant plus foible qu'ils ne savent encore comment expliquer ce roi qui fait « un des sept, » et qui néanmoins « est le huitième. » Ils veulent que ce soit le Pape, à cause qu'il est tout ensemble et le septième comme Pape, par la puissance spirituelle qu'il usurpe, et le huitième comme empereur, en imitant, comme ils l'interprètent, et en s'attribuant la puissance temporelle et impériale; sans songer que ce composé est précisément ce qui le doit faire la septième tête ou le septième roi : car s'il n'étoit qu'empereur, il le faudroit ranger avec le sixième; de sorte que ce qui lui donne le septième rang, c'est précisément ce composé par lequel on prétend lui en donner un huitième. A quoi il faut ajouter que si c'étoit le septième roi qui dût être en même temps le huitième, saint Jean, qui venoit de nommer ce septième roi au verset 10, et qui par manière de dire étoit en train d'en marquer le caractère en disant qu'il demeure peu, l'auroit continué au verset suivant en disant, non pas indéfiniment qu'il est « un des sept, » mais précisément qu'il est le septième et le huitième tout ensemble.

Mais qui ne voit que le saint apôtre, éclairé par l'esprit de Dieu, a découvert dans cette lumière quelque chose de plus convenable, et que cet Esprit qui voit tout lui a révélé qu'un de ces sept, et non le septième, reviendroit deux fois, ce qui le feroit tout ensemble et un des sept et le huitième caractère que les protestans ne songent seulement pas qu'on ait pu approprier à la Papauté, et que nous avons trouvé si précisément en Maximien Herculius [2], qu'il n'y en a aucun autre exemple dans toute l'histoire qui a rapport à l'*Apocalypse*.

Je ne me tromperai donc pas quand je dirai, sans vouloir vanter

[1] *Avert.*, n. 16-18. — [2] Voyez la note sur le chap. XVII, 11.

l'interprétation que je propose, qu'à comparaison du moins de celle des protestans, c'est la clarté même[1], puisqu'on y trouve dans sept rois, non pas sept formes de gouvernement proposées à sa fantaisie, mais sept empereurs tous idolâtres : en cette manière sous ces sept rois la persécution de Dioclétien, la plus cruelle de toutes, très-proprement caractérisée par sa marque particulière; sous les mêmes rois la prostituée, c'est-à-dire Rome la païenne, enivrée du sang des martyrs et soutenant son idolâtrie par toute la terre. On voit aussi ces sept rois passer promptement les uns après les autres; et le septième qui devoit venir après la destruction des six autres pour exciter de nouveau la persécution, c'est-à-dire Licinius, s'évanouir incontinent; et la bête par ce moyen laissée pour morte, pour ensuite ressusciter comme on va voir.

LXXIV. — Suite du chapitre xiii. La bête qui meurt et qui revit, n'a point de sens chez les protestans.

Dans le chapitre xiii, on voit paroître un nouveau prodige : c'est que la bête à sept têtes est comme morte par la plaie d'une de ses têtes, et que néanmoins tout d'un coup elle revit. Les protestans entendent ici l'Empire romain comme mort par la blessure mortelle des empereurs, qui sont la sixième de ses têtes, et tout d'un coup ressuscité dans le Pape, qui est la septième.

Ce système ne cadre pas avec les idées de saint Jean, puisque la bête qui subsistoit en sept têtes ne devoit périr que par la destruction de toutes les sept, ni ressusciter que dans quelque chose qui vînt après elles toutes. C'est pourquoi le Saint-Esprit dit distinctement que cinq têtes étoient passées, la sixième blessée à mort, et la septième qui devoit venir en état de durer peu, par où la bête devoit mourir tout entière avec ses sept têtes retranchées; et ce qui la fait revivre en est distingué. C'est ce qu'on voit dans saint Jean [2], et c'est aussi ce qu'on a pu voir dans notre interprétation, où le retranchement de la sixième tête fait bien à la vérité une mortelle blessure, mais où l'on voit en même temps que la septième périroit bientôt avec les autres; en sorte qu'on voit tomber sept têtes, c'est-à-dire sept empereurs auteurs de la der-

---

[1] Voyez les notes sur le chap. xiii. — [2] *Apoc.*, xvii, 8, 10.

nière persécution qu'on attribue à Dioclétien : d'où devoit suivre, comme en effet elle suivit, la destruction totale et sans retour de la bête persécutrice, si elle ne ressuscitoit dans quelque chose de distingué d'elle, ainsi qu'elle fit dans Julien qui lui rendit la vie et la force. Tout cela est très-suivi. Au lieu que, dans le système protestant, la bête aux sept têtes est tenue pour morte, pendant qu'une de ses têtes; et encore celle de toutes qui avoit le plus de vie, puisqu'elle devoit vivre près de treize siècles, et plus que toutes les autres ensemble, non-seulement subsiste encore, mais ne fait que commencer sa vie.

LXXV. — Autre inconvénient du système. Il faut trouver au chapitre xiii pour une troisième fois les douze cent soixante ans.

Ce chapitre cause encore un autre embarras aux protestans, puisqu'ici, outre les deux fois que nous avons vues au chapitre xii, il leur faut encore trouver pour une troisième fois les douze cent soixante ans de persécution. La démonstration en est évidente; car la bête est persécutrice, et dans son premier état, aussitôt qu'elle sort de l'abîme, comme on a vu, et lorsqu'elle a repris la vie. La persécution du premier état, lorsque la bête sort de l'abîme, est représentée au chapitre xi, versets 2, 3, où il paroît qu'elle a duré les douze cent soixante jours. Accordons aux protestans que c'est la même persécution qui paroît au chapitre xii. Nous avons démontré ailleurs qu'elle a dû avoir deux reprises, chacune de pareil temps : l'une, à la première attaque du dragon ; l'autre à la seconde et au temps de sa colère redoublée, xii, 6, 14. Voilà donc déjà tout au moins deux fois douze cent soixante jours, sans qu'il soit encore parlé de la bête ressuscitée. Mais lorsqu'elle est ressuscitée, il lui faut encore un pareil temps; car ce n'est pas en vain qu'elle revit : « Toute la terre s'en étonne, tout le monde adore la bête, en s'écriant : « Qui est semblable à la bête, et qui pourra la combattre? » maintenant qu'on la voit revivre après la plaie qui la tue, « et puissance lui fut donnée durant quarante-deux mois.[1] » C'est une troisième fois douze cent soixante jours, qui, multipliés en années, selon le système protestant, et joints

[1] *Apoc.*, iii, 5.

aux deux autres qui ont précédé la résurrection de la bête, font trois fois douze cent soixante ans, à qui la Réforme doit donner place dans son système, ou se réduire avec nous à trouver trois fois un temps très-court de persécution; ce qui n'est pas difficile.

LXXVI. — Suite du même chapitre. La seconde bête. Dix caractères exclusifs du Pape. Deux défauts sur le nombre de six cent soixante-six.

Outre la première bête qui a sept têtes et dix cornes, il en paroît encore une, que saint Jean appelle l'autre bête, très-distinguée de la première et qui ne porte que deux cornes, mais deux cornes semblables à l'Agneau, quoique la bête parle comme le dragon. C'est de là qu'on tire la plus grande preuve que c'est le Pape et une église chrétienne : mais nous l'avons renversée [1], en démontrant par des faits constans que le paganisme et surtout sous Julien l'Apostat, avoit affecté d'imiter beaucoup de choses du christianisme; de sorte qu'il ne resteroit qu'à répondre à Dumoulin, qui a vu dans les deux cornes de cette bête celles de la mitre du Pape. Mais pour ne s'amuser point à des petitesses si peu dignes de gens sérieux, démonstrativement la seconde bête ne peut pas être le Pape par ces raisons.

I. La seconde bête fait de faux miracles, comme de faire descendre le feu du ciel : or le Pape ne se vante en aucune sorte de faire des miracles, et encore moins de faire descendre le feu du ciel; ce n'est donc pas la seconde bête.

II. Dire que le feu du ciel, c'est l'excommunication qui est proposée comme un foudre, c'est entendre par un des prestiges de la bête une puissance instituée par Jésus-Christ, qui est celle d'excommunier; puissance qui ne peut manquer d'être foudroyante, puisqu'elle retranche du corps de l'Eglise et qu'elle livre à Satan ceux qui en sont frappés. Dire ici que cette puissance est usurpée par le Pape, c'est supposer ce qui est en question, et donner pour marque certaine ce dont on dispute [2]; et en tout cas, ce seroit l'abus et non pas la chose qu'il faudroit faire marquer au prophète.

III. De compter parmi les faux miracles du Pape, ce que tous les

---

[1] Voyez les notes sur le chap. XIII, 11; *Avert.*, n. 5. — [2] *Avert.*, n. 4.

Pères et toute l'histoire ecclésiastique nous racontent des miracles des saints; c'est une autre sorte de profanation; et en tout cas, ces miracles ne sont non plus ceux du Pape que ceux de tous les chrétiens grecs, arméniens, égyptiens, méridionaux et orientaux, qui ne célèbrent pas moins que les Latins.

IV. Si l'on en croit les protestans [1], le Pape est le méchant de saint Paul, qui s'élève au-dessus de tout ce qu'on nomme Dieu, et pour tout Dieu ne fait adorer que lui-même; or est-il que la seconde bête qui est appelée l'autre bête par saint Jean, ne se fait point adorer elle-même, mais fait adorer la première bête; par conséquent la seconde bête n'est pas le Pape.

V. La seconde bête, qui est le Pape, doit faire adorer la première bête, c'est-à-dire la bête à sept têtes et Rome à sept gouvernemens : mais le Pape ne fait adorer ni les rois de Rome, ni ses consuls, ni ses dictateurs, ni ses empereurs, ni les autres, c'est-à-dire que de sept têtes il y en a déjà six qu'il ne fait pas adorer : il ne faut donc pas faire dire si absolument à saint Jean que l'autre bête fasse adorer la première bête.

VI. Si l'on dit qu'il reste encore la septième tête, qui est le Pape, que l'autre bête qui est encore le Pape fait adorer, il ne falloit pas multiplier les bêtes, mais dire plus simplement que cette septième tête se faisoit rendre à elle-même les honneurs divins; ce qui eût servi à faire connoître son impiété et son impudence.

VII. Saint Jean distingue trois choses : la première bête, l'autre bête et l'image de la première bête. Les protestans confondent tout, et partout ne voient que le Pape; c'est le Pape qui fait adorer le Pape; l'image qu'il fait adorer, c'est le Pape encore; l'autre bête est la même bête : tout n'est ici que la même chose, la première bête, la seconde et l'image de l'une et de l'autre, puisque tout cela c'est le Pape.

VIII. On n'a trouvé d'autre expédient pour démêler ce chaos, que de distinguer le Pape de la Papauté [2]; et Dumoulin a prétendu, contre les principes de la secte, que ce n'étoit pas le Pape qui faisoit adorer le Pape, mais que c'étoit le Pape, une des bêtes, qui faisoit adorer la Papauté, et la hiérarchie l'autre bête, sans

[1] *Avert.*, n. 22. — [2] *Ibid.*

pouvoir marquer dans saint Jean aucun caractère pour distinguer où est le Pape ni où est la Papauté, ni discerner celle à qui on donne le nom de première bête d'avec celle qu'on appelle l'autre.

On ne se sauve pas mieux, en disant avec M. Jurieu que les deux bêtes ne sont au fond, dans le dessein de saint Jean, que le Pape seul ; mais que la première bête le représente dans la puissance temporelle et la seconde dans la spirituelle : car outre les autres inconvéniens de cette multiplication que nous avons vus, la difficulté revient toujours ; et ce ministre n'explique pas pourquoi la bête spirituelle est celle qui fait adorer, puisque c'est elle, comme prétendant la puissance spirituelle, qui doit croire qu'elle mérite le mieux d'être adorée.

IX. Que si l'on dit que c'est qu'en effet il est impossible de démêler toutes ces choses dans la prophétie : premièrement il vaudroit mieux avouer qu'on ne l'entend pas que de faire retomber la faute sur les oracles divins ; et en second lieu on a pu voir dans notre Explication une très-nette distinction de la bête morte dans la persécution finie par la mort de Licinius ; de la bête ressuscitée dans la persécution renouvelée par Julien ; d'une autre bête qui ne disoit point qu'on l'adorât elle-même, mais qui faisoit adorer les idoles que proposoit la première bête, c'est-à-dire les idoles de Rome païenne, dont les principales étoient les images de ses empereurs : il falloit donc proposer quelque chose de cette nature, ou renoncer à l'explication de la prophétie.

X. Sur le nombre de 666, nous avons remarqué deux défauts du système protestant[1] : l'un, de chercher ce nombre mystique dans le nom de la seconde bête, au lieu que manifestement c'est dans la première qu'il le faut trouver ; l'autre, de ne pas produire un nom propre ; mais contre l'idée de saint Jean un nom vague et indéfini, comme celui de *Lateinos*.

LXXVII. — Les chapitres xiv, xv et xvi.

Je n'ai rien à dire sur le chapitre xiv, où il n'y a de prédiction que celle de la chute de Babylone, qu'on traitera plus à propos dans un autre lieu, et sur la fin une prédiction sur la moisson et

---

[1] Voyez les notes sur le chap. xiii, 16-18 ; *Avert.*, n. 23.

sur la vendange qui touche le même sujet, mais d'une manière assez générale; où il y a néanmoins un caractère historique que les ministres n'expliquent pas, et que nous n'oublions pas dans nos notes [1].

Le chapitre xv ne contient autre chose que la préparation au xvie, où se trouve l'effusion des sept fioles; sur quoi ce que je remarque principalement, c'est que les protestans y veulent trouver sept périodes de temps avec, entre deux, un intervalle de cent cinquante ou deux cents ans, qui leur donne le moyen de se promener vaguement dans mille ou onze cents ans d'histoire, pour y trouver des famines, des guerres et d'autres fléaux autant qu'il leur en faut [2]. Car il faut à ceux qui se jouent un champ vaste et libre, où leur imagination se donne carrière : mais pour nous qui expliquons l'Ecriture avec une discipline plus sévère, nous n'hésitons point à remarquer en ce lieu que saint Jean nous force à une seule action, ou plutôt à un seul état, qui a un secret rapport avec son sujet principal, comme nous l'avons expliqué [3].

Je ne parle point des clepsydres de M. Jurieu, ni de son Armagédon [4], qu'il a pris pour un arsenal à excommunications : les protestans qui ont commencé à se moquer de ses clepsydres, nous feront la même justice sur son Armagédon. Cependant ils nous diront, quand il leur plaira, ce que c'est dans leur système que ces grands combats, où de part et d'autre les rois sont menés par le diable et ses esprits impurs [5] : ils pourront encore nous dire à quoi leur servent les rois d'Orient qui passent l'Euphrate [6], et surtout ils se souviendront d'épargner les allégories qui donnent un trop grand jeu aux interprétations arbitraires.

LXXVIII. — La fin du chapitre xvii avec les suites, où le système protestant se dément le plus.

C'est à la fin et au dénoûment, que la justesse du dessein paroît lorsqu'il est bien pris; et au contraire, lorsqu'il est mal conçu, c'est à la fin et au dénoûment que tout doit achever de se démentir

---

[1] Notes sur le chap. xiv, 20. — [2] *Avert.*, n. 40; voyez les notes sur le chap. xvi, 1, 2, et à la fin du chap. — [3] *Ibid.* — [4] *Avert.*, ibid. — [5] *Apoc.*, xvi, 14. — [6] *Ibid.*, 12.

et que l'absurdité doit le plus paroître. Ce dénoûment de saint Jean est, après nous avoir fait voir l'impiété et la tyrannie de l'empire persécuteur depuis le chapitre xi jusqu'au milieu du xviie, de nous en montrer enfin le juste supplice; et c'est ce que fait l'Apôtre, lorsqu'au verset 12 de ce chapitre, il nous fait voir cet empire entre les mains des dix rois qui le déchirent, pour ensuite nous en faire voir la perte totale dans les chapitres suivans.

Si les protestans ont bien rencontré, rien ne doit mieux cadrer avec leur système : au contraire, si leur dessein est mal pris, rien ne les doit déconcerter plus visiblement : or c'est le dernier qui leur arrive.

Ils s'imaginent trouver ici et la naissance et la chute de leur prétendu Antechrist dans celle du Pape : or tout le texte y répugne.

Ils en mettent la naissance dans ces paroles : « Les dix cornes sont les dix rois qui n'ont pas encore commencé à régner : mais ils prendront puissance comme rois en même temps avec la bête[1], » verset 12, comme Genève a traduit : d'où M. Jurieu conclut ainsi : « S'ils prennent puissance en même temps que la bête, la bête prendra donc puissance en même temps qu'eux[2]. » La corruption du texte est visible. Saint Jean dit qu'il y aura dix rois, qui tous ensemble et en même temps (en les comparant les uns avec les autres) prendront puissance avec la bête; mais il ne dit pas qu'ils prendront puissance en même temps qu'elle, ou qu'elle prendra puissance en même temps qu'eux, comme le tourne M. Jurieu : c'est autre chose que ces rois, comme dit saint Jean, trouvant la bête établie, viennent régner avec elle et partager son empire, ce qui est effectivement arrivé à l'ancienne Rome maîtresse du monde[3]; autre chose, comme le prétend M. Jurieu, qu'elle commence à régner avec eux. Saint Jean suppose le contraire, puisque d'abord la bête paroit avec ses sept têtes, qui sont autant de rois; et sur son dos elle porte la prostituée, tenant en sa main la coupe dont elle enivre les rois : elle est donc; et les dix rois qui viennent régner avec elle la trouvent

---

[1] *Préj.*, Ire part., p. 122, 128. — [2] *Ibid.*, p. 122, 127. — [3] Voyez les notes sur le chap. xvii, 12, 13.

déjà établie. Les protestans n'en trouvent donc point, comme ils le prétendent, la naissance en cet endroit.

Ils n'en trouvent non plus la chute; car ils la mettent dans ces paroles : « Les cornes, » qui sont les rois, « haïront la prostituée, la dévoreront, la dépouilleront, la brûleront, » verset 16; car clairement, et selon eux-mêmes, saint Jean marque en cet endroit, non point la désolation de leur nouvelle Rome antichrétienne, mais celle de Rome l'ancienne, maîtresse de tout l'univers.

Je dis clairement par les raisons que nous avons vues et j'ajoute, selon les protestans mêmes et selon M. Jurieu[1]; puisque dans sa xiiie lettre, pour n'avoir point à reprendre ici ce qu'il a dit dans ses ouvrages précédens, il vient encore d'écrire ces propres paroles : « L'autre passage est celui de saint Jean, qui dit que les dix rois prendront puissance avec la bête en un même temps; » ce qui, selon lui, « dit nettement que l'on doit compter les ans de l'Antechrist du temps auquel l'Empire romain a été démembré en dix royaumes. » Ce qu'il répète, en disant « que les dix cornes sont les dix royaumes dans lesquels l'Empire romain a été divisé, et que ce fut en ce temps que commença la tyrannie antichrétienne[2]. »

Il n'y a personne qui ne voie que l'endroit de la division de cet Empire est celui où les dix rois le dépouillent : or cet endroit est le verset 16; par conséquent on n'y trouve pas la chute de Rome la nouvelle prétendue antichrétienne, mais celle de Rome l'ancienne, maîtresse de l'univers.

Que si les protestans demeurent d'accord de reconnoître en ce verset 16 la chute de Rome l'ancienne, en réservant celle de leur Rome antichrétienne au chapitre xviii[3], outre que manifestement ce n'est que la même chute et que saint Jean n'en connoît pas deux, ils seront pris par leur propre aveu, puisqu'il faudra reconnoître que tout le reste de la prédiction du chapitre xvii se trouvera accompli dans la chute de Rome l'ancienne : ce sera elle qui dans un cours de peu d'années, c'est-à-dire dans les approches de sa chute, sera aimée et haïe par les mêmes rois : ceux qui

---

[1] *Avert.*, n. 15, 21, 42; *ibid.*, 15. — [2] *Lett.* xiii, p. 98, 100. — [3] *Avert.*, n. 21; *Récap.*, n. 62.

étoient venus régner avec elle, qu'elle avoit reconnus pour rois, dont elle avoit fait ses amis et qui commençoient à jouir des provinces qu'elle leur avoit attribuées, seront les mêmes qui dans la suite l'auront dépouillée. C'est en effet ce que nous avons trouvé dans Rome l'ancienne et dans l'histoire de sa chute [1]. Si les protestans en conviennent, ils n'ont plus de difficulté à nous objecter : celle qu'ils croyoient invincible dans ces rois, tantôt amis, et tantôt ennemis, est résolue par des faits constans : le mot de l'énigme est trouvé, c'est Rome l'ancienne, et rien n'empêche que la prédiction de saint Jean ne soit, contre leur pensée, entièrement accomplie dans sa chute. Que s'ils refusent d'en convenir, on les y force par d'autres choses qu'ils avouent; et s'ils passent incessamment d'une pensée à une autre, sans trouver deux versets de suite qui se rapportent à la même fin, on verra bien que tout s'entrechoque dans leur interprétation.

De cette confusion sont venus leurs rois [2], qui aident l'Eglise romaine à s'établir, pendant qu'ils ne lui font ni bien ni mal, ou plutôt du mal que du bien; qui en lui donnant leur puissance, ne lui donnent ni le spirituel en aucune sorte, ni le temporel autrement qu'en le laissant prendre; qui en régnant avec elle dès le commencement, ne la font ni ne la laissent régner que quatre ou cinq cents ans après; qui sont appelés son soutien, parce que cinq cents ans après d'autres rois, comme ceux d'Ecosse, de Suède, de Danemark, de Pologne, parmi lesquels il y en a la moitié, pour ne pas dire le tout qui ne tiennent rien des premiers, viendront l'appuyer; et qui sont dits la détruire, parce qu'onze cents ans après ils s'avisent, du moins quelques-uns, de se retirer de sa communion sans lui pouvoir faire d'autre mal; mais c'est que les protestans espèrent qu'ils l'anéantiront dans peu de temps, et ils font leur prédiction de leur espérance : au lieu que tout est simple et suivi dans notre interprétation, tout est d'un même dessein; la bête à sept têtes et à dix cornes nous représente tout l'état de Rome l'ancienne, autant qu'il est convenable au dessein de l'*Apocalypse*. Dans les sept têtes nous voyons la persécution déclarée; dans les dix cornes on nous fait voir aussi clairement la persécu-

---

[1] Voyez les notes sur le chap. XVII. — [2] *Avert.*, n. 21.

tion punie; tout nous prépare, tout nous mène là. Saint Jean n'en vouloit pas davantage; et tout ce que les protestans y ont ajouté n'est qu'illusion, contradiction, violence au texte, confusion des caractères, renversement des histoires; en un mot, rêveries sans suite, qui s'effacent les unes les autres comme les images d'un songe.

LXXIX. L'explication protestante n'entre qu'avec violence dans les esprits, et c'est l'ouvrage de la haine.

Aussi voit-on par expérience que des interprétations si forcées ne tiennent pas à l'esprit; la haine les fait inventer : tout le monde dit sans savoir pourquoi : « Sortez de Babylone, mon peuple; » on s'anime contre une Rome quelle qu'elle soit, et sans distinguer l'ancienne d'avec la nouvelle. Dans l'histoire des Papes, on ne veut voir que le mal toujours inséparable des choses humaines; et on impute à l'Eglise tous les désordres vrais ou faux, comme si elle en faisoit autant de dogmes : sous des figures hideuses on croit voir le Pape partout, et on frémit jusqu'à l'aspect de sa mitre, où l'on croit lire imprimé le mot de *Mystère*. Il vient des gens plus modérés; un Grotius, un Hammond; enfin on commence à voir que le Pape n'est pas si Antechrist; et M. Jurieu m'apprend lui-même [1] que de nos jours un savant homme de Paris s'étudia un an durant à prouver *à ses disciples*, que le Pape ne pouvoit pas être l'Antechrist : ce savant homme étoit donc un docteur et un professeur; on ne lui dit mot, mais néanmoins les emportés prévalent; et il faut que l'ancienne opinion nécessaire à la politique du parti subsiste, quand ce seroit une erreur : nous en avons vu les témoignages [2]. A la fin les plus outrés mollissent eux-mêmes; et un M. Jurieu, dans ses *Préjugés légitimes* [3], n'ose dire que la chose soit certaine, et « unanimement reçue. » De là ce bel artifice qui règne par tout ce livre, de produire toutes ses preuves sans en excepter une seule, et de dire en même temps qu'on n'entreprend pas de prouver, par un secret sentiment, que ces preuves ne sont pas des preuves. Chose étrange ! dans l'*Accomplissement des Prophéties* [4], le ministre nous renvoie à ses

---

[1] *Lett.* XII. — [2] *Avert.*, n. 1. — [3] *Avert.*, n. 2. — [4] *Accomp.*, 1re part., chap. VI, p. 72 et suiv.

Préjugés légitimes, comme à un ouvrage où il a fait tout ce qu'il vouloit faire contre le Pape, « autant qu'il est capable de le faire. » Mais il a oublié de remarquer que ce qui n'étoit « qu'un préjugé, et non pas une démonstration [1], » en devient une maintenant la plus évidente qu'on puisse supposer; en sorte qu'un protestant qui la méprise n'est plus ni protestant, ni même chrétien. Cependant il reste encore des gens qui rougissent des excès de ce ministre; le bruit en est venu jusqu'à nous : un M. Allix l'incommode ; il se plaint ouvertement d'autres gens qui s'emportent « jusqu'à vouloir, disent-ils, faire connoître au public que tous les réformés ne donnent pas dans ces visions apocalyptiques [2]. » On le laisse faire cependant, car il faut bien laisser amuser le peuple à quelqu'un aux dépens des oracles divins. Notre ministre attaque ces mauvais protestans par le synode de Gap : « Cela, dit-il, y est passé en article de foi, et en article de foi des plus solennels ; article qui n'a jamais été révoqué, en sorte que tout protestant qui le nie renonce à la foi et à la communion de l'Eglise réformée de France, car c'est un synode national [3]. » Foible protestant vous-même, lui diront-ils [4], qui nous élevez si haut ce synode national avec son « article omis » dans les confessions de foi, et qui vous-même en méprisez avec un dédain si visible les autres décisions, comme celle qu'on y fit contre Piscator, quoique jurée par tous les ministres et soutenue par trois autres synodes nationaux. Vous nous reprochez que nous méprisons tous les anciens Pères : voulez-vous donc que nous recevions dorénavant leur autorité comme une loi? Mais qui les méprise plus que vous? Et si c'est ici la seule matière où vous vouliez les en croire, que ne dites-vous avec eux que l'Antechrist est un seul homme [5] et qu'on ne le verra qu'à la fin du monde, car tous les anciens l'ont dit? Enfin si cet article est si important, si pour être bon réformé il faut croire nécessairement que la bête et son caractère soient le Pape et le papisme, pourquoi, après l'avoir tant répété, l'oubliez-vous à la fin jusque dans votre livre de l'*Accomplissement des prophéties* [6] ? Pourquoi est-ce que, selon vous, les anciens mar-

---

[1] *Avert.,* ibid.; *Préj.,* ibid. — [2] *Lett.* XII, 93. — [3] *Lett.* XI, 85; *Avert.,* n. 2. — [4] *Ibid.* — [5] *Lett.* XII. — [6] *Sup.,* n. 71.

tyrs, les martyrs des trois premiers siècles nous sont représentés dans l'*Apocalypse,* comme ceux qui ont méprisé la bête et son caractère? Ce n'étoit donc pas le papisme, ou bien avec les papistes il faudra mettre la Papauté jusque dans ces siècles bienheureux. Qui vous a fait dégrader les Vaudois, les Albigeois et les Vicléfites? Reconnoissez de bonne foi que ces explications forcées ne tiennent pas à l'esprit; pour peu qu'on soit dans le calme et qu'on cesse de s'irriter soi-même, elles échappent : ce sont articles de haine, et non pas de dogme.

LXXX. — Abrégé des preuves contre l'interprétation des protestans sur la II *aux Thess.,* II.

Il ne reste plus qu'un mot à dire sur la prédiction de saint Paul, et voici l'abrégé de notre preuve.

I. Le méchant de saint Paul est un homme particulier [1], et dans toute l'Ecriture on ne trouvera jamais tant de caractères individuels entassés ensemble pour désigner une suite d'hommes : or tous les Papes dont on fait un seul Antechrist, ne sont pas un homme particulier; ils ne sont donc point le méchant et l'Antechrist de saint Paul.

II. Dès que le méchant de saint Paul paroît, il fait des prodiges inouïs et déploie toute la puissance de Satan, qui fait en lui ses derniers efforts : donc si l'Antechrist étoit venu, et qu'il eût paru dans les Papes, on auroit déjà vu de faux miracles plus étonnans que ceux des magiciens de Pharaon, que ceux d'un Simon et de tant d'autres enchanteurs : or non-seulement on n'en a point vu de tels dans les Papes, mais on n'y en voit point du tout depuis mille ou douze cents ans qu'on les fait être Antechrists. Ils ne le sont donc pas.

III. Le méchant de saint Paul se met au-dessus de tout ce qui est Dieu, et se fait lui-même adorer comme Dieu : or le Pape se reconnoît, non-seulement un homme infirme et mortel, mais même, ce qui est au-dessous de ce qu'on peut s'imaginer de plus vil, un pécheur : il ne se donne donc pas pour un Dieu malgré les allégories.

[1] *Avert.,* n. 45, 51 et suiv.

IV. Il n'y a rien de plus vain que de mettre tout en allégories. Elles doivent être épargnées même en expliquant les prophéties, de peur de donner un champ trop libre à la fantaisie échauffée et aux interprétations arbitraires. On a recours principalement à l'allégorie pour interpréter des choses qu'on appelle incorporelles, comme les vertus, les vices, l'hérésie et l'idolâtrie, qui manquant de caractères sensibles, ou en ayant peu, en empruntent de l'allégorie : mais il n'y a point de raison de porter cette invention jusqu'aux prestiges de Satan qui ne sont que trop réels, et jusqu'à l'impiété des tyrans qui se sont portés pour Dieu, dont le nombre est infini.

V. Pour être donc obligés à sauver par l'allégorie les prodiges et les attentats attribués à l'Antechrist, il faudroit, ou qu'il fût constant qu'il n'y en aura plus de pareils, ou que du temps de saint Paul ces choses fussent éloignées et inconnues : or c'est manifestement tout le contraire, puisque rien n'étoit plus ordinaire que faire les Césars des dieux ; et pour ce qui est des prodiges, outre que tout en étoit plein du temps de saint Paul, témoins un Simon, un Elymas et cent autres, Jésus-Christ en a prédit de si surprenans jusqu'à la fin du monde, qu'il y auroit de quoi tromper jusqu'aux élus : on n'est donc pas obligé ici de se sauver par l'allégorie.

VI. Il faudroit du moins être assuré que le sens littéral ne convient pas aux passages dont il s'agit : et loin d'en être assuré, on est assuré du contraire, puisque toute l'antiquité demeure d'accord qu'il y aura à la fin du monde un Antechrist qui se dira Dieu, puisqu'il se dira le Christ, et s'élèvera au-dessus de Dieu en s'élevant au-dessus du Christ, à plus forte raison au-dessus de toutes les fausses divinités que le monde aura jamais adorées; ce que M. Jurieu à la fin trouve vraisemblable : il vaut donc mieux expliquer un passage obscur par quelqu'objet réel, du moins vraisemblable, que de se perdre en allégories.

VII. Bien plus, cette opinion que M. Jurieu prend pour vraisemblable doit être certaine : car constamment, outre la persécution de la bête, il y aura celle de Gog marquée par saint Jean, qui ne peut être appliquée qu'à ce dernier Antechrist que les Pères ont reconnu, et que M. Jurieu devoit trouver plus que vraisemblable, puisqu'il est si nécessaire pour expliquer Gog ¹.

VIII. C'est en vain que M. Jurieu s'opiniâtre à faire que ce dernier Antechrist ne soit qu'un diminutif et quelque chose en malice de fort au-dessous du Pape; car il n'y a qu'une haine aveugle qui puisse faire regarder comme inférieur en audace et en séduction celui qui se dira nettement le Christ ²; qui accompagnera sa prétention de signes proportionnés; que le démon lâchera après mille ans de rage réprimée, et dont l'envoi fera le dernier effort de ce dragon déchaîné; lequel aussi pour cette raison il réservera pour la fin, et que pour la même raison, nul autre ne pourra confondre que Jésus-Christ en personne par le feu de son dernier jugement.

IX. Quoi que ce soit que ce méchant et cet ennemi de Dieu, Jésus-Christ ne le laissera pas durer longtemps; car c'est à cette dernière tentation, la plus dangereuse de toutes, que doit convenir principalement ce qu'a dit le Fils de Dieu, que « les jours en seront abrégés pour l'amour des élus ³ : » ce qui fait aussi que saint Paul, après les impiétés et les prodiges, en fait suivre incontinent la chute, et cela par l'action la plus vive qu'on puisse imaginer, comme on a vu ⁴. Ce n'est donc pas un Antechrist qui abuse douze cent soixante ans de la patience de Dieu, et à la ruine duquel il faille employer tant de siècles.

X. On nous vante en l'air tous les caractères qu'on prétend être communs entre l'Antechrist, et le Pape : tantôt il y en a trente-cinq, tantôt ils passent cinquante : les ignorans en sont éblouis, et ne songent pas que dans tous ces caractères on suppose ce qui est en question. L'idolâtrie, l'impiété, se faire passer pour Dieu, sont, dit-on, des caractères antichrétiens; je le veux : mais, poursuit-on, le Pape a toutes ces choses : ou vous entreprenez de le prouver, ou vous voulez qu'on le suppose comme certain par ailleurs. Le prouver, c'est perdre le temps, puisqu'au lieu de la controverse particulière de l'Antechrist dont il s'agit, c'est traiter toute la controverse en général; le supposer comme déjà établi,

¹ Voyez les notes sur le chap. XX, 7, 9 et à la fin du chap.; *Avert.*, n. 55. — ² *Ibid.* — ³ *Matth.*, XXIV, 22. — ⁴ *Avert.*, n. 52.

c'est encore plus perdre le temps, puisque c'est donner pour marque certaine ce qui est précisément en dispute.

XI. Si l'on dit qu'on nous allègue des faits positifs, ou ce sont signes équivoques, comme la pourpre, les sept montagnes, les mystères et autres choses communes à toutes les religions, et même l'imitation de l'Agneau que les païens ont affectée aussi bien que les faux chrétiens, comme on a vu ; ou si ce sont des faits historiques, comme seroient les désordres dans la vie de quelques Papes, quand ils seroient bien avérés et qu'on n'auroit pas ramassé plus de calomnies des ennemis que de témoignages des historiens, tous ces faits sont hors du sujet, puisque s'agissant de montrer non pas qu'un tel Pape en particulier, mais que le Pape comme Pape est l'Antechrist ; il faut proposer, non pas ce que fait un Pape ou plusieurs Papes, mais ce qui est inséparable de la Papauté, et dont le Pape exige l'approbation de tous ceux qui le reconnoissent, faute de quoi la marque est fausse : et il n'en faut pas davantage pour dissiper par un seul coup presque tous les livres de nos adversaires.

XII. Quant à ce que prétend M. Jurieu, qu'il y a eu tant de corruption dans la chaire de saint Pierre, qu'on ne la peut jamais prendre pour autre chose que pour le siége de la pestilence et de l'Antechrist, outre qu'on lui nie le fait qu'il avance, on lui soutient encore que la conséquence est directement opposée à la parole de Jésus-Christ ; et que quand l'iniquité de nos Pontifes seroit, s'il se peut, montée aussi haut que celle des pharisiens et des docteurs de la loi, lorsqu'ils haïssoient Jésus-Christ jusqu'à machiner secrètement sa mort, il faudroit toujours avec Jésus-Christ leur renvoyer les lépreux[1], selon les termes de la loi, et dire encore avec lui : « Ils sont assis sur la chaire : faites ce qu'ils enseignent, et ne faites pas ce qu'ils font[2] : » autrement c'est ouvrir la porte au libertinage, et lever l'étendard de la sédition à tous les esprits chagrins et inquiets.

[1] *Matth.*, VIII, 4. — [2] *Matth.*, XXIII 2, 3.

LXXXI. — Caractères de l'Antechrist dans les ministres. Leurs allégories tournées contre eux.

Mais pour convaincre une fois les trop crédules protestans de la vanité de leurs allégories, que répondront-ils si je leur dis que le méchant de saint Paul, sont les chefs et tout le corps des ministres albigeois, vaudois, vicléfites, luthériens et protestans en général? Leur apostasie est manifeste en quelque sorte qu'on prenne ce mot, pour une révolte contre l'Eglise, ou contre les princes. Le mépris qu'ils ont fait des vœux solennels par lesquels ils s'étoient consacrés à Dieu et à la continence perpétuelle, augmente le crime de leur défection. Leurs blasphèmes sont inexcusables, puisque les premiers, et ceux qui ont entraîné tous les autres dans la révolte, se sont emportés jusqu'à faire Dieu auteur du péché et de la perte des hommes, lui ravir sa liberté aussi bien qu'à nous, et l'assujettir à une nécessité fatale[1]. On a vu les paroles expresses de Viclef : M. Juricu a convaincu Luther et Mélanchthon d'une semblable impiété[2]. Calvin et Bèze n'en ont pas moins dit ; le fait est constant. M. Jurieu voudroit qu'on crût qu'il n'a accusé Luther que « d'avoir employé des termes trop durs[3] : » mais ce n'est pas de termes dont il s'agit ; ce qu'il n'a pu s'empêcher de reconnoître dans ce chef de la Réforme ; ce qu'il en a dit « avec douleur et en favorisant autant qu'il a pu la mémoire d'un si grand homme, » c'est qu'il a enseigné « des dogmes impies, horribles, affreux, dignes de tout anathème, qui introduisent le manichéisme, et renversent toute religion[4]. » Il ne s'agit plus de biaiser sur ce que la force de la vérité a fait confesser une fois ; je prouve plus que je ne promets : ce ne sont pas ici des allégories, ce sont des blasphèmes bien formels. Ceux qui en ont imputé au Pape qu'on n'ouït jamais parmi nous, sont convaincus par eux-mêmes d'en avoir proféré qui font horreur au ciel et à la terre, et par là de mériter à la lettre le titre d'impie, d'homme de péché et d'ennemi de Dieu. Ce titre avec le nom de *Réforme*, c'est l'hypocrisie antichrétienne et le mystère d'ini-

---

[1] *Var.*, liv. XI, n. 152 ; liv. XIV et suiv. ; *Addit.*, à la fin, n. 2 et suiv. — [2] *Ibid.* — [3] *Lett.* x, p. 77. — [4] Voy. *Var.*, ibid.

quité qui commençoit à se former dès le temps des apôtres.

Selon M. Jurieu, c'est au Pape un caractère antichrétien, et le seul que ce ministre relève dans sa lettre xii, de se mettre au-dessus de ce qu'on appelle Dieu, en se mettant au-dessus des rois, dont le Saint-Esprit a dit : « Vous êtes des dieux. » Mais quel autre a porté plus loin cet attentat que lui et les siens? On peut voir les insolens discours de Luther, chef de la Réforme, contre l'empereur et les rois, lorsqu'il ordonne de leur courir sus, à cause qu'ils défendoient l'ancienne religion [1]. Les effets ont suivi les paroles : peut-on plus s'élever contre les rois, que d'avoir entrepris contre eux de sanglantes guerres, de soutenir encore aujourd'hui, avec le prophète Jurieu [2], à la face de la chrétienté, qu'elles sont justes; d'éluder avec ce ministre l'exemple des martyrs, qui parmi tant de tourmens n'ont pas pris les armes, en disant qu'ils n'ont été patiens que parce qu'ils étoient foibles; d'attribuer leur soumission, non pas aux préceptes de Jésus-Christ et des apôtres, mais à erreur, à foiblesse, à une prudence de la chair qui ne tendoit qu'à éviter un plus grand mal, et à ne se pas inutilement exposer contre le plus fort? Tout cela qu'est-ce autre chose, que de prêcher encore la révolte aussitôt qu'on se trouvera en état de la soutenir? Voilà ce que dit un ministre qui vantoit, il y a quatre ans, la fidélité de son parti envers les rois comme étant à toute épreuve [3]. On peut ici se souvenir de ce que le roi Jacques disoit des puritains, c'est-à-dire des presbytériens et des calvinistes de son royaume, qu'il marquoit comme ennemis déclarés de la royauté. Il avoit un secret pressentiment de ce que cette secte feroit souffrir à sa postérité. Et sans ici rappeler à notre mémoire tout ce qu'on a vu de nos jours, dont on ne trouve point d'exemple parmi les peuples les plus barbares, ce qu'on fait encore à présent contre un roi à qui ses plus grands ennemis ne peuvent refuser quatre grandes qualités, l'amour de sa religion, l'amour de son peuple, la justice et la valeur; ce qu'on loue comme un ouvrage divin et comme le chef-d'œuvre de la Réforme : malgré toutes les lois d'un grand royaume, malgré les sermens les plus solennels, malgré la nature même dont les droits les plus sacrés sont violés

---

[1] *Var.*, liv. I, 25; liv. VIII, 1. — [2] *Lett.* ix. — [3] *Politiq. du clergé.*

LXXXI. CARACTÈRES DE L'ANTECHRIST DANS LES MINISTRES.

et malgré le respect qu'on doit à l'inviolable majesté des rois, montre assez combien on honore ces dieux terrestres.

Pour achever de mépriser tout ce qui porte la marque de Dieu, la Réforme a outragé les saints en accusant les plus savans, qui sont les Pères du quatrième siècle, de blasphème et d'idolâtrie [1]; et ce qui n'est pas moins injurieux, ceux des siècles précédens, d'avoir ignoré et obscurci tous les mystères, jusqu'à moins connoître Dieu que les philosophes : par où ils ont foulé aux pieds les promesses de Jésus-Christ, l'Eglise qui est son corps, et ceux dont il a dit : *Qui vous écoute, m'écoute,* sans rien laisser dans l'univers qui soit à couvert de leur audace. Au surplus on ne peut nier qu'ils ne se soient élevés tout ouvertement au-dessus de Jésus-Christ, puisque même les luthériens ont refusé de l'adorer où ils le croient présent, et que le reste des protestans leur a tourné à louange cette irrévérence. Ils n'ont pas prouvé ce qu'ils avancent, que les Papes aient dispensé de la loi de Dieu, ni qu'on y ait jamais songé dans l'Eglise catholique : mais nous leur avons prouvé par des actes authentiques [2] que les chefs de la Réforme l'ont fait en plusieurs manières à l'occasion du mariage. Le ministre Jurieu, qui ne peut s'empêcher de condamner leurs excès, tâche néanmoins d'en soutenir le principe, et il ne craint point de dire qu'il y a des cas où l'on se peut dispenser de la loi de Dieu [3]. On peut voir sa lettre VIII, qui fera trouver effectivement dans les ministres ce que les ministres ont imputé calomnieusement aux Papes et à l'Eglise catholique. Ils se sont assis dans le temple de Dieu, lorsqu'érigeant sous ce nom une fausse église, ils s'y sont fait une chaire sans que Dieu les envoyât, et ont appris à tous les particuliers à se rendre arbitres de leur foi et du sens de l'Ecriture, c'est-à-dire à prendre pour Dieu tout ce qui leur entre dans le cœur, et à se faire une idole de leur propre sens; c'est se montrer dans le temple de Dieu comme si on étoit un dieu, et c'est faire tout particulier infaillible et indépendant. Si les ministres répondent qu'à ce coup ce sont là des allégories, elles sont meilleures que les leurs et fondées sur des faits plus positifs. S'ils

---

[1] Voy. ci-dessus, n. 28 et suiv., 34. — [2] *Var.,* liv. VI, n. 2 et suiv., 11. — [3] *Lett.* VIII.

m'accusent de supposer ce qui est en question, je le fais exprès à leur exemple. Nous avons droit de supposer aussi bien qu'eux ce que nous croyons avoir établi sur de meilleures preuves; et il n'en faut pas davantage pour leur soutenir que tant d'erreurs, tant d'impiétés, tant de révoltes qu'ils ont introduites dans l'univers, leur ont mérité le titre d'homme de péché, et tous les autres opprobres dont ils ont tâché de nous noircir avec beaucoup moins d'apparence.

Pour ce qui est des prodiges et des signes, à voir le dédain qu'ils ont fait paroître pour les miracles les mieux attestés, et par les plus graves témoins et avec le consentement le plus unanime, on diroit qu'ils seroient exempts de la foiblesse de croire les faux miracles : mais au contraire ils ne nous parlent que de prophéties, que de voix entendues en l'air, de prétendus vers prophétiques gravés sur les habits de quelques femmes, aussi faux que mal conçus et mal bâtis, et d'autres contes semblables. Quand il faudroit avouer que tout cela seroit vrai et aussi certainement surnaturel qu'il est vulgaire et grossier, nous aurions autant de raison de l'attribuer aux esprits abuseurs que les ministres en ont peu de leur attribuer les miracles qu'un saint Ambroise, un saint Augustin et les autres ont rapportés, comme en ayant été les témoins avec tout le peuple. Il est vrai que les miracles qu'on vante tant dans la Réforme sont si légers, que Satan très-assurément n'y a employé que ses plus grossiers artifices : mais c'est assez qu'on s'y prenne, et assez pour donner aux ministres qui les annoncent comme des signes du ciel, le caractère d'Antechrist. Je ne serai pas embarrassé de ces paroles : *Celui qui tient*, après les différentes interprétations qu'on en a vues. Que s'il falloit nécessairement trouver ici l'Empire romain : premièrement quand je n'aurois rien à proposer de vraisemblable, je me sauverois aisément, à l'exemple de nos adversaires, en soutenant qu'ils n'en sont pas moins l'Antechrist, encore que je ne puisse pas trouver dans un temps précis cette marque de leur naissance. Qu'on me donne cinq ou six cents ans dont il me soit libre de me jouer, comme ils ont fait, j'ajusterai cette histoire, et je saurai trouver mon compte aussi bien qu'eux; et quand il en faudroit enfin venir à quelque temps plus précis, qui m'empêchera de dire qu'encore que l'Empire romain fût tombé à Rome et démembré dans la source, comme saint Jean l'avoit prédit, il tenoit encore en Orient : qu'il a été en quelque manière renouvelé à Rome, même du temps de Charlemagne : que c'étoit là ce qui arrêtoit le mystère d'iniquité, et l'empêchoit d'éclater; mais que la maison de Charlemagne étant tout à fait éteinte, et en France comme en Italie, vingt ans avant que les manichéens, les premiers auteurs de nos adversaires, commencèrent à éclater, c'étoit alors que le méchant devoit paroître : qu'en effet on devoit commencer alors à renier Jésus-Christ présent dans l'Eucharistie, à prendre pour idolâtrie l'honneur de ses saints, à donner le nom d'Antechrist à son Eglise, et à le mériter plus que jamais par cet attentat?

LXXXII. — Contradiction manifeste du ministre Jurieu sur le sujet de l'Antechrist de saint Paul.

Pour achever de faire voir que l'explication des protestans sur le passage de saint Paul est un amas de contradictions et de faussetés manifestes, je prie le lecteur de se souvenir que s'il y a dans le système protestant quelque chose de fondamental et de certain, c'est que l'Antechrist de saint Paul doit venir au temps de la chute de l'Empire romain : c'est ce que M. Jurieu établit autant qu'il peut au chapitre IV de ses *Préjugés*, où tout son but est de montrer « qu'il faut que l'Empire romain soit aboli devant que l'Antechrist soit révélé; que l'Antechrist en doit occuper la place; que tout le monde convient que l'Antechrist devoit être manifesté incontinent après que l'Empire romain seroit détruit [1]. »

De là il conclut que pour décider si l'Antechrist est venu, il ne s'agit plus que de savoir « si l'Empire romain subsiste encore, » et comme plusieurs catholiques répondent qu'il subsiste en Allemagne, il soutient qu'il faut avoir perdu « toute pudeur » pour mettre l'Empire romain si loin de Rome : d'où il conclut [2] « que l'Empire romain a cessé, quand Rome a cessé d'être la capitale des provinces, et que son Empire » fut démembré aux environs du Vᵉ siècle

[1] *Préj.*, Iʳᵉ part., chap. IV, p. 81. — [2] *Ibid.*, p. 82.

Voilà parler nettement, et il n'y a rien de plus positif que la chute de cet Empire déjà arrivée, et cette chute marquée comme le signe certain de l'Antechrist venu au monde.

Il ne parle pas moins positivement dans sa lettre xii, qui vient de paroître, du 15 février 1689 : « L'antichristianisme, dit-il [1], ne devoit être révélé que quand l'Empire romain temporel seroit anéanti, et cela après le milieu du cinquième siècle : » où il prétend que le papisme fut manifesté.

Il semble donc qu'il n'y a rien de plus constant; et pour le mieux assurer, le ministre se fortifie de l'autorité « de tous les anciens [2], » dans la présupposition qu'il fait toujours que les anciens sont d'accord à faire venir l'Antechrist lorsque l'Empire romain sera dissipé. Mais le système est composé de tant de pièces mal assorties, qu'il n'y a pas moyen de les concilier, ni de marquer bien nettement ce qu'on veut donner pour certain; car après l'impression des *Préjugés*, en 1685, le ministre ne fut pas longtemps sans s'apercevoir que tout cela ne pouvoit cadrer avec le reste du système; et un an après, dans l'*Accomplissement des Prophéties* [3], il parle en ces termes de l'endroit des *Préjugés* qu'on vient de voir : « L'explication et l'application de saint Paul à l'empire du papisme a été faite là d'une manière assez exacte pour nous empêcher d'y retoucher, à l'exception de l'article dans lequel l'Apôtre a dit : « Vous savez ce qui le retient, » et : « Celui qui occupe, occupera. » C'est-à-dire, que tout alloit bien, excepté l'endroit principal, puisque c'est celui-là qu'il va changer. « Tout le monde, continue-t-il, A TOUJOURS CRU ET CROIT ENCORE que, par celui qui occupoit du temps de saint Paul, il faut entendre l'Empire romain; et l'on a compris que l'Apôtre avoit intention de dire que l'empire antichrétien ne paroîtroit point au monde que l'Empire romain ne fût aboli. » Voyons donc ce qu'il faudra croire enfin de « ce que tout le monde avoit cru et croyoit encore, » c'est-à-dire de ce qu'avoient cru tous les anciens et tous les modernes, par conséquent les protestans comme les autres, et lui-même avec eux tous, il n'y avoit pas plus d'un an, à l'endroit de ses *Préjugés* où il traitoit cette affaire. « Mais cela, dit-il, ne s'accorde pas avec

---

[1] P. 89, 90.— [2] *Préj.*, 1re part., chap. IV, p. 89, 93. — [3] *Accomp.*, 1re part., p. 8.

les autres prophéties [1]. » Ce qu'ayant décidé ainsi, il fait encore cette demande : « Si cela est, que faut-il entendre par ces paroles de saint Paul, » *celui qui occupe,* etc. ? « Cela ne signifie pas jusqu'à ce que l'Empire romain soit aboli, comme ont cru les anciens, et comme voudroient bien persuader les suppôts de l'Antechrist d'aujourd'hui [2]. » Ainsi ce qu'il nous propose comme chose que tout le monde, et par conséquent les protestans comme les autres avoient cru et croyoient encore, est en même temps une invention « des suppôts de l'Antechrist, » et le sentiment de « ces suppôts de l'Antechrist » est le même que celui « des anciens, » dont on vient de voir qu'il fait tant valoir l'autorité.

On voit bien qu'il lui faut penser à tant de choses pour faire cadrer son système et remédier aux inconvéniens qui s'élèvent de toutes parts, qu'à chaque moment il oublie ses propres pensées; et pour montrer en cet endroit ce qui l'incommode, c'est qu'il se trouve engagé à dire, avec les autres protestans, que Daniel, saint Paul et saint Jean ne disent que la même chose, et que le Pape est partout.

Dans ce dessein, Daniel est le premier à l'embarrasser; car des quatre monarchies que ce prophète a prédites, après lesquelles doit venir l'empire de Jésus-Christ, le ministre veut que la dernière soit celle des Romains, et par conséquent que l'empire de Jésus-Christ ne vienne qu'après celle-là, mais incontinent après : ce qu'il croit avoir bien prouvé par deux endroits de ce prophète, dont je ne veux pas disputer ici [3]. Pour l'empire du Fils de Dieu, il ne faut pas croire qu'il ait commencé à sa naissance, ou à la prédication de son Evangile; il ne commencera qu'avec ces mille ans pris à la lettre, que ce ministre est venu rétablir après Joseph Mède, et finira avec eux [4]; d'où il conclut que, selon Daniel, l'Empire romain doit durer jusqu'au commencement de ce règne de mille ans, et par conséquent qu'il dure encore.

Mais où dure-t-il? Dans le Pape. La Papauté est une partie de l'Empire romain que Daniel avoit vu, et saint Jean a vu aussi la même chose dans ses deux bêtes : le ministre le veut ainsi. Mais.

---

[1] *Accomp.,* Ire part., p. 83. — [2] *Ibid.,* p. 91. — [3] *Dan.,* II, VII. — [4] Jur., *ibid,* p. 89, et IIe part., chap. XIII et suiv., p. 261.

si cela est, il faut bien changer en effet tout ce qu'on disoit sur le passage de saint Paul : car s'il est vrai, selon cet Apôtre, que l'Antechrist, qui est la Papauté, ne doive venir qu'après que l'Empire romain, dont une partie est la Papauté, sera tombé, il s'ensuit que l'Antechrist ne paroîtra qu'après que l'Antechrist aura disparu : ce qui seroit un nouveau mystère dans le système protestant, à la vérité difficile à démêler, mais digne de tous les ▸antres.

Pour y trouver quelque dénoûment, *Celui qui tient*, dans saint Paul, n'est plus l'Empire romain : « tout le monde qui le croyoit et le croit encore, s'est trompé : » c'est seulement la sixième tête de la bête, c'est-à-dire selon le système, le sixième gouvernement de Rome, qui est celui des empereurs; et le sens de saint Paul est que quand « cette sixième tête cessera à Rome, alors le règne antichrétien se manifestera, et formera bientôt une septième tête, qui sera celle des Papes [1]. »

C'est ainsi que le ministre se tire d'affaire dans l'accomplissement des prophéties. Mais pourquoi donc change-t-il encore dans sa lettre XII, en disant que le règne antichrétien et papistique ne devoit paroître que « quand l'Empire romain temporel seroit anéanti? » Y a-t-il rien de plus détruit que ce qui est entièrement réduit au néant? Comment donc le ministre peut-il soutenir que l'Empire « romain temporel » est mis au néant, puisqu'il doit subsister jusqu'au prétendu règne de Jésus-Christ qui est encore à venir? C'est apparemment que Daniel aura vu un autre Empire romain que le temporel : il aura prédit que cet Empire se spiritualiseroit à la fin dans les Papes : mais dans quel endroit de sa prophétie a-t-il découvert ce nouveau mystère, et a-t-il montré autre chose dans ses quatre bêtes que des Empires purement temporels? Qu'on est à plaindre de n'aimer pas mieux garder le silence que d'interpréter les prophètes avec des illusions semblables?

LXXXIII. — **Pitoyables extrémités où s'engagent les protestans. Conclusion de ce discours.**

Pour achever de les découvrir, je n'ai plus qu'une vérité à ré-

[1] *Accomp.*, p. 92.

péter, c'est qu'il n'y a nul rapport entre les deux bêtes de saint Jean et le méchant de saint Paul : la première, parce que le méchant de saint Paul ne fait adorer que lui-même, tout au contraire de la seconde bête de saint Jean, comme on a vu ; la seconde, parce que le méchant de saint Paul doit venir à la fin des siècles, et les deux bêtes mille ans auparavant; la troisième, qu'au temps de Gog et Magog, où se fera la dernière persécution, il n'est parlé en effet de la bête et du faux prophète que comme de gens déjà plongés dans l'étang de feu [1]; ce qui achève de démontrer qu'ils appartenoient à une autre persécution, et non pas à la dernière.

Que si ce n'est pas la dernière, ce n'est pas celle de l'Antechrist : premièrement, parce que l'Antechrist, qui par son nom même est le plus grand ennemi de Jésus-Christ, est celui que Satan réserve pour faire son dernier effort à la fin du monde, lorsqu'il sera déchaîné; et secondement, que c'est aussi celui que Jésus-Christ se réserve pour le détruire par lui-même, et en faire le plus éclatant comme le dernier exemple de sa justice, ainsi que l'ont entendu tous les anciens, tous les modernes catholiques, et même jusqu'à nos jours tous les protestans.

De là il s'ensuit clairement que la bête de l'*Apocalypse* n'est pas l'Antechrist, et que toutes les applications qu'on en fait au Pape sur la présupposition qu'il est l'Antechrist portent à faux.

Que si l'on dit que sa cause n'en est pas meilleure, puisque toujours il seroit la bête qui ne vaut pas mieux : outre que nous avons exclu d'une si sainte puissance tous les caractères de la bête, ses blasphèmes, ses prostitutions, ses idolâtries, son nom même, sa courte durée, son prophète avec ses prodiges, ses têtes, ses cornes et tout le reste de son attirail : sans rentrer dans cette dispute, nous aurons déjà pour avoué que le rapport qu'on nous vante entre saint Paul et saint Jean sera devenu insoutenable; de sorte que l'un des deux apôtres sera incontestablement mal allégué. Quand les protestans auront choisi l'endroit par où ils veulent commencer à reconnoître leur erreur, nous aviserons à l'autre.

[1] Sup., explic. du chap. **xx**, 7, 9, et à la fin; *Avert.*, n. 51, 55.

Et si, pour concilier de nouveau saint Paul et saint Jean, ils soutiennent que l'Antechrist et le méchant de saint Paul n'est pas le dernier persécuteur, en disant avec M. Jurieu que le jour de l'éclatante apparition de Jésus-Christ n'est pas aussi le dernier jour que les Thessaloniciens craignoient si fort, contre la suite du texte et la doctrine constante, non-seulement de tous les saints Pères, mais encore de presque tous les protestans : les voilà avec ce ministre réduits à reconnoître deux apparitions éclatantes de Jésus-Christ; l'une, pour commencer les mille ans, et l'autre pour le dernier jugement, sans qu'il y ait de salut pour leur interprétation autre part que dans l'opinion des millénaires, avec toutes les absurdités que nous y avons remarquées.

Il ne nous reste donc plus, après une *Apocalypse* si défigurée, un saint Paul si mal entendu et tant de contes si mal digérés, que de prier Dieu pour nos frères qui s'y sont laissé tromper, et enfin de leur faire craindre que de toutes les prophéties dont on leur promet l'accomplissement en nos jours, il n'y en ait qu'une seule qui s'accomplisse malheureusement pour eux; je veux dire la fin de celle de la seconde aux Thessaloniciens : « Parce qu'ils n'ont pas voulu ouvrir leurs cœurs à la vérité qui les auroit sauvés, Dieu leur enverra un esprit d'erreur; en sorte que ne croyant pas à la vérité et consentant à l'iniquité, ils soient justement condamnés [1] ? »

Au reste, « nous espérons de meilleures choses, encore que nous parlions ainsi [2] : » et loin de croire que Dieu déploie sa juste vengeance pour punir les irrévérences de nos frères envers le Pape, envers l'Eglise catholique et envers les saints qui en ont été la lumière, nous osons bien nous promettre de son immense miséricorde, non-seulement qu'il amollira les cœurs endurcis, mais encore que l'excès de l'égarement sera un moyen pour en revenir.

[1] II *Thess.*, II, 11, 12. — [2] *Hebr.*, VI, 9.

FIN DE L'AVERTISSEMENT AUX PROTESTANS SUR L'APOCALYPSE.

DE

EXCIDIO BABYLONIS

APUD S. JOANNEM.

PRÆFATIO.

SECTIO PRIMA.

Causæ generales tractandi *Apocalypsim*.

Sæpè animadverti, cùm de Apocalypticis interpretationibus ageretur, subridere nonnullos, et vanum laborem propemodùm aspernari, tanquàm ex divinissimo vaticinio nihil certi exsculpi aut elici possit, aut saltem ad postrema mundi tempora rem totam reservari oporteat : quod est alienissimum à consuetudine prophetarum. Nam Jeremias, Ezechiel, Daniel cæterique ejus ævi divini Vates, Babylonis fata cecinerunt, cujus jugo et ipsi et sanctus populus premebantur. Sic decebat Joannem ejus civitatis excidium nuntiare, sub quâ et ipse passus erat, atque in Patmos deportatus propter verbum Dei et testimonium Jesu, et ipsa Ecclesia graviter afflicta ingemiscebat. Itaque, et Romam et romanum Imperium, quo nullum unquàm majus et illustrius et formidabilius, neque in Deum magis impium, aut erga christianos truculentius extiterat, et propriis coloribus sive characteribus designat, et ad exitium usque deducit, et super ejus ruinas *væ væ* illud luctuosissimum cecinit, quod ab aquilâ per medium cœlum volante perceperat : *Væ, væ civitas illa magna* [1] *!*

Sic cecidit regina urbium cum suo imperio, pariterque cum eâ Satanæ regnum, et idolorum, quem romana potentia sustentabat, sublatus est cultus. « Sic princeps hujus mundi *ejectus est*

[1] *Apoc.*, XVIII, 10, 16, 19.

foras, completumque illud : « Et ego si exaltatus fuero à terrâ, omnia traham ad meipsum[1] : » quo victoria crucis continuò futura declaratur. Hæc ergo vox Christi à Joanne in Evangelio memorata, in ipsâ *Apocalypsi*, eodem Joanne monstrante, completa est; prolatum illud *cito,* quod promissis dominicis sine morâ adimplendis ex æquo responderet; et draco ille rufus[2], quo nimirùm instigante totus terrarum orbis idolorum amore, in diram illam persecutionem agebatur, omninò devictus, tantâ rerum claritudine, ut romanorum deorum, non modò cultus, verùm etiam nomina in ore quoque vulgi obsoleverint : quod exciso demum Imperio romano claruit.

Hæc ergo sunt ab Angelo Joanni præposita; nec immeritò ab iis exordium duxit, quæ citò fieri oporteret; hoc est profectò, ab iis quæ mox inciperent, atque uno deindè tenore de proximo in proximum ducerentur; ne totam revelationem suam ad extrema mundi ruentis eventa suspenderet.

Hoc igitur argumento à nobis proposito et ex rebus gestis, jamque clarè adimpletis, revelationis fidem vindicamus, et certam futurorum nec adhuc impletorum expectationem asserimus et protestantibus ora occludimus : qui quidem tot nobilissimis et jam adimpletis vaticiniis de veteris Romæ idolorumque ac satanitici regni casu, aliisque suo loco declaratis, insuper habitis; Christum, si Deo placet, satis superque regnaturum putant, si Ecclesiam romanam inter christianos facilè eminentem, quam Petri et Pauli præcipuorum apostolorum prædicatione fundavit et sanguine consecravit, extinguat.

Jam ad protestantes quod attinet, hos unos post christianismum natum *Apocalypsi* maximè detraxisse, duabus de causis pronuntiare haud verear : quarum primam, sui Bullingeri, quàm nostris verbis, audire maluerim. Is igitur hæc scribit : « At ut nihil prorsùs hîc dissimulem, non ignoro clarissimum D. Martinum Lutherum in primâ editione Novi Testamenti Germanici, præfatione acri præmissâ, librum hunc velut obelo jugulasse..... Idem rectiùs diligentiùsque perpensis rebus omnibus, dùm recognosceret sua Biblia Germanica et anno Domini 1535 *Apoca-*

---

[1] *Joan.*, XII, 31, 32. — [2] *Apoc.*, XII, 3.

lypsi aliam præfixit præfationem paulò circumspectiorem, in quâ reprehensus à multis, relinquit quidem adhuc hujus libri auctoritatem in dubio; sed subjungit tamen nolle cum quoquam concertare, etc. » Dubitare autem nihil est aliud quàm librum divinissimum è canone amputare. Hæc de Luthero novæ Reformationis principe ac duce. De Zuinglio verò secundæ partis protestantium auctore, sic loquitur : « D. Huldricus Zuinglius, beatæ memoriæ præceptor noster honorandus, videtur et ipse non adeò multùm huic tribuisse libro [1]. »

Ecce, post tot SS. PP. totiusque adeò Ecclesiæ elucidationes ac decreta, novæ reformationis auctores, qui Scripturas sacras gustu et sapore se nosse gloriantur, seque earum assertores jactant, quàm *parum tribuant* revelationi Joannis, nec ejus divinitatem agnoscant. Sic apertè incidunt in illud maledictum quod Joannes pronuntiavit : *Contestor enim omni audienti verba prophetiæ libri hujus. Si quis apposuerit ad hæc, apponet Deus super illum plagas scriptas in libro isto, et si quis diminuerit de verbis libri prophetiæ hujus, auferet Deus partem ejus de libro vitæ* [2]. Si autem Joannes tam gravi maledicto subdit illum qui aliquid ex hoc libro detraxerit : quantò magis eos qui totum exscindunt librum, ejusque in universum auctoritati detrahunt post firmatam tot sæculorum fidem! Hæc ausi sunt qui se volunt esse Reformationis auctores : hanc contumeliam haud verentur inferre « ei qui testimonium perhibuit verbo Dei, et testimonium Jesu Christi quæcumque vidit [3]. »

Quid cæteri qui librum agnoscunt? pessimi corruptores, qui ut Papatum ubique videant, ut libet in gravissimo argumento ludunt, sacràque obscuritate verborum abutuntur ad contumeliam, ac nihil nisi odia calumniasque contexunt : quarum pertæsi tandem doctissimi protestantes à vanis fastidiosisque commentis palàm recedendum putarunt.

Hæ nos causæ impulere, ut olim de *Apocalypsi* scriberemus : et jam à nobis postulant ut dicta tueamur occasione quam dicam.

---

[1] In *Apoc.*, conc. I, p. 2. — [2] *Apoc.*, XXII, 18, 19. — [3] *Apoc.*, I, 2.

SECTIO SECUNDA.

Quid nuper Basileæ gestum.

Habita sanè est Basileæ nobilis disputatio, ac propositæ theses præfixo libello qui sic inscriptus est : *Dissertatio philologico-theologica in sententiam Jacobi Benigni Bossueti, Condomensis olim, nunc Meldensis episcopi, viri clarissimi, de Babylone, bestiis; ac meretrice Apocalypsis, quam, favente Deo, præside viro plurimùm venerando, atque eruditionis et ingenii gloriâ celeberrimo D. Samuele Verensfelsio, sacræ theologiæ doctore, locorum communium et controversiarum professore dignissimo, in diem 24 Junii anni* 1701.... *Doctorum disquisitioni subjicit Jacobus Christophorus Iselius.* Basileæ, etc.

Et quidem Verensfelsius ille, à suis eruditionis et ingenii gloriâ tantoperè commendatus, ab ipso dissertationis exordio profitetur, postquàm de aliâ quæstione tractandâ cogitasset, « nec impetrare à se posset ut argumentum expers elegantioris litteraturæ eligeret; » hoc tandem elegisse : multaque de me honorificè præfatus descendit in arenam : cujus ego non sanè laudibus quas in me cumulatissimè contulit, id enim leve esset ac vanum, sed humanitate et elegantiâ plurimùm delectatus, viro rependam vices, ejusque modestiæ gratulabor.

Pars etiam humanitatis vel maxima hæc fuit, quòd amicorum operâ dissertationem suam ad me pervenire curavit, meamque de suis objectionibus sententiam exquisivit; misso etiam libello ad virum doctissimum Joannem Varignonium, in Regio necnon in Mazarinæo auditorio mathematicarum scientiarum egregio professore, additisque eâ de re litteris. Qui quidem et professoribus Basileensibus communi litterarum honestissimarum studio conjunctissimus, idemque mihi pridem multis de causis amicissimus, libellum, ut erat rogatus, nuperrimè ad me Meldas perferri voluit : ipse interim quod voluit de antichristianis protestantium næniis toties recantatis, amicis suis Basileensibus significandum duxit.

Atque equidem optarem ut ipse Verensfelsius mihi totum hunc locum de Papâ Antichristo tacitum reliquisset, virumque à contumeliis abstinentem et elegantioris, ut ipse præ se fert, litteraturæ studiosum, in hoc luto hæsisse vehementer admiror. Quis enim ferat à tali viro, repugnante Joanne, eum serio dictum esse Antichristum, qui Jesum asserat venisse in carne unicum Dei Filium, aut idola imputari rite ac perpetuò credentibus in unum creatorem Deum Patrem et Filium et Spiritum sanctum? Quis autem non moleste ferat à viro humanissimo, veteres cantilenas, ipsis quoque doctioribus et elegantioribus protestantibus, Vossio, Hammondo, Grotio pridem exosas atque derisas, rursùs in medium proferri ? Hæc ergo omittamus : certè quæ ad nostram interpretationem pertinent quærenti et optanti sedulò exponamus.

SECTIO TERTIA.

Quid jam gerendum nobis.

Sanè meminerimus interpretationem nostram in eo versari totam : primùm, ut doceat Babyloni Joannis pessimè et ineptè affigi ullum christianæ Ecclesiæ characterem : quo uno protestantium, ut aiunt, systema prostratum est. Ac ne magis falsa confutare, quàm vera demonstrare videremur, insuper addita est totius *Apocalypseos* interpretatio ea, quæ et apostolico textui et rebus gestis tam aptè congrueret, ut hactenùs intacta et integra permanserit. Nec frustrà à viro docto hæc scripta sunt : « Ego sane viros eruditos, quos nihil hùc usquè in istam clarissimi Bossueti sententiam scripsisse miror, si hoc scripto excitavero..., satis amplum hujus laboris fructum tulisse me gloriabor. » Sic ille concludit, reique gravitatem vehementer inculcat. Cui responderi par est, ne tantum argumentum, tam serio inceptum aspernari videamur, atque, ut certo ordine procedamus, tres sint demonstrationes nostræ.

PRIMA DEMONSTRATIO : Quòd Babyloni Joannis nullus sit inditus romanæ, seu cujuscumque Ecclesiæ christianæ character.

SECUNDA DEMONSTRATIO : Quòd Babyloni Joannis clarus et certus sit inditus character romanæ quidem urbis, sed vetustæ illius, quæ Joannis ipsius tempore visebatur, gentibus imperantis, sævientis in sanctos, et falsis numinibus inhærentis, ideòque cum suo superbissimo et crudelissimo imperio excisæ.

Tertia Demonstratio : Quòd nostra interpretatio apta sit et congrua textui, rebusque gestis, atque ab auctoris objectionibus undecumquè tuta : quæ cùm demonstravero, perorabo.

PRIMA DEMONSTRATIO.

Quòd Babyloni Joannis nullus sit inditus romanæ, aut cujuscumque Ecclesiæ christianæ character.

Adversùs syntagma protestantium de romanâ Ecclesiâ, Babylone, bestiâ, meretrice, argumentum nostrum primum et invictum fuit : quòd Babylon Joannis ubique proponatur sine lege, sine fœdere, tota à Deo extranea civitas, nullo unquàm polluti fœderis, aut abjectæ sanctitatis ac veræ religionis indicio. Talis ergo erat illa civitas, cujus speciem sub *Babylonis* nomine Joannes informare voluit : hæc sæpè prosecuti sumus : argumenta protulimus : objecta diluimus.

Primùm intueamur quid ipse Joannes edixerit : « Bestia meretricem portans, habet capita septem..... septem capita septem montes sunt..... et reges septem sunt[1]. » En ipsissima Roma septicollis tam clarè designata, ac si proprio nomine nuncupata : cùm Roma et septem colles, apud egregios tunc temporis latinitatis auctores, voces synonymæ sint. Quid autem ibi ecclesiasticum? septemne reges, an verò septem colles aliquid christianum sonant? cùm præsertim septem colles suis *quosque* notissimis numinibus dedicatos esse constet, ut suo loco clariùs persequemur. Vides ergo, ubi primùm à Joanne claris verbis designata est romana civitas, eam apparuisse planè non ut ecclesiam, sed ut civitatem. Videamus etiam duorum testium, qualescumque fuerint, cæsa et insepulta corpora ubi jacuerunt? Nempè in magnâ civitate, utique in Imperio romano, « ubi etiam Dominus eorum crucifixus est[2], » nempè ipse Christus in Imperio romano sub Pontio Pilato præside romano passus. Neque id frustrà in Sym-

[1] *Apoc.*, xvii, 7, 9. — [2] *Apoc.*, xi, 8.

bolo quoque apostolico recensitum, rectè et ordine, ut in quâ civitate crucifixus est Dominus, in eâdem ejus testes, sive martyres paterentur. Neque ab eâ sententiâ abscedunt protestantes : Bullingerus imprimis nostro adversario non ignotus, cùm in præfatione, et in hunc locum (Conc. 47, *in Apoc.*) et in ipsâ præfatione operis diligenter observat, Christum in Calvariæ quidem monte, « sed sub Imperio romano et Pontio Pilato passum. » Christus autem est mortuus in romanâ civitate, in Imperio romano, non sanè in Ecclesiâ romanâ. Iterùm ergo et iterùm inculcat Joannes, non Ecclesiam romanam, aut spirituale quoddam imperium, ut jactant protestantes nullo usquàm ejus rei indicio, sed apertis verbis, romanæ civitatis civile et omnibus notum, imperium, sub quo Joannes quoque passus est.

Addit quoque Apostolus, « magnam illam civitatem vocari spiritualiter Sodomam et Ægyptum[1], » non ullam cum Deo fœderatam gentem, sed alienigenas tantùm, eosque veterum Romanorum more in Dei populum sævientes. De Ægypto notum : de Sodomis verò non minùs disertè Petrus, Lotum habitasse « apud eos qui de die in diem animam justam iniquis operibus cruciabant[2]. » Pessimi scilicet viri, qui et Angelis, Loti beatis hospitibus, vim immanem intentabant, et ad Lotum etiam sic loquuntur: « Te ergo ipsum magis quàm hos affligemus[3] : » quò magis liquet à Joanne persecutores designatos esse eos qui nullis aliis comparandi essent, quàm Sodomis et Ægypto, alienissimis à Dei lege et fœdere gentibus; neque sanctum Apostolum quidquam aliud cogitasse.

Sanè hæc omnia passim in *Apocalypsi* nostrâ objecimus. Quid ergo vir doctus? an aliquid reponendum putavit? Planè nihil : quid enim responderet? Nempè plana, perspicua, aperta sunt omnia.

Quid, quod idem Apostolus casum impiæ civitatis legentium oculis subjecturus, non de Samariâ, non de Jerosolymis, sacris quondàm urbibus, quod facillimè poterat; sed de Babylone, de Sidone, de Tyro, adduxit in exemplum antiqua vaticinia prophetarum, *Isa.*, XIII, XXI; *Jerem.*, LI; *Ezech.*, XXVII, XXVIII, ut profectò constaret nihil aliud animum induxisse, quàm ut vastatas urbes

---

[1] *Apoc.*, XI, 8. — [2] II *Petr.*, II, 8. — [3] *Gen.*, XIX, 9.

et eversa imperia proponeret; et in hanc formam redigeret, seu stantem, seu ruentem, eam quam describere voluit perditam civitatem.

Respondet vir doctus : Multis argumentis à se affirmari posse « Romam hodiernam Babyloni esse simillimam [1], » eique haud immeritò comparari potuisse. Atqui hæc responsio nequidem difficultatem attingit; neque ullam rationem attulit, cur Roma hodierna christiani per baptismum nominis ac fœderis, nusquàm Samariæ, nusquàm Jerosolymis à fœdere deficientibus, sed tantùm Ægypto, Babyloni, Tyro, alienissimis ab omni fœdere et lege civitatibus, comparetur. Joanni certè non deerant propheticæ voces, quibus Ecclesiæ romanæ infractam fœderis exprobraret fidem : quod ad declarandam immanitatem flagitii pertineret. Cur aut Apostolus, aut etiam ipse Christus rebelli et infideli romanæ Ecclesiæ, ut antiquo populo, nunquàm objecit cervicem durissimam, pacta mendacia humerum recedentem? An ignorabat istud : « Væ, filii desertores..... populus ad iracundiam provocans, filii mendaces, filii nolentes audire verbum Dei [2]? » aut etiam istud : « Transgressi sunt leges, mutaverunt jus, dissipaverunt fœdus sempiternum [3]? » Quæ et alia ejusmodi si exequi aggrediar, omnia prophetarum dicta exscribi oporteret.

Hæc inter prophetarum testimonia, quorum admonitum volui lectorem *Apocalypsis* [4], ea sunt vel splendidissima, ubi in Israele et Judà, Samarià et Jerosolymis arguunt violatam conjugii fidem. « Expandi amictum meum super te : » hoc est, introduxi in lectum nuptialem, « et juravi tibi, et ingressus sum pactum tecum, ait Dominus Deus, et facta es mihi, et lavi te aquâ, et emundavi te, et cinxi te bysso, et ornavi te ornamento, » nuptiali scilicet, « et dedi inaures super aures tuas, etc. [5]. » Et iterùm : « Vidit prævaricatrix soror ejus Juda, quia pro eo quòd mœchata esset aversatrix Israel, dimisissem eam et dedissem ei libellum repudii; et non timuit prævaricatrix Juda, etc. [6]..... Judicate matrem vestram (Israelitidem), quoniam ipsa non uxor mea et ego non vir ejus... et dicet : Vadam ad virum meum priorem, etc. [7]. »

---

[1] Verensf., cap. III, § 25. — [2] *Isa.*, XXX, 1. — [3] *Isa.*, XXIV, 5. — [4] *Avert. sur les proph.*, n. 9. — [5] *Ezech.*, XVI, 8 et seq. — [6] *Jerem.*, III, 7, 8. — [7] *Osee.*, II, 2, 7.

Piget recensere nota et pridem recitata. Legant et agnoscant Israeli et Judæ ab antiquis prophetis læsi toties conjugii fidem exprobratam; ac demùm exponant cur sanctus Joannes omnium prophetarum spiritu plenus, in simili argumento eadem prætermiserit.

Multùm laborat vir doctus in conquirendis locis, quibus adulteræ, scorti, seu meretricis nomina confundantur : ac diligenter à me quærit cur hebraicum textum prætermiserim; quas interpretationes adhibuerim : versiones, paraphrases, commentarios hebraicos, chaldaicos, hellenisticos ipse commemorat. Quorsùm ista ! cùm ego nullus negaverim, imò planè et rotundè confessus sim hæc vocabula non rarò inter se confundi[1]? Non ego in his vim feci, aut sectari minutias, ac voculas aucupari libet. Rem ipsam attendito, lector diligens; ego sanè contendi Israeli et Judæ, Samariæ et Jerosolymis, ad ingrati ac infidelis animi clariorem significationem, passim objici, irritum memorari et inculcari nuptiale fœdus : pollutam fidem : pacta et dona dotalia : missum repudium : et reliqua omnia quæ ad jus connubiale spectant. Non hæc ad nudas voces, sed ad rem ipsam pertinere, nemo est qui inficiari possit. Planè sanctus Joannes, si degenerem ecclesiam, si adulteram sponsam adumbrare voluit, ex his aliquid assumpsisset : alicubi audiremus aut vestem, aut nuptiale munus, aut ipsam baptismi lotionem collatamque munditiem, aut alia deniquè prophetico stylo tam consona. Non autem Joannes aliquid horum attulit. Ergo totum istud de corruptâ ecclesiâ à suis vaticiniis procul abesse voluit. Quod autem memorat utramque vocem « promiscuè ferè usurpari, » non convenire Joanni, luce ostendi clariùs[2]. In totâ enim *Apocalypsi* tria omninò et sola continua sunt capita, in quibus frequentissimè, decem scilicet versibus, de meretrice agatur ejusque flagitiis. At semper de his agitur sub solo meretricis titulo, nullâ usquàm infidi conjugii mentione. Non ergo promiscuè utramque vocem usurpat, cùm ubique alteram studiosè eligat, alteram studiosè devitet : à quâ etiam totus hic liber abhorret, ut diximus.

Neque etiam falsi christiani pastoris ullum indicium est : quæ

---

[1] *Avert. sur les proph.*, n. 9. — [2] *Avert. sur les proph.*, Préfac. 32.

tamen ab Apostolo significantissimè exprimi oportebat, ut gregem christianum contra ipsum deceptionis fontem præmoneret; non autem præmonuit, aut ullum harum rerum, christianæ scilicet Ecclesiæ ejusque præcipuæ, aut pastoris christiani extare voluit indicium. Nedùm ergo hæc mente gesserit; ab his deditâ operâ mentem avertit : totusque in imperio civili defixum habebat animum.

Sensit planè doctus auctor opus omninò esse, ut si meretrici ac bestiæ aliquid inesset christianum, id à beato Joanne diligentissimè panderetur, ne apostolico ac prophetico, ex parte vel maximâ, deesset officio. Id etiam se facturum recepit, « ut ex ipsâ *Apocalypsi* ea solùm proferret quæ clariora videbuntur [1]. » Duo autem excogitavit in ipsâ bestiâ christianitatis indicia quæ uno verbo concidant.

« Primùm, videamus, inquit [2], nihilne totâ *Apocalypsi* dicatur quod in degenerem Ecclesiam conveniat? Quid igitur quod bestiæ illi cornua cornibus agni similia tribuuntur? Numquid urbs pagana quæ Christum ab omni memoriâ, aut qualis erat ignoravit, aut contempsit certè et irrisit? Numquid hæc urbs Christum majori sollicitudine imitari studet, quàm corrupta quædam christiana Ecclesia? » — « De majori sollicitudine, » de quâ nihil apud Joannem, taceamus. De paganâ urbe Christum imitatâ, an vir doctus ignorat eum fuisse, persecutiones inter, Christi christianæque doctrinæ splendorem, qui à paganis quoque admirationem et imitationem expresserit? Quis nescit ipsum Julianum Apostatam Christi hostem infensissimum, ejus discipulorum exemplo extruxisse hospitales domos, et ad suos derivasse aliquam christianæ disciplinæ partem? ut à nobis relatum vir doctus videre potuit [3]. Vis anteriora? Vide apud Tertullianum [4], referente et approbante Tiberio, quæsitum in senatu de divinis Christi honoribus; apud historicos paganos, sub Adriano principe, constituta Christo templa : in *Larario* Alexandri Mammæ, Christum inter heroas recensitum; Evangelii sententias ab eodem principe aureis litteris dignas esse judicatas. Lege apud Eusebium [5], narrante seu fingente Porphyrio, de Christo inter beatas animas reponendo,

[1] § 16. — [2] § 26. — [3] Vide *Comment.*, cap. XIII, 11, 12. — [4] *Apolog.* — [5] Apud. Euseb., *De Præpar. Evang.*

deque ejus virtutibus eidem Porphyrio veneranda divæ Hecates oracula; aliaque ejusmodi in Christi gloriam vi veritatis extorta: sed hæc sufficiant; virum doctum laudabimus candidè confitentem, cunctantem aut hæsitantem probationibus obruemus.

Alterum indicium : « Quem tandem paganum totâ sanctâ scripturâ *Prophetam impostorem* dici probabit clarissimus Bossuetus? » Ego verò facillimè; ac miror docto viro rem difficilem : non sola christiana Ecclesia prophetarum nomen et officium agnoscit : habet Plato, platonicique, habet Porphyrius ac pythagorici, philosophiæ studiosi; habet Ægyptus aliæque superstitionibus addictæ gentes : falsi scilicet prophetæ prophetarum nomine in Scripturis appellati, clamante Elisæo ad Joram Achabi filium : « Vade ad prophetas patris tui et matris tuæ[1], » ad prophetas Baal, de quibus Elias, « prophetæ Baal quadringenti quinquaginta[2], » et ita centies : falsi sanè prophetæ, falsorum deorum nomine prophetantes; sed distincti ab iis qui in populo Dei, assumpto etiam mendaciter veri Dei nomine, prophetabant. Nec abludit Paulus de quodam pagano vate è Cretensibus dicens : « Proprius eorum propheta[3]. » Vides ergo prophetæ nomen etiam gentili homini attributum : quantò falso prophetæ Joannis, qui falsis doctrinis pravisque præstigiis populos dementabat?

Desinat ergo vir doctus quærere apud Joannis bestias christianitatis indicia; nam et spoponderat se clariora dicturum; et tamen quæ attulit apertè vana sunt et à cæteris allata contempsit.

Hinc exurgit demonstratio : nihil erat in *Apocalypsi* clarius explicandum, quàm in ipsâ Babylone ac bestiis, christianitatis indicia : id enim erat omninò quod vel maximè præmonere oportebat, ut diximus. Quòd si præmonere vellet Joannes, prophetico et suo more lectorem à clarioribus ad obscuriora deduceret. Nihil autem præmonuit; quæque auctor indicavit, nihil esse claruit. Nullo ergo indicio christianam Ecclesiam, nullo pastorem ullius christianæ plebis expressit. Ergo doctus auctor et quotquot ei assentiuntur, nullâ vel tenui conjecturâ, aut Papam, aut Ecclesiam romanam incusant, totaque accusatio nullo signo fulta, mera calumnia est : quod erat demonstrandum.

[1] IV *Reg.*, III, 13. — [2] III *Reg.*, XVIII, 19, 22. — [3] *Tit.*, I, 12.

APPENDICES QUATUOR

AD DEMONSTRATIONEM PRIMAM.

Appendix prima : quòd idololatria romanæ urbi à beato Joanne imputata, non sit, aut esse possit aliud quàm idololatria merè et propriè dicta antiquæ urbis Romæ, quæ ejusdem Apostoli tempore vigebat, ac deorum eo tempore notissimorum cultus, non autem cultus sanctorum, aut aliud quidquam quod christianismum sapiat.

Appendix altera : quòd Joannes eos tantùm canat martyres qui sub imperio romano cum ipso passi sint, et adversùs vetera illa ac nota idola decertaverint.

Appendix tertia : quòd primatus Papæ, au tEcclesiæ romanæ, nec sit, nec esse possit bestiarum sancti Joannis, aut ejus Babylonis character.

Appendix quarta et ultima : quòd bestia, ac meretrix et Babylon Joannis nequidem ad Antichristum attineant, aut pertinere possint.

APPENDIX PRIMA.

Quòd idololatria urbi Romæ à sancto Joanne imputata, non aliud sit, aut esse possit quàm idololatria tunc temporis vigens, et deorum eodem tempore notissimorum cultus; non autem cultus sanctorum, aut aliquid quod christianismum sapiat.

Hujus appendicis duæ sunt partes; prima de idololatriâ illâ notissimâ sic affirmatur. Loquitur Joannes de illâ idololatriâ quæ et consuetudine Scripturarum et horum temporum usu notissima fuit. Si enim Apostolus novam idololatriæ formam ac speciem in medium adducere cogitasset, eam utiquè aliquo signo indicaret : atqui nihil attulit : non ergo quidquam cogitavit, nisi illud quod ex consuetudine Scripturarum et ipso populorum usu esset omnibus notissimum. Quàm verò ab his catholici abhorreamus, non est minùs notum : in Scripturis enim nihil erat notius eâ idololatriæ formâ quâ loco creatoris, creaturæ sacra fierent, juxta istud : *Sacrificans diis eradicabitur, nisi Domino soli :* nos autem Domino soli, et non diis sacrificare nemo nescit : nobis, ut priscis fidelibus, Deus ille unus est, qui fecit cœlum et terram. Paulus apostolus idolorum turpitudinem in eo reponebat, quòd « cùm genus Dei simus, non debemus æstimare auro aut argento, aut lapidi, sculpturæ artis et cogitationis hominis divinum esse simile [1]. » Et iterùm : « Quòd mutarent gloriam incorruptibilis Dei in similitudinem corruptibilis hominis, volucrum quoque, et serpentium [2]. » Nos verò divinum nulli rei corporeæ aut creatæ, sed sibi soli et uni semper esse simillimum, credimus; nec gloriam Dei in idolorum formam unquàm mutavimus. Usus gentium is erat notissimus, ut idolis ipsis vim divini numinis insidere et infigi crederent; nos autem ne id quidem neque aliud quidquam simile suspicamur: ac tam clarum à nobis procul esse hos illos notos populis, et apostolicis temporibus ubique celebratos idolorum characteres, ut diutiùs in tam claro argumento versari pudeat.

At enim sanctorum cultus, is ipse est quem Joannes appellat idolorum cultum : adeòque illi sancti non potentes rerum, sed nostri apud Deum communem Creatorem ac Dominum habiti deprecatores, docente Apostolo, pro idolis antichristiani regni habentur. Quâ causâ? quo indicio? ubi vel tenuis mentio novi generis idolorum? Pudet christianorum quos talia ludibria deceperunt. Si Joannes talia idola nunquàm cogitavit, quid fingimus? Sin autem cogitavit, ejus profectò mentem aliquâ scintillurâ emicare oportebat : nihil autem apparuit : non ergo alia idola quàm vetera omnibus nota ostendere voluit.

Non hic sanè aggredimur controversiam de sanctis : sed liceat, quæso, commemorare res gestas et à contrariâ parte recognitas. Doctissimi protestantes, Dallæus, Basnagius, et alii confitentur, quarto quintoque sæculo à Patrum antesignanis, sanctorum preces miro studio postulatas. Neque proptereà in his sæculis sistendum putamus : sed quandoquidem horum Patrum auctoritas magni meriti habeatur, quid de iis ipsi protestantes confessi sint, annotamus. Nunc aliquot ex innumeris exempla ponamus. Quid Ambrosius a Grotio citatus...? Quid Theodoretus unus omnium sui

[1] *Act.*, XVII, 29. — [2] *Rom.*, I, 23.

ævi theologus vel præstantissimus [1]...? Jam de sanctarum reliquiarum cultu hæc habet Hieronymus *contra Vigilantium* : Rides de reliquiis martyrum, et cum auctore hujus hæreseos Eunomio, Ecclesiæ Christi calumniam struis, nec tali societate terreris, ut eadem contra nos loquaris, quæ ille contra Ecclesiam loquitur [2].

Hæc liquida, hæc certa sunt : quis autem hos Patres, quis eis assentientes Gregorium Nazianzenum, Basilium Magnum, Augustinum, alios Ecclesiarum in Oriente juxtà ac Occidente præsides, idololatras appellavit? Nempè Julianus impius, Eunapius sophista græcus, Eunomius hæreticus, deniquè Manichæus. Nova ergo idololatria, quam nunc Joanni affingunt, prorsùs ignota sanctis, et à solis atheis, sive idololatris, ac hæreticis est agnita.

Hæc non curat vir doctissimus Verensfelsius : hos cultus novos et novæ Ecclesiæ instituta vocat; nec mirum, qui ultrò fateatur, nec semel, « se in sacrorum studiorum rudimentis positum, parcè admodùm Patres hactenùs attigisse [3], et in horum scriptis esse hospitem. Legat ergo saltem locos à nobis laudatos controversiarum magister : legat saltem ut historicos, ut ipse profitetur; res gestas et illa illustria facta perdiscat : facilè animadvertet hos sanctorum cultus priscæ Ecclesiæ agnitos et familiares, ab idololatriâ quam Joannes tam sæpè reprehendit abhorrere.

Vide autem quid indè consequatur : nova idololatria sanctorum ex protestantium decretis Antichristiani regni certissima nota est : hæc autem idololatria quarto quintoque sæculo viguit : ergo jam indè Antichristianum illud regnum è tenebris emerserat; meliùsque Juriæus, aut si eum aspernantur, meliùs Josephus Medus, Anglus, qui sæculis tantâ doctrinâ ac pietate conspicuis, antichristiani regni impietatem attribuit, quàm vir doctissimus nihil tale ausus, atque ad posteriora sæcula suum Antichristum collocans, ut jam videbimus.

Nec equidem ignoro Antichristi ætates ab eodem auctore distinctas. Verùm utcumquè sit, si sanctorum cultus antichristianæ Ecclesiæ potissima nota est, cùm hic cultus per hæc sæcula flo-

---

[1] Theodor., Serm. 8, *de Martyribus*. — [2] Hier., *adversùs Vigilantium*. — [3] § 14, cap. III, § 27.

rentissimus fuerit, sanè Antichristum plus quàm adultum, imò virum omninò ac valentem viribus fuisse necesse est. Quod frustrà dixeris, cùm ab eo tempore ad nostram ætatem, plus-quàm duodecim sæcula, hoc est ex protestantium mente, omnia jam antichristiani regni spatia effluxerint, intactâ adhuc Româ tantis licet adversariorum minis atque odiis impetitâ.

Mitto imagines nostras non præsentiâ aut virtute insiti numinis, sed memoriæ causâ positas, quas tamen unâ cum sanctorum reliquiis putavit vir doctus, nec probandum suscepit, divinis honoribus à nobis coli, cùm à primis sæculis obtinuerit Athanasianum istud : « Nos fideles minimè adoramus imagines tanquàm deos, ut gentiles : absit : sed tantummodò affectum et amorem animæ nostræ erga imaginis formam significamus [1]. »

Mitto ipsam Eucharistiam corporis et sanguinis Christi præsentiâ vel maximè adorandam ; ne etiam respondere cogar illis qui collata in Christum ac Spiritum sanctum supremi cultùs officia et obsequia, Antichristo tribuere non verentur.

Nunc protestantium sententiam, sive, ut aiunt, systema efformare licet in hunc modum. Est gens in terris unum Deum rerum omnium ex nihilo conditorem agnoscens, quæ sanctos ejus colat in ejus gloriam, eorum ambiat suffragia per Christum apud Deum, eorum merita concelebret quæ sint dona Dei et Christi ; hi licet astipulatores habeant, protestantium quoque opinione, sanctissimos priscorum sæculorum doctores ac Patres, sunt tamen illi ipsi cultores idolorum, ac blasphemi in Deum et sanctos ejus, in cœlum et inhabitantes in eo, quos Joannes toties detestatur. Procul absint à nobis quæ christianam religionem dedecorant : sanctum prophetam nihil quidquam de tam novo idololatriæ ac blasphemiæ genere cogitantem et indicantem, quocumquè libuerit, ad impia etiam et delira, velut obtorto collo trahunt.

Summa sit : In *Apocalypsi* Joannis et idololatriâ ibi reprehensâ, nulla christianæ religionis vestigia aut indicia deprehendi potuisse : antiquæ idololatriæ quæ notos deos coleret, omnes notas characteresque, omnia tempora atque etiam rerum seriem convenire : quod erat probandum.

[1] Athanas., *Quæst. ad Ant.* 39, in respons., p. 277.

APPENDIX ALTERA.

Quòd sanctus Joannes eos tantùm canat martyres qui sub Imperio romano cum ipso Joanne passi sint, et adversùs vetera ac nota idola decertarint.

Ex dictis consequens est eos quos Joannes vidit venientes de tribulatione magnâ, palmâ in manibus portatâ nobiles, aliosque qui characterem bestiæ, nempè idololatriæ in vetere urbe Româ imperantis et sævientis, non gesserint; non alios esse quàm martyres sub Imperio romano, unà cum Joanne tanta perpessos. Quamobrem sic orsus est : « Ego Joannes frater vester et socius in tribulatione et regno [1]. » Quo se fratrem et socium professus est eorum qui tunc sub Imperio romano adversùs ejus idola pugnarent. Undè et bestiâ cæsâ, martyres vidit ab ipsâ decollatos πεπελεκισμένους, sive securi percussos, clarâ allusione ad supplicium sub Imperio romano usitatum, ut Grotius et alii eruditi annotarunt; non quòd alii quoque martyres ubique terrarum ad eum chorum non pertineant, sed quòd Joannes sub Imperio romano passos, in *Apocalypsi* suâ, ipso supplicii genere vel maximè designatos esse voluerit. Quòd autem protestantes his substituant Albigenses, Valdenses, Wiclefitas, Hussitas, ac tandem semetipsos, pessimè factum; vel hâc unâ causâ quòd Albigenses quibus se dant socios, manicheismi deprehensi à nobis fuerint, quod nuperrimè Limbrokius ex protestantium grege, editis etiam actis, luculentissimè demontravit. Nec melior conditio Valdensium ex iisdem actis. Wiclefum, cujus nullus se admiratorem ac discipulum profitetur, nemo, qui ejus trialogum legerit, ex impiorum aulâ exemerit; quippe qui sublato omni libero arbitrio, Deum ipsum, ut cætera omittamus, ad scelera quoque, ferreâ necessitate constrictum induxerit, ut alibi ejus verbis recitatis ostendimus.

APPENDIX TERTIA.

Quòd primatus Papæ atque Ecclesiæ romanæ, nec sit, nec esse possit bestiarum sancti Joannis, aut Babylonis, aut etiam Antichristi character.

Vir doctus hæc scribit ac probandum suscipit, « quòd Anti-

[1] *Apoc.*, I, 9.

christi nomen romano pontifici convenire, theologi nostri, tam reformati quàm qui Lutherani vocantur, judicaverint hactenùs [1]. » Cujus appellationis causam, et ipse et protestantes in primatum Papæ passim rejiciunt : et ipse vir doctus affirmat « in Bonifacio III, pleniùs se exeruisse Antichristum, eò quòd à Phocâ imperatore delatum titulum *œcumenici* seu universalis episcopi ac capitis omnium ecclesiarum avidè arripuerit. » Rectè omninò si dictis aliquid probationis addiderit : certum est autem de *œcumenici* titulo inter Bonifacium III, et Phocam gestum dictumve nihil esse. De capite ecclesiarum, nimis profectò « hospes est » in Patrum lectione vir doctus, si nesciat et rem et vocem ab ipsâ christianitatis origine celebratam. Vel synodum Chalcedonensem audiat scribentem Leoni Papæ, ipsum, ut membris caput præsedisse; nec immeritò ab eodem Leone tantâ fiduciâ toto orbe laudante et approbante dictum : Romam per beati Petri sedem caput orbis effectam : audiat et anteà Ephesinam synodum, in damnato per Cœlestinum Papam Nestorio eadem prædicantem : audiat anteà quoque Pelagianam hæresim ab Innocentio et Zozimo romanis pontificibus esse damnatam, confirmatis à Petri sede synodis africanis. Undè Prosper cecinerit illud heroicum :

> Sedes Roma Petri, quæ pastoralis honoris
> Facta caput mundo, quidquid non obtinet armis,
> Relligione tenet.

Audiat ab ipso Cypriano agnitam et commendatam Petri cathedram et Ecclesiam principalem, undè unitas sacerdotii exorta sit. Erat ergo à primis usquè temporibus in Petro stabilita Ecclesiarum princeps, quâ præside vigeret consensio et communio omnium Domini sacerdotum. Hæc certa et vulgata, nec à viris probis neganda, ex innumeris delibavimus, ut vir doctus, quâ est modestiâ et animi sinceritate, fateatur in Petri cathedrâ caput exterioris ministerii semper esse agnitum; Christo reservatum spiritûs interioris ac vitalis influxum : quæ si ad Antichristi regnum pertinent, jam pridem de Ecclesiâ conclamatum est.

Quid quod nec illud verum est quod ab ipso retulimus : Luthe-

[1] Verensf., cap. I, § 1.

ranos atque reformatos, in eamdem de Papâ Antichristo convenire sententiam.

Anno 1530, in ipsâ præfatione *Confessionis Augustanæ,* principes ac civitates Carolo V supplicant ut de convocando quamprimùm generali concilio cum Romano pontifice tractet, ad quod concilium et ipsi appellaverint et appellationi hæreant. Altera pars protestantium quæ se à *Confessione Augustanâ* separabat, eadem in *Argentinensis Confessionis* peroratione professa est. Non autem ad concilium Antichristi provocabant. Ergo neutra pars protestantium de Papâ Antichristo convenerat.

Anno 1537, in conventu Smalcaldensi, Martinus Lutherus multa atrociter in romanum pontificem invectus, quem etiam Antichristum appellat, « edidit articulos exhibendos concilio per Paulum III Mantuæ indicto et quocumque loco ac tempore congregando ; cùm, inquit [1], nobis quoque sperandum esset, ut ad concilium etiam vocaremur ; vel metuendum ne non vocati damnaremur. » Sic ergo laborabant, auctore Luthero, ut coràm Antichristo ejusque concilio ubicumquè et quandocumquè convocando causam dicerent, ab eo condemnari vererentur.

In eodem conventu Philippus Melanchthon, unus Lutheranorum modestissimus juxtà et doctissimus, suâ quoque subscriptione testatus est « posse romano pontifici permitti in episcopos superioritatem, quam alioqui jure humano haberet. » Sic in Antichristo humanam quidem, sed tamen legitimam super episcopis potestatem agnoscebat, eamque firmandam asserebat, nedùm ab eâ ut antichristianâ abhorreret.

Qui autem eam eo humano jure stabilitam admittunt, ii sanè si divina reperiatur esse tantum bonum ab ipsis agnitum, firmiori auctoritate niti, non debent invidere rebus humanis.

At enim conditionem addebat « si Evangelium admitteret. » Rectè : benè enim de Antichristo sperabat, quidquid Paulus apostolus de illius perditione certâ edixisset.

Idem Philippus Melanchthon, datis ad Joannem Bellaium litteris, monarchiam ecclesiasticam, si non esset, stabiliri oportere admonebat, conjungendis animis et sanciendæ Christi paci : atque eâ

[1] Præf. ad art. *Smalc.*

accessione Antichristi, si Deo placet, augebat imperium, et ad Christi regnum, quod pax est et charitas, aptum judicabat.

Ex parte eorum quos reformatos vocant, Hieronymus Zanchius, quo nullus erat doctior, hæc edidit in præfatione *Confessionis fidei* anno 1585[1] : « Singulari Dei beneficio hoc adhuc boni in Ecclesiâ Romanâ servari nemo non videt, nisi qui videre non vult : quòd nimirùm sicut semper, sit nunc etiam constans et firma in verâ de Deo, deque Christi personâ doctrinæ professione... Christum agnoscit et prædicat pro unico mundi redemptore. » En idololatras et antichristos novos tam benè de Deo et Christo sentientes et quidem semper et verè invariatâ fide : «quæ causa est, inquit, cur Ecclesiam hanc pro Ecclesiâ Christi agnoscam? » Addit esse Ecclesiam, « quæ fundamentum fidei servet, quod est Christus verus Deus et verus homo, verus et perfectus servator; ita ut in summam doctrinæ apostolicæ quæ in symbolo traditur, consentiatur[2]. »

Neque dissimulabo interim à Zanchio Romam ita agnosci Ecclesiam, « qualis ab Oseo et aliis prophetis Ecclesia Israelis sub Jeroboamo et cæteris fuisse describitur : » quo nihil est iniquius comparatum, cùm Ecclesia Israelis nec Deum patrum suorum, nec Mosem ejus interpretem, nec ipsum adeò legis antiquæ fundamentum agnoverit.

Pergit porrò Zanchius : « Si Roma correcta ad primam formam redeat, nos quoque ad illam revertamur, et communionem cum eâ in suis porrò cœtibus habeamus : (quod ut fiat orat) ac tandem sic subscribit : Ego Hieronymus Zanchius septuagenarius cum totâ meâ familiâ testatum hoc volo toti Ecclesiæ Christi in omnem æternitatem[3]. » Quæ de Antichristo vovere et dicere nulla ratio sinit : mihique persuasum omninò est, si qui sunt inter adversarios paulò graviores, cæcis licet præjudiciis acti, tamen Ecclesiam Romanam fidei fundamenta custodientem ut christianam agnoscere, et ex quibusdam antiquæ fidei reliquiis occultè rejicere, imò despicere eos qui de Româ antichristianâ per Joannem designatâ fanda atque infanda deblaterant.

Nec mirum cùm doctissimus Verensfelsius ne unum quidem

[1] Apud Grot., op. *Theolog.*, tom. III, p. 636. — [2] Præf., art. 8. — [3] Art. 19.

verbum ex *Apocalypsi* produxerit, quod adversùs Ecclesiæ Romanæ primatum contorqueri queat.

APPENDIX QUARTA ET ULTIMA.

Quòd bestia ac meretrix et Babylon Joannis nequidem ad Antichristum pertineant aut pertinere possint.

Id autem damus luce clarius hâc unâ probatione : Antichristi persecutio postrema futura est in consummatione sæculi : sed bestiæ, meretricisve, sive Babylonis persecutio postrema futura non est in consummatione sæculi : non ergo est persecutio Antichristi.

Major clara est duabus de causis : primùm, quòd persecutio Antichristi ea erit in quâ Satanas ad perdendos homines, omnes vires, omnes fallendi artes expromet et effundet. Si enim ille draco exaggerat iras, quia « modicum tempus habet [1], » ut suo loco exponemus ; quantò magis cùm nullum jam tempus habebit, et instabit supremi judicii dies !

Altera causa est : quòd ea persecutio postrema futura sit, cujus auctor Antichristus, totis effusis viribus, adventu Domini subitò opprimetur, dicente Paulo : « Et tunc revelabitur ille impius quem Dominus Jesus interficiet spiritu oris sui, et destruet illustratione adventûs sui [2], » sive illustri adventu suo, in gloriâ et majestate. At illa persecutio postrema futura est, quippe quam adventus Christi ultimus consequetur. Ergo Antichristi persecutio postrema futura est : major ergo certa et à nemine perneganda.

Jam minor, quòd bestiæ et meretricis persecutio postrema futura non esset, haud minùs perspicuè conficitur : ea enim persecutio postrema futura non est quam mille anni, qualescumque sint, et post illos mille annos solutus Satanas consequetur : sed persecutionem bestiæ sive Babylonis mille anni, qualescumque sint, et post illos mille annos solutus Satanas consequetur attestante Joanne his perspicuis verbis : « Et apprehendit draconem, serpentem antiquum, qui est diabolus et Satanas, et ligavit eum per annos mille, et misit illum in abyssum et clausit,..... donec consummentur mille anni [3]. »

[1] *Apoc.*, xii, 12. — [2] II *Thess.*, ii, 8. — [3] *Apoc.*, xx, 2, 3.

Quòd autem illi mille anni post bestiæ persecutionem eventuri sint, idem Joannes ostendit his verbis : « Et vidi sedes, et sederunt super eas,..... et animas decollatorum propter testimonium Jesu et propter verbum Dei; et qui non adoraverunt bestiam, neque imaginem ejus, nec acceperunt characterem ejus in frontibus aut in manibus suis; et vixerunt et regnaverunt cum Christo mille annis..... et cum consummati fuerint mille anni, solvetur Satanas de carcere suo, et exibit, et seducet gentes[1]. » Atqui illa adoratio bestiæ et imaginis ejus, ille character in frontibus et in manibus ad persecutionem bestiæ spectant : ergo persecutionem illam mille anni et post mille annos solutus Satanas consequetur : non ergo persecutio bestiæ est ultima; non ergo Antichristi est, nisi eo sensu quo omne superbum, omne impium atque truculentum Antichristus est, latè sumpto nomine : et quòd illa omnia in figuram Antichristi illius magni et ultimi gesta scriptaque sint : quem in sensum intelligendi Patres ac theologi : aut, quod absit, Scriptura solvitur, nec Joannis vaticinia sibi constant.

Jam quæ futura sit ultima persecutio quam Antichristi esse, luce meridianâ est clarius, pro nostris viribus suo dicemus loco : hìc sufficit demonstrasse persecutionem bestiæ, nec ad Antichristum pertinere aut pertinere potuisse ; quod erat demonstrandum.

Rem licet aliter expedire paucis. Illa est persecutio ultima et Antichristi, quæ, soluto post mille annos Satanà, eventura est : sed illa non est bestiæ, cùm post mille annos à devictâ bestiâ consequatur; ergo bestiæ persecutio non est ultima.

Addimus de secundâ bestiâ cui protestantes vel maximè Antichristi sui romani personam imponunt : Antichristus is futurus est, teste apostolo Paulo, « qui se efferat et extollat super omne quod dicitur Deus aut quod colitur[2] : » atqui bestia secunda, nedùm se efferat super omne quod dicitur Deus, non se, sed primam bestiam adorare fecit[3], quæ prima bestia « et ipsa draconem adoraret. » Non ergo Antichristus, quæ se tertio gradu post draconem et bestiam collocat: tantùm abest ab eo, ut super omne quod colitur extolleret.

[1] *Apoc.*, XX, 4, 7. — [2] II *Thes.*, II, 4. — [3] *Apoc.*, XIII, 12.

Viderit ergo vir doctus, viderint cæteri quos sequitur protestantes quàm à vero aberraverint, qui ad Antichristum suum romanum pontificem, bestias illas ac maximè secundam referendam putarint : cùm has bestias qualescumque sint, nequidem ad Antichristum pertinere aut pertinere potuisse, luce clarius demonstratum fuerit : atque omnes vaticinii apostolici characteres, protestantium systemate ita esse deletos, ut nihil integri, nihil sani remanserit.

PRÆMONENDA QUÆDAM

AD SECUNDAM ET TERTIAM DEMONSTRATIONEM.

Prima Admonitio ; de eo quod ad litteram Joannes prædixit brevi fieri oportere.

Secunda Admonitio : de numeris Apocalypticis.

Tertia Admonitio : de Romà idolis inhærente sub piis quoque principibus.

Quarta Admonitio : quale futurum esset urbis excidium, et quandò combusta sit.

ADMONITIO PRIMA.

De eo quod ad litteram Joannes prædixit citò fieri oportere.

Vix quidquam est apud Joannem illustrius, quàm quòd non modò ventura, sed etiam additâ temporis circumstantiâ : quòd citò ventura cecinerit. Rem familiarem prophetis et prophetici eloquii majestate dignam, ut Deum instigatorem suum rerum ac temporum arbitrum testemque adduceret, quo factum est ut sic ordiretur : significata sibi, « quæ oportet fieri citò [1] : » et paulò post : « Tempus enim propè est : » et cætera ejusmodi in ipsâ revelatione toties inculcata, nec aliter unquàm.

In promptu est commemorare res gestas quibus efficitur, ut quæ Joannes Domitiano principe scripserat, in proximis regnis Trajani et Adriani fieri inciperent ; totumque vaticinium de proxi-

[1] *Apoc.*, I, 3.

mo in proximum usque ad caput xx, uno deinceps tenore decurreret; ut et in hujus opusculi præfatione diximus, et in *Apocalypsi* nostrâ pridem ostendimus. Sed enim protestantes non se ad hæc præcisa adstringi patiuntur; quippe qui vaga omnia et confusa moliuntur ; adeò ut Verensfelsius id scripserit : « Quocumque tempore bacchari meretricem illam dixerimus, terminum à Joanne præfixum non transgrediemur [1]. » Commodum sanè protestantibus, ut inventis suis latissimum campum aperiant, et hariolari audeant quodcumque collibuerit, nec redargui unquàm aut falsi deprehendi possint.

Nos autem severioribus obstricti regulis, tantam interpretandi licentiam, quæ sacro textui illudat, aversamur: auctor ipse Joannes à nobis relatus [2] : « Ne, inquit, librum signaveris, tempus enim propè est [3]; » contra ac Danieli dictum : « Tu ergo visionem signa, quia post multos dies erit [4]. » Et iterùm : « Claude sermonem usque ad tempus statutum. » Denique : « Vade, Daniel, quia clausi signatique sunt sermones usque ad præfinitum tempus [5]. » Quibus liquet claudi signarique sermones qui ad longum tempus protraherentur, contrà autem non signari eos quibus statim eventura propalarentur. Hæc in *Apocalypsi* nostrâ memoravimus. Quid ad hæc vir doctus qui nostram interpretationem confutandam aggressus est? Nihil quidquam, nec habuit quod hisceret.

Rursùs idem Joannes ostendit ligatum draconem, « donec consummentur mille anni : et post hæc, inquit, oportet illum solvi modico tempore [6]. » Quæ si interpretemur protestantium in morem, ipsi mille anni sunt « modicum tempus, » nec eos modico tempori opponi oportuit. Ubi sunt qui hùc afferunt illud : « Mille anni sicut dies unus [7]; » quæ vera sunt, temporibus æternitati comparatis : ad designandos verò, quos Joannes intendebat, singulares ac proprios temporum characteres non valent.

. Hinc idem Joannes : « Quinque (reges) ceciderunt, alius nondùm venit; et cùm venerit, oportet illum ad breve tempus manere [8]; » nullo prorsùs inter utrosque discrimine ad sensum protestantium,

---

[1] Verensf., cap. III, § 24. — [2] *Ad Apoc.*, I, 1, 3. — [3] *Apoc.*, XXII, 10. — [4] *Dan.*, VII, 26. — [5] *Dan.*, XII, 4, 9. — [6] *Apoc.*, XX, 3. — [7] II *Petr.*, III, 8. — [8] *Apoc.*, XVII, 10.

quo omnia tempora æquè longa, æquè brevia effluunt. Ergo Joannes ad litteram se intelligi voluit.

Quid illud : « Væ unum abiit, et ecce veniunt duo væ post hæc [1] ? » Ecce, inquit, jam instant : ac posteà, « væ secundum abiit, et ecce væ tertium veniet citò [2]. » Quo profectò demonstrat tria illa *væ* quæ totam *Apocalypsim* ad caput usque xx partiuntur, ejusque omnes partes inter se vinctas tenent, ita esse, Spiritu sancto dictante, disposita ut alterum alterius vestigia continuò premat, nec nisi modicâ interruptione dividantur : ostendantque Joannem semper ex proximo in proximum processisse.

Quid illa draconis colligentis vires, seseque ad sæviendum in sanctos concitantis ira vehementior, eò quòd victus à martyrum exercitu adjutore Michaele et Angelis ejus, cùm sciat « quòd posteà modicum tempus habet [3] » ad persequendos sanctos, pristinâ sævitiâ romani imperii, auctore Constantino Magno, brevi in pacem desiturâ? Quo loco protestantes, si voluerint, pro modico tempore immensam seriem sæculorum evolvent, ut nihil certi supersit, ac ne filum quidem ad superandas inextricabiles vias.

. Adverte, erudite lector, à nobis ad litteralem sensum Joannis *Apocalypsim* adstringi, non vanis argumentis, sed quæsitis in ipso textu circumstantiis. Deniquè observandum illud Angeli per Deum viventem jurantis oraculum, « quia tempus non erit ampliùs [4], » nullo jam relicto spatio perfidæ Babyloni ad agendam pœnitentiam. Quæ omnia efficiunt, ut et universum vaticinium citò impleri necesse sit, et singulas ejus partes modico intervallo esse intersectas; nec immeritò à Joanne, jam indè ab initio pronuntiatum illud, quod « oportet fieri citò ; et tempus breve est, » eò quòd quæ prædiceret jamjam imminerent et ad exitum usque per brevia temporum interstitia procederent.

Quid autem protestantes? His nihil citum aut propè; cùm præcipuum eventum, nempè Antichristi romani ortum, Josephus quidem Medus eumque secutus Juriæus post quadringentos annos; ipse verò Verensfelsius, et si qui paulò æquiores, ad Bonifacii III tempora post sexcentos annos collocandum putent : quod si minùs

[1] *Apoc.*, IX, 12. — [2] *Apoc.*, XI, 14. — [3] *Apoc.*, XII, 12. — [4] *Apoc.*, X, 6.

congruat, ad Gregorium VII, post mille annos scilicet, tempora protrahentur. Quo certo limite? Nempè inter Bonifacium III et Gregorium VII Verensfelsius fluctuat : adeò post eventum quoque, quo nullus est clarior propheticorum dictorum interpres, ita obscuri et incerti characteres, ut nec ipsi ullis notis suum Antichristum agnoscant, nihilque fixum ac certum à se afferri fateantur.

Jam si ad ipsa initia, hoc est, ad Domini dicta veniamus, recolendum istud à nobis jam in præfatione delibatum ; « Nunc judicium est mundi, nunc princeps hujus mundi ejicietur foràs [1]. » *Nunc, nunc,* inquit, non post longam temporum seriem, sed statim post Christi crucifixi tempus : undè prosequitur : « Et ego si exaltatus fuero à terrà, omnia traham ad meipsum [2]. » Quo perspicuè declarat post conscensam crucem, conversionem orbis idola respuentis, et credentis in Christum continuò incœpturam : eoque pertinebat etiam illud : « Venit hora ut clarificetur Filius hominis [3]. »

IIis verò congruunt sancti Joannis vaticinia. Quis enim ille mundi princeps, nisi « draco » apud Joannem « rufus » et sanguinarius; « habens in (septem) capitibus diademata septem [4], » hoc est, in quocumque capite insigne regium. Cur autem mundi princeps, nisi quia mundum universum opplevit idolis, in quibus seque et dæmonia suasque maleficas potestates adorari fecit, et introducto peccato, humanam gentem victam et captam sibi servam addixit [5]? Quandò autem ejectus est foràs, nisi eo tempore quo à Michaele ipse devictus cum Angelis suis, et à cœlo quod affectabat, in quo ab impiis ponebatur, atque à suâ sede, summâque imperii arce dejectus est [6]? Quandò deniquè Christus omnia traxit ad seipsum, nisi cùm projecto dæmone et orbe converso acclamatum est : « Nunc facta est salus, et virtus, et regnum Dei nostri, et potestas Christi ejus [7]? » Sic ergo Joannes Christi oraculum quod in suo Evangelio retulit, in *Apocalypsi* exequendum præbens, illud Christi *nunc, nunc,* per illud suum *citò*

---

[1] *Joan.*, XII, 31. — [2] *Ibid.*, 32. — [3] *Ibid.*, 23. — [4] *Apoc.*, XII, 3. — [5] *Joan.*, VIII, 34; II *Petr.*, II, 19. — [6] *Apoc.*, XII, 8. — [7] *Ibid.*, 10, totâque prophetiâ passim.

et propè impleri docuit : utroque perindè ad litteram sumpto.

Suppetunt alia Evangelii verba prophetica, quibus lux *Apocalypsi* concilietur, quale illud toties iteratum : « Pœnitentiam agite, appropinquavit enim regnum cœlorum [1]; » quo veram et imminentem propinquitatem designabat. Nec minùs clarum illud : « Venit hora, et tempus meum propè est; » et illud : « Cùm videritis circumdari ab exercitu Jerusalem, tunc scitote quia appropinquavit desolatio. » Et rursùs : « Illis fieri incipientibus, levate capita vestra, quoniam appropinquat redemptio vestra; » sicut : « Propè est æstas, cùm arbores jam producunt fructum [2]: » quo loco designatur, non quod absolutè futurum est citò, sed quod futurum est citò postquàm illa signa præcesserint : quod etiam in *Apocalypsi* vidimus.

Quod ergo Verensfelsius objicit, frustrà à nobis urgeri breve tempus : « Cùm, inquit, ad Alaricum usque, quò rem protraximus, plus trecentis annis effluxerit [3]. » Vellem dicta nostra accuratiùs perpendisset. Non enim omnia citò eventura fuisse diximus : sed statim incœpta quæ continuo tenore inter se apta consertaque laberentur : brevibus intervallis distinctè notatis et inter se connexis : quo fit ut et totum ipsum statim immineat, et singulæ partes aliæ ex aliis ductæ brevi futuræ memorentur : quale profectò est illud : « Væ secundum abiit, et ecce væ tertium veniet citò [4]; » post *væ* secundum scilicet : quæ omnia dant locum locutioni *citò*, ut et mox diximus et infrà suis locis in secundâ scilicet et tertiâ demonstratione nostrâ, datâ occasione expeditiùs et luculentiùs exponemus.

Nec incassùm litigavero, si quis præfractè contenderit non deesse Scripturæ locos, quibus ipsum *propè* non ita strictè sumatur; nec si quid alicubi figuratè sit dictum, ideò eludenda omnia quæ ad litteram millies et consueto sermone prolata referantur : quâ regulâ ad nudos et inanes sonos Scriptura redigatur nullo certo sensu. Hæc ergo omittamus utcumquè se habent : certis ac liquidis hæreamus : et quandòquidem de *Apocalypsi* quærimus, si quid proficere volunt, oportet ut ostendant in illo

---

[1] *Matth.*, III, 2.— [2] *Luc.*, XXI, 20, 28, 30.— [3] Verensf., cap. III, § 24.— [4] *Apoc.*, XI, 14.

vaticinio *propè* illud et *modicum* et *citò*, vel semel aliter quàm ad litteram scriptum.

Nam quòd Verensfelsius memorat[1], illud : « Ecce venio velociter, ecce venio citò, » quòd ad supremam judicii diem protrahatur[2], non sanè consideravit de ipso judicii die specialem ac propriam rationem. Quis enim affirmare ausit non suo ævo venturum, Deo sæculum coarctante ad extremas angustias et ad repentinam perditionem, interim nubentibus, ementibus, vendentibus nobis[3]? Quare non licet nobis rem in longum trahere; imò quasi proximam cogitare necesse est : cùm præsertim certum sit suum unicuique nostrùm judicium imminere : « Statutum enim est hominibus semel mori, post hoc autem judicium[4]. » Quo judicio nobis confecta sunt omnia. Omninò enim quisque cum suâ causâ resurrecturus est, et quæ in corpore gessit relaturus : cujus immutabilis judicii propalatio ad quantacumque sæcula trahatur, quid ad nos, qui reverâ et ad litteram jamjam judicandi simus? Undè illud : « Horrendè et citò apparebit vobis[5], » impendet omnibus, interposito tantùm brevis vitæ spatio : nec vacat illud Apostoli : « Dominus propè est[6]; » et illud : « Hora est jam nos de somno surgere; nunc enim propior est nostra salus quàm cùm credidimus[7] : » tanquàm diceret : Orbem terrarum sua fata urgent, nec liquet an ipsi mundo triginta circiter anni relicti sint : et nos interim velut consopiti diuturnæ vitæ spatia somniamus, nec nobis paucitatem dierum nostrorum nuntiari patimur. Valet ergo illud apud Joannem : « Ecce venio citò, » et alia in hanc sententiam dicta : « Venio, venio, » tibi scilicet, vobisque, omnibus et singulis, quibus quâ horâ non putatis Filius hominis veniet, nec ulla spes subest retractandæ litis.

Quare id primùm liquet : frustrà in *Apocalypsi* quæri textus in quibus illud, *Venio citò*, non sumatur ad litteram : hoc primum; neque tamen his contenti, sed textus ipsos singulares diligenter scrutati sumus, et quod caput est, ex subjectâ materiâ et ex singulis verbis aptam et litteralem significationem expressimus. Hæc pridem diximus : ad hæc vir doctissimus obmutuit;

---

[1] Verensf., cap. III, § 24. — [2] *Apoc.*, XXII, 7, 12. — [3] *Luc.*, XVII, 27, 38. — [4] *Hebr.*, IX, 27. — [5] *Sapient.*, VI, 6. — [6] *Philip.*, IV, 5. — [7] *Rom.*, XIII, 11.

neque major cura eorum quæ ex Evangelio his congrua et connexa protulimus.

Summa sit : Ad intelligentiam prophetarum, diligenter observanda quæ de longinquo et quæ de proximo nuntiantur. Danieli dictum : « Signa visionem, » eò quòd sit in multos ac longinquos dies : Joanni autem è contrà : « Ne signaveris librum, quia propè est tempus. » Quidam olim dixit : « Videbo eum, sed non modò : intuebor eum, sed non propè[1] : » Joanni datum, ut potissimâ prophetiæ parte ad proxima et instantia confestim raperetur. Atque ille quidem romani imperii cladem ut à suis temporibus remotissimam prædixit his verbis : « Heu, quis victurus est quandò ista faciet Deus! Venient in triremibus de Italiâ : » triremibus per mare exercitus transportabunt : « superabuntque Assyrios » et vastas Orientis plagas, « vastabuntque Hebræos, et ad extremum etiam ipsi peribunt[2]. » At Joannes ejusdem imperii exitium causasque ruinarum alias ex aliis de proximo vidit. Is Joannis character est : hanc lectori clavim velut in manus tradimus : ostium reseramus : protestantium inventis sine lege modoque fictis, viam claudimus.

ADMONITIO SECUNDA.

De numeris Apocalypticis.

Volumus hîc intelligant numeros illos rotundos ac præcisos passim in *Apocalypsi* sparsos, mysticum aliquid continere, nec superstitiosè esse sumendos, quod omnes confitentur; non tamen omnes æquè capiunt.

Sint exemplo isti toties memorati : « Ex omni tribu filiorum Israel duodecim millia signati[3]. » Nemo ita absurdus est, ut in quâcumque duodecim tribuum electorum reperiantur duodena millia, nec plus nec minùs : sed quòd duodenarius numerus quamdam perfectionem indicet, propter duodecim Patriarchas et duodecim Apostolos : undè etiam supernæ civitatis fundamenta duodecim, æquè ac duodecim portæ, quæ ad omnes civitatis partes pateant, inscriptis nominibus « duodecim tribuum..... et duo-

[1] *Num.*, XXIV, 17. — [2] *Ibid.*, 23, 24. — [3] *Apoc.*, VII, 4, 5.

decim Apostolorum Agni [1]. » Quò etiam pertineant illa « duodecim millia stadiorum [2] » in omnem mensuram sanctæ civitatis. Quæ profectò sufficiunt, ut cum duodenario numero perfectio designetur, duodecies duodena millia in suâ quâdam quadraturâ aliquid indicent perfectum et firmum : undè etiam ex duodecies duodenis cubitis muri latitudo compacta memoretur [3].

Hoc igitur jam posito, in numeris præsertim Apocalypticis quoddam inesse mysterium, omnia expedita erunt. Nam viginti quatuor seniores, tam sæpè memorati, duplicato duodenario numero, ex utriusque Testamenti consonis cantibus et laudibus perfectionem inferunt.

Septenarius quoque numerus more linguæ sacræ quamdam universitatem inducit, propter finitam hebdomadam, et in ejus septimo die constitutum finem : undè in *Apocalypsi* septenus numerus, et in bonam et in malam partem quamdam notat.....; ut ostendunt septem spiritus missi in omnem terram, sigilla septem, septem lampades, septem Angeli, etc.; et in contrariam partem septem plagæ, septem hominum millia cæsa [4], et sæpè in Evangelio, dæmonia septem ac septem spiritus nequam [5], ad significandam vim omnem inferorum ac dæmoniorum. Sic se habent mystici illi numeri in Scripturis passim ac præsertim in *Apocalypsi* usitati, eo fine, ut ostenso mysterio lectorem attentiorem reddant et paratiorem ad investiganda sacri vaticinii mysteria.

Eòdem pertinent alii mystici numeri qui dimidium hebdomadis faciunt : hinc illud triennium cum dimidio anno, « per tempus et tempora, et dimidium temporis [6] » designato, quod est à Daniele sumptum [7]. Septem enim tempora Danieli [8], septem annos esse neminem fugit; nec minùs omnibus notum, triennium istud cum dimidio anno, per menses et dies fuisse numeratum, cum quadraginta duo menses, et mille ducenti dies [9], eamdem triennii cum dimidio anno summam efficiant.

Diligenter autem consideranti patebit, illud triennium cum dimidiato anno, ad diversos eventus pertinere; quos cùm absurdum

---

[1] *Apoc.*, XXI, 12-14. — [2] *Ibid.*, 16. — [3] *Ibid.* — [4] *Apoc.*, XI, 13. — [5] *Luc.*, VIII, 2; XI, 26. — [6] *Apoc.*, XII, 14. — [7] *Dan.*, VII, 25. — [8] *Dan.*, IV, 13, 22. — [9] *Apoc.*, XI, 2, 3; XII, 6, 14; XIII, 5.

sit revocare semper ad illud litterale triennium, his profectò admonemur ut mysterium cautè requiramus.

Nec quærentem latebit, si ad Danielem recurrat undè hæc sumpta sint : apud quem scriptum sit, « tradendos » Judæos « in manu ejus » Antiochi Illustris maximi persecutoris et persecutorum typi, « usque ad tempus et tempora, ac dimidium temporis [1]. »

Neque obscurum est quo sensu accipienda hæc sint, cùm Josephus disertè scribat « Antiochum Illustrem Judæam tenuisse annis tribus mensibusque sex [2]; » quod cum Machabæorum historiâ convenire facilè demonstraverim, si nunc tanti esset.

Cùm ergo Antiochus persecutorum typus, ac sub eo persecutio omnium persecutionum figura habeatur, haud immeritò Joannes, hoc annorum numero toties repetito, id inculcare voluit, in quibusvis persecutionibus christianos eo statu futuros, quo erant sub Antiocho prisci fideles per triennii illius spatium cum sex mensibus : quo etiam intelligerent non permissurum Deum, ut tyranni sine more modoque sæviant; sed profectò futurum, intra breve tempus eorum furor coerceatur.

Huc accedit quòd, quemadmodùm Antiochi promptâ punitione, persecutioni finis impositus, additaque populo Judæorum gloria; ita Ecclesiæ Christi plerumquè contigit, ut persecutio, tyrannis quidem supplicio, ipsi verò Ecclesiæ gloriæ atque utilitati verterit. Sic completum illud dominicum : « Propter electos breviabuntur dies; » ut profectò pateat non ad libitum furere persecutores quantumvis impios et truculentos; sed eorum impetus ad breve, ac definitum à Deo spatium concludendos.

Hæc igitur in *Apocalypsi* nostrâ fusè exposuimus [3] : hæc non improbata, sed omninò intacta atque adeò firma Verensfelsius reliquit : hæc quoque affirmavimus adducto Origenis loco *in Celsum,* quo liquet, definito consilio Dei, prohibitos principes, ne ultra certum tempus odia exercerent.

Sit ergo is character, monstrante Joanne, persecutionum Ecclesiæ, ut nostri tyranni in morem Antiochi efferati apparuerint, in

---

[1] *Dan.*, VII, 25. — [2] *De Bello Jud.*, in prologo. — [3] Comm. sur l'*Apoc.*, chap. X, n. 4.

morem quoque Antiochi brevi cohibeantur, eorumque supplicio cædes finiantur, ac populo Dei magno incremento ac splendori vertant.

Sic intelligendis numeris, non ipsis numeris hærere nos decet, sed excelsiore animo res ipsas per numeros designatas intueri ; quanquam id quoque Deus præstitit, ut nec à nobis numeri omninò desiderari possint, ut nostras interpretationes legenti patebit.

Deniquè nec illud prætermisimus, tres annos cum sex mensibus esse dimidiam annorum hebdomadem, ac imperfectum aliquid designare : quo nempè doceamur, persecutores nostros non secundùm optata genus nostrum extincturos, nec opus propositum aut suam, ut ita dicam, hebdomadem impleturos.

Sunt loci in quibus, ut fit, numerus certus pro incerto ponatur, nullo forsitan occultiore mysterio, quàm ut designetur pro ratione numeri multitudo conveniens; quale est : « Audivi numerum equestris exercitûs vicies decies dena millia[1], » ut intelligatur quantâ equitum multitudine sese ab Euphrate Oriens effusurus erat : nisi et illud Apostolus indicare voluit, innumerabiles licet exercitus, ita coràm Deo recensitos, ut ne unus quidem eques sine divino numine addi possit; quemadmodùm nec staturæ unus cubitus, nec capiti crinis unus, numeratis capillis nec sine Patre nostro de capite cadentibus.

Nec aliter intelligenda illa stadia mille sexcenta[2] : vanâ observatione, si ad præcisum numerum rem exigas, cæterùm solidâ gravique, si cogitaveris numeros divinâ scientiâ præstitutos ; neque quemquam omninò, sit licet Attila, seu quid truculentius aut validius, vel unum stadium, imò ne unum quidem pedem ulteriùs processurum, ac ex libro divinorumque decretorum auctoritatibus definitum præscriptumque sit.

Eâdem ferè ratione numerantur decem reges, hoc est, decem circiter, septicollem urbem populaturi, in quibus designandis quantùm vis prophetica eluxerit non est hîc demonstrandi locus.

His igitur regulis ad mysticorum numerorum arcana aperienda utimur, nisi historicè sumendos sacer textus ostendat; quod fac-

---

[1] *Apoc.*, IX, 16. — [2] *Apoc.*, XIV, 20.

tum de septem regibus caput xvii, ut ad locum illum diximus, et infrà tertiâ demonstratione repetemus.

Protestantes verò plerique magnum aliquid se præstitisse arbitrantur, si diem quemlibet pro anno computent, ac mille ducentos sexaginta annos pro totidem diebus sumant. Sed id primùm nullo fundamento nititur et alienum est à consuetudine prophetarum, ut alibi demonstravimus. Deindè inauditum omnibus sæculis ut persecutiones ultra paucos annos durent, nedùm duodena sæcula, et insuper sexaginta annos præsertim postrema persecutio, de quâ disertè scriptum : « Breviabuntur dies illi propter electos. » Tùm admitti non potest Antichristum, quem tam citò puniendum Apostolus docet, tot sæcula oppleturum blasphemiis ac cædibus, securum imperii sui et ab exitio tutum : posteà nec omnes loci huic interpretationi conveniunt, nec tres dies cum dimidio, cap. xi, pro triennio ac dimidio anno valent. Nam Scripturæ solent ab assuetis figuras dicendi ducere; nunquàm autem contigit ut cadavera mortuorum toto triennio et sex insuper mensibus insepulta jaceant in plateis civitatum, cap. xi, 8, 9 et 11 : denique quærimus cur tot absurda congesserint aut quo operæ pretio? Quandoquidem nec sic proficiant quidquam, nec Antichristum suum ejusque characteres magis norint, meliùs ab eo cavere possint, nec omninò sciant, neque undè incipiat, neque quo fine desinat. Quæ ita confusa ac perturbata sunt, ut ipse Verensfelsius non habeat ubi figat pedem : « Nam, inquit, ego quidem à computationibus calculisque propheticis semper abhorrui, et ad eos etiam caligare me fateor [1]. » Nec mirum, cùm nihil habeant quod præfigant; ut alio quoque loco confitetur. Quid autem in *Apocalypsi* se videre putet, qui ad hæc ubique diffusa cæcutire se fatetur? Et tamen audenter affirmet : « Facillimè posse in romanis pontificibus agnosci Antichristum [2]. » Nec si alii confidentiores, ideò doctiores. Omnes enim ad novas res semper commoventur, et quoscumque magnos duces fortuitò exortos tanquam è cœlo lapsos contra Antichristum ominantur : si qui cautiores, rem suaque inventa aptant temporibus, ac extrahunt in longum, ne scilicet fatidicas conjecturas suas eventa corrigant,

---

[1] Verensf., cap. iv, § 14. — [2] Verensf., cap. i, § 17, 25.

ut profectò præstiterit cum illo conjectore semel dicere : Quidquid dicam, aut erit, aut non.

ADMONITIO TERTIA.

De Româ idolis inhærente sub piis quoque principibus.

Quò hæc admonitio pertineat, cuique obvium est. Nempè Verensfelsius aliique quibus haud credibile capita Joannis XVII, XVIII, XIX, ad eversam sub Alarico eumque secutis regibus Romam pertinere, eo vel maximè nituntur, quòd ea tunc christiana fuerit, ac sub piis et christianis imperatoribus vixerit, adeòque nec potuerit idololatriæ causâ pœnas dare. Ita Verensfelsius [1], nos autem vel tùm maximè hæsisse idololatriæ virus rebus addiximus necessariis : primùm enim, post obolita sacra nefaria per quinquaginta ferè annos, Constantino Magno et Constantio principibus, statim atque Julianus Augustus licentiam reddidit, rursùs erupit insanus error, ut se compressum, non autem stirpitùs evulsum ostenderet; quod nec Verensfelsius negare potuit, quantumvis Juliani gesta extenuare conetur, ut alio loco, datâ occasione, aptiùs exponemus.

Deindè secutis temporibus, cùm optimi principes qui Juliano successerunt, rursùs idolorum templa occluserint, tantùm abfuit, ut tunc idololatria extincta sit, ut è contrà senatus, pars illa nobilissima romanæ civitatis, misso ad imperatorem Valentinianum juniorem Symmacho præfecto urbis, pro idolorum cultu, ac maximè pro restituendâ arâ Victoriæ in Curiâ, ac pro Vestalium immunitate ac præmiis supplicarit. Quo cùm nihil sit clarius et nullum relictum sit effugium, idem Verensfelsius tacere omninò quàm respondere maluit.

Idem ubique silentium, cùm et illud taceat per eadem tempora, si qui ab exercitibus tyranni levarentur, non aliâ majori spe demulsisse populos, quàm veterum deorum restitutione promissâ ; tanta insania erat. Tacet et hoc, paucis annis ante captam urbem, ludos sæculares, non sine paganicis superstitionibus, esse transactos [2].

---

[1] Verensf., cap. III, § 9, 10, 20. — [2] Zozim., lib. II.

Omissum etiam illud quod, Zozimo docente, retulimus, tot inter calamitates, imminente Alarico, à præfecto urbis propositum ex priscâ Tuscorum disciplinâ, senatu in Capitolium ascendente, propitiandos deos [1]. Adeò omnia et ipse quoque amplissimus ordo, si licuisset, in paganismi cæremonias et sacra inclinabant.

Scripsit his affinia Sozomenus [2] : his tribuit illud immissum à Deo in mentem Alarici de perdendâ urbe decretum suo loco clariùs memorandum.

His igitur prætermissis videtur evigilare Verensfelsius ad Attali et Tertulli consulis nomen, meque reprehendit : « Ac miror, inquit, summum virum ad hæc non fuisse attentiorem [3] : » suaviter planè : videamus tamen quâ in re nostra diligentia desideretur. De Attalo falso Augusto Romæ imposito dixi, eum fuisse « affectu paganum qui etiam spem faceret restituendi paganismi [4]. » Ubi hîc indiligentia nostra? cùm testem adhibeam Sozomenum hæc dicentem : « Prorsùs pagani existimabant illum palàm paganismum amplexurum, et ipsis restituturum templa patria cum feriis et victimis [5]. » Sat clarè, ni fallor, nec ego indiligens, qui eum non apertâ professione, sed « affectu paganum » renuntiavi. An non affectu paganus qui Tertullum consulem designavit, cujus hæc magistratum ineuntis in senatu fuit oratio : « Loquor vobis, patres conscripti, consul et pontifex, quorum alterum teneo, alterum spero [6]; » quo se antiquorum deorum pontificem futurum non statim jactaret, nisi crederet rem sibi honorificam et senatui gratam?

At enim quærit Verensfelsius, an Romanis crimini imputandum fuit quòd habuerint Attalum ab Alarico impositum falsum imperatorem, Tertullum ab Attalo falsum consulem ? Quo loco meam dolet indiligentiam [7]; nec attendit ipse quid Zozimus scripserit, sic nempè : « Enim verò cives Romani magnâ lætitià fruebantur, qui et alios magistratus reipublicæ peritos nacti fuissent (ab Attalo datos), et insignem ex Tertulli consulis honore voluptatem caperent [8]. » Sic Romanis non Attalus imperator, non Tertullus

---

[1] Zozim., lib. V. — [2] Sozom., lib. IX, 6. — [3] Verensf., cap. III, § 10. — [4] *In Apoc.*, 82, 83. — [5] Sozom., lib. IX, 9. — [6] Paul. Oros., VII, 42. — [7] Verensf., cap. III, § 10. — [8] Zozim., lib. VI, p. 113.

consul invitis obtrusi sunt, quorum honoribus et potentiâ communi omnium sensu ita delectarentur, ut disertè Zozimus solam « Aniciorum familiam memoret, qui morderent ea quæ universis conducere videbantur, ac felicitatem publicam permolestè ferrent [1]. » Ergo universim senatus populusque romanus, Attalo imperatore favente paganis, Tertullo consule vetera sacra revocaturo, lætabantur.

Addit Verensfelsius arianos « de Attalo potiora sperasse, » teste Sozomeno, qui non obscurè « indicat fuisse arianum [2] ». Quid nostrâ? Quasi homo vanus et cæcâ ambitione corruptus non simul potuerit et paganis et arianis se fautorem polliceri, cùm utrumque Sozomenus disertè dixerit?

At enim, inquit, nec Procopius nec Zozimus Attalum paganum fuisse significant [3]. Iterùm rogo, quid nostrâ? qui id tantùm ediximus *affectu* et favore fuisse paganum, et paganum hominem Tertullum consulem designasse?

Addit Zozimus Attalum sana omnia consilia respuisse, « spes eas amplexum quas vates facerent [4] : » quales autem vates, nisi eos quos plebs audiebat, more paganico futura conjectantes?

Pergit Verensfelsius, « Eadem amentia plurimos christianos habuit qui propterea à fide non desciverunt [5] : » Vanissimè omninò, cùm ex subjectâ materiâ intelligendi veniant vates illi, quibus tùm delectatos fuisse ethnicos, omnes historici et ipse quoque Zozimus attestetur, ut diximus.

Quid autem virum doctum juvat, quod tùm deùm templa clausa fuerint, imperatorum jussu scilicet? Sed quo Romanorum emolumento? cùm et ea animo retinerent et iis mox, ut quidem sperabant, recludendis inhiarent, et impia sacra quæ possint, frequentarent, et hoc rerum statu effusissimo gaudio lætarentur, et sub ipso ictu, quantùm in ipsis erat, paganismo imperium reddidissent : quò certum omninò fiat plus satis causarum fuisse cur de urbe Româ, pro idolorum cultu impiè revocato, supplicium sumeretur.

— Inter cæteras probationes nostras vel hæc eminebat, ex sancto Augustino *de Civitate Dei*, lib. I c. 3, et ab eo qui Augustini ductu

[1] Zozim., lib. VI, p. 113. — [2] *Ibid.* — [3] *Ibid.* — [4] *Ibid.* — [5] *Ibid.*

jussuque suam conscripsit historiam, Paulo Orosio, repetita : urgebat Romam ultio divina : Gothi executores, Rhadagaisus Gothus, cum ducentis hominum millibus in viciniâ constitutus, Romanorum cervicibus imminebat : Alaricus item Gothus tardiore gradu et inferior viribus propinquabat. Ille sacrificabat diis; hic christianus, arianus licet, à nefariis sacris abhorrebat : « Fervent totâ urbe blasphemiæ : vulgò Christi nomen, tanquàm lues aliqua præsentium temporum probris ingravatur[1]. » Clamitabant « vinci omninò non posse, » qui deorum præsidio niteretur (Aug.), ejus sacrificia se magis pertimescere quàm arma fingebant (Oros.); et tamen conterritum divinitùs, nec dispositâ acie fudere auxiliares copiæ Romanorum (Oros.) uno die tantâ celeritate, ut, ne uno quidem non dicam extincto, sed nec vulnerato Romanorum, tantus ejus prosterneretur exercitus, atque ipse cum filiis necaretur (Aug.). Sic ingrata Roma (Oros.) mitiori hosti Alarico traditur, ne gloria daretur dæmonibus, quibus illum supplicare constabat (Aug.). »

Non abs re, his addidero verba Augustini[2] de Rhadagaiso et Alarico regibus Gothis disserentis : « Rhadagaisus rex Gothorum cum ingenti exercitu multò numerosiore quàm Alarici fuit. Paganus homo erat Rhadagaisus : Jovi sacrificabat quotidie... Tunc omnes isti (Romani scilicet in maximam partem) : Ecce nos non sacrificamus, ille sacrificat : vinci habemus à sacrificante quibus non licet sacrificare. Victus est Rhadagaisus adspirante Domino miro modo. Posteà venerunt Gothi, Alarico duce non sacrificantes, et si fide christianâ, non catholici, tamen idolis inimici, et ipsi ceperunt (Romam), vicerunt Romanos de idolis præsumentes, et perdita idola adhuc quærentes, et perditis adhuc sacrificantes. » En erga idola quàm insano studio tenerentur.

Hæc à nobis exposita[3] tantis auctoribus; quibus profectò constat, quo affectu in idola illa « ingrata Roma » ferretur. Tacere oportebat eum qui se nostris respondere prædicat? Suppetunt nunc et alia quæ à nobis prætermissa sunt probationum copiâ laborantibus. Legatur B. Gelasii papæ libellus adversùs *Andro-*

---

[1] Paul. Oros., lib. VII, 37. — [2] Serm. CV, c. IX, n. 12, olim *De Verbis Domini*, XXIX. — [3] *In Apoc.*, cap. IV, n. 14.

nicum senatorem, præcipuum scilicet urbis magistratum, cæterosque Romanos qui *Lupercalia* restituenda curabant, eorumque intermissioni omnes imperii calamitates imputabant. Contra quos Gelasius : « Quandò Anthemius imperator Romam venit (ante paucos annos scilicet), Lupercalia utique gerebantur.... » Posteà : « Numquid Lupercalia deerant, quandò urbem Alaricus evertit [1]? » Tantâ vi sese idolorum cultus ingerebat Romam, ut ab Alarici tempore per sexaginta ferè annos usque ad Gelasium perduraret.

Addam et illud Salviani in *Apocalypsi* nostrâ notatum, non tamen ita expressum ac par erat; nempè is magnis clamoribus ubique conqueritur toto orbe Romano postulatos ac celebratos Circenses aliosque ludos idolis consecratos : « Colitur namque et honoratur Minerva in gymnasiis; Venus in theatris; deus Neptunus in circis; Mars in arenis; Mercurius in palæstris [2]. » Sic ethnica sacrilegia toto orbe Romano Dei vindictam provocabant, ut profectò eâ causâ Roma non immeritò Barbaris spolianda traderetur, mulctaretur imperio, caput provinciarum redigeretur in provinciam, et à Gothis quoque regibus teneretur.

De his excidii Romani causis Verensfelsius conticescit [3]; sanè confitetur « murmurasse » Romanos ac plebem superstitiosam; quasi à nobis commemorata sint *murmura* non aperta sacrilegia, nec plebis querulæ voces, sed senatûs decreta, aliaque tot ac tanta, quæ divinam ultionem accenderent.

Neque, quod nunc fingunt, christiani principes exitium avertebant, imò potiùs accersebant, quòd Roma ethnicis addicta religionibus, nec piorum imperatorum Constantini Magni, Gratiani, Theodosii aliorumque exemplis et legibus instituta, nec à duris magistris Alarico, Attilâ, Genserico, Odoacre emendata, ad sanitatem redire vellet.

ADMONITIO QUARTA ET ULTIMA.

Quale futurum esset excidium Urbis, et quandò combusta sit.

Duo hîc à nobis imprimis perpendenda sunt : primùm sub Alarico gesta qui fons malorum fuit, quantoque ictu tunc Roma per-

[1] Salv., *De Gubern.*, lib. VI. — [2] *Ibid*. — [3] Verensf., cap. III, § 10.

cussa sit; deindè ex illo ictu sub aliis ducibus consecuta. Neque enim nos, ut fingit Verensfelsius, romanum excidium uni Alarico imputamus [1], quanquàm ipsi vel maximè, sed disertè annotavimus quomodò ex illo omnia in pejus jam ruere cœperint, « deterso semel romani nominis metu [2], » et accepto tam grandi vulnere, ex quo nunquàm res romana convaluit.

Rem autem non aliter gestam esse quàm diximus [3], satis ex eventu claruit. Statim namque Alaricum crudelior et avarior Ataulphus excepit, Romam expilavit, ac de abolendo romano nomine cogitavit. Neque ita multò post sub Attila Hunno, sancto pontifici suo salutem Roma debuit, conversis tamen in provincias armis. Sub eodem Leone adest Gensericus Hunno crudelior. Paucis abhinc annis Augustulus postremus in Occidente Romanorum imperator, sedem imperii romani, Odoacri Herulo, Theodorico Gotho, cæteris deindè tyrannis vacuam reliquit. Hinc alternis vicibus Romani et Gothi inter se ventilatam ut pilam habuere, donec Totila Gothus inchoatum jam indè ab Alarico urbis Romæ perfecit incendium.

Sic ceciderat Babylon cujus figuram Roma in Occidente gessit : sic, inquam, ceciderat prisca illa Babylon, quam ideò Propheta vili scorto comparavit, quòd, Hieronymo interprete, « in morem scorti victorum libidini pareat [4], » sic Roma quodam veluti pudore prostrato, cujuscumque obvii ducis cupiditatibus serviebat.

Nemo ergo dixerit eam posteà fuisse superstitem. Perierat planè Babylonis instar, quæ trecentis annis post Cyri victoriam sub Alexandro quoque Magno et aliquot secutis Asiæ regibus floruit : nec minus sub Cyro cecidisse à Jeremiâ cæterisque prophetis memoratur, quòd capta, vastata, diruta, quantumvis utcumquè instaurata, sempiterno exitio amisit imperium, nec unquàm pristino splendori restituta est, ut in *Apocalypseos* nostræ præfatione monuimus [5].

Nec id negat Verensfelsius, cujus hæc verba sunt : « At romanum imperium eo ipso tempore miserè discerptum est [6]. » Addit, « Totilam ferro flammâque paulò crudeliùs ac cæteri grassatum

---

[1] *Hist. abrégée*, n. 16 et suiv.— [2] Paul. Oros., lib. VII, 38. — [3] Com. *in Apoc.* — [4] *Ezech.*, XLVII, 1, et in eum locum Hier. — [5] N. 7.— [6] Verensf., cap. III, § 12.

fuisse. » Nec tamen periisse vult [1], quæ toties capta, recepta, spoliata, prædæ ac ludibrio habita, nec amissum imperium, nec pristinum splendorem recuperare potuerit.

Sed quandoquidem idem Verensfelsius hunc antiquæ Romæ sub Alarico casum extenuare nititur, nec ad rem pertinere, aut ad horrendam istam Joannis descriptionem nihil facere putat ; ad ea initia recurrimus, ac testes adducimus auctores illius ævi probatissimos; nec abnuet Verensfelsius, qui Patrum, ut lectione parcâ, ita reverentiâ tenui, tamen eos saltem ut historicos auditurum se spondeat.

Primus testis : *Sanctus Augustinus.*

In Commentario nostro Augustinum testem ejus ævi adduximus, sermone *de Urbis excidio* [2]. En urbis excidium, ipso jam titulo comprobatum. Quid posteà? Id agit, quod sæpè Augustinus : « Pepercisse Deum romanæ civitati quæ ante hostile incendium, in multis ex multâ jam parte migraverat. » En disertissimè « hostile incendium. » Quid hîc Verensfelsius? « Eruditi, inquit, pridem judicarunt, id scriptum Augustini non esse [3]. » Qui autem eruditi? Neminem affert. Imò eruditi annotarunt id scriptum ante nongentos annos citatum à Bedâ in illo Commentario ad Paulum, quem ex verbis Augustini totum contexuit. Verba Augustini ex hoc sermone decerpit (in I *Cor.*, c. x), quod omnes pro certissimo Augustiniani sermonis argumento sumunt. Et tamen vir doctus nescio « quos eruditos » laudat probatione nullâ, penè dixerim. Pudet viri jactantis in aera quidquid in mentem venerit. Sic quos solvere non potuit, amputavit nodos. Hoc primum. Posteà fac, id quod est absurdissimum, non esse Augustini; est certè, quod nec ipse Verensfelsius inficiaturus sit, viri docti, pii, deniquè Augustino simillimi, verbis et exemplis sanctarum Scripturarum compescentis per ea tempora de urbis excidio murmurantes. Quare, utcumquè est, solvendus ille locus : ergo Verensfelsius sic solvit : « Scriptor ille quæ de incendio dicit, videtur potiùs propter illam quam instituit Sodomæ comparatio-

---

[1] Verensf., cap. III, § 20. — [2] Tom. VI, cap. V, n. 8. — [3] Verensf., cap. III, § 6.

nem dicere, quàm quòd res ita se habuerit. » Rectè: Ideò « hostile incendium » agnovit, quòd Romam Sodomis comparavit : an quod est rectius, Sodomæ comparavit, quod ibi « hostile incendium » comparavit? Prætereà hoc addit : « Certè si seriò ita loquitur, incendium illud extra verum exaggerat. » Quid autem exaggerat qui simpliciter appellat « hostile incendium ? » Deniquè provocat ad « constantem cæterorum consensum in re, inquit, omnium oculos incurrente. » Placet consilium : quem autem nunc maximè consulamus auctorem præter ipsum Augustinum paganis insultantibus respondentem? « Jam video quid dicas in corde tuo : Temporibus christianis Roma afflicta est et incensa. » Respondet : « Sicut habet historia eorum incendium hoc romanæ urbis tertium est..... Quomodò semel arsit inter sacrificia christianorum, jam bis arserat inter sacrificia paganorum, semel à Gallis incensa est..... Posteà à Nerone, secundo igne Roma flagravit[1]. » En postremum incendium quantis ignibus compararit !

Secundus testis : *Sanctus Hieronymus*.

Libet primùm videre quæ in prophetarum commentariis ad totam Ecclesiam, deindè quæ ad privatos eâ de re scripserit. « Sub ipso verò ictu positus, romanæ urbis obsidione subitò nuntiatâ, » hæc habet : « Consternatus, inquit, obstupui : ut nihil aliud quàm de salute omnium cogitarem, meque in captivitate sanctorum putarem esse captivum. » Pergit : « Postquàm verò clarissimum terrarum omnium lumen extinctum est, imò romani imperii truncatum caput, et veriùs dicam, in unâ urbe totus orbis interiit, etc.[2] » Prœmio verò ad librum III : « Quis crederet ut totius orbis extructa victoriis Roma corrueret, ut ipsa suis populis et mater fieret et sepulcrum : ut tota Orientis, Ægypti ; Africæ littora olim dominatricis urbis servorum et ancillarum numero complerentur : ut quotidie sancta Bethleem, nobiles quondàm utriusque sexûs atque omnibus divitiis affluentes susciperet mendicantes ? »

Hinc conversis ad provocandam pœnitentiam animis, prœmio

---

[1] Serm. CCXCVI, cap. VI, n. 7, olim *De diversis*, serm. CVI. — [2] Prœm. ad lib. I *in Ezech.*

in lib. VIII, hos edit gemitus : « Cadit mundus; et cervix erecta non flectitur: pereunt divitiæ; et nequaquàm cessat avaritia; congregare festinant quæ rursùs ab aliis occupentur: aruerunt lacrymæ, pietas omnis ablata est. » Rectè, et ex more prophetarum, ne mundi calamitates deplorare tantùm, neglectâ adhortatione ad pœnitentiam, videretur.

Has autem ruentis imperii miserias pridem præsagire visus, cùm sub Babylonis nomine indicaret eam « quæ sedet in septem collibus purpurata, cujus supplicium in *Apocalypsi* Joannis legimus. » Ac paulò post : « Tunc domus quorum sunt aurata laquearia et parietes vestiuntur crustis, remanebunt vacuæ [1]. » Rursùs commemorat quosdam « qui non ipsam Babylonem, sed Romanam urbem interpretantur, quæ in *Apocalypsi* Joannis et in *Epistola* Petri, *Babylon* specialiter appellatur, et cuncta quæ nunc ad Babylonem dicuntur, illius ruinæ convenire testentur [2]. »

Ad privatos in eumdem sensum scripsit : ad Demetriadem, epistola VIII : « Nescis, misera, cui virginitatem tuam debeas : dudùm inter barbaras tremuisti manus..... horruisti truces hostium vultus : raptas virgines Dei gemitu tacito conspexisti : urbs tua quondàm orbis caput, romani populi sepulcrum est; et tu in libyco littore exulem virum, exul ipsa accipies, » semper à calamitatibus ad pietatem sermone converso.

Epistola XI ad Ageruchiam, postquàm ostendit pejùs periisse Romam quàm olim sub Brenno et Annibale, exclamat : « Quid salvum est, si Roma perit? » et ad tantas ærumnas sentit verba deficere.

Ad Gaudentium epistola XII : «Proh nefas! orbis terrarum ruit, in nobis peccata non ruunt : urbs inclyta et romani imperii caput uno hausta est incendio. Nulla est regio quæ non cives romanos habeat; in cineres ac favillas sacræ quondam Ecclesiæ conciderunt. Et tamen studemus avaritiæ..... Auro parietes, auro laquearia, auro fulgent capita columnarum, etc. » Sic semper in calamitatibus describendis eloquentem se præbet, ut adversùs avaritiam, luxum ac reliquas cupiditates vehementior insurgat et copiosior.

[1] In *Isa.*, lib. III, ad cap. XXIV. — [2] In *Isa.*, lib. XIII, ad cap. XLVII.

Nec ab eo unquam proposito destitit, sive romani imperii præsagiret excidium, sive jam deploraret. « Horret animus temporum nostrorum ruinas persequi. Viginti et eo ampliùs anni sunt, quòd inter Constantinopolim et Alpes Julias quotidiè sanguis romanus effunditur. » Exindè vastatas provincias narrat, necdùm de urbe quidquam : ac posteà « Romanus orbis ruit, et tamen cervix nostra erecta non flectitur, etc. » Ac posteà : « Romanus exercitus victor orbis et dominus, ab his (barbaris) vincitur, hos pavet, horum terretur aspectu..... Et non intelligimus prophetarum voces : *Fugient mille, uno persequente;* nec amputamus causas morbi, ut morbus pariter auferatur[1]. » Quantò magis post captam et expilatam urbem, et *truncatum,* ut ait[2], romani imperii caput, ruitura omnia auguratur !

Nec urbi regnatrici parcit : « Maledictionem quam tibi Salvator in *Apocalypsi* comminatus est, potes effugere per pœnitentiam[3]. »

Cætera ejus generis præterimus. Neque hæc de imperio romano temerè jactat, sed ex conjunctis causis argumento ducto : quòd Barbari undiquè irruerint, quòd ad eorum nomen romanus exercitus pavitaret, ac vincere dedisceret, quòd jam non in hostico, sed in solo suo, « nec pro gloriâ, sed pro salute, Roma pugnaret, imò ne pugnaret quidem[4], » quod cædes, conflagrationes, exitia toto orbe romano, per urbes, per ecclesias pervagata esse cerneret.

Ad hæc Verensfelsius nihil aliud quàm « esse aliquos amplificandi modos[5], » hoc est non res gestas, sed splendida et inflata mendacia, quibus Hieronymus universo orbi spectanti et sentienti ridendum se præberet : itaque, si Deo placet, Patrum eruditissimum, ejusque tam clara testimonia statim unâ liturâ deleta à se putat. In unâ Epistolâ vııı ad *Demetriadem virginem* legimus, et ab ipso defletos « Romæ cineres » et à Probâ navigaturâ visam « fumantem patriam » et procerum romanorum « direptas incensasque domos. » Quid ergo ? Non puduisse Hieronymum tot illustribus personis illudere ? Esto simpliciter arsisse dixerit, magnâ et insigni ex parte combustam : quis nescit hanc vehe-

---

[1] Ep. ııı *ad Heliod.* — [2] Ep. xvı *ad Princ.*— [3] Lib. II. *adv. Jovin.* in fine. — [4] Ep. xı *ad Ageruc.* — [5] Cap. ııı, § 6.

mentiam nec dedecere prophetas : præsertim cùm eò deventum est « ut vincatur sermo rei magnitudine, et minus sit omne quod dicitur ¹? »

Valeat ergo apud Verensfelsium hæc amplificatio non declamatoriâ vanitate, sed gravitate rerum, qui cùm diligentiùs tot Hieronymi loca à nobis quidem citata et nunc ex parte repetita perlegerit, perfectò intelliget unum Hieronymum alterum suo ævo, Jeremiam, lamenta æquasse calamitatibus, et castigationibus pœnitentiam.

Tertius et quartus testis : *Socrates* et *Marcellinus* comes.

Hos attulit ipse Verensfelsius, cap. III, § 6 et 7, et studiosè notat non esse à me allegatos. Socratis autem hæc verba sunt : « Barbari, Alarico duce, Romam everterunt, admiranda opera quæ spectaculo essent incenderunt, opes diripuerunt, complures senatores variis cruciatibus addixerunt, imperii majestatem abolere tentarunt, etc. ². » Quo loco Verensfelsius : « Socratis auctoritas tanti ponderis non est, » quòd Constantinopoli (procul Româ scilicet) vitam egisse, et in quibusdam circumstantiis hallucinatum esse prodat; tanquàm ille rerum summam paucissimis verbis complexus, omnia cautè et ordine exequi debuerit; aut si eum, forte quædam minuta, ipsum caput rerum, in casu per totum orbem pervulgato, et, ut ipse vir doctus annotavit, « omnium oculos incurrente, » ignorare potuerit.

- Sequitur : « Marcellinus comes, qui in *Chronico*, urbis partem crematam esse ait. » Verùm « et ille, ut qui Justiniani demùm temporibus scripsit, præ iis qui ab Alarico Romam capi viderant, fidem non meretur. » Ita doctus Verensfelsius ³, quasi magis ipsi licuerit citasse Jornandem, qui sub eodem imperatore floruit. Nos autem non eum volumus anteponi prioribus, qui omnes nullo negotio conciliare possimus, ut statim patebit; nec contemni patimur, exactum ac probatum chronographum, qui rem omnibus sæculis, memorandam proximo sæculo scripsit. Quòd autem hos duos auctores omiserimus, non proptereà factum, quòd exigui pretii, testes viderentur, sed quòd clarissimos viros Hieronymum, Au-

¹ Ep. XXXV *ad Heliod.*, in fine. — ² Lib. VII, 10. — ³ C.

gustinum ac Paulum Orosium in re tam clarâ omninò sufficere putaremus.

Quintus testis : *Paulus Orosius*,
Cui quidam alii subnectuntur, et res tota concluditur.

« Anno ab urbe conditâ mclxiv, irruptio urbis per Alaricum facta est, cujus rei, quamvis recens memoria sit, tamen si quis populi romani et multitudinem videat et vocem audiat, nihil factum, sicut etiam ipsi fatentur, arbitrabitur, nisi aliquantis adhuc existentibus ex incendio ruinis fortè doceatur [1]. » Ecce gravis auctor sex annis elapsis, rege Gothorum Valliâ post Alaricum tertio, scribens Romæ, adhuc visi incendii reliquias refert. Quòd autem « aliquantas tantùm ex incendio ruinas » et factum aliquantarum ædium incendium memorat, non id agit ut incendium exiguum videatur, sed non tantum quantum anno urbis dcc [2], « plurimam urbis partem fortuitus ignis invasit, » quo nullum hactenùs incendium tetrius fuerat, aut certè non tantum quantum sub Nerone [3] et aliis quæ memorat incendiis, ubi tota civitas conflagravit [4]. »

Non ergo quis dixerit Orosium Augustino magistro, cui suam dedicat historiam aut Hieronymo, cujus auctoritatem et admittit et laudat [5], esse contrarium, qui urbem simpliciter arsisse memorarunt; sed comparatione institutâ cum aliis incendiis significare voluisse, non integram urbem, nec etiam plurimam partem concrematam, imò verò *aliquantam* eamque fortasse non magnam, si ex ædificiorum quæ supererant numero, incendium æstimetur.

Factum congruit cum Socrate, cujus hæc verba legimus : « Incensa in urbe opera admiranda quæ spectaculo essent ; » quo non omnia, sed insigniora quædam ædificia arsisse demonstrat.

Addit Orosius eodem tempore clarissima urbis loca fulminibus diruta, quæ inflammari ab hostibus nequiverunt [6], mole scilicet et structurâ operum : ut sciamus à Gothis quidem tentatum incendium, sed ipsa opera restitisse et cœlestis ignis ictibus quodammodò suppletam esse vindictam [7].

---

[1] Lib. VII, 40. — [2] *Ibid.*, 7. — [3] *Ibid.*, 14. — [4] *Ibid.*, 39. — [5] *Ibid.*, 43. — [6] Lib. XXXIX. — [7] Lib. II, 3; VII, 29.

Quod autem et Orosius scripsit, et Verensfelsius memorat [1], « Romam opibus spoliatam non regno, ac manere tamen et regnare incolumem : » nemo non videt ad ea tempora pertinere quibus romanæ urbis sors adhuc dubia videretur, ut diximus; quo statu non mirum multos quorum numero accederet Orosius, romani imperii diuturnitati favisse, ut erat pridem insitum christianis, quamvis tot populatæ provinciæ, tot æquatæ solo urbes, tot ac tanti barbarorum exercitus, longè latèque grassantes, tanta deniquè agrorum squallentium vastitas, vix aliquid spei relinquerent.

Nec negaverim quædam tunc dicta esse in gratiam Honorii incolumis, florentibus in Oriente Arcadii fratris, sive potiùs Theodosii ejus filii rebus : quòd, eodem Orosio auctore, pii fratres, « commune imperium divisis tantùm sedibus tenere cœpissent [2] : » iisque superstitibus romanum imperium extinctum confiteri vererentur.

Pudebat interdùm Barbaros tantam urbem ornamentum orbis terrarum diruisse : quos proindè Cassiodorus excusans, « Alaricum laudat tanquàm clementer usum victoriâ [3]. » Quid autem ex his inferet Verensfelsius ? Cùm nemo negaverit Gothos esse laudandos quod constituto asylo in æde sancti Petri à promiscuis cædibus abstinuerint; nec indecorè senator sub Theodorico Gotho Romæ regnante scribens, eo saltem nomine Gothos commendavit.

Quod autem Jornandes scriptum reliquerit [4], « Alarico jubente Romam à Gothis quidem spoliatam, non autem, ut solent gentes, suppositos ignes, » prorsùs intelligendi ignes quibus tota civitas quasi jure victoriæ deflagraret, ut is auctor conveniat cum antiquioribus; cùm ipse Verensfelsius ultrò fateatur « in tanto tumultu necessariò factum, » ne à subjectis facibus penitùs temperarent [5].

Sed jam de his plus satis : neque enim decet nos interpretaturos tam sublime vaticinium, levia ac minuta sectari; neque necesse ducimus ut omnes auctores aut viderint aut observaverint, aut scribere voluerint totum barbaricæ incursionis atque impressionis effectum : summam rerum intuemur. Sit nobis ante oculos

[1] Verensf., cap. III, § 6.— [2] Verensf., lib. VII, 36. — [3] Ibid.— [4] *De rebus Goth.* p. 614. — [5] *Ibid.*

Babylon, et Babylon antiqua et nova, orientalis et occidentalis, ut eam, ni fallor, Augustinus appellat. Addamus si libet utramque per eumdem temporum circulum, per mille scilicet ac centum et sexaginta annos, quatuor ferè additis, regnatricem, ac posteà obsessam, captam, spoliatam à præfecto quondàm suo Arbace Babylonem; « à comite quondàm suo Alarico » Romam, ut Orosius narrat [1]; de regno sublato si non statim satis claruit, paulò post secuta rerum eventa docuerunt, romanumque nomen olim terris omnibus inclytum atque metuendum, nullâ spe relictâ, probro et odio fuisse barbaricis regibus ac gentibus; quod et certissimum est, et nostro instituto sufficit.

SECUNDA DEMONSTRATIO.

Quòd Babyloni Joannis clarus et certus sit inditus character romanæ quidem urbis, sed vetustæ illius quæ Joannis ipsius tempore visebatur, gentibus imperantis, sævientis in sanctos, et falsis numinibus inhærentis; ideòque cum suo superbissimo et crudelissmo imperio excisæ.

Juvat hîc proponere protestantibus haud suspectos testes, nec recentiores tantùm, Hammondum, Grotium, cæteros; sed jam indè ab initio Henricum Bullingerum, auctori non ignotum, quippe et zuinglianum, et apud Tigurenses Zuinglii successorem, quem suum etiam præceptorem appellat [2]. Is autem in ipsâ præfatione [3], bestias Joannis interpretari aggressus, commemoratis « piis et christianis romanis imperatoribus Gratiano, Theodosio, Constantino, qui sub bestiâ diabolicâ minimè supputantur, » hæc habet: « Dùm interim vetus illa Roma serio nollet resipiscere (notentur hæc verba) et converti ad Christum, relictis diis suis et superstitionibus, lege talionis tandem damnata est à Christo. Nam quâ mensurâ Romani mensi sunt aliis gentibus, eâdem gentes aliæ remensæ sunt Romæ [4]. Proindè irruerunt in imperium romanum Persæ, Hunni, Franci, Alemanni, Visigothi, Vandali et Ostrogothi, ac totum frustillatim dilacerarunt imperium. Ipsam

---

[1] Lib. II, 3. — [2] Concion. *in Apoc.* — [3] Præf., p. 6. — [4] *Apoc.*, xviii, 6.

verò Romam tandem obsederunt, irruperunt, occuparunt, diripuerunt, evacuarunt et combusserunt, atque vastarunt. » Sic dirutum memorat imperium romanum, neque profuisse, tot pios et christianos habere principes, quòd sub iis Romani resipiscere noluissent : quæ est propositio demonstranda nobis, quamque ante nos Bullingerus demonstrandam suscepit.

Hæc ad explicationem cap. XIII et XVIII spectantia, ad eadem capita exponit longè copiosiùs ad hunc modum.

Demonstrat imprimis in bestiâ vetustum imperium romanum, quale Joannis tempore visebatur, in eoque regno, inquit[1], « super capita ejus nomen blasphemiæ, id est, quidquid excogitari potest blasphemiarum, id totum, et in capitibus maximè invenietur conspicuum. Si enim inspexeris colles romanos, imprimis montem Capitolinum (caput urbis scilicet) invenies à Cicerone appellatum deorum domicilium; in collibus etiam illis visebantur templa Jovis Statoris, Tonantis, Pistoris; ac templa Saturni, Junonis, Herculis, Jani, Veneris, Apollinis, etc. Addit invaluisse blasphemias, eo maximè tempore quo Vespasianus et Titus de Judæis eorumque Deo, qui verus et solus est, triumphasse sibi videbantur, ductis in triumphum sacris templi vasis, tanquàm ipse Judæorum Deus victus vinctusque traheretur. Quòd autem Deus permiserit bestiæ ut persequeretur sanctos, in decem illas notissimas imperii romani usque ad Constantinum persecutiones, refert, quo tempore blasphemarint contra *inhabitantes cœlum*, quos appellaverunt impios, seductores, turbatores pacis, ac piaculares homines, etc. » Hæc ad cap. XIII, *Concion.* 55, 56, pag. 166, 168, 169. En illud imperium cujus Joannes fata caneret, et excidium nuntiaret.

Id autem excidium ad caput XVII referri demonstrat *Conc.* 73 et seq., ac decem reges Joannis agnoscit esse decem plus minùsve regna, quæ Romam ac « vetustum romanum imperium » everterint. Disertè autem commemorat Alaricum, Totilam, Gothos, ad hæc reges Herulos, Vandalos, alios qui Romam ceperint, devastarint, incenderint, quo tempore præclarum illud imperium collapsum sit *in cineres*.

[1] *Apoc.*, XIII, 1.

Neque deterruit virum quòd Roma tunc subesset christianis principibus : « eò quòd impia Roma cùm haberet pios imperatores, non tamen cervicem induratam Christo flecteret, sed pertinacissimè semper aspiraret ad veterem et consuetam idololatriam, quam et restitutam cupiebat [1]. » Quod etiam in præfatione præmiserat, ut vidimus.

Nedùm ergo pii principes Dei iram averterint, eam potiùs inflammabant; «quòd, cùm Deus reliquisset spatium pœnitentiæ, dedissetque Romanis principes optimos, quorum diligenti operâ et pietate ethnicos furores ac idolomaniam refrænavit; tamen et in urbe, et in provinciis, aspirabant cupidè ad restitutionem inveteratæ idololatriæ : » quod etiam illustrat exemplo Judæorum sub pio rege Josiâ : «cujus temporibus inveteratus error et abominanda idololatria expectorari non potuit [2]. »

Nos autem hæc omnia in *Apocalypsi* nostrâ tot probationibus ac testimoniis asseruimus, ut mirum profectò non sit, tam perspicuam veritatem etiam ab Henrico Bullingero, tam expressis verbis esse agnitam, licet infensissimo animo adversùs Ecclesiam romanam, quantùm poterat, omnia detorqueret.

Sed profectò frustrà fuit : omninò enim recognoscit urbem illam septicollem, mysticè Babylonem, Romam ad litteram, cum suo imperio interiisse sub Gothis aliisque regibus; illam, inquam, Romam quam Joannes, dùm inter vivos ageret, viderat longè latèque imperantem, idolis servientem et sitientem christiani sanguinis, persequentem sanctos et persecuturam, atque ideò suo tempore perituram. Impleta sunt fata quæ Joannes ante quadringentos ferè annos cecinit, ejusque vaticinia haud minùs illustrem ac perspectum exitum habuerunt, quàm illa Isaiæ, Jeremiæ, aliorumque prophetarum de excidio Babylonis æquè dominantis, æquè impiæ ac superbientis, nec minore odio sanctos opprimentis. Quò ergo pertinebat novum romani Papatùs ruiturum imperium comminisci? Cùm vetusta Roma, vetustum romanum imperium, omnia oracula Joannis, ejusque revelationis exhauriant : neque ipse Bullingerus de novo illo, quod fingit, romani Papatùs imperio quidquam certi ac liquidi, sed meras tantùm con-

---

[1] Conc. 61, p. 191. — [2] Conc. 75, p. 234.

jecturas attulerit? Sic nempè ipse loquitur : « Ex eo quòd cernamus veterem urbem Romam cecidisse, imperiumque maximum, et quod æternum prædicabatur futurum, redactum esse in nihilum, colligamus et novam Romam cum umbratili imperio certo certiùs ruituram[1]. » En conjicit et colligit; in Joanne nihil certi legit. Rursùs : « Historiæ testantur, inquit, hæc (quæ retulimus) ad verbum per Gothos in vetere Româ esse impleta. Ergo nihil dubitamus, iisdem calamitatibus fore ab hominibus et angelis Dei lacerandam et stirpitùs evellendam, etc.[2]. » Sic ille de vetustâ Româ excisâ res gestas historiasque ad verbum refert, et Joanni ad litteram aptat : de novâ extinguendâ argutationes seu consecutiones suas, suas conjecturas tantùm, nihil ad Joannis vaticinia pertinentes, sed ab ipso fictas. Nos verò ut historias certas recognoscere, ita sanè conjecturas, atque, ut veriùs dicam, vana mentis auguria, aspernari decet; cùm præsertim nec inter se cohæreant. Nam et decem illos reges qui suam potestatem romano imperio traderent [3], de primo et antiquo imperio romano « exponi non posse profitetur [4]. » Subdit tamen posteà vi veritatis victus, decem illa cornua, seu reges, « esse reges Gothorum, Germanorum, Francorum, Longobardorum, Hunnorum, Vandalorum, etc., qui quidem servierunt aliquandò Romanis, ac stipendia meruerunt, faveruntque eis ac res eorum suo dispendio perfecerunt : at posteà romanum nomen ita persequi cœperunt, ut nulla ejus vestigia extare voluerint [5]. » Hæc vera, hæc explorata, hæc liquida protulit : quæ nos etiam in *Apocalypsi* nostrâ ostendimus. Hæc ad veram et solidam sancti Joannis interpretationem, etiam ad litteram, ut gesta sunt valeant. Reliqua ut somnia, sibique invicem dissona, à serià et gravi interpretatione procul arceamus.

Hæc ergo ex Bullingero, quæ ad rem nostram facerent, promenda duximus : cæterùm innumera, longè firmiora et luculentiora in nostrâ *Apocalypsi* addidimus. Quòd autem, omisso jam Bullingero, de his tribus capitibus ad quæ *Apocalypseos* summa collimat, apta et consentanea et certa elocuti simus, et verba

---

[1] Conc. 76, p. 236. — [2] Conc. 78, p. 244. — [3] *Apoc.*, xvii, 13. — [4] Conc. 75, p. 231. — [5] Conc. 76, p. 234.

Joannis cum nostrâ explicatione collata, quoque nihil est clarius, ipse exitus comprobabit.

Sic autem procedit nostra demonstratio.

Quam urbem sanctus Joannes cum suo imperio interituram prævidit, cujus fata cecinit, cui horrendum illud atque omnibus historiis pervulgatum portendit exitium, ea profectò urbs est, cujus et ipse et christiani omnes vim atrociter sævientem sustinebant; ea autem urbs est Roma, tunc gentium domina, sub quâ et ipse Joannes passus est, ac post alia supplicia pro testimonio Jesu ad Patmos insulam, ut idem ipse memorat, deportatus. Ergo urbs ea cujus fata cecinit, cujus interitum nuntiavit, erat ipsa tùm domina gentium Roma.

Omnia hîc clara sunt. Primùm enim oportebat, ut quam urbem sancti crudeliter imperantem sentiebant, ejus immane et ineluctabile exitium, Deo ipso auctore, perdiscerent. Is enim omninò erat prophetarum usus : ac sicut Jeremias, Ezechiel, Daniel, florentibus vel maximè Babylonis rebus, cùm et ipsi et universus Dei populus ejus gravissimo jugo tenerentur, ejus cum suo imperio excidium claro exitu prænuntiaverant; sic omninò Romæ, romanoque imperio, omnia adversùs sanctos nefariè molienti et exequenti, ad Dei justitiam commendandam evenire necesse erat.

Cùm igitur urbi Romæ ejusque imperio, licet potentissimo, simile judicium immineret, et apostolo Joanni Christi fidelibus significandum obtingeret, hinc ille Romam ipsam velut suo nomine appellandam duxit; dùm urbem septem montibus insidentem sub oculis poneret. Huc accedunt cæteri notissimi characteres : « Ut esset super aquas multas [1], » hoc est, ipso Joanne interprete, « ut populi, et gentes, et linguæ » cernerentur ejus legibus subditæ, armisque devictæ.

Ut esset «bestia : » quo nomine magna imperia prophetico stylo designabantur [2].

Ut esset « Babylon, » priscæ illi Babyloni simillima imperio, impietate, superbiâ, crudelitate, casu : quæ etiam æquali annorum numero imperavit, hoc est, observante Paulo Orosio, totis undecim, coque ampliùs sæculis, ut supra diximus.

[1] *Apoc.*, XVII, 1, 15. — [2] *Dan.*, VII et seq.

: « Ut esset « meretrix » fœdis idolorum amoribus percita, quæ se impio ritu, falsis omnibus, etiam victarum gentium, diis constuprandam daret, notissimâ apud Scripturas phrasi : quo etiam cultu se victricem prædicabat.

Ut esset « mater abominationum, » quæ nefaria sacra omnibus per orbem gentibus propinaret.

Ut « mysterium » in fronte præferret ac «blasphemiæ» nomen, quæ se æternam, quæ se deam, quæ se auspicato conditam, atque ab ipsâ origine Marti, ac Jovi Tarpeio consecratam, fœdisque mysteriis tutam et invictam jactitabat.

Ut esset purpurata, « sive circumdata purpurâ et coccino : » sive soli imperatores purpuram induerint, sive aliis quoque magistratibus eam communicaverint; quod negat Verensfelsius [1]. Quid nostrâ? Cùm sufficiat colorem apud Romanos indicem majestatis, tribui meretrici (Romæ) quæ pro reginâ se gerat. Reliqua hîc persequi non est animus, cùm et explorata sint, et in *Apocalypsi* nostrâ diligentissimè enarrata.

His accedit ipse exitus rerum, quo nullus est certior et exploratior vaticiniorum interpres. Duas enim causas excisi romani imperii commemoravimus à Joanne prædictas : alias remotiores, alias proximas. Remotiores quidem, vires Orientis effusas, cæso Valeriano, ac deindè Juliano, cum validissimis romanis exercitibus : undè necesse fuerit converti, vel maximè adversùs Orientem, imperii vires : ac patere locum Gothis aliisque barbaris gentibus in romanas provincias irrupturis. Tunc enim primùm, victo scilicet captoque Valeriano, ostensos Romæ Gothos ultores futuros et à Deo jam destinatos. Jam propiores causæ, ipsa Gothorum irruptio, Romaque capta et expilata : quo ictu concussum, imò verò in Occidente penitùs extinctum imperium, Romaque ipsa semel capta, posteà barbaris gentibus ac regibus prædæ ac ludibrio fuit, ut diximus.

Has igitur excidii causas luce clariùs à Joanne designatas ostendimus; primùm enim bis disertè expressus Euphrates qui Orientis regibus et exercitibus viam daret [2] : et quidem Romani præsidiis ad Euphratem positis, reges Orientis coercebant, meritò-

---

[1] Verensf., cap. IV, § 24. — [2] *Apoc.*, IX, 14; XVI, 12.

que cecinerat Latinorum poetarum princeps, Augusto principe :

Euphrates ibat jam mollior undis.

Quo ergo compresso flumine, Romani Orientis vires à suis finibus amotas putabant, eodem transnavigato, Joannes ostendebat rursùm effusum Orientem, ac penetratum romanum imperium. Jam de barbaris gentibus, ac regibus Romam ipsam vastantibus, et romanas provincias in Occidente præsertim inter se partitis, haud minùs clarum est Joannis vaticinium, longè antè prævisis decem regibus, ac ipso eventu monstrante certissimam expediendæ prophetiæ viam. Omninò extitere illi decem plus minùsve reges, quos ad illum numerum superstitiosè et anxiè non esse redigendos, et nos præmonuimus, nec adversarii negant.

Dissipatum est illud romanum imperium quo nullum unquàm fuerat augustius aut amplius, eo planè modo quo Christus Joanni per Angelum trecentos ante annos significaverat, neque unum iota aut unus apex ex eâ revelatione præteriit. Hìc observandi veniunt decem illi regés cum suis quatuor characteribus in nostro commentario annotatis [1].

Primùm enim hi reges sine ullâ regni sede per totum imperium romanum vagabantur, et modò hùc, modò illùc immensos sed desultorios agebant exercitus nullo anteà hujus rei exemplo.

Sanè magna imperia labefactari solent per magnum quemdam ducem, certâ imperii sede profectum. Sic Nabuchodonosorus, qui « regnabat in Ninive civitate magnâ obtinuit Arphaxadum Medorum regem, et cepit Echatanim [2] ; » è regibus Babyloneis Salmanasar Samariam ; alter Nabuchodonosorus Jerosolymam evertit; sic Cyrus Babylonem, Susan Alexander; Scipio et Romani Carthaginem exciderunt. Non ita solutum est imperium Romanorum, sed nullo certo victore, decem plus minùsve reges totidem regnorum conditores, nullo inter se juncti fœdere; prædonum instar romanas provincias invaserunt, Romàque et Italiâ potitisunt, ubi sedes erat imperii : undè ex provinciis, præsertim occidentalibus, nova regna, eaque amplissima et notissima et ab omnibus historicis

[1] Ad cap. XVII, 12. — [2] *Judith*, I.

memorata, conflata sunt. Neque hoc latuit Joannem, cujus hæc verba sunt : « Hi reges nondùm regnum acceperunt [1], quo planè significat per id tempus necdùm illa regna stabilita, ut Parthorum aut Armeniorum, sed mundo prorsùs incognita. In promptu est commemorare Visigothos, Ostrogothos, Vandalos, Hunnos, Herulos, Longobardos, Burgundiones, Francos, Suevos, Alanos, tempore Joannis, et longo posteà tempore ignota nomina, nedùm essent pro regibus et regnis, quasi repentè suscitatos, qui et Romam oderint, ejusque carnes comederint, id est, opes et provincias occuparint, eamque desolatam fecerint, atque imperio exuerint [2]. Quæ cùm omnia impleta sint cum iis circumstantiis quas ante trecentos annos Joannes annotaverat, nihil est quod de priscæ urbis Romæ dominantis gentibus, sua idola inculcantis, ac sanctos persequentis casu litigemus.

Ad hunc regum decem locum Hieronymus alludebat : cùm imperio occidentali romano, jam ante expugnatam urbem imminentes, « Quados, Vandalos, Sarmatas, Alanos, Gepidos, Herulos, Saxones, Burgundos, Alemannos, Pannonios, » ad denarium numerum redigebat, ut numeranti patebit; Romanosque non jam pro imperio aut gloriâ, sed pro salute decertantes, et ad extrema deductos referebat [3].

Hæc autem à regibus, Deo auctore et impulsore, gesta esse, Joannes expressit his verbis : « Deus enim dedit in corda eorum, ut faciant quod placitum est illi [4]. » Et ipse Alaricus sensit cùm à quodam servo Dei in Italiâ admonitus ut tantæ urbi parceret, respondit : « Nequaquàm, inquit : adesse enim intùs qui continuò ediceret : Vade, age, destrue Romam ; nec dies aut noctes requiescere eum sineret ; quare Romæ nullam relictam esse spem eamque omninò capi oportuisse [5]. » Id autem in ultionem revocati deorum cultùs evenisse, ex eodem loco patet. Sic solent occulto agi numine, qui divinæ ultionis decreta exequuntur : sic Titus gratulantibus judaicam victoriam reponebat, non se vicisse Judæos, sed Deo eis irato manum accommodasse [6].

Hoc igitur, quasi signo dato, à barbaris regibus tracta sunt

---

[1] *Apoc.*, XVII, 12. — [2] *Ibid.*, 16. — [3] Epist. VII *ad Princip.* — [4] *Apoc.*, XVII, 17. — [5] Sozom., lib. IX, 6. — [6] Phil., *in Vitâ Apol. Thyan.*, 6.

omnia in ruinam. Primus Alaricus Gothus, deindè Ataulphus item Gothus, Gensericus Vandalus, Attila Hunnus, Odoacer Herulus, Theodoricus Ostrogothus, Totila Baldonilla Gothus, Alboinus Longobardus, octo omninò reges Româ aut Italiâ potiti, quod sæpè dicendum est : quibus in ipsis exitii principiis duo falsi imperatores additi, Attalus Romæ, Constantinus in Africâ, unà cum Alarico adversùs Honorium perduelles, decem omninò reges efficiunt, ut nec ille denarius numerus ad amussim exactus omninò desiderari possit.

Secundum characterem agnoscimus in his Joannis verbis : « Virtutem et potestatem suam tradent bestiæ [1]. » Nullus est barbarorum regum Romæ romanique imperii invasorum, qui non priùs Romanis socia arma conjunxerint, eisque ad sustentandum imperium, virtutem potestatemque suam, id est, exercitus suos non tradiderint et contribuerint. Testes adduximus Zozimum, Orosium, Ambrosium, Jornandem, deniquè Procopium disertè asserentem « puduisse Romanos, ea infirmitas erat, adscitis Barbarorum auxiliis, nec nisi eorum opibus sustentasse majestatem suam [2]. » Socios ostendimus Vandalos, Suevos, Alanos, Hunnos, Herulos, Longobardos, Francos, Arbogaste duce, Gothos ipsos, quorum omnium reges, romanis honoribus aucti et stipendiis armati, romanum imperium tutabantur. Ad Honorii tempora perducta res est. Adversùs Rhadagaisum, « adsunt Uldin et Sarus Hunnorum et Gothorum duces præsidio Romanorum [3]. » Ipse Alaricus « Honorii comes [4], » Româ captâ, romanum, quod anteà tueretur, concussit imperium, quem Gothum Sarus Gothus mediis in conatibus lacessebat [5]. Hæc commemoravimus [6]; ad tot testimonia tacuit Verensfelsius [7], ubi tractat hunc locum de decem regibus : ac nihilò seciùs, tanquàm munimentis omnibus disturbatis, fidenter asserit, hæc omnia dici à nobis, invitissimo Joanne [8], cùm nihil sit proclivius, quàm ut illi dicantur vires suas potestatemque tradere, qui socios et stipendiarios exercitus contribuerint. Nihil ergo certius aut mirabilius quàm tot ante

---

[1] *Apoc.*, XVII, 13. — [2] Procop., lib. I, *De bello Goth.*, initio. — [3] Oros., lib. VII, 37. — [4] Oros., lib. II, 3. — [5] Sozom., lib. IX, 9. — [6] *Comm. in Apoc.*, ad cap. XVII, 13. — [7] Verensf., cap. IV. — [8] Cap. XIV.

DEMONSTRATIO II.

sæcula ostensum Joanni, id veluti fatale esse Romanis, ut ab iisdem Romanum dilaceraretur imperium, cujus majestatem anteà sustentarent. Meritò ergo Joannes : « Hi, inquit, unum consilium habent[1]. » Non eo sanè tempore quo, ut fingit Verensfelsius[2], inter se decertabant, sed captâ demùm Româ, cùm tot efferæ gentes nihil jam mutuò obstiterint, et quasi communicatis inter se consiliis, ac partito orbe terrarum, signo dato repentè consenserint, Deo scilicet id agente et eorum consilia inspirante, ut in perdendâ Româ facerent « quod placitum est illi[3], » ut suprà observavimus.

Tertius character longè magis singularis, his verbis continetur : « Hi pugnabunt cum Agno, sed Agnus vincet eos[4] : » ad quem locum ostendimus has barbaras gentes eorumque reges idolis addictos, Christoque infensos, et Gothos nominatim, christianorum inimicos et persecutores fuisse[5], nec minùs perspicuè demonstratum, historicorum omnium testimoniis[6], plerasque illas gentes Christo dedisse nomen. Nec moror Arianos Gothos, cùm et ipsos posteà omninò subactos esse constet, atque etiam, dùm illâ hæresi laborabant, tamen pervicisse Christum, ut in catholicorum ecclesiis asylo constituto, ita castigarent Romam, ut locum pœnitentiæ relinquerent.

Nihil eorum Verensfelsius inficiari ausus, ac tantùm indicat Barbaros, « illa (Barbarorum) auxilia Romanis adversùs christianos petita, idque versu 14 manifestè dici[7]; » cùm hîc nihil agatur de persequendis ab ipsâ Româ christianis : sed tantùm prædicetur, mirum illud et singulare, ut tot barbaræ gentes priùs Christo infensæ in ejus posteà jura concesserint. Juvat hîc quoque recitare pridem à nobis memoratum Orosii locum[8] : « Quanquam si ob hoc solum Barbari Romanis finibus immissi forent, quòd vulgò per Orientem et Occidentem Ecclesiæ Christi Hunnis, Suevis, Vandalis et Burgundionibus, diversisque et innumeris credentium populis replerentur, laudanda et attestanda Dei misericordia videretur. »

[1] *Apoc.*, XVII, 13. — [2] Verensf., cap. IV. — [3] *Apoc.*, XVII, 17. — [4] *Ibid.*, 14. — [5] *Comm.* ad hunc locum. — [6] August., lib. XVIII, *de Civit.*, cap. LI. Oros., lib. VII, 32. — [7] Verensf., cap. IV. — [8] Paul. Oros., lib. VII, 41, *in Comm. Apoc.*

Quarto characteri de Româ captâ et triumphatâ pridem à nobis memorato, cùm recidere videatur in primum, hunc substituimus: *Hi potestatem tanquàm reges unâ horâ accipient cum bestiâ :* μετὰ τοῦ θηρίου [1]. Sic enim habet græcus, quam sane lectionem cæteris in hoc textu occurrentibus facilè antepono, sancti Irenæi antiquissimi Patris, ac Primasii ante mille annos, aliorumque antiquorum qui ita legerunt, auctoritate fretus. Eamdem lectionem doctus auctor omni ope asserit, suisque rebus opportunissimam esse contendit. « Quis enim, inquit, tam historiarum rudis est, imò verò tam stupidus, ut non videat tot extera regna cum urbe Romanâ incrementa capere non potuisse, ac quò magis aut Romæ potentia aucta est, aut plus illis roboris accessit, eò magis aut illorum vires esse attritas, aut romanæ urbis?... Quomodò unà cum bestiâ incrementa capere potuerunt, qui non crevere, nisi per stragem bestiæ atque ruinàm? Undè concludit : « Si à lectore impetravero, ut hanc sententiam apud Joannem attentè legat, vici profectò; quam vocem rei ipsius veritas mihi exprimit [2]. » Nec advertit illos reges eo tùm statu fuisse, ut romanis honoribus augerentur, aut concessis ultrò provinciis ditescerent. Sic Thracia provincia contributa Gothis, sic aliæ aliis tutelæ titulo, cujus emolumenti gratiâ et ipsos exercitus suos romano imperio tradidisse vidimus. Quâ sanè tempestate unâ cum bestiâ regnabant, et jam in antecessum romanas provincias degustabant. Sanè Alarico, jamjam inimico, pacto fœdere, amplissimas provincias, Galliam et Hispaniam Honorius permittebat, quas eo jure tenuisset, nisi Romam ipsam fœderis contemptricem perdere maluisset [3] : hæc à nobis exposita [4]. Hâc igitur tempestate, unâ cum bestiâ, imò etiam à bestiâ, tanta potestatis incrementa capiebant : unâ quidem horâ cum bestiâ, id est simul cum illâ, aut ad unam horam brevique, donec adveniret hora quâ per vim omnia rapere, quàm pactis obtinere mallent. Ubi est ergo victoria tua? Profectò elapsa est è manibus, cùm nec admonitus ea videris in historiis, quæ tot ante sæcula Joannes perspexerit.

Sic Verensfelsius hæc præcipua prætermittit; atque utinam ea

[1] *Apoc.*, XVII, 12. — [2] Verensf., cap. IV, § 28. — [3] Jornand., *De Reb. Goth.* — [4] *Comm.* ad hunc locum.

saltem quæ tetigit, non imminuat aut torqueat. « Hoccine est, inquit, ad regnum pervenire, centum provincias perdere, unam ægrè retinere [1]? » Quasi Joannes dixerit : Bestiam accepturam regnum, non verò barbaros reges cum illà, aliquandò partitis aliquot provinciis, accepturos incrementa potestatis. Alterum falsum est, alterum profectò verissimum : deniquè certo est certius, fuisse illud tempus quo tractim et minutatim collapsæ imperii vires, nec se sustentare possent, nisi parte potestatis permissâ; quodque est gravius, traditâ prædonibus; idque omninò esse quod Joannes simplicissimis juxta ac significantissimis verbis quæ manibus versamus prædixerat.

Fingit Verensfelsius, me animi ambiguum veluti fluctuasse, modò in hanc, modò in illam transisse sententiam. Frustrà : non ego, si bonâ et integrâ fide variantes retuli lectiones, ideò hæsitasse ac variasse dicendus sum, qui tantùm ostendi quomodocumquè ab antiquo legatur, meam firmam manere sententiam; ecce enim si legeris μετὰ τοῦ θηρίου *cum bestiâ,* quod mihi adversissimum esse putabatur, in tuto est. Lege cum Hieronymo et antiquâ Vulgatâ, quam nemo doctus, nec inter protestantes, contempserit, lege, inquam, *post bestiam,* μετὰ τὸ θηρίον, unâ litterulâ paulisper inflexâ, eò certior solutio, quòd ipse doctus auctor fatetur libentiùs, « Reges in sua regna non venisse, nisi postquàm imperium romanum funditùs deleverant [2]. » Sanè verum illud; romanum imperium Barbaris traditum, neque ullam partem orbis ab iis possidendam, etiam ad modicum tempus, nisi quâ Roma potita sit; adeòque eos omninò nonnisi post bestiam regnaturos. Jam si contentiosiùs negaveris posse constare illud *simul* et illud *post,* etiam per diversas temporum ac necessitudinum vices, id ego docto cuilibet solvendum relinquo.

Jam post absolutum caput decimum septimum, ac decem illos reges propriis nativisque coloribus expressos, sequuntur XVIII et XIX capita quorum circumstantiæ non minùs insignes, nec perspicuè minùs à Joanne descriptæ.

Prima. « Exite de illa, populus meus [3] : » vulgaris admonitio, ac velut edictum publicum de cœlo delatum, ut exeant confestim

[1] Verensf., cap. IV, § 28. — [2] *Ibid.* — [3] *Apoc.,* XVIII, 4.

ab urbe periturâ; sed isto casu singulare quiddam: primùm multos viros bonos è proceribus, unà cum beatâ Melaniâ ex urbe in Palæstinam concessisse occulto quodam instinctu ac mente præsagâ calamitatum urbis. Hinc etiam Hieronymus ex his verbis Marcellam hortabatur, ut in Bethlehem commigraret, tanquàm ex successu nutantis imperii proximum casum præsensissent.

Jam verò captâ urbe nemo salvus Romæ. Asylum in æde Petri extra urbem constitutum, ut profectò constaret nullam salutem relinqui, nisi ex urbe excedentibus.

Nihil his obstitit doctus Verensfelsius: quod autem protestantes fingunt Babylone exeundum, non ut ab urbe, sed ut ab ecclesiâ, abruptâ communione, nec ipsi ullo argumento approbant, nec Verensfelsius referre dignatus; et ipsa admonitio serò nimis ad ipsum excidii tempus reservata, cùm ipsi discesserint stante ac florente Româ, nullo proximi casùs indicio.

Secunda circumstantia. « Reddite illi, sicut et illa reddidit vobis [1], » distinctiùs ad Gothos quàm ad quoscumque alios spectat, qui et sub Claudio II, ducenta millia hominum et duo millia triremium amiserint [2], et recentissimâ clade, unà cum Rhadagaiso rege ad internecionem usque deleti sint [3].

Sanè, inquit Verensfelsius, « non obscurè indicari à Joanne eos qui clades illatas ulcisci jubentur, injustè afflictos fuisse [4] » quod Gothis prædonibus non convenit; quasi necesse sit injusta esse passos quibus dicitur: « Væ qui prædaris, nonne et ipse prædaberis [5]? » Aut aliam à Deo accepisse jussionem quàm ejus generis quo dicitur: « Quod facis fac citiùs [6], » et rursùs: « Præcepit ei Dominus, ut malediceret David [7]: » aut aliud Joannes indicare voluerit quàm, illos, quicumque futuri essent ultores generis humani, injustos licet atque prædones, tamen ad exercenda judicia Dei justè esse delectos.

Tertia circumstantia: ex exultatione sanctorum. Quem ad locum Verensfelsius. « Quomodò sancti tantoperè de urbis ab Alarico expugnatæ calamitate exultare possunt [8], quibus nihil tris-

---

[1] *Apoc.*, xviii, 6. — [2] Trebell., *in Claudio*. — [3] Oros., lib. VII, 37. — [4] Verensf., cap. iii, § 20. — [5] *Isa.*, xxxiii, 1. — [6] *Joan.*, xiii, 27. — [7] II *Reg.*, xvi, 10. — [8] *Apoc.*, xix passim.

tius atque acerbius potuisset accidere, Româ christianissimis principibus ereptâ, christianisque eo ipso tempore passim afflictissimis [1]. » Sic Verensfelsius, præclarè omninò nisi omisisset illud : « Exulta super eam, cœlum, et sancti apostoli, et prophetæ : quoniam judicavit Deus judicium vestrum de illâ [2]. » En cui *cœlo* indicta sit illa exultatio, *cœlo* utiquè in quod sancti apostoli ac prophetæ jam recepti erant, uno tùm Joanne superstite in terris qui eorum gaudia celebraret. En in quo *cœlo* Joannes *audierit* exultationem illam, illud *alleluia*, illud *amen* sempiternum [3]. Quod ergo Verensfelsius memorat, « Joanni et aliis in cœlo figurantur quæ terras hominesque manent [4], » rectum quidem est; sed non hujus loci, cùm illud cœleste gaudium, beatis animabus à Joanne annuntietur. Quod ergo sanctis hîc degentibus luctuosum, quod Hieronymo, Augustino, cæteris, tot lacrymis deploratum : id beatis animabus, in Dei potentias ingressis ejusque judicia in ipso fonte, intuentibus, sempiternam indicat lætitiam.

Neque hæc nostro arbitrio retulimus : sed præeunte sancto Hippolyto, bono viro apud Verensfelsium [5], nobis venerando, tertii sæculi episcopo et martyri, tertio sæculo talia præcinente, quem locum integrum à nobis relatum [6] Verensfelsius ne attigit quidem. Sic et Joannis expressissimis verbis, et clarissimâ propioris ævi intelligentiâ, omnia nostra firmata gloriamur, sed in Domino : cum divinis oraculis Patrum quoque auctoritate et traditione conjunctâ.

Quarta circumstantia. In excidio urbis apud sanctum Joannem, memorata sanè fuerunt quæ ad opulentæ civitatis exitium pertinerent [7] : nihil autem de idolis, cùm illa Joannis fornicaria civitas propter idolorum cultum periisse efferatur; non hîc dictum est, ut in antiquo Babylonis excidio, « Confractus est Bel, contritus est Nabo [8]; » quod factum oportebat, nisi aliquid mirabile obstitisset. Quid autem illud fuerit, à nobis declaratum [9]. Non enim jam Romæ idola remanserant : sublata illa erant et occlusa tem-

---

[1] Verensf., cap. III, § 22. — [2] *Apoc.*, XVIII, 20. — [3] *Apoc.*, XIX, 1, 3, 4. — [4] Verensf., cap. III, § 22.— [5] Verensf., cap. IV, § 28.— [6] Préf. de l'*Apoc.*, n. 13. — [7] Cap. XVIII passim. — [8] *Isa.*, XLVI, 1 et similia passim — [9] *Comm.* in hunc locum.

pla à christianis principibus, et recentissimè ab ipso Honorio, testis Hieronymus¹, testis Augustinus², et alii passim. Urbs idolis addicta turpissimam servitutem affectu tantùm et studio retinebat : hoc ergo providens Joannes, pretiosa omnia quæ tunc perderentur retulit altissimo consilio, et apertè divino, idola quæ solâ jam mente tenerentur omisit.

RESPONSIO AD OBJECTA.

Nunc ut nostra expositio supra omnem judiciorum humanorum aleam posita nitescat, objecta solvimus; imò, jam non modò ex dictis soluta, sed etiam in vim demonstrationis nostræ transisse ostendimus.

Prima objectio. Roma non est excisa quæ non solùm splendidissimè restaurata est, sed et ab ipso romano pontifice habitatur³.

Responsio. Imò excisa est Babylonis instar : ad ejus exemplum tradita habitanda dæmoniis, « ac spiritibus et volucribus immundis⁴, » eo more quo desertæ domus urbesque, quo ipsa Babylon. Quid tunc si instaurata convaluisse visa est longè suî dispar ? Quis negat ad hunc modum excisam Carthaginem et alias inclytas civitates ipsamque adeò Jerosolymam licet ex sententiâ Domini, prostratam ad terram et æquatam solo⁵, nec unquàm Judæis redditam : ita Romanæ urbi contigit, etsi utcumquè erectæ et instauratæ, suis tamen adhuc ruderibus insidenti, antiquâ Româ sub novæ ædificiis, inter suas reliquias sepultâ et obrutâ. Nec malè Bullingerus⁶ : « Jacuit autem et jacet in ruinis Roma, neque reparabitur unquàm ad splendorem antiquum. Ruinas autem extare oportet in argumentum veritatis et vindictæ Christi Jesu, ut vel indè colligant omnes pii, in reliquis promissis Christi Deum futurum veracissimum. »

Addam et illud : Romam perisse imperio, et quidquid est jam debere Petro. Notum illud asylum « in æde Petri, quò qui refugerunt, urbem instaurarunt⁷, » non jam regno nobilem, sed

---

¹ Epist. vii. — ² August., *De Civit.*, lib. XVIII, cap. liii, liv. — ³ Verensf., cap. iii, § 23. — ⁴ *Apoc.*, xviii, 2; *Isa.*, xiii, 21. — ⁵ *Luc.*, xix, 44. — ⁶ Præf. *in Apoc.*, p. 6. — ⁷ Sozom., lib. IX, 9.

totam Ecclesiæ consecratam, ac sede Petri firmam, in cæteris imminutam incredibilem in modum, sive civium multitudinem, sive amplitudinem opum atque operum spectaveris.

Secunda objectio. Quæcumque sub Alarico et cæteris contigerunt, nihil sunt, comparata ad horrendam illam Joannis descriptionem [1].

Responsio. Quid enim oportuit factum, ut horrendum illud excidium impleretur? Non sufficit fames, bellum atrox, direptio, tot civium cædes, fuga, captivitas, eversum imperium, amissi ignominia ac tanta urbs orbis domina Barbarorum præda, ludibrium gentium? Quæ ipse Verensfelsius fateri cogitur.

Tertia objectio. Ubi duplum illud Romæ redditum à Gothis [2]?

Responsio. Imò aliquid duplo amplius : detracto imperio et majestate calcatâ, quæ Gothis victoribus ac florentibus mansit integra, dùm Roma concideret.

Quarta objectio. Roma combusta non fuit, ut Babylon Joannis.

Responsio. Iniquissima res est tam audenter fidem detrahi tot et tantis viris quos testes adduximus. Quo fructu, cum sufficiat Totilæ incendium extenuatum ab auctore, non tamen negatum? Sed omittamus, si velit; certò manebit illud : « Gothi Romanas provincias populati omniaque ferro et flammâ vastantes, ut pestis aliqua generis humani [3]. » En ingenium gentis nunquàm sui dissimilis. Quare, si contenderis vix attigisse urbem, quod est falsissimum, nihil juvat, cum satis superque sit tot bestiæ, sive imperii provincias ferro et igni deletas.

Quinta objectio. Hæc non illi fornicariæ, sed christianæ urbi evenerunt.

Responsio. Imò eò turpiùs fornicariæ, quòd idolorum cultum quantùm poterat, et affectu, et opere revocaret, veram religionem, nec inculcatam ab optimis principibus ferre potuerit, aut ultionem senserit, gravi licet lentâ manu illatam.

Sexta objectio. Sed fuit orbis post id tempus paulatim ad christianam religionem conversus. Sic ego objeceram. Respondet Verensfelsius : « Fuit omninò : sed, quæso, quantum momenti ad eam rem attulit romanæ urbis expugnatio [4]? »

---

[1] Verensf., passim. — [2] Verensf., cap. III, § 20. — [3] Ibid., § 22. — [4] Ibid., § 15.

Responsio. En ergo quod dixeram factum : de re gestâ constat : causam inquiris? Quasi nihil faceret ad conversionem, excidium senatûs et urbis, victoriam et regnum impiis religionibus imputantis, et eum quoque casum pridem à Joanne esse prædictum.

Septima objectio. Nihil hoc ad Ecclesiam [1].

Responsio. Nihil ad Ecclesiam compressæ blasphemiæ, vindicatum Christi nomen, fides propagata, assertus honor Christi et apostolorum ejus Petri et Pauli, ad quorum basilicas, id est, ad quorum tumulos qui Christi trophæa essent, ethnici confugerunt, referente Sozomeno, laudante Verensfelsio.

Quòd autem interim christiani quoque afflicti sint; pridem respondit Augustinus, ad sanctos exercendos factum, eminente interim Christi omnia ex cruce ad se trahentis victoriâ : quare nihil est quod jam nos illa objectio sollicitet, cui resolvendæ in gloriam Christi idem Augustinus totum librum *de Civitate Dei* impenderit, ut nunc alios omittamus [2].

Octava objectio. Ex Agni victoriâ super plerosque Barbaros etiam ante expugnatam urbem.

Responsio. Quid nostrâ? cùm Joannes nihil præcisè de temporibus dicat, sed indicet tantùm illos reges per eadem ferè tempora ab hostilibus castris ad Christi castra transituros, quod certum est.

Nona objectio. Lætitia indicta sanctis, quibus luctus, extinctâ patriâ, magis congruebat.

Responsio. Indicta lætitia sanctis, fateor, sed cœlestibus, seu beatis animabus. An molestum Verensfelsio ex terris eos compellatos, auctore Joanne : « Exulta, cœlum ; exultate, apostoli [3]? » Nec frustrà : cùm tanta statim in cœlis lætitia consequatur [4]; quo liquet piis illis animabus divina judicia revelari, ut argumentum laudum, imò etiam postulationum ac precum, quales sunt illæ : « Vindica sanguinem nostrum, Deus noster : » datoque responso, ut requiescerent modicum [5], ut exposuimus, et suo loco forsitan clariùs exponemus.

---

[1] Verensf., cap. III, § 11, 12 et toto opere passim.— [2] *Ibid.* — [3] *Apoc.*, XVIII, 20. — [4] *Apoc.*, XIX. — [5] *Apoc.*, VI, 10, 11.

Vides quàm expeditè objecta solvamus solâ rerum gestarum serie in memoriam reductâ : tot undiquè concurrunt perspicui characteres; nullumque est apud prophetas illustrius divinæ præscientiæ testimonium.

Sanè Verensfelsius [1], id nobis probro vertit quod professi sumus, nihil prohibere, quominùs agnoscatur in *Apocalypsi*, sicut in aliis vaticiniis, geminus sensus, ita ut unus alteri præeat, et uterque sit verus [2], ex quo doctus auctor infert me animi dubium, inter utramque sententiam fluctuasse, et sibi quoque indè in omnem eventum aliquid paratum esse præsidii; quâ de re hæc duo dicimus [3].

Primùm rem per se esse perspicuam. Quis enim nescit multa esse in Psalmis et Prophetis, de Salomone, de Cyro, de Zorobabele propheticè dicta quæ simul ad Christum sublimiore sanè, sed vero et litterali sensu pertineant? Multa quoque de Antiocho, apud Danielem et alios, dicta ad romanam bestiam primùm, deindè etiam ad Antichristum in fine venturum facilè et historicè deducantur? Vaticinium illud : « Videbunt in quem transfixerunt, » ipse Joannes et ad Christum crucifixum applicat [4]; et idem Joannes ulteriore visu, ad diem judicii transfert in hunc modum : « Ecce apparebit cum nubibus, et videbit eum omnis oculus, et qui eum pupugerunt [5]. » Petrus quoque locum Joelis ad futurum judicium pertinentem, ad tempora sua refert [6]. Verùm quid necesse est anxiè approbare quod utriusque partis theologi æquè fatentur?

Quod ergo Verensfelsius indè concludit, versatilem meam ac veluti pendulam esse sententiam, aut ex eâ suis quoque de Antichristo romano conjecturis aliquid auxilii comparatum : est profectò falsissimum, cùm nulla afferat ex Joanne indicia quibus aut Ecclesia romana, aut quævis Ecclesia christiana, aut pontifex romanus, aut nova idololatria, novique quos fingit martyres, vel leviter et umbraticè designentur; imò contraria omnia, nec inter se connexa, vanasque allegorias, et ad arbitrium fictas.

Nobis autem ea præsto sunt ex rerum eventibus, quæ Joannis vaticiniis suam veritatem asserant; neque ea fuere per allegorias

---

[1] Cap. III, § 27 et alibi passim. — [2] Préf. n. 15. — [3] *Ibid.* — [4] *Joan.*, XIX, 37. — [5] *Apoc.*, I, 7. — [6] *Act.*, II, 17 et seq.

involuta, sed ad litteram expressa. Omninò enim Euphrates ad litteram Euphrates est; reges Orientis effusi; ipsi expressissimè reges Orientis qui, tot ingentes romanos exercitus, unà cum duobus Augustis Valeriano et Juliano ceciderunt; quo ictu contremuisse romanum imperium, atque excitos Barbaros qui Româ et Italiâ et sede imperii potirentur.

Hùc accedunt tot circumstantiæ ordine recensitæ, ac decem illi reges propriis characteribus et coloribus designati : quæ quidem perspicuè ostendunt interpretationem nostram de excisâ Româ romanoque imperio, et ex Joannis verbis esse contextam, et omnibus historiis notam, et ipso exitu comprobatam : quod erat demonstrandum.

COROLLARIUM.

De tribus *væ* Joannis : quibus demonstratur una et continua rerum series, à capitis IV initio, usque ad capitis XIX finem.

Ex hoc corollario universi vaticinii ratio pendet; nostraque firmantur, et omnes protestantium conjecturæ evanescunt : quod nos ita conficimus.

Illa tria *væ* et inter se implicita connexaque sunt, et omnia Joannis vaticinia complectuntur usque ad XIX capitis finem. Clarum non conjecturis ac ratiociniis, sed ex ipso Apostoli textu.

Igitur ad sigillum septimum septem tubæ prodeunt (cap. VIII, 1, 2), et ad quartam tubam, « Audivi vocem, inquit, tanquàm aquilæ volantis per medium cœli, dicentis voce magnâ : Væ, væ, væ, habitantibus in terrâ, de cæteris vocibus trium angelorum, qui erant tubâ canituri [1]. » Igitur hæc *væ* consequuntur post aperta sigilla omnia, et quartam tubam insonantem, implicitæque sunt tres postremæ tubæ post tria *væ*, designatque Apostolus ordinem rerum ac temporum, ac lectorem progressu quodam semper à tristibus ad tristiora propellit. Quare interpretaturoprophetiam diligenter cujuscumque *væ* tempora observanda sunt.

Pergit porrò Joannes : et cap. IX, 12. « Væ unum abiit, ecce

[1] *Apoc.*, VIII, 13.

veniunt duo væ post hæc. » Vides ut servent ordinem suum, et alterum alterius, nullo intermisso spatio, premit vestigia.

Nunc ad *væ* secundum præcedat lectio : ad cap. xi, 14, invenimus istud : « Væ secundum abiit, et ecce væ tertium veniet citò. »

Quòd autem citò venturum erat, reverà legimus, impulsâ Babylone in ruinam, inter ista lamentatam, atrocis excidii : « Væ, væ, civitas illa magna Babylon, civitas illa fortis. » Iterùm atque iterùm dirum clangorem ingeminat : « Væ, væ, civitas illa magna quæ amicta erat purpurà et bysso. » Ac ne obsurdescant aures, tertiò horrendà voce plangit : « Væ, væ, civitas illa magna [1], » quo clamore desit, neque ampliùs de *væ* ulla est mentio, nec differtur ulteriùs quod citò imminebat; suntque illa tria *væ* conclusa et absoluta casu irrevocabili impiæ civitatis.

Quæ cùm ita sint, liquet 1° omnes et singulas hujus prædictionis partes à capite iv ad xix finem, inter se colligatas, sive aliquandò obscuriùs, sive explicatiùs traditas et inculcatas, in uno Babylonis excidio terminari.

2° Cùm ergo à nobis sit, ex ipso Apostoli textu, demonstratum excidium à Joanne prædictum, in Romæ veteris excidio collocatum; simul constat totum illud vaticinium à tredecim eoque ampliùs sæculis impletum fuisse.

3° Fine completo, cætera quæ antecedunt et præparant, id est, totam prophetiam completam esse necesse est.

4° Protestantes autem fine dilato et adhuc incognito, de antecedentibus æquè fluctuant; et ea respuentes quæ de excisà vetere Româ jam impleta vidimus, in absurda omnia deducuntur; nec pudet post exhausta sexdecim eoque ampliùs sæcula, illius *væ* tertii, cui præ cæteris adscriptum est *citò* esse venturum [2], nullum hactenùs, vel tenuissimum apparere initium, stante adhuc illâ Româ, cujus excidium illo *væ* comprehendi certum.

5° Nos ergo faventem habemus eventum interpretem, quo nullus est clarior : undè certos ubique et fixos rerum et personarum characteres afferimus.

6° At protestantes talem quoque quærunt interpretem; Bullin-

[1] *Apoc.*, xviii, 10, 16, 19. — [2] *Apoc.*, xi, 14.

gerus : « Vix explicari potest (vaticinium) nisi rebus impletis[1]. » Ipse Verensfelsius : « Nemo dubitat, inquit, quin in istis tenebris optimæ quæque conjecturæ ex eventu fiant[2]. » Nec dissentiunt cæteri protestantes. Sed eo præsidio destituti, nihil nisi aera verberant, allegorias, umbrasque sectati, ac fluxas velut in nubibus imagines.

7° Cæteros quoque interpretes, Grotium quoque, nihil de tali rerum serie cogitantes, nec tria illa *væ* tribus ultimis tubis implicita pensitantes, omisso filo quod ipse Joannes in manum tradidit, multùm ab ejus scopo aberrare necesse est. Nos ergo, arrepto eo, in arcana ingressos, optimam viam, Deo adjuvante, inisse confidimus : quod sequens demonstratio facilè confirmabit.

TERTIA DEMONSTRATIO.

Quòd nostra interpretatio apta sit et congrua textui rebusque gestis, atque ab auctoris objectionibus undecumquè tuta.

ARTICULUS PRIMUS.

De tempore scriptæ *Apocalypseos*.

Hîc diligenter observandum tempus hujus divinæ scriptionis, ne cum viro doctissimo Hugone Grotio præscientias Joanni imputemus; quæ cùm scribere aggressus est, peracta jam erant; quale erat bellum judaicum sub Tito, et ab eo eversa Jerosolyma. Res autem obscura non erit legenti Irenæum lib. V, jam à nobis citatum[3]. Scribit autem Irenæus : « Neque enim dudùm, sed nostrâ penè memoriâ sub exitum imperii Domitiani visa est revelatio[4]. »

Hæc recentissimâ hominum memoriâ scripsit, is cui res Joannis apprimè notæ, auditori Polycarpi, qui Joannem audiverat. Produximus eamdem in rem Clementem Alexandrinum ac Tertullianum scriptores antiquissimos, eosque secutum Eusebium, ac

---

[1] *Præf. in Apoc.* — [2] Verensf., cap. III, § 27.— [3] *Comm.* in cap. I, vers. 9. — [4] Irænæus *apud Euseb.*, lib. V, cap. VIII.

posteà Hieronymum et alios quoscumque, sive antiquos, sive recentiores rerum chronologicarum auctores : ut profectò eâ de re dubitare sit nefas.

Hæc igitur certissima et exploratissima temporum ratio, ut Joannes sub finem Domitiani *Apocalypsim* ediderit; ac post quatuor ferè annos, peracto sub Nervâ imperatore biennio, in ipsis Trajani initiis, secundo scilicet anno obierit, per hæc quoque tempora scripto Evangelio, ut omnibus notum est.

Quòd autem Grotius unus unum sequatur Epiphanium, quarto demùm labente sæculo, certissimis ab ipso initio scriptoribus repugnantem, atque assignantem *Apocalypsim* Claudii imperatoris temporibus, id causæ quòd idem Grotius, cùm multa in principiis hujus vaticinii legeret procul omni dubio ad Judæos spectantia, latissimum sibi campum aperire voluit, et bellum Judaicum sub Tito, res inter prædictas comprehendit, nullâ necessitate factum; cùm res gestæ adversùs Judæos, paulò post Joannis exitum à Trajano et Adriano, clarissimi vaticinii fidem exolvant : quod et nos diximus, et doctus Verensfelsius tacendo consensit.

ARTICULUS II.

Summa interpretationis nostræ, sive hoc ipsum vaticinium Joannis generatim cum rebus gestis compositum.

Nihil igitur necesse est hæc à nobis firmari probationibus, de quibus nemo nobis litem movet : sed ea levi manu tantùm attingenda nobis, ut pertextâ rerum serie nostra interpretatio fiat illustrior.

Ac primùm scopus vaticiniorum Joannis is est, ut ostendat Christi regnum et victorias, afflictæ Ecclesiæ solatio et præsidio futuras, subactis inimicis, sicut scriptum est : « Dixit Dominus Domino meo : Sede à dextris meis, donec ponam inimicos tuos scabellum pedum tuorum [1]. »

Præcipuus autem inimicus est ille serpens antiquus, de quo ipse Dominus : « Inimicus homo hoc fecit [2]. » Et iterùm : « Nunc judicium est mundi, nunc princeps hujus mundi ejicietur fo-

[1] *Psal.* CIX, 1. — [2] *Matth.*, XIII, 28.

ras ¹. » Ille autem duos nascenti Ecclesiæ concitavit inimicos, Judæos et gentiles, quorum Joannes fata præcinit.

Hæc prima prædictio est in duas secta partes : de Judæis agit à capite iv, de gentibus à ix, versu 15, ac deinceps usque ad decimi noni finem. Capite verò xx, victus Satanas iterùm majore impetu exurgit : et iterùm debellatur : quibus prædictionibus videmus persecutorem Satanam in se et in suis devictum, ligatum, ad breve tempus solutum, ultimo et horrendo judicio carcere æterno conclusum : à quo mors novissima inimica destruetur ².

ARTICULUS III.

De Judæis vindiciæ Dei ad cap. iv-ix.

Persecutio gentium nota est, Judæorum occultior per calumnias, quibus Romanos tunc rerum potientes ac reges concitabant. Sic enim jam indè ab initio Christum, et deindè Paulum Romanis, Jacobum fratrem Domini, imò et Petrum Herodi tradiderunt ³. Neque excisi à Tito, mitiores fuerunt : testis ipse Joannes post illud excidium, scribens ad Angelum Smyrnæ : « Blasphemaris ab iis qui se dicunt Judæos esse et non sunt, sed sunt synagoga Satanæ ⁴. » Vides ergo calumnias Judæorum impulsore Satanâ : quod etiam Polycarpo Smyrnensi episcopo contigisse hujus martyrii acta à nobis commemorata testantur ⁵.

Cùm ergo Judæi à proposito persequendi christianos non desisterent, idem Joannes vidit insecutam ultionem : « Ecce, inquit, faciam illos qui se dicunt Judæos esse, et non sunt, ut veniant et adorent ante pedes tuos ⁶, victi scilicet et prostrati Romanorum armis : quod capite iv, ac deinceps copiosiùs exequetur.

Mitto autem in iis capitibus ea quæ nihil habent difficultatis : nempè judicii apparatum (cap. iv) ab Agno resignatum librum quo divina decreta conscripta sunt (cap. v.), tùm (cap. vi, 1, 2.) ad quatuor prima sigilla, Christum equo albo vectum triumphatoris instar, arcu instructum, sequentibus satellitibus bello, fame et peste, tribus scilicet flagellis quocumquè voluerit immittendis

---

¹ *Joan.*, xii, 31. — ² I *Cor.*, xv, 26; *Apoc.*, xx, 10, 12. — ³ *Act.*, xii, 1 et seq. — ⁴ *Apoc.*, ii, 9. — ⁵ *Comment.* — ⁶ *Apoc.*, iii, 9.

(vers. 4, 5, 7). His ergo præmissis, quò hæc flagella pertineant Joannes demonstrabit.

Ad quintum sanè sigillum audiuntur animæ sanctorum postulantium vindictam sanguinis sui, et dilata vindicta, « donec compleantur conservi eorum et fratres eorum, qui interficiendi sunt sicut et illi (vers. 9, 10, 11). Illos autem fratres expectandos, ipsos esse ex Judæis electos mox luce erit clarius; et quia ad modicum dilata res, ad sextum sigillum incipit se vindicta commovere, contremiscitque orbis universus (vers. 12 ad finem usque capitis). Cohibentur tamen Angeli nocituri terræ et mari « Quoadusquè signemus, inquit, servos Dei nostri in frontibus eorum (cap. VII, 3). » En illi expectandi « ad modicum tempus, » et brevi adjungendi beatis animabus quæ sui sanguinis vindictam postulabant, piorùm circiter quindecim episcoporum operâ, qui ex Judæis orti magnam suorum civium multitudinem Christo conciliaverant. Cur verò ad duodecies duodena millia redigantur, jam exposuimus : de Dan autem omisso, nescire me fateor. Nec interim me latet suspicatos quosdam ideò prætermissum, quòd ex eâ tribu Antichristus oriturus esset; mihi ea res pro suî magnitudine parùm comperta est, nec est quod ampliùs inquiramus, cùm sufficiat nobis, non jam hîc suspendi animos ad expectationem divini judicii, sed palàm et sine ænigmate revelatum, hos in frontibus signandos, « ex omni tribu filiorum Israel » assumendos (vers. 4), ac deindè clarâ voce distinctè ac sigillatim citatas duodecim tribus, quò res magis, magisque animis atque oculis inculcetur (vers. 5 et seq.).

Jam hinc exurgit argumentum. Quorum gratiâ et expectatione vindicta suspenditur, ii sunt ex eâ gente cui intentabantur minæ, rectè et ordine, ne dissipentur et dispergantur gentes, anteaquàm electi ex illis educendi colligantur. Atqui ii quorum gratiâ et expectatione vindicta suspenditur, erant ex Judæis : expressissimis verbis apud Joannem, ut vidimus. Ergo ea gens cui ultionis intentabantur minæ, erat ipsa judaica et ex duodecim tribubus Israel. Rursùs alio modo : Ii qui expectandi, qui adjungendi, qui deindè signandi erant, sunt Israelitæ : ergo etiam qui vindictam postulabant, qui fratres expectare jubebantur, erant ex

Judæis, totumque istud Judæos spectabat. Tertiò consequenter ad ante dicta vers. 9, legimus : « Post hæc vidi turbam magnam quam dinumerare nemo poterat, ex omnibus gentibus et tribubus, et populis et linguis..... et palmæ in manibus eorum, » ut victores decet. Vides sanè venientes ex tribubus Israel, distingui ab iis qui ab universis orbis tribubus orientur, quippe numerabiles ab innumerabilibus, et unius gentis homines à toto humano genere. Reverà enim ac per eadem tempora sub Trajano et Adriano gravis commota est persecutio adversùs christianos è gentilitate conversos; hìc autem, ex eo quòd illi ex omnibus gentibus, memorantur tantùm ut aggregati Judæis : ut competit gentibus insertis in bonam olivam Judæorum [1]. Omnia ergo congruunt : et postquàm semel constitit ultionem hîc notatam assignandam Judæis, profectò constabit, quæ iis colligata sunt eòdem pertinere quippe montem illum ardentem, stellam illam decidentem et alia, (cap. viii), fortè etiam suo modo capitis noni locustas. Quod etiam ex eo facilè confirmatur, quòd per illa capita à quarto ad medium nonum, nemo propter idola pœnæ dicatur addictus : sed id reservatur ejusdem capitis ix versu 20, post plagas ab Euphrate et ab exercitibus Orientis in Romanos persecutores, inque Valerianum imperatorem immissas, ut statim declarabitur ad ejusdem ix capitis versus 14 et 20, quod claro argumento est, antecedentia vaticinia, à quarto ad octavi finem, non ad alicujus idolis addictæ gentis, sed Judæorum excidium destinari.

ARTICULUS IV.

De capite viii, id est de tubis primâ, secundâ, tertiâ et quartâ, etc.; de monte; de stellâ magnâ cadente, ac de cæteris ejusdem capitis visionibus.

Jam ergo collectis ex Judæorum gente qui superaverant notati ac præordinati in vitam æternam, nihil obstabat quominùs gens perfida ultioni permissa per totum orbem dissiparetur, magnâ suorum strage. Itaque laxantur (viii, 7) qui cohibiti erant (vii, 1), ventorum spiritus : simul admittuntur ad altare, quod est Christus, orationes sanctorum, sive sub altari clamantium

[1] *Rom.*, xi.

(vi, 10), sive etiam eorum qui de terrâ pias voces adjungebant (viii, 1, 2, 3, etc.); ac statim tubæ divinorum judiciorum, ac vindictæ mundi ultrices dirum increpuere, cœpitque exoriri ad primum clangorem per aera horrenda tempestas : quo turbine, stylo prophetico magnas mutationes rerum, et cruenta bella portendere solent, atque more suo generatim Joannes nuntiat (*ibid.* 7), mox ad particularia deventurus. « Mons magnus, » magnâ potentiâ; quo sensu Babylon; « mons magnus ac pestifer, » pestem ac perniciem inferens gentibus (*Zachar.*, iv, 7; *Jerem.*, li, 25), ipsam quoque Christi potentiam ex parvulo lapide in montem magnum crevisse memoratur. « Magnus » ergo « mons ardens » magnâ potentiâ spirans iras in Judæos toties rebellantes : « immissus in mare, » in turbam tumultuantem, et apparuit mare multo mistum sanguine et oppletum cadaveribus: ac turbine correptæ naves in profundum mersæ (vers. 8, 9, 10). Ergo sexcenta ferè millia Judæorum cæsi, præter eos quos fames ac flamma hauserat distractosque vili pretio captivos innumerabiles [1].

Hæc victoria tanti Romanis constitit, ut ipse Adrianus, datis eâ de re ad senatum litteris laureatis consuetam salutem non præfixerit [2] quo significabat luctuosam quoque Romanis fuisse victoriam, ut indicarat Joannes nomine magni montis igniti immissi in mare, et ex illo undarum flammarumque conflictu repercussi.

Exindè aperitur ipsa mali causa, ad tertiam tubam, « magnâ stellâ cadente de cœlo (vers. 10, 11), » nec poterat aptiùs designari Cochebas seu Barcochebas, quo duce et impulsore Judæi rebellaverant : nam Cochebas ipso nomine stella dicitur, ut propheta eum non modò indicasse, sed ipso velut nomine appellasse videatur : tùm ipse se jactabat è cœlo descendere, ut astrum salutem suæ genti allaturum, adhibito illo oraculo : « Orietur stella ex Jacob [3]; » quod de se dictum asserebat [4]. At Joannes ostendit futurum non astrum benignum affulgens è cœlo, sed sidus infaustum. Solent sanè doctores stellarum nomine designari [5]. Doctores verò falsi et erratici, stellæ quidem sed cadentes, et teste sancto

---

[1] Euseb., IV, 2, 6, 8; Hier., *ad Zach.*, xi, 17; *Joel*, xxx; *Isa.*, vi, etc., tùm in *Ezech.*, lib. XI; Euseb., *Chron.*, ad ann. Traj. xv, et Adriani xviii; Paul. Oros., lib. VI, 12; Dio, *in Traj.* et *Adr.*, etc. — [2] Dio, *in. Adr.* — [3] *Num.*, xxiv, 17. — [4] Euseb., lib. IV, 6. — [5] *Dan.*, viii, 10; xii, 3.

Judâ, « sidera errantia [1]. » Subdit Joannes, « nomen stellæ » illius cadentis « Absynthium, (11) » ex effectu scilicet, quo sensu Scripturæ sexcenta nomina produnt : eò quòd Judæi falsi Messiæ Barcochebæ operâ mersi sint doloribus et probris, æternùm depulsi ab Jerosolymæ reliquiis, ac datâ tantùm licentiâ plorandi quotannis super cineres urbis : nec relicto ipsi nomine, cùm eam Ælius Adrianus Æliam appellaverit [2].

Hujus autem luctùs memoria extat apud Judæos in tractatu *Juchabin :* florentibus ibidem christianis quos et Cochebas frustrà ad rebellionis consortium invitatos, et in fide romani imperii pro more permanentes graviter persecutus; quo et christianis supplicavit (*Apoc.*, III), et implevit numerum prædestinatorum quem sancti martyres expectare jubebantur (*Ibid.*, VI, 10).

Sic ad amussim congruunt omnia. Nec mirum quòd Joannes hæc « citò ventura » significaverit (cap. I, 3). Rursùs autem jubentur animæ martyrum « requiescere ad modicum tempus (VI, 11) : » cùm bellum adversùs Judæos incœptum sit anno decimo nono et ultimo Trajani, ab exitu verò Joannis vix decimo quinto, neque ita multò post, Adriano imperatore, confectum.

Quod autem ad « tubam quartam, tertia pars solis, et tertia pars lunæ, et tertia pars stellarum obscurata » memoretur (VIII, 12), facilè retulimus ad *Deuteroses Judæorum* per eadem tempora introductas, et ad *prophetarum oracula,* auctore Akyba doctissimo Rabbinorum adversùs Christum in Akybæ gratiam detorta : quæ causa extitit cæcitatis Judæis et gentibus, obscuratis quantùm poterat Scripturis de Christo, de Ecclesiâ, de Apostolorum prædicatione, ac tertiâ veluti lucis parte detractâ : quanquàm plus satis supererat ad convincendos infidelium animos.

Hæc igitur ex commentariis nostris delibare placuit ad pertexendam, ut diximus, rerum et interpretationum seriem : quæ jam probatione non indigent, cùm et ea confecta sit, et ipse Verensfelsius nihil obstrepat. De tribus *væ* ad calcem capitis VIII, appositis jam diximus [3], et ea tantùm animis infigi volumus.

---

[1] *Judæ*, 13. — [2] Tertull., *adv. Jud.*, 15; *Apolog.*, 16; Hier., *in Dan.*, IX, et *Jerem.*, XXX, 1. — [3] Superiùs, art. 3.

ARTICULUS V.

De cap. ix, ad vers. 13, ac de secundâ stellâ, locustis, et primo *væ* finito.

Expeditis rebus judaicis, Joannes transiturus erat ad Gentilium ultionem : sed aliqua mora injecta est propter hæreticos, tantam plagam orbis, è christianis quidem ortos, sed Judæis affines, qui per eadem ferè tempora extiterunt : dixi Judæis affines, ac post judaicam gentem haud immeritò collocatos, quòd Judæorum more, crederent Christum purum hominem, nec Deum, nec ante Mariam fuisse. Itaque post tria *væ* ad quartam tubam audita (cap. viii, vers. 13 et ultimo), ubi quinta tuba insonuit, « visa est » post Cochebam falsum doctorem Judæorum, « altera stella, » doctor alter et falsus magister judaicorum errorum sequentium, « de cœlo » ac velut de summâ arce doctrinæ « cecidisse; » atque has quidem reliquias fermenti judaici in Cerintho et Ebione Joannes exciderat, scripto sub vitæ finem Evangelio; sed viderat clam duraturas sub Alogórum nomine (Epiph. hær. 52), ac posteà clariùs revicturas sub Victore papà, duce Theodoto Byzantino, viro docto eloquente et omnibus Græciæ artibus celebri, sed præsertim confessione nominis Christi, cujus gratiâ detrusus in carcerem, sociis ad martyria properantibus, ipse abnegato Christo, è tam nobili confessione velut è cœlo lapsus. Norunt omnes eos qui tùm lapsi vocabantur. Sed ut etiam turpiùs laberetur, Christi divinitatem negavit; ne in Deum, sed in hominem peccasse videretur[1]. Is igitur doctrinâ et confessione clarus ut stella cecidit; « et data est ei clavis putei abyssi, et aperuit puteum, » dignam hæreseum sedem (ix, 1, 2). Neque enim uspiam apud prophetas inveneris alias calamitates, puta bella, pestem famemque ex inferni sedibus emersisse; sed hæreses, sive animarum seductio, proprium inferorum ac Satanæ negotium; undè ipse Joannes, nonnisi ex « abysso » et inferno « carcere » Satanam seductorem educit (cap. xx, 1, 3, 7). Ergo Theodotus, primus post Cerinthum à Joanne prostratum, ac velut ad inferos dejec-

---

[1] Epiph., hæres. 54; idem, in Syn.; Theodoretus, *Hæret.*, fab. ii, *in Theodoto.*

tum, ipsum abyssum aperuit : in eo figurati, qui deindè opiniones de Deo et Christo Judæorum sectati, Praxeas, Noetus, Sabellius, Artemon, ac deniquè Paulus Samosatenus episcopus Antiochiæ, tunc tertiæ sedis, ubi etiam christianum nomen cœperat (*Act.*, xi, 26), qui in gratiam Zenobiæ reginæ Palmyrensis judaicæ religioni faventis, Christum hominem purum prædicabat[1]. Atque hujus quidem discipuli, hymno dicto in magistrum, eum è cœlo descendisse jactabant : at veritas non è cœlo missum, sed è tantâ sede velut è cœlo præcipitem datum ostendit.

Hæc igitur judaici erroris in Theodoto post Joannem renascentis labes omnes ferè secutas hæreses peperit, ac maximè arianismum et nestorianismum, quas non hîc expressas, sed in ipso fonte veluti designatas ac figuratas putamus.

Sequitur : « Et aperuit puteum abyssi, et ascendit fumus putei, sicut fumus fornacis magnæ, et obscuratus est sol et aer de fumo abyssi (cap. ix, 2) : » quæ sanè portendunt orbi universo tetram caliginem, retardato per hæreses cursu Evangelii, quod est mundi lumen. Nam ab initio Celsus aliique christianæ religionis hostes, cùm eidem religioni hæreticorum insanias imputabant, ac veris falsa miscebant; tùm etiam, quod erat exitiosissimum, christianismum à se discordem, nihil aliud esse credebant quam, ut cæteræ sectæ, inventum humanum in opiniones variabiles scissum : quam in rem attulimus[2] egregium Clementis Alexandrini locum in hæc ferè verba : « Primum ergo adversùs nos adducent, dicentes non oportere credere propter dissensionem hæresum : retardatur enim ac differtur veritas, dùm alii alia constituunt dogmata[3]. » Sic permittente Deo extiterunt, qui adulterarent verbum Dei, ut operiretur Evangelium, in his qui pereunt; in quibus Deus hujus sæculi excæcavit mentes infidelium, ut non fulgeat illis illuminatio Evangelii gloriæ Christi[4]; quæ luctuosissima est ultio Dei adversùs impios et immemores.

Mihi ergo cogitanti ecquid verisimile videretur, hanc pestem, quæ ad plagam immissæ à Deo cæcitatis tam clarè pertineat, licet sæpiùs inter Ecclesiæ persecutores exortam, à Joanne præter-

---

[1] Athan., *Ep. ad Solit.* Theodor., *Hæret. fab. in Paul. Samos.* — [2] *Abrégé de l'Apoc.*, n. 6. — [3] *Strom.*, lib. VII. — [4] II *Cor.*, iv, 2-4.

missam, occurrit hic locus; nam et locustarum genus eò ducit. Nec me latet à Joele prophetâ Assyriorum exercitus in locustis figuratos. Verùm Joannes ab ipso initio hanc ideam seu formam locustarum procul amovet ab oculis ; ac ne suspicemur bella vulgaria, aut milites ferro armatos, locustas suas comparat scorpiis qui veneno noceant (vers. 3, 5). Nullum autem est animal virulentum quod subtiliùs ac fallaciùs in domos, ipsaque adeò cubilia irrepat, aut homines feriat occultiùs quàm istud, sicut nulla est pestis animarum hæresi aut nocentior, aut familiarior atque occultior; tùm illud vel præcipuum, quod locustæ Joannis, in homines grassari jussæ, non omnibus noceant, sed iis tantùm « qui non habent nomen Dei, » fidemque salutarem piâ professione velut inscriptam « in frontibus suis (vers. 4) : » et datum est illis, « ne occiderent eos, sed ut cruciarent mensibus quinque (vers. 5) : » novum genus militum, quòd non noceant bonis, sed tantùm à verâ fide alienis, neque cuiquam necem, sed occultos et novi generis cruciatus inferat : hæreses enim pectoribus infusas, consequuntur invidiæ, rixæ, contentiones, odia, quibus nihil est molestius aut tetrius (vers. 5, 6). Accedit ad cumulum, quod hæreticorum genus sit importunum, inquietum, pugnax, clamosum, tumultuosum, et mordax, cùm nihil pensi habeant, nisi ut magnum fidei mysterium, detractis veris animi solatiis, ad verborum pugnas et ad minutissima quæque deducant. Jam illud singulare quòd cùm « habeant facies ut facies hominum (pugnacium), et velut leonum dentes (vers. 7, 8), » simul habeant capillos ut capillos mulierum (vers. 8), molles, effeminati, quod etiam nominatim de Paulo Samosateno ejusque discipulis proditum (Euseb.); seipsos amantes, sibique ipsis placentes, veræ disciplinæ dissolvendæ suasores, vanamque elegantiam et ornatus superfluos curiosè sectantes. Cæterùm in his hæc tantùm boni species, quod parvum eis tempus assignetur, non annus, non saltem anni dimidia pars, sed « quinque menses (vers. 5, 10) » prodeunt, intereunt, rursùs resurgunt brevi perituræ : successione nullâ visibili ac certâ, sed insectorum instar, velut ex luto et putredine ebullire videantur. Sic enim Cerinthus, Theodotus, Praxeas cum suis prodierunt, desultorium agmen, ac per sese dissipandum : « nec enim ultrà proficient, sed et insipientia eorum manifesta erit omnibus [1]. »

Cùm tamen vagentur incertis velut sedibus, nec satis credant iis ducibus quorum præferunt nomina sicut scriptum est : « Regem locusta non habet [2]; » habent tamen occultum « regem, angelum abyssi, cui nomen hebraicè Abaddon, græcè autem Apollyon, latinè Exterminans [3]. » Quæ cùm audimus non proptereà bella vulgaria cogitemus : meminerimus autem exterminatorem illum non expedito ense, sed arte et seductione, « ab initio fuisse homicidam, » sicut dicit Dominus [4].

Hæc et alia à nobis pridem exposita [5] profectò effecerunt, ut omnes ferè interpretes, nec minùs protestantes quàm catholici nostri, passim hunc locum ad hæreticos facilè traduxerint : cùm et illud accedat, ut non frustrà Joannes præter solitum, tot allegorias conjecerit in istud mali genus quod spirituale sit, nec nisi per allegorias exprimi possit.

His autem expositis sic concludit Joannes : « Væ unum (seu primum) abiit, et ecce veniunt duo væ post hæc (vers. 12). » Primum autem illud *væ* cum secundo collatum, ad Valeriani imperium nos deducet, ut statim patebit : cujus temporibus Judaicum errorem, in Paulo Samosatensi solemnissimo totius Ecclesiæ catholicæ judicio condemnatum esse constat, qui congruus finis rebus judaicis, et primo *væ* est appositus.

ARTICULUS VI.

De reliquâ parte cap. IX, à vers. 13 ad finem, ac effusis Orientis exercitibus, deque initio mali illati Gentilibus et imperio romano, ad sextam tubam.

Hìc non erit nobis diù laborandum, cùm res clara sit; nec Verensfelsius contradicat : « Et sextus Angelus tubâ cecinit..... et audivi vocem dicentem sexto Angelo : Solve quatuor Angelos qui alligati sunt in flumine magno Euphrate [6]. » Sæpè monuimus Euphratem esse verè Euphratem, à quo flumine romanum

---

[1] II *Tim.*, III, 9. — [2] *Prov.*, XXX, 27. — [3] *Apoc.*, IX, 11. — [4] *Joan.*, VIII, 44. — [5] *Comm.* ad cap. IX. — [6] *Apoc.*, IX, 13, 14.

cœpisse excidium ostendimus[1]; nec vacat repetere quæ hîc annotavimus : id unum diligenter meminisse nos oportet : à Parthorum seu Persarum redivivorum exercitibus incœpisse labem imperii romani ex Valeriani clade, quâ imperii ad Orientem conversæ vires, Gothisque qui tunc primùm apparuere, et reliquis occidentalium partium invasoribus, ac tandem eas excisuris, patefactus est aditus.

Hoc posito, nihil hîc supererit difficultatis : cùm Angeli, ad ultionem quidem romani imperii persequentis sanctos prompti, sed divinis decretis in horam, et diem, et mensem alligati (vers. 14), immensos orientalium regum exercitus effuderunt.

Orientalium autem exercituum characteres graphicè Joannes exposuit; primùm ex immenso equitatu (vers. 16) et ex armorum genere et pugnandi modo, sagittis et ad frontem et post terga velut ex caudâ equorum immissis (vers. 17, 18, 19). Quibus plagis non omnes quidem romanæ vires consumptæ; sed tamen tertia pars internecione deleta : et disertè adscriptum : « Cæteros homines qui non sunt occisi, non egisse pœnitentiam » à colendis dæmoniis suis et simulacris aureis, argenteis, lapideis et ligneis (vers. 20). Ubi annotavimus tùm primùm idola commemorata fuisse; ut nempè constaret, et ad ethnicos hanc primùm spectare prophetiam, et hinc incipere ruinarum causas, quòd Romani ab idolis colendis et inculcandis non resipuerint; quod cùm sit perspicuum, nec usquàm impugnatum, nihil addimus, cùm præsertim in illâ visione fusiùs et diligentiùs exponendâ cap. xvi Joannes sedisse videatur.

ARTICULUS VII.

Summa dictorum : nova prophetandi initia ad cap. x.

Duarum ultionum quas divina justitia deposcebat, prima expedita est : de Judæis sumptum supplicium : eorum sequaces hæretici transierunt, ac primum *væ* mundo intulerunt; tanta hæc plaga fuit : nunc ad Gentiles novus ordo vaticiniorum exoritur, dicente Angelo ad Joannem : « Oportet te iterùm prophetare

---

[1] Comp. *Histor.* ante cap. III, n. 9, et ad cap. IX, vers. 14.

gentibus (vers. 11). » Neque tantùm de casu imperii romani ejusque causis et gradibus disserendum est ; tantique eventùs prima radix aperienda, nempè effusæ Orientis vires. Quanquam enim hâc de re aliquid delibatum est, nec sine injectâ quâdam idolorum mentione, quod tùm primùm occurrit (cap. x, 14, 20) : nunc tamen et eadem fusiùs explicanda, et alia promenda de gentibus quæ hactenùs intacta sunt. Hic ergo novus ordo rerum ac vaticiniorum incipit illustribus initiis, apparente Angelo forti cum septem tonitruis, et « libello » non jam « signato » ut anteà (cap. v, vi), sed « aperto » propter evidentiam et splendorem rerum dicendarum, præ his quæ dictæ jam sunt. Itaque jurat Angelus magnificum illud et pulcherrimum jusjurandum : « Quia tempus non erit ampliùs : sed in diebus vocis septimi Angeli tubâ canituri, consummabitur mysterium Dei, sicut evangelizavit per servos suos prophetas (vers. 6, 7) ; » grande scilicet mysterium de Ecclesiâ victrice inter gentes, quo apud prophetas nihil est illustrius. Nec immeritò novis veluti initiis prophetia inducitur, et ad Joannem dicitur : « Oportet te iterùm prophetare gentibus, et linguis, et populis et regibus multis (vers. 11), » tanquàm diceret : Hactenùs Judæis tantùm sua fata nuntiasti : nunc verò novo ordine prophetare te oportet omnibus gentibus, totiusque imperii romani pandenda judicia : atque hæc delibasti (ix, 14) ; nunc autem et jam dicta inculcanda sunt, et reliqua omnia pleniùs exequenda, canendumque est « de multis regibus, » sive persecutoribus (cap. xv, 14; xvii, 9), sive persecutionis ultoribus (*Ibid.* 16]. Hæc autem incipiunt à cap. xi, quo etiam loco vel maximè docti Verensfelsii objecta insurgunt.

ARTICULUS VIII.

De Diocletiani persecutione ad caput xi, ac primùm de Verensfelsii præjudiciis.

Agit contra nos vir doctissimus, primò præjudiciis, deindè rebus gestis.

Præjudicia hæc sunt : Primum, parùm dignum videri majestate revelationis hujus, ut eam adstringamus ad Diocletiani aut

Juliani Apostatæ tempora : « Tanquàm unica Diocletiani rabies, aut illa paucorum dierum Juliani molimina, in tantâ maximarum rerum multitudine sola commemorari mererentur [1]. » Quo loco sic agit nobiscum tanquàm Trajani, et aliorum diras persecutiones omittamus [2].

2° Extenuandam aggreditur Diocletiani persecutionem, tanquàm nulla sit ratio cur ipsa præ cæteris seligatur ut præcipuum futurum divinissimi vaticinii argumentum [3].

3° Alia esse eventa quæ res Ecclesiæ magis spectent, quàm ultio de Judæis et Gentibus.

« 4° Esse quod doceat, necessariò *Apocalypsim* ad omnia Novi Testamenti tempora protendendam, quoniam scilicet ultimum judicium ac piorum exindè felicitas, impiorumque exitium prolixè in fine libri describitur [4]. » Quæ partim fictitia, partim etiam vana sunt.

Nam quod ad Diocletianum attinet, res ficta est, nos uni persecutioni ab eo motæ fuisse intentos. Nam et generaliorem bestiam intelleximus Romam in decem illis notis persecutionibus (ad cap. XIII, vers. 1) ; et de Valeriano æquè multa diximus (ad cap. IX et XVI) ; nec datâ occasione Trajani cruentam persecutionem omisimus ad cap. IX.

Quòd autem eamdem bestiam in Diocletiani persecutione à Joanne vel maximè considerari diximus, hæ causæ extitere : primùm quòd ea persecutio omnium acerbissima et maximè diuturna fuerit per decem annorum spatium. Hæc igitur prima causa est cur illa persecutio diligentiùs observanda fuisse videatur.

Altera causa eaque præcipua : quòd fuerit ultima, quam quippe consequitur non modò pax Ecclesiæ, sed etiam ejus clara victoria, persecutoribus manifesto supplicio addictis, cruce triumphali erectâ in medio urbis, et Constantini laureis Christo subditis : quo nihil mirabilius, nihil Ecclesiæ lætius, aut Christo gloriosius, aut à prophetis prædici, aut ab omnibus hominibus videri potuit.

Quare quod Verensfelsius hæc omnia, non ita multùm ad res Ecclesiæ facere ubique significat, ipse viderit : nec profectò dixisset alia evenisse memoratu digniora, quàm tam clara de Christi

---

[1] Verensf., cap. III, § 2. — [2] *Ibid.*, § 3. — [3] *Ibid.* — [4] *Ibid.*, § 1.

hostibus judicia, præsertim cum Ecclesiæ claritudine, ac gentium conversione conjuncta. Profectò dolemus obsurduisse ad has voces : « Factum est regnum hujus mundi Domini nostri et Christi ejus [1] : » et rursùs de Babylone magnâ : « Peccata ejus pervenerunt ad cœlos........ [2] exulta super eam, cœlum, quia judicavit Dominus judicium vestrum de illâ...... [3] quia vera et justa sunt judicia ejus [4] : » ut nihil profectò sit utilius aut suavius, quàm ad divina judicia pavere, lætari cum tremore, atque ad hanc regulam mores componere.

Quod ergo subdit Verensfelsius quarto loco, scilicet « Apocalypsim ad omnia Novi Testamenti tempore protendendam : » id quo consilio, quo ordine, modoque sit factum, non est hîc dicendi locus : videmus interim ea quæ diximus verè protendi ad omnem ætatem exemplo omnium longè illustrissimo, eoque cum solatiis et suavissimâ utique instructione conjuncto. Nisi fortè existimamus esse utilius aut pulchrius de romanâ Ecclesiâ quidquid collibuerit comminisci, et ubique videre papam, nullo licet charactere singulari insignitum.

Hæc ad præjudicia Verensfelsii. De rebus verò gestis quæ ad Diocletiani persecutionem nos vel maximè ducant, suis locis dicemus singillatim. Hos interim præmittimus hujus persecutionis obvios characteres datâ occasione recensendos : quòd exorta sit ab eversis Ecclesiis; quòd sæpè interrupta rursùs recruduerit : quòd sub septem Augustis per alia insignia et tempora denotatis : quòd in eâ Christi regnum cœperit, et alia ejusmodi tam clara, ut à nemine obscurari potuisse confidam.

ARTICULUS IX.

Sequuntur sex visiones de ultione gentium : prima visio : initium persecutionis Diocletiani ab eversis Ecclesiis; ad primos versus cap. xi.

Audiamus Lactantium qui hæc intimè novit, nutritus in palatio et admotus juventuti Crispi Cæsaris Constantini Magni filii : « Posteà quàm judicatum est inimicos deorum et hostes religionum tollendos esse, missumque auspicem ad Apollinem Mile-

---

[1] *Apoc.*, xi, 15. — [2] *Apoc.*, xviii, 5. — [3] *Ibid.*, 20. — [4] *Apoc.*, xix, 2.

sium, nihil nisi tristia de christianis renuntiaturum; inquiritur peragendæ rei dies aptus et felix, ac potissimùm Terminalia deliguntur, quæ sunt ad septimnm Calendas Martias, ut quasi terminus imponeretur huic religioni. Ille dies primus lethi, primusque malorum causa fuit quæ et ipsis et orbi terrarum acciderunt. Qui dies cùm illuxisset agentibus consulatum senibus ambobus (Diocletiano et Maximiano) octavum et septimum, repentè adhuc dubiâ luce, ad Ecclesiam profectus, cum ducibus et tribunis et rationalibus venit, et revulsis foribus simulacrum Dei quæritur (quod profectò nullum erat), Scripturæ repertæ incenduntur, datur omnibus præda : rapitur, trepidatur, discurritur; ipsi verò (principes) in speculis (in alto enim constituta Ecclesia ex palatio videbatur) diu inter se concertabant utrùm ignem potiùs supponi oporteret. Vicit sententia Diocletiani, cavens ne magno incendio facto pars aliqua civitatis arderet. Nam multæ et magnæ domus ab omni parte cingebant. Veniebant ergo Prætoriani acie structâ, cum securibus et aliis ferramentis, et immissi undiquè tandem illud editissimum paucis horis solo adæquarunt [1]. »

Hæc gesta Nicomediæ quam Diocletianus incolebat : hoc, eversæ ecclesiæ velut signo dato, designatum persecutionis exordium. Hic finis præstitutus edicto, restitutis locis, in quibus christiani in unum convenirent [2]. Lactantius addit : « Sic ab eversâ Ecclesiâ ad restitutam fuerunt anni decem, menses plus minùsve quatuor. Is hujus persecutionis character est positus, quem diligenter observari volumus : simul animadverti duplex persecutionis propositum, nempè ut ecclesias ubique diruerint, et in ipsis Terminalibus, quasi faventibus diis ac fatis, terminum christianæ religioni imponerent : adversùs hæc duo Joannis prophetia vigilat.

Ac de Ecclesiâ quidem eversâ sic incipit : « Surge et metire templum Dei et altare, et adorantes in eo : atrium autem quod est foris templum ejice foràs, et ne metiaris illud, quoniam datum est gentibus [3]. » Tanquam diceret : Quidquid est exterius gentibus

---

[1] Lactant., *De Morte persecutor.*, n. 11. — [2] Edict. Const. et sic apud Lact., *De Mort.*, 48. — [3] *Apoc.*, xi, 1, 2.

traditur : templa exteriora, instar sunt atrii : est autem verum templum Dei gentibus inaccessum : nempè electorum mentes, quod nec expilari, nec profanari possit. Abeat ergo quocumquè Deus permiserit, illa domus orationis tam edita, tamque sublimibus civitas erecta ædificiis : stat Deo templum suum integrum, cui nulla pars, nec mensura detrahatur. Hoc primum ne turbarentur ereptis et eversis ecclesiis materialibus : imò « calcabitur sancta civitas [1], » eo more quo Jerosolyma quondàm sub Antiocho Illustri. Calcabitur autem prostratis corporibus, animo interim erecto, et invictâ fide. Quod autem per Terminum deum suum sperarent fore ut christianæ religioni terminum imponerent; addit Joannes testes Domini semper prophetaturos, ac licet insepulti ac prostrati jacerent, resurrecturos tamen, ad eum planè modum quo apud Ezechielem, xxxvii : « Ossa arida et exsiccata; » attritam consumptamque plebem, rursùs intromisso spiritu incolumem et validam designabant. Sic portendit Joannes resurrecturos testes, christianamque religionem, quam ejus inimici pro mortuâ reliquerant, evocandam ad cœlum et ad culmen gloriæ conscensuram. Audiverunt enim testes hanc « vocem de cœlo dicentem eis : Ascendite hùc : et ascenderunt in cœlum in nube [2], » ipsâ fide vecti; sive sicut Deus « ascendit nubem levem [3], » et levatam in currum Ecclesiam eduxit ad astra secum, regnoque et gloriâ induit ; « et viderunt illos (attoniti et stupefacti) inimici eorum, » qui extinctos et velut indecorè jacentes aspexerant. Quæ omnia in mediâ istâ persecutione Diocletiani contigerunt, victo Maxentio confiso idolis et impuris sacrificiis, Constantino, non sibi, sed Christo et christianis victore. Hæc summa est.

Jam ad singulos versus : « Civitatem sanctam calcabunt mensibus quadraginta duobus » (vers. 2) ; hoc est dimidio anno supra triennium ; quod jam omnes ex antedictis intelligunt ex Antiochi persecutione repetitum; ut res Ecclesiæ eo statu essent, quo per illud triennium cum dimidio anno sub Antiocho res judaicæ fuerant, quæ horum typus essent, ut vidimus.

Sequitur : « Et dabo duobus testibus meis, et prophetabunt diebus, mille sexaginta » (vers. 3) ; quod est aliâ phrasi illud ipsum

[1] *Apoc.*, xi, 1, 2. — [2] *Ibid.*, 12. — [3] *Isa.*, xix, 1.

triennium cum dimidio anno; ut nempè intelligamus nullâ vi tormentorum occlusum iri ora prophetarum, eosque omninò tanto tempore prophetaturos, hoc est, Evangelium prædicaturos, quanto persecutores sævierint, nusquàm intermisso prædicandi studio.

Quòd autem duos testes appellat, haud magis astringit ad certum numerum, quàm illi menses aut dies : sed intelligendum est testes sive martyres, quantocumque numero futuri sint (sunt autem innumerabiles, ut vidimus), tales omninò futuros, quales hi de quibus Joannes post Zachariam dicit : « Isti sunt duæ olivæ et duo candelabra in conspectu Domini terræ (hîc vers. 4; *Zachar.*, IV, 1, 14). » Sic autem designabat Jesum filium Josedec summum sacerdotem et Zorobabelem solatio plebi afflictæ missum : ut nempè docerentur afflicti fideles, non se suis solatiis carituros, quæ Jesu pontificis et Zorobabelis operâ populo relicta sint.

Cùm autem et Jesus pontifex et Zorobabel, et clerum et populum repræsentent, haud incongruè Joannes reputabitur ea præsagiisse martyria, sive testimonia simul et solatia, quæ afflictæ Ecclesiæ ex utroque ordine proventura essent; sive quis maluerit ea quæ ad hunc locum memoravimus [1].

Subdit : Cùm testes sive martyres « suum testimonium absolverint, » et ad perfectionem finemque perduxerint, « bestia quæ ascendit de abysso (quæ tunc primùm nominatur, posteà suis designabitur notis) vincet illos » corpore non animo, « et occidet (*Apoc.*, XI, 7); » post triduum cum dimidio die, ferè ad instar Domini, resurrecturos.

Sanè quòd plerique catholici hùc Enochum et Eliam necessariò invehendos putent : meminerint duos Joannis testes « à bestiâ quæ ascendit de mari occidendos (vers. 7), » hoc est, ab imperante et persecutrice Româ : verâ Enochi et Eliæ cæde reservatâ ad ultima mundi tempora, rursùs soluto Satanâ, et sæviente Antichristo, quod ab his temporibus procul abest, mille annorum intervallo, quæcumque illa sint, in *Apocalypsi* interjecto (XX, 2, etc.).

Non ergo ad litteram hæc Enocho et Eliæ aptari possunt : figuratè eisdem convenire posse, et hîc intermicare quædam quæ hùc

---

[1] *Comment.* ad cap. XI.

referri possint, et nos jam diximus, et ad cap. xx luculentiùs asseremus.

De duorum testium gestis (vers. 5, 6) ex antiquorum prophetarum memoriâ repetitis, nihil hîc retractabimus, cùm hæc à Verensfelsio intacta remanserint.

Idem Verensfelsius nihil obstat iis quibus persecutores de christianorum excidio sibi impensissimè gratulatos esse probavimus. Neque est dubium quin facilè principes hæc facta sibi persuaserint, quæ tanto studio procurarent. Nec mirum si per aliquod tempus, trium scilicet dierum cum dimidio, quo nullum est in *Apocalypsi* brevius, defecisse Ecclesia gentibus videretur : et statim posteà ad summam gloriam provecta : ut mirarentur omnes tam facilè revixisse eam, cujus inimici nil nisi reliquias et funera, ac velut insepulta cadavera cernere se putarent.

Unum est quod adhuc quæri à nobis potest; cur Diocletiani persecutio decem annis vigens, æquè ac cæteræ ad triennium suum redacta videatur. Verùm abundè ostendimus, præfixis notis ad cap. xi, n. 4, 5, 6, persecutiones omnes, Deo id agente, in breve tempus coarctatas, nec licitum tyrannis sævire quantùm vellent, Deo temperante iras, ut servi Dei respirare sinerentur, nec imbecillitas humana fatisceret : cujus rei testem Origenem adduximus (*contra Celsum* III). Ad omnes itaque persecutiones extendi Dominicum illud : *Propter electos breviabuntur dies illi*[1]. Quâ regulâ Diocletiani quoque persecutio anno ejusdem principis xviii, Christi ccciii inchoata, præter illas quæ cap. xii recensentur, id etiam habuit ut in vicennalibus festis, anno persecutionis tertio, omnium suppliciorum relaxatio quædam fieret : imò etiam paulò post, ipsa per sese persecutio elanguit velut lassis carnificibus : deindè referbuit tanquàm impetu quodam flamma resurgeret.

ARTICULUS X.

De reliquâ parte cap. xi, deque *væ* secundo et tertio, ac de magnis motibus et laudibus.

Verensfelsius nos vehementissimè reprehendit quòd ad caput xi

[1] *Matth.*, xxiv, 22.

terræ motus interpretati sumus de bellis civilibus : « Eò quòd, inquit, nullum est tempus quo non inter Romanos intestina bella fuerint, nec ea tantùm ad Diocletianum pertinent[1]. » Quæ vir historiarum peritus, repetitâ omnium sæculorum memoriâ probat. Credo enim cùm Christum ad præsagia evertendæ Jerosolymæ trahentem audierit : *Consurget gens contra gentem et regnum in regnum, et erunt fames et pestilentiæ*[2] *:* facilè respondebit, hæc fuisse semper. Quòd si responderit, vix fuisse tantos; nos quoque reponemus per hæc tempora non fuisse tantos bellorum feralium motus, quanti erant, cùm Galerius in Maxentium immensos ageret exercitus, et Maximianus Herculius recepto imperio, Maxentium filium, et Constantinum generum impugnaret : nec clariorem ullam fuisse victoriam, quàm illam à Constantino Magno ad mœnia urbis de ipso Maxentio reportatam : nec diem unquàm pulchriorem illuxisse christianis, quàm illam in quâ Constantinus victor fasces Christo subdidit, seque christianum esse professus est, ac persecutionibus finem imposuit. Non ergo simpliciter ex bellorum civilium motibus, quanquam ex iis quoque, sed ex conjunctis causis argumentum ducimus. Volumus enim assignari tempus aliud in quod hæc in unum confluant, tetra persecutio, insepultis plerumquè martyrum cadaveribus, extinctus Ecclesiæ splendor inimicis visus, bellis civilibus quasi tremefactum et concussum imperium, pugna ingens, clara victoria, gloria Ecclesiæ velut ex morte resurgentis, conterriti hostes et ad Deum magnâ ex parte conversi, gratiæ per totum orbem actæ; regnum deniquè Deo nostro Christoque ejus attributum, et jam duraturum in sæcula sæculorum. Amen[3]. Sinat ergo Verensfelsius, hîc à nobis manifestam Christi et Ecclesiæ recognosci victoriam, nec differri laudes donec Papa intereat, quo duce Christus Deus in ipsâ arce orbis est positus.

Hæc inter prospera Ecclesiæ, plagas imperii persecutoris agnoscimus : hoc decimam partem civitatis eversam bellis civilibus, « in his septem millia hominum cæsa, » ac perfectam ex ipso occisorum numero, Constantini victoriam (vers. 13) inter hæc « væ

---

[1] Verensf., cap. IV, § 30. — [2] *Matth.*, XXIV, 6, 7. — [3] *Apoc.*, XI, 7, 12, 13, 14 et 15.

secundum » abiisse à cap. xi, 14 inchoatum, et tertium statim inductum ad finem usque prophetiæ et romani excidii duraturum (vers. 14).

Et tamen, si Deo placet, vetabit Verensfelsius quominùs hæc tam aperta, tam illustria, in Christi sub Constantino agniti et orbem convertentis gloriam conferamus : « et nostram ab ipsâ serie penitùs Apocalypsim refutari » jactabit, « eò quòd homines non post martyrum constantiam, sed post atrocia illa bella et timuisse videantur, et Deum laudasse dicantur [1] : » quasi non liceat admirantibus martyrum fortitudinem, ex aliis quoque conjunctis causis laudes Deo dare; meliùsque videatur hæc jactari in aera, quàm certo cuidam eventui, tam singulari, tam certo, tam claro et admirando imputari.

Quid illud, *iratæ sunt gentes* in victricem Ecclesiam : et tempus *judicandi mortuos,* judicio supremo in antecessum degustato, sive etiam adumbrato, *et partem mercedis retribuendi, et exterminandi eos qui corruperunt terram* (vers. 18), et illud, *apertum templum Dei* omnibus *gentibus* undiquè accursuris, et arcam testamenti, hoc est, arcana cœlestia, et non, ut apud Hebræos soli pontifici, sed omnibus visam : et facta fulgura, grandinem et voces Dei terram, hoc est, imperium terrarum dominum commoventis: hæc si obscurari placet, si licet alia quærere illustriora tempora, quàm Constantini Magni fuerunt, melioresque sunt variæ allegoriæ, quàm hæc historica et clara, nihil est quod ex prophetarum vaticiniis lucis aliquid expectemus.

ARTICULUS XI.

Secunda visio de ultione Gentilium : de muliere pariturâ et dracone rufo, deque persecutione per tres vices insurgente, cap. xii.

Inter singulares Diocletianicæ persecutionis characteres ac notas, nulla est insignior, quàm quòd per tres vices insurrexerit ac totidem vicibus compressa sit per principes in christianorum gratiam : undè spes certa affulgeret brevi cessaturam. Res autem sic se habuit : anno Christi cccm Diocletiano, Maximiano Herculio,

[1] Verensf., cap. xi, § 12.

atque altero Maximiano, Galerio scilicet auctoribus, persecutio inchoata : anno cccxi qui erat persecutionis octavus, edicto Galerii et Constantini victoriâ siluit. Nec ita multò post, anno cccxii à Maximino imperatore tanquàm ex novo initio instaurata, à Constantino et Licinio repressa est, Maximino in ordinem redacto, et edito edicto in christianorum gratiam. Tertiò Licinius à Constantino disjunctus, ipse per se persecutionem movit, ac tertiâ Constantini victoriâ fractus, et pax christianorum stabili lege firmata.

Hæc igitur in Commentario nostro fusiùs executi sumus : hæc à Joanne expressa, ac tres vices distinctè notatas ostendimus : hæc Verensfelsius molestissimè tulit, et omnem sacri vaticinii·ordinem invertit [1]. Nam cùm Joannes bis disertè narret, mulierem illam, scilicet Ecclesiam, bis in desertum actam (vers. 4, et 6), et deindè (vers. 14), fugisse in desertum, ipse ne toties persecutio moveretur, primam illam fugam cum secundâ confundit ; eâ maximè causâ, « quòd utrobique mulier in desertum fugisse dicatur. » Quasi verò non potuerit id evenire bis ut, furente dracone, mulier compelleretur in desertum aut necesse fuerit bis à Joanne narrari quod semel tantùm factum sit.

Nobis autem, ut nostra adstruamus, nullâ aliâ re quàm ipso Joannis vaticinio attentè recensito opus est. Statuamus ergo ante omnia, hîc ultimam persecutionem, scilicet diocletianicam à Joanne prædictam, tribus argumentis : primùm, quòd mulier, Ecclesia scilicet, « cruciaretur, ut pareret masculum » puerum illum fortem qui « recturus erat gentes in virgâ ferreâ [2], » et mox sub Constantino principe regnaturus. Secundò, commisso prælio, draco dejectus in terram, et toto orbe inclamatum : « Nunc regnum Deo nostro et potestas Christi ejus (vers. 7, 10). » Tertiò quòd dejectus diabolus « haberet iram magnam, » et novos impetus ediderit, « sciens quòd modicum tempus habet (vers. 12), » ad perdendam mulierem, id quod Ecclesiæ sub igni ferroque crescentis progressus facilè suadebant. Ergo illi ad extremum deducta res erat, nec alia persecutio secutura.

Jam quòd draconis furor, sive ipsa persecutio ter insurgeret, ac ter frangeretur, hæc momenta conficiunt. Draco devoraturus

---

[1] Verensf., cap. IV, § 32. — [2] Apoc., XII, 2, 5.

mulierem, et puerum mulieris fugientis in desertum (vers. 4, 6) : en persequentis primus impetus. Draco prælio victus et cantatum epinicium, « nunc regnum Dei et Christi (vers. 8, 9, 10) : » en fractus et contusus : draco irâ percitus et mulierem fugientem persecutus (13, 14) : en secundus conatus : sed mulier adjuta à terrâ quæ absorbeat persecutionum fluctus (16) : en iterùm cessatio : deniquè draco rursùs « iratus et facturus prælium cum reliquis de semine mulieris (17), » neque quidquam proficiens, sed secundùm vulgatam antiquam lectionem, stans tantùm super arenam : en tertia et extrema, et cassa molimina, et mulieris requies.

Ita sanè prædictum : his eventa respondent. Septem Augustorum, qui grandi illâ et ultimâ decennali persecutione vexaturi erant Ecclesiam, primus Diocletianus, cum aliis tùm imperii consortibus insurgit; « stetitque ante mulierem, quæ cruciabatur ut pareret (vers. 2, 4). » At enim, inquit Verensfelsius, stetisse coràm illâ, non etiam afflixisse dicitur : frustrà, nam ipse parturientis cruciatus indicat Ecclesiam, inter ipsa martyria, fœcundo sanguine matrem factam. Tùm illud ipsum, fugisse in solitudinem, nota persecutionis, allusumque ad machabaica tempora : cùm Mathathias ejusque filii, et comites, persequente Antiocho, in montes refugerunt, descenderuntque multi quærentes judicium et justitiam in desertum[1], quò etiam pertinet illud ab iisdem temporibus repetitum, ut pascerent eam per mille ducentos sexaginta dies; neque verò fugiebant, nisi ut se persecutioni subtraherent, cujus etiam gratiâ factum est prælium (vers. 6, 7). Quale autem prælium, nisi de hominum salute, inter angelos Michaelis et angelos Satanæ, quorum fidem illi quidem certabant fovere solatiis, hi tormentis et fallaciis frangere, sed inclinatis jam rebus et in christianam religionem versis? Itaque dejectus draco, ac divinis honoribus, quos omni opere tentare satagebat, tanquàm è cœli arce depulsus : Galerius persecutor atrocissimus, insanabili ulcere percussus, edicto edito pro christianâ pace, morte Antiochi, tam fœdâ plagâ, tam falsâ et extortâ pœnitentiâ, extinctus est, anno ferè persecutionis octavo, Christi CCCXI, nec ita multò post, hoc

[1] 1 *Machab.*, II, 28, 29.

est anno sequente, victo Maxentio, Roma Constantino, ac per eum Christo cessit; secutæque sancti tripudii voces de regno Dei ac potestate Christi, præcipitato dracone inimico fratrum (vers. 10, 11, 12) : quæ est illa exultatio Ecclesiarum Christi per universum orbem, quam expressit Eusebius [1].

Nec sic tamen draco à proposito destitit : sed se victum videns martyrum fortitudine et sanguine (vers. 11), ac facilè auguratus, « quòd modicum tempus habet, » exaggeravit iras (vers. 11, 13), et mulierem quæ datâ pace è latebris redierat, et solemnem cultum instauraverat, secundâ vice aggressus est (vers. 13).

Observa discrimen. Non ergo hîc Joannes de partu futuro aut de puero devorando quidquam; jam enim à Deo in tuto erat positus (vers. 6) : sed de muliere solâ. Ecce ergo Maximinus unus è septem illis à Diocletiano concitatis persecutoribus, Ecclesiam jam edito Constantino, seu christianismo jam forti et invicto, nobilem aggreditur. Ea rursùs in cryptas suas specusque se abdidit, sicut dicit Joannes : « Datæ sunt mulieri alæ duæ ut volaret in desertum in locum suum, » quippe jam sibi cognitum et frequentatum, « ubi aleretur per tempus et tempora, et dimidium temporis (vers. 14); » de quibus temporibus jam dicere nihil esset aliud quàm actum agere.

Doctus Chetardæus erudito Commentario in *Apocalypsim* notat, reverà in desertum persecutiones inter solitos refugere christianos : quod quidem multis testimoniis diligenter exquisitis firmat : nec omittit illud præclarum epitaphium Alexandri martyris, in quod hæc inserta sunt : « Heu tempora infausta quibus nec inter speluncas sacrificare licet! » Favent interpretationi Acta martyrum, quibus constat multos in desertis locis palabundos fuisse comprehensos; ac disertè Paulus : *Circuierunt in melotis, egentes, angustiati, afflicti, quibus dignus non erat mundus, in solitudinibus errantes, in montibus et speluncis et in cavernis terræ* [2] : ut profectò desertum etiam historicè et propriè hîc intelligatur.

Vides igitur persecutionem Maximini jussu ab initio resurgentem, sed statim comprimitur : *Et misit serpens ex ore suo post mulierem aquam tanquàm flumen* (vers. 15). Maximinus impe-

[1] *De Vitâ Const.*, IV, 1. — [2] *Hebr.*, XI, 37, 38.

rator à serpente concitatus immisit irarum procellosos fluctus, persecutionem instauravit, hoc etiam voto Jovi edito : « Ut si victoriam cepisset, christianorum nomen extingueret funditùsque deleret[1]. » Sed tùm *adjuvit terra mulierem*[2], hactenùs de cœlo tutam : Constantinus et Licinius imperatores, sociatis armis, Maximini copias hausere, edicto proposito sanxere Ecclesiæ pacem : ipse semianimis sumpto veneno pœnas Ecclesiæ dedit[3], edito quoque decreto in christianorum gratiam, cujus extat exemplar apud Eusebium[4].

Nec sic draco requievit : oportebat enim ter tanquàm à novo principio persecutionem exurgere : « Et iratus est draco (victus) in mulierem, et abiit facere prælium cum reliquis de semine ejus (vers. 17). » Tertiò insurrexit disjunctus à Constantino Licinius : Constantinus tertiùm victor et jam solus Augustus, simul orbem romanum resque christianas firmâ pace composuit[5]. Oportebat autem id quod nunquàm evenerat, in eâdem persecutione, distinctis vicibus, ter exurgere principes, ter compesci : ut Ecclesia doceretur à Deo laxari et temperari frænos, neque evenire quidquam, nisi quod « manus ejus atque consilium fieri decernerent[6]. »

ARTICULUS XII.

Tertia visio circa ultionem Gentilium : historica ad cap. xiii, spectantia afferuntur, ac primùm persecutio Diocletianica sub septem regibus bestiæ.

Expeditæ sunt visiones quibus duos characteres diocletianicæ persecutionis sanctus Apostolus indicabat : hoc est, regnum Christi per terras in ipso persecutionis æstu : tùm illa persecutio ter incitata, ter compressa. Sequitur tertius, isque maximè singularis et proprius; quòd ea persecutio sola ex omnibus, sub septem Augustis gesta sit : quòd his sublatis extincta sit; quæ erat plaga mortis idololatriæ inflicta : quòd deniquè plaga illa curata sit; ipsaque idololatria persecutrix sub Juliano Apostatâ non modò

---

[1] Lact., *De Mort. persec.*, 46. — [2] *Apoc.*, XII, 16. — [3] Lact., *De Mort. persec.*, 49. — [4] *Hist.*, IX, 10, et *De Vitâ Const.*, 59. — [5] Euseb., X, 9, *De Vitâ Const.*, 11, 12. — [6] *Act.*, IV, 28.

vitam, sed etiam regnum resumpserit (ad vers. 1, 2, 3). Non hîc somnia et allegorias, non pro septem regibus, septem regimina arbitratu nostro fingimus, quæ Joannis tempore ferè jam effluxerant : nullo anteà exemplo, eaque ad arbitrium conficta et distincta : non annorum millia quærimus, ac latissimum campum ad evolvenda nostra commenta aperimus. Res gestas narramus, easque certissimas, ac, ne evagetur animus, ipso persecutionis decennio comprehensas. Sed omissis pollicitationibus rem ipsam aggredimur, ac primùm historica asserimus.

Res expeditu facilis : Augusti sive imperatores, reges sunt, iique perfecti Eusebio, — præ Cæsaribus, quæ secunda potentia et Augustis proxima. Septem ergo Augustos vulgatissimos recensemus, sub quibus decennalis illa persecutio gesta memoretur. Primus Diocletianus ab ipso initio solus, adscivit cæteros in imperium; huic accedunt Maximianus Herculius, Galerius Maximianus, Constantius Chlorus magni Constantini pater, Maxentius Maximiani Herculii filius, Maximinus, ac deniquè Licinius. His Verensfelsius vult addi Constantinum, demi Constantium mitem imprimis et in christianos benevolentissimum, nedùm persecutorem : nam, inquit, Constantinus per ea tempora imperator est factus [1]. Certè : sed pridem ex Lactantio respondimus : « Suscepto imperio Constantinum Augustum nihil egisse priusquàm christianos cultui ac Deo suo redderet [2]. » Perpende verba : *Nihil prius;* ac posteà : « Hæc ejus prima sanctio. » Statim ergo seipse excepit ab eorum numero, quorum nomine persecutio agebatur : neque quidquam de eo legitur quo tantæ pietati derogaret. At Constantius Chlorus benignus licèt, nihil simile. Neque considerandum qualis ille fuerit et quâ morum clementiâ, sed quam personam in imperio romano gesserit. Omnes imperatores imperium ut commune et unum regebant ; cujusque nomen et titulus edictis omnibus præfigi solitus, nec tantùm iis in partibus quibus ipsi præerant, sed etiam ubique terrarum. Neque longè conquirendæ probationes, quas ipse legum codex innumerabiles profert : ipsa persecutio communi nomine gerebatur : ubique inveneris in martyrum Actis intentatam ipsis imperatorum jussionem, ac co-

---

[1] Verensf., cap. IV, § 5, 6. — [2] Lact., *De Mort. persec.*, 24.

lendos deos quos ipsi honorarent. Procopio martyri indictum, ut quatuor litaret imperatoribus, hoc est, Diocletiano, duobus Maximianis, et ipsi Constantio Chloro [1]. Nec solus is jussus, ut vellet Verensfelsius, sed in uno ostensum quid de cæteris fieret. Quin ipse Constantius, « ne discedere à majorum præceptis videretur, conventicula, id est, parietes dirui passus est [2]. » Ita Lactantius domesticus testis, facilè præferendus : quo signo singulari, et persecutio initiari, et cultus interdici solebat. Excusat Verensfelsius quòd id Cæsar fecerit : sed quod Cæsar fecit, non abrogavit Augustus : imò apud Lactantium jam legimus, primum fuisse Constantinum qui conventus cultumque reddiderit. Non ergo Constantius; quanquam enim nihil asperè per se gerebat, erat sanè aliquod quod consortibus imperii largiretur. Nulla ergo causa cur ab illo numero eximatur, imò necessaria causa, cur accenseatur.

Ludit Verensfelsius cùm Constantium Chlorum, tantùm non facit christianum; cùm omninò nemo dubitet primum omnium extitisse Constantinum ejus filium, qui nomen Christo dederit. Neque verò Constantium apotheosi donassent, aut in deorum suorum numerum retulissent, si à patriis sacris ullâ ratione recessisset [3]. Quod autem objicit Constantinum quoque memorari quadrigis evectum ad cœlos [4]; absonum si ut deum : rectum et pium, si ut Dei Christique servum et christianis sacris ritè purgatum.

Omissis ergo his ludibriis, de cæteris nulla difficultas. Sanè Maxentius infandis licet sacris suprà omnem modum addictus, aliquandiù cunctatus et christianis parcere velle visus. Sed homo impurissimus et pudicitiæ juxta ac fidei christianæ hostis, ne dùm vero animo persecutionem temperaret, sanctum Marcellum papam in exilium egit. Maximini quoque brevis dissimulatio in aperta odia erupit : nobisque omninò constat septem Augustorum numerus, quorum nomine persecutio exerceretur.

Nam quod attinet ad Severum, quem per eadem tempora auctore Galerio è Cæsare factum Augustum, et Maxentio oppositum,

---

[1] Euseb., *De Martyr. Palæst.*, cap. I. — [2] Lact., *De Mort. persec.*, 15. — [3] Euseb., *Hist.*, VIII, 39. — [4] Verensf., cap. IV, § 6.

à Lactantio significari putabamus [1], ipse Verensfelsius haud fortassis immeritò contradicit [2], de Lactantio dubitat : laudat alios scriptores, laudat numismata in quibus idem Severus Cæsaris tantùm nomine insignitur : sed utcumquè se res habet, si Augustus est factus adversùs Maxentium Romæ agnitum et electum, vix confecto itinere exutus est : desertus à suis ac Maxentio proditus, « ipsam purpuram reddidit, quo facto nihil aliud impetravit nisi bonam mortem [3]. » Nulla ergo causa erat cur numeraretur inter eos qui in persecutione aliquid egisse memorentur; nec mirum si Joannes insignes et vulgatos characteres sectari solitus, omiserit non durabilem purpuram, et in ipsis statim miserabilis Augusti manibus marcescentem : seque ultrò redegerit ad septenarium numerum suis alioqui vaticiniis congruentem.

Quin etiam, si Deo placet, hùc adductos oportuit falsos ac perduelles Augustos Carausium, Achilleum, Julianum quemdam, Alexandrum, Ælianum, et alios qui « imperium injustè ad se rapuerint : » Nam, inquit [4], si ejus rei ratio habeatur, « æquo jure omitti debuisse, et Diocletianum qui Carinum oppresserit, et Maxentium qui invitis cæteris à prætorianis Augustus proclamatus est, et Licinium qui à solo Galerio, insciis cæteris, contra Maxentium Augustus factus est, deniquè Maximinum quem suâ spontè imperium sumpsisse testantur Eusebius atque Lactantius. »

Quid igitur ? Tot vanis et longè conquisitis disputationibus rem claram et perspectam involvere oportuit ? Non ita : sed omissis litigationibus, dicimus pro Augustis habitos quos Roma, quos exercitus, quos ipsi Augusti creassent, agnovissent, suscepissent; hâc unâ planâque sententiâ lites omnes incidimus. Diocletianum senatus populusque romanus, omnes exercitus et provinciæ agnoverunt : ab eo designatos imperatores et Cæsares totus orbis admisit : Maxentium Augusti filium, à Prætorianis, quondàm patris sui Maximiani Herculii militibus pro more electum, non invito populo, Roma suscepit, arma moventi paruit : patrem ejus « bis Augustum [5], » eo renuntiante, provinciæ receperunt; Licinium Diocletianus ipse fons scilicet imperii, à Galerio accitus adscivit; Constantinus Au-

---

[1] Lact., *De Mort. persec.*, 20.— [2] Verensf., cap. IV, § 7.— [3] Lact., *De Mort. persec.*, 26. — [4] Verensf., cap. IV, § 2, 3. — [5] Lact., *De Mort. persec.*, 26.

gustus et provinciæ agnoverunt[1]. De Maximino audiendus Lactantius, à docto Verensfelsio in testem adductus : « Maximinus postmodùm scribit (ad Galerium) quasi nuntians, in campo Martio proximè celebrato Augustum se ab exercitu nuncupatum. Recepit ille mœstus et dolens, et universos quatuor imperatores jubet numerari [2], » se nimirum, Licinium, Constantium, Maximinum. Sic Maximinus admissus est : sic amputatis vitilitigationibus, remanent nobis septem omninò Augusti, quos ab anno cccIII, in illâ persecutione decennali aliquid egisse constiterit. Is character singularis, ac maximè proprius iterùm *Apoc.*, cap. XVII, commendatus, ab eo quoque loco lucem accipiet. Quid ea quæ Verensfelsius de falsis Augustis, de suo historico penu deprompsit? Docta herclè, curiosa, splendidè et copiosè enarrata ; sed tunc non erat his locus.

ARTICULUS XIII.

Excursus ad protestantes.

Cùm ergo nostra interpretatio certis rebus et historicis conflata procedit horum loco virum doctum, historica quoque et specialia quædam proferre oportebat : at de his ne verbum quidem, hæretque totus in sectæ præjudicatis; ac septem reges, nihil aliud cogitat quàm septem regimina [3] : sat, ni fallor, absurdum, ut consules expellendis ab urbe regibus instituti, tamen et ipsi reges sint : « At istud loquendi genus quo reges pro regimine usurpantur in sacris Scripturis haud infrequens [4]. » Ergo vel unum exemplum proferre debuit; at nullum protulit. Toties apud Danielem occurrunt reges aquilonis, austri, reges quatuor, decemve [5]; at pro regimine nusquàm. Quid quòd septem illa regimina regum, consulum, dictatorum, decemvirorum, triumvirorum, si placet, ab urbe conditâ per mille eoque amplius annorum spatiume volvenda, et quantis voluerint sæculis cum romano pontifice finienda? Quid autem illud : « Super capita ejus, » ac super septem reges, septemque regimina « nomina blasphemiæ [6]. » Pertinebat scilicet ad Joannem, ut Numæ ac regum Romanorum con-

[1] Lact., *De Mort. persec.*, 29, 45, 49. — [2] *Ibid.*, 32. — [3] Verensf., cap. I, § 26. — [4] *Ibid.* — [5] *Dan.*, cap. VII, VIII, etc. — [6] *Apoc.*, XIII, 1.

sulumque ac dictatorum ab ipsis initiis notaret blasphemias? Non ita : « vidit enim bestiam » non à septingentis annis natam, sed in ejus oculis totam et integram « de mari ascendentem, » et Christi jamjam nati blasphematuram nomen. Non ergo vetera ab initiis urbis regimina recensebat : sed novos omninò reges Christum blasphematuros animo providebat. Quid quòd cùm scriberet revelationem suam, ad sextum regimen, quod est imperatorum, res romana devenerat, futurique erant pii imperatores, Constantinus, Jovianus, Valentinianus, Gratianus, Theodosius Magnus, alii? Quî fleri potuit ut generatim huic sexto regimini inscriptam blasphemiam Joannes prophetaret? Nobis autem plana sunt omnia; certa historiæ series : septem imperatores prodierunt quorum nomine decennalis persecutio sub Joannis oculis exurgeret : blasphemias efferret in cœlum.

Jam pergamus ad reliqua, et rerum gestarum seriem pro more consulamus.

ARTICULUS XIV.

De tribus præcipuis bestiæ characteribus : ad cap. xiii, 2.

Haud contentus Apostolus designasse septem reges, quorum nomine decennalis persecutio gereretur, cùm non eodem tempore nec eâdem omnes acerbitate sævirent, tres ex septem elegit quos singulari quodam modo exhiberet; Maximianos duos et Diocletianum ipsum, ex quibus tota mali labes extitit. Historiam præmittimus auctore Lactantio, cujus hæc verba sunt : « Ab oriente usque ad occidentem tres acerbissimæ bestiæ sævierunt [1]. » Locus omninò natus ad describenda sub his tribus quas nominavimus feris, tetra et atrocia, ab ipso anno ccciii persecutionis initia. Nunc ad singulos characteres : « Bestia quam vidi similis erat pardo [2]; » ex Daniele depromptum [3], quo loco interpretes ex varietate morum Alexandrum intelligunt. Nos quoque eodem modo Maximianum Herculium hîc ponimus varium, versipellem, nunc abjecto imperio, nunc resumpto notum, nunc amicum Maxentio filio, Constantino genero, ipsi Galerio, nunc ab iis dissidentem [4].

---

[1] Lact., *De Mort. persec.*, 16. — [2] *Apoc.*, xiii, 2. — [3] *Dan.*, vii, 6. — [4] Lact., *De Mort. persec.*, 26, 28-30.

Nullus pardus colore aut pelle magis variata : « Pedes ejus pedes ursi : » animal informe, rapax, boreale, Galerius Transdanubianis ab oris : « Naturalis barbaries, et feritas à romano sanguine aliena : habebat ursos ferociæ et magnitudini suæ simillimos [1]. »

Pergit Joannes : « Et os ejus sicut os leonis : » ad os pertinent edicta feralia. Hæc Diocletiani primi imperatorum nomen præferebant : leonem referunt cruentæ voces. Tres ergo tenemus bestias propriis characteribus graphicè insignitas. Poscit Verensfelsius hos omnes characteres ad religionem referri, ad quam tota per se prophetia spectat [2]. Quo jure? quasi non apprimè conveniat, ut suis cuique notis et moribus attributis, quid in religionem communi consilio molirentur, exprimeretur his verbis : « Et dedit illis draco virtutem suam et postestatem magnam. » Sic uno spiritu draconis animati, suam omnem potestatem ad dæmoniorum cultum conferebant. En belli apparatus : nunc quis eventus fuerit audiamus.

ARTICULUS XV.

De plagâ lethali bestiæ, eâque curatâ per Julianum Augustum; qui primus ejus est character singularis. Ad cap. xiii, 3-5, etc.

Pugnæ Ecclesiarum adversùs bestiam septicipitem is eventus fuit, ut « unum de capitibus ejus, quasi occisum sit in mortem, et plaga mortis ejus curata sit (vers. 3). » Quale sit caput illud cap. xvii, facilè indicabit : interim de eventu constat idololatriam illam, scilicet toto romano imperio, ac novissimè sub septem illis regibus, imperantem ac persequentem sanctos, amissis viribus, amisso imperio, velut mortuam, tamen convaluisse; cùm post quinquaginta annos quibus victa et exarmata sub Constantino et ejus liberis jacuisse videbatur, tandem à Juliano rursùs regnatricem, rursùs persecutricem ac sævientem se vidit.

Quærit Verensfelsius multis : « Anne Julianus tantoperè afflixit christianos ut in eo non modò sanitatem recuperasse dicatur bestia, sed ut etiam ipsa Diocletiani cæterorumque rabies præ eo commemoranda non sit [3]. » Quâ dissertatione nihil est vanius, nihil à proposito nostro magis alienum. Non enim hîc quærimus

---

[1] Lact., *De Mort. persec.*, 9, 21. — [2] Verensf., cap. iv, § 8. — [3] *Ibid.*, § 11-13.

an aliæ persecutiones præ illâ Juliani commemorandæ non sint; sed an hæc habuerit characteres singulares ac proprios, memoratu dignos. Habuisse autem duos luce meridianâ est clarius, quorum alter iste sit qui maximè oculos incurrat, de sanatâ plagâ mortali, deque idololatriâ post tot annos paribus odiis resurgente : alterum sequente articulo ad reliquam hujus capitis xiii partem assignabimus.

Notum sanè omnibus illud Augustini *in Psal.* xxxiv : « Julianus extitit infidelis imperator, extitit apostata, iniquus, idololatra; milites Christi servierunt imperatori infideli : ubi veniebatur ad causam Christi, non agnoscebant nisi illum qui in cœlo erat; si quandò volebat ut idola colerent, ut thurificarent, præponebant illi Deum. »

Ergo Julianus jubebat, imperabat ut negaretur Christus, ut idola colerentur, rursùsque idololatria regnatrix et persecutrix fuit.

Neque enim Julianus minor aut mitior persecutor, quòd leoninæ pelli vulpinam attexerit : imò nocentior ac formidolosior. Præclarè Nazianzenus[1] : « Cùm potentia illa flexanimis duas habeat partes, suasionem scilicet, tùm vim ac tyrannidem; Julianum illam partem ut mitiorem, ac imperio digniorem sibi vindicasse; alteram tetriorem urbibus reliquisse, quæ per populares impetus in nostros grassarentur, tantâ quidem immanitate, ut nihil suprà. Quibus artibus perficiebat omninò, ut persecutio, omnium quæ fuerunt acerbissima exurgeret; cùm id etiam temporum acerbitati accederet, ut per omnes provincias tanquàm occulti persecutores præsides mitterentur, satis imperio commendati, si fidem Christi abnegassent[2]. »

Hîc Verensfelsius res Juliani emolliens, ægrè inveniri respondet civitates sex quæ in hæc facinora proruperint[3]. Falsum et inutile; quid enim ad nos pertinet harum civitatum scrupulosus census, cùm abundè constet ex notioribus datum exemplum quo cæteræ animo essent : cùm ipse imperator tam infanda ausos nullâ pœnâ coerceret; quin etiam christianos supplices multo sale

---

[1] Greg. Naz., Orat. iii, quæ est i *in Julian.*, p. 74. — [2] Greg. Naz., Orat. xxi, *in Athan.* — [3] Verensf., cap. iv, § 17.

defrictos palàm irrideret, ac tormentorum vim nonnisi scommatis ac dicteriis cumularet?

Neque tamen dissimulator egregius ubique ab irâ continuit : sed depositâ clementiæ larvâ, quanquàm christianis solebat invidere martyria, plurimos variè conquisitis causis comprehensos, ipse tormentis adigebat, ut negarent Christum. Hinc nobis Juventini, Maximi, Romani, Theodori, alii prodierunt, quos, si patres Gregorius Nazianzenus, Augustinus, alii; si historici, Orosius, Socrates, Sozomenus, Theodoretus, cæteri; si ipsa Acta martyrum siluissent, templa ab illis usque temporibus in eorum martyriorum memoriam constructa clamarent: ut innumerabiles prætermittam, quos verberibus, exactionibus, omni infamiæ genere oppressos ad desperationem cogere conabatur.

Mitto illud notissimum de bonarum litterarum studiis interdictis, ne christiani studio et eloquentiâ defensare se possent : sed tacere non possum illud Socratis quòd Julianus in ipsis initiis Diocletiani crudelitatem exosus [1], secutis temporibus eam revocaverit : « Nam qui priùs philosophum se esse jactabat, continere se ampliùs non potuit, eaque christianis parabat supplicia quæ Diocletianus inflixerat, nisi tum expeditionis parthicæ curâ teneretur. » Itaque consentiunt omnes historici, et Patres, Gregorius Nazianzenus [2], Sozomenus, Theodoretus, Orosius, devotum ab ipso christianorum sanguinem, si voti compos ex persico bello rediisset. Quæ satis ostendunt quàm diocletianico et persecutorio animo esset.

Hæc igitur sunt quibus lethalem idololatriæ romanæ plagam curare est visus, post quinquaginta annos apertis idolorum templis, instauratis sacris tamdiù vetitis, redditâ idololatris imperatoriâ familiâ cujus ipse pars esset [3], reddito Augusti nomine ac regiâ potestate; ipso etiam baptismo publicè ejurato, ut sanaret illud vulnus quod baptizatus, imò etiam in clerum adscitus intulerat.

Eò ergo pertinet illud prophetæ nostri : « Et admirata est universa terra post bestiam [4]. » Nempè ubique terrarum idolorum ser-

---

[1] Socr., *Hist. eccl.*, lib. III, cap. IX, XVI. — [2] Orat. III.— [3] *Ibid.* — [4] *Apoc.*, XIII, 3 et seq.

vitus se tam inexpectatò instauratam obstupuit : « Et adoraverunt draconem : » assueta dæmonia coluerunt (vers. 4) : « et adoraverunt bestiam : » ipsum imperium romanum, imperatores ipsos, ipsum Julianum pro deo, pro Serapide, pro Solis filio se gerentem, suasque imagines cum idolis thure et suffitu adorandas proponentem : « dicentes : Quis similis bestiæ, aut quis potest pugnare cum eâ? » quæ seipsam suscitaverit, ac deos romanos invictos esse ostenderit? quod tùm pagani maximè præsumebant, sed frustrà : etsi enim « datum est ei os loquens magna : » superbè de se et arroganter, ut in Commentario nostro retulimus; et « blasphemias » exquisitiores, quippe ductas ex arcanis christianæ religionis quam ideò perdidicerat, ut eam velut cognitam irridere crederetur : frustrà, inquam, hæc omnia : « Nam data est illi potestas, » non effusa et ad libitum illimitata, sed ut cæteris, ut Antiocho, « menses quadraginta duos, » certo quodam spatio divinâ potentiâ circumscripto, et ipsâ tanti persecutoris cæde ac punitione finito : quod ipse etiam fateri cogeretur, dicens : « Vicisti, Galilæe [1], » aut ut alius refert historicus, conversis ad solem, quo tutore gloriabatur, vocibus : « Satia te meo sanguine [2]; » ut quamvis persecutio toto terrarum orbe sæviret, et Juliano data esset potestas « in omnem tribum et linguam, » universo romano imperio in ejus manu posito, ad opprimendos sanctos, imò etiam ad dejiciendos multos, « quorum non sunt scripta nomina in libro vitæ Agni [3] : » nihilò seciùs, suo loco et tempore, et ipse confestim ac veluti de cœlo dictâ die vinceretur; et novus post Galerium et Maximinum Antiochus deos quoque suos spernere cogeretur. Sic persecutionem diocletianicam revocare conatus, pari fato cum ejus auctoribus periit : qui erat futurus novæ persecutionis eventus, tam claris rebus gestis, ut eas Verensfelsius extenuare sanè, non tamen negare potuerit.

[1] Theodor., lib. III, 22. — [2] Philost., lib. VIII, 25. — [3] *Apoc.*, XIII, 6-8.

ARTICULUS XVI.

De altero charactere Juliani, ac de secundâ bestiâ, sive philosophiâ ac magiâ, suppetias idololatriæ romanæ veniente : ad cap. xiii, 11, etc.

Fuit illud tempus quo philosophia, maximè Pythagorica, addicta superstitionibus ac magicis artibus, auxilio veniret idololatriæ : idque adeò à Diocletiani temporibus inchoatum, Julianus frequentavit. Plotinum, Porphyrium, Hieroclem in nostris Commentariis; nihil contradicente Verensfelsio, ineunte Diocletiani persecutione, appellavimus è Pythagoricorum grege, qui idololatriam, ut poterant, colorarent, et Apollonium Tyaneum Pythagoricæ ac magicæ philosophiæ antesignanum, morum castitate ac miraculis editis Christo etiam compararent : tam læva hominum mens fuit. Hi contemplationis et abstinentiæ studia præ se ferentes, quæ quamdam inducerent animorum et corporum castitatem, ea prædicabant quæ Christo in speciem simillima viderentur; neque Verensfelsius diffitetur : qui ex Diogene Laertio memorat « Pythagoram ipsum præstigiis inclytum : et jejuniorum frequentiâ celebrem, quorum ope et lustrarentur homines, et divinis commerciis redderentur aptiores [1]. » Neque nobis obstat quòd hæc longè ante Joannem inventa sint : non enim contendimus hæc commenta tùm nota, sed inventa pridem, ad sustentandam idololatriam fuisse collata; quod est verissimum. Hinc illa « alia bestia de terrâ ascendens [2] » cum sapientiâ suâ « terrenâ, diabolicâ [3] : habebat cornua similia Agni, et loquebatur, sicut draco [4], » crassissimam scilicet sub variis pigmentis idololatriam spirans, quam in eorum et Juliani eorum assectatoris libris ubique invenies. Nam id quoque Julianus ex pristinâ illâ persecutione reduxerat; magicisque artibus ac præstigiis omnia perstrepebant. Hinc omnigena præstigia, Maximo et Jamblico ducibus, præsertim Maximo, cujus nutibus Julianus omnia peragebat deûm præsagiis ejus operâ conquisitis. Hæc ergo « altera bestia fecit terram et habitantes in eâ adorare primam bestiam, cujus curata est

[1] Verensf., cap. iv, § 16. — [2] *Apoc.*, xiii, 11. — [3] *Jacob.*, iii, 15. — [4] *Apoc.*, xiii, 11.

plaga mortis [1], » pristinam scilicet idololatriam resurgentem ; nam et Julianus ejus instinctu tanquàm deorum nutu sumpserat imperium : « Fecit enim signa magna, ut etiam faceret ignem de cœlo descendere in terram in conspectu hominum [2]. » Hinc cerei in simulacrorum manibus, veluti de cœlo repentè succensi, et fulmina, ut ferebant, fausto omine è cœlo accersita, et alia quæ commemoravimus ; quibus nedùm Verensfelsius obstet, ultrò confitetur his verbis : « Quæ posteà de miraculis istius bestiæ dicuntur, pythagoricis philosophis convenire fateor [3] : » neque nos aliud postulamus. Nam hæc sive præstigiæ, sive ludibria, sive signa mendacia ab apostolo Paulo, imò etiam ab ipso Christo tam sæpè memorata : nobis sufficit his victum Julianum, Maximo et aliis id genus philosophis, et sanctarum, quas vocabat, artium magicarum professoribus omnia permisisse ; quod constat non modò ex christianis, sed etiam ex Ammiano Marcellino passim. Itaque « illa bestia secunda seducebat habitantes in terrâ, propter signa quæ data sunt illi facere in conspectu bestiæ » ex lethali vulnere resurgentis, « quæ scilicet habet plagam gladii et vixit [4] : » eò enim assiduè recurrit Joannes, ut planè indicaret intelligi se velle de bestiâ quæ diocletianicam non modò persecutionem, sed etiam ejus inventa et instituta revocaret : quod etiam ad sanationem ejus vulneris pertinebat. Datum quoque est illi secundæ bestiæ « ut daret spiritum imagini bestiæ, et ut loquatur imago bestiæ [5], » tot editis oraculis velut ex deorum delubris ac signis, qualia sub Diocletiano plurima, sub Juliano verò supra omnem modum ac numerum ferebantur.

Ad illa verba Joannis : quod « alia bestia potestatem prioris bestiæ omnem faciebat in oculis ejus [6], » quærit Verensfelsius, « an etiam illi philosophi imperium involarunt [7]. » Parùm attentè ille quidem : cùm abundè sufficiat ut superstitiosissimo principi, atque omnia ex præsagiis et auspicato facienti quidlibet suaderent.

Negat idem Verensfelsius à me satis accuratè suis partita temporibus philosophorum officia, cùm Theotecnum et Hieroclem

---

[1] *Apoc.*, XIII, 12. — [2] *Ibid.*, 13. — [3] Verensf., cap. IV, § 18. — [4] *Apoc.*, XIII, 14. — [5] *Ibid.*, 15. — [6] *Ibid.*, 12. — [7] Verensf., cap. IV, § 17.

solos appellare potuerim, qui sua illa munia, non sub Juliano, sed sub Maximino gesserunt. Iterùm parùm attentè; nam præter Theotecnum assignavi Diocletiani temporibus Porphyrium et Hieroclem, teste Lactantio, qui lib. V, 2, 3, hunc quidem tam clarè designat ut diocletianicæ persecutionis auctorem, ut inficiari nemo possit. Hos igitur constat, et Diocletiani temporibus incœpisse, et à Juliano tantâ famâ esse susceptos, ut nihil creparet, nisi Porphyrium et Apollonium Tyanensem, ab Hierocle prædicatum, quos Maximus aliique et ipse sequeretur.

ARTICULUS XVII.

De duobus secundæ bestiæ cornibus speciatim : ad cap. xiii, 11.

De duobus cornibus multa Verensfelsius; sed ante omnia constat Julianum imprimis, multa ex christianis institutis in idololatriæ splendorem usurpasse. Hujus rei testis ipse Julianus [1], qui sacerdotem Galatarum Arsacium « curam pauperum » ptochodochiis et nosocomiis à christianis mutuari jubet. Ad hæc cultus et sacerdotii majestatem eodem ex penu promptam, et cætera ejusmodi à Sozomeno et aliis memorata, « quæ tam exigui momenti sint (si Verensfelsium audias), ut à Joanne tam sollicitè prædici nemo crediturus sit [2]. » Sed quæ isthæc tergiversatio est, nolle candidè confiteri virtutis christianæ splendorem, Juliani quoque oculos ad sese rapientem? « At enim hi ritus quos ille censet imitandos circa pauperum curam, non à Christo sed à christianis desumpti sunt [3]. » Mirum : non ergo Christi est illud : « Hospes eram, et collegistis me [4] : » aut Christi non est privatâ domo excepisse in pauperibus Christum; Christi non est, ipsi Christo peregrino et erranti tanquàm proprium tectum et hospitium instruere: quod est præclarissimum christianæ charitatis officium, quod christiani scilicet, eodem Juliano teste, « et suos, inquit, et nostros pauperes excipiant et pascant [5]. »

Urget Verensfelsius : « Mirum, inquit, videri potest, quare cornua Joannis, modò imperatores, modò robur aliquod signifi-

---

[1] Epist. XLIX ad Arsac. et apud Sozom., lib. v, cap. xv. — [2] Verensf., cap. iv, § 16. — [3] Ibid. — [4] Matth., xxv, 35. — [5] In eâd. Epist.

cent : » quasi non hæc varient pro subjectâ materiâ : « tùm illa certè numeri gemini ratio, quomodò obtineri possit, non video [1]. » Præstabilius erit scilicet mitræ episcopalis duo cornua, aut aliud aliquid nugarum à protestantibus mutuari. Quid autem si quis responderit causam esse quærendam, si cornigero, hoc est robusto animali, in bonam malamve partem septem aut decem cornua appingantur : non autem quare bicorne, cùm tam sit consuetum, quàm unum habere caput? Futilis ergo fortassis ingenii fuerit minuta et superflua anxiè et scrupulosè sectari, cùm magna et splendida liquidò invenerit : lethalem plagam scilicet, ejusque curationem et reviviscentis bestiæ bella et imperia, quibus aptiora et accommodatiora excogitare nemo possit. Addidi tamen illud, quòd cùm duo sint quæ in christianis maximè admirarentur omnes, morum splendorem scilicet et miraculorum gloriam, imitatricem illam bestiam, pro veris virtutibus inanem quamdam speciem, pro miraculis habuisse præstigias ac prodigia fallacia. « At enim doctrina tanquàm tertium cornu cudendum erit Bossueto. » Quasi non ipsa doctrina splendescat in moribus ad Evangelii maximam gloriam. Quò ergo ista exilia et minuta spectant, nisi ut nodum in scirpo? Neque verò nobis opus erat conquisitis imperatoribus, cùm secunda bestia non designet imperium, sed idololatriæ regnatricis adminiculum, magicam philosophiam, quæ contemplationem et abstinentiam ostentet, ut diximus. Ac si duos quosdam viros afferri oporteret, Porphyrium et Hieroclem sub Diocletiano, in ipsis persecutionis initiis, omisso Plotino qui ad Valeriani tempora potiùs pertineret; Maximum verò et Jamblicum hujus philosophiæ principes, sub redivivâ bestiâ, hoc est sub Juliano, nominare in promptu est : ut profectò adversario nihil nisi vana litigia relicta esse videantur.

ARTICULUS XVIII.

De imagine bestiæ primæ sanitati restitutæ.

Unum est quod limpidum ac fluentem nostræ interpretationis cursum retardare posse videatur : quòd cùm idololatria illa regna-

[1] Verensf., cap. IV, § 16.

trix atque rediviva omnes deorum imagines complexa sit, Joannes tamen ubique unam imaginem bestiæ, hoc est imperatoriam, commendarit [1] : verùm hoc loco Joannes patefecit illud ingens romanæ tùm religionis arcanum, ut imperatores eorumque imagines pro diis, imò verò præ diis sacrificio et libamine coli juberentur. Hinc ab ipsis initiis imperatoriæ potestatis, Augusto vivo et spiranti, Tiberio, Caligulæ, Neroni, Domitiano, cæteris, templa, sacerdotia, altaria, vota, sacrificia constituta esse constat : non ergo quod Verensfelsius memorat, ad christianorum aliquod tentamentum [2], sed ab ipsâ origine ad reverentiam romanæ majestatis omnium gentium animis imprimendam. Quid nostrâ, si inimicum illud esse videretur, nec ab ipsis imperatoribus creditum ? Trajanus scilicet non erat adeò insanus, ut se deum crederet; et tamen christiani, nisi ejus imagini « thure ac vino supplicarent, ad supplicium trahebantur [3]. » Refert Eusebius Marinum quemdam « militem à centurionis honore capiendo prohibitum quòd imperatoribus (Valeriano et Gallieno ejus filio), sacrificare nollet [4], » ac posteà sub iisdem imperatoribus passum, secùs ac in Commentario nostro per errorem scriptum erat [5]. Diocletiani quoque temporibus « libare jubebantur quatuor imperatoribus eorumque imaginibus [6] ; » non quòd ipsi crederent, sed quòd de majestate divini numinis ac nominis passim luderent : quo ipsa idololatria nihil habebat tetrius. Julianum quoque eâ mente fuisse, atque hanc quoque reverentiam imperatoriæ idololatriæ, licet paulò dissimulantiùs atque artificiosiùs, tamen haud dispari affectu, voluisse restitutam tria imprimis clamant. Primùm quòd suam imaginem deorum simulacris permixtam proposuerit : quòd deorum cultum cum suo conjunctum esse voluerit; quòd renuentibus pœnas intentarit; quòd hanc quoque idololatriæ partem sanare sit aggressus [7]. Alterum quòd sublatâ in urbe Paneade Christi imagine miraculis nobili, suam collocarit [8], quo prælusisse videbatur Antichristo futuro, seseque erecturo super omne quod diceretur Deus, et super ipsum Christum [9]. Ter-

---

[1] *Apoc.*, XIII, 14, 15. — [2] Verensf., cap. III, § 17. — [3] Verensf., ibid. ex Plinio, Epist. lib. X, ep. 97. — [4] Euseb., lib. VII, cap. xv. — [5] *Apoc.*, ad cap. XIII. — [6] Euseb., *De Mart. Palæst. I.* — [7] Greg. Nazianz., orat. III. — [8] Sozom., lib. V, cap. XVIII. — [9] *Ibid.*, cap. XXI.

tium argumentum quòd ejus adulatores ipsius et romanæ idololatriæ spiritu pleni eidem recenter mortuo, « Tarsi Ciliciæ delubrum, fanum, templum dedicarint; quin etiam, qui Juliani res, inquit Gregorius Nazianzenus, venerantur et colunt, eumdem scilicet novum nobis effingunt Deum [1]. » Hinc igitur Joannes restitutum inculcat bestiæ imagini cultum : bestiæ imagini vim omnem idololatriæ, prodigiaque et oracula attribuit; unam denique commendat adulatricem religionem, quæ principum cultui et commodis, ex vetustâ imperii consuetudine inserviret.

ARTICULUS XIX.

De charactere bestiæ dexteræ et fronti ementium ac vendentium impresso, deque ejus nominis numero : ad finem cap. XIII.

Fingit Verensfelsius «Bossuetum, quod nemo non videat, non sibi constare, dùm bestiam à vulnere sanatam, anteà quidem de Juliano exposuerat, nunc verò eam subitò ad Diocletianum cæterosque quos plagâ illâ bestiæ inflictâ occidisse dixerat, retrahit [2]. » Sed pace viri docti dixerim, non ego à me diversus, sed ille meorum, imò Joannis dictorum, immemorem se præbuit. Totus enim in eo est Apostolus, ut plagam illam lethalem idololatriæ romanæ in persecutione diocletianicâ, tantâ Ecclesiæ gloriâ inflictam, Juliano ostenderet fuisse sanabilem. Satis enim constitit toto romano imperio rediisse pristina odia, artificia, supplicia, eumdem animum abolendi christiani nominis, occultiùs sanè, sed eo nocentiùs : ita ut in Juliano, si summam rei inspexeris, ipse Diocletianus revixisse videatur, quibus Ecclesiam persentiscere oportebat idololatriam non omninò mortuam, sed facilè ad ingenium redire, nisi divinâ potentiâ teneretur. Hinc enim et illud evenit, ut Juliani persecutio, æquè ac cæteræ, ad Antiochi formam suis brevissimis spatiis definita, persecutoris supplicio desineret. Sic omnia fiunt ex rerum anteactarum exemplis; nec mirum si à Juliano ad Diocletianum, ut apostolicum vaticinium, ita etiam nostra interpretatio revertatur. Cui visioni beatus Apostolus hanc quoque velut ultimam et expressissimam addidit notam

[1] Greg. Naz., orat. IV, orat. III. — [2] Verensf., cap. IV, § 19.

de bestiæ charactere ad servilis et clientelaris obsequii testimonium impresso frontibus et manibus [1], « et ne quis possit emere aut vendere, nisi qui habet characterem, aut nomen bestiæ, et numerum nominis ejus [2]. » Id quod à Diocletiano factum et à Juliano repetitum, id in nostro Commentario pridem ostendimus [3].

Quid hîc Verensfelsius? Agnoscit duas leges Diocletiano principe. Alteram ne christiani emerent aut venderent, aut aquam ex fontibus haurire sinerentur, nisi circumstantibus deorum simulacris thus adolerent [4] : alteram, quæ eòdem pertineret, ut litigatores priùs sacrificarent, atque ita causam dicerent [5]. Quo decreto ab omni commercio arcerentur, subtracto etiam innoxiis et vexatis legum auxilio. Hæc Diocletianus in illâ decennali persecutione, nullo anteà exemplo; quibus tamen affinia Julianus reduxit in medium [6]. Namque Antiochiæ, injectis victimarum extis, contaminavit fontes atque omnia in foro venalia, tanquàm escam potumque relicturus solis deorum cultoribus; atque hæc ingenuè et liberè deplorantes cruciabat [7]. At de jure dicendo disertè Sozomenus ejus ævi historicus : sacrificare recusantibus jus civitatis ademptum, eosque à foro prohibitos [8], facto et vi, ut solebat, etsi fortassis non editâ lege, quam tamen jam haberet mente conceptam [9], ut cumquè est, satis constat hæc infanda à nemine excogitari potuisse, nisi qui diocletianicum animum penitùs induisset.

Cùm ergo Apostolus nos ubique retrahit ad Diocletianum in Juliani odiis ac persecutionibus redivivum, nihil aliud agit quàm ut ad ipsos fontes revocet, inculcetque lectoribus se in animo habuisse decennalem illam, Diocletiano duce vexationem, quam veluti mortuam, Julianus curaret et excitaret.

Ejus rei gratiâ Diocletiani nomen propheticis chartis indidit cum hâc præfatione : « Hic sapientia est. Qui habet intellectum computet numerum bestiæ. » Tùm addit : « Numerus enim hominis est, et numerus ejus sexcenti sexaginta sex [10]. » Disertè enim, « numerus hominis est : » numerus, inquam, hominis cujusdam nomine comprehensus, quale nos ostendimus in hâc

---

[1] *Apoc.*, XIII, 16. — [2] *Ibid.*, 17. — [3] Ad hunc locum. — [4] Beda, *Hymno in S. Justin.* — [5] Lact., *De Mort. persec.*, 15. — [6] Basil., *Orat. in Jul.* — [7] Theod., lib. III, 15. — [8] Sozom., lib. V, cap. XVIII. — [9] Greg. Naz., orat. III, p. 93, 94. — [10] *Apoc.*, XIII, 18.

voce : « Diocles Augustus; » quem numerum ictu oculi observaveris. Clarè Lactantius : « Diocles ante imperium vocabatur [1], » rursùs exutus purpurà « Diocles iterùm factus est [2] : » ut nec oblivisci nos oporteat privatum viri nomen, qui præter imperatorium morem ad privatam vitam aliquandò revocandus esset.

Malè Verensfelsius, quærendum fuisse nomen quod secundæ bestiæ conveniret [3]. Imò nihil ad secundam bestiam pertinebat, nisi ut « primam » illam sanatam ac veluti resurgentem « adorare faceret [4]; » ad cujus proindè nomen tanquàm malorum fontem recurrendum fuit, ut diximus. Nec abjici oportuit in designando romano principe latinas numerales litteras. Quis autem nesciat consueto sermone Jovii Diocletiani Augustini nomen ? Sed stylo prophetico aliud congruebat: lectore etiam admonito, ut non obvia quæque, sed arcana quædam licet vera et certa cogitaret. Addendum etiam illud : non hùc illatas fortuitas voces, sed cum vocibus res esse conjunctas. Cùm enim res gesta, nempè illa lex de interdicto christianis omnis emptionis et venditionis, uni Diocletiano competat, ante ipsum verò nemini; liquet profectò unum Diocletianum fuisse cujus nomen quæri oporteret. Inventum est autem, rebusque conjunctæ voces tantam efficiunt certitudinem, quantam ex his eventis reperiri rarum est, ne quid dicam ampliùs.

At enim Verensfelsius nos admonitos voluit [5], vivo Joanne « D litteram nequaquàm denotasse quingenta, sed hæc à se invicem separata signa IƆ in unum posteà coaluisse : » quasi deceret nos hæc minuta sectari, non autem attendere ad ipsam figuræ litteralis formam, aut Joannes nescierit quid usus consequens statim allaturus esset. Sanè à multis jam sæculis D litteram pro quingentis, ut M litteram pro mille valuisse, docti omnes sciunt ab antiquis manuscriptis docti : ut illud nunc omittam ante trecentos annos ab interpretibus inventum artificiale nomen DICLVX in quo iste numerus DCLXVI affulgeret, quasi nos ad Dioclem manu duceret [6].

Satis ergo constat decennalem, Diocletiano duce, persecu-

---

[1] Lact., *De Mort. persec.*, 9. — [2] *Ibid.*, 19. — [3] Verensf., cap. IV, § 22. — [4] *Apoc.*, XIII, 12. — [5] Verensf., cap. IV, § 22. — [6] *Comm.* in hunc locum.

tionem ejusque interitum et resurrectionem clarè à Joanne fuisse prænotatam, et ne quis dubitaret ipsum Diocletiani nomen, tantùm non expressis disertisque vocibus ac syllabis fuisse appellatum quod erat demonstrandum.

Stant illæsa quæ diximus de litteris numeralibus vocum λάτεινος et τειτάν ab Irenæo allegatis[1] : quippe quæ intacta relicta sint. Neque enim Verensfelsius demonstravit spectatam ab Irenæo, protestantium more, latinam Ecclesiam[2]; quippe cum is disertissimis verbis nominaverit « imperium quod nunc obtineret, » nec ostendit Latini nomine quemquam appellatum, nisi fortè Latinum illum de quo Maro verba fecit, neque docuit huic voci cætera convenire, quæ ad hunc Joannis locum apta et opportuna commemoravimus.

ARTICULUS XX.

De quartâ visione circa ultionem gentilium; deque Babylonis casu; ac de duplici falce immissâ in Babylonis imperium ad messem et ad vindemiam : ad caput xiv.

Prætermitti potuit caput istud xiv, cùm à viro doctissimo nihil hîc specialis difficultatis occurrat : sed ad rerum seriem et consecutionem pauca ista memorentur.

Apparet super montem Sion martyrum gloria in Ecclesiæ vexatæ solatium (vers. 1, 2, etc.) : apparet Evangelium æternum ab Angelo medio cœlo portatum (vers. 6, 7), id est, toto orbe clarum, hujus irrisi et exosi. « Babylon illa magna, » id est, Roma divinæ justitiæ pœnas dedit, clamante Angelo : « Cecidit, cecidit (vers. 7, 8). » Victa est, capta est, prædæ et ludibrio Alarico, barbaris data est, pristino imperio et splendore mulctata : tùm in urbe et extra urbem disertè notatum immitti geminam falcem ad messem et ad vindemiam. In ipsâ enim civitate Gensericus à sancto Leone papâ exoratus pepercit sanguini : opes demessuit (vers. 16), at in vindemiâ sanguis effusus designatur : undè illud : « Torcular calcavi solus, et aspersus est sanguis super vestimenta mea[3] : » et hîc, apud Joannem, « calcatus est lacus extra civitatem »

---

[1] In Præf., n. 7, et in *Comm.* ad hunc locum, cap. XIII, 18. — [2] Cap. I, § 25; Iren., lib. V, 30. — [3] *Isa.*, LXIII, 3.

(vers. 20). Paulò post Gensericum, ab eodem Leone papâ Attila Hunnus, à civium sanguine deterritus, ad vastandas igni ferroque provincias se convertit, et exivit « sanguis de lacu usque ad frænos equorum per stadia mille sexcenta (vers. 20); » hoc est, septuaginta ferè leucis; et velut calcatis uvis longè latèque torcularia redundarunt, quæ olim explicata nunc meliori ordine composita lectori tradimus.

ARTICULUS XXI.

Quinta visio, de septem phialis ac plagis : ad cap. xv et xvi.

Primùm, annotamus, ut capitis xiv, ita xv ac xvi, interpretationem nostram totam à Verensfelsio esse prætermissam, ac nequidem in epitome Commentarii nostri memoratam : quare supponendum est eam pro immotâ et irreprehensâ haberi oportere; ad rerum ergo seriem in pauca contrahemus.

2° Observabimus ex Commentario nostro (*Apoc.*, cap. xvi, 1), unâ voce à templo exauditâ, simul jussos esse septem Angelos, « ut phialas effunderent : » ac septem quidem sigilla ab Agno ordine resoluta : item septem tubas, ac tria *væ* ordine insonuisse ac decucurrisse : septem autem phialas non ita, sed quanquam quodam ordine recensitas : quòd non omnia simul narrari potuerint, tamen semel et simul indictum esse Angelis, ut eas effunderent.

Quare 3° concludimus plagas illas horrendas ad unum idemque tempus pertinere : quod quidem tempus, Valeriani, alioquin boni principis, sed diri persecutoris spectaret imperium. His ergo notatis, rem ita conficimus.

« Prima phiala effusa super terram : » immissum in paganos ulcus pessimum, sive pestilentialis tumor : non quòd christiani prorsùs immunes, sed quòd parciùs læsi, aliisque de causis quas ex Dionysio Alexandrino retulimus [1].

Secundâ et tertiâ phialis in mare et in flumina effusis in ipso imperii corpore, et per singulas deindè provincias, bella civilia exarserunt, et ubique sanies et cadaverosus sanguis apparuit, pro-

[1] *Comment. in Apoc.*, xvi, 2.

mulgato per Angelos divino judicio, ut Romani sanguinarii post tantas sanctorum cædes exsaturarentur civium sanguine quem sitirent. *Ibid.*, 5, 6, 7.

Quarta phiala super solem velut ad accendendum ejus ardorem effusa est, undè æstus, intolerabiles siccitates, sterilitas, fames, quæ per hæc tempora memorantur. *Ibid.*, 8.

Quintam phialam effudit Angelus « super sedem bestiæ » quæ sedes Roma est, æquè sedes imperii et idololatriæ; « et factum est regnum ejus tenebrosum; » capto Valeriano imperatore, ejusque corpore Sapori Persæ substrato ad conscendendum equum : obscuratâ interim hoc exemplo et proculcatâ majestate, ac per provincias triginta tyrannis exortis, quos inter viri ignobiles et duæ etiam fœminæ memorantur ad tanti imperii propudium. *Ibid.* 10, 11.

Sexta phiala effusa est « super flumen illud magnum Euphratem, » eoque velut exsiccato, aperuit viam « regibus Orientis : » et immensis illis exercitibus de quibus actum est (*Apoc.*, IX, 16), ad quem locum ipsa Euphratis fluminis, et exercituum indè irrumpentium mentio nos reducit : undè tot calamitates in Valerianum totumque imperium romanum emerserunt.

Etsi autem Apostolus hîc maximè intendit rebus sub Valeriano gestis, nihil obest quin in alios quoque ejusmodi eventus tantisper deflectat oculos : futurum autem erat, ut adversùs Julianum persecutionis instauratorem, rursùs orientalium regum christiani sanguinis ultores effunderentur exercitus, romanæque copiæ sternerentur, princeps ipse occumberet, ac magna existeret imperii labes. Horum gratiâ Joannes educit reges « totius terræ, » exteros scilicet et Romanos in locum qui vocatur hebraicè *Armageddon* [1], qui est mons Mageddon; tanquàm in eum scilicet quo, velut ex consuetudine Scripturarum, regii exercitus cædi solent, quo Sisara et reges Chanaan internecione deleti sunt [2], quo cecidit Ochosias rex Juda [3], quo Josias à Nechao Ægypti rege interemptus [4], ex quo secutus est ille ingens apud Zachariam « in Mageddon planctus [5], » hoc est, tanta quanta potest esse lamenta-

---

[1] *Apoc.*, XVI, 16. — [2] *Judic.*, IV, 7, 16. — [3] *IV Reg.*, IX, 21. — [4] *Ibid.*, XXIII, 29. — [5] *Zach.*, XII, 11.

tio; tantus in imperio romano duobus quoque regibus Valeriano et Juliano cæsis exorturus est luctus.

Septima deniquè phiala « in aerem effusa, » undè fulmina et tonitrua, et venti et tempestates cooriri solent : quibus etiam terra ipsa concutitur. Hâc autem plagâ designatur sub Valeriano rege universalis quædam commotio et inclinatio totius imperii romani, ostensis tùm maximè barbaris gentibus, Suevis, Alanis, Gothis imprimis qui agmen ducerent : quorum erat in fatis ut tantum labefactarent imperium. In hâc ergo commotione quanta nulla unquàm major extiterat, spiritus ille rerum futurarum testis, tanquàm in causâ videt et Joanni ostendit, rem Romanam penitùs fatiscentem, ac labentis imperii motus; et exauditur, « è throno vox magna clamans : Factum est[1] : » de imperio romano conclamatum est : En à multo jam tempore quassatum jam ruit; et « facta est civitas magna in tres partes [2]; » Occidentis imperium, quo Roma imperii sedes collocata est, in tres imperatores partitum, Honorium Ravennæ legitimum, Attalum Romæ, in Galliis Constantinum. Sic licet maximè Valeriani rebus intentus, ad labentis sub Honorio imperii tempora deducitur, tanquàm ad alteram ex succussu plagam : nihilque aliud superest quàm ut ipsum romanum excidium, jam ex obliquo tantùm, directè et planè significet, quod pertinet ad cap. xvii, ut res ipsa ostensura est.

ARTICULUS XXII.

Observanda quædam ad cap. xvi.

Jam quædam sunt quæ rebus ordine expositis, meliùs observentur et intelligantur. Ac primùm quidem videre est interpretationem nostram litteræ inhærentem, ibique historica omnia, pestes, fames, arescentibus terris, atque æstu consumptis frugibus, bella, victoriæ, Euphrates ipse cum regibus Orientis. Jam figuræ sermonis, sublimes illæ quidem, sed simplices ac deductæ ex usu prophetarum : probationes autem, ex optimis ejus ævi auctoribus eas attulimus, quas reprehendi non posse quilibet *Commentarii* nostri lector diligens facilè deprehendet : quod quoque

[1] *Apoc.*, xvi, 17. — [2] *Ibid.* 19.

Verensfelsii silentium satis indicat. Neque verò, ut cæteri ac præsertim protestantes, indigemus longâ serie sæculorum, quo spatio omnigena mala invenire possimus, præsertim adhibitis, quantùm animus suadebit, frigidis allegoriis nulloque rerum ordine. Hîc autem, tanquàm in unâ tabulâ Valeriani tempora, post initam persecutionem exhibentur; in quæ scilicet tot ac tanta mala collecta intueri liceat, ut facilè appareat ultricis justitiæ manus. Quod sicubi Joannes ad alia tempora paulò longinquiora tantisper excurrit, id facit ductus affinitate rerum, suscepti argumenti tenore servato, et cùm occasione Valerianæ cladis à Sapore rege Persarum, alia quoque ejus generis dedecora indicat, quale fuit Juliani ab altero Sapore cæsi fugatique, pari utrinquè romani nominis infamiâ, pari quoque vindictâ in persecutores Persis ultoribus traditos; eodem consilio, magna illa et procellosa aeris commotio in casum urbis desinit. Neque desunt alia ejusmodi eventa, ex connexione rerum, potiùs quàm temporum, illæsis interim de valerianâ infamiâ prædictionibus, in unum conglobatis.

Ad eumdem scopum spectat illud occasione regum Orientis, « de tribus immundis spiritibus, ex ore draconis, et ex ore bestiæ, et ex ore pseudoprophetæ, in modum ranarum, qui congregarent reges totius terræ in prælia [1]. » Omninò enim intelligendum est ex his tribus immundis spiritibus, primum exisse de ore draconis, et de ore bestiæ, et de ore pseudoprophetæ sive secundæ bestiæ ac philosophiæ idolis succurrentis; nam et id primum evenit in Valeriani profectione contra Persas, et sub aliis principibus repetitum.

Ac de Valeriano quidem refert Dionysius Alexandrinus, quemdam extitisse magorum principem qui eum incitaret contra piam gentem, quasi vexatis christianis omnia prosperè eventura essent [2]; qui spiritus ex ore draconis ebullisse videatur. Jam Diocletiano principe, Tages extitit, sive alius quilibet à Lactantio eo nomine memoratus, qui Diocletianum itidem in christianos inflammaret, quæsito quoque in eam rem Apollinis oraculo [3] Maximi-

---

[1] *Apoc.*, XVI, 13, 14. — [2] Apud Euseb., lib. VII, cap. X. — [3] Lact., *De Mort. persec.*, 10, 11; *Inst.*, III, 27.

num iisdem magi cujusdam Theotecni divinationibus ad sanctos persequendos animatum refert Eusebius [1]. Nam de Juliano Maximi præstigiis et auguriis accenso jam diximus [2].

Neque vacat illud Joannis disertè memorantis « ab immundis spiritibus reges totius terræ congregatos in prælium ad diem magnum Dei [3]. « Satis enim constat non defuisse Persis vates suos, nempè magos, qui reges ad paria in christianos odia instigarent. Refert Sozomenus sub Constantino Magno, rege Persarum Sapore [4]. Idem narrat Socrates sub juniore Theodosio, Persarum regibus Isdigerde et Varrane ejus filio, qui etiam iisdem magis hortatoribus adversùs Romanos bellum movit. Idem anterioribus quoque temporibus factitatum nemo dubitabit, ac facilè in comperto haberemus, si extarent Persarum historiæ. Satis ergo constat totius terræ reges, nec modò Romanos, sed etiam Persas, falsis vaticiniis in loca præliorum adductos, utrinquè ostentatâ victoriâ christianorum persecutoribus; quæ rerum eventu, mirum in modum cum hoc Joannis textu concinunt.

Sanè hîc protestantes mirificos congressus fingunt reformatorum regum septentrionalium, utique magis quàm orientalium, in Antichristum suum romanum pontificem : quo loco allegoricum Euphratem, allegoricum nobis Orientem produnt : de Armageddon verò, novis inauditisque commentis imperitum lectorem obstupefaciunt : nec animum advertunt ad verba Joannis, quibus facilè refelluntur. Nam beatus Apostolus non profectò commemorat, ut fingunt, piorum regum bella adversùs impios, « cùm è contra disertè notet reges totius terræ » et utriusque « partis, spirituum immundorum » impulsibus accitos ad diem magnum Dei, alios aliorum manibus puniendos.

De bestiâ autem sæpè admonuimus, quanquàm speciali ratione in Diocletiano, ac decennali persecutione à Joanne consideratam, generatim tamen esse idololatriam, Romæ totoque imperio romano dominantem : eâque de causâ, hîc etiam nominatam (vers. 2). Imaginem verò bestiæ (*ibid.*) adoratam, nihil aliud esse quàm imaginem romani imperatoris martyribus proposi-

---

[1] Lib. IX, 2, 3. — [2] Ad cap. XIII, 11. — [3] *Apoc.*, XVI, 14. — [4] Sozom,, lib. II, 9, 10, etc.

tam, ad sacrificia et libamina : quod et sub Valeriano gestum, auctore Eusebio sæpè retulimus [1].

Super omnia autem diligentissimè recolenda est, cap. ix, 14 et cap. xvi, 14, mira consensio de Euphrate trajecto et effusis exercitibus Orientis; quæ cùm Joannes cap. ix ostendere incœpisset, cap. x, vers. 11, ab Angelo est admonitus, « oportere eum iterùm prophetare gentibus et populis : » quâ voce juberi videatur hæc etiam inculcare, ut hîc factum esse vidimus. Speramus autem futurum, ut si lector diligens singula Joannis dicta, eâ quâ par est attentione perpendat, facilè comperiat unum Valeriani regnum tam infelix quàm acerbum Ecclesiæ, respondere vaticinio, et locum vel maximè dare designandis negotiis, quæ rebus Valeriani imprimis connexa et velut consectanea videantur. Sequuntur autem capita tria, in quibus tam clara est totius revelationis enodatio, ut nullus scrupulus superesse possit.

ARTICULUS XXIII.

De Romà paganicà clarè expressà; deque Babylonicà meretrice destructà ad cap. xvii. Ex his generalioribus enodationes quatuor.

Jam ergo enodationes et elucidationes eas totius rèvelationis hujus quæ cap. xvii continentur, non textuum ordine, sed rerum evidentiâ referemus.

PRIMA ENODATIO, ex ipso Romæ nomine : « Septem capita septem montes sunt (xvii, 9), » quâ voce septicollem urbem tam clarè designatam vidimus, ac si expressè suo nomine Roma appellata est.

SECUNDA ENODATIO, in his verbis : « Quæ est super aquas multas : aquæ quas vidisti ubi meretrix sedet, populi sunt, et gentes, et linguæ (vers. 1, 15) : » quod nulli unquàm civitati magis, quàm Romæ ethnicæ convenit, cùm nulla sit quæ tot gentes populosque subegerit, suâque ditione tenuerit.

TERTIA, ex coccino et purpurâ (vers. 3, 4) : eò quòd is color romanis magistratibus ac potestatibus congruat. Occurrit hîc locus Gregorii Nazianzeni dicentis : « *Ab ethnicis* commendari majes-

[1] Euseb., lib. VII, 17.

tatem præpositorum Romanorum προεδρῶν ex purpurâ, et vittis, et coronis florentibus [1]. »

Quarta, ex nomine meretricis magnæ : cùm enim ea vox ex Scripturarum usu designet idolorum cultum, nulla est « major meretrix » Româ regnatrice, quæ non solùm suos, sed etiam omnium victarum gentium adoptabat deos tanquàm amatores fœdos. Nihil autem erat turpius, quàm illud romanæ dominationis arcanum ; ut ad commendandam sui imperii majestatem, adorandos obtruderet impio cultu imperatores suos, quibus et gentes omnes et fœderati reges templa consecrabant, undè illud : « Cum quâ fornicati sunt reges terræ (vers. 2); » et iterùm : « Babylon magna mater fornicationum et abominationum terræ (vers. 5) : » quòd antiquâ regnatrice Babylone pejor, idola sua omnibus populis et arte, et illecebris, et cruciatibus inculcaret. Ex quo etiam illud : « Vidi mulierem ebriam de sanguine sanctorum, et de sanguine martyrum Jesu (vers. 6), » cujus nulla unquàm civitas sitientior fuit. En in unum conjectos Romæ paganicæ characteres, nullo prætermisso. Nihil autem ecclesiasticum : nec abludit ab eo sensu illud inscriptum « fronti mulieris : Mysterium (vers. 5); » quòd Roma haberet sua occulta mysteria, quibus et se auspicato, conditam, et evocandi deos obsessarum urbium arte pollentem, ideòque victricem et diis charam, imò deam aliquam, omnium gentium dominam, et æternam urbem venditabat : « Effusa etiam in principum (*persecutorum*) laudes, quorum pietas et providentia, cùm in cæteris rebus humanis, tùm præcipuè in defendendis (*adversùs christianos*) deorum religionibus claruisset consultumque rebus humanis, ut universi homines legitimis sacris vacarent [2]. » Sic ipsa persecutio pietas vocabatur.

Miror autem Verensfelsium hæc scribentem : « Quòd bestia sese colendam, suasque superstitiones usurpandas, vel morte intentatâ, obtrudere dicitur, quomodò id Romæ paganæ conveniet [3] ? » Quid enim apertius convenit urbi tot supplicia intentanti omnibus per universum orbem christianis ? Quid autem est « eò convertere omne imperii robur, » nisi cruciare omnes qui hæc im-

[1] Orat. III. — [2] Lact., *Instit. div.*, lib. V, cap. II. — [3] Verensf., cap. III, § 17.

peria detrectarent? At id « ut credat, *vir doctus*, magno Bossueto excidere potuisse ægrè à se impetrat[1]. » Quid autem mihi excidit novi? Ipse Verensfelsius confitetur, « si Roma culta est ab exteris gentibus frequentiùs ac cæteri Romanorum dii, cultum illum ad adulationem fuisse compositum, » addit : « Imperatores longè frequentiùs fuisse cultos, quòd eum cultum vehementer principibus placiturum, sibique egregiè usui futurum videbant. » Quid autem ego ampliùs postulabam? Fingit Verensfelsius à me dictum, vi detractas omnibus populis religiones suas, ut sacra romana susciperent[2] : at cui bono id dicerem? aut quid ad rem meam, cùm ad meretricis sufficiat infamiam, reges et populos, metu et adulatione corruptos, ad sacra impia fuisse perductos? Quod nec Verensfelsius negare potuerit.

ARTICULUS XXIV.

Quinta, sexta et septima enodatio, ex specialibus septem capitum, seu septem regum historiis : ad cap. xvii, 9, 10.

Jam à nobis persequendæ sunt specialiores enodationes petitæ ex septem regibus, quorum nomine decennalis facta sit persecutio : quâ de re cùm luculenter dixerimus, ea nunc seligenda sunt quæ dictis lucem afferant; sit ergo

QUINTA ENODATIO, ex versibus 9 et 10 : « Septem capita, septem reges sunt. Quinque abierunt, unus est, et alius nondùm venit, et cùm venerit, oportet illum breve tempus manere : » quæ verba claram rerum futurarum continent historiam. Futurum enim erat, ut quinque reges, Diocletianus scilicet, duo Maximiani, Constantius Chlorus atque Maxentius in locum suum abirent : totaque persecutio in uno Maximino vigeret : Licinius posteà persecutor futurus tunc expectandus esset : en vaticinium : en ipsa res gesta : quo nihil est congruentius.

Quærit tamen Verensfelsius : « Quæ ratio Joanni constare potuit, ut in hoc exiguum tempus se insereret?.... Nemo prophetarum tantum temporis intervallum transiliit, ut se præcisè uno aliquo anno vixisse simularet, seseque in medio aliquo eventu,

---

[1] Verensf., cap. III, § 17. — [2] Verensf., cap. IV, § 25.

nullâ re id postulante, collocaret, et ita quidem collocaret, ut alteram partem illius eventûs contigisse diceret, alteram adhuc esse expectandam. »

Obvia et plana responsio. Visa primùm Joanni septiceps bestia, hoc est, suis omnibus instructa capitibus [2]. Vidit posteà capita septem alia aliis successisse : quo rerum series aspectandam se daret. Rem ergo, uti coràm in ipsâ visione gereretur, exposuit. Quid hîc novi occurrit, aut quid est quod Verensfelsius omnes retrò prophetas reclamare cogatur? Omninò id factum est ex nimiâ rerum gestarum et propheticarum rationum incuriâ.

Videt Isaias Sennacheribi exercitum ad urbem Jerosolymam ordine proficiscentem : omnes obit stationes : quid rerum in unâquâque fiat, tanquàm ipse simul profectus explorat : « Veniet in Aiath, transibit in Magron, apud Machmas commendabit vasa sua..... Adhuc dies est ut in Nobe stetur [3] : undè prospectus in ipsam Jerusalem. Vides omnia singillatim et successione quâdam prophetæ exhiberi. Quid aliud Joanni evenisse putandum est?

At enim simul narrat quæque fuerint, quæque sint, quæque futura sint. Quidni enim res ipsas prout intuebatur enarret? Eodem exemplo audivit primum tria *væ* [4] quæ simul insonarent; posteà singillatim : « Væ unum abiit, et ecce veniunt adhuc duo væ post hæc [5]; » deniquè : « Væ secundum abiit, et ecce væ tertium veniet citò [6]. » Vide quæ fuerint ac sint, futurorum admonetur : eodem prorsùs exemplo atque hîc dicitur : « Quinque ceciderunt; unus est; alius nondùm venit, et cùm venerit, oportet illum breve tempus manere [7]. » Quî enim aliter fieri potuit, aut quid Verensfelsius postularet, nisi ut, ipsâ re ut coràm oculis gerebatur expositâ, quæ deindè futura sunt propheta perciperet et edissereret, clarâ voce dicens : « Quinque abierunt : unus est, et alius nondùm advenit. » Quinque scilicet usque ad Maxentium cæsum : « unus est, » Maximinus quippe : « septimus, » Licinius per sese persecutor futurus, « nondùm venit : » suo autem tempore adventurus. Ita distinctè et prophetatum et gestum est.

SEXTA ENODATIO, ex eodem cap. vers. 9, 10. Sic enim ostendit

---

[1] Verensf., cap. IV, § 25. — [2] *Apoc.*, XIII, 1; XVII, 3. — [3] *Isa.*, X, 28, 32. — [4] *Apoc.*, VIII, 13. — [5] *Apoc.*, IX, 12. — [6] *Apoc.*, XI, 14. — [7] *Apoc.*, XVII, 10.

Joannes septena capita, non tantùm mysticè, sed etiam historicè et ad litteram dicta, cùm alia aliis successerint, et à primo ad septimum historiæ deducta sit series, quo nihil hîc magis erat necessarium.

Septima enodatio, ex eodem vers. 10, « Quinque abierunt. » Non frustrà hîc sistitur, sed magnâ de causâ, eò quòd sublato quinto capite Maxentio, ac victore Constantino, pax Ecclesiæ data est, inclamatumque illud : « Factum est regnum hujus mundi Domini nostri et Christi [1]. » His ergo lux addita ex hoc loco cap. xvii.

Quòd ergo Verensfelsius queritur, « nullâ re postulante » hæc à Joanne distincta, falsus est ex rerum gestarum incuriâ : omninò enim non hîc frustrà sistitur, nec « nullâ re, » sed re maximâ « postulante. »

Neque item sine causâ dictum : « Quinque abierunt : unus est : » Maxentio enim quinto rege extincto; unus è regibus proprio nomine persecutor, « unus erat Maximinus : » Licinius proprio quoque nomine persecutor futurus, « nondùm venerat. »

ARTICULUS XXV.

De plagâ lethali bestiæ Maximino cæso : lux affertur capiti xiii, vers. 3, ex cap. xvii, vers. 10; quâ de re Verensfelsii objectio veritatem firmat.

Hinc octava enodatio, hîc Verensfelsius reprehendit Bossuetum qui « caput unum bestiæ » lethaliter sauciatum (*Apoc.*, xiii, vers. 3) « explicat » de Maximino cæso; malletque id Licinio reservatum, qui, cùm postremus omnium sævisset, extinctus est. Quo loco vir doctus : « Ego sanè miror et vehementer miror, Bossuetum non animadvertisse tantummodò unum ex capitibus bestiæ vulneratum, » non autem ipsam bestiam, quæ quinque succisis capitibus longè graviùs sauciata videatur [2]. Frustrà : absit enim ut negaverim unquàm, quinque prioribus recisis capitibus graviter sauciatam fuisse bestiam; sed ideo « plaga mortis » sauciata dicitur, « occiso uno capite » (*Apoc.*, xiii, vers. 3), Maximino scilicet : quòd cùm « unum istud caput » omninò superesset, eo uno reciso, mortua videretur. At enim Licinius adventurus

---

[1] *Apoc.*, xi, 15. — [2] Verensf., cap. iv, § 9.

erat? Sanè adventurus; nondùm autem apparens. Quonam ergo pacto bestia viveret? Quæ quinque excisis capitibus, illud quoque sextum, Maximinum nempè, qui tùm solus supererat, amisisset?

Hinc NONA ENODATIO, ex ipsâ viri docti objectione proficiscens : quòd Joannes clarè præviderit, « occiso uno capite » (Maximino) futurum esse omninò, ut bestia lethali vulnere saucia ac velut omninò mortua videretur : consentiunt historiæ. Lactantius, *de Mortibus persecutorum*, nihil refert de persecutione Licinii; et extincto Maximino sexto capite, decennalem persecutionem terminat, ab anno videlicet CCCIII ad CCCXIII, cujus verba retulimus [1] : nec minùs clarè Sulpitius Severus de Licinii propriâ persecutione scripsit : « Res levioris negotii fuit, quàm ut ad Ecclesiæ vulnera pertineret [2]. » Quare illa Licinii persecutio ad annum ferè CCCXIX extra decennalem persecutionem excurrens, non visa est auxisse persecutionum decem numerum; sed omninò habita est ut quædam diocletianicæ persecutionis appendix : quæ usque adeò Apostoli nostri vaticiniis congruit, ut mirer Verensfelsium, qui hæc videre noluerit.

ARTICULUS XXVI.

De Licinii persecutione propriâ : deque Verensfelsii objectione quæ rem elucidet : decima enodatio : ad hanc partem vers. 10 : *Alius nondùm venit, et oportet illud breve tempus manere.*

Ego rem sic exposui, ut Licinius quidem quatuor ferè annos sævierit : qui decem illis acerbissimis annis diocletianicæ persecutionis comparati, breve tempus efficiunt [3].

Quærit Verensfelsius : « Cur unius ex isto septenario sævitiæ conjuncta cæterorum omnium molimina comparentur; cur anni quibus cæteri universi sævierunt, iis opponuntur, quibus solus bacchabatur Licinius; quid causæ commemorari poterit, quare et hoc fuerit faciendum [4]? »

Quid causæ commemorari poterit? Imò causa vel maxima, quam et ipse vir doctus agnosceret, si res gestas recolere digna-

---

[1] Lact., *De Mort. persec.*, 48. — [2] Sulpit. Sev., lib. II, cap. X. — [3] In *Comm.* ad hunc locum. — [4] Verensf., cap. IV, § 26.

retur. Omninò enim Licinius et ex septem illis fuit quorum nomine decennalis persecutio gereretur, factus Augustus scilicet anno cccvii, quarto illius persecutionis anno, et ipse post illud decennium, propriam persecutionem exercuit, anno videlicet, ut diximus, ferè cccxix. Magna ergo causa est cur hœc propria Licinii persecutio, toti decennali persecutioni comparetur.

Res ergo Licinii paucis complectamur. Is anno cccvii Maxentio extincto, à Galeriano Maximiano et Diocletiano in eam rem evocato, Augustus factus est, et septem illis Augustis accensitus [1] : nec latuit Joannem quid illis septem fieret. Prævidit itaque ipsum Licinium per sese ac suo tempore propriam persecutionem moturum fuisse, pari exitu cum cæteris; quippe cùm ipsa ejus propria persecutio, magnæ illi comparata, brevior haberetur : atque ita hîc prodit.

DECIMA ENODATIO : quòd Licinii novi per sese persecutoris res distinctè à Joanne referantur.

Ex his quoque lux accedit trinis velut insultibus et incursationibus, *Apoc.*, xii, 4, 13, 17, ordine recensitis. Primus omnium Diocletianus insurgit : alter Maximinus : tertius Licinius (cap. xvii, 10); atque ei, cujus pars fuit, decennali persecutioni finitæ, velut mantissæ loco, hoc quoque assumentum attexuit; ne vaticinio ejus de septem capitibus ac regibus à Deo castigatis aliquid deesse videretur.

ARTICULUS XXVII.

Undecima enodatio : de capite octavo, quòd de septem sit, et cur vocetur bestia : deque Maximiano bis Augusto, ad vers. 11, cap. xvii.

Quam hîc undecimam enodationem numeramus singularis est ac planè incredibilis, nisi ejus rei clara esset historia. Lactantius rem tradit his verbis : « Maxentius patri suo (*Maximiano Herculio*) post depositum imperium, purpuram mittit, et bis Augustum nominavit [2]. » Mirum; nec id fugit Joannem disertè scribentem : *Bestia..... et ipsa octava est;* (græcè : *octavus est rex*), *et de septem est regibus sive capitibus* (vers. 11) : quod quid est aliud, quàm ipsum quodammodò duplicatum, ac sibi ipsi super-

---

[1] Lact., *De Mort. persec.*, 29. — [2] *Ibid.*, 26, 28.

jectum novum Augustum, qui et inter septem censeatur, et octavus quoque numerari possit. Rei tam perspicuæ quid responderi potuit, nisi futile et vanum? Hic ergo Verensfelsius primùm : « Nego, inquit, Herculium bis afflixisse christianos [1]. » Quis enim id dixit? Non satis est vidisse Joannem, bis factum Augustum, et in interitum vadere? Quod reverà contigit : quid autem necesse erat ampliùs de persecutione quærere? Quasi quis dubitaret an christianorum hostis omnium pessimus immitem ac persecutorium animum exuisset, qui et filio Maxentio et Constantino genero necem sit machinatus. Altera docti vri responsio [2] : « Non debuit Herculius Maximianus bestia appellari, qui tantùm unus esset ex septem regibus, sive bestiæ capitibus. » Nos autem jam respondimus (*Apoc.*, XIII, 2 ; XVII, 11), inter septem capita, à Joanne numerari tria præcipuè, quorum unum bestiæ quoque nomine vocaretur, et quòd sub pardi specie bestiæ ipsius corpus efficeret, protenso colore vario per universam cutem. Sic igitur ostendimus designari Maximianum Herculium propter variabiles inquieti animi motus, quos feræ maculosa et picta pellis indicabat. Hunc viri characterem Lactantius quoque expressit his verbis : « Ille (Herculius) rerum novarum cupidus [3]. »

At obstat Verensfelsius, ne instabilis videatur qui deorum religionibus semper deditus, « pertinax christianorum hostis perpetuo dominationis ardore flagrabat [4]. » Quasi verò qui est impius, superstitiosus, avidus dominandi, non idem inquietus ac rerum novarum cupidus esse possit.

ARTICULUS XXVIII.

De bestiâ ascendente è mari, atque pereunte : ad cap. XIII, 1 ; XVII, 7 et seq.; deque enodatione duodecimâ et decimâ tertiâ : ad idem cap. XVII.

Nunc diligentiùs comparanda sunt quæ à Joanne visa locis affinibus. Sic autem se habent : « Vidi ego, » more Danielis [5], « de mari ascendentem, » imperium seu potentiam quamdam « ascendentem de mari, » ex rerum humanarum motibus et mutationi-

---

[1] Verensf., cap. IV, § 27. — [2] *Ibid.* — [3] Lact., *De Mort. persec.*, 26. — [4] Verensf., cap. IV, 8. — [5] *Dan.*, VII, 3.

bus, velut ex marinis fluctibus emergentem : hoc est idololatriam romanam toto orbe dominantem, « habentem capita decem, » septem Augustorum nomine sævituram, et super capita ejus « nomina blasphemiæ, » nomina idolorum à quibus cognominari se volebant Diocletianus Jovius, Maximianus Herculius, Maximinus item Jovius, Licinius Jovius, et sic de cæteris (*Apoc.*, xiii, 1); at cap. xvii, « Bestia quæ portat mulierem habet capita septem, » septem illos reges sive Augustos. His ergo instructa capitibus septem, exurgit è mari : quæ prima est visio : vidit autem posteà è septem regibus quinque succisos : unum superstitem : septimum adventurum et brevi tempore permansurum (xvii, 10); ac facilè conjicit totam bestiam subitò collapsuram, quæ tot capitibus excisis ægrum corpus traheret, atque ultimum spiritum efflatura videretur. Cujus rei intuitu hæc Joannes scribit : « Bestia quæ erat et non est : » quæ vixdùm orta concidit : « et ad interitum vadit » ad quem nata est (vers. 11). Quod etiam in antecessum his verbis prædixerat : « Bestia quam vidisti, erat et non est : » nihil habet stabile, magnâque suî parte jam occubuit, « et (suo tempore) ascensura est de abysso (vers. 8), de mari, » et rerum humanarum fluctibus (xiii, 1), « et in interitum ibit (xvii, 8) : » quò enim, quæso, itura erat, nisi ad interitum ex tantis exorta fluctuationibus? Sic vidit Apostolus, certo quodam ordine, suisque temporibus, romanam idololatriam ascensuram, suis instructam capitibus; tùm eorum maximâ parte tantâ celeritate mulctatam, ut ex illâ constitutione rerum, nihil profectò aliud quàm promptum exitium expectari posset.

Hinc illæ verborum ambages : *erat, non est, quanquam est* suo quodam modo, ut apud Græcum legitur; quæ cùm occurrunt apud prophetas, attentos reddunt animos : attentionis autem is erit fructus ut videant vim orbi ostentatam sub septem regibus, futuram rem rapidam et tanto impetu transituram, ut etiam cùm esset, ad interitum magis vergere, quàm ipsa sibi constare videretur.

Hæc igitur DUODECIMA ENODATIO adversùs protestantes, frustrà ab illis quæri longam sæculorum seriem, ad evolvendam scilicet fictitiam illam à romanâ Ecclesiâ persecutionem; cùm Apostolus nihil aliud cogitaverit, quàm septem continuos reges, qui vi maximâ, sed citò transeunte, priscæ idololatriæ romanæ regnum assererent.

DECIMA TERTIA ENODATIO, ex decem regibus meretricem destructuris (vers. 12, et seq.) quorum historicos characteres, anteà annotatos, hîc prætermittimus : neque quidquam addimus ad Babylonis excidium (cap. xviii), aut ad cœlestium spirituum laudes (cap. xix), neque necesse est enarremus ea, quæ recapitulationis gratiâ de Christo victore, et impiorum regum exercitibus cæsis in fine hujus capitis recensentur, cùm ex antedictis facilè intelligantur. Hîc ergo finis esto.

ARTICULUS XXIX.

Summa dictorum, ubi de prophetarum perspicuitate.

Paradoxi cujusdam loco erit prophetias appellasse perspicuas, cùm fateantur omnes esse eas obscurissimis figuris ac verbis involutas : neque eo minùs inesse credimus perspicuitatem quamdam, tùm ex majestate rerum quæ statim incurrat oculos, tùm ex enodamentis subindè occurrentibus, hoc est, ex certis eventibus illustrioribus qui, cæcum iter ingressuris, filum præbeant facemque præferant.

Nescis quinam illi sint quibus incumbat illa tempestas, mons igneus, stella delapsa immittens absynthium (cap. viii). At laboranti succurrit (cap. vii) quo liquet illa supplicia in gratiam Judæorum prædestinatorum esse dilata : undè consequitur totam illam vim perfidæ ac reprobæ genti intentatam.

Obstupefacit animos bestia septiceps (cap. xiii, 1; xvii, 7) : at postquàm clarè constiterit Angelo quoque interprete, eam esse Romam mundi reginam et sanctos persequentem, res plana fiet (xvii, 3, 6, 9, 18).

Sanè in septem regibus nonnihil obscuritatis. At ubi illuxerit enodatio perspicua de quinque cæsis regibus deque uno superstite ac septimo venturo et brevi mansuro, tota se ultrò pandet rerum historia (xvii, 10).

Nescis quinam illi sint « equestres exercitus, vicies millies denorum millium (ɪx, 16). » Succurrit ibidem « apertus Euphrates » (vers. 14), item alibi idem « Euphrates, et via præparata regibus ab ortu solis (xvɪ, 12). » Statimque apparet eosdem exercitus ab Euphrate et Oriente, et è Parthorum ac Persarum imperio in Occidentem effusos : nec nisi idololatriæ puniendæ causâ, cùm statim sit additum ab his exercitibus quassos « non resipuisse ab idolis (ɪx, 20). »

Ne tamen mentem inducas, piorum adversùs impios mota certamina : obstat ille textus, quo liquet « totius terræ reges, » adeòque utriusque partis, ab immundis spiritibus ad prælium esse perductos (xvɪ, 14).

Vides coortam adversùs sanctos persecutionem maximam (xɪ, 1 et seq.) : at statim intueris in medio cursu, « Dei et Christi regnum hujus mundi : regnum, inquam, hujus mundi, » et in terris stabilitum (*ibid.*, 15), quæ te claris indiciis ad diocletianicam persecutionem adducant.

Obscura et perplexa sunt de muliere et dracone visa (xɪɪ, 1 et seq.) : at ibidem triplex persecutionis impetus et draconis incensus furor, eò quòd modicum tempus habere se sciat (*ibid.*, 12, 13, 17), persecutionem eamdem eamque desinentem et extrema molientem satis indicant.

Quid illi improvisi et reconditi eventus; ut est ille de Maximiano Herculio, ac statim posteà pereunte, quantam lucem afferunt? Quid ipsa visorum facta collatio, quæ in eamdem rerum summam confluant? Quid illa plaga lethalis, deindè curata? Quid illud philosophiæ incantatricis auxilium? Quid illud Juliani in Diocletiani ingenium atque molimina, atque ipsius bestiæ nomen cum ipsis rebus conjunctum, an casu inditum vaticinio? Omninò prophetiæ tot eventa respondent, ut eorum numero et consensione animus obruatur.

Jam tria *væ* digesta per temporum vices, gressus oberrare non sinunt; nec desunt ubique, ac præsertim in decem regibus historici characteres, qui revelationem universam, usque ad cap. xɪx finem, impletam esse demonstrent.

ARTICULUS XXX.

De diabolo ligato et soluto : deque persecutione ultimâ : Verensfelsii vana objectio : ad caput xx.

Posteaquàm Apostolus copiosissimè exposuit instantes primarum sub imperio romano persecutionum eventus, ad ultimam persecutionem in fine sæculi transit, ejusque tres præcipuas circumstantias in unum caput xx contrahit : nempè de Satanâ alligato et soluto, deque regno Christi ac de mille annis.

Ilìc Verensfelsius multis quærit : « Cùm certum sit prædici Ecclesiam diuturno tempore à Satanæ insidiis securam fore, quid posteà Ecclesiæ acciderit; propter quod aut ipsius prosperitas tantoperè prædicari, aut Satanas tam probè constrictus dici possit [1]; » cùm mores christianorum corruperit, adeò ut afflictiones plus prodesse Ecclesiæ atque pacem, Theodoretus et alii Patres dixerint; cùm tot hæreses concitarit; Arianismum, Nestorianismum, Eutychianismum, Pelagianismum, et cæteras ejusmodi pestes; cùm deniquè tantùm christiani sanguinis hauserint, Hunni, Vandali, Persæ, Græci quoque imperatores, Sarraceni deniquè ac Turcæ. « En, inquit, scopulum qui opinionem Bossueti in ipso portu elidit, quem quomodò vitaturus sit non possum sanè cogitatione assequi : quò igitur se jam tuebitur Bossuetus [2]? » Et cætera ejusmodi, quæ summo cum verborum splendore et copiâ protulit elegantissimum ingenium ad ipsius libelli calcem.

Næ ille magno fragore ac tumultu tenuem ac fragilem admovet machinam. Non est alligatus Satan, aut in abysso reclusus, ne noceat, ne tentet, ne persequatur christianos : sed ne, ut olim sub paganismo, universalis seductio fiat, aut persecutio. Nec tacuit Joannes : ligatus enim et clausus, « ut non seducat ampliùs, » ut olim indefinitè, « gentes » (vers. 2, 3). Non redibit unquàm universalis illa seductio. Rursùs : « Et cùm consummati fuerint mille anni, solvetur Satanas et abibit ut seducat gentes, quæ sunt super quatuor angulos terræ....; et congregabit eos in prælium (vers. 7); clariùs : « Et ascenderunt super latitudinem terræ, et

---
[1] Verensf., cap. IV, § 33. — [2] *Ibid.*, § 34.

circuierunt castra sanctorum et civitatem dilectam (vers. 8). » Sic obsessa et oppugnata ubique terrarum « castra sanctorum et dilecta civitas, Ecclesia scilicet catholica : » ubique inimici : sed rectè Augustinus : « Ubicumque inimici, ibi et castra sanctorum et dilecta civitas [1]? » Hinc argumentum : Satanas alligatus et clausus eâ profectò potestate mulctatus est, quam solutus recepit : recepit autem potestatem obsidendæ et oppugnandæ per singula castra universalis Ecclesiæ. Eâ ergo ligatus et clausus potestate mulctatus est. Maximum Dei beneficium; omninò enim venturi sunt aliquandò, ante finem mundi, illi mille anni quos Joannes hîc toties inculcavit, quomodocumquè intelligantur (vers. 2, 3, 4, 5, 7). An ergo existimas toto illo spatio Satanam cessaturum, et Dominicam Orationem ita vacaturam, ut nemo jam dicat : « Ne nos inducas in tentationem, sed libera nos à malo? » Fabulæ; somnia. Ergo Deo visum ut quemadmodùm genus humanum ab universali diluvio, ita ab universali persecutione, his mille annis stantibus, usque ad mundi finem, tutam præstaret Ecclesiam? Quam autem Ecclesiam? invisibilem forsitan et soli Deo notam? Imò eam quæ ut castrorum acies ordinata, sub ducibus suis militet et excubias agat; quam Satanas ipse oppugnando demonstret, accito innumerabili exercitu, unà cum Gog et Magog, qualescumque futuri sint.

At fortè opprimet, et extinguet, aut tollet è medio fidem? Absit : imò verò « descendit ignis à Deo de cœlo, et devoravit illos (vers. 9). » Nec alius ignis quàm ultimi judicii de quo scripsit Petrus : « Ut olim prior mundus aquâ periit, ita cœlos qui nunc sunt et terram eidem verbo repositos, igni (scilicet) reservatos in diem judicii et perditionis impiorum hominum [2]. » Sic impii homines ac totus ille seductorius exercitus, qui castra sanctorum et dilectam civitatem persequentur, extremi judicii igne concremandi. Congruunt reliqua : nam continuò diabolus « qui seducebat eos, » missus est in stagnum ignis (*Apoc.*, xx, 9), et judicium confestim : Et resurgunt « mortui, pusilli et magni, et judicatum est de singulis secundùm opera eorum, et infernus et mors missi sunt in stagnum ignis (11, 12 et seq.). » Neque alia est rerum

---

[1] S. August., *De Civit. Dei*, lib. XX, cap. xi. — [2] II *Petr.*, ii, 6, 7.

consummatio; cùm « novissima omnium inimica destruetur mors [1]. » Hîc ergo rerum finis cum soluto diabolo et cum ultimâ persecutione conjunctus, expletis mille annis : non mille præcisè : dudùm enim transiissent : sed ita ut millenario pleno et perfecto numero, denotetur complexio annorum, quibus ad mundi extrema pertingitur.

De Gog autem et Magog, non est quòd ampliùs solliciti simus, prolatis conjecturis quales esse possunt, rebus nondùm impletis, incertæ et fluctuantes, ipsoque eventu, quantùm Deus dederit illustrandæ [2], de quibus Verensfelsius nullam mihi movet controversiam.

ARTICULUS XXXI.

De persecutione ultimâ, sive Antichristi, per seductionem : ad cumdem locum.

- Hanc persecutionem à prioribus ante mille annos multa discriminant : imprimis quòd sit ultima in ipso mundi fine, sub Antichristi regno; quo tempore Satanas extrema conabitur ad disperdendam Ecclesiam.

2° Quòd hîc nulla mentio, neque Romæ septicipitis aut septem ejus montium, aut imperii ejus per universum orbem, neque Babylonis, aut illius bestiæ, sive primæ, sive secundæ : pridem hæc transierunt, ante mille annos scilicet, apprehensaque est bestia et pseudopropheta, missique in stagnum ignis (xx, 10). In hâc autem persecutione nullas egerunt partes : Gog et Magog inducuntur, nova nomina, soli nota Ezechieli obscurissimo prophetarum : nec mirum si nova res, post illud interstitium ingens mille annorum, hoc est, omnium sæculorum, adduceret omnibus finem.

3° Unum illud vel maximè observandum : persecutionem istam potissimùm seductione constare. Congruunt omnia. Imprimis enim Joannes hîc ubique seductionem inculcat (vers. 3, 7), mirumque omninò est, nihil hîc de martyribus, aut de sanguine effuso in testimonium Jesu, quod sub persecutione romanâ omnibus paginis occurrebat : fallendo et seducendo omnia peragentur. His concinit Paulus, ipseque adeò Christus, qui nihil aliud urget

[1] I Cor., xv, 26. — [2] Ad hunc locum cap. xx.

quàm ostenta, « prodigia, signa, ita ut seducantur, si fieri potest, etiam electi [1]. » Nec aliter Paulus : « Cujus est adventus secundùm operationem Satanæ in omni virtute, signis et prodigiis mendacibus, in omni seductione iniquitatis. » Et posteà : « Mittet illis Deus operationem erroris [2]. » Quæ omnia cum hoc Joannis loco convenire clamat ipse contextus. Imprimis enim ubique seductio et profundissima hypocrisis : « quod est ipsum mysterium iniquitatis » apud Paulum [3] : tùm apud Joannem oportet illum solvi modico tempore (xx, 3); undè etiam Christus : « Breviabuntur dies [4] : » Paulus etiam statim atque ostendit illum impium, nullâ morâ subdit, « spiritu oris Domini et illustri ejus adventu destruendum [5]. »

Protestantes autem quidam optant potiùs quàm probant, illustrem illum Christi adventum, alium esse futurum præter ipsum judicii diem; frustrà : agebatur enim « de die Domini, » hoc est procul dubio de ipso judicii die; quem jamjam adventurum Thessalonicenses putabant : nec Paulus respondisset ad eorum mentem, nisi cum ipso « die Domini » conjunctus esset ille ejusdem Domini illustris ac manifestus adventus.

Nec deerit ignis, dicente eodem Paulo, quòd « dies Domini in igne revelabitur [6], » quo fit ut dies Domini sit illo igne clarus : nec sit aliud Joanni, « descendit ignis de cœlo, » in extremo judicio (*Apoc.*, xx, 9), quàm Paulo « dies Domini; » ejusque est perspicuus adventus ad destruendum illum impium, quo duce et seductore dilectam civitatem et castra sanctorum oppugnabant.

Stet ergo fundamentum hoc, Scripturis consentientibus, persecutionem ultimam, quæ est Antichristi, hypocrisi et seductione maximè constitutam, et ipso Domini cum igne descendentis adventu post modicum tempus subitò finiendam.

ARTICULUS XXXII.

Somnia protestantium : ad idem cap. xx.

Quid enim, rogo, de hâc ultimâ persecutione fingent? An hùc

---

[1] *Matth.*, xxiv, 24. — [2] II *Thess.*, ii, 9, 10. — [3] *Ibid.*, 7. — [4] *Matth.*, xxiv, 22. — [5] II *Thess.*, ii, 8. — [6] I *Cor.*, iii, 13.

quoque intrudent romanam Ecclesiam? Jam illud erat pessimè factum, quòd eam ab imperio romano ethnico separare nollent: crasso errore quidem, sed tamen erat aliquid quod Romam sonaret et auribus illuderet. Nunc autem nullum eorum vestigium, jam mille annis expletis; nec ullus Antichristo Romano locus. Et tamen agitur de ipso Antichristo, et de persecutione ultimâ; totus ergo hic locus de Romano Antichristo, qui tot opplevit libros, nunc vacat.

Nec repetam illud jam à me demonstratum, nihil bestiæ, aut meretrici, aut verò Babyloni, cum Antichristo et cum persecutione ultimâ posse esse commune : neque adeò quidquam capiti huic xx, cum antecedentibus, quæ mille annorum interstitio distant.

At fortè supererit in Paulo (II *Thess.*, II) aliquid præsidii, obtinebitque Verensfelsius, ut ille iniquus sit papa romanus [1]. Ipse quidem in Gregorio VII, « qui fastum aliaque pontificatûs scelera in supremum vestigium perduxit, » tam purum putumque Antichristum intueri se putat, ac si oculis cerneret [2]. Miseret me sectæ quæ tales invehat visus. Ubi enim ergo illud : « Quem Dominus Jesus interficiet spiritu oris sui et destruet illustratione adventûs sui [3]? » Impii ac scelesti hominis characteres separari non possunt. Quicumque erit ille scelestus qui sese efferat adversùs omne quod dicitur Deus, hunc et signa et prodigia, et Christo adveniente promptus interitus consequantur necesse est. At non id factum est. Gregorius VII ejusque successores, Verensfelsio manifestarius, nec dubius Antichristus, ingressi sunt viam universæ carnis, nullo memorabili eventu, necdùm advenit Christus qui suâ eos præsentiâ contereret.

Dices : Erit aliquis in fine mundi pessimus pontifex, qui ita conteratur. Rogamus : De illo pontifice vota profers, an argumenta? Quis enim tibi divinanti credet? Certè, utcumque ista contingent, tunc ego aio, verum futurum Antichristum, cui totus character, tota Antichristi forma conveniat.

Ad eum autem characterem formamque pertinet, illud etiam individuum et singulare supplicium quo perimitur adventante

---

[1] Verensf., cap. I, § 25. — [2] *Ibid.*, § 1, 17, 25. — [3] II *Thess.*, II, 8.

Christo : quale supplicium, nonnisi uni homini singulari competit, cùm Christi sit unus ac singularis adventus.

Non me fugit protestantes quosdam, ipsumque adeò Verensfelsium [1], non nihil litigare de illà voce Pauli : « Quem Dominus Jesus interficiet (ἀναλώσει) spiritu oris sui, et destruet illustri adventu suo [2]. » Sed qui ἀλώσιν intelligunt, de voce ἀναλώσει ex eàdem radice dubitare non possunt; sit ergo ἀλώσις *excidium*, sit etiam ἀναλώσει *perdet, exscindet, destruet;* nec separentur quæ Paulus conjuncta esse voluit : idemque omninò sit, quem et confectum halitu, et Christo adventante ac præsente abolitum esse constiterit. Cætera Verensfelsius relinquat Molinæis, et aliis quos toties confutatos hîc appellare nolo.

ARTICULUS XXXIII.

De voce Antichristi.

Omnes confitentur à Paulo nomine *adversarii*, et iniqui et seductoris intellectum Antichristum illum in fine mundi adventurum, et clarà præsentià Domini destruendum [3]. Cæterùm ut Antichristi nomen, ita propriam seductionem ejus à solo Joanne proditam constat, ut quicumque futurus sit Antichristus, sive verus, sive figuratus, ab eo negatum iri Joannis Evangelium de Verbo carne facto certum omninò sit. De voce *Antichristus*, clarum illud : « Filioli, novissima hora est, et sicut audistis quòd Antichristus venit, et nunc Antichristi multi facti sunt : undè scimus quia novissima hora est [4]. » Novissimam horam ex consuetudine Novi Testamenti, appellat illud omne spatium, quod inter utrumque Christi adventum intererit : eò quòd incertum sit in illà intercapedine, quà horà Dominus furis instar adveniet. Rursùs : « Quis est mendax, nisi is qui negat quia Jesus est Christus? Hic est Antichristus qui negat Patrem et Filium [5]. » Is ergo Antichristus, qui negat Jesum Christum verum esse Dei Filium : undè posteà : « Omnis spiritus qui confitetur Jesum Christum » (altiore loco natum) indè « in carne venisse, ex Deo

---

[1] Verensf., cap. I, § 12. — [2] II Thess., II, 8. — [3] Ibid., 4, etc. — [4] I Joan., II, 18. — [5] Joan., II, 22.

est; et omnis spiritus » qui non id confitetur « Antichristus est, de quo audistis quoniam venit, et nunc jam in mundo est [1]. » Quo loco occurrit illa apud Vulgatam vetustissima lectio : « Omnis spiritus qui solvit Jesum , » qui personam ejus dividit ac Filium hominis secernit à Filio Dei, « Antichristus est [2]. » Ergo Antichristi multi : alii in figurâ, alii in veritate : « et multi seductores exierunt in mundum, qui non confitentur Jesum Christum venisse in carnem [3]. » Sed nullus Antichristus, sive figuratè, sive propriè, qui non priùs id neget, et abroget incarnationis fidem. Quâ in re, non aliâ præcisè « hic est seductor et Antichristus [4]. » Hæc ergo præcipua est hujus seductio; et hoc est testimonium Joannis, à quo primo vocem *Antichristi* vimque ejus perdidicimus.

ARTICULUS XXXIV.

Quòd ille adversarius apud Paulum II *Thess.*, II, sit persona singularis; et quòd pseudopropheta Joannis sit persona mystica ex ipso contextu, cap. XIII, 2; XVI, 13; XIX, 20; XX, 10.

Hîc tantùm postulamus legi diligenter utriusque Apostoli textum. Apud Paulum ubique ingeminatur articulus : *ille homo peccati; ille adversarius; illle perditus; ille nequam,* statim ostendunt in certo quodam viro singularem impietatem, eique congruens singulare supplicium [5]. At è contrà pseudopropheta Joannis statim atque apparet, *bestia* nominatur : quæ est procul dubio persona mystica : seu quoddam imperii genus philosophicum ac magicum, quo primæ bestiæ idololatriæ regnatricis et persecutricis imperium sustentetur. Quam autem formam primùm induerit, eam retineri promptum.

Favet textus his verbis : « Apprehensa est bestia et cum eâ pseudopropheta : vivi missi sunt hi duo in stagnum ignis ardentis [6]. » *Hi duo* non personæ singulares : non enim id bestiæ, sive imperio romano persequenti sanctos convenire possit : nec magis pseudoprophetæ alteri, bestiæ venienti auxilio : sed duas personas mysticas, reges persecutores et philosophos seductores, nihil

---

[1] *Joan.*, IV, 2, 4. — [2] I *Joan.*, IV, 2, 4. — [3] II *Joan.*, 7. — [4] *Ibid.* — [5] II *Thess.*, II, 3, 8. — [6] *Apoc.*, XIX, 20.

repugnat simul missos in stagnum ignis ardentis; atque ita de personis mysticis igne demersis expedita res est. At contrà in Pauli adversario, subitanea destructio, Christo adveniente, nonnisi singularem, atque individuam personam denotat, ut dictum est.

ARTICULUS XXXV.

De regno Christi cum beatis animabus per mille annos : ad cap. xx, 4.

« Et vidi sedes, et sederunt super eas, et judicium datum est illis : et animas decollatorum propter testimonium Jesu et propter verbum Dei, et qui non adoraverunt bestiam neque imaginem ejus, nec acceperunt characterem ejus in frontibus aut in manibus suis; et vixerunt, et regnaverunt cum Christo mille annis [1]. » Si hîc ageretur tantùm de cœlesti gloriâ et regno, illud imperium sempiternum diceretur, non autem ad mille annos. Cùm ergo dicitur beatas animas cum Christo regnaturas, profectò intelligendum est de illo regno, sive de gloriâ sanctarum animarum in Ecclesiâ Christi usque ad sæculi finem, ante resurrectionem ultimam.

Tria autem hîc notanda sunt : primò agi de animabus sejunctis à corpore, ne quid suspicemur de millenariorum errore : secundò agi de passis sub bestiâ, hoc est in persecutione romanâ; sic quorum Apostolus tormenta viderat, eorum prædicat gloriam ; tertiò, eam gloriam illis attributam, ut cum Christo sedeant, cum Christo judicent.

Placuit autem Christo ut id explicaret distinctiùs his verbis : « Qui vicerit, dabo illi potestatem super gentes : et reget eas in virgâ ferreâ, sicut et ego accepi à Patre meo [2]. » Quâ voce victores, sive martyres, Christi assessores facti, in gentes ipsis à Christo subditas summum imperium exerceant. Jam rogamus protestantes, ut enarrare dignentur quid hîc Joannes eventurum martyribus prædixerit : nos autem martyrum gloriam et judiciariam potestatem memoravimus in *Commentario* nostro [3], et hîc recensitis aliquâ ex parte martyrum miraculis, quibus vel maximè, romanâ persecutione finitâ, universæ Ecclesiæ personabant.

[1] *Apoc.*, xx, 4. — [2] *Apoc.*, II, 26-28. — [3] Præf., n. 27.

Hujus autem pulcherrimi eventûs testes adhibuimus, non vulgares, aut obscuros homines, sed quotquot extiterunt sanctissimos Patres, Basilium, Gregorios, Ambrosium, Chrysostomum, Hieronymum, Augustinum et reliquos, exceptione nullâ, quarto, quinto et secutis sæculis memoratissimos pietateque et doctrinâ commendatissimos.

Protestantes autem quid habent memorandum de martyrum cum Christo judiciis, cùm et illud nimis miserè metuant, ne aliquid rerum sub sole gestarum reveletur sanctis animabus, licet divina de se lata judicia canituris (*Apoc.*, xviii, 20; xix, 1, 2, 3), nedùm in aliquam eorum partem veniant.

Non ita Joannes : Cùm videat « animas interfectorum » sub altari in Christo positas de dilatâ sanguinis sui ultione conquerentes, doceri interim de eâdem vindictâ in breve tempus differendâ, deque expectandis fratribus (*Apoc.*, vi, 9, 10, 11). Favet ipse Christus his verbis : « Deus autem non faciet vindictam electorum suorum clamantium ad se die ac nocte, et patientiam habebit in illis? Amen dico vobis, quia citò faciet vindictam illorum[1]. » Quod quidem recidit in illud Joannis : « Ut requiescerent modicum tempus (*Apoc.*, vi, 11). » Quis ergo non metuat martyres, ad quorum velut arbitria ac preces Christo jubente et inspirante conceptas, ultio suspendatur, aut etiam immutetur? Præclarè Augustinus : « Hæc est illa plena pietatis ac misericordiæ vindicta martyrum adversùs regnum peccati, quo regnante tanta perpessi sunt. » Hæc omninò judicia electorum Dei Christo assidentium, et cum ipso judicantium totis mille annis, id est, procul dubio ad sæculi finem.

Horum potestatem et regnum sub Christo Gregorius Nazianzenus Juliano imperatori exprobrabat his verbis : « Non tu victimas pro Christo cæsas, nec magnos pugiles extimuisti, Joannem Baptistam, Petrum, Paulum, Jacobum, Stephanum, Andream, Theclam, alios qui et ante et post illos pro veritate, cum ferro, igni, belluisque ac tyrannis decertarunt, tanquàm in alienis corporibus; imò tanquàm nullis jam corporibus; quorum nominibus præclari honores festaque constituta sunt : à quibus dæmones

[1] *Luc.*, xviii, 7, 8.

propelluntur, morbi curantur : quorum sunt apparitiones : quorum prædictiones: quorum corpora idem possunt ac beatæ animæ : quorum vel sola sanguinis gutta atque exigua quamvis passionis signa, idem possunt quod corpora. Hæc non colis; his Herculem anteponis [1], etc. » Taceo reliqua in eâdem oratione tertiâ. Similia passim occurrunt apud Chrysostomum et reliquos ejusdem ævi scriptores, quæ facilè ostendant Julianum cum diis suis à martyribus Christi servis, imò potiùs ab ipso martyrum Deo victum, tam clarâ victoriâ, ut non possit negari nisi ab iis qui Christi gloriæ invideant.

Hæc igitur ut præsentia, ut certa, ut omnibus nota proponebant Juliano impietate cæcato. Nec negabat Julianus Petri et Pauli sepulcris jam indè ab apostolicis temporibus honores exhibitos [2], tantaque eorum fuit gloria, ut etiam captæ urbi, non aliud asylum relictum fuerit quàm Petri et Pauli basilicæ, ipso Verensfelsio referente [3]; ut urbs persecutrix nullam aliam salutem invenerit, quàm allatam ab iis quorum sanguinem fuderat.

Hæc igitur martyrum cum Christo gloria super terras à Joanne prospicitur, et persecutione finitâ tot testimoniis commendatur, ut negari non possint. Hæc monumenta regni sanctorum ab ipso Grotio bonâ fide agnoscuntur.

Hoc est verissimum Christi cum sanctis regnum, usque ad finem sæculi duraturum. Neque enim ad alium quàm ad Christum sese convertebant, qui hæc miracula conspexerunt. Aut, Augustinus testis, cùm apparerent temporibus suis apostolicarum signa virtutum ad Stephani memoriam, aliud à christianis inclamatum refert quàm illud : *Christo gloria : Christo laudes* [4] *:* cùm profectò hæc opera, hæc miracula non alteri possent tribui, quàm Christo pro quo Stephani sanguis effusus est.

[1] Greg. Naz., Orat. III. — [2] Apud Cyril., lib. X. — [3] Verensf., cap. III, § 11. — [4] S. August., *De Civit. Dei*, lib. XXII, c. VIII, n. 22.

FINIS OPERIS DE EXCIDIO BABYLONIS.

AVERTISSEMENT

SUR LE LIVRE

DES RÉFLEXIONS MORALES,

AVEC DES EXTRAITS D'UNE ORDONNANCE PORTÉE PAR L'ARCHEVÊQUE DE PARIS.

§ I.

De l'utilité de ces *Réflexions,* et pourquoi on les publia dans le diocèse de Châlons.

Les théologiens que monseigneur l'archevêque a chargés de la révision de cette édition dernière [1], sont obligés par son ordre de donner cette instruction au public. Et pour aller à la source, ils remarqueront d'abord :

Que ç'a toujours été le désir des saints évêques que les divines Ecritures ne fussent mises entre les mains du peuple qu'avec certaines précautions, dont la première est qu'elles fussent accompagnées de notes approuvées par les évêques, qui en facilitassent la méditation et l'intelligence, et empêchassent les fidèles de s'égarer dans une lecture où se trouve naturellement la vie éternelle pour eux ; mais où aussi l'expérience du siècle passé n'avoit que trop fait voir qu'en présumant de son sens et marchant dans son propre esprit, on pouvoit trouver autant d'écueils que de versets, conformément à cette parole de l'Apôtre : « Nous sommes la bonne odeur de Jésus-Christ pour la gloire de Dieu, tant pour ceux qui sont sauvés, que pour ceux qui périssent : c'est-à-dire odeur de vie pour les uns, et odeur de mort pour les autres [2]. » Désir des évêques sur la publication de l'Ecriture en langue vulgaire.

Ç'a été pour cette raison que le saint concile de Trente défend avec tant de soin les éditions de la sainte Ecriture, et des notes sur ces divins Livres, qui ne seroient pas conformes à l'édition Vulgate, canonisée dans le même décret, ou publiées indifférem- La *Vulgate* autorisée par le concile de

[1] Celle de 1699. — [2] II *Cor.*, II, 15, 16.

<small>Trente, Sess. IV, decret. De edit. sanctor. Libror.</small> ment par toutes sortes d'auteurs, même inconnus et sans l'approbation expresse des Ordinaires : par où, en nous montrant quelles éditions il réprouve, il déclare en même temps celles qu'il désire.

Rempli de cet esprit du concile et de l'Eglise catholique, M. l'archevêque de Paris étant encore évêque de Châlons, crut trouver un trésor pour son église dans le livre qui a pour titre : *Le Nouveau Testament en françois, avec des réflexions morales sur chaque verset, pour en rendre la lecture plus utile et la méditation plus aisée.*

<small>Ce livre reçu et publié par M. L. A. de Noailles, évêque de Châlons.</small> Il fut d'autant plus porté à se servir de ce livre, qu'il avoit déjà été approuvé par son prédécesseur d'heureuse mémoire : seulement, il se crut obligé de le revoir avec un nouveau soin, tant pour le rendre de plus en plus conforme à la *Vulgate* que pour en réduire les sommaires et les réflexions à une plus grande correction et exactitude. Ce qui a été exécuté dans les éditions précédentes, comme il paroît par les endroits notés à la marge [1], et par beaucoup d'autres qu'il seroit trop long de rapporter.

Après ce pieux travail, il adressa tout l'ouvrage, à l'exemple de son prédécesseur, aux curés, vicaires et autres ecclésiastiques de son diocèse, c'est-à-dire à tous les ministres et prédicateurs de la sainte parole, pour être la matière de leurs instructions : afin que les peuples qui étoient commis à leurs soins, la reçussent par leur ministère, sous l'autorité de l'évêque, qui selon l'esprit de l'Eglise en devenoit par ce moyen le distributeur.

Il ne faut pas oublier qu'il y avoit déjà environ quinze ans que ce livre, qui ne contenoit encore que le texte de l'Evangile avec les notes dessus, étoit reçu dans le diocèse de Châlons avec une telle avidité et une telle édification, que l'on crut voir renouveler en nos jours l'ancien zèle des chrétiens pour la continuelle méditation de la parole de Dieu les nuits et les jours : et quand on eut ajouté, par les soins de monseigneur l'archevêque, alors évêque de Châlons, les notes sur le reste du Nouveau Testament, la perfection de l'ouvrage eut un effet si heureux, que tous les pays où la langue françoise est connue, et en particulier la ville royale,

---

[1] *Joan.*, VI, 4; XVII, 12; *Rom.*, V, 6; I *Thess.*, III, 6; II *Thess.*, II, 3; *Hebr.*, XIII, 21; *Apoc.*, III, 20, etc.

§ I. DE L'UTILITÉ DE CES RÉFLEXIONS.

en furent remplis et que les libraires ne pouvoient fournir à la dévotion des fidèles : ce qui paroît par les éditions innombrables qu'on en faisoit coup sur coup, et qui à l'instant étoient enlevées.

Feu M. l'archevêque d'heureuse mémoire, loin de s'opposer au débit d'un livre dont le fruit se multiplioit à ses yeux, en a souvent reçu les présens avec un agrément déclaré; en sorte que l'on pouvoit appliquer à cet heureux événement ce qui est écrit dans les *Actes*, que la « parole de Dieu alloit croissant [1], » et que le nombre de ses zélés lecteurs s'augmentoit tous les jours. *Permission tacite de feu M. François de Harlai, archevêque de Paris.*

Aussi cette édition s'étoit faite dans toutes les règles. Les prélats, comme on vient de voir, avoient donné aux peuples la sainte parole, avec subordination à leurs pasteurs et sous la guide des notes si canoniquement approuvées. C'étoit alors, et c'est encore l'esprit de M. de Châlons, de les admettre, autant qu'il étoit possible, à la lecture des saints Livres sous la conduite et avec la bénédiction de leurs conducteurs. Ce prélat est bien éloigné de croire que ce soit les en priver que de les leur présenter de cette sorte, mais au contraire que c'étoit leur assurer mieux le profit de cette lecture dans l'ordre de l'obéissance. Mais quoiqu'il estime fort et qu'il conseille cette soumission, il ne semble pas que l'Eglise soit en état de l'exiger, depuis qu'on a répandu dans tout le royaume tant de versions approuvées de l'Evangile et de toute l'Ecriture sainte, qu'il a même fallu distribuer à tous les nouveaux catholiques pour leur instruction nécessaire : si bien qu'il ne restoit plus qu'à y ajouter, selon l'esprit du concile, des notes autant qu'on pouvoit irrépréhensibles. *Edition faite dans les règles.* *Ce que l'Eglise est en état d'exiger sur ce sujet.*

Celles-ci lui parurent d'autant plus propres à son dessein, que sans s'attacher aux difficultés du sens littéral, qui rendent ordinairement les notes si sèches qu'elles touchent peu les cœurs et nourrissent l'esprit de dispute plutôt que celui de componction, l'auteur déclare d'abord, et par sa préface, et par le titre même de son livre, qu'il ne présente au pieux lecteur que des *Réflexions morales*, lui voulant donner pour introducteur à l'intelligence de l'Evangile le désir d'en profiter, et accomplir cette parole de saint Jean : « L'onction vous instruira de toutes choses [2]; » et celle-ci *Dessein de l'auteur des Réflexions.*

---

[1] *Act.*, VI, 7. — [2] I *Joan.*, II, 27.

de Notre-Seigneur : « Si l'on pratique la volonté de Dieu, on connoîtra si ma doctrine est de lui, ou si je parle de moi-même [1]. »

Nous pouvons dire sans crainte qu'il a réussi dans son dessein, puisqu'il ne faut que lire ce livre, principalement en l'état que M. de Châlons l'a donné, pour y trouver, avec le recueil des plus belles pensées des Saints, tout ce qu'on peut désirer pour l'édification, pour l'instruction et pour la consolation des fidèles.

§ II.

Nouveaux soins dans la translation de M. de Châlons à Paris. Un libelle scandaleux est publié, et quel en est le dessein.

M. de Châlons transféré à Paris, y approuve ce livre.

En ce temps, par une favorable disposition de la divine Providence, ce prélat fut appelé au siége de saint Denis; et le dépôt qu'il avoit laissé à l'église de Châlons, qu'il avoit si soigneusement et si longtemps gouvernée, fut comme transféré avec lui à l'église de Paris. Ce fut alors qu'il sentit une nouvelle obligation de perfectionner cet ouvrage : et prévoyant que l'édition qui couroit avec tant de fruit seroit bientôt épuisée, il préparoit la suivante, qui est celle-ci [2], avec une attention inexplicable, sans ménager son travail au milieu de tant de pénibles occupations, désirant avec saint Paul de donner à un troupeau qui lui est si cher, non-seulement l'Evangile, mais encore sa propre vie [3]. Car encore qu'il nous fît l'honneur de nous appeler en partage d'une si sainte sollicitude, loin de se vouloir décharger lui-même, non-seulement il guidoit nos pas, mais encore il donnoit à ce saint ouvrage tout le temps que lui laissoient tant d'occupations inévitables : et, s'il nous est permis de révéler ce secret, il y employoit encore plus la prière continuelle que l'étude.

Avis reçus de toutes parts.

La première chose que Dieu lui mit dans l'esprit, fut non-seulement de recevoir de toutes parts les avis de ses amis, mais encore de profiter de la malignité des contredisans, pour aller au-devant de tous les scrupules tant soit peu fondés, et amener cet ouvrage à la perfection. D'abord il trouva utile de donner aux sages lecteurs un moyen de digérer les matières, dans une table

Table

[1] *Joan.*, VII, 17. — [2] C'est celle de 1699. — [3] 1 *Thess.*, II, 8.

§ II. SOINS, PROBLÈME ECCLÉSIASTIQUE. 309

exacte et bien ordonnée, par le secours de laquelle on réduiroit à certains chefs toute la forme de la saine doctrine, et on seroit prévenu contre toutes les erreurs, surtout contre celles qu'on avoit le plus à craindre en nos jours. Ainsi l'on remarque principalement ce qui regardoit ces cinq fameuses propositions qui y ont causé de si longues et de si dangereuses disputes. On y voit sous la lettre *G* que l'on résiste à la grace jusqu'à en empêcher l'effet; sous la lettre *C*, que les commandemens ne sont pas impossibles; sous la lettre *L* très-distinctement, que la grace n'impose aucune nécessité à la volonté de l'homme; sous la lettre *I*, que Jésus-Christ est mort pour tous les hommes : et ainsi du reste.

<small>faite par ordre de M. de Paris.</small>

<small>Attention contre les erreurs des cinq propositions.</small>

La vigilance du grand prélat qui conduisoit cet ouvrage, lui fit observer que le lecteur auroit trop de peine de rechercher dans la table les réflexions qui excluoient expressément toutes les erreurs condamnées : ainsi il nous ordonna de les recueillir et d'en faire un corps dans cet *Avertissement*. On y travailloit; et la table étoit déjà imprimée, quand on vit paroître le séditieux libelle qui a excité l'horreur des gens de bien, et provoqué la vengeance publique. Nous ne croyons pas qu'on attende une sèche réfutation de cet ouvrage de ténèbres, qui n'étoit digne que du feu : mais plutôt, à l'occasion de la calomnie et pour la tourner au profit de ceux à qui, comme dit l'Apôtre [1], tout réussit en bien, une explication fructueuse des principes de piété dont on a fait la matière d'une accusation odieuse. Car pour l'ouvrage en lui-même, dont les principaux magistrats se sont rendus les vengeurs, la condamnation en étoit prononcée dans ces paroles de la loi : « Vous ne maudirez point le grand pontife de Dieu, ni le prince de votre peuple [2]. » Saint Paul en respectant l'ombre de cette autorité dans les restes du sacerdoce judaïque qui s'évanouissoit [3], apprend aux chrétiens de quel supplice sont dignes ceux qui les méprisent dans les pontifes de la nouvelle alliance. Et pour dire seulement ce mot d'un libelle si scandaleux, que prétendoit son auteur? Si le zèle de la vérité le pressoit, d'où vient qu'il attendit trois ans à se déclarer? Depuis l'an 1695 les *Réflexions morales* avoient commencé à paroître avec l'approbation de M. de Châlons : pour-

<small>Problème ecclésiastique ouvrage de ténèbres et séditieux</small>

[1] *Rom.*, VIII, 28. — [2] *Exod.*, XXII, 28. — [3] *Act.*, XXIII, 5.

Long silence de l'auteur du Problème. quoi garder le silence jusqu'à 1698? Le jansénisme qu'on ose imputer à M. l'archevêque de Paris, n'étoit-il à craindre qu'alors?

Mais ce malheureux auteur peut-il dire sérieusement et croire en sa conscience que ce prélat soit janséniste, lui qui dès le commencement de son pontificat, dans cette célèbre *Ordonnance et Instruction pastorale* du 20 d'août 1696, avoit si solennellement condamné le jansénisme dans le livre intitulé : *Exposition de la Foi*, etc., et avoit si expressément ordonné l'exécution de toutes les *Constitutions apostoliques,* tant d'Innocent X que d'Alexandre VII d'heureuse mémoire, tant sur le droit que sur le fait? Il paroît visiblement que l'accusation de jansénisme ne peut subsister avec une telle ordonnance, et ne peut être autre chose que le prétexte d'une haine injuste dont on a voulu cacher la cause.

Jansénisme des Réflexions, prétextes des ennemis de S. Augustin. Mais elle est visible. M. l'archevêque de Paris, en condamnant tous ceux qui s'opposeroient, soit en secret, soit en public, aux *Constitutions apostoliques,* avoit cru également nécessaire de réprimer par cette ordonnance les ennemis cachés de la doctrine de saint Augustin sur la grace, tant de fois consacrée par l'Eglise romaine, et adoptée par tant d'actes solennels des souverains Pontifes, depuis saint Innocent I jusqu'à Innocent XII, qui gouverne aujourd'hui si saintement l'Eglise. C'est l'approbation et confirmation authentique de la doctrine de ce Père, si solidement établie dans l'*Ordonnance* du 20 d'août 1696, qui a soulevé l'auteur du libelle. Il n'a fait que prêter sa plume aux ennemis de saint Augustin, et l'attaque des *Réflexions morales* sur l'Evangile n'en est que le prétexte.

Instruction pastorale du 20 d'août, cause de l'accusation.

§ III.

Malicieuse suppression des passages, où les *Réflexions morales* expriment très-clairement la résistance à la grace.

Dissimulation maligne des ennemis du livre. En effet s'il s'agissoit seulement de juger l'auteur sur le jansénisme, il ne falloit pas dissimuler que les *Réflexions morales* sont toutes remplies de ces propositions, « qu'on rejette souvent les graces que Dieu nous présente, » puisqu'on « ferme l'oreille à sa miséricorde, » et que « cette miséricorde est méprisée. On repousse la main de Dieu, qui veut nous guérir; » et un peu après : « On repousse la main de Jésus-Christ; » et encore : « Heureux qui, comme saint Paul, ne rejette pas cette lumière, ne repousse pas cette main, n'est pas sourd à cette voix [1] ! » Voilà donc une volonté de nous guérir, une opération de Dieu en nous, une voix qui nous parle au cœur, comme à saint Paul, indignement rejetée, repoussée, rendue inutile. « Le plus grand malheur n'est pas d'être pécheur, mais de rejeter la main salutaire de celui qui nous veut guérir par la pénitence [2]. » Quel aveuglement ! mais quelle malice, de ne vouloir pas sentir dans ces paroles une liberté qui rend inutiles les pressemens salutaires d'une main qui nous favorise « jusqu'à vouloir nous guérir ! » Ce n'est pas une grace extérieure, ou qui reluise seulement dans l'intelligence; la voici qui cherche le cœur : « Au lieu de s'ouvrir à la lumière et aux graces que le Seigneur lui apporte [3] » en le visitant, le cœur s'ouvre à la malice. L'auteur ajoute : « Jésus-Christ nous parle en tant de manières par sa vie, par ses bienfaits, par ses inspirations : serons-nous sourds à tant de voix ? » On voit toutes les graces extérieures et intérieures unies pour gagner un cœur; et cependant nul effet en ce cœur sourd. En un autre endroit : « Que je réponde, Seigneur, au désir que vous avez que je demeure en vous, en désirant et en faisant que vous veniez, que vous demeuriez, que vous croissiez en moi, que je n'y mette pas d'obstacles par mes désirs déréglés. » Voilà ce que veut la grace; voilà ce qu'il faudroit faire de notre côté pour lui donner son effet; et voilà ce qu'empêchent nos mauvais désirs. Il ne s'agit pas d'une résistance improprement dite, où la grace soit seulement combattue; elle est malheureusement vaincue, destituée de l'effet qu'elle vouloit par la seule défection très-volontaire et très-libre de la volonté dépravée; ou, comme l'auteur dit ailleurs, « elle est oisive par notre faute et par notre négligence [4]. » En sorte que le pécheur n'a rien à dire au juste jugement de Dieu, et qu'il ne lui reste, comme disoit le Prophète, que la « confusion de sa face [5], » c'est-à-dire sa propre faute avouée et inexcusable.

[1] *Rom.*, II, 5; *Matth.*, VIII, 29; *Act.*, XXII, 7.— [2] *Luc.*, XIX, 42; *Marc.*, IX, 45; *Joan.*, III, 19; II *Thess.*, I, 9.— [3] *Luc.*, XIV, 1.— [4] *Luc.*, XIX, 24.— [5] *Baruch*, I, 15 et II, 6.

Il n'y a rien de plus inculqué dans tout cet ouvrage, que le malheur de rendre stériles et infructueuses tant les graces de chaque état que celles qui sont communes à tous les chrétiens. Il est marqué cent et cent fois que l'aveuglement et l'endurcissement suit ce mépris, qu'il en est la peine et qu'il présuppose le crime d'une résistance parfaitement libre.

§ IV.

Suppression, autant affectée, des passages où il est dit que la grace ne nécessite pas.

<small>Grace toute-puissante non nécessitante.</small> Comme on ne cesse pas dans ce livre d'instruire le peuple sur la rébellion qu'on fait à la grace, on lui enseigne avec le même soin que les graces qui ont leur effet, parce qu'elles fléchissent les cœurs avec cette toute-puissante facilité tant prêchée par saint Augustin, y exercent ce divin pouvoir sans forcer, sans nécessiter la volonté de l'homme : qui est « le terme précis dont toute l'école se sert pour exprimer la plénitude de la liberté qu'on appelle d'indifférence. » Ainsi non content de dire cent fois que « Dieu dispose des cœurs les plus rebelles sans faire tort, sans donner atteinte à leur liberté, » l'auteur ajoute ces mots essentiels, « que Dieu tirant à lui nos cœurs rebelles, nous fait une violence qui ne force et ne nécessite point nos volontés; et qu'il rend ses élus fidèles à sa loi par une charité invincible, qui domine dans leurs cœurs sans les nécessiter [1]. »

§ V.

Si c'est induire une grace nécessitante que de dire qu'on ne peut pas résister à la volonté de Dieu.

L'auteur du séditieux *Problême* omet toutes ces propositions, parce qu'il ne songe qu'à rendre odieux, à titre de jansénisme, un livre qui est rempli de maximes si opposées à ce dogme, et un archevêque qui ne l'auroit jamais approuvé s'il n'y eût vu éclater partout cette opposition.

---

[1] *Luc.*, V, 26 et VIII, 25; XIV, 23; I *Cor.*, X, 13.

§ V. POINT DE GRACE NÉCESSITANTE.

Mais il n'y a point d'endroits où la malignité de cet auteur se déclare davantage que ceux où il entreprend de prouver que la grace nécessitante est marquée dans tous les passages des *Réflexions morales,* où il est porté que « rien ne peut résister à la toute-puissance de Dieu, quand il veut sauver les pécheurs, ni en empêcher ou retarder l'effet[1]. » Car ces expressions sont si fréquentes dans les Pères, que c'est les livrer tous au jansénisme que d'imputer ces propositions à cette doctrine. Il ne faut que lire cette prière de tout l'Orient dans la liturgie de saint Basile, rapportée dans l'*Instruction pastorale* de M. l'archevêque de Paris, du 20 d'août 1696 : « Seigneur, rendez bons les méchans, conservez les bons dans la piété; car vous pouvez tout et rien ne vous contredit : vous sauvez quand il vous plaît, et il n'y a personne qui résiste à votre volonté[2]. »

Malignité sur la grace nécessitante.

Cette prière est un abrégé de celle de Mardochée au livre d'Esther : « Seigneur, roi tout-puissant, tout est sous votre empire, et personne ne peut résister à votre volonté, si vous résolvez de sauver Israël[3]. » Il s'agissoit de les sauver en changeant la volonté parfaitement libre d'Assuérus, prévenu contre eux d'une haine qui paroissoit implacable. Mais encore qu'il fût question d'un effet entièrement libre de la volonté, Mardochée n'hésite pas à dire que « nul ne peut résister à la volonté de Dieu. » Ce qu'il exprime encore en disant que « nul ne résiste à la majesté de Dieu[4]. » On dit indifféremment qu'on n'y résiste pas, ou qu'on n'y peut pas résister, parce que la volonté de Dieu s'explique quelquefois d'une manière si absolue et si souveraine, même par rapport à la liberté naturelle à l'homme, que l'idée de la résistance ne compatit pas avec l'expression de cette puissance[5].

Ainsi parce que Jésus-Christ exprime par les termes les plus absolus qu'il priera pour saint Pierre, « afin que sa foi ne défaille pas[6], » saint Augustin ne craint pas de dire dans le livre *De la*

La prière de N.-S. pour

---

[1] *Matth.,* xx, 34, etc., et xxi, 31; *Luc.,* ix, 43, etc. — [2] Prière de la liturgie de saint Basile. — [3] *Esther,* xiii, 9. — [4] *Ibid.* — [5] Absit ut impediatur ab homine omnipotentis Dei cuncta præscientis intentio. Parùm de re tantâ cogitant, vel ei excogitandæ non sufficiunt qui putant Deum omnipotentem aliquid velle, et homine infirmo impediente non posse. August., *Oper. imp. cont. Jul.,* lib. V, n. 93. — [6] *Luc.,* xxii, 32.

S. Pierre ne pouvoit être inutile. *correction et de la grace* qu'à cause que la volonté est préparée par le Seigneur, la prière de Jésus-Christ pour cet apôtre ne pouvoit pas être inutile : *Sed quia præparatur voluntas à Domino, ideò pro illo Christi non posset esse inanis oratio* [1].

Ainsi parce qu'il plaît à Dieu de s'expliquer d'une manière absolue de ce qu'il peut sur nos volontés, le même saint Augustin dit sans hésiter, dans le même livre, « que les volontés humaines ne peuvent pas résister à la volonté de celui qui fait tout ce qu'il lui plaît dans le ciel et dans la terre [2]. » Ce qui n'est pas vrai seulement à cause qu'il fait ce qu'il veut de ceux qui n'ont pas fait ce qu'il a voulu : *De his enim qui faciunt quæ non vult, facit ipse quæ vult* [3] ; mais encore à cause qu'il tourne où il lui plaît, et comme il lui plaît les volontés les plus rebelles.

Ainsi s'il faut en venir à des faits particuliers, parce que Dieu avoit déclaré de cette manière souveraine et péremptoire qu'il vouloit donner le royaume à Saül, et ensuite l'ôter à sa maison pour le transferer à David, le même saint Augustin dans le même lieu marque expressément qu'Amasaï, qui se rendit à David en conséquence de ce décret, ne pouvoit pas s'opposer à la volonté de Dieu : *Numquid ille posset adversari voluntati Dei* [4] ? Il marque aussi qu'encore que ceux qui exécutoient les décrets du ciel en se soumettant à Saül ne le fissent que par leur très-libre volonté, et « qu'ils eussent en leur pouvoir de s'y soumettre et de ne s'y soumettre pas, ce pouvoir ne s'étendoit pas jusqu'à pouvoir résister à Dieu : » *Nisi fortè... sic erat in potestate Israelitarum subdere se memorato viro, sive non subdere, quod utiquè in eorum erat positum voluntate, ut etiam Deo valerent resistere* [5].

Notion rigoureuse du libre arbitre. Voilà distinctement dans les hommes le pouvoir de faire et ne faire pas, où consiste la véritable et rigoureuse notion du libre arbitre, et en même temps qu'on ne peut pas résister à Dieu quand sa volonté se déclare.

Personne n'est étonné de ces façons de parler, ni ne les trouve suspectes, que les ennemis de la vérité, parce qu'on sait, disons-nous, qu'elles n'ont pas d'autre sens que celui-ci : Il ne peut pas

---

[1] August., *De correct. et grat.*, cap. VIII. — [2] *Ibid.*, cap. XIV. — [3] *Ibid.* — [4] *Ibid.* — [5] *Ibid.*

§ V. POINT DE GRACE NÉCESSITANTE.

arriver ensemble, que Dieu veuille fléchir le cœur de l'homme et que les moyens lui manquent pour venir à bout de ce dessein. On sait que pour l'accomplir il répand dans les cœurs, comme parle saint Augustin, une délectable perpétuité et une force insurmontable : *Delectabilem perpetuitatem et insuperabilem fortitudinem* [1]. On sait que cette force insurmontable est l'équivalent d'une force qui ne peut être vaincue, à laquelle par conséquent, en un certain sens tout commun en théologie, on ne peut pas résister, et que c'est précisément celle que l'Eglise espère, lorsqu'elle demande à Dieu une inviolable affection pour son amour, *inviolabilem charitatis affectum* [2], « en sorte que les désirs qui nous sont inspirés par sa bonté, » ne puissent être changés par aucune tentation, *nullâ possint tentatione mutari*. {Force invincible de la grace efficace.}

Si ce langage est suspect, on n'osera plus parler des infaillibles et immanquables moyens par lesquels Jésus-Christ assure l'accomplissement de cette grande parole : « Tout ce que mon Père me donne vient à moi [3]. » Il faudra du moins modérer et corriger celle-ci : « Tout ce que mon Père m'a donné est plus grand que tout, et personne ne le peut ravir des mains de mon Père [4] ; » et y admettre une exception pour les élus, s'ils se peuvent finalement ravir eux-mêmes à Celui qui les veut avoir, et dont les puissantes mains les tiennent si bien.

Ainsi on sera toujours en garde contre les expressions de l'Evangile, de peur qu'un chicaneur ne nous vienne dire que vous êtes jansénistes, en les prenant avec les Saints selon qu'elles sonnent. C'est pourtant dans de semblables paroles, dont l'Evangile est plein, que « consiste la suréminente vertu que l'Apôtre reconnoît dans ceux qui croient [5] : » vertu qui nous ressuscite et au dedans et au dehors, et selon l'esprit et à la fin selon le corps, « par une opération qui s'assujettit toutes choses [6] : » qui par conséquent s'assujettit le libre arbitre comme le sujet de tous les mérites, mais qui ne seroit pas au rang des choses que Dieu a faites, s'il ne demeuroit comme les autres assujetti à l'opération de sa puissance. {Fausse délicatesse sur les termes de l'Ecriture.}

---

[1] *De correct. et grat.*, cap. VIII. — [2] *Missel*, Orais. divers. — [3] *Joan.*, VI, 37. — [4] *Ibid.*, X, 29. — [5] *Ephes.*, I, 19. — [6] *Philipp.*, III, 21.

Scrupules absurdes.

L'Ecole même succomberoit parmi des scrupules si absurdes et si dangereux. Quand les docteurs et les autres théologiens, comme saint Thomas, disent qu'un prédestiné comme tel ne peut périr finalement, il les faudroit corriger. Qui n'a vu cette question dans la *Somme* de saint Thomas : « Si la volonté de Dieu s'accomplit toujours ; » et la réponse qu'il y fait : « Que ce qu'il veut simplement s'accomplit toujours[1] ? » D'où le saint docteur conclut que tous ceux que Dieu veut sauver efficacement, ne peuvent pas ne pas être sauvés ; et que pour cela, selon la doctrine de saint Augustin, « il faut prier Dieu qu'il le veuille, parce qu'il se fait nécessairement, s'il le veut : » *Rogandus Deus ut velit, quia necesse est fieri, si voluerit*. Ce sont des paroles de saint Augustin rapportées par saint Thomas. A quoi on peut ajouter celles du même Père dans le même endroit, que « Dieu sauve qui il lui plaît, à cause que le Tout-Puissant ne peut rien vouloir inutilement : » *Quia Omnipotens velle inaniter non potuerit quodcumque voluerit*[2].

Nécessité conditionnelle des événemens prévus ou ordonnés de Dieu.

Pour ne laisser aucun doute, le même saint Thomas explique quelle est cette nécessité, et il conclut qu'elle n'est que conditionnelle : *Non absoluta, sed conditionalis* : A cause, dit-il, que cette conditionnelle est véritable : « Si Dieu veut cela, il est nécessaire qu'il soit : » *Si Deus hoc vult, necesse est hoc esse*.

C'est donc une vérité semblable à celle-ci : Si Dieu a prévu telle chose, elle ne peut pas ne point arriver. Et l'auteur des *Réflexions*, qui assure qu'une telle proposition « n'impose aucune nécessité à la volonté[3], » en diroit autant de celle-ci : « Si Dieu le veut, il ne peut pas ne point arriver, » parce qu'après tout, comme on a vu, elle n'a point d'autre sens que celui-ci : Ces deux choses sont incompatibles, et que Dieu veuille un tel effet, quel qu'il soit, même dans le libre arbitre, et que cet effet cependant n'arrive pas.

Et la raison radicale par où il arrive, selon saint Thomas, que cette nécessité ne nuit point au libre arbitre, c'est que l'efficace toute-puissante de la volonté de Dieu, qui opère que ce qu'il veut sera, opère aussi qu'il sera avec la modification qu'il y veut

---

[1] Respondeo dicendum quòd necesse est voluntatem Dei semper impleri. Part. I, quæst. IX, art. 6. — [2] *Ibid.*, quæst. XIX, art. 8. — [3] *Joan.*, XII, 32.

§ VI. DOCTRINE DE SAINT AUGUSTIN.

mettre, c'est-à-dire que ce qu'il veut du libre arbitre arrive con- *Dieu fait agir librement les agens libres.* tingemment et peut absolument ne point arriver, parce que telle est la nature de cette faculté, quoique conditionnellement et supposé que Dieu le veuille, cela ne se puisse autrement[1].

Cette doctrine est connue et commune dans l'Ecole; cette doctrine est nécessaire pour expliquer les locutions solennelles de l'Ecriture et des Pères. S'il faut les éviter pour éviter le jansénisme, le jansénisme est partout; et cette absurde précaution de fuir les locutions de l'Ecriture, des Pères et même des scholas- *Terreur panique sur le jansénisme.* tiques, pour n'être point dans l'erreur des cinq propositions, feroit à la fin plus de jansénistes qu'un sage discours n'en pourroit convaincre.

Concluons donc qu'on impute à tort à l'auteur des *Réflexions* *Auteur des Réflexions, déclaré contre la grace nécessitante.* d'admettre une grace nécessitante, contre laquelle au contraire on a vu qu'il s'est déclaré en termes si clairs; et par conséquent qu'il n'y a point de plus visible calomnie que celle où l'on impute à M. de Paris d'avoir approuvé un livre où l'on enseigne, non-seulement cette grace nécessitante, mais encore, en quelque façon que ce soit, une grace qui ne soit jamais destituée de l'effet que Dieu en vouloit.

§ VI.

Que la doctrine de saint Augustin sur la grace qu'on nomme efficace et victorieuse, est nécessaire à la piété.

Il est vrai qu'en même temps M. de Paris veut qu'on sache, et il s'en est trop déclaré par son *Instruction pastorale* du 20 d'août 1696 pour ne laisser jamais aucun doute de son sentiment; il veut, disons-nous, qu'on sache qu'en reconnoissant une grace *M. l'archevêque déclaré pour la délectation victorieuse de la grace.* qu'on peut rejeter, il ne prétend point qu'on affoiblisse par là cette « victorieuse délectation, » cette opération efficace et toute-puissante qui fléchit invinciblement les cœurs les plus obstinés, et les fait voulans de non voulans qu'ils étoient auparavant, *volentes de nolentibus*, comme parle perpétuellement saint Augustin et tous les autres saints défenseurs de la grace chrétienne.

C'est le grand mystère de la grace, d'un côté d'être si présente

[1] S. Thom., I part., Quæst. XIX, art. 8, c., et ad 2 et 3.

à tous ceux qui tombent, qu'ils ne tombent que par leur faute, par leur pure faute, sans qu'il leur manque rien pour pouvoir persévérer; et de l'autre, d'agir tellement dans ceux qui persévèrent actuellement, qu'ils soient fléchis et persuadés par un attrait invincible. C'est encore un coup le grand mystère de la grace, qu'à même temps que les justes qui persévèrent, doivent leur persévérance à une grace qui leur est donnée par une bonté particulière, ceux qui tombent ne puissent se plaindre que le plein et parfait pouvoir de persévérer leur soit soustrait. Il n'importe que la liaison de deux vérités si fondamentales soit impénétrable à la raison humaine, qui doit entrer dans une raison plus haute, et croire que Dieu voit dans sa sagesse infinie les moyens de concilier ce qui nous paroît inalliable et incompatible. Apprenons donc à captiver notre intelligence pour confesser ces deux graces, dont l'une laisse la volonté sans excuse devant Dieu, et l'autre ne lui permet pas de se glorifier en elle-même.

Mystère de la grace impénétrable.

Nous n'avons pas besoin d'établir cette grace, que M. l'archevêque de Paris a si puissamment et si clairement expliquée par son Instruction du 20 d'août 1696. Si quelqu'un ose encore s'y opposer, après que saint Augustin avec l'approbation expresse du Saint-Siége et de toute l'Eglise catholique, l'a si manifestement reconnue comme appartenant à la foi, M. l'archevêque l'a réfutée, non par disputes, comme parle le même Père, mais par les prières des Saints et par les vœux communs et perpétuels tant de l'Orient que de l'Occident, et même par l'Oraison Dominicale : *Non disputationibus refellendus, sed Sanctorum orationibus revocandus est* [1].

Doctrine de S. Augustin sur la grace, approuvée par toute l'Eglise, De dono persever. 19 et 23.

§ VII.

Objection qu'on fait à l'auteur sur la grace de Jésus-Christ.

On impute à l'auteur des *Réflexions* de ne reconnoître de grace de Jésus-Christ que celle qui a son effet, sous prétexte qu'il dit partout que c'est là son propre caractère; d'où il suit que, quelque grace qu'on ait, on manque de celle de Jésus-Christ, quand on ne coopère pas.

[1] *De Dono persever.*, cap. II.

Mais cette objection vient d'une ignorance grossière de la doctrine de saint Augustin et de la distinction des deux états. Le premier est celui du vieil Adam, qui donne un simple pouvoir de persévérer dans le bien, et n'en donne pas l'action ni l'effet. Le second est celui du second Adam; c'est-à-dire, de Jésus-Christ, dont la grace a cela de particulier, au-dessus de l'autre, qu'elle fait effectivement agir. *(Ignorance grossière sur la distinction de la grace des deux états.)*

On ne veut pas dire par là que la grace qui donne le simple pouvoir ne soit pas donnée par Jésus-Christ; à Dieu ne plaise : car il n'y a nulle grace, ni petite ni grande, quelle qu'elle soit, qui ne soit le fruit de sa mort. C'est pourquoi ces graces qu'on rejette dans les endroits qu'on vient de citer des *Réflexions morales*, sont appelées constamment des opérations de la main de Jésus-Christ, qui nous veut guérir par la pénitence. Une telle opération peut-elle ne pas venir de Jésus-Christ même, et n'être pas dans les cœurs l'effet du prix de son sang? Mais visiblement ce qu'on veut dire, c'est qu'il ne lui arrive pas de pouvoir être rendue inutile, et en effet de l'être souvent, à cause précisément qu'elle est la grace de Jésus-Christ, ou la grace du second état, puisque cela convient aussi à la grace du premier.

Ainsi partout où l'on dit que la grace de Jésus-Christ donne l'effet, on ne veut dire autre chose, sinon que c'est là son caractère particulier, sa propriété spécifique, sa différence essentielle d'avec la grace d'Adam. Ce qui est si clairement de saint Augustin, qu'on ne pourroit le reprendre sans s'attaquer à lui-même.

Ainsi, par exemple, quand l'auteur du séditieux *Problème* reproche à celui des *Réflexions morales*, d'avoir dit « que la grace par laquelle Jésus-Christ opère sur le cœur est une grace de guérison, de délivrance, d'illumination, qui fait passer par une force admirable, de la maladie à la santé, de la servitude à la liberté, et que c'étoit là la vraie idée de la grace [1]; » c'est-à-dire de la grace propre à la nouvelle alliance; l'auteur, dis-je, du *Problème* commet deux insignes infidélités : l'une de dissimuler que celui lequel, à quelque prix que ce soit, il vouloit faire janséniste, a reconnu, comme on vient de voir, une opération de la grace de *(Vain reproche de l'auteur du Problème.)*

[1] *Luc.*, IV, 18.

Jésus-Christ, que nous rendons inutile, « quoiqu'elle nous veuille guérir; » et l'autre, qui n'est ni moins grande, ni moins manifeste, de ne vouloir point avouer que si dans les *Réflexions* on ne donne pas toujours à la grâce qu'on rend inutile, le caractère de la grace de Jésus-Christ, c'est du propre, c'est du spécifique, c'est du particulier caractère qu'on le doit entendre; c'est en un mot de celui qui fait partout constamment dans saint Augustin la différence des deux états.

Au reste nous ne croirions pas nécessaire d'entrer dans tout ce détail, si la calomnie ne nous y forçoit; mais il ne faut pas laisser croire qu'on soit capable d'abandonner le langage de saint Augustin, sous prétexte que ses ennemis en prendront occasion de vous appeler janséniste. Le saint pontife Innocent XII a réprimé ce faux zèle, et les évêques doivent être par leur caractère au-dessus de ces reproches téméraires et scandaleux.

<small>Ne point abandonner le langage de S. Augustin.</small>

§ VIII.

Doctrine du livre des *Réflexions morales* contre l'impossibilité des commandemens de Dieu.

C'est une suite de l'injustice qu'on fait aux *Réflexions morales*, d'y dissimuler la grace qu'on rend inutile par la seule dépravation de son libre arbitre, d'avoir encore malicieusement omis ce qu'on y trouve de si bien marqué contre l'impossibilité des commandemens de Dieu. Il n'y a rien de plus exprès que cette parole, où l'auteur, après avoir dit sur ces paroles du Sauveur : « Donnez-leur vous-mêmes à manger (à ces cinq mille qui languissoient dans le désert), que les pasteurs doivent nourrir par eux-mêmes leurs brebis, et que Jésus-Christ, qui le leur commande, supplée à leur impuissance, » s'élève plus haut, et en étendant sa vue sur tous les fidèles : « Dieu, dit-il, ne commande pas des choses impossibles, celles qui le paroissent n'étant impossibles qu'à la foiblesse humaine; mais son commandement nous avertit de faire ce que nous pouvons et de demander ce que nous ne pouvons pas; et il vient à notre secours, afin que nous le puissions. »

<small>L'auteur des *Réflexions* contraire à la 1re proposition. *Luc*, IX, 13.</small>

C'est la précise définition, en propres termes, du saint concile

§ VIII. LES COMMANDEMENS, NON IMPOSSIBLES.

de Trente contre ceux qui disent que les commandemens nous sont impossibles, et que l'auteur ne fait que traduire ces mots latins du décret : *Deus impossibilia non jubet, sed jubendo monet et facere quod possis, et petere quod non possis, et adjuvat ut possis* [1].

On n'a pas besoin d'avertir que ces premières paroles du décret de Trente : « Dieu ne commande pas les choses impossibles, mais en commandant il avertit et de faire ce que l'on peut, et de demander ce qu'on ne peut pas, » sont empruntées de saint Augustin [2], où la marge du concile nous renvoie. Mais il ne faut pas oublier qu'en cet endroit du concile, il s'agit précisément « de l'homme justifié. » — « C'est à l'homme justifié, » *Homini justificato*, « à l'homme en état de grace, » *sub gratiâ constituto*, que les préceptes ne sont pas impossibles; c'est donc de lui qu'il est défini qu'il « doit demander ce qu'il ne peut pas, » *Petere quod non possis*. De sorte qu'il est de la foi que selon les termes des Pères du concile on peut dire à pleine bouche, non-seulement de l'homme hors de l'état de grace, mais encore de l'homme juste, qu'il y a des commandemens qu'il ne peut pas toujours accomplir. Tel peut éviter les occasions, qui ne pourroit s'en tirer s'il s'y jetoit. Tel se peut défier de son impuissance, qui ne pourroit pas la vaincre. En un mot, tel peut prier, qui ne peut pas faire encore tout ce qu'il faut pour obéir à Dieu : *Petere quod non possis*. Et l'homme juste peut à cet égard reconnoître une véritable impuissance qui ne peut être surmontée que par la prière.

Doctrine du concile empruntée de S. Augustin.

Divers pouvoirs en divers justes.

Ce qu'ajoute le saint concile : *Et adjuvat ut possis* : « Et Dieu aide afin qu'on le puisse, » est encore du même esprit de saint Augustin; ce qu'il seroit aisé de montrer, si l'on en doutoit.

Mais au reste cette addition du concile fait voir pleinement en Dieu une volonté perpétuelle d'aider les justes, soit pour faire ce qu'ils peuvent déjà, soit pour demander la grace de le pouvoir; ce qui explique parfaitement dans tous les justes, ainsi que parle l'Ecole, la possibilité médiate ou immédiate, mais toujours pleinement suffisante, de garder les commandemens, puisqu'on peut

Possibilité médiate ou immédiate dans les justes.

---

[1] Sess. VI, cap. XI. — [2] August., *De nat. et grat.*, cap. XLIII.

toujours dans l'occasion, ou les pratiquer en eux-mêmes, ou par une humble demande obtenir la grace de le faire.

Que s'il est vrai que tout soit compris dans ces paroles; si le concile y démontre pleinement et sans rien omettre que Dieu ne commande rien aux justes qui ne leur soit possible, en s'efforçant, en priant, en recevant actuellement par la prière le secours nécessaire pour l'accomplir, on ne pouvoit mieux exprimer cette vérité dans les *Réflexions morales,* qu'en répétant, comme on fait ici de mot à mot, des paroles si précises. Mais s'il est si clair et si assuré dans ces *Réflexions* que Dieu ne commande rien qui ne soit possible, et que sa grace ne manque pas pour l'exécuter, n'est-ce pas dire tout ensemble et en termes formels qu'un juste manque à la grace présente et actuellement secourante, toutes les fois qu'il transgresse le commandement? Ce qui suppose une grace intérieure, nécessaire et donnée pour le garder, laquelle on rend inutile. D'où il suit une exclusion aussi complète qu'il soit possible, de l'erreur qu'on veut imputer aux *Réflexions morales* et au prélat qui les a approuvées.

Les ennemis de ce livre, pour avoir occasion de le calomnier, omettent toutes ces choses avec celle-ci. Ils omettent ce qu'on y ajoute dans le lieu déjà cité : « C'est une excellente prière que la reconnoissance pour les biens que nous avons déjà reçus, jointe à l'aveu de notre impuissance pour faire ce que Dieu demande de plus [1]. » Ils omettent encore ce qu'on répète après saint Augustin : « Commandez, Seigneur, mais donnez ce que vous commandez. » Par où l'auteur des *Réflexions*, non-seulement montre après ce saint le remède de nos impuissances, mais encore dans le lieu même il le fait pratiquer par la prière. A ce prix il est bien aisé d'empoisonner un livre plein d'onction, et le faire janséniste.

Empoisonneurs des Réflexions, et prévaricateurs

Mais Dieu punira les prévaricateurs, qui en cachant malicieusement dans de tels ouvrages ce qui se peut dire de plus décisif contre les erreurs, répandent des soupçons injustes sur les pasteurs, et empêchent les chrétiens de profiter des réflexions les plus utiles.

Il y a des

Selon cette sainte doctrine il a fallu de temps en temps avertir

[1] *Luc*, IX, 13.

§ VIII. LES COMMANDEMENS, NON IMPOSSIBLES. 323

le chrétien qu'il y a des choses même commandées que souvent il ne peut pas, afin qu'il apprenne à recourir sans cesse à la prière, par laquelle seule il peut obtenir le pouvoir, et à dire avec David : « O Dieu, tirez-moi de mes impuissances : ô Dieu, tirez-moi de mes malheureuses nécessités, » par lesquelles je suis captif de mes passions et de la loi du péché. Par là il sait reconnoître, comme dit saint Augustin, d'où lui vient sa puissance et son impuissance, *undè possit, undè non possit* [1], et sait attribuer ce qu'il ne peut pas à la langueur invétérée de notre nature, et ce qu'il peut uniquement à la grace médicinale que Jésus-Christ nous a apportée en venant au monde.

choses que le chrétien ne peut pas: il faut l'en avertir.

C'est le fruit de cette doctrine de saint Augustin et du concile de Trente. C'est pourquoi on ne peut trop la recommander, ni aux justes, ni aux pécheurs mêmes, afin qu'ils se connoissent tels qu'ils sont; et qu'après avoir, ce semble, vainement tenté le possible et l'impossible pour se convertir, ils reconnoissent enfin qu'ils ne peuvent rien, et qu'il ne leur reste aucun recours qu'à Dieu, ni aucune espérance qu'en sa grace; ce qui est le commencement de la guérison.

Chacun doit connoître sa foiblesse, et pourquoi.

Il ne faut donc pas s'étonner d'entendre dire à l'auteur des *Réflexions* qu'il y a des choses, même commandées, qu'on ne peut pas en certains momens. On écoute avec tremblement, mais avec édification tout ensemble, ce que Jésus-Christ dit à saint Pierre, quoique transporté de zèle : « Vous ne pouvez pas à présent me suivre où je vais, mais vous le ferez dans la suite [2]. » Il croyoit s'être distingué par son ardeur d'avec les autres apôtres, à qui Jésus-Christ venoit de dire : « Ce que j'ai dit aux Juifs, qu'ils ne pouvoient venir où je vais, je vous le dis présentement [3]. » Mais il apprit par sa chute qu'il ne faut pas disputer contre son maître, ni présumer qu'on peut tout sous prétexte qu'on sent qu'on le veut.

Parole terrible, mais édifiante.

Il est donc vrai, comme on sait que saint Augustin le répète cent et cent fois, il est vrai que, quoi qu'il crût de lui-même, il ne pouvoit confesser le nom de Jésus-Christ aussi courageusement qu'il s'imaginoit le pouvoir. Il pouvoit bien demander la grace;

En un sens S. Pierre ne pouvoit confesser

---

[1] August., *De nat. et grat.*, cap. XLIII. — [2] *Joan.*, XIII, 36. — [3] *Joan.*, XIII, 33.

Jésus-Christ. il pouvoit, en attendant plus de force, s'éloigner des occasions où il n'étoit point appelé, et n'aller pas chez le pontife où il devoit trouver une tentation qui surpassoit sa grace présente. Il ne faut point taire ces vérités aux fidèles, afin qu'ils sachent éviter les occasions dangereuses jusqu'à ce que la force d'en haut leur soit donnée, comme Jésus-Christ le commanda expressément à ses apôtres [1].

§ IX.

Doctrine de saint Augustin et de l'Ecole de saint Thomas sur le pouvoir, et qu'il y a un pouvoir qui n'est que le vouloir même.

Auteur des Réflexions justifié par l'Ecole de S. Thomas. Au reste quand l'auteur voudroit se réduire aux sentimens de la savante Ecole de saint Thomas, où l'on admet un pouvoir complet en ce genre, qui ne l'est pas tellement par rapport à l'acte, qu'il ne faille demander encore un autre secours, sa doctrine seroit d'autant plus irréprochable, que nous l'allons appuyer par celle de saint Augustin, qui reconnoît un pouvoir consistant dans le vouloir même, qu'il ne faut pas laisser ignorer aux chrétiens.

Pouvoir qui est le parfait vouloir. Il faut donc encore leur montrer un autre secret de la grace, et un autre effet de la volonté. C'est que la grace peut seule donner un certain pouvoir, qui manque par conséquent à tous ceux qui ne veulent pas se soumettre à Dieu, conformément à cette parole de saint Jean : « Les Juifs ne pouvoient pas croire [2]; » et à cette interprétation de saint Augustin : « Pourquoi ne le pouvoient-ils pas? » La réponse est prompte : « C'est parce qu'ils ne le vouloient pas [3]. » A quoi revient cette autre parole de Notre-Seigneur : « Comment pouvez-vous croire, vous qui recevez la gloire que vous vous donnez les uns aux autres, et ne cherchez pas la gloire de Dieu [4]? » Où il ne faut point entendre une autre impuissance que celle qui est attachée au seul manquement de volonté.

Ainsi dans les grandes passions d'amour ou de haine, un homme sollicité de ne voir plus un objet qu'il aime trop, ou de voir un ennemi qui lui déplaît, vous répond cent et cent fois qu'il ne le peut : par où vous n'entendez pas dans son libre arbitre une

---

[1] *Luc.*, XXIV, 49. — [2] *Joan.*, XII, 39. — [3] Tract. LIII *in Joan.*, n. 6. — [4] *Joan.*, V, 44.

véritable impuissance, mais un manquement de courage, qui fait dire qu'on ne peut pas ce qu'on ne veut pas entreprendre avec tout l'effort qu'il y faudroit employer pour vaincre son inclination. Tout le monde sait à ce propos ce passage des *Confessions* de saint Augustin : « On ne va pas à Dieu avec des pas, mais avec des désirs : et y aller, c'est le vouloir ; mais c'est le vouloir fortement, et non pas tourner et agiter de çà et de là une volonté languissante : » *Non solùm ire, verùm etiam pervenire illuc, nihil erat aliud quàm velle ire, sed velle fortiter et integrè, non semisauciam hàc atque hàc versare et jactare voluntatem* [1]. De cette façon, si l'on ne se porte à une pratique aussi laborieuse que celle de la vertu avec une volonté courageuse et forte, on tombe dans une espèce d'impuissance, qui loin d'excuser, n'est que la conviction de la lâcheté.

C'est aussi selon ce principe que saint Augustin détermine dans le livre de la *Correction et de la Grace,* « que la volonté des justes est tellement enflammée par la grace, qu'ils peuvent accomplir (le commandement) et persévérer dans la justice, parce qu'ils le veulent ainsi, » c'est-à-dire parce qu'ils le veulent avec force : *Ut ideò possint, quia sic volunt* [2]. Et un peu après : « Si Dieu n'opéroit pas en eux le vouloir, leur volonté succomberoit par la foiblesse, en sorte qu'ils ne pourroient persévérer, *perseverare non possent,* parce qu'il arriveroit que défaillant par la foiblesse (de leur volonté), ou ils ne voudroient pas persévérer, ou ils ne le voudroient pas aussi fortement qu'il faut pour le pouvoir [3]. »

Il parle de l'homme juste et qui n'a besoin que de persévérer dans la justice. On voit qu'il n'y connoît pas d'autre impuissance, que celle qui vient simplement de ne pas vouloir, ou de ne pas vouloir assez fortement, c'est-à-dire, comme ce Père l'explique ailleurs, « en déployant, comme on le pourroit, les grandes forces, et pour mieux parler toutes les forces de la volonté : » *Exsertis magnis et totis viribus voluntatis* [4].

Impuissance qui consiste à ne vouloir pas.

Telle est donc cette impuissance de saint Augustin, qui ne

---

[1] *Confess.*, lib. VIII, cap. VIII. — [2] *De correct. et grat.*, cap. XII. — [3] Ideò sic velint, quia Deus operatur ut velint. *Ibid.*, cap. XII. — [4] Lib. I, *De peccat. merit.*, cap. XXXIX, et lib. II, cap. III.

fournit aucune excuse au pécheur à cause, comme on vient de voir, qu'elle suppose, non un défaut de pouvoir, mais un défaut de courage et de volonté. Par où il veut que nous apprenions qu'il ne faut pas nous fier à notre bonne volonté, quand elle est foible, parce que, dit-il, « parmi tant de difficultés et de tentations » *adversùs tot et tantas tentationes* [1], si l'on ne veut fortement les vaincre, on ne le peut pas. Et on n'est pas pour cela plus excusable, parce qu'on le pourroit, si on le vouloit, et si au lieu de rechercher de vaines excuses, on faisoit les derniers efforts, en demandant à la fois la grace qui fait employer actuellement toutes les forces de la volonté secourue.

§ X.

Doctrine de saint Augustin sur la possibilité d'éviter les péchés véniels.

C'est ce qui se justifie par deux expresses définitions de l'Eglise, dont l'une regarde les péchés véniels, et l'autre le don de la persévérance finale.

<small>Nul en cette vie exempt de péché véniel.</small> Pour le premier, il est défini que les plus justes ne passent pas cette vie sans quelque péché véniel : et le concile de Trente exprime cette vérité en frappant d'anathème ceux qui disent que sans un privilége particulier, « on peut éviter tout péché, même véniel, dans toute la vie [2] : » ce qui aussi se trouve commun dans saint Augustin. Mais si nous allons à la source de la question, il se trouvera selon la doctrine de ce saint, qu'absolument on le peut si bien, que l'on ne manque à le faire qu'à cause qu'on ne le veut pas.

Et premièrement il détermine « qu'il faut accorder aux pélagiens que Dieu commande d'accomplir si parfaitement la justice, que nous ne commettions aucun péché : » *Neque negandum est Deum hoc jubere, ita nos in faciendâ justitiâ esse debere perfectos, ut nullum habeamus omninò peccatum* [3]. Qu'on remarque bien ce principe, d'où il conclut en second lieu que Dieu ne commandant rien d'impossible, et ne pouvant lui être impossible de

---

[1] *De correct. et grat.*, cap. XII. — [2] Sess. VI, can. 23. — [3] August., lib. II *De peccat. merit.*, cap. XVI.

§ X. SUR LES PÉCHÉS VÉNIELS.

nous donner le secours pour accomplir ce qu'il commande, il s'ensuit que « l'homme aidé de Dieu peut être sans péché, s'il veut [1] : » qui est, comme on sait, l'expression ordinaire de ce Père, pour exprimer dans l'homme le pouvoir complet.

Ainsi le juste est supposé secouru d'en haut pour en avoir ce pouvoir complet; autrement on tomberoit dans l'inconvénient de supposer dans le juste une impuissance d'obéir à Dieu : ce que saint Augustin avoit condamné.

De là suit cette manifeste démonstration que ce Père inculque souvent comme tout à fait importante, « que les pélagiens ont raison de dire que Dieu ne commanderoit pas ce qui seroit impossible à la volonté humaine [2]; » qu'ainsi ayant commandé « de ne pécher point, nous ne pécherions point, si nous ne voulions; mais que pour cela il faudroit employer toutes les forces de la volonté; et que celui qui a dit par son prophète que nul homme ne seroit sans péché, a prévu qu'aucun des hommes ne les emploieroit [3]. »

Il ne convient pas à présent de nous étendre davantage sur cette matière; et il nous suffit d'avoir vu que c'est par le seul défaut de leur volonté, et non pas manque des secours absolument nécessaires pour pouvoir éviter tous les péchés, que les plus justes pèchent quelquefois. Dieu voit, dit saint Augustin, cet événement dans sa prescience, comme il voit les autres événemens que la volonté pourroit éviter, si elle vouloit : et c'est sur cela qu'il a prédit que nul juste ne seroit exempt de péché véniel, quoique, s'il le vouloit, il le pût être.

Les justes n'ont pas ce pouvoir sans grace; et Dieu ne laisse pas de la donner, encore qu'il voie par sa prescience que tous les hommes la rendront inutile, faute d'employer, comme ils le pourroient, toutes les forces de leur volonté.

Saint Augustin suppose ici et souvent ailleurs que Dieu ne manque pas de moyens pour faire qu'on n'employât toutes les forces de la volonté [4]; et sans examiner ici ces moyens, il nous

---

[1] August., lib II *De peccat. merit.*, cap. vi. — [2] *Ibid.*, cap. iii. — [3] *Ibid.*, lib. I, cap. xxx, et lib. II, cap. iii. — [4] *Ibid.*, lib. II, cap. xvii; Lib. *De spirit. et litt.*, cap. iii et xxxiv.

suffit qu'il soit bien constant que Dieu veut donner des graces « pour pouvoir » éviter tous les péchés, quoique pour les raisons qui lui sont connues, il ne veuille pas donner celles sans lesquelles il sait que les autres demeureront sans effet.

Nous aurions ailleurs à tirer de grandes conséquences de cette doctrine; mais à présent ce que nous voulons, c'est qu'on voie que ce qui ne manque que par le défaut de la volonté ne laisse pas, comme on vient de voir, d'être attribué par le concile de Trente à une espèce d'impuissance : *Neminem posse in totâ vitâ peccata etiam venialia vitare*[1], à cause de celle qui, comme on vient d'apprendre de saint Augustin, est attachée à la volonté, lorsqu'elle ne déploie pas toutes ses forces.

§ XI.

Sur le don de persévérance, deux décisions du concile de Trente et doctrine de saint Augustin.

La même chose est prouvée par une autre décision de l'Eglise sur le don de persévérance. Il y a deux décisions sur cette matière dans le concile de Trente. La première, que nul ne sait d'une certitude absolue s'il aura ce don, ou en d'autres mots que nul ne sait s'il aura le grand don de persévérance finale[2]. La seconde, qu'on est anathème, si on ose dire que le fidèle justifié peut persévérer sans un secours spécial dans la justice reçue, ou qu'avec ce secours il ne le peut pas : *Vel sine speciali auxilio Dei in acceptâ justitiâ perseverare posse, vel cum eo non posse*[3].

Persévérance, seul don propre aux élus. Ce grand don, qu'on n'est jamais assuré d'avoir, est sans doute le don spécial de persévérance, qu'on reconnoît pour le seul don grand et spécial, et qui ne convient qu'aux élus. Or sans ce don, il est dit qu'on ne peut pas persévérer. On le peut pourtant d'ailleurs par un véritable pouvoir, et chacun sait qu'il l'aura. Car on sait qu'il n'est jamais soustrait aux justes, qui aussi ne cessent jamais de le demander. Ce n'est que du don de l'actuelle persévérance qu'on ne peut être assuré. Ce don fait persévérer actuellement

[1] Sess. VI, cap. XXIII. — [2] Sess. VI, cap. XIII; *Ibid.*, can. 16. — [3] *Ibid.*, can. 22.

§ XI. SUR LE DON DE PERSÉVÉRANCE.

ceux qui le pouvoient déjà; mais en même temps il leur donne cet autre pouvoir que nous avons vu attaché à une forte volonté, sans lequel, comme on vient de voir par saint Augustin, on ne peut point en un certain sens avoir la persévérance actuelle, ni surmonter les obstacles qui s'opposent à cet effet, parce qu'on ne le veut jamais assez fortement.

C'est la doctrine expresse de ce Père, qui après avoir supposé dans le livre *de la Correction et de la Grâce*[1] que si dans l'état de péché et de tentation où nous a mis la chute d'Adam, Dieu laissoit aux hommes leur volonté, *si ipsis relinqueretur voluntas sua,* « en sorte qu'ils pussent demeurer s'ils vouloient dans le secours sans lequel ils ne pourroient point persévérer; » *ut in adjutorio Dei sine quo perseverare non possent, manerent si vellent;* « et que Dieu n'opérât point qu'ils voulussent, » *nec Deus in eis operaretur ut vellent :* en ce cas et dans cette supposition, poursuit ce grand homme, « parmi tant de tentations la volonté succomberoit par sa foiblesse, » *infirmitate suâ voluntas ipsa succumberet.* « Et c'est pourquoi ils ne pourroient pas persévérer, *et ideò perseverare non possent*, parce que, dit-il, ils ne le voudroient pas assez fortement pour le pouvoir : » *Quia deficientes infirmitate nec vellent, aut non ita vellent, infirmitate voluntatis, ut possent.*

Dieu opère le vouloir dans le cœur.

Il faut d'abord la supposition d'un plein et entier pouvoir pour persévérer, qui seroit donné en cet état : et ce pouvoir qu'il suppose est si véritable, qu'il l'explique dans les mêmes termes que celui d'Adam : *Manerent, si vellent*, « ils persisteroient, s'ils vouloient, dans la justice reçue; » on voit que, selon la supposition, il ne tiendroit qu'à eux de persévérer. Quoi donc! ils ne pourroient pas ce qu'ils pourroient? Cela semble contradictoire. Mais le dénouement est dans le passage : ils pourroient persévérer, puisque la grace en donneroit le plein pouvoir ; et ils ne le pourroient pas de ce pouvoir qui est attaché à la force du vouloir même, ainsi qu'il a été expliqué.

On peut donc tout par la grace, qui donne le « simple pouvoir » sans donner la volonté actuelle; et en même temps on ne le peut pas, parce que, pour pouvoir en un certain sens une chose si diffi-

[1] *De correct. et grat.*, cap. XII.

cile, il faut le vouloir assez fortement pour vaincre tous les obstacles, qu'une volonté foible et qui ne déploieroit pas toutes ses forces, ne surmonteroit pas.

Mais ce que saint Augustin enseigne ici par une simple supposition conditionnelle, en disant : « Si en cet état Dieu donnoit une telle grace, » il le suppose absolument par ces paroles qui précèdent dans le même livre, lorsqu'il décide absolument qu'on peut dire (comme une vérité constante) à l'homme juste de l'état où nous sommes : « Vous persévéreriez si vous vouliez dans le bien que vous avez ouï et reçu » lorsque vous avez cru : *In eo quod audieras et tenueras perseverares si velles;* mais qu'on ne peut dire en aucune sorte : *nullo modo autem dici potest* : « Vous croiriez, si vous vouliez les choses dont vous n'avez jamais entendu parler, » *id quod non audieras crederes si velles*[1]. Où l'on voit plus clair que le jour, et par les termes de ce passage et par le style universel de saint Augustin, que le véritable pouvoir est expliqué par ces mots : « Ils persévéreroient, s'ils vouloient ; » de sorte que si l'on dit en un autre sens qu'on ne le peut, ce ne peut être qu'au sens qu'en effet on ne le veut point.

Véritable pouvoir.

En un mot on ne peut nier que saint Augustin ne déclare ici de la manière du monde la plus évidente ce qu'on peut et ce qu'on ne peut pas. Ce qu'on ne peut pas, c'est de croire ce dont on n'a jamais entendu parler : ce qu'on peut, c'est de conserver ce qu'on a une fois reçu. On a grace pour pouvoir le dernier, mais non l'autre.

§ XII.

Sur les paroles de Notre-Seigneur : *Nul ne peut venir à moi, si mon Père ne le tire.*

Cent passages justifieroient cette vérité, si dans un avertissement comme celui-ci il convenoit de poser autre chose que les principes. C'est par ces principes qu'on doit entendre ces paroles de Notre-Seigneur : « Nul ne peut venir à moi, si mon Père qui m'a envoyé ne le tire[2]. » Tirer, selon saint Augustin et les autres défenseurs de la grace, se doit entendre de cet attrait victorieux,

Nisi traxerit, ce que c'est.

---

[1] August., lib. *De correct. et grat.*, cap. VII. — [2] *Joan.*, VI, 44.

§ XII. ÊTRE TIRÉ PAR LE PÈRE.

de cette douceur qui gagne les cœurs et en un mot, de la grace qui donne l'effet, « en faisant par des manières merveilleuses que les hommes qui ne vouloient pas deviennent voulans : » *ut volentes ex nolentibus fiant*[1]. Et c'est aussi ce qui est montré par Jésus-Christ même dans toute la suite de son discours depuis ces paroles : «Tout ce que mon Père m'a donné viendra à moi[2], » jusqu'à la fin du chapitre, comme ceux qui le liront le verront d'abord. Mais il nous suffit de remarquer que ce divin Maître se déclare très-expressément, lorsqu'il rend lui-même ces paroles : « Nul ne peut venir à moi, si mon Père ne le tire, » par celles-ci : « Nul ne peut venir, s'il ne lui est donné par mon Père[3]. » Qu'est-ce qui lui est donné, dit saint Augustin, « sinon de venir à Jésus-Christ, c'est-à-dire d'y croire[4]? » Celui-là donc « est tiré à qui il est donné de croire en Jésus-Christ : » ce qui emporte la croyance même, et la fait en nous. Mais qu'est-il dit de cette grace qui donne l'effet, sinon qu'on ne peut pas venir sans elle? « Personne, dit Jésus-Christ, ne peut venir. » Il ne dit pas : « Personne ne vient; » mais : « Personne ne peut venir. » Mais il faut entendre en même temps que le pouvoir dont Jésus-Christ parle est le vouloir même, par lequel, comme ajoute saint Augustin dans le même lieu, « nous avons le pouvoir d'être enfans de Dieu : » en tant que nous le voulons si puissamment, qu'en effet nous le pouvons avec efficace.

Après cet usage du mot de *pouvoir*, si autorisé par le langage des Saints et par celui de Jésus-Christ même, on n'a pas dû reprendre la réflexion morale qui porte ces mots : « On ne peut obéir à la voix qui nous appelle à Jésus-Christ, si lui-même ne nous tire à lui, en nous faisant vouloir ce que nous ne voulions pas[5]. » On voit que l'auteur ne fait qu'exprimer les paroles déjà citées de saint Augustin, « que Dieu de non voulans nous fait voulans, » *volentes de nolentibus*. Bien plus, il ne fait que répéter ce qui est exprimé dans l'Evangile, avec une réflexion non-seulement conforme à saint Augustin, mais encore, comme on a vu, composée de ses propres termes.

---

[1] Lib. I, *ad Bonif.*, cap. xix. — [2] *Joan.*, vi, 37. — [3] *Ibid.*, 44, 66. — [4] Lib. I, *ad Bonif.*, cap. iii. — [5] Sur S. Jean, vi, 44.

Le juste peut et ne peut pas en divers sens.

Ainsi en différens sens et selon des locutions très-usitées dans l'Eglise et même dans l'Ecriture, on peut et on ne peut pas. On peut, puisqu'on a la grace qui donne un plein pouvoir dans le genre de pouvoir; on ne peut pas, comme Jésus-Christ le dit lui-même, puisqu'on doit encore attendre une autre grace « qui tire, qui donne de croire » actuellement, enfin qui inspire le vouloir où saint Augustin a mis une sorte de pouvoir, sans lequel bien certainement on n'obtient point le salut, parce qu'on ne le veut point assez fortement.

Il faut vouloir s'aveugler pour ne pas voir clairement cette doctrine dans ces paroles de saint Augustin : « Le libre arbitre peut être seul, s'il ne vient pas à Jésus-Christ; mais il ne peut pas n'être pas aidé lorsqu'il y vient : » *Non autem potest nisi adjutum esse, si venit;* « et même tellement aidé, que non-seulement il sache ce qu'il faut faire, mais encore qu'il fasse ce qu'il sait : » *Ut non solùm quid faciendum sit sciat, sed quod scierit etiam faciat* [1]. Ainsi ce Père établit qu'il ne peut pas arriver qu'on vienne actuellement à Jésus-Christ, sans le secours qui fait qu'on y vient.

Pouvoir qui renferme l'exercice de l'acte, nécessaire outre le pouvoir en genre de pouvoir.

C'est aussi ce qui revient manifestement aux explications de l'Ecole de saint Thomas, où l'on reconnoît après saint Augustin un secours pour donner au juste un pouvoir entier et parfait où soit renfermé l'exercice de l'acte : secours qui ne laisse pas d'être appelé nécessaire à sa manière, encore qu'il présuppose un pouvoir complet en qualité de pouvoir.

Fausse délicatesse, d'où naît l'accusation de jansénisme.

Personne n'entreprit jamais de censurer cette doctrine, on ne le peut sans témérité, non plus que de dissimuler cette parole expresse de Jésus-Christ : « Nul ne peut venir à moi, si Dieu ne le tire. » Et cependant on voudroit que les *Réflexions morales* eussent supprimé cette parole, de peur d'offenser la fausse délicatesse de ceux qui appellent *jansénisme* la doctrine de saint Augustin et de saint Thomas, quoiqu'on en voie le fondement si manifeste dans l'Evangile.

[1] August., lib. *De grat. Chr.*, cap. XIV.

§ XIII.

Ce que c'est d'être laissé à soi-même, dans saint Pierre et dans les autres justes qui tombent dans le péché.

C'est une pareille ignorance et une pareille témérité ou malice qui fait reprendre tous les endroits des *Réflexions* où l'on dit que ceux qui tombent, et saint Pierre comme les autres, ont été laissés à eux-mêmes et à leur propre foiblesse à cause de leur présomption [1], sans songer que ces expressions sont cent fois, non-seulement dans saint Augustin, mais encore dans Origène, dans saint Chrysostome, dans saint Basile, dans saint Léon, dans saint Jean de Damas, dans saint Bernard, dans tous les Pères grecs et latins, à l'occasion de la chute des justes en général, et en particulier de celle de David et de saint Pierre [2].

Que si l'on trouve dans les saints Pères à toutes les pages que ces deux grands saints ont été laissés dans leur chute à eux-mêmes, à leur présomption, à leur foiblesse et à leur peu de courage qui est la propre expression de saint Basile (tome I, *Homélie* XXII); si on y trouve que Dieu ait détourné sa face de dessus eux pour les laisser destitués d'un certain secours sans lequel il savoit bien qu'ils tomberoient; si destitués de ce secours et justement délaissé de Jésus-Christ, Pierre, comme dit saint Augustin [3], a été trouvé un homme, un vrai homme, foible et menteur, qui promettoit ce qu'il ne tint pas et parut n'avoir plus rien que d'humain: n'est-ce pas une manifeste calomnie de faire un procès à l'auteur des *Réflexions* pour avoir parlé comme tant de saints? Et n'est-ce pas faire coupables tous les saints Pères, que de le reprendre pour n'avoir fait que répéter leurs propres paroles?

Il ne faut qu'ouvrir les commentaires de saint Thomas sur ce qui regarde les belles promesses et l'affreuse chute de saint Pierre

S. Pierre laissé à lui-même

---

[1] *Problème*, p. 10. — [2] August., epist. 57, al. 89; serm. 76, al. 13; *De verb. Dom.*; *De nat. et grat.*, 26 et 28; *De correct. et grat.*, 9; serm. 283, al. 42; *De div.*, cap. IV et V, § 147, nl. 24; *De div.*, cap. III; Leo, serm. 8, cap. III, *De Epiph.*; Bern., serm. 44, *in Cant.*; Orig., homil. 35 *in Matth.*, et hom., lib. IX, *in Ezech.*; Chrys., hom. 83, *in Matth.*; 72 *in Joan.*; Bas., hom. 22, *De humil.*; Joan. Damasc., lib. II, *Orth. fidei*, cap. XXIX.— [3] Serm. 147, al. 24, *De Sanctis*.

dans saint Matthieu, dans saint Marc et dans saint Luc [1], pour y voir toute une chaîne de saints Pères qui parlent de saint Pierre comme d'un homme destitué du secours et de la protection divine, et par là laissé à lui-même. « Sa présomption fut vaine, dit Raban, sans la protection divine. » — « Il a voulu voler sans ailes, » dit saint Jérôme. — « Il s'enfla par un excès d'amour, et il se promit l'impossible, » dit un autre Père. « Il est délaissé de Dieu, quoique fervent, et il est vaincu par l'ennemi. Apprenez de là ce grand dogme que le bon propos ne sert de rien sans le secours divin : » parole qui était prise de saint Chrysostome, pareillement rapportée par saint Thomas : « Pierre, dit ce Père, a été fort dénué de secours, parce qu'il avoit été fort arrogant. » Et encore : « La volonté ne suffit pas sans le secours divin. » Et enfin : « Malgré sa ferveur il est tombé, parce qu'il n'a eu aucun secours [2]. »

La faute de ceux qui ont abusé de ces passages n'est pas d'avoir rapporté les propres termes des Pères, et ceux en particulier de saint Chrysostome, mais de n'avoir pas rapporté le tout. Car on auroit vu que bien éloigné que saint Pierre ait été privé de tout secours à la rigueur, même de celui de la prière, au contraire Origène, suivi par saint Chrysostome, a supposé que si au lieu de dire absolument : « Je ne serai pas scandalisé, je ne vous renierai jamais, » etc., saint Pierre avoit demandé, comme il le pouvoit et le devoit, Dieu auroit détourné le coup [3]. Saint Chrysostome a dit de même, et encore plus clairement : « Au lieu qu'il devoit prier et dire à Notre-Seigneur : Aidez-nous pour n'être point séparés de vous, il s'attribue tout avec arrogance. » Et ailleurs : « Il dit absolument : Je ne vous renierai pas, au lieu de dire : Je ne le ferai pas, si je suis soutenu par votre secours [4]. »

Il paroît que ce Père loin de regarder saint Pierre comme destitué de secours pour prier, n'attribue la chute de cet apôtre qu'à la présomption qui l'a empêché de s'en servir : de sorte que si dans la suite il ne craint point d'assurer que le secours lui a

---

[1] *Matth.*, XXVI, 70; *Marc.*, XIV, 68; *Luc.*, XXII, 57. — [2] Homil. 83, *in Matth.*, et 72, *in Joan.* — [3] Orig., homil. 35 *in Matth.*, et 9 *in Ezech.* — [4] Homil. 83, *in Matth.*, et 72, *in Joan.*

manqué, il fait entendre qu'il ne lui a été soustrait qu'à cause qu'occupé de sa présomption, il n'a pas songé à le demander ; et qu'ainsi pour n'avoir pas fait ce qu'il pouvoit, qui étoit de demander le secours divin, il a été laissé dans son impuissance, conformément à cette doctrine du concile : Il faut « faire ce qu'on peut, et demander ce qu'on ne peut pas. »

A l'exemple de saint Chrysostome et de tous les autres saints, l'auteur des *Réflexions morales* donne en cent endroits pour cause de la chute de saint Pierre la présomption qui l'a aveuglé, qui l'a empêché de prier et de demander les forces qu'il n'avoit pas, qui l'a porté à s'exposer sans nécessité à l'occasion, en allant dans la maison du pontife où rien ne l'appeloit, « par curiosité, par présomption, » sans craindre sa propre foiblesse, et ainsi du reste [1]. Si conséquemment il a dit « qu'il a été laissé à lui-même, et qu'il n'a eu d'autre guide que sa présomption [2]; ni d'autres forces que celles de la nature, c'est là la peine de son orgueil. On l'a laissé, mais parce qu'il a présumé. On l'a laissé à lui-même, mais parce qu'il s'est recherché lui-même; ou, comme parle saint Augustin, « il s'est trouvé lui-même qui présumoit de lui-même : » *Invenit se qui præsumpserat de se* [3] *:* qui est une règle terrible, mais juste et irréprochable de la vérité éternelle. Qui osera la reprendre; et qui n'avouera au contraire que c'est avec justice que ce qu'avoit prédit le médecin est arrivé, et que ce qu'avoit présumé le malade ne s'est pu faire ? *Et inventum est quomodò prædixerat medicus, non quomodò præsumpserat ægrotus* [4].

<small>Pierre délaissé pour sa présomption.</small>

Mais il ne faut pas ici s'arrêter au seul exemple de saint Pierre. Il est vrai en général de tous ceux qui tombent, qu'ils sont laissés à eux-mêmes : « Ils quittent, dit saint Augustin, et ils sont quittés [5]; » ils délaissent Dieu, qui les délaisse à son tour. Mais à qui sont-ils délaissés, sinon à eux-mêmes?

<small>Tous ceux qui tombent sont laissés à eux-mêmes.</small>

C'est de quoi le même Père ne nous permet pas de douter, lorsqu'il ajoute : « Car ils ont été laissés à leur libre arbitre sans avoir reçu le don de persévérance, par un juste, mais secret jugement

---

[1] Sur *Matth.*, XXVI; V, 33, 34, 51, 71, 72; *Marc.*, XIV, 29-31, 40, 66. — [2] *Joan.*, XVIII, 15. — [3] Serm. 295, al. 108, *De div.*, cap. III, n. 3. — [4] Serm. 295, al. 108, *De div.*, cap. III, n. 3. — [5] *De correct. et grat.*, cap. XIII.

de Dieu : » *Dimissi enim sunt libero arbitrio, non accepto perseverantiæ dono, judicio Dei justo, sed occulto* [1].

S. Augustin, jamais repris sur ce sujet.

On voit donc que ceux qui rejettent les expressions où il est porté que toutes les fois qu'on tombe on est laissé à soi-même, attaquent saint Augustin, et osent reprendre celui que personne n'a jamais repris en cette matière, mais au contraire que toute l'Eglise a reçu et approuvé après le Saint-Siége.

Ils manquent encore d'un autre côté, faute d'avoir entendu qu'être livré à soi-même, n'est pas toujours être destitué de toute assistance. Mais leur erreur est extrême, lorsqu'on dit de ceux qui tombent dans le péché, et de saint Pierre en particulier, « qu'il n'a eu de forces » que celles de la nature; il faut entendre « qu'il n'a eu de forces » dont il ait voulu se servir, que celles-là, ayant même méprisé celle de la grace, qui l'eût porté à prier s'il l'eût écoutée, au même sens que saint Augustin remarque dans tous ceux qui tombent, et dans Adam même, une liberté sans grace, sans Dieu, comme il parle, sans secours divin : « Dieu, dit-il, a voulu montrer au premier homme ce que c'est que le libre arbitre sans Dieu. O que le libre arbitre est mauvais sans Dieu! Nous l'avons expérimenté, ce qu'il peut sans Dieu : c'est notre malheur d'avoir expérimenté ce que peut sans Dieu le libre arbitre [2]. » Où il est clair qu'il ne peut pas dire que le premier homme fût abandonné de Dieu et de son secours quand il tomba, puisque Dieu était avec lui et lui continuoit son secours, par lequel il eût pu ne tomber pas s'il eût voulu; mais il veut dire qu'il étoit sans Dieu, parce qu'il ne se servoit pas du secours dont il l'assistoit. Ainsi dans le même Père, « on est sans secours, *sine adjutorio,* quand en l'ayant on ne sait pas d'où il nous vient : » NON *habens habet qui nescit undè habeat.*

C'est dans un sens à peu près semblable qu'on trouve dans saint Prosper qu'il faut toujours entendre dans les bons « une volonté qui vient de la grace, » *voluntas de gratiâ;* et dans les mauvais une volonté sans la grace : *In malis voluntas intelligenda est sine gratiâ* [3] : à cause, en général, que tous les déserteurs de la grace

---

[1] *De correct. et grat.*, cap. XIII. — [2] Serm. 26, al. 11, *De verb. Apost.* — [3] Prosper., *Resp. ad cap. Gall*, obj. 6.

agissent sans elle, et ne se gouvernent pas par son instinct, mais uniquement par leur orgueil; de sorte qu'en l'ayant, ils sont comme ne l'ayant pas, parce qu'ils dédaignent de s'en servir et la laissent comme n'étant point.

Ainsi, en quelque manière qu'on veuille entendre que saint Pierre et les autres justes qui tombent, soient des hommes « sans la grace et laissés à eux-mêmes, » ce n'est jamais à l'exclusion de toute grace médiate ou immédiate, puisque saint Pierre, selon tous les Pères, que notre auteur a suivis, pouvoit toujours en se défiant de soi-même, éviter l'occasion, ou obtenir en tout cas par une humble et persévérante prière ce qui lui manquoit pour pouvoir confesser Jésus-Christ dans la rencontre où il le renonça.

§ XIV.

Récapitulation de la doctrine des *Réflexions morales*, et conclusion de ce qui regarde la chute de saint Pierre et des autres justes.

Répétons donc maintenant la doctrine constante et uniforme du livre des *Réflexions morales*. Nous y apprenons partout que le juste peut observer les commandemens, puisque si quelquefois il ne le peut pas, comme le concile de Trente l'a décidé, « il peut du moins en faisant ce qu'il peut, demander ce qu'il ne peut pas, et qu'il est par ce moyen aidé pour le pouvoir. » Voilà une première vérité. *Trois vérités incompatibles avec les erreurs des cinq propositions*

La seconde est qu'il y a des graces véritables et intérieures dans le cœur humain, par lesquelles Dieu le veut guérir, et que nous rendons effectivement inutiles par notre faute.

Et la troisième, que lorsqu'on reçoit la grace qui fait actuellement garder les préceptes, elle ne nécessite jamais notre libre arbitre.

Quiconque enseigne ces trois vérités est éloigné autant qu'on le puisse être de ces cinq fameuses propositions qu'on veut imputer à ce livre. S'il dit ensuite que quelquefois on ne peut pas confesser Jésus-Christ de cette éminente manière de le confesser devant les puissances et malgré les terreurs du monde, ce qui fait ceux qu'on appelle *Confesseurs*, il faut entendre avec le concile qu'on ne le peut pas toujours en soi, puisqu'il suffit qu'on le puisse en priant et en demandant le secours par lequel on le peut, à quoi si l'on manque, on est laissé justement dans l'impuissance qu'on auroit pu vaincre, si on eût voulu, avec la grace qu'on avoit, ainsi qu'il est arrivé à saint Pierre.

<small>Quand S. Pierre est déchu de la justice.</small> Que si l'on veut avec cela trouver un moment où cet apôtre fût déchu de la justice avant que d'être ainsi délaissé, j'avoue qu'on ne peut pas dire que ce malheur lui fût arrivé avant le lavement des pieds, ni même avant le sermon de la Cène, où Jésus-Christ disoit encore à tous ses apôtres et à saint Pierre comme aux autres : « Vous êtes purs, » les exhortant, non pas à se convertir, « mais à demeurer en lui, » et présupposant qu'ils y étoient, *manete in me et ego in vobis* [1]. Mais qui sait aussi ce qui s'est passé depuis dans le cœur de saint Pierre, lorsqu'il a frappé de l'épée un des ministres de la justice à dessein de lui faire pis, et qu'il mérita d'ouïr de la bouche de son Maître : « Celui qui se sert de l'épée périra par l'épée [2]? » Et depuis encore, lorsqu'il poussa la témérité jusqu'à l'effet d'entrer dans la maison du pontife, et de s'exposer volontairement à plus qu'il ne pouvoit? Qui sait, disons-nous, ce que vit alors dans son cœur celui qui voit tout, et qui ne voit rien qui ne lui déplaise dans un homme qui se jette dans le péril sans nécessité, malgré cet oracle du Saint-Esprit : « Qui aime le péril, y périra [3] ? »

Ce fut bien certainement dans le reniement que Pierre parut entièrement délaissé; et ce fut là ce péché déclaré dans lequel saint Augustin dit qu'il est utile aux fidèles de tomber : *Expedit ut cadant in apertum manifestumque peccatum*, pour guérir en eux la blessure plus cachée et plus dangereuse de l'orgueil. Quoi qu'il en soit, il est expressément marqué que ce fut aussitôt après le renoncement que Notre-Seigneur se retournant regarda Pierre [4]: ce que les Pères entendent de ce regard efficace qui fait fondre en larmes un cœur endurci. Marque évidente qu'auparavant il ne le regardoit pas de cette sorte; il avoit détourné sa face et le laissoit à lui-même, c'est-à-dire à sa témérité et à sa foiblesse qu'il lui étoit bon de sentir par expérience.

<small>Regard</small> Sans ce regard efficace nous avons vu les théologiens et saint

---

[1] *Joan.*, XV, 3 et 4.— [2] *Matth.*, XXVI, 52.— [3] *Eccli.*, III, 27. — [4] *Luc.*, XXII, 60, 61.

Augustin dire en un très-bon sens que l'on ne peut pas confesser Jésus-Christ, parce qu'on ne le veut pas. Et quoi qu'il en soit, jamais il n'arrive au juste de ne pouvoir rien, jusqu'à exclure par ce terme, *rien*, même le pouvoir de prier.

efficace du Sauveur sur saint Pierre.

Selon des explications si autorisées dans l'Eglise, pour faire justice à l'auteur, il falloit interpréter favorablement ce qu'il dit, « que la grace de Jésus-Christ, principe efficace de tout bien, est nécessaire pour toute action; sans elle non-seulement on ne fait rien, mais encore on ne peut rien. » On ne peut rien en un certain sens par le défaut du pouvoir qui est attaché au vouloir même, de même « qu'on ne peut rien [1], » ni même venir à Jésus-Christ selon sa parole expresse, sans la grace qui nous y tire et qui nous donne actuellement de venir à lui [2]. On ne peut rien en un autre sens par rapport à l'effet total et à l'entière observation du précepte. On ne peut rien au pied de la lettre et dans un sens rigoureux, sans le secours de la grace. « Elle est appelée principe efficace, » non pas au sens qu'on appelle la grace efficace, terme consacré pour la grace qui a son effet.

Jésus-Christ, principe efficace de tout bien.

On n'a pas attaché la même idée à ce terme *principe efficace*; et on pourroit dire que toute grace, au même sens que tout sacrement, est un *principe efficace*, à cause qu'ils contiennent tout dans leur vertu. On devoit interpréter favorablement un auteur qui donnoit lieu à le faire, en s'expliquant aussi précisément qu'on a vu, sur la possibilité d'observer les commandemens dans tous les justes. Mais encore que ces explications fussent équitables, M. l'archevêque de Paris, qui se propose toujours d'aller au plus grand bien, n'a pas voulu s'attacher à ce qu'on pouvoit soutenir; mais désirant ôter aux pieux lecteurs ce qui seroit capable de lui faire la moindre peine dans un livre où il ne s'agit que de s'édifier, il a fait changer cet endroit, en effaçant le mot *efficace*, qui n'étoit pas nécessaire, sans se soucier de ce qu'on diroit de ce changement et toujours prêt à profiter, non-seulement de réflexions équitables, mais encore de celles-là mêmes que l'esprit de contradiction auroit produites, puisqu'il faut croire que c'est pour cela que Dieu les permet.

[1] *Joan.*, XV, 5. — [2] *Joan.*, VI, 44, 66.

C'est par le même motif qu'on change encore ce qui est porté sur la Ire *aux Corinthiens*, chap. xii, verset 3; et on a mis à la place : Il faut demander à Dieu la grace qui est souveraine, « sans laquelle on ne confesse jamais Jésus-Christ, et avec laquelle on ne le renonce jamais. » On marquera dans la suite avec candeur et simplicité la plupart des autres endroits qu'on aura corrigés pour guérir les moindres scrupules, sans regarder autre chose, sinon que la charité soit victorieuse.

§ XV.

Sur le principe de foi, que Dieu ne délaisse que ceux qui le délaissent les premiers.

Pour ôter jusqu'à l'ombre des difficultés sur la possibilité des commandemens dans tous les justes, il faut encore leur dire qu'elle est fondée immuablement sur ce principe de la foi, reconnu dans le concile de Trente, que Dieu n'abandonne que ceux qui l'abandonnent les premiers par une désertion absolument libre : *Deus namque suâ gratiâ semel justificatos non deserit, nisi ab eis priùs deseratur* [1].

Ce concile n'a pas voulu définir que Dieu n'abandonne personne à lui-même et à sa propre foiblesse : mais qu'il n'abandonne personne, si on ne l'abandonne le premier. Ce sont les propres paroles de saint Augustin en plusieurs endroits [2]. C'est aussi ce qui lui fait dire ce qu'on a déjà rapporté de tous ceux qui perdent la grace : « Ils délaissent premièrement, et puis ils sont délaissés : » *Deserunt et deseruntur*. Adam a été jugé selon cette règle : « Il a délaissé et il a été délaissé. » *Deseruit et desertus est*. Ce qui arrive dans la suite : Comment les péchés sont la juste punition les uns des autres, et dans quel abîme on est plongé par cet enchaînement de crimes inouï et inconcevable, saint Augustin l'explique en

Comment le juste abandonne Dieu. quatre mots : *Desertus à Deo, cedit eis (desideriis suis) atque consentit, vincitur, capitur, trahitur, possidetur :* « Le pécheur délaissé de Dieu cède à ses mauvais désirs, et y consent; il est

---

[1] *Conc. Trid.*, sess. VI, cap. XI. — [2] *De nat. et grat.*, cap. XXII, XXIII, XXVI; *in Psal.* VII, 5; *Justum adjutorium*; *De correct. et grat.*, cap. XIII; *Ibid.*, cap. XI.

§ XV. L'HOMME DÉLAISSE DIEU LE PREMIER.

vaincu, il est pris, il est enchaîné, il est possédé et entièrement sous le joug¹. » Ces désordres arrivent à ceux qui ont été délaissés de Dieu. Cela est très-vrai, et il ne faut pas trouver mauvais qu'on représente aux chrétiens cet état funeste; mais il faut toujours se souvenir de la distinction de saint Augustin : c'est que lorsqu'on est ainsi livré à ses convoitises, « il y en a quelqu'une qu'on ne veut pas vaincre, à laquelle on n'est pas livré par le jugement de Dieu, mais pour laquelle on a été livré ou jugé digne d'être livré aux autres ². » Il n'importe que dans cet endroit de saint Augustin il y ait deux leçons différentes, puisque toutes deux aboutissent à la même fin, de distinguer le crime auquel on s'est livré soi-même, de celui où on est livré par punition. Par exemple, dit saint Augustin, c'est l'orgueil et l'ingratitude des sages du monde qui a mérité que Dieu les livrât aux désordres énormes que saint Paul raconte. Combien plus faut-il observer cette règle à l'égard des justes, qui ne sont jamais délaissés et livrés au crime que par une désertion qu'ils n'ont à imputer qu'à une faute à laquelle saint Augustin ne veut pas qu'ils soient livrés en punition, mais qu'ils s'y livrent eux-mêmes par leur liberté?

C'est pourquoi sur ce fondement, « que Dieu est fidèle dans ses promesses, » les justes sont assurés « qu'il ne permettra jamais qu'ils soient tentés par-dessus leurs forces ³. » Ils ont donc toujours le pouvoir de garder les commandemens, à la manière que l'a défini le concile de Trente. Il est aussi déterminé dans le second concile d'Orange que selon la foi catholique, *secundùm fidem catholicam*, « après la grace du baptême tous les baptisés, avec le secours de Jésus-Christ qui les aide et coopère avec eux, peuvent et doivent accomplir les commandemens de Dieu, s'ils veulent fidèlement travailler : » *Quòd omnes baptizati possint et debeant, si fideliter laborare voluerint, adimplere* ⁴. Ils le peuvent donc, il ne tient qu'à eux avec la grace qu'ils ont; la grace ne leur manque pas; il ne leur manque que la volonté, qui ne leur manque que par leur faute. Et c'est là une vérité catholique que l'on a toujours expliquée en divers endroits des *Réflexions morales*.

¹ *Op. imp. Cont. Jul.*, lib. V, cap. III, num. 12. — ² *In Psal.* XXXV, n. 10. — ³ I *Cor.* X, 13. — ⁴ *Conc. Araus.*, cap. XXV.

Il n'auroit rien coûté à leur auteur de reconnoître expressément, comme il a fait équivalemment et dans le fond, une grace suffisante au sens des thomistes, ou des autres théologiens qui raisonnent à peu près de la même sorte, et tout le monde voit bien qu'on ne pouvoit pas en exiger davantage ; mais on a trouvé plus à propos dans un ouvrage d'édification, et non de dispute, pour exprimer le pouvoir de conserver la justice donnée sans exception à tous les justes, de se servir plutôt des expressions consacrées des Pères, des conciles et des Papes, que des termes de l'Ecole, que le peuple n'entend pas assez et qui ont tous leur difficulté, puisque même c'est faire tort à la vérité que de la faire dépendre d'une expression, quoique bonne et bien introduite dans l'Ecole, dont tout le monde convient qu'elle n'est pas dans les Pères, ni dans les conciles, ni dans les constitutions anciennes et modernes des souverains Pontifes, ni enfin dans aucun décret ecclésiastique.

Ne pas faire dépendre la vérité d'une expression de l'Ecole.

§ XVI.

Sur la volonté de sauver tous les hommes.

On peut régler par ces principes ce qu'il faut dire et penser sur la volonté de sauver les hommes, et sur celle de Jésus-Christ pour les racheter. Ces deux volontés marchent ensemble, et elles sont reconnues dans les *Réflexions morales* avec toute leur étendue. Il y a une volonté générale qui est exprimée en ces termes : « La vérité s'est incarnée pour tous ; nous devons donc prier pour tous, si nous entrons dans l'esprit de la vérité [1]. » Ainsi la volonté de Dieu s'étend aussi loin que notre prière, qui n'excepte personne. Ailleurs : « Jésus-Christ est mort pour le salut de tous les hommes. » Ailleurs : « Il a racheté tous les hommes de son sang, il a acquis tout le monde par sa croix [2]. » Ailleurs : « Tous les hommes étoient en Jésus-Christ sur la croix, et y sont morts avec lui [3] ; » à quoi, sinon au péché et à la mort éternelle et temporelle, qui leur étoient dues? « La mort s'étant assujetti injustement Jésus-Christ innocent, perd le pouvoir qu'elle avoit sur tous les hommes cou-

Volonté générale du salut de tous les hommes.

---

[1] 1 Timoth., II, 3-6. — [2] Marc., XV, 38 ; Joan., XX, 16. — [3] Rom., VI, 16.

§ XIV. SUR LA VOLONTÉ DE SAUVER TOUS LES HOMMES. 343

pables[1] : » ils l'étoient tous. Ailleurs : « Tous sont morts également, et Jésus-Christ est mort aussi pour tous. Qu'y a-t-il de plus juste que de consacrer sa vie à celui qui nous l'a rachetée à tous par sa mort? Jésus-Christ a tenu notre place sur la croix. »

Il n'y a rien de plus éloigné de la cinquième proposition, condamnée par Innocent X : « Il est semi-pélagien de dire que Jésus-Christ est mort ou qu'il a répandu son sang généralement pour tous les hommes. » On vient de voir le contraire inculqué avec tant de force en vingt endroits très-exprès des *Réflexions morales*. Ce fondement supposé, on y trouve aussi une volonté spéciale pour tous les fidèles, conformément à cette parole : « Il est Rédempteur de tous, mais principalement des fidèles[2]. » Cette volonté regarde ceux-là même qui perdent la justice, mais qui pourroient la conserver, s'ils ne rendoient pas inutile « la grace qui les veut guérir, » encore qu'en effet et par leur malice elle ne les guérisse pas. Nous avons vu cette grace répandue partout dans les *Réflexions morales*. Enfin on y trouve aussi la volonté très-spéciale pour les élus, qui seule renferme en soi tout l'effet de la rédemption.

Volonté spéciale pour les fidèles.

Volonté très-spéciale pour les élus.

Ces trois explications de la volonté de sauver les hommes se trouvent en divers endroits de saint Augustin et de son disciple saint Prosper[3], dont l'on a marqué quelques-uns à la marge, et que l'on pourroit rapporter dans un plus long discours. Mais il nous suffit de remarquer ici que d'habiles théologiens, et saint Augustin lui-même, ne les ont pas regardées comme opposées l'une à l'autre, mais au contraire comme faisant unies ensemble un seul et même corps de la bonne doctrine, quoiqu'elles ne soient pas toutes également décidées par l'Eglise catholique. Un vrai théologien les doit reconnoître chacune selon son degré.

On vient de voir que le livre des *Réflexions* n'en exclut aucune. Nous répétons, encore un coup, que saint Augustin et saint Prosper les ont toutes reconnues après saint Paul. Cet Apôtre a souvent marqué la volonté générale, et personne n'en ignore les pas-

Divers degrés de décisions.

---

[1] *Rom.*, VIII, 4. — [2] I *Timoth.*, IV, 10. — [3] *De Spirit. et litt.*, cap. XXXII ; *Enchir.* cap. CIII, n. 27 ; *Ad Bonif.*, lib. IV, cap. VIII ; Prosp., *Resp. ad cap. gall.*, obj. 8 et 9 ; Idem., *Resp. ad obj. Vinc.*, obj. 1 et 2.

sages. Il a exprimé celle qui est particulière aux fidèles, lorsqu'il leur a dit et les a obligés à dire avec lui à son exemple : « Je vis dans la foi du Fils de Dieu qui m'a aimé et s'est donné pour moi [1]. » Enfin ils doivent s'unir à la volonté très-spéciale qui regarde les élus, par l'espérance d'être compris dans ce bienheureux nombre.

Remarquez qu'il n'étoit pas question dans les *Réflexions morales* de disputer scolastiquement, mais de rendre tous les fidèles attentifs à ces trois degrés de la volonté de Dieu, qui nous ont été déclarés par sa parole; or on ne doit pas exiger plus que ce qui a été révélé de Dieu selon le degré de la révélation. Ainsi il faut reconnoître la volonté de sauver tous les hommes justifiés, comme expressément définie par l'Eglise catholique en divers conciles, notamment dans celui de Trente et encore très-expressément par la Constitution d'Innocent X, du dernier mai 1653.

<small>Volonté générale comment doit être crue.</small> Il ne faut point faire un point de foi également décidé de la volonté générale étendue à tous, puisque même il a été permis à Vasquez d'enseigner que les enfans décédés sans baptême ne sont pas compris dans cette parole : « Dieu veut que tous les hommes soient sauvés, et qu'ils viennent à la connoissance de la vérité [2] : » quoique les *Réflexions morales* penchent visiblement, comme on a vu, à l'explication qui ne donne aucune borne à la volonté de Dieu et de Jésus-Christ, prise dans une entière universalité, ce qui aussi paroît plus digne de la bonté de Dieu, plus conforme aux expressions de l'Ecriture et plus propre à la piété et à la consolation des fidèles.

§ XVII.

Sur le don de la foi, et s'il est donné à tous.

On objectera peut-être encore ce passage des *Réflexions :* « La foi n'est pas moins difficile que la pratique des bonnes œuvres : la grace nécessaire pour l'une et pour l'autre est donnée aux uns, et n'est pas donnée aux autres. » Qu'y a-t-il là de nouveau, et qu'y a-t-il qui ne soit constant et public? Mais qu'y a-t-il qui ne soit absolument nécessaire à l'instruction des fidèles? Voilà

---

[1] *Galat.*, II, 20. — [2] I part., disp. 95, cap. VI et 96, cap. III.

§ XVII. SUR LE DON DE LA FOI.

d'abord ce que nous disons pour ce qui regarde la foi. Secondement il n'y a rien là qui approche des cinq fameuses propositions, ni qui exclue même la volonté générale de sauver les hommes, ni celle de les amener à la connoissance de la vérité. En troisième lieu la proposition est tellement adoucie, qu'en quelque façon qu'on la prenne, il n'y reste pas la moindre apparence de difficulté.

Premièrement donc il n'y a rien là qui ne soit constant et public. On n'a qu'à ouvrir saint Paul et prêter l'oreille à ces paroles : « Comment croiront-ils s'ils n'écoutent ; et comment écouteront-ils, si on ne leur prêche ? » D'où il conclut : « La foi est par l'ouïe, et l'ouïe est par la prédication de la parole de Jésus-Christ[1]. » Ainsi la grace nécessaire à croire est attachée à la prédication de l'Evangile. Et cela étant, que dirons-nous de ces peuples qui, relégués depuis tant de siècles dans un autre monde, si séparés de celui où l'Evangile est annoncé, habitent dans les ténèbres et dans la région de l'ombre de la mort? Ont-ils la grace nécessaire à croire, et ne sont-ils pas dans le cas où saint Augustin assuroit qu'on ne peut dire en aucune sorte, *nullo modo :* « Ils croiroient, s'ils vouloient, ce qu'ils n'ont jamais ouï. » *Id quod non audieras crederes, si velles*[2] ? *Des peuples entiers n'ont pas la grace nécessaire à croire.*

Que si c'est un fait constant et public, qu'il y a eu et qu'il y a des peuples en cet état, peut-on nier qu'il ne soit utile aux chrétiens de leur inspirer de l'attention au malheur de la naissance de ces peuples, afin qu'ils ressentent mieux les richesses inestimables de la grace qui les a mis dans un état plus heureux ?

Nous disons en second lieu qu'il n'y a rien là qui approche de ces cinq fameuses propositions, où il est à la vérité décidé que nul juste n'est jamais privé, ni ne le peut être, de la grace absolument nécessaire à faire, mais où tout le monde est d'accord que la sagesse de l'Eglise n'a pas trouvé à propos de rien définir en faveur des infidèles sur la grace nécessaire à croire. Il est donc certain qu'en les privant de cette grace, on n'encourt pas la condamnation d'Innocent X, et que cette thèse n'appartient en aucune manière à la fameuse question qu'il a jugée avec le consentement de toute l'Eglise en faveur des justes. *L'Eglise n'a rien défini en faveur des infidèles.*

Question jugée touchant les justes de la 1re proposition.

---

[1] *Rom.*, X, 17. — [2] August., *De correct. et grat.*, cap. VII.

Nous ajoutons néanmoins que cette conclusion n'empêcheroit pas qu'en ôtant aux infidèles qui n'ont jamais ouï parler de l'Evangile, la grace immédiatement nécessaire à croire, on ne leur accordât celle qui mettroit dans leur cœur des préparations plus éloignées, dont s'ils usoient comme ils doivent, Dieu leur trouveroit dans les trésors de sa science et de sa bonté des moyens capables de les amener de proche en proche à la connoissance de la vérité. Ce sont ces moyens qui ont été si bien expliqués dans le livre *De la vocation des Gentils*, où sont comprises les merveilles visibles de la création, capables d'amener les hommes aux invisibles perfections de Dieu, « jusqu'à les rendre inexcusables, selon saint Paul, s'ils ne les connoissent et les adorent. » Et non-seulement on y trouve cette bonté générale, mais encore par une secrète dispensation de sa grace de plus occultes et de plus particulières insinuations de la vérité, que Dieu répand dans toutes les nations par les moyens dont il s'est réservé la connoissance.

Il ne faut donc pas songer à les pénétrer, ni jamais rechercher les causes pourquoi il met plus tôt ou plus tard et plus ou moins en évidence les témoignages divers, et infiniment différens, de la vérité parmi les infidèles. C'est ce qu'on trouve expliqué dans le docte livre *De la vocation des Gentils*[1], et ce qu'on croiroit, s'il en étoit question, pouvoir montrer non-seulement dans les autres Pères, mais encore distinctement dans saint Augustin et dans le véritable Prosper, dont ce livre a si longtemps porté le nom. Ainsi bien loin de soutenir (a) aucune des cinq propositions, les *Réflexions morales* ne sont pas même contraires à la volonté générale de sauver tous les hommes et de les amener de loin ou de près, par des moyens différens, à la connoissance de la vérité. Nous en avons vu les passages, qui ne sont pas éloignés de ces consolantes paroles du livre de la *Sagesse* : « Que Dieu n'a pas fait la mort, et ne se réjouit pas de la perte des vivans; mais qu'il a fait guérissables les nations de la terre [2] : qu'il a soin de tous, » toujours prêt de pardonner à tous, « à cause de sa bonté et de sa

---

[1] *Resp. ad cap. Gall.*, obj. 8. — [2] *Sapient.*, I, 13 et 14.

(a) Il y a dans la copie *combattre* ; mais il est évident que M. de Meaux a voulu mettre *soutenir*, ou quelque autre mot équivalent. (Note de la 1re édit.)

puissance, et qu'il a même ménagé avec attention, *tantâ attentione*, les peuples qui étoient dus à la mort (pour avoir persécuté ses enfans), *debitos morti*, afin de donner lieu à la pénitence, leur accordant le temps et l'occasion de se corriger de leur malice [1]. »

Ce qu'il faut ici uniquement éviter, c'est de donner pour défini ce qui ne l'est pas, ou d'ôter aux enfans de Dieu la connoissance distincte de leur préférence toute gratuite à l'égard du don de la foi, de peur de les confondre par là avec le reste des nations que « Dieu, » par un juste jugement, « a laissées aller dans leurs voies, » comme il est écrit dans les *Actes* [2]. C'est pourquoi saint Augustin n'a pas hésité à mettre les trois propositions suivantes à la tête des douze articles de la foi catholique, qu'il expose dans son *Epître à Vital* [3]. Ne point donner pour défini ce qui ne l'est pas.

IV. « Nous savons que la grace par laquelle nous sommes chrétiens, n'est pas donnée à tous les hommes. Trois vérités de foi.

V. » Nous savons que ceux à qui elle est donnée, elle leur est donnée par une miséricorde gratuite.

VI. » Nous savons que ceux à qui elle n'est pas donnée, c'est par un juste jugement de Dieu qu'elle ne l'est pas. »

Vérités que la foi propose à tous les fidèles, pour les obliger de reconnoître avec action de graces la prédilection dont Dieu les honore.

En troisième lieu, dans la plus sévère critique et quelque opinion qu'on veuille embrasser, il n'y a rien à reprendre dans ces propositions des *Réflexions morales :* « Celui qui l'a reçue (la grace nécessaire à croire) doit craindre, parce qu'il la peut perdre » faute de l'effort qu'il faudroit faire pour la conserver et pour la faire valoir : « et celui qui ne l'a pas reçue doit espérer, puisqu'il la peut recevoir [4]. » Mais si on la doit espérer, on ne doit donc pas se croire destitué de tout secours, puisqu'espérer en est un si grand. Ainsi l'auteur avertit en relevant ceux qui sentent qu'ils ne peuvent encore vaincre la maladie de l'incrédulité, quels qu'ils soient, ou dans l'Eglise ou hors de l'Eglise, qu'ils se gardent bien de désespérer d'eux-mêmes, ou d'abandonner la sainte pa-

---

[1] *Sapient.*, XII, 19, 20. — [2] *Act.*, XIV, 15. — [3] Litt. 217, al. 107, *ad Vital.*— [4] *Joan.*, VI, 66.

role ; mais qu'ils se confient en Notre-Seigneur, qu'ils pourront un jour ce qu'ils ne peuvent peut-être pas selon leur disposition présente.

Voilà comme on ne contredit les *Réflexions* que par un esprit de contention ; et nous osons dire que pour peu qu'on apportât à cette lecture un esprit d'équité et que l'on s'attachât à considérer toute la suite du discours, au lieu du trouble que quelques-uns voudroient inspirer, on n'y trouveroit qu'édification et bon conseil.

Au reste nous ne croyons pas avoir rien à dire de nouveau sur la grace nécessaire aux œuvres chrétiennes et salutaires, qui n'est pas donnée à tous, puisqu'il est certain et que tout le monde est d'accord qu'on ne l'a point sans la foi que tout le monde n'a pas ; et qu'enfin pour ce qui regarde les justes, la vérité n'oblige à confesser, même pour des personnes si favorisées, qu'un secours dans l'occasion, ou immédiat ou médiat, pour accomplir les préceptes selon l'expresse définition du concile de Trente.

§ XVIII.

Rétablissement d'une preuve de la divinité de Jésus-Christ, qui avoit été affoiblie dans les versions de l'Evangile.

La vigilance de notre archevêque ne s'étend pas seulement à éclaircir la matière des cinq propositions, ni celles qui en approchent : ce prélat porte bien plus loin son attention pastorale. C'est une faute commune presque à toutes les versions nouvelles de l'Evangile, d'avoir traduit ces paroles de Notre-Seigneur : *Antequàm Abraham fieret, ego sum:* « Devant qu'Abraham fût, je suis [1], » sans songer que dans le latin, comme dans le grec, il y a un autre mot pour Abraham que celui qui est employé pour le Fils de Dieu. Le grec porte : πρὶν Ἀβραὰμ γενέσθαι, ἐγώ εἰμι. Ce mot, γενέσθαι, qui peut quelquefois signifier simplement *être*, quand il est opposé à l'être même, doit être traduit par *faire*, comme la *Vulgate* l'a soigneusement observé. Et en général lorsqu'il s'agit d'opposer le Verbe éternel à la créature, c'est la coutume perpé-

[1] *Joan.*, VIII, 58.

§ XVIII. SUR UNE PREUVE DE LA DIVINITÉ DE JÉSUS-CHRIST.

tuelle de l'Evangile d'opposer *être fait* à *être*. Les exemples expliqueront mieux cette vérité. Dès les premiers mots de l'Evangile de saint Jean, il est dit du Verbe éternel : « Au commencement étoit le Verbe, et le Verbe étoit en Dieu, et le Verbe étoit Dieu [1]; » mais quand on vient à expliquer ce qu'il est devenu par l'incarnation, on change le terme; et l'Evangile dit : « Le Verbe a été fait chair, σὰρξ ἐγένετο : » ce que la *Vulgate* a traduit : *Verbum caro factum est*.

De même au verset suivant, où est rapportée la prédication de saint Jean-Baptiste, qui établit si clairement la divinité du Fils de Dieu : « Voici, dit-il, celui dont je vous disois : Celui qui est venu après moi m'a été préféré, a été mis devant moi; » de mot à mot : « A été fait devant moi : ἔμπροσθέν μου γέγονεν : parce qu'il a été devant moi : » *quia prior me erat* : ὅτι πρῶτός μου ἦν. C'est donc l'esprit de l'Ecriture de dire du Verbe éternel qu'il *étoit*, et d'exprimer par le terme *faire* la dispensation de la chair. « Il étoit le Verbe, il étoit Dieu. » Voilà ce qu'il étoit par lui-même. « Il a été homme; » voilà ce qu'il est devenu dans le temps.

Le bien-aimé disciple suit cette règle dans les premiers mots de sa *Première épître* canonique : « Ce qui étoit, dit-il au commencement, » *Quod erat ab initio* [2] *:* et un peu après : « Nous vous annonçons la vie éternelle, qui étoit dans le Père, et qui s'est montrée à nous. » Ainsi toutes les fois qu'on a parlé du Verbe selon sa divinité, le style perpétuel de l'Ecriture est de dire qu'il *étoit;* tout ce qui peut appartenir à la création est exprimé par le mot de *faire :* et selon cette règle sûre, il a fallu opposer Abraham qui a été fait, au Fils de Dieu *qui étoit toujours*.

C'est ce qu'on pourroit confirmer par l'exposition unanime des Pères grecs et latins; mais à présent, pour abréger, nous nous contentons de ces paroles précises de saint Augustin sur ce passage de saint Jean : Antequam Abraham fieret : Intellige Fieret *ad humanam facturam*, sum *verò ad divinam pertinere substantiam*. Fieret, *quia creatura est Abraham. Non dixit : Antequàm Abraham esset, ego eram; sed :* Antequam Abraham fieret, *qui nisi per me non fieret,* Ego sum. *Neque hoc dixit : Antequàm fieret,*

<small>Exactitude de S. Augustin sur ce passage.</small>

[1] Joan., I, 1. — [2] I Joan., I, 1, 2.

ego factus sum: In principio enim Deus fecit cœlum et terram: nam in principio erat Verbum. ANTEQUAM ABRAHAM FIERET, EGO SUM. *Agnoscite Creatorem, discernite creaturam. Qui loquebatur, semen Abrahæ factus erat; et ut Abraham fieret, ante Abraham ipse erat* [1]. C'est-à-dire : « *Devant qu'Abraham fût fait, je suis.* Entendez que ces mots : *Devant qu'il fût fait*, appartiennent à la création de l'homme; et ceux-ci : *Je suis*, à la substance de la divinité. Il a fallu dire d'Abraham *qu'il étoit fait*, parce qu'il étoit créature. Il n'a pas dit : *Avant qu'Abraham fût, j'étois;* mais il a dit : *Abraham fût fait*, lui qui ne pouvoit être fait par un autre que par moi, *Je suis*. Il n'a pas dit non plus : *Avant qu'Abraham fût fait, j'ai été fait.* Car il est écrit que *Dieu a fait au commencement le ciel et la terre;* mais pour le Verbe au contraire, il n'est pas dit qu'il a été fait au commencement, mais qu'*il étoit*. Ainsi en lisant ces paroles : *Avant qu'Abraham fût fait, je suis*, reconnoissez le Créateur et discernez la créature. Celui qui parloit avoit été fait le fils d'Abraham par son incarnation; mais afin qu'Abraham fût fait lui-même, il étoit devant Abraham. »

Il ne falloit pas priver les fidèles de cette belle doctrine de saint Augustin, ni ôter de nos versions une preuve si convaincante, non-seulement de la préexistence du Fils de Dieu, mais encore de son éternelle divinité.

§ XIX.

Sur les endroits où il est dit que sans la grace on ne peut faire que le mal.

Pour continuer nos remarques, on a averti M. de Paris que quelques-uns trouvoient de l'excès dans ces paroles : « Avant que Dieu nous appelle par sa grace, que pourrions-nous faire pour notre salut ? La volonté qu'elle ne prévient pas, n'a de lumière que pour s'égarer, d'ardeur que pour se précipiter, de force que pour se blesser; est capable de tout mal, et impuissante à tout bien [2]. » Ceux qui critiquent ces paroles et les autres de même sens, pourroient avec la même liberté censurer celles-ci du concile d'Orange : « Personne n'a de lui-même que le mensonge et

[1] Tract. XLIII *in Joan.*, n. 17. — [2] *Matth.*, XX, 3, 4.

le péché : » ce qui est pris de mot à mot de saint Augustin, et cent fois répété par ce grand docteur [1]. Quand on trouve de pareils discours dans un livre de piété, il ne faut pas être de ces esprits ombrageux, qui croient voir partout un Baïus, et qu'on en veut toujours aux vertus morales des païens et des philosophes; c'est de quoi il ne s'agit pas. Quand il faut instruire les chrétiens, on ne doit considérer les vertus que par rapport au salut. C'est par où commence l'auteur : « Avant, dit-il, que Dieu nous appelle par sa grace, que pouvons-nous faire pour notre salut ? » Tout ce qu'on nomme vertu hors de cette voie, ne mérite pas, pour un chrétien, le nom de vertu. S'il est écrit « que la science enfle, » ces sortes de vertus humaines enflent beaucoup davantage et tournent à mal. C'est ce que l'auteur exprime ailleurs par ces paroles : « La connoissance de Dieu, même naturelle, même dans les philosophes païens, quoiqu'elle vienne de Dieu (à sa manière), sans la grace ne produit qu'orgueil, que vanité, qu'opposition à Dieu même, au lieu des sentimens d'adoration, de reconnoissance et d'amour [2]. » Il n'y a rien de plus véritable. Que personne n'empêche donc que l'on enseigne au chrétien les avantages de sa religion; et laissons-lui confesser que sans elle il n'a qu'ignorance, mensonge, aveuglement et péché, puisque sans elle ou tout est cela, ou tout aboutit là.

§ XX.

Sur les vertus théologales, en tant que séparées de la charité.

Il faut à plus forte raison prendre équitablement et sainement les expressions assez ordinaires où un auteur occupé du mérite de la charité, qui est l'ame des vertus et la seule méritoire d'un mérite proprement dit, sembleroit à comparaison de la charité ôter aux autres vertus, même chrétiennes et même théologales,

---

[1] Voluntas (hominis) infirma ad efficiendum, facilis ad audendum..., nihil in suis habet viribus, nisi periculi facilitatem; quoniam voluntas mutabilis quæ non ab incommutabili voluntate regitur, tantò citiùs propinquat iniquitati, quantò acriùs intenditur actioni. Lib. I, *De Vocatione Gentium*, cap. VIII; *Conc. Arausic.*, cap. XXII, ex August., Tract., 5 *in Joan.* et Prosp., *Sent.* 323. — [2] Sur l'*Ep. aux Romains*, I, 19.

comme à la foi et à l'espérance, le nom de *vertu*. Sans la charité elles sont informes : « Sans la charité la foi est morte, » selon l'apôtre saint Jacques [1]. Il en faut croire autant de l'espérance. Et c'est ce qui fait dire à saint Thomas même, que « destituées de la charité elles ne sont pas proprement vertus, et en effet ne sont pas telles [2]. » D'ailleurs c'est un langage établi, de comprendre sous la charité tout ce qui prépare à la recevoir et tout ce qui est donné de Dieu par rapport à elle, comme le sont constamment la foi et l'espérance. Qui peut penser qu'un acte de foi et d'espérance, que le Saint-Esprit met dans les pécheurs pour commencer leur conversion, et y poser le fondement et une espèce de commencement de la sainte dilection [3], puisse être appelé péché par un chrétien, sous prétexte que ces actes ne sont pas encore véritablement rapportés à la fin de la charité ? Il suffit que le Saint-Esprit les y rapporte, et qu'ils disposent naturellement le cœur au saint et parfait amour.

Quand donc on dit dans ce livre que « la charité seule ne pèche point [4], » ou que « la charité seule honore Dieu, » et pour cette raison « que c'est la seule charité qu'il récompense [5]; » y a-t-il quelqu'un qui n'entende pas naturellement ces paroles de l'état de la charité, qui est le seul exempt de péché mortel, et en effet très-certainement le seul méritoire ? Il ne faut pas apporter aux lectures spirituelles un esprit contentieux. C'est pour éloigner et déraciner entièrement cet esprit, si ennemi de la piété, que nous voulons bien quelquefois remarquer des choses qui apparemment

---

[1] *Jacob.*, II, 20. — [2] Iª IIæ, *Quæst.* LXV. — [3] *Conc. Trid.*, sess. VI, cap. VI. — [4] Sola charitas non peccat. August., Epist. 177, al. 95, *ad Innoc. I, PP.* n. 17 : Charitatem voco motum animi ad fruendum Deo propter ipsum, etc. Idem, lib. III, *De doctr. Christ.*, cap. X. Quid est boni cupiditas, nisi charitas? Idem, lib. II *ad Bonifacium, PP.*, cap. IX. Non præcipit Scriptura nisi charitatem, neque culpat nisi cupiditatem, et eo modo informat mores hominum, etc. Idem, lib. III, *De doctr. chr.*, cap. X. Non fructus est bonus, qui de charitatis radice non surgit. Idem, *De spirit. et litt.*, cap. XIV. Ut quidquid se putaverit homo facere benè, si fiat sine charitate, nullo modo fiat benè. Idem, *De grat. et lib. arbit.*, cap. XVIII. Charitas facit liberum ad ea quæ bona facienda sunt. Idem, *Oper. imp. cont. Julian.*, lib. I, § 84. Homo Pelagiane, charitas vult bonum...; per seipsam littera occidit, quia jubendo bonum et non largiendo charitatem, quæ sola vult bonum, reos prævaricationis facit. Idem, *ibid.*, § 94. Sola vult beatificum bonum. Idem, *ibid.*, § 95. Charitas sola verè bene operatur. Idem, Epist. 186, al. 106, *ad Paulinum*. — [5] *Matth.*, XII, 30; XXV, 36; I *Cor.*, XVI, 14.

ne feront de peine qu'à peu de personnes, mais que nous savons qu'on a relevées. On aura dit, par exemple, je ne sais plus où, « que la foi n'opère que par la charité, » c'est-à-dire qu'elle n'opère utilement pour le salut que par elle, vu que tous les actes de foi naturellement se doivent rapporter à cette fin : quelqu'un s'imaginera qu'on veut ôter toute utilité à l'acte propre de la foi ; c'est pousser trop loin le scrupule. Mais encore qu'on veuille éloigner des saintes lectures, et surtout de la parole de Dieu, l'esprit de chicane, cette même charité, dont nous parlons, a fait changer quelques endroits, quoiqu'innocens en eux-mêmes, qui pourroient blesser pour peu que ce fût les « consciences infirmes [1], » ou leur faire soupçonner qu'un acte de foi ou d'espérance, fait hors de l'état de grace et de charité, puisse être mauvais, ou même n'être pas bon et utile de sa nature qui fait tendre à la charité, encore qu'en cet état il ne soit pas méritoire, ni parfaitement vertueux.

En un mot tout le monde sait, et ce n'est pas une question, qu'entre l'état de péché et celui de grace, il faut reconnoître dans le passage de l'un à l'autre une disposition comme mitoyenne, où l'ame s'ébranle, ou plutôt est ébranlée par le Saint-Esprit pour se convertir, et où elle fait des actes bien éloignés à la vérité de la perfection qu'ils doivent avoir, mais néanmoins très-bons et très-salutaires, à cause de l'impression qu'on y reçoit pour s'éloigner du péché et s'unir à Dieu, quoiqu'ils ne soient pas faits entièrement comme il faut, parce qu'on ne les rapporte pas encore assez à la charité, qui est la fin du précepte [2].

§ XXI.

Sur la crainte de l'enfer, et sur le commencement de l'amour de Dieu.

Selon ces principes on n'a eu garde de dire que la terreur des jugemens de Dieu pût ne pas être salutaire et bonne, puisque « c'est, dit le concile de Trente, un don de Dieu et une impression du Saint-Esprit [3]. » Mais il y a une crainte exclusive de tout amour de la justice, où l'on dit dans son cœur : « Je pécherois, si

[1] I Cor., XVI, 14. — [2] I Timoth., I, 5. — [3] Sess. XIV, cap. IV.

je n'étois retenu par la vu᷉ des supplices éternels; » ce que l'on ne peut excuser de péché. C'e᷉. ⁓ que l'auteur a expliqué par ces paroles : « Qui ne s'abstient du ⌐   ⁓ue par la crainte du châtiment, le commet dans son cœur, ᴜ   ᵈéjà coupable devant Dieu¹. » Et ailleurs encore plus expressém.   ᴼn ne cesse point d'aimer ce qu'on fuit, quand ce n'est que la ᴜ   ¹a nécessité qui le font fuir². » Ce sont là des vérités incontestᴀ.   ᴀxquelles il est nécessaire de rendre attentifs les chrétiens. ʙ.ᴜis il y faut encore ajouter en général que tant que l'on est touché par la seule terreur des supplices, sans aucun commencement d'amour de la justice, on n'est jamais converti comme il faut, ni suffisamment disposé à la justification.

M. l'archevêque de Paris n'oublie pas, et ne veut pas qu'on oublie ce qu'il a dit sur ce sujet dans son *Instruction pastorale* du 20 d'août 1696. « Les vertus (l'humilité et la confiance) préparent l'ame à l'amour de Dieu, que le Saint-Esprit répand dans nos cœurs avec la grace, puisque la grace consiste principalement dans la délectable inspiration de cet amour. C'est à cet amour que la crainte des supplices éternels prépare la voie; le commencement de cet amour ouvre les cœurs à la conversion, comme sa perfection les y affermit. » Et la charité la rend sincère et solide. Ce que l'auteur des *Réflexions morales* a voulu exprimer par ces paroles : « Qui peut préparer la voie à la charité, si ce n'est la charité même³? » A quoi il n'y auroit rien à ajouter pour une pleine expression de la charité, sinon que la charité qui ouvre la porte à la justification, est une charité commencée, qui achève de justifier le pécheur, quand elle est dans sa perfection, et qu'elle enferme la contrition que le concile de Trente appelle réconciliante et parfaite par la charité : *Charitate perfectam*⁴.

M. l'archevêque de Paris qui, autant qu'il sera possible, ne veut pas laisser la moindre ambiguïté dans la doctrine qu'il donne à son troupeau, a fait ajouter ces mots essentiels au passage des *Réflexions* qu'on vient de citer⁵, et le lecteur y trouvera que rien ne peut préparer la voie à la charité que la charité même : la cha-

---

¹ *Matth.*, XXI, 46. — ² *Apoc.*, XVIII, 15. — ³ Sur l'*Ep. aux Ephes.*, III, 17. — ⁴ *Sess.* XIV, cap. IV. — ⁵ *Ephes.*, III, 17.

rité commencée à la charité habitante et justifiante, qui est la racine, etc.

Au reste nous ne croyons pas que la proposition ainsi expliquée puisse recevoir la moindre difficulté, non-seulement à cause de la décision du concile de Trente, « où le commencement de la dilection de Dieu, comme source de toute justice[1], » est expressément requise dans le baptême : ce qui induit la même disposition dans le sacrement de pénitence; mais encore à cause du décret sur ce dernier sacrement, où il est expressément porté que la contrition nécessaire pour en recevoir l'effet, « emporte, avec la confiance en la divine miséricorde, la résolution d'accomplir le reste : ce qui n'est pas seulement la cessation du péché avec le propos et le commencement d'une nouvelle vie, » mais encore la haine de l'ancienne vie. Mais qui peut dire que « le propos, et même le commencement de la vie nouvelle, » n'enferme pas du moins le désir d'aimer Dieu de tout son cœur ? Qui peut dire que la charité, qui est le grand commandement dans lequel consiste la Loi et les Prophètes, ne soit pas comprise parmi les commandemens dont il faut l'accomplissement, et que le fidèle qui se convertit d'un cœur sincère puisse n'en concevoir pas du moins le désir? Ainsi cette question sur l'amour du moins commencé, n'a aucune difficulté dans le fond; et les théologiens en conviendroient aisément, s'ils vouloient s'entendre.

§ XXII.

Sur les excommunications et les persécutions des serviteurs de Dieu.

Plusieurs voudroient que l'auteur des *Réflexions* eût moins parlé des excommunications et des persécutions suscitées aux serviteurs de Jésus-Christ et aux défenseurs de la vérité, du côté des rois et des prêtres. Pour nous, sans nous arrêter au particulier, nous regardons tout cela comme une partie du mystère de Jésus-Christ, si souvent marqué dans l'Evangile, qu'on ne peut pas en l'expliquant oublier cette circonstance, pour accomplir ces paroles du Sauveur à ses disciples : « Le temps va venir que qui-

---

[1] Sess. VI, cap. VI.

conque vous fera mourir, croira rendre service à Dieu[1]. » Il y falloit joindre celles-ci, qu'aussi le même Sauveur a fait précéder : « Ils vous chasseront des synagogues : » ils vous excommunieront. Dès le temps de Jésus-Christ même les Juifs avoient conspiré et résolu ensemble de « chasser de la synagogue quiconque reconnoîtroit Jésus pour le Christ[2] : » et l'aveugle-né éprouva la rigueur de cette sentence des pontifes. A la vérité, ils n'osèrent pas prononcer un semblable jugement contre Jésus-Christ, que tant de miracles mettoient trop au-dessus de leur autorité mal employée; mais ils en vinrent aux voies de fait, et le condamnèrent à mort comme blasphémateur. Saint Paul remarque même, et notre auteur après, qu'ils le traitèrent comme excommunié, et mirent sur lui l'anathème du bouc émissaire, en le crucifiant hors de la porte : c'étoit la figure de ce qui devoit arriver à ses serviteurs. Dans les derniers temps, dans ces temps terribles dont il est écrit que « les élus mêmes, s'il se pouvoit, seroient séduits[3], » il ne semble pas qu'on puisse douter qu'une séduction si subtile ne vienne pas de mauvais prêtres; et personne n'ignore l'endroit où le pape saint Grégoire regarde une armée de prêtres corrompus qui marcheront au-devant de l'Antechrist, comme une espèce d'avant-coureur du mystère d'iniquité dans ces derniers temps. Il faut être préparé de loin à tous les scandales et à toutes les tentations.

Pour les rois, le Prophète nous apprend, comme le remarque saint Augustin, qu'il falloit distinguer deux temps marqués expressément au *Psaume* second : l'un où se devoit accomplir cette parole : « Les rois de la terre se sont élevés ensemble contre le Seigneur et contre le Christ; » et l'autre, où se devoit aussi accomplir ce qui est porté par ces paroles du même psaume : « Et vous, ô rois, entendez; soyez instruits, vous qui jugez la terre. Servez le Seigneur en crainte : » — « Servez-le, dit saint Augustin, comme rois, et faites servir votre autorité à l'Evangile. » Ainsi l'Eglise tantôt soutenue, tantôt persécutée par les grands du monde, durera parmi ces vicissitudes jusqu'à la fin des siècles. Hérode et Pilate sont le symbole des princes persécuteurs. Un

---

[1] *Joan.*, XVI, 2. — [2] *Joan.*, IX, 22. — [3] *Matth.*, XXIV, 24.

David, un Salomon, un Josaphat, et parmi les peuples idolâtres, un Cyrus, un Assuérus, deux rois de Perse, sont la figure des princes protecteurs. Tenons donc les fidèles avertis de tous ces états; faisons-leur observer qu'on s'est servi du nom de César contre Jésus-Christ, et que c'est sous cet injuste prétexte que Pilate l'a mis en croix. Ne dédaignons pas d'écouter saint Ambroise, lorsqu'il se plaint à cette occasion de la persécution sous le nom du prince : « Quoi, dit-il, voudra-t-on toujours rendre odieux les ministres de Jésus-Christ sous le nom de César et des princes ? » *Semper-ne de Cæsare servulis Dei invidia commovetur* [1] *?* Il faut être prêt à profiter de la protection des princes religieux, quand Dieu nous la donne, comme celle de Constantin, de Théodose. Et aussi a-t-on à essuyer les persécutions quand il les permet, comme celle de Néron et de Domitien, ennemis déclarés du christianisme, et celle de Constans et de Valens, persécuteurs plus couverts de l'Evangile et trompés par une fausse piété.

L'auteur ne dit rien non plus que de véritable, quand il dit qu'il faut être prêt, non à mépriser les excommunications injustes : car sans nier qu'elles soient à craindre, selon le décret de saint Grégoire, il dit seulement « qu'il faut vouloir plutôt les souffrir que d'abandonner son devoir ; en sorte que comme un autre saint Paul on soit anathème pour la justice [2], » si Dieu le permet quelquefois. Mais il ne faut point abuser de cette doctrine, sous prétexte qu'elle sera de saint Augustin et très-constante d'ailleurs, ni jamais se persuader que la vérité soit réprouvée dans l'Eglise, où elle triomphe toujours malgré toutes les cabales et toutes les contradictions.

Voilà au fond quelle est la doctrine des *Réflexions*. On n'a pas dû la juger hors de propos, ou peu nécessaire à l'explication de l'Evangile. Et néanmoins pour ôter toute occasion aux infirmes, s'il a paru en quelques endroits des explications qui aient pu les troubler [3], et pour peu que ce fût donner lieu aux applications à certaines choses du temps qu'il est meilleur d'oublier, on y a eu tout l'égard possible.

---

[1] Ambrosius, Serm. *contra Auxentium*, *de Basilicis tradendis* inter Ep. 21 et 22. Edit. Benedictin. — [2] *Joan.*, IX, 22, 23 ·· *Luc.*, XX, 15. — [3] Sur *Matth.*, XVIII, 17; XX, 21, 17; XXVI, 65, 66; *Luc.*, XXII, 4; *Joan.*, XII, 42; XVI, 2, etc.

§ XXIII.

Sur les membres de Jésus-Christ.

Sur les membres de Jésus-Christ où quelques-uns ont trouvé l'auteur excessif, voici ce que nous lisons : « La vraie Eglise ne sera délivrée de toute occasion de scandale qu'à la fin du monde. S'en séparer sous prétexte des désordres, c'est ne connoître ni l'Eglise ni l'Ecriture [1]. » Ainsi les bons et les mauvais y sont unis. En attendant, « pour être dans l'Eglise on n'est pas pour cela assuré du salut, mais il suffit de n'y être pas pour périr sans ressource [2]. » On montre en un autre endroit « la charité universelle de l'Eglise, une, sainte, catholique et apostolique, qui porte les pécheurs dans son sein et les offre sans cesse à Dieu par Jésus-Christ [3]. » — « L'Eglise sera mêlée de bons et de méchans jusqu'au jugement dernier. A ce dernier jour, plus de mélange d'élus et de réprouvés, comme dans l'Eglise de la terre [4]... » — « L'Eglise est mêlée. Elle a des Maries qui passent leur vie dans la prière, des Marthes qui s'occupent dans les bonnes œuvres, et des Lazares malades et languissans. Elle en a même qui meurent de la mort du péché et qui sont ressuscités par les larmes, par les prières et la parole puissante de Jésus-Christ [5]. » D'où l'on conclut que « la maison de Lazare, » composée de personnes si différentes, parmi lesquelles il y en a qui sont mortes, « est la figure de l'Eglise de Jésus-Christ. »

« L'Eglise en Jésus-Christ comme son corps, et tous les chrétiens comme ses membres qui lui sont incorporés. » Ecoutez : « Tous les chrétiens (bons et mauvais) sont les membres de Jésus-Christ, et lui sont incorporés [6]. » En est-ce assez ? Il y a une Eglise où il n'y a que des saints ; mais c'est « l'Eglise du ciel. L'Eglise renferme des justes et des méchans, » comme Ananie et Sapphire sa femme dans les *Actes des Apôtres* [7]. « Tous ceux qui sont dans l'Eglise sont de l'Eglise visible, quoiqu'ils ne soient pas du nombre des saints et des élus : » elle a des membres *vivans ;* « mais elle a aussi des membres pourris et de mauvaises humeurs [8]. »

---

[1] *Matth.*, XIII, 41, 42. — [2] *Ibid.*, 48. — [3] *Marc.*, II, 3. — [4] *Luc.*, XVI, 26. — [5] *Joan.*, XI, 2. — [6] *Joan.*, XIV, 20, 23. — [7] *Act.*, V, 1. — [8] I *Joan.*, II, 19.

§ XXIII. SUR LES MEMBRES DE JÉSUS-CHRIST.

On a dit de l'Eglise visible et mêlée, composée de membres vivans et de membres morts, ce qui s'en peut dire de plus excellent, lorsqu'on a montré que l'on périt sans ressource, quand on n'est pas dans son sein, dans son unité. Mais il faut apprendre aux chrétiens de la regarder encore comme la Mère en particulier de tous les saints, de tous ses membres vivans, et encore plus en particulier de tous les élus [1]. Ce sont ses vrais membres par excellence, parce que ce sont ceux qui ne la quittent jamais. Un des sens de sa catholicité, c'est qu'elle comprend « tous les saints anges, tous les justes et tous les élus de la terre et de tous les siècles [2] : » et à cet égard on la définit « l'assemblée des enfans de Dieu qui demeurent dans son sein et n'en seront jamais séparés : qui sont adoptés et rachetés de cette manière singulière d'adoption et de rédemption, » que nous avons vue.

Ce mystère n'est ignoré d'aucun de ceux qui dans les traités de controverses ont entendu expliquer à nos docteurs, et entre autres aux cardinaux Bellarmin et Duperron, après saint Augustin, la notion de l'Eglise avec toute son étendue. Cette vérité ne doit pas être cachée aux enfans de Dieu, qui en chérissant les liens sacrés de la foi et des sacremens dans l'Eglise, en tant que visible, doivent néanmoins les compter pour peu à comparaison de l'union plus intérieure de l'esprit de vie dont l'Eglise est animée. Aimons donc la société extérieure du peuple de Dieu; mais ayons en même temps toujours en vue « l'Eglise des premiers-nés dont les noms sont écrits dans le ciel [3], » et songeons à être les membres de l'Eglise catholique, lorsque « glorieuse, sans tache et sans ride [4], » elle sera éternellement avec son Epoux.

Quand notre auteur a remarqué « que les pécheurs » en un certain sens « avoient été arrachés de l'Eglise, » il explique distinctement que « c'est à cause qu'ils n'étoient plus membres vivans de ce corps de Jésus-Christ, et n'y tenoient plus que par les liens extérieurs [5], » c'est-à-dire, comme il le déclare, par la participation des sacremens : ce qui néanmoins ne se dit pas à l'exclusion de la foi, puisque, comme l'enseigne le même auteur [6],

---

[1] *Hebr.*, I, 14; I *Petr.*, I, 3.— [2] *Hebr.*, XII, 21, 23, 24.— [3] *Ibid.*, 23.— [4] *Ephes.* v, 27. — [5] *Luc.*, VII, 15. — [6] Sur *Matth.*, XXIV, 9, 10.

« ce ne sont pas les seuls élus qu'on voit croire en Jésus-Christ, recevoir les sacremens, s'attacher à l'autorité des ministres de l'Eglise, admirer la toute-puissance de Dieu : ces graces sont quelquefois données aux plus indignes et aux réprouvés [1].... » Mais c'est que la foi, tant qu'elle est morte, ne pénètre pas jusqu'à l'intime de l'ame, et qu'elle ne porte point dans les cœurs la vraie influence de Jésus-Christ comme Chef, jusqu'à ce qu'elle opère par la charité.

Il faut donc encore une fois aimer cet extérieur de l'Eglise : c'est l'écorce; mais c'est sous l'écorce que se coule la bonne séve de la grace et de la justice; et l'arbre ne se nourrit plus, quand elle en est dépouillée. Mais en même temps entrons dans l'intérieur de l'Eglise par la charité, parce que « sans la charité, quand nous aurions toute la foi possible jusqu'à transporter les montagnes, nous ne serions qu'un airain résonnant et une cymbale retentissante : » et qu'enfin, comme le remarque notre auteur, « c'est seulement par le cœur que nous sommes ou les membres (vivans, car c'est ainsi qu'il l'entend toujours), ou les ennemis de Jésus-Christ [2]. »

On voit par là combien est correcte sa théologie dans tous ces passages. On trouve dans les *Réflexions* tous les principes de la religion dispensés et distribués dans les endroits convenables, et selon que le demande le texte sacré.

S'il se rencontre quelque part de l'obscurité ou même quelques défauts, le plus souvent dans l'expression, comme une suite inséparable de l'humanité, nous osons bien assurer, et ces remarques le font assez voir, que notre illustre archevêque les a recherchés avec plus de sévérité que les plus rigoureux censeurs. Il ne donne point de bornes à cette recherche; et bien instruit que ces sortes d'ouvrages, où il s'agit d'éclaircir la sainte parole qui a tant de profondeur, n'atteignent qu'avec le temps leur dernière perfection, toutes les fois qu'on réimprimera celui-ci, l'on verra de nouvelles marques de sa diligence. Le public profitera cependant des observations qu'on se contente de marquer en marge [3], et que le

---

[1] *Act.*, VIII, 13. — [2] I *Joan.*, II, 22. — [3] L'auteur des *Réflexions* ne parle d'aucun des états possibles ou impossibles, mais uniquement de l'état de la

seul désir d'éviter une inutile longueur empêche de rapporter ici tout entières.

§ XXIV.
Sur l'état de pure nature.

On avouera même avec franchise, qu'il y en a qu'on s'étonne qui aient échappé dans les éditions précédentes [1], par exemple, celle où il est porté « que la grace d'Adam étoit due à la nature saine et entière. » Mais M. de Paris s'étant si clairement expliqué ailleurs, qu'on ne peut le soupçonner d'avoir favorisé cet excès, cette remarque restera pour preuve des paroles qui se dérobent aux yeux les plus attentifs.

Nous ne parlerons pas de la même sorte de celles-ci : « Sous un Dieu juste, personne n'est misérable, s'il n'est criminel : Cessons de pécher, et Dieu cessera de punir [2], » puisqu'elles ne font qu'expliquer une règle établie de Dieu dans la constitution de l'univers et clairement révélée dans ce beau passage du livre de la *Sagesse :* « Parce que vous êtes juste, vous disposez tout avec justice, et ne trouvez pas convenable à votre puissance de condamner celui qui ne doit pas être puni [3]. » De cette sorte, nés pour être heureux et ne jamais rien souffrir dans un paradis de délices, nous sommes avertis par nos moindres maux du péché qui nous en a fait chasser, et de la loi bienfaisante qui nous rappelle à l'état où il n'y aura ni plainte ni gémissement, parce que Dieu par sa bonté y aura détruit jusqu'aux moindres restes du péché.

§ XXV.
Conclusion et répétition importante des principes fondamentaux de la grace.

Nous ne voulons pas finir ce discours sans avertir encore une fois en Notre-Seigneur, pour l'importance de la matière, ceux à

<small>Le mystère de la grace</small>

---

nature saine et entière, réellement nstituée dans Adam. Sur II *Cor.*, v, 21. — [1] *Marc.*, vi, 13; *Luc.*, xiv, 24; I *Cor.*, vi, 15; *Cor.*, vii, 1; *Cor.*, x, 13; *Cor.*, xi, 29; *Cor.*, xv, 10; *Phil.*, i, 23, 24; II *Thess.*, i, 2; *Apoc.*, xi, 1; II *Cor.*, v, 2; I *Timoth.*, iii, 2; *Hebr.*, ii, 7; *Jacob.*, vi, 14; I *Cor.*, x, 13; *Apoc.*, iii, 29. — [2] Neque enim sub Deo justo miser esse quisquam, nisi mereatur, potest. August., *Op. Imp. cont. Jul.*, lib. I, § 39. — [3] *Sapient.*, xii, 15.

revient à toutes les pages de l'Ecriture. qui il est adressé, qu'une des utilités de ce livre étant de rendre les chrétiens attentifs au grand mystère de la grace, qui revient à toutes les pages de l'Ecriture, principalement de l'Evangile et des Epîtres de saint Paul, la méditation en doit être accompagnée d'une ferme foi de deux vérités également révélées de Dieu, et expressément définies par l'Eglise catholique. D'un côté, que ceux qui tombent, ne tombent que par leur faute, pour n'avoir pas employé toutes les forces de la volonté qui leur sont données; et de l'autre, que ceux qui persévèrent en ont l'obligation particulière à Dieu, « qui opère en nous le vouloir et le faire selon qu'il lui plaît[1]. » — « Cela est juste, dit saint Augustin[2], cela est pieux, il nous est utile de le croire et de le dire ainsi, » afin de fermer la bouche à ceux qui murmurent contre Dieu, et qu'il est constant qu'il lui faut attribuer tout notre salut, *ut detur totum Deo*[3], puisque cela même, que nous ne nous éloignons pas de Dieu, ne nous est donné que de Dieu, à qui l'Oraison Dominicale nous apprend à le demander, en nous faisant dire : « Ne permettez pas que nous succombions à la tentation, mais délivrez-nous du mal. »

C'est par cet unique moyen que nous opérons notre salut avec crainte et tremblement[4], mais à la fois avec confiance et consolation, parce que nous vivons plus assurés, si nous le remettons à Dieu, que si en composant avec lui nous le remettions en partie à lui et en partie à nous-mêmes[5].

Croyons donc avec une ferme foi, tant que nous sommes de chrétiens, que Dieu ne peut pas nous délaisser le premier, et que c'est lui qui nous empêche de le délaisser par le secours qu'il nous donne. N'écoutons pas nos raisonnemens, ni la peine que nous avons à concilier des vérités si nécessaires. Car, comme dit saint Augustin : « Pourquoi se tourmenter vainement à chercher comme se fait ce qu'il est constant qui se fait, en quelque manière que ce puisse être ? Faut-il nier ce qui est clair, parce qu'on ne peut pas pénétrer ce qui est caché ? Ou rejetterons-nous ce que nous savons, parce qu'il nous sera impossible de trouver comment il se fait[6] ? »

---

[1] *Phil.*, II, 13. — [2] *De dono pers.*, cap. XIII. — [3] *De dono pers.*, cap. VI, VII et XIII. — [4] *Philipp.*, II, 12. — [5] *De dono pers.*, cap. VI; *De prædest. sanct.*, cap. II et III. — [6] *Op. imperf. cont. Jul.*, lib. VI, cap. IX, num. 24; *De dono persev.*, cap. XIV.

§ XXV. CONCLUSION.

Acquiesçons à la foi, et cherchons le repos de notre esprit, non point en cherchant ce qui nous passe, mais en nous perdant dans l'abîme sans fond d'une vérité aussi assurée qu'elle est incompréhensible.

Ainsi un secret besoin d'une assistance continuelle et gratuite dans toute la suite nous sollicitera sans cesse à prier et à pleurer devant Dieu qui nous a faits : *Ploremus coràm Domino qui fecit nos* [1] ; et l'auteur des *Réflexions* nous apprendra à le faire avec confiance, à cause que « la confiance est l'ame de la prière, et qu'en perdant la prière on perd tout [2]. »

Mais jamais notre confiance n'est plus ferme dans la prière que lorsque nous supposons que c'est Dieu même qui nous fait prier ; qu'afin d'écouter nos vœux, c'est lui qui nous les inspire ; que c'est « l'Esprit même qui demande en nous avec des gémissemens inexplicables [3], » et qui forme dans nos cœurs le cri salutaire par lequel nous invoquons Dieu comme notre Père [4].

Nous ne faisons en parlant ainsi que répéter la doctrine de l'Ordonnance du 20 août 1696. Il n'y a bien assurément aucun des fidèles qui ne doive croire avec une ferme foi que Dieu le veut sauver, et que Jésus-Christ a versé tout son sang pour son salut. C'est la foi expressément déterminée par la Constitution d'Innocent X. C'est l'ancienne tradition de l'Eglise catholique dès le temps de saint Cyprien [5] ; c'est sur cela qu'est fondé ce qu'il fait dire à Satan avec ses complices et les compagnons de son orgueil devant Jésus-Christ dans le dernier jugement : « Je n'ai pas enduré ni des soufflets, ni des coups de fouet, ni la croix pour ceux que vous voyez avec moi ; je n'ai point racheté ma famille au prix de mon sang ; je ne leur promets point le royaume du ciel ; je ne les rappelle point au paradis en leur rendant l'immortalité. Ils se sont néanmoins donnés à moi, et ils se sont épuisés d'eux-mêmes pour faire des jeux à mon honneur avec des travaux et des profusions

---

[1] *Psal.* XCIV, 6. — [2] *Luc.*, VIII, 49. — [3] *Rom.*, VIII, 26 ; *ibid.*, 15 ; *Galat.*, 4, 6. — [4] *Ipse Spiritus interpellat pro nobis gemitibus inenarrabilibus.* Interpellat, quia interpellare nos facit, nobisque interpellandi et gemendi inspirat affectum. (August., Ep. 194, al. 105, n. 16.) Ipsius inspiratione fidei et timoris Dei, impertito salubriter orationis affectu et effectu. (Ibid., n. 30.) — [5] S. Cypr., *De op. et eleemos.*

immenses, etc. » C'est ainsi que saint Cyprien a fait parler contre les chrétiens condamnés, celui qui est appelé dans l'*Apocalypse* « l'Accusateur de ses frères[1]. »

Saint Augustin a répété ce passage du saint martyr[2], et ces deux saints d'un commun accord nous ont laissé pour constant que Jésus-Christ a donné son sang pour rendre le paradis, c'est-à-dire le salut éternel à cette partie de sa famille qui est damnée avec Satan et avec ses anges. Nous sommes assurés sur ce fondement qu'après avoir été si favorable à ses enfans ingrats, il ne nous abandonnera jamais qu'après que nous l'aurons abandonné, et que sa grace ne nous quitte jamais la première. Ainsi c'est une nouvelle raison pour croire que Dieu voudra nous sauver et toujours être avec nous, que d'avoir été avec lui. C'en est une autre plus pressante encore de le chercher : et nous ne devons point douter que ceux qui le cherchent avec un cœur droit et sincère, par là même n'aient un gage de l'avoir déjà eux-mêmes, « puisque c'est lui-même, dit saint Augustin, qui leur donne le mouvement de le chercher, » *quia etiam hoc ut faciatis ipse largitur*[3].

Vivons donc en paix et en crainte dans la foi de cette parole : « Ecoutez, Asa, et tout Juda, et tout Benjamin, » c'est-à-dire tout ce qu'il y a de fidèles : « Le Seigneur est avec vous, parce que vous avez été avec lui. Si vous le cherchez, vous le trouverez ; et aussi si vous l'abandonnez, il vous abandonnera[4] ; » et non jamais d'une autre manière. De sorte qu'il ne reste plus que de le prier nuit et jour avec une vive, mais douce sollicitude, de nous préserver, lui qui le peut seul, d'un si grand mal.

EXTRAIT DE L'ORDONNANCE
ET INSTRUCTION PASTORALE

Du cardinal de Noailles, archevêque de Paris, du 20 août 1696, dont il est parlé en plusieurs endroits de cet écrit de M. l'évêque de Meaux.

Il n'y a point de chrétien qui ne soit obligé de reconnoître que

---

[1] *Apoc.*, XII, 10.— [2] *Ad Bonif.*, lib. IV, cap. VIII.— [3] *De don. pers.*, cap. XXII.— [4] II *Paral.*, XV, 2.

nous ne pouvons rien pour le salut sans la grace de Jésus-Christ [1]. Les bonnes pensées, les saintes actions, « tout don parfait vient d'en haut, et descend du Père des lumières [2]. » C'est Dieu qui opère en nous « le vouloir et le faire [3], » selon la doctrine expresse de l'apôtre saint Paul. Il faut donc nous humilier dans la vue de notre impuissance, et nous relever en même temps par la considération de la bonté toute-puissante de Jésus-Christ. Quelque foibles que nous soyons par nous-mêmes, et quelque perfection que Dieu nous demande, « il ne nous commande rien d'impossible; mais en nous faisant le commandement, il nous avertit de faire ce que nous pouvons, et de demander ce que nous ne pouvons pas, et il nous aide afin que nous le puissions [4]. » Que celui donc qui a besoin de sagesse ne l'attende pas de soi-même, comme faisoient les philosophes orgueilleux; mais qu'il la demande à Dieu, comme ont toujours fait les humbles enfans de l'Eglise.

Cette sage et pieuse Mère, conduite par le Saint-Esprit, nous apprend par ses prières, formées sur le modèle de l'Oraison Dominicale, la nécessité de la grace et le moyen de l'obtenir. Ç'a été en cette matière, dès les premiers temps, une règle invariable des saints Pères, que la loi de la prière établit celle de la foi, et que pour bien entendre ce que l'on croit, il n'y a qu'à remarquer ce que l'on demande, *ut legem credendi, lex statuat supplicandi* [5]. On demande à Dieu au saint autel, non-seulement que les infidèles puissent croire, les pécheurs se convertir, et les bons persévérer dans la justice; mais encore que les premiers reviennent effectivement de leurs erreurs, que le remède de la pénitence soit appliqué aux seconds, et que les derniers conservent jusqu'à la fin la grace qu'ils ont reçue. Ce n'est donc pas le seul pouvoir, mais encore l'effet que l'on demande; et pour montrer qu'on ne le fait pas inutilement, lorsque ces saintes prières sont suivies d'un bon succès, on ne manque point d'en rendre graces à Dieu avec une particulière reconnoissance.

Ainsi le Maître céleste, quand ses apôtres le supplient de leur

---

A la page 6 de l'*Ordonnance*, 1re édit. — [2] *Jacob.*, I, 17. — [3] *Phil.*, II, 13. — [4] *Conc. Trid.*, sess. VI, cap. XI. — [5] *Auctoritates Sedis Apostolicæ post Epistolam Cælestini papæ ad Episc. Galliæ, Concil.*, tom. II.

enseigner à prier Dieu, voulant instruire toute l'Eglise en leur personne, nous apprend à lui demander que son nom soit en effet sanctifié en nous par notre bonne vie, que son règne à qui tout est soumis arrive bientôt, que sa volonté s'accomplisse en nous comme dans le ciel, et que notre pain de tous les jours, c'est-à-dire la nourriture nécessaire aux esprits et aux corps, nous soit donnée par sa libéralité.

Comme nous lui demandons les biens dont nous avons besoin, nous le prions pareillement de nous délivrer des maux que nous devons craindre : nous le conjurons de ne nous pas laisser succomber à la tentation et de nous délivrer du mal; c'est-à-dire de nous défendre à jamais du péché, qui est le seul mal véritable et la source de tous les autres. Cette délivrance emporte avec soi la persévérance finale; et l'Eglise s'en explique ainsi dans cette prière qu'elle fait faire à tous ses ministres, et qu'elle propose à tous les fidèles dans la communion : « Faites, Seigneur, que je demeure toujours attaché à vos commandemens, et ne souffrez pas que je sois jamais séparé de vous. »

L'Orient conspire avec l'Occident dans ces demandes, et il y a plus de mille ans que les défenseurs de la grace ont rapporté cette prière de la liturgie attribuée à saint Basile : « Faites bons les méchans, conservez les bons dans la piété; car vous pouvez tout, et rien ne vous contredit; vous sauvez quand vous voulez, et il n'y a personne qui résiste à votre volonté [1]. »

C'est cette toute-puissance de la volonté de Dieu, opérante en nous, qui a encore formé cette oraison du sacrifice : « Forcez nos volontés même rebelles de se rendre à vous. » Non que nous soyons justifiés et sauvés malgré nous; mais parce que Dieu rend nos volontés soumises de rebelles qu'elles étoient, et qu'il leur fait aimer ce qu'elles haïssoient auparavant. En faisant passer la volonté du mal au bien, selon l'expression de saint Bernard, il ne force pas la liberté, mais il la redresse et la perfectionne. C'est le Seigneur qui dirige les pas de l'homme; mais c'est en faisant que l'homme entre librement dans sa voie : *Apud Dominum gressus hominis dirigentur, et viam ejus volet* [2]. C'est Dieu qui tire l'ame

[1] Pet. Diac., *ad S. Fulg. de Incarn. et gratiâ Christi.* — [2] *Psal.* XXXVI, 23.

après lui ; mais c'est en faisant qu'elle suive cet attrait avec toute la liberté de son choix.

Qu'on ne s'imagine donc pas que la puissance de la grace détruise la liberté de l'homme, ou que la liberté de l'homme affoiblisse la puissance de la grace. Peut-on croire qu'il soit difficile à Dieu qui a fait l'homme libre de le faire agir librement, et de le mettre en état de choisir ce qu'il lui plaît? L'Ecriture, la tradition, la raison même nous enseignent que toute la force que nous avons pour faire le bien vient de Dieu, et notre propre expérience nous fait sentir que nous ne pouvons que trop nous empêcher de faire le bien si nous voulons. Il n'arrive même que trop souvent que nous résistons actuellement aux graces que Dieu nous donne, et que « nous les recevons en vain [1]. » Mais quelque pouvoir que nous sentions en nous de refuser notre consentement à la grace, même la plus efficace, la foi nous apprend que Dieu est tout-puissant, et qu'ainsi il peut faire ce qu'il veut de notre volonté, et par notre volonté. Quand donc il plaît à la miséricorde toute-puissante de Jésus-Christ de nous appeler de cette vocation que saint Paul nomme « selon son propos [2], » c'est-à-dire selon son décret, les morts même entendent sa voix et la suivent. Les liens par lesquels sa grace nous attire, nous paroissent aussi doux et aussi aimables que les chaînes du péché nous deviennent pesantes et honteuses ; « et la suavité du Saint-Esprit fait que ce qui nous porte à l'observance de la loi, nous plaît davantage que ce qui nous en éloigne [3]. »

Par là nous pouvons entendre en quelque manière comment la grace s'accorde avec le libre arbitre, et comment le libre arbitre coopère avec la grace. La grace excite la volonté (dit saint Bernard) en lui inspirant de bonnes pensées, elle la guérit en changeant ses affections, elle la fortifie en la portant aux bonnes actions, et la volonté consent, et coopère à la grace en suivant ses mouvemens. Ainsi ce qui d'abord a été commencé dans la volonté par la grace seule, se continue et s'accomplit conjointement par la grace et par la volonté, mais en telle sorte que tout se faisant

[1] II *Cor.*, VI, 1. — [2] *Rom.*, VIII, 28. — [3] S. August., *De spirit. et litt.*, cap. XXIX, n. 51.

dans la volonté et par la volonté, tout vient cependant de la grace : *Totum quidem hoc et totum illa, sed ut totum in illo, sic totum ex illâ* [1].

Dieu nous inspire les saintes prières avec autant d'efficace qu'il opère en nous les bonnes œuvres. Quand saint Paul dit que « le Saint-Esprit prie en nous [2], » les saints Pères interprètent qu'il nous fait prier en nous donnant tout ensemble, avec le désir de prier, l'effet d'un si pieux désir, *impertito orationis affectu et effectu* [3] : et l'Eglise bien instruite de cette vérité, demande aussi pour être exaucée, « que Dieu lui fasse demander ce qui lui est agréable. »

C'est donc Dieu qui nous fait prier avec autant de pouvoir qu'il nous fait agir ; il a des moyens certains de nous donner la persévérance de la prière, pour nous faire obtenir ensuite celle de la bonne vie. Il a su, il a ordonné, il a préparé devant tous les temps ces bienfaits de sa grace : il a aussi connu ceux à qui il les préparoit par son éternelle miséricorde et par un amour gratuit. Il faut poser pour fondement qu'il n'y a point d'injustice en Dieu, et que nul homme ne doit sonder ni approfondir ses impénétrables conseils. Tout le bien qui est en nous vient de Dieu, et tout le mal vient uniquement de nous. « Dieu couronne ses dons dans les élus, en couronnant leurs mérites [4] ; » et il ne punit les réprouvés que pour leurs péchés, qui sont l'unique cause de leur malheur. C'est par là que nous apprenons qu'en concourant avec la grace par une humble et fidèle coopération, nous devons avec saint Cyprien et saint Augustin attribuer à Dieu tout l'ouvrage de notre salut, *ut totum detur Deo,* et nous abandonner à sa bonté avec une entière confiance, persuadés avec le même saint Augustin que nous serons dans une plus grande sûreté, si nous donnons tout à Dieu que si nous nous confions en partie à lui et en partie à nous : *Tutiores igitur vivimus si totum Deo damus, non autem nos illi ex parte, et nobis ex parte committimus* [5].

Mais que cette confiance, que cet abandon à Dieu ne nous fasse pas croire qu'il n'y ait rien à faire de notre part pour notre salut,

---

[1] S. Bern., *De grat. et lib. arb.*, cap. XIV. — [2] Rom., VIII, 26. — [3] Epist. S. August., 194, *ad Sixtum.* — [4] S. August. — [5] *De dono pers.*, VI, n. 12.

puisque saint Pierre nous enseigne « que nous devons rendre par nos bonnes œuvres notre vocation et notre élection certaine [1]; » que saint Paul veut que nous courions pour gagner le prix, *sic currite ut comprehendatis* [2]; et que saint Augustin nous assure « que nous devons espérer et demander à Dieu tous les jours la persévérance, et croire que par ce moyen nous ne serons point séparés de son peuple élu, puisque si nous espérons et si nous demandons, c'est lui-même qui nous le donne [3]; » en sorte que notre espérance et notre prière est un gage de sa bonté et une preuve qu'il ne nous abandonne pas. Et ce qui doit encore soutenir la confiance est que les conciles nous répondent que Dieu n'abandonne jamais ceux qu'il a une fois justifiés par sa grace, s'il n'en est abandonné le premier. Ce sont les termes du concile de Trente : *Deus suâ gratiâ semel justificatos non deserit, nisi ab eis priùs deseratur* [4]; et c'est ce que le second concile d'Orange avoit reconnu plusieurs siècles auparavant, « déclarant qu'il est de la foi catholique, que tous ceux qui ont été baptisés peuvent avec la grace de Jésus-Christ accomplir tout ce qui est nécessaire pour leur salut, s'ils veulent travailler fidèlement [5]. »

Voilà ce que les fidèles doivent savoir de ce grand mystère de la prédestination, qui a tant étonné et tant humilié l'apôtre saint Paul. Le reste peut être regardé comme faisant partie « de ces profondeurs qu'on ne doit point mépriser, mais qu'on n'a aussi aucun besoin d'établir. »

Qu'on se garde bien de penser que les saints Pères qui nous ont donné ces vérités saintes, et en particulier saint Augustin, aient excédé, puisqu'au contraire les papes déclarent que ce Père dans sa doctrine, toujours approuvée par leurs saints prédécesseurs, « n'a jamais été atteint du moindre soupçon désavantageux [6]: » et bien loin qu'il y ait rien d'excessif dans ses derniers livres dont les ennemis de la grace ont paru le plus émus, ce sont ceux où un savant pape a voulu principalement que l'on apprît

---

[1] II *Petr.*, I, 10. — [2] I *Cor.*, IX, 24. — [3] *De dono persev.*, cap. XXII, n. 62. — [4] Sess. VI, cap. XI. — [5] *Conc. Araus.*, II, cap. XXV. — [6] *Auctoritates Sedis Apostolicæ, post Epistolam Cœlestini papæ ad Episcopos Galliæ*, Concil., tom. II. *Nunquàm hunc* (Augustinum) *sinistræ suspicionis, saltem rumor aspersit. Epist. Cœlestini ad Galliæ Episcopos.*

« sur la grace et sur le libre arbitre, les sentimens de l'Eglise romaine, c'est-à-dire, ajoute-t-il, ceux de l'Eglise catholique [1]. » Ces paroles du saint pontife Hormisdas, qu'un ancien concile de confesseurs bannis pour la foi a opposées à tous ceux qui, manquant de respect pour les ouvrages de saint Augustin, étoient tombés dans l'erreur, méritent d'être répétées en ce temps où notre saint Père le Pape nous renvoie encore à ce même Père, pour savoir « les sentimens que suit l'Eglise romaine, selon les décrets de ses prédécesseurs [2]. »

Telle est la saine doctrine de la prédestination et de la grace de Jésus-Christ. Le principal fruit qu'elle doit produire, est d'inspirer aux fidèles l'humilité et la vigilance chrétienne, de leur faire craindre leur foiblesse, et de réveiller leur attention pour l'accomplissement de leurs devoirs. En leur faisant connoître « qu'ils ne peuvent rien sans le secours de Jésus-Christ [3], » elle leur fait sentir « qu'ils peuvent tout en celui qui les fortifie [4]; » leur crainte est soutenue par la confiance, et ces vertus préparent l'ame à l'amour de Dieu, « que le Saint-Esprit répand dans nos cœurs [5] » avec la grace, puisque la grace consiste principalement dans la délectable inspiration de cet amour. C'est à cet amour que la crainte des supplices éternels prépare la voie : le commencement de cet amour ouvre les cœurs à la conversion, comme sa perfection les y affermit. Par l'amour de Dieu toutes les vertus entrent et se perfectionnent dans nos ames; toute la fausse morale s'évanouit, l'amour ne nous rendant pas moins éclairés sur nos devoirs que fervens pour les remplir. C'est par cet amour que les hommes cessent de chercher de vaines excuses dans leurs péchés; et de toutes ces vaines excuses, dont l'amour-propre se fait un fragile appui, il n'y en a point de plus pernicieuse que celle par où l'on tâche de se décharger de l'obligation d'aimer Dieu, puisque c'est la première et la principale, comme la plus juste et la plus aimable de toutes.

[1] Hormisd., *Ep. ad Possessorem.* — [2] *Brev. ad Facult. theol. Lovaniensem*, 6 febr. 1694. — [3] *Joan.*, xv, 5. — [4] *Philipp.*, iv, 13. — [5] *Rom.*, v, 5.

PRIÈRE POUR DEMANDER LA CHARITÉ.

TIRÉE DU MISSEL ROMAIN [1].

Deus, qui diligentibus te facis cuncta prodesse, da cordibus nostris inviolabilem tuæ charitatis affectum : ut desideria de tuâ inspiratione concepta nullâ possint tentatione mutari : Per Dominum nostrum Jesum Christum Filium tuum, qui tecum vivit et regnat in unitate Spiritûs sancti Deus, per omnia sæcula sæculorum. Amen.

O Dieu, qui faites que tout profite à ceux qui vous aiment, donnez à nos cœurs un amour inviolable de votre charité, afin que les désirs que nous avons conçus par votre inspiration, ne puissent être changés par aucune tentation : nous vous en prions par Notre-Seigneur Jésus-Christ, qui étant Dieu, vit et règne avec vous dans l'unité du Saint-Esprit, dans tous les siècles des siècles. Ainsi soit-il.

[1] Entre les diverses oraisons qui sont à la fin du *Missel*. Pour la page 315.

FIN DE L'AVERTISSEMENT SUR LES RÉFLEXIONS MORALES.

INSTRUCTIONS
SUR LA VERSION DU NOUVEAU TESTAMENT
IMPRIMÉE A TRÉVOUX,
AVEC TROIS LETTRES ET UNE ORDONNANCE DE M. L'ÉVÊQUE DE MEAUX.

LETTRES
INDIQUANT LE BUT ET LA NÉCESSITÉ DE L'OUVRAGE.

PREMIÈRE LETTRE.

A M. le cardinal de Noailles, archevêque de Paris.

J'envoie enfin mes *Remarques*[1] à Votre Eminence. Je la supplie de les vouloir bien communiquer à M. Pirot, afin que, quand il lui en aura rendu compte, et que Votre Eminence elle-même en aura pris la connoissance que ses grandes et continuelles occupations lui pourront permettre, elle veuille bien me prescrire l'usage que j'en dois faire. Nous devons tout à la vérité et à l'Evangile; et dès que l'affaire est devant vous, Monseigneur, je tiens pour certain que non-seulement vous y ferez par vous-même ce qu'il faudra, mais encore que vous ferez voir à moi et aux autres ce qu'il convient à chacun. J'ose seulement vous dire qu'il y faut regarder de près, et qu'un verset échappé peut causer un embrasement universel. Je trouve presque partout des erreurs, des vérités affoiblies, des commentaires, et encore des commentaires mauvais mis à la place du texte, les pensées des hommes au lieu de celles de Dieu, un mépris étonnant des locutions consacrées par l'usage de l'Eglise, et enfin des obscurcissemens tels qu'on ne peut les dissimuler sans prévarication. Aucune des fautes de cette nature ne peut passer pour peu importante, puisqu'il s'agit de

---

[1] Les remarques sur le *Nouveau Testament* de R. Simon.

l'Evangile, qui ne doit perdre ni un iota ni aucun de ses traits. Je supplie Votre Eminence de croire qu'en appuyant mes remarques avec un peu plus de loisir, je puis par la grace de Dieu les tourner en démonstrations. On peut bien remédier au mal à force de cartons; mais il faudra que le public en ait connoissance, puisque sans cela le débit qui se fait du livre porteroit l'erreur par tout l'univers, et qu'il ne faut pour cela qu'un seul exemplaire. Je m'expliquerai davantage, Monseigneur, sur les desseins que l'amour de la vérité me met dans le cœur, quand j'aurai appris sur ceci les sentimens de Votre Eminence.

Post-scriptum. Le prier, pendant les occupations de l'assemblée, de faire examiner mes *Remarques,* non-seulement par M. Pirot, mais encore par MM. de Beaufort et Boileau, et de me donner communication de ses remarques, qui me donneront lieu à de nouvelles réflexions.

SECONDE LETTRE.

A M. de Malczieu, chancelier de Dombes.

Permettez-moi, Monsieur, dans la longueur et dans l'importance du discours que j'ai à vous faire, d'épargner ma main et vos yeux. J'ai achevé mes *Remarques sur le Nouveau Testament* en question. Leur nombre et leur conséquence se trouvent beaucoup plus grands que je ne l'avois pu imaginer. Erreurs, affoiblissemens des vérités chrétiennes, ou dans leur substance, ou dans leurs preuves, ou dans leurs expressions, en substituant ses manières propres de parler à celles qui sont connues et consacrées par l'usage de l'Eglise, ce qui emporte une sorte d'obscurcissement : avec cela singularités affectées, commentaires, ou pensées humaines de l'auteur à la place du texte sacré, et autres fautes de cette nature se trouvent de tous côtés. Il m'arrive ici à peu près ce qui m'arriva avec feu M. le chancelier Le Tellier, au sujet de la *Critique de l'Ancien Testament* du même auteur. Ce livre alloit paroître dans quatre jours avec toutes les marques de l'approbation et de l'autorité publique. J'en fus averti très-à propos par un homme bien instruit, et qui savoit pour le moins aussi bien les langues que notre auteur. Il m'envoya un *Index* et ensuite une *Préface*, qui me firent connoître que ce livre étoit un amas d'impiétés et un rempart du libertinage. Je portai le tout à M. le chancelier le propre jour du jeudi saint. Ce ministre en même temps envoya ordre à M. de la Reynie de saisir tous les exemplaires. Les docteurs avoient passé tout ce qu'on avoit voulu, et ils disoient pour excuse que l'auteur n'avoit pas suivi leurs corrections. Quoi qu'il en soit, tout y étoit plein de principes et de conclusions pernicieuses à la foi. On examina si l'on pouvoit remédier à un si grand mal par des cartons (car il faut toujours tenter les voies les plus douces); mais il n'y eut pas moyen de sauver le livre, dont les mauvaises maximes se trouvèrent répandues partout; et après un très-exact examen que je fis avec les censeurs, M. de la Reynie eut ordre de brûler tous les exemplaires, au nombre de douze ou quinze cents, nonobstant le privilége donné par surprise et sur le témoignage des docteurs. Le fait est à peu près semblable dans cette occasion. Un savant prélat me donna avis de cette nouvelle version, comme s'imprimant dans Paris, et m'en fit connoître les inconvéniens. Dans la pensée où j'étois, j'allai droit, comme je le devois, à M. le cardinal de Noailles. J'appris de lui que l'impression se faisait à Trévoux. Il ajouta qu'il me prioit de voir le livre et me fit promettre de lui en dire mon avis, ce que je ne devois pas refuser; mais je crus qu'il falloit aller à la source du privilége. Je vous ai porté une plainte à peu près de même nature que celle que j'avois faite contre la *Critique du Vieux Testament*. Vous y avez eu le même égard, et tout est à peu près semblable, excepté que je ne crois pas qu'il soit nécessaire d'en venir ici à la même extrémité; car j'espère qu'à force de cartons, on pourra purger l'ouvrage de toutes erreurs et autres choses mauvaises, pourvu que l'auteur persiste dans la docilité qu'il a témoignée jusqu'ici, et que l'on revoie les cartons avec le même soin qu'on a fait l'ouvrage. Mais voici un autre inconvénient, c'est que le livre cependant s'est débité. On aura beau le corriger par rapport à Paris, le reste du monde n'en saura rien, et l'erreur aura son cours et demeurera autorisée.

Vous voyez bien, Monsieur, que pour parer ce coup, on ne

peut se dispenser de révéler au public les corrections ; et si j'avois à le faire, je puis vous assurer, sans présumer de moi-même, qu'en me donnant le loisir d'appuyer un peu mes remarques, je ne laisserois aucune réplique. Mais l'esprit de douceur et de charité m'inspire une autre pensée ; c'est qu'il faudroit que l'auteur s'exécutât lui-même, ce qui lui feroit dans l'Eglise beaucoup d'honneur et rendroit son ouvrage plus recommandable, quand on verroit par quel examen il auroit passé. Il n'y va rien de l'autorité du prince, ni du privilége : on sait assez que tout roule ici sur la foi des docteurs, à qui, s'il paroît un peu rude de découvrir leurs inadvertances, il seroit beaucoup plus fâcheux de se voir chargés des reproches de tout le public. Ainsi il vaut mieux qu'on se corrige soi-même volontairement.

C'est l'auteur lui-même qui m'a donné cette vue : il se souviendra sans doute que, lorsqu'on supprima sa *Critique du Vieux Testament*, il reconnut si bien le danger qu'il y avoit à la laisser subsister, qu'il m'offrit, parlant à moi-même, de réfuter son ouvrage. Je trouvai la chose digne d'un honnête homme : j'acceptai l'offre avec joie, autant que la chose pouvoit dépendre de moi ; et, sans m'expliquer davantage, l'auteur sait bien qu'il ne tint pas à mes soins que la chose ne fût exécutée. Il faudroit rentrer à peu près dans les mêmes erremens, la chose seroit facile à l'auteur ; et pour n'en pas faire à deux fois, il faudroit en même temps qu'il remarquât volontairement tout ce qu'il pourroit y avoir de suspect dans ses *Critiques*. Par ce moyen, il demeureroit pur de tout soupçon, et seroit digne alors qu'on lui confiât la traduction de l'Ancien comme du Nouveau Testament.

Je puis vous dire avec assurance que ses *Critiques* sont farcies d'erreurs palpables. La démonstration en est faite dans un ouvrage qui auroit paru il y a longtemps (a), si les erreurs du quiétisme n'avoient détourné ailleurs mon attention. Je suis assuré de convenir de tout en substance avec l'auteur. L'amour et l'intérêt de la vérité, auxquels toute autre raison doit céder, ne permet pas qu'on le laisse s'autoriser par des ouvrages approuvés, et encore par des ouvrages de cette importance. Il faut noter en

(a) Cet ouvrage est la *Défense de la Tradition et des saints Pères*.

même temps les autres qu'il a composés, qui sont dignes de répréhension ; autrement le silence passeroit pour approbation. Un homme de la main de qui l'on reçoit le Nouveau Testament, doit être net de tout reproche. Cependant on ne travaille qu'à donner de l'autorité à un homme qui n'en peut avoir qu'au préjudice de la saine théologie : on le déclare déjà le plus capable de travailler sur le Nouveau Testament, jusqu'à le donner pour un homme inspiré par les évangélistes eux-mêmes dans la traduction de leurs ouvrages. C'est l'éloge que reçoit l'auteur dans l'*Epître dédicatoire*, ce qu'on prouve par le jugement des docteurs nommés par Son Altesse Sérénissime.

Un tel éloge donné sous le nom et presque sous l'aveu d'un si grand et si savant prince, si pieux d'ailleurs et si religieux, donneroit à l'écrivain une autorité qui sans doute ne lui convient pas, jusqu'à ce qu'il se soit purgé de toute erreur. Les journaux le louent comme un homme connu dans le monde par ses savantes critiques. Ces petits mots jetés comme en passant, serviront à faire avaler doucement toutes ses erreurs, à quoi il est nécessaire de remédier, ou à présent ou jamais.

Pour lui insinuer sur cela ses obligations, conformes au premier projet dont vous venez de voir, Monsieur, qu'il m'avoit fait l'ouverture, on peut se servir du ministère de M. Bertin, qui espère d'insinuer ces sentimens à M. Bourret, et par là à M. Simon lui-même. Quoi qu'il en soit, on ne se peut taire en cette occasion, sans laisser dans l'oppression la saine doctrine. Vous savez bien que, Dieu merci, je n'ai pas par moi-même aucune envie d'écrire. Mes écrits n'ont d'autre but que la manifestation de la vérité : je crois la devoir au monde plus que jamais, à l'âge où je suis, et du caractère dont je me trouve revêtu. Du reste les voies les plus douces et les moins éclatantes seront toujours les miennes, pourvu qu'elles ne perdent rien de leur efficace. J'attends, Monsieur, vos sentimens sur cette affaire, la plus importante qui soit à présent dans l'Eglise, et sur laquelle je ne puis aussi avoir de meilleurs conseils que les vôtres. Tenez du moins pour certain que je ne me trompe pas sur la doctrine des livres, ni sur la nécessité et la facilité d'en découvrir les erreurs.

TROISIÈME LETTRE.

A M. l'abbé Bertin.

Je vous envoie mes *Remarques*, Monsieur. Vous voyez bien qu'il y falloit donner du temps. Il n'en faudra guère moins pour recevoir les corrections de l'auteur, quand il en sera convenu. Je n'ai pas peur, Monsieur, que vous les trouviez peu importantes; au contraire je suis assuré que plus vous les regarderez de près, plus elles vous paroîtront nécessaires; et que vous ne serez pas plus d'humeur que moi à laisser passer tant de singularités affectées, tant de commentaires et de pensées particulières de l'auteur mises à la place du texte sacré, et qui pis est, des erreurs, un si grand nombre d'affoiblissemens des vérités chrétiennes ou dans leur substance, ou dans leurs preuves, ou dans leurs expressions, en substituant celles de l'auteur à celles qui sont connues et consacrées par l'usage de l'Eglise, et autres semblables obscurcissemens. Il faut avoir pour l'auteur et pour les censeurs toute la complaisance possible, mais sans que rien puisse entrer en comparaison avec la vérité. Ce n'est pas assez de la sauver par des corrections : le livre s'est débité : il ne sert de rien de remédier aux fautes par rapport à Paris, pendant qu'elles courront par toute la terre, sans qu'on sache rien de ces corrections. Il n'en faut qu'un exemplaire en Hollande, où l'auteur a de si grandes correspondances, pour en remplir tout l'univers et donner lieu aux libertins de se prévaloir du nom glorieux de monseigneur le duc du Maine, et de celui des docteurs choisis par un si savant et si pieux prince pour examiner les ouvrages de sa célèbre imprimerie. Ce seroit se déclarer ennemi de la vérité que d'en exposer la cause à un si grand hasard.

Puisqu'il faudra se déclarer sincèrement et se faire honneur de l'aveu des fautes de cette traduction, il n'en faut pas faire à deux fois, et il est temps de proposer à M. Bourret et à l'auteur le dessein que je vous ai confié. Je vous répète qu'il m'a offert à moi-même de réfuter sa *Critique du Vieux Testament;* et il ne tint pas à moi que la chose ne fût acceptée et exécutée, au grand avantage de la vérité et au grand honneur de la bonne foi de l'auteur. Il faudroit pousser ce dessein plus loin, et qu'il relevât pareillement les autres fautes des critiques suivantes. Il me sera aisé de les indiquer; car je les ai toutes recueillies ; et si je n'avois été empêché de les publier par d'autres besoins de l'Eglise, qui paroissoient plus pressans, je puis assurer avec confiance, sans présumer de moi-même, qu'il y auroit longtemps que l'auteur seroit sans réplique. Je n'en veux pas dire ici davantage. Tout ce qui le fait paroître si savant ne paroîtroit que nouveauté, hardiesse, ignorance de la tradition et des Pères; et s'il n'étoit pas nécessaire de parler à fond à un homme comme vous, je supprimerois volontiers tout ceci : mais enfin le temps est venu qu'il faut contenter la vérité et l'Eglise. Je vous laisse à ménager l'esprit de l'auteur avec toute votre discrétion : je ferai même valoir sa bonne foi tout autant qu'il le pourra souhaiter. Quant au fond, je suis assuré d'en convenir avec lui ; et quant aux manières, les plus claires et les plus douces seront les meilleures. Je ne veux que du bien à cet auteur et rendre utile à l'Eglise ses beaux talens, qu'il a lui-même rendus suspects par la hardiesse et les nouveautés de ses critiques. Toute l'Eglise sera ravie de lui voir tourner son esprit à quelque chose de meilleur et se montrer vraiment savant, non par des singularités, mais par des recherches utiles. Pour ne rien oublier, il faut dire encore que la chose se peut exécuter en deux manières très-douces : l'une, que j'écrive à l'auteur une lettre honnête, où je l'avertisse de ce que l'édification de l'Eglise demande que l'on corrige ou que l'on explique dans ses livres critiques, à commencer par la *Critique du Vieux Testament,* et consécutivement dans les autres, y compris sa version et ses scholies, et qu'il y réponde par une lettre d'acquiescement. L'autre, que s'excitant de lui-même à une révision de ses ouvrages de critique, etc., comme ci-dessus, et examinant les propositions qu'on lui indiquera secrètement, il y fasse les changemens, corrections et applications que demande l'édification de l'Eglise. Il n'y aura rien de plus doux, ni de plus honnête, ni qui soit de meilleur exemple.

Ce sera alors qu'on pourra le regarder comme le digne interprête de l'Ecriture, et non-seulement du Nouveau Testament, mais encore de l'Ancien, dont la traduction a beaucoup plus de difficultés. Pour m'expliquer encore davantage, il ne s'agit pas de rejeter toute la *Critique du Vieux Testament*, mais seulement les endroits qui tendent à affoiblir l'authenticité des saints Livres; ce qui ne sera pas fort difficile à l'auteur, puisqu'il a déjà passé condamnation pour Moïse dans sa préface sur saint Matthieu. Au reste on relèvera ce qui sera bon et utile dans la *Critique du Vieux Testament*, comme par exemple, si je m'en souviens bien, sur l'étendue qu'il donne à la langue sainte au-dessus des dictionnaires rabbiniques par les anciens interprètes et commentateurs. S'il y a quelque autre beau principe qu'il ait développé dans ses *Critiques*, je ne le veux pas priver de la louange qu'il mérite; et vous voyez au contraire que personne n'est mieux disposé que moi à lui faire justice, dès qu'il la fera à l'Eglise.

ORDONNANCE

DE Mgr L'ILLUSTRISSIME ET RÉVÉRENDISSIME

ÉVÊQUE DE MEAUX,

Portant défense de lire et retenir le livre qui a pour titre : Le Nouveau Testament de N.-S. J.-C., traduit, etc., avec des remarques, etc.

Jacques-Bénigne, par la permission divine, évêque de Meaux, etc. Au clergé et au peuple de notre diocèse, salut et bénédiction en Notre-Seigneur.

Il se répand dans la ville métropolitaine et aux environs un livre qui a pour titre : *Le Nouveau Testament de Notre-Seigneur Jésus-Christ, traduit sur l'ancienne édition latine, avec des remarques littérales et critiques*, etc., à Trévoux, etc., M. DCCII. Ce livre étoit déjà imprimé depuis quelques mois; mais on en avoit suspendu la publication jusqu'à ce qu'il fût corrigé. Quoique l'auteur ne se nomme pas, il est bien connu; et ce n'est pas sans raison qu'il étoit suspect depuis longtemps. Ses *Critiques de l'An-*

cien et du Nouveau Testament nous venoient des lieux où l'hérésie domine, sans avoir pu mériter l'approbation d'aucun docteur catholique ; et la *Critique du Vieux Testament* étoit à peine imprimée en France, qu'elle y fut condamnée et supprimée, après un examen bien connu de nous, par arrêt du Conseil d'en haut : tant elle parut dangereuse et pleine d'erreurs. Une traduction du Nouveau Testament donnée par un tel auteur, fit craindre aux gens de bien ce qu'on voit en effet dans cet ouvrage ; et par la disposition de la divine Providence, le livre nous fut mis en main du consentement de l'auteur, pour être revu dans un examen charitable. Sans en attendre l'effet, l'ouvrage a paru ; et nous nous trouvons obligé, tant par le devoir de notre charge et pour le salut du troupeau qui nous est commis que par des raisons particulières, d'en expliquer notre sentiment.

C'étoit une mauvaise disposition pour traduire le Nouveau Testament, que d'en faire précéder la traduction par tant de livres qui ont paru sous le nom de *Critique,* où l'auteur s'est introduit malgré les pasteurs dans le bercail de Jésus-Christ. Celui qui a affecté cette indépendance, sans doute n'a pas voulu *entrer par la porte* de la mission apostolique : *le portier* qui est établi par le grand Pasteur des brebis ne lui a pas *ouvert l'entrée :* c'est un étranger qui est venu de lui-même ; et il ne faut pas s'étonner si les ministres de ce grand Pasteur ont été émus et scandalisés par sa venue, ni si sa traduction s'est attiré leur censure. Il n'étoit pas convenable que le troupeau de Jésus-Christ reçût l'Évangile d'une telle main, puisque même on a trouvé dans son nouvel ouvrage le même esprit et la suite des mêmes erreurs qu'il a toujours enseignées.

A ces causes, en nous conformant à la docte et juste censure donnée à Paris le quinzième de septembre 1702, le saint nom de Dieu invoqué et n'ayant que sa crainte et sa vérité devant les yeux : *Nous défendons* très-expressément à tous les fidèles de notre diocèse, ecclésiastiques et autres, de lire ou retenir le livre nommé ci-dessus, sa préface, sa traduction et ses remarques, comme étant respectivement la traduction infidèle, téméraire, scandaleuse ; les remarques, tant celles de la préface que celles des marges, pleines d'explications pareillement téméraires, scandaleuses, contraires à la tradition et consentement unanime des Pères, périlleuses dans la foi et induisantes à erreur et à hérésie, sous peine d'excommunication : laquelle nous déclarons être encourue *ipso facto* par les curés, vicaires, prêtres, confesseurs et directeurs qui en permettront ou conseilleront la lecture.

Pour joindre l'intruction à une ordonnance épiscopale, nous remonterons à la source, et nous donnerons de salutaires avertissemens contre une fausse critique, que l'on s'efforce d'introduire dans nos jours; ce qui paroît principalement dans les *Critiques* précédentes de l'auteur, puisqu'il y attaque l'authenticité des saints Livres, leur inspiration et la providence particulière qui les conserve aux fidèles, la tradition, l'autorité des Pères qu'il combat les uns par les autres dans des matières capitales et la sainte uniformité de la doctrine de l'Eglise, qui fait la gloire et le fondement du christianisme.

Par là nous n'entendons pas entrer en dispute avec ceux qui sont toujours prêts à douter de tout, et à semer parmi les fidèles des questions infinies contre le précepte de l'Apôtre : il nous suffira de proposer la vérité dont le précieux dépôt est confié aux évêques; heureux si notre voix, quoique foible, en secondant les intentions de ceux qui veillent sur la cité sainte, peut même ranimer ceux qui dorment peut-être trop tranquillement parmi les périls de l'Eglise.

Mandons à tous chapitres, curés et supérieurs de communautés religieuses et autres, qui sont conduites par nos ordres, de tenir la main à l'exécution de la présente ordonnance, laquelle sera lue et publiée tant par les prédicateurs de notre Eglise cathédrale que par les curés et vicaires dans leurs prônes, et affichée partout où il appartiendra, afin que personne n'en prétende cause d'ignorance. Donné à Meaux dans notre palais épiscopal, le vingt-neuvième de septembre, l'an mil sept cent deux. *Ainsi signé :*

† J. BÉNIGNE, évêque de Meaux.

Et plus bas :
Par le commandement de Monseigneur :
FARON.

AVIS AU LECTEUR.

Cette première partie de mes *Instructions,* où sans entrer à fond et par ordre dans les passages particuliers, que j'ai à reprendre dans la version de Trévoux, je me contente de donner l'idée des desseins et du caractère de l'auteur, est si essentielle à la religion et à la pureté de l'Evangile, que je ne saurois assez prier le lecteur d'y apporter une attention vive et sérieuse. Jésus-Christ et les apôtres nous ont avertis qu'il viendroit des novateurs, dont les dangereux artifices altéreroient dans l'Eglise la simplicité de la foi. Nous ne cherchons point à déshonorer nos frères, à Dieu ne plaise! ni à flétrir leurs écrits sans une extrême nécessité; mais quand il arrive de tels novateurs, nous sommes mis en sentinelle sur la maison d'Israël pour sonner de la trompette : et plus ils tâchent de se couvrir sous des apparences trompeuses, plus nous devons élever notre voix.

Le Fils de Dieu nous a donné des marques certaines pour connoître de tels adversaires : « Vous les connoîtrez, dit-il, par leurs fruits [1]; » et encore : « Tout bon arbre produit de bons fruits; et le mauvais arbre en produit de mauvais; » et ailleurs : « Ou faites l'arbre bon et son fruit bon, ou faites l'arbre mauvais et son fruit mauvais, puisque l'arbre est connu par son fruit [2]. » Si donc j'ai pris un soin particulier de marquer dans une *Ordonnance* publiée à Meaux les fruits qu'a produits depuis vingt ans celui dont je reprends la doctrine, je n'ai fait qu'obéir au précepte de Jésus-Christ, et je n'ai pas besoin de répéter ce que tout le monde peut lire dans cette *Ordonnance.* L'auteur, loin de corriger ses mauvais principes, n'a fait que les suivre dans sa nouvelle version :

---

[1] *Matth.,* vii, 16, 17. — [2] *Matth.,* xii, 33.

après l'avoir déclaré juridiquement, j'ai promis de le démontrer par mes *Instructions* suivantes, dont celle-ci posera le fondement.

Avant qu'elle vît le jour et l'impression en étant déjà achevée, il est arrivé que l'auteur a publié sa *Remontrance à Monseigneur le cardinal de Noailles*, signée R. Simon. Elle servira pour faire sentir de plus en plus le caractère de l'auteur; et c'est ce qui donne lieu à une addition que j'ai faite à cet écrit, où le lecteur trouvera des remarques essentielles à cette cause.

Ceux qui veulent croire qu'on a précipité les censures contre un homme qui étoit soumis, doivent être désabusés par les faits qui sont posés dans mon *Ordonnance :* et ces faits, s'il en est besoin, seront si bien appuyés de preuves littérales et incontestables, qu'il demeurera plus clair que le jour qu'on n'en est venu aux condamnations qu'après avoir épuisé envers cet auteur toutes les voies de douceur et de charité.

Qu'il ne se flatte donc pas de l'approbation que trouvent dans certains esprits ceux qui sont notés par des censures. Il faudra bien que ce novateur tombe comme les autres aux pieds de l'Eglise : j'oserois même assurer que son terme est court; et que s'il lui est donné durant quelque temps, ainsi qu'à plusieurs, d'amuser le monde par une fausse science et une docilité feinte, ses foibles progrès seront bientôt terminés : l'évidence de la tradition me le persuade, et j'écris dans cette assurance. Je demande seulement au sage lecteur qu'il ne se laisse pas éblouir de la connoissance des langues, que l'auteur et ses amis ne cessent de nous vanter : ce seroit vouloir ramener la barbarie que de refuser à une si belle et si utile connoissance la louange qu'elle mérite; mais il y a un autre excès à craindre, qui est celui d'en faire dépendre la religion et la tradition de l'Eglise. Je me suis assez expliqué sur cette importante matière dans les remarques sur la préface de l'auteur [1], en traitant le passage viie. Personne n'i-

---

[1] Ire Instr., VIIe passage.

gnore les règles que saint Augustin a données pour profiter de l'hébreu et des autres langues originales, sans même qu'il soit besoin de les savoir si exactement : ce Père s'est si bien servi de ces règles, que sans hébreu et avec assez peu de grec, il n'a pas laissé de devenir le plus grand théologien de l'Occident, et de combattre les hérésies par des démonstrations les plus convaincantes. J'en dis autant de saint Athanase dans l'Eglise orientale, et il seroit aisé de produire plusieurs autres exemples aussi mémorables. La tradition de l'Eglise et des saints Pères tient lieu de tout à ceux qui la savent, pour établir parfaitement le fond de la religion : ceux qui mettent tout leur savoir à remuer les livres des rabbins, ne manquent presque jamais de s'éloigner beaucoup de la vérité; et nous leur pouvons appliquer ces paroles de saint Justin : « Si vous ne méprisez les enseignemens de ceux qui s'élèvent eux-mêmes, et qui veulent être appelés *rabbi, rabbi;* vous ne tirerez jamais d'utilité des écritures prophétiques [1]. »

[1] *Dial. advers. Tryph.*, p. 339.

PREMIÈRE INSTRUCTION.

SUR LE DESSEIN ET LE CARACTÈRE DU TRADUCTEUR.

REMARQUES

SUR SON OUVRAGE EN GÉNÉRAL,

Où l'on découvre ses auteurs et son penchant vers les interprètes les plus dangereux.

Puisque nous voyons paroître, contre notre attente et malgré nos précautions, la traduction et les notes d'un auteur, dont la critique hardie et les interprétations nouvelles et dangereuses rendent la doctrine suspecte, il faut pour en prévenir les mauvais effets, donner d'abord quelque idée de l'ouvrage dont nous nous plaignons. Nous commençons par la *préface,* comme par l'endroit où les auteurs font le mieux sentir leur esprit et leur dessein. Mais avant que d'entrer dans cet examen, comme le public a été surpris de certaines traductions et explications extraordinaires, qu'on trouve répandues dans le livre, il ne sera pas inutile d'en découvrir les auteurs cachés.

I. Dessein de ces remarques générales.

Il ne me seroit jamais entré dans la pensée que le Fils de l'homme, dans la bouche de Jésus-Christ, fût un autre que Jésus-Christ même, qui pour honorer la nature que le Verbe s'est unie, se vouloit caractériser par le titre qui le rapproche de nous. Cependant le traducteur met la chose en doute; et après la décision de l'Evangile, il demande encore avec la troupe des Juifs infidèles : « Qui est ce Fils de l'homme? » *Quis est iste Filius hominis* (*Joan,* xii, 34)? » Car dans la note sur ces paroles : « Le Fils de l'homme est maître même du sabbat (*Matth.,* xii, 8; *Luc.,* vi, 5), » il traduit : « Autrement, l'homme; » et il ajoute : « Il semble que le Fils de l'homme ne soit pas seulement Jésus-Christ, mais encore l'homme en général, » qui par ce moyen deviendra maître de toute la loi en le devenant du sabbat. Il est bien certain que le

II. Explication extraordinaire d'un passage où le Fils de l'homme est déclaré maître du sabbat traducteur ne trouve rien dans l'Evangile qui appuie ce sens, ni aucun texte où le Fils de l'homme soit un autre que Jésus-Christ ; il ne cite aucun auteur ecclésiastique pour une interprétation si bizarre et si inouïe : au contraire tout s'y oppose : mais il lui suffit d'avoir pour lui Crellius et Volzogue, sociniens [1] : le premier propose comme recevables les deux explications et nommément celle qui dit que par le mot de *Fils de l'homme*, il faut entendre « tout homme, ou le genre humain en général : » *quemvis hominem vel genus humanum generatim.* Pour Volzogue, il dit nettement et sans hésiter, que Jésus-Christ « n'a voulu dire autre chose, sinon que tout homme est maître du sabbat : » *Nihil aliud dicere voluit quàm quemvis hominem esse dominum sabbati.* Notre auteur n'a pas craint d'emprunter de ces hérétiques une doctrine qui affoiblit l'autorité de Jésus-Christ, comme étant en égalité avec son Père le souverain arbitre de la religion.

Le traducteur s'appuie sur saint Marc, II, 27, où Jésus-Christ dit, « que le sabbat est fait pour l'homme, etc., » ce que nous examinerons en son lieu ; il nous suffit à présent de remarquer que ce sont encore les mêmes auteurs sociniens [2] qui lui ont fourni cette preuve comme le reste de la doctrine.

III. Autre passage de l'Evangile traduit et expliqué selon des principes erronés.

Sur ces mots de l'Evangile de saint Luc, chap. XIII, vers. 27 : *Discedite à me omnes operarii iniquitatis,* il traduit : « Vous tous qui vivez dans l'iniquité. » Il faut ici se rendre attentif à une finesse socinienne : c'est une doctrine de cette secte, qu'on n'est damné que pour les péchés d'habitude : elle est réfutée par ce passage, en traduisant naturellement : « Retirez-vous, vous qui faites, vous qui commettez l'iniquité ; » ou comme le Père Bouhours a exactement et élégamment traduit : « Retirez-vous, vous qui faites des œuvres d'iniquité [3]. » On en élude la force, en traduisant : « Vous qui vivez, » et encore plus en exprimant dans la note, « que cela marque une habitude dans le vice ; » c'est aussi l'explication de Volzogue, socinien [4], qui parle ainsi sur ce passage : *Per operationem iniquitatis non unus tantùm aut alter actus intelligitur, sed habitus*

---

[1] Crell., tom. II, p. 325 ; resp. ad 5 q.; Volzog., *Comm. in Matth.*, XII, tom. I, p. 325. — [2] *Ibid.* — [3] *Matth.*, VII, 23 ; *Luc.*, XIII, 27. — [4] Volzog., *Comm. in Luc.*, hic.

et consuetudo totius vitæ; c'est-à-dire : « Par opérer l'iniquité, il ne faut pas entendre un ou deux actes, mais la coutume et l'habitude de toute la vie : » ce qui revient au *qui vivez* du traducteur. Il ne lui sert de rien d'avoir suivi quelques catholiques, qui n'ont pas vu cette conséquence si favorable aux plus grands crimes s'ils n'étoient pas d'habitude, puisque sa note le convainc de l'avoir vue : le lecteur est invité à s'en souvenir : le traducteur en a fait la remarque, il l'a exprimée; et c'est de dessein formé qu'il a tourné le passage de la manière la plus convenable à y donner lieu.

C'est une semblable affectation qui fait traduire ces paroles de saint Jean, xv, vers. 5 : *Sine me nihil potestis facere :* « Vous ne pouvez rien faire étant séparés de moi; » et ajouter cette note : « Sans moi, c'est-à-dire séparément de moi, comme le mot grec le marque. » Quel inconvénient y avoit-il à traduire avec tous les Pères, selon la Vulgate : « Vous ne pouvez rien faire sans moi? » Mais le traducteur leur a préféré Slichtingius, qui explique ainsi dans son commentaire sur saint Jean (*hic*) : *Sine me, id est, à me separati per apostasiam seu defectionem.* Il a plu à ce socinien de réduire le besoin qu'on a de Jésus-Christ à une simple obligation de ne pas apostasier, sans au reste tirer de lui aucun secours par son influence intérieure et particulière; et le traducteur a voulu suivre cette explication jusqu'à l'insérer dans son texte : ce que le socinien n'avoit pas osé. <small>IV. Passage del'Evangile de S. Jean.</small>

On a vu qu'il s'appuie du grec, et sur le terme χωρὶς : vain raffinement, puisque lui-même il a traduit dans saint *Jean*, 1, 3 : « Rien n'a été fait sans lui : » aux *Hébreux,* xi, 6 : « Sans la foi, il est impossible de plaire à Dieu; » et ainsi dans les autres endroits où l'Ecriture s'est servie du même mot grec. <small>V. Abus du grec.</small>

Si l'on vouloit donner l'exemple d'une traduction téméraire, pour ne rien dire de plus, la première qui se présenteroit à la pensée seroit celle-ci : « J'ai plus aimé Jacob qu'Esaü; » au lieu de traduire : « J'ai aimé Jacob et j'ai haï Esaü, » comme porte le texte grec, aussi bien que celui de la Vulgate, *Rom.,* ix, 13. Le traducteur leur a préféré Episcopius : *Odio habui,* dit-il, *id est, minùs dilexi, nec tot beneficiis affeci :* « Je l'ai haï; c'est-à-dire, <small>VI. Passage de saint Paul: « J'ai haï Esaü : » d'où est prise la version du traducteur.</small>

je l'ai moins aimé, et je ne l'ai pas gratifié de tant de bienfaits[1]. »
Ainsi la traduction est dictée de mot à mot par le grand docteur
des sociniens, avec cette seule différence que le socinien en a fait
sa note, et que l'autre l'a insérée dans le texte même. On sait au
reste que les sociniens ont leurs raisons, pour effacer la haine de
Dieu contre Esaü, qui suppose le péché originel; et le traducteur
a mieux aimé les favoriser que de s'attacher à son texte.

VII. Autre passage où le traducteur ôte le terme *haïr*: force de ce terme.
Il n'est pas plus excusable d'avoir traduit dans saint *Luc*, XIV,
26 : « Si quelqu'un vient à moi, et qu'il aime son père et sa mère,
sa femme, ses fils, ses frères, ses sœurs et même sa propre personne plus que moi, il ne peut être mon disciple : » au lieu de
mettre « haïr, » comme il est écrit dans le texte grec et dans la
Vulgate; c'est visiblement altérer la sainte parole. Que diroit-on
de celui qui changeroit cette vive expression du Psalmiste : « Vous
aimez la justice, et vous haïssez l'iniquité[2], » en ce froid langage, « Vous aimez mieux la justice que l'iniquité, » et la vertu
que le vice? En tout cas, s'il eût fallu expliquer, c'est autre chose
d'adoucir un mot dans une note avec les précautions nécessaires;
autre chose d'attenter sur le texte même, et vouloir déterminer
le Saint-Esprit à un sens plus foible que celui qu'il s'est proposé.
Ainsi il n'est pas permis de changer l'expression forte de « haïr »
en celle de « moins aimer » simplement. Lorsque quelqu'un vous
détourne de Jésus-Christ, quelque cher qu'il vous soit d'ailleurs,
fût-il votre père ou votre mère, vous ne vous contentez pas « de
le moins aimer; » vous le fuyez, vous lui résistez; vous lui re-
fusez toute obéissance et toute communication qui vous pourroit
affoiblir, comme si c'étoit un ennemi et non pas un père. C'est
ainsi que l'interprètent saint Grégoire et après lui le Vénérable
Bède : *Odiendo et fugiendo nesciamus :* il y a là de la haine, non
pas contre la personne, mais contre l'injustice qui met dans le
cœur une aversion si opiniâtre pour Jésus-Christ : on hait de
même son ame; ou comme traduit l'auteur, « on hait sa propre
personne, » quand on persécute en soi-même ce principe de concupiscence qui s'oppose à la vertu, et nous ramollit : *carnis desideria frangunt, ejus voluptatibus reluctantur,* disent les mêmes

---

[1] Episc., *Obs. in Rom.*, IX, 13, p. 402. — [2] *Psal.* XLIV, 8.

interprètes. On pousse les choses plus loin, puisqu'on passe jusqu'à châtier « son corps, » avec saint Paul, « et à le tenir en servitude [1]; » et la pratique des Saints est en cela plus forte que tous les commentaires. Mais il n'y auroit qu'à répondre : « C'est un hébraïsme, c'est une hyperbole, » pour éluder la haine parfaite qu'on se doit porter à soi-même. C'est donc non-seulement une altération, mais un trop grand affoiblissement de l'Evangile que d'en réduire le précepte à un « aimer moins. »

L'auteur avec Grotius nous renvoie à saint *Matthieu*, x, 37, où il est porté seulement : « Qui aime son père et sa mère plus que moi, n'est pas digne de moi. » Mais qui dit le moins n'exclut pas le plus : il falloit donc conserver sa force à la parole de Jésus-Christ, et mettre « haïr, » sans hésiter comme a fait l'auteur, *Matth.*, vi, 24 : « Nul ne peut servir deux maîtres : car, ou il haïra l'un et aimera l'autre; ou il s'attachera à l'un, et méprisera l'autre : » où il ne s'agit pas seulement « de moins aimer, » mais « de haïr et de mépriser » positivement. Il y a aussi, comme on vient de voir, quelque chose de positif dans l'éloignement qu'on a de ceux qui nous veulent séparer de Jésus-Christ; mais surtout le positif est certain en Dieu dans sa haine pour Esaü, à cause du péché originel. Je sais les opinions de l'Ecole sur la réprobation, et peut-être commence-t-elle par un « aimer moins; » mais pour en comprendre le secret entier que saint Paul a voulu nous proposer, il y faut entendre de la part de Dieu une haine qui ne peut avoir d'autre objet que le péché permis de lui et commis par l'homme; en sorte qu'il n'y a rien de plus erroné que de réduire le « haïr » de saint Paul pour Esaü, à un simple « mieux aimer » pour Jacob.

Quand sur le même chapitre, *Rom.*, ix, 10, l'auteur dit « que Dieu étant le maître absolu, a pu rejeter les Juifs... quand même ils n'auroient point été coupables, » c'est encore un secret du socinianisme, puisque c'est la doctrine commune de ces hérétiques de constituer le domaine absolu de Dieu et son empire souverain dans le pouvoir de damner qui il lui plaît, même les plus justes : ils en ont fait des livres entiers sous ce titre : « *De supremo domi-*

viii. Autre passage de saint Paul : doctrine du traducteur sur le domaine absolu de

[1] I *Cor.*, ix, 27.

nio, ou *imperio Dei;* et il est certain qu'ils laissent exercer en partie à Dieu ce domaine si absolu dans la réprobation des Juifs et la vocation des gentils, ce que l'auteur exprime en ce lieu.

Potens est Deus statuere illum, στῆσαι, *stabilire, firmare.* « Dieu est assez puissant pour l'affermir » (celui qui pourroit tomber), Rom., XIV, 4. C'est un passage consacré par tous les Pères et par le concile de Trente, pour établir le don de persévérance. Le traducteur l'élude par cette note : « l'affermir, c'est-à-dire, l'absoudre, » ce qui est bien éloigné du mot d'*affermir.* Mais Crellius a proposé cette explication : *Dei sententiâ absolvetur... est in Dei arbitrio ut illum absolvat* (Crell. *hic*), c'est-à-dire : « Dieu l'absoudra : il est au pouvoir de Dieu de l'absoudre. » C'est ainsi qu'un des chefs des sociniens tâche d'ôter à l'Eglise un passage principal dont elle se sert pour établir la puissance de la grace ; et loin de le corriger, notre traducteur se rend son complice. Voilà les docteurs qu'il consulte et qu'il étudie, et la suite nous en montrera d'autres exemples.

Je sais qu'il s'est préparé une excuse en répandant de tous côtés dans ses critiques précédentes, que les Pères n'ont pas toujours refusé les explications des hérétiques ; mais l'artifice est grossier, puisqu'on n'a jamais affecté de les suivre jusque dans les endroits suspects, loin de transcrire les notes où ils appuient leurs erreurs, et même d'en composer le texte sacré. Je dirai même qu'on se rend suspect en affectant de les suivre dans les choses indifférentes, ou qui ne paroissent pas regarder la foi, lorsqu'elles sont extraordinaires et déraisonnables.

Je ne connois point de plus bizarre traduction que celle-ci dans les *Actes : Multa turba sacerdotum obediebat fidei* (Act., VI, 7). Tout le monde traduit naturellement : « Un grand nombre de sacrificateurs ou de prêtres obéissoit à la foi. » Mais il falloit à notre auteur quelque chose de singulier ; et il a traduit également contre la Vulgate et contre le grec : « Il y eut aussi plusieurs sacrificateurs du commun, » etc. ; et la note porte : « On entend par sacrificateurs du commun, ceux qui n'étoient point du premier rang, soit par leurs charges, soit par leur naissance. » Quoi donc! on ne voudra pas avouer que les sacrificateurs du premier rang auront pu s'assujettir à Jésus-Christ parmi les autres? Et qu'est-ce que notre auteur a trouvé dans le texte pour les en exclure? Rien du tout: mais il lui suffit qu'un socinien imprimé avec les œuvres de Volzogue, lui ait donné dans son commentaire sur les *Actes* la vue « de distinguer de la troupe (de ceux qui ont cru) les chefs des vingt-quatre ordres des sacrificateurs : » *qui à turbâ eximi possunt.* Ainsi il veut exclure de la *troupe* des convertis ceux qui étoient les chefs des ordres, comme s'il n'y eût point eu de grace pour eux, et ne veut laisser à Jésus-Christ que ceux qu'il appelle la *troupe;* ce que notre auteur a voulu traduire par les *sacrificateurs du commun.*

XII. Singularité sur la conversion de Zachée : de qui tirée.

Je ne sais quel plaisir on a voulu prendre à diminuer la merveille de la conversion de Zachée en la réduisant à sa seule personne, au lieu que Jésus-Christ y comprend expressément la maison de ce publicain attirée par le bon exemple du maître. « Aujourd'hui, dit-il, cette maison a été sauvée (*Luc.*, XIX, 9) ; » mais il a plu au traducteur de s'y opposer par cette note : « Ce qui suit semble indiquer qu'il ne parle que de Zachée, et non pas de tous ceux qui habitoient la maison. » Qu'a-t-il trouvé dans la suite qui restreigne la *maison* au maître seul? Luc de Bruges avoit entendu naturellement que Jésus-Christ, voulant expliquer « le bon effet de son entrée dans cette maison, » avoit exprimé par ce terme « la conversion, premièrement du père de famille, et ensuite celle de la famille même[1] : » et c'est ce qui se présente d'abord à ceux qui ne veulent pas raffiner hors de propos. Mais il suffit au traducteur d'avoir trouvé dans Volzogue : *Per domum intelligit solum Zachæum :* « Par la maison Jésus-Christ n'entend que le seul Zachée (*Comm. in Luc., hîc*), » comme si la présence de Jésus-Christ n'eût pas pu être suivie d'un si grand effet.

C'est que les critiques sont contens, pourvu qu'ils se montrent plus déliés observateurs que les autres hommes; et ils trouvent de meilleur sens de ne pas croire tant de merveilles, ni que le monde se convertisse si facilement : c'est pourquoi ils aiment mieux trouver des singularités avec les sociniens, que de suivre le chemin battu avec les autres.

[1] Sup. *in Luc.*, tom. III, édit. 1612, p. 190.

III. X
Remarque singulière sur les diacres : et de quel auteur elle est.

Dans la note sur les *Actes,* xx, 28, l'auteur relève avec soin que les évêques de ce verset, sont les prêtres du verset 17 ; et il doit être repris d'avoir étalé sans explication, une érudition si vulgaire en faveur des presbytériens. Mais je veux ici remarquer qu'au même livre des *Actes,* chapitre xi, verset 30, il ajoute, « qu'il y a de l'apparence que le mot d'*anciens* ou de *prêtres* comprend aussi les diacres en ce lieu-ci : » ce qui seroit inouï, si le socinien qui a commenté les *Actes* parmi les œuvres de Volzogue, n'avoit dit comme notre auteur, « qu'il y a apparence qu'outre les pasteurs de l'Eglise, on doit entendre en ce lieu ceux qui composoient le sénat de l'Eglise, où les diacres sont compris : » *qui senatum Ecclesiœ constituebant inter quos erant et diaconi* [1].

XIV.
Louanges données par ce critique à Fauste Socin, à Crellius, et à Grotius.

Ceux qui verront ici la pente secrète du traducteur pour les unitaires cesseront de s'en étonner, en considérant les excessives louanges qu'il leur a données. Il ne connoît point d'interprètes de meilleur goût : Socin vise bien, « et il cherche, dit ce critique, les explications les plus simples et les plus naturelles [2] : » quoique les siennes « sur le Fils et le Saint-Esprit soient QUELQUEFOIS forcées et trop subtiles [3]. » Ce n'est donc que *quelquefois :* et c'est-à-dire que pour l'ordinaire et même dans les endroits où il établit ses erreurs, il a rencontré « le simple et le naturel qu'il cherchoit : » ce qui, joint « à son exactitude et à son bon jugement sur les versions de l'Ecriture [4], » invite à le lire ceux qui en seroient le plus éloignés. On loue « aussi dans sa critique son application et son bon sens : » au reste, « il est surprenant, dit notre auteur, qu'un homme qui n'avoit presque aucune érudition et qu'une connoissance très-médiocre des langues, se soit fait un parti si considérable en si peu de temps [5] ; » et peu s'en faut que l'auteur ne trouve ici à peu près le même miracle qui a paru dans la conversion des gentils au christianisme ; sans songer que le miracle de Socin, c'est de savoir flatter les sens et supprimer ce qui les passe, et on est trop prévenu quand on ne voit pas que

---

[1] *Comm. in Acta,* xi, 30, tom. II, p. 77. — [2] *Crit. des comm.,* chap. xcvi, p. 837. — [3] *Crit. des comm.,* chap. lvii, p. 863. — [4] *Crit. des comm.,* chap. lvi, p. 844. — [5] *Ibid.,* 835.

c'est là le seul attirail de la secte et la seule cause du progrès de cette gangrène.

Crellius ne remporte pas de moindres éloges : on pose pour fondement qu'il « ne s'arrête précisément qu'au sens littéral de son texte[1] : » on y ajoute « sa grande réputation parmi les siens, le discernement, le bon choix, l'attachement à la lettre[2], » qu'on remarque dans cet auteur, « qui est tout ensemble grammairien, philosophe, théologien et qui néanmoins n'est pas étendu : allant presque toujours à son but par le chemin le plus court[3], » en sorte qu'on y trouve tout, et avec le fond la brièveté, qui est le plus grand de tous les charmes.

« Cet homme, dit notre critique, a une adresse merveilleuse à accommoder avec ses préjugés les paroles de saint Paul : ce qu'il fait avec tant de subtilité, qu'aux endroits mêmes où il tombe dans l'erreur, il semble ne rien dire de lui-même[4]. » Parler ainsi, c'est vouloir délibérément tenter ses lecteurs et les porter par une si douce insinuation, non-seulement à lire et à consulter, mais encore à embrasser et suivre des explications si simples qu'on y croit entendre, non pas l'homme, mais le Saint-Esprit par la bouche de l'Apôtre : c'est ce qui est bien éloigné de la vérité ; mais il a plu à l'auteur de lui donner cet éloge.

Il n'oublie rien pour exprimer l'admiration de Grotius pour « cet unitaire, qui, comme Grotius l'avoue lui-même, lui a montré le chemin pour examiner à fond le texte des livres sacrés[5]. » En effet il faut remarquer que le temps où Grotius a écrit ses commentaires sur l'Ecriture, est celui où il étoit tout épris de Crellius ; et cependant ce même Grotius, qui remplissoit alors ses interprétations de remarques sociniennes, ne laisse pas selon notre auteur, « pour ce qui est de l'érudition et DU BON SENS, de surpasser les autres commentateurs qui ont écrit devant lui sur le Nouveau Testament[6]. »

Pendant que les sociniens reçoivent de telles louanges, et que l'auteur conseille à pleine bouche la lecture de ces interprètes comme très-utile même aux catholiques, les théologiens ortho-

---

[1] *Crit. des comm.*, chap. LVI, p. 846, 847. — [2] *Ibid.* — [3] *Ibid.*, p. 850. — [4] *Ibid.*, p. 851. — [5] *Crit. des comm.*, chap. LIV, p. 803. — [6] *Ibid.*, p. 804, 805.

doxes, et même les Pères, n'ont que des « sens théologiques, » opposés au sens littéral et pleins de raffinement et de subtilité : voilà le système de la théologie de notre auteur, dont il a fallu donner cet essai, en attendant qu'on en fasse la pleine démonstration et qu'on y apporte le remède convenable.

XV. *On marque en passant le vrai caractère des sociniens, bien éloigné des idées qu'en donne l'auteur.*   Si cependant on est tenté de croire que les interprétations des sociniens tant vantées par notre critique, aient du moins de la vraisemblance, je promets à tout lecteur équitable de le convaincre d'erreur. La suite fera paroître que leur vraisemblance, c'est qu'ils savent flatter les sens : leur simplicité consiste à contenter la raison humaine par l'exclusion de tous les mystères : leur bon sens, c'est le sens charnel qui secoue le joug de la foi : quelque amour qu'ils fassent paroître pour les bonnes mœurs, l'enfer éteint et la damnation réservée par ces hérétiques aux seuls péchés d'habitude, font l'agrément de leur morale : leurs interprétations par rapport au texte sacré sont toutes forcées, absurdes, incompatibles avec le sens naturel, et ne paroissent coulantes que parce qu'il est aisé de suivre la pente de la nature corrompue, et d'avaler un venin qu'on rend agréable en nourrissant la licence de penser impunément tout ce qu'on veut.

XVI. *Question si le traducteur est tout à fait net sur la divinité de Jésus-Christ.* Savoir maintenant si un interprète si favorable aux unitaires, a parlé convenablement et conséquemment de la divinité de Jésus-Christ : la chose étoit difficile. Il lui faut faire justice sur les remarques de sa traduction ; il y établit positivement et souvent la divinité de Jésus-Christ contre les nouveaux paulianistes, et il appelle *hérésie* la doctrine contraire. Mais pour bien comprendre le génie de ces hérétiques, il ne suffit pas de s'opposer à quelque endroit de leur doctrine : un petit mot qu'on leur laisse rétablit toute leur erreur, et ce n'est pas les connoître que d'en penser autrement : or je trouve dans notre auteur sur la divinité de Jésus-Christ, non-seulement quelques petits mots qui pourroient avoir échappé, mais encore tant de faux principes, tant de passages affoiblis, tant d'expressions ambiguës, et partout une si forte teinture du socinianisme, qu'il n'est pas possible de l'effacer.

XVII. *Passage de saint* Par exemple (car il est bon de donner d'abord quelque idée de la méthode de l'auteur en cette matière comme on a fait dans les autres), sur ces paroles de la Ire *aux Corinthiens*, chapitre xv, versets 24 et 25, où saint Paul expose « que la fin viendra lorsque Jésus-Christ remettra son royaume à Dieu son Père, » on ne sait ce que veut dire cette note : « Jésus-Christ remettra à Dieu son Père sa qualité de Messie, par laquelle il gouverne toute l'Eglise ; et c'est ce gouvernement ou royaume qu'il remettra à son Père. » Est-ce donc qu'il cessera d'être Messie, ou roi, ou pontife, ou médiateur ? Ce mystère n'est connu que des sociniens, qui tous unanimement décident avec Grotius (*ibid.*, 24), « que la fin » dont parle saint Paul, « c'est la fin du règne de Jésus-Christ. »

{Paul, I Cor., xv, 24, 25, et note peu convenable à la divinité de Jésus-Christ : de qui tirée.}

Crellius qu'il suit ordinairement, comme lui, avoit voulu voir sur le même endroit « la fin du règne de Jésus-Christ. » Slichtingius seul[1], quoique d'accord dans le fond avec les autres, a eu honte de cette expression, qui fait finir le règne de Jésus-Christ, dont l'Ange avoit dit que le règne n'auroit pas de fin. « Par la fin, il a expliqué la fin du monde. » Dans ce partage tel quel des sociniens, notre auteur a choisi le parti le plus opposé à Jésus-Christ : « La fin, » verset 24, c'est-à-dire « la fin du monde, ou plutôt comme les paroles suivantes l'insinuent, celle du règne de Jésus-Christ : » il avoit voulu bien dire d'abord et ménager le règne éternel de Jésus-Christ, mais Crellius et Grotius l'ont emporté; et c'est au règne de Jésus-Christ, et non pas au monde, que saint Paul donne une fin.

{XVIII. Divers sentimens des sociniens : le traducteur prend le plus mauvais.}

Mais si Jésus-Christ est Dieu, comment peut-on imaginer la fin de son règne; et la divinité qui lui est unie à jamais, peut-elle ne le pas faire éternellement régner, même selon sa nature humaine? Ainsi que les sociniens qui ne croient pas que Jésus-Christ soit Dieu et homme, et Grotius qui en tant d'endroits affoiblit cette idée, disent qu'on verra la fin de son règne : mais un prêtre qui fait profession d'être catholique, comment a-t-il pu se laisser éblouir de ces vains raisonnemens ? Car voici en vérité une étrange idée : « Jésus-Christ, dit Grotius, remet son royaume, son commandement, son autorité; c'est comme les présidens des provinces rendoient aux Césars la puissance qu'ils avoient reçue : » *Reddebant Cæsaribus acceptam potestatem.* Crellius s'ex-

{XIX. Le sens du traducteur est incompatible avec la divinité de Jésus-Christ.}

[1] *Comm.*, tom. II, hic, p. 81.

plique de même : *Verbum* tradendi *hoc loco id significat quod vulgò dicere solent* resignare ; *quo pacto verbi gratiâ, dux bellicus potestatem à rege acceptam tradit regi, eique resignat, cùm eam ita deponit, ut ea jam tota atque in solidum ad regem redeat, quæ anteà fuerat ipsi communicata à rege.* « Rendre, dit-il, le royaume, signifie le remettre aux mains de son Père, comme un général d'armée (après avoir achevé la guerre et subjugué les ennemis) remet au roi ses pouvoirs ; en sorte que la puissance qu'il dépose retourne toute en solidité au roi qui l'avoit communiquée [1]; » c'est ce qu'il appuie en sept ou huit pages avec une longueur qui ne ressent guère la précision dont notre auteur l'a loué. Quoi qu'il en soit, voilà ces grands interprètes que ce traducteur a tant relevés : une petite comparaison tirée des choses du monde, avec quelque trait d'humanité ou d'histoire fait toute leur théologie, sans qu'ils s'élèvent au-dessus ou que jamais ils puissent sortir des pensées humaines. N'est-il pas plus digne de Dieu et de Jésus-Christ de dire avec l'Ecriture, que le royaume de Jésus-Christ c'est son Eglise ; qu'après qu'il l'a recueillie de toute la terre et pendant la suite des siècles, à la fin du monde il la remet ainsi ramassée et composée de tous ses membres qui sont les élus, pour être à jamais le peuple saint et la cité rachetée où Dieu sera glorifié, mais toujours en Jésus-Christ et par Jésus-Christ ? C'est ainsi qu'il rend à son Père ceux que son Père lui avoit donnés ; ce qui fera la fin de toutes choses, non par une pompe humaine et une espèce de cérémonie, mais par la consommation de l'œuvre de Dieu dans ses Saints. Il ne s'agit pas ici d'expliquer à fond cette belle théologie, mais de faire honte, s'il se peut, à notre auteur d'avoir préféré les idées des sociniens à ces excellentes vérités. Il a même en quelque sorte enchéri sur eux, puisqu'aucun autre que lui n'a osé dire que Jésus-Christ rendroit à son Père sa *qualité de Messie* : il n'a pas voulu se souvenir que *Messie* veut dire *Oint* et *Christ*, que c'est par la divinité qui habite en Jésus-Christ corporellement qu'il est Christ et Oint : en sorte que s'il cesse d'être Christ, il cesse aussi d'être Dieu : et pour venir à la royauté, Slichtingius lui dira « que cette tradition du

[1] In hunc loc., fol. 331.

royaume de Jésus-Christ à son Père démontre qu'il n'est pas ce seul et vrai Dieu, puisque s'il l'étoit il ne rendroit pas son règne à aucun autre [1]. » Il falloit donc entendre autrement ce passage de saint Paul, à moins de vouloir introduire dans l'Eglise le socinianisme tout pur, présenté de la main d'un prêtre au peuple fidèle.

Il le favorise encore dans la traduction de ce passage *aux Philippiens*, II, 6 : *Non rapinam arbitratus est esse se œqualem Deo;* où il a mis dans le texte : « Il ne s'est point attribué impérieusement d'être égal à Dieu : » au lieu de traduire selon le grec et la Vulgate : « Il n'a pas cru que ce fût une usurpation. » Pourquoi rayer du texte cette expression si forte : « que ce n'est pas une usurpation; » qui démontre si pleinement que l'égalité avec Dieu est le propre bien de Jésus-Christ, et qu'il a droit de se l'attribuer, pour mettre à la place cette locution ambiguë : « Il ne s'est pas attribué impérieusement; » ou comme l'auteur le traduit encore dans sa note : « Il n'a pas fait trophée d'être égal à Dieu? » Ce seroit à dire : Il ne s'en est point fait honneur, il ne s'en est point vanté ; et c'est aussi comme l'explique Grotius : « Il n'a pas vanté, ni montré par ostentation cette puissance : » *Non vindicavit, non jactavit istam potestatem.*

XX. Autre passage de saint Paul, traduit et expliqué par l'auteur selon l'esprit des sociniens.

Poussé par le même esprit, Crellius avoit pris en bonne part cette remarque de Piscator (calviniste), que saint Paul « doit être entendu d'une ostentation comme d'un butin qu'on auroit enlevé. » Les sociniens et leurs amis aiment ces sens détournés, où il semble qu'un apôtre n'ose expliquer directement le droit naturel de son Maître sur son égalité avec Dieu. D'ailleurs on ne loue pas un Dieu véritable de « n'être point impérieux, et de ne pas vanter sa divinité avec un air d'ostentation : » c'est la louange d'un Dieu par emprunt ou par représentation, et tel que les sociniens font Jésus-Christ.

Au reste, comme le dessein de saint Paul étoit de nous exciter à l'humilité par l'exemple de Jésus-Christ, qui s'est abaissé lui-même jusqu'à se faire homme et à subir le supplice de la croix, il n'y avoit rien de plus naturel, ni de plus suivi ou de plus propre

---

[1] Tom. II, *Comment. in* 1 *ad Cor.*, hic, p. 81.

au sujet, que de nous montrer le Sauveur, qui pouvant « sans usurpation » et de plein droit se porter pour Dieu, s'étoit dépouillé lui-même d'une manière si surprenante : *Exinanivit semetipsum.* La version de la Vulgate n'étoit point douteuse : on ne pouvoit mieux rendre ἡγήσατο que par *arbitratus est,* ni ἁρπαγμὸν que par *rapinam,* ni ἐκένωσε que par *exinanivit,* ni mieux traduire tous ces mots dans notre langue que par *croire, usurpation* et *s'anéantir.* Au contraire, pour introduire « l'ostentation ou l'air impérieux, » il falloit donner aux mots une signification qu'ils n'eurent jamais. On ne peut donc s'étonner assez que le traducteur ait amené dans le texte son *impérieusement*, qui n'est ni du latin, ni du grec, ni d'aucune utilité pour l'intelligence du sens; et qu'il ait relégué si loin le terme qui exclut l'*usurpation*, qui est à la fois de la Vulgate, de l'original, de la tradition, de la convenance et des choses et des personnes, qu'il ne lui laisse pas même sa place dans la note. Il est donc plus clair que le jour qu'il a voulu supprimer en faveur des sociniens un terme clair, essentiel, décisif, par une affectation dont il n'y a que ce seul exemple parmi les traducteurs.

XXI. *L'auteur appelle à son secours Jean Gaigney et quelques anciens: examen des deux passages que Gaigney produit.*
Pour en venir à la note où l'auteur cite « Jean Gaigney et quelques anciens, » premièrement il oublie sa règle de « bien prendre garde à ne pas mettre le commentaire dans la version [1], » pour ne point faire parler l'homme à la place du Saint-Esprit.

Secondement il est vrai que j'ai trouvé dans la note de Gaigney sur cet endroit de saint Paul, que par cette locution : *Non rapinam arbitratus est,* cet Apôtre a voulu dire que Jésus-Christ « ne s'étoit pas impérieusement vanté devant les hommes d'être égal à Dieu : » *non id imperiosè venditavit.*

Troisièmement il est visible que Gaigney n'avoit pas l'autorité de composer un nouveau glossaire, ni de changer la signification des mots : outre que cette louange de n'être pas vain et impérieux est indigne, et d'être reçue par Jésus-Christ, et de lui être donnée par l'Apôtre, dont aussi le texte n'a pas le moindre rapport à cette explication.

Il n'y avoit donc qu'à rejeter nettement l'explication inouïe de Jean Gaigney sur le titre seul de sa singularité, d'autant plus, en

[1] Préf., p. 37.

quatrième lieu, que le même commentateur en rapporte une autre, qui suppose que l'égalité avec Dieu étoit « un bien propre et connaturel à Jésus-Christ, qui ne l'a ni usurpé, ni ravi avec violence : » *violenter*[1]. Notre traducteur a dissimulé cette explication; et par une affectation trop manifeste, il n'a voulu voir dans son auteur que ce qui pouvoit appuyer Crellius et Grotius.

Cinquièmement pour la première explication, Gaigney allègue comme approchant de son sentiment, *accedunt*, Primase[2] et le commentaire sous le nom de saint Ambroise, qu'on sait être de Pélage l'hérésiarque. Mais je trouve seulement dans ce dernier, que Jésus-Christ « a eu droit de se faire égal à Dieu, que l'usurpation est de s'égaler à celui à qui l'on est inférieur, et que Jésus-Christ, quoiqu'égal à Dieu, a retiré l'action de sa toute-puissance, afin de s'humilier et de paroître foible et sans résistance : » par où il explique le mot, *exinanivit,* « il s'est anéanti lui-même. »

Primase de son côté ne dit aussi autre chose, sinon que Jésus-Christ a caché « par humilité » ce qu'il étoit, *exinanivit semetipsum,* « nous donnant l'exemple de ne nous pas glorifier; et qu'au reste il n'a pas ravi ni usurpé ce qu'il possédoit naturellement, c'est-à-dire l'égalité avec son Père. »

Il paroît donc, en sixième lieu, que ces deux auteurs ont exactement gardé la signification des mots; et que par le mot *rapinam,* ils ont entendu avec tous les autres, « chose ravie avec violence et usurpation. » On voit maintenant si ces paroles approchent de celles-ci : « Jésus-Christ ne s'est pas vanté impérieusement ; » et si notre traducteur a eu raison de s'attacher à cette expression, jusqu'à exclure du texte le sens véritable.

C'est d'ailleurs un fragile appui que l'autorité de Gaigney, seul et destitué comme on voit de toute tradition, et même de ceux des anciens qu'il avoit appelés en témoignage. Si j'avois à proposer des reproches contre ce commentateur du côté de la doctrine, je ne les irois pas chercher bien loin, et le traducteur m'en fournit assez dans ses critiques[3]. Nous y apprenons que les auteurs de Gaigney étoient Pighius et Catharin : on les connoît; et le cardinal Bellar-

XXII. Le traducteur fournit de justes reproches contre Jean Gaigney.

[1] Préf., p. 37. — [2] Prim., *in Epist. ad Philip.* — [3] *Crit. des Comm. sur le N. T.*, chap. XL, p. 589, etc.

min qui s'est vu souvent obligé à les combattre comme fauteurs des pélagiens en certains points, et en d'autres des calvinistes, ne leur laisse aucune autorité dans l'Ecole. Le même critique avoue aussi que sur ce passage de saint Paul, *Rom.*, v, 12 : *In quo omnes peccaverunt :* « En qui (en Adam) tous les hommes ont péché ; » Gaigney favorise expressément la traduction *quatenùs*, dont s'appuyoient les pélagiens contre celle de la Vulgate, malgré la tradition de tout l'Occident et les décisions expresses de toute l'Eglise catholique. Voilà, selon notre auteur, où nous jetteroient les sentimens de Gaigney, si on en faisoit une loi. Je laisse ces justes reproches; et sans vouloir quereller ce commentateur d'ailleurs habile, je m'appuie sur un fondement plus solide, et j'allègue pour tout reproche contre lui la singularité et la nouveauté de son sentiment.

XXIII. Maxime fondamentale contre les singularités.
Il n'y a rien de plus pernicieuse conséquence que de prescrire par les sentimens des particuliers, même catholiques, contre la tradition universelle et contre la règle du concile qui donne pour loi aux interprètes le consentement des saints Pères.

Ainsi notre traducteur devoit savoir que de n'avoir qu'un ou deux auteurs, quelque capables qu'ils soient, c'est n'en avoir point. Gaigney bien constamment étoit orthodoxe sur la divinité de Jésus-Christ; mais il n'arrive que trop souvent aux meilleurs auteurs de donner dans de certaines singularités, dont les novateurs tirent avantage; et si l'on ne prend dans les catholiques ce qu'il y a d'unanime et de conforme à la tradition, lorsqu'on les allègue, on ne fait rien pour les erreurs et les nouveautés, mais on fait voir seulement qu'on leur cherche de l'appui.

XXIV. Carton du traducteur sur cet endroit de l'*Epître aux Philippiens*, et qu'il y laisse l'erreur en son entier.
C'est une maxime fondamentale dont le lecteur judicieux se doit souvenir. Au reste l'*impérieusement* du traducteur est si visiblement condamnable, qu'il a enfin donné un carton où il le corrige dans le texte. Mais le livre s'est débité et se débite sans ce changement. On ne sait ce que c'est que ces cartons de l'auteur : si vous le pressez, voilà un carton pour servir d'excuse : laissez-le dans sa liberté, le livre aura son cours naturel et l'erreur se répandra par toute la terre : la vraie traduction sera bannie; l'*impérieusement* subsistera dans toute sa force. Le traducteur y est si attaché, qu'il

le laisse dans sa note du carton, comme pouvant donner lieu à une autre version également approuvée : « Autrement, dit-il, selon Gaigney, après quelques anciens, il ne s'est pas attribué impérieusement, » etc. Ainsi la traduction demeurera autorisée par le témoignage singulier d'un seul auteur; un seul auteur donnera aux mots le sens qu'il voudra : le traducteur n'aura à lui joindre que des hérétiques, et Gaigney lui servira toujours de prétexte à copier Grotius et ses semblables.

Il ne sert de rien de nous dire que Gaigney parle « après quelques anciens; » car il faudroit les nommer. Ou ces anciens sont ceux que Gaigney allègue lui-même, et on a vu qu'ils ne lui sont d'aucun secours : ou c'en sont d'autres que le traducteur nous fait attendre. Mais sans vouloir deviner ce qu'il semble n'avoir osé dire, dès qu'il ne nous marque que « quelques anciens, » on voit assez qu'il n'a pour lui ni le grand nombre ni les plus illustres.

XXV. Si c'est une excuse à l'auteur de promettre quelques anciens : maxime importante pour la tradition.

Il se trompe s'il s'imagine que « quelques anciens » qui auront parlé en passant, ou qui seront peu connus, ou qui auront en eux-mêmes peu de poids, soient capables d'autoriser une explication. Ce n'est pas là ce qu'on appelle la tradition ni le consentement des Pères. On sait qu'il y a eu dans l'antiquité des Théodores de Mopsueste, des Diodores de Tarse, des disciples cachés d'Origène, qui en auront pris le mauvais, et quelques autres auteurs aussi suspects. Si le traducteur s'imagine contrebalancer par un ou deux anciens les Anathases, les Chrysostomes, les Hilaires, les Ambroises, les Augustins, les trois Grégoires et les autres qui sont pour nous, il ne sera pas écouté; et il montrera seulement qu'il ignore les maximes de l'Eglise.

Le traducteur s'est préparé une évasion, en disant que du moins on n'a rien à lui reprocher sur la divinité de Jésus-Christ, puisqu'il l'a si clairement établie en tant d'endroits, et même sur le passage de l'*Epître aux Philippiens*, que nous tournons contre lui. Il auroit raison si on l'accusoit de nier ce grand mystère de notre foi : mais il voit qu'on lui fait justice, et qu'on a déclaré d'abord qu'il s'en étoit expliqué souvent et même avec force. Mais on lui a fait voir en même temps que pour être irréprochable sur ce point, il falloit parler conséquemment, et n'affoiblir par aucun

XXVI. Vaine excuse du traducteur.

endroit les preuves et le langage de l'Ecriture et de l'Eglise. Ainsi ce n'étoit pas assez dans le passage de l'*Epître aux Philippiens* d'établir par cette parole : « Il étoit en la forme de Dieu, » que Jésus-Christ est vraiment Dieu, et de le prouver par une démonstration de saint Chrysostome. Ces autres paroles : « Il n'a pas cru que ce fût une usurpation, » n'étoient pas moins inviolables, ni moins sacrées. Un vrai orthodoxe l'est en tout : s'il innove par un endroit, il sait bien qu'il donne lieu d'innover en d'autres; et qu'ainsi il se rend coupable s'il ne soutient également en tout et partout la plénitude du texte.

XXVII. *Avertissement important sur les pièges qu'on peut tendre aux simples, et sur le moyen de les éviter.* Les remarques sur les passages particuliers découvriront dans le livre du traducteur d'autres exemples de même nature que ceux qu'on a rapportés, et le public verra de plus en plus combien il est dangereux de se laisser prévenir d'estime pour ces interprètes trompeurs : on les suit même dans les points où l'on semble s'en éloigner, et tout se ressent de leur erreur : leur adresse est singulière à insinuer leurs dogmes; et s'il échappe à quelque interprète catholique une ou deux explications qui les favorisent sans que les auteurs en aient assez aperçu les conséquences, nous verrons bientôt qu'ils le savent relever : si nous joignons à leurs autres artifices leur coutume d'accommoder leur langage à tous les pays où ils vivent, nous tremblerons pour les simples; et sans être malins ni soupçonneux, nous aurons toujours les yeux ouverts pour n'être point le jouet ou la proie des ennemis qui se cachent. Si notre traducteur nous est suspect, il doit s'en prendre à lui-même, et au penchant prodigieux qu'il a témoigné pour les plus pervers des interprètes. Ainsi, sans nous contenter d'un ou de deux auteurs catholiques, qu'il pourra quelquefois nommer parmi les modernes, nous croirons toujours être en droit de lui demander de plus sûrs garans, et d'en appeler à l'antiquité, à la tradition, au consentement unanime des Pères, en un mot à la règle du concile de Trente.

XXVIII. *Suite du même avertissement, et conclu-* On ne doit donc pas le tenir pour excusé, si en deux ou trois endroits de ceux que nous reprenons il nous marque des catholiques qui auront traduit comme lui, et qui n'auront pas toujours été assez attentifs aux dangereuses conséquences de leur traduction. Car pour lui il ne nous a pu cacher qu'il les a vues, et qu'il a passé par-dessus. D'ailleurs on ne verra pas dans les autres une pente déclarée pour des interprètes trompeurs ; il en faut donc toujours revenir au fond, sans s'excuser par des exemples qui même se trouveront rares. Enfin notre auteur s'est lui-même ôté cette excuse par ces paroles de sa *préface* (pag. 3) : « Il eût été à souhaiter que ces savans traducteurs (M. de Sacy, le père Amelote de l'Oratoire, messieurs de Port-Royal, et les RR. PP. jésuites de Paris) eussent eu une plus grande connoissance des langues originales et de ce qui appartient à la critique. » C'est en vain qu'il nous promet plus de grec, plus d'hébreu, plus de critique, c'est-à-dire plus d'exactitude que les interprètes les plus célèbres de nos jours : s'il ne profite de ces avantages et qu'il continue à s'autoriser de ceux qu'il devoit avoir corrigés, son propre témoignage s'élève contre lui, et nous lui pouvons adresser ces paroles du Fils de Dieu : « Si vous aviez été aveugles, vous n'auriez pas de péché : maintenant que vous dites : Nous voyons, votre péché subsiste [1]. »

sion de ces remarques générales.

REMARQUES PARTICULIÈRES

SUR LA PRÉFACE DE LA NOUVELLE VERSION.

1ᵉʳ PASSAGE.

Le traducteur propose comme bonne l'explication de Maldonat, sur ces paroles de l'ange à la sainte Vierge [1] : « Le Saint-Esprit viendra en vous, et la vertu du Très-Haut vous couvrira de son ombre; et c'est pourquoi ce qui naîtra saint en vous sera nommé Fils de Dieu. » *Luc.*, I, 35.

L'abrégé qu'il donne de la doctrine de Maldonat est, « que quand même Jésus-Christ n'auroit point été Dieu, il seroit appelé *Saint*, et même *Fils de Dieu* en ce lieu-ci, parce qu'il a été conçu du Saint-Esprit, » et comme on voit, indépendamment de sa nature divine.

1. Explication de Maldonat, approuvée par le traducteur sur S. Luc 1, 35.

[1] *Joan.*, IX, 41. — [2] Préf., p. 14, 15.

REMARQUE.

II. Réflexion sur l'aveu de Maldonat; que son explication est nouvelle, et qu'il en est le premier et le seul auteur.

Je reconnois les paroles de Maldonat, aussi bien que la conséquence qu'on en tire; mais il y falloit ajouter de bonne foi qu'après avoir rapporté le sentiment contraire au sien, Maldonat avoue que le sentiment qu'il ne suit pas « est celui de tous les auteurs qu'il a lus : » *alii omnes quos legerim*. Ainsi il se reconnoît le premier et le seul auteur de son interprétation, ce qui lui donne l'exclusion parmi les catholiques, selon la règle du concile qui oblige d'interpréter l'Ecriture selon la tradition et le consentement des saints Pères.

III. Dangereuses conséquences de cette explication.

De cette interprétation de Maldonat, il suit de deux choses l'une : ou que le titre de Fils de Dieu ne prouve en aucun endroit la divinité de Jésus-Christ; ou que ce lieu où elle n'est pas, doit être expliqué en un sens différent de tous les autres : ce qui est un inconvénient trop essentiel pour être omis.

En effet on peut demander à l'auteur de la nouvelle version, si cette parole de l'ange en saint *Luc*, I, 32 : « Il sera appelé le Fils du Très-Haut, » marque mieux la divinité de Jésus-Christ que celle-ci du même ange, trois versets après : « Il sera appelé Fils de Dieu; » on n'y voit point de différence. Si donc Jésus-Christ dans le dernier est Fils de Dieu dans un sens impropre, on en dira autant de l'autre; et voilà d'abord deux passages fondamentaux où le titre de *Fils de Dieu* ne prouvera pas qu'il soit Dieu, ni de même nature que son Père.

Que si dans ces deux passages où l'ange envoyé à la sainte Vierge pour lui expliquer entre autres choses de quel père Jésus-Christ seroit le fils, il n'en est fils qu'improprement, sans l'être comme le sont tous les autres fils véritables, de même nature que leurs pères : que pourra-t-on conclure de tous les autres passages, et ne sera-ce pas un dénoûment aux sociniens pour en éluder la force?

IV. Cette explication est celle que tous les soci-

Il ne faut donc pas s'étonner si tous unanimement ils ont embrassé cette manière d'interpréter la filiation de Jésus-Christ. Fauste Socin, dans son institution de la religion chrétienne, dit « que Jésus-Christ est appelé *Fils de Dieu*, parce qu'il a été conçu et formé par la vertu du Saint-Esprit dans le sein de la Vierge, et que c'est la seule raison que l'ange ait rendue de sa filiation ¹. »

Il remarque ailleurs qu'il n'en faut point chercher d'autre pour appeler Jésus-Christ le *Fils unique de Dieu*, « qu'à cause qu'il est le seul qui ait été conçu de cette manière, et que l'Ecriture ne donne jamais pour raison de cette singulière filiation de Jésus-Christ, qu'il est engendré de l'essence et de la substance de son Père ². »

[marginal: niens onnent pour fondement à leur doctrine.]

Volzogue, un des chefs de cette secte, écrit dans son *Commentaire sur saint Luc*, et sur ces paroles de l'ange, « que Jésus-Christ est Fils de Dieu, parce que Dieu fait par sa vertu ce que fait un père vulgaire dans les autres hommes : » ce qu'il prouve par Maldonat, dont il rapporte au long le passage; en sorte que le traducteur n'aura pas seulement tiré des sociniens l'explication qu'il donne à l'Evangile, mais encore qu'on lui pourra reprocher d'avoir appris d'eux à se servir de Maldonat pour la défendre.

[marginal: V. Les sociniens se servent, comme notre auteur, de l'autorité de Maldonat, et s'autorisent de cette même explication sur l'Evangile de saint Luc.]

Ils font néanmoins la justice à Maldonat de le reconnoître pour un puissant défenseur de la divinité de Jésus-Christ, *strenuum defensorem* ³ : mais ils prétendent qu'à cette fois son aveu leur fait gagner leur cause.

J'ajoute que le traducteur, si soigneux de prendre dans Maldonat ce qui peut être avantageux aux sociniens, le devoit être encore plutôt à suivre les autres remarques de cet interprète contre leur doctrine, ce que nous verrons qu'il n'a pas fait.

Episcopius, le grand docteur des sociniens ⁴, voulant expliquer les causes pour lesquelles Jésus-Christ est appelé « Fils de Dieu uniquement et par excellence, » met à la tête sa conception par l'opération du Saint-Esprit, comme le fondement de toutes les autres.

[marginal: VI. Explication conforme d'Episcopius.]

Ils concluent tous unanimement que c'est en qualité d'homme que Jésus-Christ est appelé *Fils de Dieu;* ce qui s'accorde parfaitement avec notre auteur, qui ne veut point que la nature divine de Jésus-Christ soit nécessaire pour lui faire donner ce titre avec l'excellence particulière qui est marquée dans l'Evangile.

---

¹ Tom. I, p. 650. — ² *Tract. de Deo*, etc., *ibid.*, p. 814. — ³ *Ibid.* — ⁴ *Inst. theol.*, lib. IV, cap. XXXIII, p. 305.

VII.
Les sociniens raisonnent plus conséquemment que le traducteur.

Telle est la doctrine des sociniens, qui raisonnent plus conséquemment que l'auteur de la nouvelle version, puisqu'ils expliquent d'une manière uniforme tous les passages de l'Evangile, au lieu que l'auteur dont nous parlons excepte un passage principal de l'intelligence commune; et ainsi abandonnant aux sociniens un texte si essentiel, il leur donne un droit égal sur tous les autres.

VIII.
Nécessité de s'opposer à cette doctrine.

On ne s'étonnera pas que je prenne un soin particulier d'éclaircir une matière si capitale, puisque la discussion en est nécessaire pour faire sentir l'esprit d'une version à laquelle on donne dès la préface un si mauvais fondement, pendant qu'en même temps on lui veut donner de l'appui sous un nom aussi célèbre que celui de Maldonat.

IX.
Trois vérités opposées à l'explication dont il s'agit.

J'oppose trois vérités à cette erreur : la première, qu'elle est condamnée par toute la tradition et par les expresses définitions de l'Eglise; la seconde, qu'elle est contraire aux textes exprès de l'Evangile; d'où s'ensuivra la troisième, que c'est en vain qu'on lui cherche un fragile appui dans le nom d'un célèbre auteur.

X.
Tradition unanime des saints Pères, pour prouver par un principe général que le nom de Fils, comme il est donné à Jésus-Christ, emporte la divinité.

Tous les Pères d'un commun accord ont rejeté cette doctrine, en décidant que pour appeler Jésus-Christ *Fils de Dieu*, au sens qu'il est appelé dans l'Evangile, c'est-à-dire le fils unique, le vrai et le propre fils, il faut entendre nécessairement qu'il est le fils par nature et de même essence que son père.

Saint Athanase pose cette règle : « Tout fils est de même essence que son père; autrement il est impossible qu'il soit un vrai fils[1]. » C'est ce qu'on trouve à toutes les pages de ses écrits contre les ariens, et ce qu'on lit à chaque ligne dans la *lettre synodale* de son prédécesseur saint Alexandre, et du concile d'Alexandrie à tous les évêques du monde : c'est le principe que donnoient les Pères pour prouver la consubstantialité, et par conséquent la divinité de Jésus-Christ.

XI.
Définition expresse des conciles d'Alexandrie

Quand donc les sociniens nous objectent que l'Ecriture ne donne jamais, pour raison de la filiation de Jésus-Christ, sa génération de l'essence ou de la substance de son père, ils se trompent visiblement, puisque cette unité d'essence est suffisamment exprimée par le seul nom de *fils*, entendu comme il est donné à Jésus-Christ,

[1] Ep. II, *ad Serap.*, édit. Béned., tom. I, part. II, p. 687.

c'est-à-dire de fils unique et de vrai ou propre fils. La définition du Symbole de Nicée y est expresse : « Je crois en Jésus-Christ, né Fils unique du Père, c'est-à-dire de sa substance. » Ainsi la substance du Père est comprise dans le nom de *Fils unique :* d'où il suit, selon ce Symbole, « qu'il est Dieu de Dieu, lumière de lumière, vrai Dieu de vrai Dieu. » Par conséquent la notion de la divinité ne peut pas être séparée du nom de *fils,* comme il est donné au Fils de Dieu, et c'est l'expresse définition du concile de Nicée. et de Nicée, suivie du témoignage de tous les Pères.

On lit aussi partout dans les deux Cyrilles, celui de Jérusalem et celui d'Alexandrie, que Jésus-Christ est toujours appelé « le Fils unique de Dieu, c'est-à-dire fils par nature, proprement et en vérité[1]. » Saint Augustin dit aussi sur ces paroles du Symbole : « Et en Jésus-Christ son Fils unique, reconnoissez qu'il est Dieu : car le fils unique de Dieu ne peut pas n'être pas Dieu lui-même[2] ; » et encore : « Il a engendré ce qu'il est ; et si le fils n'est pas ce qu'est son père (c'est-à-dire de même nature que lui), il n'est pas vrai fils. »

Ainsi c'est une règle universelle, reconnue par tous les Saints et expressément décidée par le concile d'Alexandrie et par celui de Nicée, que tous les passages où Jésus-Christ est appelé *Fils de Dieu* absolument, comme il l'est partout, emportent nécessairement sa divinité. Détacher avec notre auteur de ce sens unique un seul passage de l'Evangile, c'est renverser le fondement de la foi, c'est rompre la chaîne de la tradition ; et comme il a été dit, c'est en éludant un seul passage de l'Evangile, donner atteinte à tous les autres.

Après les passages où l'explication que nous combattons est condamnée en général, venons aux endroits où est expliqué en particulier le texte de l'Evangile de saint Luc qu'on entreprend d'éluder. Saint Athanase, dans le livre de l'*Incarnation,* en expliquant ce passage et venant à ces paroles : « Ce qui naîtra saint de vous, sera appelé *Fils de Dieu,* » conclut aussitôt « que celui que la Vierge a enfanté est le vrai et naturel Fils de Dieu, et Dieu XII Explications particulières des saints Pères sur le passage de S. Luc dont il s'agit.

---

[1] Cyril. Hier., *Cat.,* 10 ; Cyr. Alex., *Epist. ad Mon. Æg.,* et alibi passim. —
[2] Tom. VI, *De Symb. ad Catech.,* n. 3.

véritable : » il ne croit donc pas possible d'en séparer la divinité.

Ce passage est cité par saint Cyrille dans sa première Epître aux impératrices devant le concile d'Ephèse [1]; de sorte que dans ce seul texte nous voyons ensemble le témoignage de deux grands évêques d'Alexandrie, dont l'un a été la lumière du concile de Nicée, et l'autre a été le chef de celui d'Ephèse.

Saint Augustin parle ainsi dans un sermon admirable prononcé aux catéchumènes en leur donnant le Symbole; là il explique ces paroles du même Symbole : « Né du Saint-Esprit et de la vierge Marie, » par celles-ci de l'Evangile : « Le Saint-Esprit descendra sur vous, et la vertu du Très-Haut vous couvrira de son ombre : » et l'ange ajoute, dit-il : « C'est pourquoi ce qui naîtra saint de vous sera appelé Fils de Dieu : » il ne dit pas, poursuit ce Père, sera appelé Fils du Saint-Esprit, mais sera appelé Fils de Dieu : ce qu'il conclut en ces termes : *Quia sanctum, ideò de Spiritu sancto : quia nascetur ex te, ideò de Virgine Mariâ : quia Filius Dei, ideò Verbum caro factum est;* c'est-à-dire : Parce que Jésus-Christ est une chose sainte, *sanctum,* il est dit qu'il est conçu du Saint-Esprit : parce que l'ange a ainsi parlé à la sainte Vierge : « Il naîtra de vous, » c'est pour cela qu'on a mis dans le Symbole : « Né de la vierge Marie; et parce qu'il est le Fils de Dieu, c'est pour cela que le Verbe a été fait chair [2]. » Ainsi en expliquant de dessein formé le passage de saint Luc que nous traitons, on voit qu'il y fait entrer l'incarnation du Verbe, loin de croire qu'on puisse l'entendre, comme notre auteur, sans y comprendre sa divinité.

Ce Père remarque soigneusement que Jésus-Christ n'est pas appelé *Fils du Saint-Esprit;* ce qui seroit inévitable, s'il étoit fils seulement par la formation divine et surnaturelle de son corps, parce qu'encore que cette formation soit attribuée spécialement au Saint-Esprit comme un ouvrage de grace et de sainteté, ainsi que la création est attribuée au Père, néanmoins au fond elle appartient à toute la Trinité, comme toutes les opérations extérieures; en sorte que si Jésus-Christ est appelé Fils de Dieu, à

---

[1] Lib. Epist. I, *ad Regin. ante conc. Ephes.* — [2] Serm. CCXIV, *in tradit. Symb.*, III, n. 7.

cause précisément qu'il est conçu du Saint-Esprit, le Père céleste n'est pas plus son Père que le Saint-Esprit ou le Fils même : ce qui est une hérésie formelle, plus amplement combattue dans un autre endroit de saint Augustin que je marque seulement [1].

Mais que serviroit d'alléguer ici d'autres autorités particulières, puisque nous avons la décision du concile de Francfort, où tout l'Occident, le Pape à la tête, en alléguant le passage dont il s'agit : « Le Saint-Esprit descendra sur vous, etc., » lorsqu'il en vient à ces mots : « Il sera appelé Fils de Dieu, » les explique ainsi : « Il sera appelé fils absolument, » parce que « l'ange ne parle pas seulement de la majesté de Jésus-Christ, mais encore de sa divinité incarnée [2], » laquelle par conséquent il a en vue en appelant Jésus-Christ Fils de Dieu ; d'où ces Pères concluent enfin qu'il n'est pas *un fils adoptif, mais un fils véritable ; non un étranger* (qu'on prend pour *fils*), *mais un propre fils,* de même essence que son père. Ainsi l'ange en l'appelant fils, exclut qu'il soit adoptif, ce qu'il n'éviteroit pas s'il s'agissoit seulement d'un fils par création et par une opération extérieure. Il s'agit donc d'un fils par nature, et par conséquent d'un Dieu ; et c'est, selon ce concile, ce que l'ange a voulu dire en le nommant fils.

XIII. Décision expresse du concile de Francfort et de tout l'Occident.

Trois passages exprès vont faire voir que, selon le style de l'Evangile, le nom de *Fils de Dieu* ne peut jamais être désuni de la divinité.

XIV. Trois passages exprès de l'Évangile pour la doctrine précédente.

1. « Les Juifs cherchoient à faire mourir Jésus-Christ, parce que non-seulement il violoit le sabbat, mais encore parce qu'il disoit que Dieu étoit son propre père (car c'est ainsi que porte le grec), se faisant égal à Dieu (*Joan.*, v, vers. 18). » Donc, par le nom de *Fils de Dieu,* les Juifs entendoient eux-mêmes quelque chose *d'égal à Dieu* et de même nature que lui : par conséquent cette idée de divinité est comprise naturellement dans le nom de *fils.*

2. La même vérité se prouve par cette parole des Juifs : « Ce n'est point pour une bonne œuvre que nous vous lapidons, mais pour un blasphème, et parce qu'étant homme, vous vous faites Dieu (*Joan.*, x, 33). » Or Jésus-Christ ne se faisoit Dieu qu'en se

---

[1] Tom. VII, *Enchir.*, cap. XXXVIII-XL. — [2] Conc. Francof., *in libello Episc. Ital.*, et can. 1, tom. II, *Conc. Gall.*

nommant *Fils de Dieu* : on entendoit donc naturellement que ce terme, au sens que Jésus-Christ le prononçoit, renfermoit sa divinité. Mais l'ange ne l'entendoit pas en un autre sens que Jésus-Christ ; donc l'expression de l'ange montre Jésus-Christ comme Dieu.

3. Sans sortir même des paroles de l'ange, il veut que Jésus-Christ soit fils de Dieu au même sens que ce saint ange le disoit fils de David et fils de Marie ; autrement il y auroit dans son discours une grossière équivoque et une manifeste illusion : or est-il que Jésus-Christ est fils de David et de Marie, parce qu'il est engendré de même nature qu'eux : il est donc aussi Fils de Dieu, parce qu'il est engendré de même nature que son père.

XV.
C'est une erreur de Fauste Socin, de dire qu'on soit Fils de Dieu sans être de même nature.

Par là est condamné Fauste Socin, lorsqu'il dit qu'on peut être Fils de Dieu sans être de même nature [1] ; et la même condamnation tombe sur tous ceux qui, en quelque endroit que ce soit de l'Evangile, séparent la divinité du nom de fils.

Nous avons donc démontré, comme nous l'avons promis, non-seulement par la tradition de tous les Pères et par les expresses définitions de l'Eglise, mais encore par l'Evangile en trois passages formels, qu'on ne peut dire selon le même Evangile que Jésus-Christ soit Fils de Dieu sans le reconnoître pour Dieu.

XVI.
Objection tirée de l'idée de l'ange.

Voici néanmoins ce qu'on nous objecte : car il faut laisser sans réplique ceux qui voudroient trouver dans les paroles de l'ange une erreur de si dangereuse conséquence. On fait donc cette objection. Ce saint ange, en expliquant la filiation de Jésus-Christ, n'en a point rendu d'autre raison, si ce n'est qu'il est conçu du Saint-Esprit et par l'ombre de la vertu du Très-Haut : *Ideò*, dit-il, *pour cela*, sans parler de la génération éternelle du Fils de Dieu : elle n'y est donc pas nécessaire. Mais ceux qui parlent ainsi, ont peu pénétré la force que donnent les Pères aux paroles de ce bienheureux Esprit.

XVII.
Réponse par la doctrine

Le pape saint Grégoire a entendu dans cette *ombre du Très-Haut* dont la bienheureuse Marie a été couverte, les deux natures du Fils de Dieu [2], et l'alliance de « la lumière incorporelle qui

---

[1] *Resp. ad lib. Wieki.*, tom. II, p. 569. — [2] *Mor. in Job.*, lib. XVIII, cap. XII, sub fin.

est Dieu, » avec le corps humain, qui est regardé comme l'ombre.

des saints Pères : ce que c'est que l'obumbrare et le Sanctum de l'ange.

Conformément à cette explication, le Vénérable Bède a remarqué dans cette *ombre du Très-Haut,* la lumière de la divinité unie à un corps humain [1].

D'autres Pères ont observé dans ce terme *Sanctum,* au neutre et au substantif, une sainteté parfaite et absolue, qui ne peut être que celle de la Divinité; et cette explication n'est pas seulement de quelques Pères, comme en particulier de saint Bernard [2], mais encore du concile de Francfort, au lieu déjà allégué, où l'on voit que si Jésus-Christ est saint en ce sens, il est donc saint comme Dieu, et sa divinité est exprimée par ce mot.

S'il faut venir aux modernes, le cardinal Tolet a reconnu après les anciens, dans ce neutre substantif *Sanctum,* la sainteté de la divinité même [3], et dans l'ombre du Père éternel l'union de la même divinité avec la nature humaine par l'incarnation.

XVIII. *Sentiment des cardinaux Tolet et Bellarmin, appuyé par S. Cyrille de Jérusalem.*

Le même interprète a remarqué [4] dans l'opération du Saint-Esprit, une céleste préparation de la sainte Vierge pour être Mère de Dieu, n'y ayant que le Saint-Esprit qui fût digne pour ainsi dire de former un corps que le Fils de Dieu se pût unir.

Le cardinal Bellarmin a dit que cet *ideò* de l'ange, tant objecté par les sociniens, « étoit un signe, et non une cause, de ce que Jésus-Christ étoit appelé *Fils de Dieu.* Car il étoit convenable que si Dieu se vouloit faire homme, il ne naquît que d'une vierge; et que si une vierge devoit enfanter, elle n'enfantât qu'un Dieu [5]. » C'est la solution de ce grand cardinal, et Fauste Socin n'a fait que de vains efforts pour y répondre [6].

Cette explication de Bellarmin est proposée dès les premiers siècles dans un catéchisme de saint Cyrille de Jérusalem, où il parle en cette sorte : « Parce que Jésus-Christ, le Fils unique de Dieu, devoit naître de la sainte Vierge, la vertu du Très-Haut l'a couverte de son ombre, et le Saint-Esprit descendu sur elle l'a sanctifiée, afin qu'elle fût digne de recevoir celui qui a créé toutes

---

[1] *In Luc.,* cap. 1. — [2] Bern., super *Missus est,* passim. — [3] *Comm. in Luc.,* I, ann. 97, 100, 102, etc. — [4] Tol., *ibid.* — [5] Tom. I, II, *Cont. Gen.,* lib. 1, *De Christ.,* cap. VI. — [6] Faust. Socin., tom. II, *Resp. ad libell. Weik. et ad Sell.,* p. 571.

choses¹ : » elle devoit donc le recevoir en vertu de cette divine préparation, et son fils devoit être un Dieu.

XIX. Sentiment conforme de Luc de Bruges.

Luc de Bruges tranche aussi la chose en un mot, lorsque, pour lier avec l'*ideò* de saint Gabriel le *Filius Dei* que cet archange y attache : « Il sera, dit ce docte commentateur, Fils de Dieu par nature, et tel qu'il l'est de toute éternité dans le sein de son Père; pour cette raison entre les autres, qu'il sera conçu du Saint-Esprit, sans avoir un homme pour père, nul ne pouvant être conçu et fait homme de cette sorte que le Fils de Dieu, auquel seul il ne convenoit pas (*non decebat*) d'avoir un homme pour père sur la terre, parce qu'il avoit Dieu pour père dans le ciel : *Quem solum non decebat hominem habere in terrâ patrem, qui patrem in cœlo haberet Deum*². »

XX. Des divines convenances et de la liaison des mystères, par rapport à l'*ideò* du saint ange.

Au reste les divines bienséances et convenances qui ont donné lieu à cet *ideò* de l'ange et aux conséquences qu'il en tire, ne doivent pas être réglées par une foible dialectique, mais par l'entière compréhension de toute la suite des mystères, selon que Dieu les avoit unis dans ses conseils. Ainsi l'on doit croire que la naissance du Fils de Dieu selon la chair par l'opération du Saint-Esprit, est une suite naturelle, et comme une extension de sa génération éternelle au sein de son Père. Par l'effet du même dessein, cette chair unie au Verbe devoit sortir du tombeau avec une gloire immortelle; et tout cela dans l'ordre des conseils de Dieu étoit une suite de cette parole : « Vous êtes mon Fils, je vous ai engendré aujourd'hui³. » C'est aussi pour cette raison que saint Paul applique le *genui te* du Psalmiste à la résurrection du Fils de Dieu, parce qu'elle en est une suite, et que l'éternelle génération de Jésus-Christ comprend en vertu tant sa sortie du tombeau que sa sortie virginale du sein de sa Mère.

C'est l'enchaînement de ces trois mystères que Jansénius, évêque de Gand, a démontré par les Ecritures⁴; et par là ce docte auteur a parfaitement expliqué l'*ideo* de l'ange.

XXI. Autre remarque.

On peut dire encore, et cette remarque est du cardinal Tolet, que cet *ideò* a son rapport à toute la suite du discours où l'ange

---

¹ *Cat.*, 17. — ² Sup. *in Luc.*, hîc, tom. III, édit. 1612. — ³ *Psal.* II. — ⁴ *Comm.*, cap. V, 29.

avoit dit : « Il sera grand (absolument et comme Dieu), et il sera le Fils du Très-Haut, dont le règne n'aura point de fin : » paroles, dit ce cardinal, dont « la venue du Saint-Esprit sur la Vierge, et l'ombre du Très-Haut, font le parfait accomplissement, qui ne pouvoit convenir qu'à celui qui seroit vraiment et par nature le Fils de Dieu [1]. »

<small>du cardinal Tolet pour expliquer la liaison de tous les mystères.</small>

Il ne sert de rien d'objecter que dans la pensée de ce savant cardinal, Dieu qui peut tout, pouvoit par sa puissance absolue et par l'opération de son Saint-Esprit faire naître d'une vierge un homme pur : en sorte que cette naissance si miraculeuse peut absolument être séparée de l'incarnation du Verbe : cela, dis-je, ne sert de rien; car nous avons vu que la liaison de ces choses ne devoit pas être réglée par ces abstractions et possibilités métaphysiques, mais par l'ordre et l'enchaînement actuel des desseins de Dieu. Qu'importe que dans cette supposition métaphysique le fils d'une vierge pût n'être pas Dieu, puisqu'en même temps selon ce même cardinal il ne seroit pas fils de Dieu, n'étant pas engendré de la substance du Père éternel? Laissons donc ces abstractions, et disons que selon l'ordre réel des desseins de Dieu, le fils d'une vierge devoit être le Fils de Dieu, et que par là s'accumulent toutes les merveilles de la gloire de Jésus-Christ et tous les titres d'honneur qui lui sont donnés, comme celui de Christ, de Médiateur, de Roi, et même de Pontife, selon ce que dit saint Paul, que cet honneur lui est donné « par celui qui lui a dit : Vous êtes mon Fils [2]. »

Telle est la théologie des anciens e des nouveaux interprètes : et après tout, ceux qui nous opposent la conséquence de l'ange ne font autre chose que de proposer l'objection des sociniens, comme nous ne faisons que répéter les réponses des catholiques.

Il n'est pas permis de laisser passer une proposition si mauvaise en soi et de si dangereuse conséquence, sous prétexte qu'on l'aura tirée de quelque docteur catholique : au contraire il s'y faut opposer alors avec d'autant plus de force, qu'on tâche avec plus d'adresse de lui attirer de la faveur.

<small>XXII. Réflexion sur la doctrine précédente et sur la règle du concile.</small>

C'est donc le cas de faire valoir la règle du concile de Trente, qui oblige les catholiques à expliquer l'Ecriture, non selon un ou

[1] *In Luc.*, I, loc. sup. — [2] *Hebr.*, V, 5.

deux auteurs, mais selon le consentement unanime des Pères. C'est pourquoi nous avons pris soin d'en rapporter les témoignages et même les décisions expresses de l'Eglise, afin d'ôter d'abord à ceux qui favorisent la mauvaise interprétation tout le fondement qu'ils veulent donner à leur erreur.

<small>XXIII. On rapporte les propres paroles de Maldonat, qui condamnent son explication.</small> Nous aurions pu nous contenter de l'aveu de Maldonat qui, non-seulement n'allègue aucun des Pères ni des autres catholiques, mais encore avoue franchement que tout ce qu'il en a lu lui est contraire. Voici ses propres paroles : « Alii omnes quos viderim ita interpretantur, quasi de Christo ut Deo, aut certè ut homine in unam cum Deo personam assumpto, loquatur Angelus... quamobrem antiqui illi auctores, Nestorii hæresim duos in Christo filios sicut duas personas fingentis, ex hoc loco refutarunt, ut Gregorius et Beda. Quamquàm ego quidem alium arbitror esse sensum, ut non de Christo quà Deus, neque quà homo personæ conjunctus divinæ, sed de solà conceptione humanâque generatione, hoc intelligatur, etc. » C'est-à-dire : « Tous les autres auteurs que j'ai lus, entendent que l'ange parle de Jésus-Christ comme Dieu, ou du moins comme homme uni avec Dieu dans une même personne. C'est pourquoi ces anciens auteurs, comme saint Grégoire et Bède, ont réfuté par ce passage l'hérésie de Nestorius, qui mettoit deux fils ou deux personnes en Jésus-Christ; mais pour moi, j'estime qu'il faut donner un autre sens à ces paroles de l'ange et les entendre, non de Jésus-Christ comme Dieu ou comme homme uni à une personne divine, mais de la seule conception et génération humaine [1]. » Par où il rejette manifestement les saints Pères et « tous les auteurs qu'il a lus » sans exception, pour établir son sentiment particulier : EGO QUIDEM : d'où il conclut qu'un pur homme, qui ne seroit ni Dieu, ni uni à la personne divine, n'en seroit pas moins appelé *Fils de Dieu* par l'ange, comme il a été remarqué d'abord.

Il se fait donc en termes formels auteur unique d'une proposition jusqu'alors inouïe dans l'Eglise; et en cette sorte il prononce contre lui-même selon la règle du concile; à quoi si nous ajoutons que tous les sociniens embrassent son explication, et

---
[1] *Comm. in Luc., in hæc verba :* Vocabitur Filius Dei, *Luc.*, I, 35.

qu'en effet tous les Pères la rejettent unanimement avec les conciles, on voit clairement qu'elle ne peut éviter d'être condamnée toutes les fois qu'il la faudra examiner.

Que si jusqu'ici on n'en a pas repris l'auteur et qu'on voulût tirer avantage de ce silence, on tomberoit dans une erreur condamnée par Alexandre VII et par tout le clergé de France, qui censure sévèrement ceux qui voudroient dire que le « silence et la tolérance emportoient l'approbation de l'Eglise ou du Saint-Siége[1]. »

XXIV. On prévient une objection et on propose la règle.

La règle que doivent tenir les bons interprètes est, comme je l'ai dit souvent et on ne peut assez le répéter, de ne prendre dans les auteurs catholiques que ce qui peut être utile à l'édification de l'Eglise et ne trouble point l'analogie de la foi : autrement, s'il étoit permis de ramasser indifféremment dans tous les auteurs ce qu'il y a d'erroné ou de suspect, qui pourroit avoir échappé à la censure publique, on tendroit aux simples fidèles un piége trop dangereux, et on ouvriroit une porte trop large à la licence.

Si le traducteur avoit suivi cette règle, il auroit trouvé la raison d'éviter l'explication de Maldonat dans le propre lieu qu'il en allègue ; et il se seroit plutôt attaché aux autres endroits de cet interprète sur le même chapitre de saint Luc. Il y auroit remarqué sur ces paroles de l'ange : *Hic erit magnus,* « il sera grand[2], » que Jésus-Christ seroit grand, non pas comme un grand homme, et comme le même ange l'avoit dit de saint Jean-Baptiste; « il sera grand devant le Seigneur (vers. 15) ; » mais qu'il seroit grand comme le Seigneur, *magnus Dominus* (Psalm. XLVII). Il y auroit encore trouvé que dans ces paroles du même ange, « il sera nommé le Fils du Très-Haut (vers. 32), » il faut entendre qu'il en sera « le propre Fils uni au Verbe en personne ; » ce qui auroit pu lui faire entendre qu'il ne falloit point varier dans cette explication trois versets après. Mais il omet ces belles remarques de Maldonat, pour s'attacher précisément à ce qu'il y a de mauvais, et dont les sociniens ont tiré l'avantage que nous avons vu.

XXV. Le traducteur a omis ce qu'il y a d'excellent dans Maldonat.

Je sais que l'auteur s'applique à chercher dans les interprètes catholiques quelque chose qui favorise Maldonat ; mais il se

XXVI On cherche en

---

[1] Alex. VII, prop. 27; *Cens. Cler. Gall.*, cap. XXX, p. 31.— [2] *Ibid.; Luc.*, I, 32.

vain des auteurs modernes qui aient suivi Maldonat. donne un vain tourment : car quand il auroit trouvé un ou deux auteurs favorables, il n'en seroit pas plus avancé, et on lui diroit toujours : Venons aux Pères : lisons les conciles : et laissons là quelques modernes qu'il faut corriger ou expliquer bénignement.

Au reste c'est autre chose de dire que la conception miraculeuse de Jésus-Christ par l'opération du Saint-Esprit, peut aider à nous faire entendre qu'il est Fils de Dieu : autre chose de s'arrêter précisément à cette raison, ce que je ne trouve dans aucun auteur catholique : mais il n'est pas nécessaire d'entrer dans cet examen, ni de s'arrêter davantage en si beau chemin.

XXVII. *Conclusion de cette remarque: excuse envers Maldonat.* J'ai eu peine de me voir forcé à parler ainsi de Maldonat : c'est la faute du traducteur de l'avoir commis mal à propos. A Dieu ne plaise que je déroge à la grande réputation de ce savant interprète! Au contraire je blâme l'auteur, qui dans sa critique des commentateurs l'accuse de « n'avoir pas lu dans la source tout ce grand nombre d'écrivains qu'il cite[1] : » ce qui marqueroit une négligence dont je ne veux pas le reprendre : j'aime mieux dire avec notre auteur que son ouvrage ayant été publié après sa mort, il ne faut pas s'étonner s'il n'est pas toujours aussi exact qu'il « l'auroit été s'il avoit mis lui-même la dernière main à son commentaire[2], » étant difficile que les autres réviseurs, quelque habiles qu'ils soient, prennent garde à tout d'aussi près, et tranchent aussi hardiment sur l'ouvrage d'autrui qu'il auroit pu faire s'il étoit encore au monde.

Ce qu'il y a de plus remarquable, c'est, ainsi qu'il a été dit, que si le traducteur avoit pris soin de recueillir les autres endroits de ce savant commentaire, comme il a fait celui-ci, on verroit que cet écrivain se seroit réfuté lui-même; et qu'en tout cas, s'il a fallu le reprendre, comme un homme sujet à faillir, ç'a été en suivant les sentimens de ces deux savans cardinaux de sa compagnie, le cardinal Tolet et le cardinal Bellarmin.

Je conclus qu'il faut condamner l'endroit que j'ai marqué de la préface, à moins de vouloir dès les premiers pas mettre entre les mains du peuple avec l'Évangile une doctrine qui lui est si op-

[1] Chap. XLII, p. 618. — [2] *Ibid.*

posée, et donner en même temps de nouveaux triomphes aux plus subtils ennemis de la vérité.

IIᵉ PASSAGE.

« Les théologiens ne conviennent pas de quelle adoration il est parlé en certains lieux (de l'Evangile), si c'est de la véritable et qui n'est due qu'à Dieu seul, ou du simple respect qu'on rend aux personnes lorsqu'on les salue [1]. » Il étend cette équivoque jusqu'à Jésus-Christ par ces paroles : « Il y a de très-anciens interprètes qui croient que les mages ne saluèrent pas seulement l'enfant Jésus comme roi, mais qu'ils l'adorèrent aussi comme Dieu. » Il conserve l'ambiguïté dans sa note sur *saint Matthieu,* II, 2; et il y laisse indécise l'adoration que les mages rendirent à Jésus-Christ.

I. Sur l'adoration des mages.

REMARQUE.

C'est trop affoiblir la doctrine constante de l'Eglise, que de réduire à quelques interprètes anciens ce qui est commun à tous. « Il y a, dit-on, des interprètes » (catholiques) : s'il n'y en a que quelques-uns, il falloit donc marquer les autres; mais le traducteur n'en a point trouvé. Pour peu qu'il eût pris la peine de rechercher comme il devoit ces « anciens interprètes, » il auroit appris de saint Chrysostome [2] que l'étoile qui conduisoit les mages, en s'inclinant sur la tête de l'enfant, leur montra qu'il étoit « le Fils de Dieu; » que par ce moyen elle convainquoit d'erreur Paul de Samosate et les autres qui « ne vouloient l'adorer que comme un pur homme, » pendant que les mages lui offroient ce qu'on avoit accoutumé « d'offrir à un Dieu; » que ces présens étoient en effet « dignes d'un Dieu, » et que la nouvelle lumière qui, comme un autre astre, avoit commencé à luire à leur esprit, leur apprit à adorer Jésus-Christ « comme Dieu et souverain bienfaiteur de tout le monde. » Saint Augustin a aussi prêché que les mages avoient reconnu Jésus-Christ « comme Dieu [3]; » et ne l'auroient pas tant cherché, s'ils n'avoient connu que ce roi des Juifs « étoit aussi le Roi de tous les siècles. »

II. Affoiblissement de la doctrine contraire à saint Chrysostome et à saint Augustin.

Ces passages ne sont pas obscurs ni recherchés; on les trouve

III. Passages

[1] Préf., p. 35. — [2] *In Matth.*, hom. 7 et 8. — [3] Serm. CC, n. 3; CCI, n. 1.

sous leur propre titre, qui est celui de l'Epiphanie et des mages. Saint Léon, sous le même nom, répète souvent qu'une lumière plus grande que celle de leur étoile leur avoit appris que celui qu'ils adoroient « étoit un Dieu; » qu'ils lui offroient « de l'encens » en cette qualité; qu'ils le reconnurent pour « le Roi du ciel et de la terre; » et qu'ils n'auroient pu « être justifiés, s'ils n'avoient cru le Seigneur Jésus vrai Dieu et vrai homme [1]. »

et preuves de S. Léon.

IV. Démonstration, que ce sentiment des Pères étoit unanime.

Tout le monde sait les paroles du poëte chrétien, qui sont rapportées par saint Jérôme sur ce chapitre de saint Matthieu. Saint Basile est trop précis pour être omis : « Les mages l'adorent, dit-il, et les chrétiens feront une question comment Dieu est dans la chair [2]? » Je n'ai pas besoin de citer les autres passages des Pères; et il suffit de se souvenir de cette maxime de saint Augustin et de Vincent de Lérins, que comme ils étoient tous d'une même foi, qui en entend quelques-uns les entend tous. Aussi ne voit-on ici ni passage opposé, ni doute aucun : on voit au contraire qu'ils supposent le fait de l'adoration souveraine comme constant parmi les chrétiens. Si les mages sont les prémices des gentils, ils doivent être de même foi et de même religion que nous : aussi, comme disoit saint Léon, ils n'auroient pas été justifiés par la foi en un homme pur; et on ne peut démentir ce que chante toute l'Eglise touchant la divinité de Jésus-Christ reconnue par les mages, sans vouloir éteindre une tradition unanime.

V. Qui sont ceux que le traducteur appelle théologiens.

Quand le traducteur assure que les « théologiens ne conviennent pas du sens de l'adoration » en cet endroit, on voit ceux qu'il appelle « théologiens, » puisqu'à la réserve des sociniens tous concourent à l'adoration de Jésus-Christ comme Dieu. Mais comme l'auteur avoit pris la peine d'observer curieusement dans sa critique sur les commentateurs [3], que Fauste Socin attribue aux mages envers Jésus-Christ une adoration de la nature de celle que les Orientaux rendoient à leurs rois, il n'a pas voulu le laisser seul, et il lui donne pour compagnons quelques théologiens et quelques Pères.

Il pouvoit compter parmi ces théologiens favorables à Socin

---

[1] Serm. III, *in Epiph.*, cap. II, III, IV; serm. IV, cap. II, etc.— [2] Bas., *De hum. Chr. gen.*, sub fin. — [3] *Hist. crit. des Comm.*, etc., chap. LVI, p. 847.

Grotius, qui donne aux mages une adoration telle qu'on la pouvoit « rendre selon la coutume de leur nation à celui qu'ils reconnoissoient comme destiné à la royauté » (*Matth.*, II, 2) sans élever leur esprit plus haut.

Concluons que ces paroles de l'auteur : « Il y a de très-anciens interprètes, etc.; » et celles-ci : « Les théologiens ne conviennent pas, etc., » en introduisant un partage entre les théologiens, sous prétexte qu'il y en a entre les orthodoxes et les hérétiques, favorisent les sociniens et affoiblissent le témoignage que toute l'Eglise catholique a porté contre eux.

IIIᵉ PASSAGE.

« C'est, selon cette règle qui peut être confirmée par un grand nombre de passages de la Bible, qu'Aron, savant juif de la secte des caraïtes, n'a pas exprimé ces mots du chapitre XIX, verset 26, de la Genèse : *Versa est in statuam salis*, par ceux-ci, comme on fait ordinairement : « La femme de Lot fut changée en statue de sel; » mais de cette manière : « Elle devint comme une statue de sel, c'est-à-dire immobile [1]. »

I. Sur le changement de la femme de Lot en statue de sel.

REMARQUE.

Il est de mauvais exemple d'autoriser les règles de la version par le témoignage d'un caraïte, c'est-à-dire d'un hérétique de la loi des Juifs, et de fournir aux libertins des moyens pour éluder dans les textes les plus clairs les miracles les plus avérés. Le traducteur ne remédie pas à un si grand mal par un carton qu'il a fait pour cet endroit de sa préface. Que servent ces cartons quand le public n'en est pas averti, et qu'il les ignore ? On fait plus dans le débit de ce livre : on vend à la fois et l'erreur et le prétendu correctif : l'erreur n'a rien voulu perdre; on satisfait la mauvaise curiosité et le venin s'insinue. On sait d'ailleurs qu'il y a des fautes où un sage théologien ne tombe jamais; celle-ci est de ce nombre, puisqu'on y tourne en règle la témérité et le mensonge, et qu'on ne peut même se résoudre à les supprimer.

II. Réflexion sur ce passage : inutilité des cartons de la manière dont l'auteur les fait.

[1] Préf., p. 39.

IVᵉ PASSAGE.

I.
Sur la Vulgate.
« Le décret du concile de Trente (pour autoriser la Vulgate) n'a été fait que pour le bon ordre, et pour empêcher toutes les brouilleries qu'auroient pu apporter les différentes versions. » Il ajoute ailleurs « que notre Vulgate a jeté dans l'erreur, non-seulement quelques-uns de nos traducteurs françois, mais aussi plusieurs protestans [1]. »

REMARQUE.

II.
Dessein du concile de Trente dans le décret qui autorise la Vulgate.
C'est penser trop indignement de ce décret que d'en faire un simple décret de discipline; il s'agit principalement de la foi; et le concile de Trente a eu dessein d'assurer les catholiques « que cette ancienne édition Vulgate, approuvée par un si long usage de l'Eglise, » représentoit parfaitement le fond et la substance du texte sacré par rapport aux dogmes de la foi; ce qui se voit par ces paroles du décret : « Qu'elle doit être tenue pour authentique dans les leçons, disputes, prédications et expositions; en sorte que personne ne présume de la rejeter, sous quelque prétexte que ce soit [2]. » Voilà ce qu'il falloit dire de ce célèbre décret du concile, et non pas à la manière du traducteur le réduire à un règlement de police; ce qu'on ne peut exempter d'erreur manifeste. C'est aussi une irrévérence insupportable de dire que la Vulgate « induise à erreur, » surtout après avoir dit positivement ce qu'on vient d'entendre de la bouche du traducteur; mais il avoit ses raisons, que nous allons voir, pour affoiblir un décret qu'il vouloit si peu observer.

Vᵉ PASSAGE.

I.
Belle règle de l'auteur sur l'obligation de traduire selon la Vulgate.
Le traducteur a posé ces belles règles : « Que dans les traductions de la Bible, en langue vulgaire, qui sont destinées aux usages du peuple, il est à propos de lui faire entendre l'Ecriture qui se lit dans son Eglise, et qu'on l'a ainsi observé religieusement, non-seulement dans l'Eglise romaine, mais aussi dans les sociétés chrétiennes d'Orient : de sorte qu'un sage traducteur qui se propose de faire entendre au peuple l'Ecriture qui se lit dans

---
[1] Préf., 5, p. 18 et 81. — [2] Sess. IV.

son Eglise, sera toujours obligé de traduire plutôt sur le latin que sur le grec et l'hébreu, et c'est à quoi il s'oblige [1]. »

REMARQUE.

Voilà une belle règle, mais que l'auteur a mal gardée, puisqu'il commence à la violer dès la préface où il la propose [2], en disant que dans ce passage de l'*Epître aux Romains*, chapitre IX, verset 3 : *Anathema à Christo;* « il falloit traduire, *propter Christum*, à cause de Jésus-Christ, » et non pas selon la Vulgate et selon le grec : « De Jésus-Christ ou par Jésus-Christ ; » ce qu'il a suivi en effet dans la traduction de cet endroit de saint Paul, en traduisant hardiment sans autorité et sans exemple, *à Christo*, ἀπὸ Χριστοῦ, « pour l'amour de Jésus-Christ. »

II. Le traducteur commence dès sa préface à violer sa règle. Traduction d'un passage de saint Paul, Rom., IX, 3.

Il se glorifie néanmoins de cette traduction en ces termes : « Je n'ai lu aucun traducteur ni aucun commentateur qui ait exprimé parfaitement le sens de ce passage de saint Paul, faute d'avoir fait réflexion sur la particule grecque ἀπὸ : de sorte qu'au lieu de se corriger d'avoir ici abandonné, non-seulement tous les interprètes, mais encore la Vulgate même qu'il avoit promis de traduire, on voit au contraire qu'il en fait gloire.

III. L'auteur se glorifie d'avoir innové, p. 21.

Au reste dans cet endroit et dans les autres qui suivront, je ne m'attacherai point au fond des passages que je traiterai ailleurs, mais je me contenterai de marquer l'éloignement affecté de la Vulgate.

IV. Avis important au lecteur.

J'en ai déjà rapporté plusieurs exemples, et les versions que j'ai relevées comme favorables aux sociniens sont la plupart autant de contraventions à la promesse de traduire selon la Vulgate : « J'ai plus aimé Jacob qu'Esaü (*Rom.*, IX, 13), » est traduit contre la Vulgate : j'en dis autant de ce texte : « Vous ne pouvez rien, séparés de moi (*Joan.*, XV, 5). » On a traduit contre la Vulgate : « Il ne s'est point attribué impérieusement, » au lieu de traduire : « Il n'a pas cru que ce fût une usurpation (*Phil.*, II, 6) ; » on a approuvé cette version : « Le Fils de l'homme, autrement l'homme, » afin de rendre l'homme en général, et non pas Jésus-Christ seul, maître du sabbat (*Matth.*, XII, 8 ; *Luc*, VI, 5). C'est en-

V. Divers exemples de contraventions à l'autorité de la Vulgate.

[1] Préf., p. 3, 4 et 35. — [2] P. 21, 22.

core contre la Vulgate d'avoir mis « les sacrificateurs du commun » (*Act.*, VI, 7), au lieu « d'un grand nombre de sacrificateurs. » La Vulgate traduit : « Réponse de mort » (II *Cor.*, I, 9) ; et le traducteur malgré tout le monde a voulu dans le texte même que ce fût « une assurance de ne mourir pas. » Je ne finirois jamais si je voulois relever tous les endroits où le traducteur substitue au texte de la Vulgate, non-seulement ses propres imaginations, mais encore les explications des sociniens.

VI.
Autre exemple sur l'*Epître aux Hébreux* II, 16.

Il viole encore sa règle *aux Hébreux*, II, 16, où il traduit ce passage : *Non enim semen Abrahæ apprehendit :* « Ce n'est point les anges qu'il met en liberté. » Il ne s'agit pas ici de savoir si ce commentaire d'Estius est bon ou mauvais, ni si les traducteurs de Mons ont bien fait de l'insérer dans le texte. Notre auteur qui les a tant combattus sans doute ne s'est pas astreint à les suivre, ni à autoriser de mauvais exemples, ni contre ses propres règles à se donner la liberté d'introduire le commentaire de qui que ce fût dans l'original. Ainsi il devoit traduire simplement comme il a fait dans sa note : « Il n'a nullement pris les anges ; » en quoi il auroit suivi non-seulement « la plupart des Pères, » comme il en demeure d'accord, mais encore en particulier tous les Pères grecs, les Athanases, les Chrysostomes, les Cyrilles, qui ont dû entendre leur langue et qui se sont attachés à peser ici les expressions de l'Apôtre. Mais il semble qu'il ait voulu donner un exemple d'abandonner ouvertement, non-seulement la Vulgate, mais encore la plupart des Pères grecs et latins et acquérir la liberté de traduire à sa fantaisie. C'est ce qu'il a fait en une infinité d'endroits, où il rejette dans ses notes la version littérale conforme au grec et à la Vulgate, et le plus souvent d'une manière qui tend à favoriser quelque erreur, ainsi qu'on l'a déjà vu en beaucoup d'exemples.

VII.
Le grec et le latin mal traduit, dans un passage important,

Il traduit ces paroles de la même Vulgate : *Priusquàm Abraham fieret, ego sum* (en *saint Jean,* VIII, 58), « je suis avant qu'Abraham fût né ; » au lieu de traduire : « Je suis avant qu'Abraham eût été fait, » quoiqu'il soit certain qu'il ne suit ni la Vulgate ni le grec : γενέσθαι qui est dans le grec, ne signifie naître ou être né dans aucun endroit de l'Evangile ; c'est partout uniquement γενέσθαι. Saint

Augustin, qui a lu comme nous [1], affermit l'antiquité de la Vulgate ; il fonde son explication sur le *fieret*, qui signifie *avoir été fait*, et démontre que pour prendre l'intention de cette parole de Notre-Seigneur, il y faut trouver nécessairement une *chose faite* en Abraham, *facturam humanam*, et en Jésus-Christ une chose *qui est* sans avoir été faite. S'il falloit l'autorité des Pères grecs pour exprimer le γενέσθαι de leur langue, on eût trouvé dans saint Cyrille d'Alexandrie que ce terme signifioit *une chose tirée du néant*, et que Jésus-Christ *avoit parlé proprement* en l'attribuant à Abraham [2]. Ainsi il ne falloit pas ôter à l'Eglise un avantage que la Vulgate avoit de tout temps si soigneusement conservé.

Joan., VIII, 58.

Le traducteur avoit bien senti qu'on ne devoit pas traduire comme quelques-uns : « Avant qu'Abraham fût, » puisque l'être d'Abraham et celui de Jésus-Christ n'étoient ni le même en soi, ni expliqués par le même mot. Il avoit donc aperçu cet inconvénient ; mais il n'a pas voulu voir qu'il ne l'évitoit pas en traduisant que Jésus-Christ est avant « qu'Abraham fût né, » puisque le terme de *naître* est ambigu et que Jésus-Christ lui-même est vraiment né, quoique ce soit devant tous les siècles. Il n'y avoit donc rien de net ni d'assuré que de s'attacher régulièrement à la Vulgate, qui représentoit si parfaitement l'original [3]. Si quelques-uns de nos traducteurs n'y ont pas pris garde, nous avons déjà remarqué que celui-ci qui avoit promis plus de connoissance des langues et plus de critique, devoit avoir réformé les autres qu'il a d'ailleurs si souvent repris, plutôt que de les imiter. Ces traductions, dira-t-on, étoient approuvées à Paris ; mais ce devoit être une partie de la critique de notre auteur, de savoir que le docte cardinal qui remplit ce siège a expressément corrigé cet endroit selon la Vulgate, en y faisant mettre ces mots : « Avant qu'Abraham eût été fait, je suis [4]. » Comme il n'y avoit nul inconvénient à suivre cette correction et à traduire selon la Vulgate, il falloit s'y assujettir, d'autant plus qu'elle serre de plus près les sociniens ; et si l'on est obligé de la révérer lors même qu'en quelque

---

[1] Tract. XLIII, *in Joan.*, n. 17. — [2] Lib. VI, *in Joan.* — [3] Préf., 1. — [4] *Le N. T. traduit en françois, avec des réflex. moral.*, chez Pralard, etc.

endroit elle semble s'éloigner un peu de l'original, combien plus doit-on s'y attacher lorsqu'elle le représente si fidèlement?

Les autres contraventions à l'autorité de la Vulgate se trouveront dans les remarques sur les passages particuliers; et on voit assez que la promesse de s'y conformer n'est qu'une cérémonie.

VI° PASSAGE.

I.
Sur les règles de la traduction.

« Il est bon que je déclare maintenant les règles que j'ai observées dans ma traduction [1]; » il les rapporte au long dans la suite de sa préface; et l'un de ses approbateurs lui donne la louange « d'avoir rendu le texte sacré selon toutes les règles d'une bonne traduction, qui sont marquées fort judicieusement dans sa préface. »

REMARQUE.

II.
L'auteur omet la principale, qui est celle du concile de Trente.

Cependant on n'y trouvera pas un seul mot de la règle du concile de Trente, qui oblige « à suivre le sens que l'Eglise a toujours tenu, » sans prendre la liberté « de l'expliquer contre le consentement unanime des saints Pères [2]. » Dire que cette règle ne regarde pas les traductions, mais seulement les notes interprétatives, c'est une illusion trop manifeste. On a pu voir dans les remarques précédentes, dans combien d'erreurs est tombé l'auteur pour avoir traduit l'Evangile, indépendamment de la tradition de l'Eglise. Si donc il n'a pas seulement rapporté une règle si essentielle, c'est qu'en effet il ne songeoit pas à la suivre.

III.
Carton inutile.

Il en a dit quelque mot dans un carton, depuis que le livre est imprimé et débité partout : on a déjà remarqué que les cartons de l'auteur ne sont qu'une vaine cérémonie, qui ne fait plus qu'irriter une dangereuse curiosité. En effet le livre se débite encore sans cette foible addition. Après tout il y a sujet de s'étonner qu'on s'en soit avisé si tard, et qu'on n'en ait pas moins hasardé de dire que l'auteur avoit expliqué « toutes les règles, » pendant qu'il ne pensoit pas seulement à marquer la principale, encore que ce soit celle qui se devoit présenter d'abord.

[1] Préf., p. 13. — [2] Sess. IV.

VIIᵉ PASSAGE, ET REMARQUE.

Le traducteur semble réduire principalement à la connoissance des langues et de la critique l'excellence d'une version. C'est ce qui paroît à la tête de sa préface dans sa lettre à M. L. J. D. R., où il se repose sur les soins de son libraire du choix des censeurs et approbateurs de son livre, en lui disant seulement : « Ayez soin de faire revoir cet ouvrage par quelque théologien habile, et qui sache au moins les trois langues, hébraïque, grecque et latine. »

I. Erreur de réduire principalement les qualités d'un interprète à la connoissance des langues et de la critique.

En transcrivant cette lettre, il a voulu se donner d'abord un air de savant, qui ne convient pas à un ouvrage de cette nature, où tout doit respirer la simplicité et la modestie; et ce qui est pis, il insinue qu'on ne doit reconnoître ici pour légitime censeur que ceux qui savent les langues; ce qui est faux et dangereux. Il est certain que les principales remarques sur un ouvrage de cette sorte, c'est-à-dire celles du dogme, sont indépendantes de la connoissance si particulière des langues, et sont uniquement attachées à la connoissance de la tradition universelle de l'Eglise, qu'on peut savoir parfaitement sans tant d'hébreu et tant de grec, par la lecture des Pères et par les principes d'une solide théologie. On doit être fort attentif à cette remarque, et prendre garde à ne point donner tant d'avantages aux savans en hébreu et dans la critique, parce qu'il s'en trouve de tels, non-seulement parmi les catholiques, mais encore parmi les hérétiques. Nous venons de voir un essai des excessives louanges que leur donne notre auteur et son aveugle attachement à les suivre, même dans cette version. Il faut sans doute estimer beaucoup la connoissance des langues qui donne de grands éclaircissemens; mais ne pas croire que pour censurer les licencieuses interprétations, par exemple d'un Grotius à qui l'on défère trop dans notre siècle, il faille savoir autant d'hébreu, de grec et de latin, ou même d'histoire et de critique qu'il en montre dans ses écrits. L'Eglise aura toujours des docteurs qui excelleront dans tous ces talens particuliers; mais ce n'est pas là sa plus grande gloire. La science de la tradition est la vraie science ecclésiastique; le reste est abandonné aux curieux, même à ceux de dehors, comme l'a été durant tant de siècles la philosophie aux païens.

II. L'auteur se préfère lui-même aux plus célèbres traducteurs de notre temps.

« On ne sauroit, dit le traducteur, trop louer M. de Sacy, le Père Amelote, messieurs de Port-Royal et les révérends Pères jésuites de Paris : il auroit été néanmoins à souhaiter que ces savans traducteurs eussent eu une plus grande connoissance des langues originales et de ce qui appartient à la critique [1]. » On voit par là trop clairement que l'auteur se veut donner l'avantage au-dessus de tous les traducteurs sous prétexte de cette science, qui rend ordinairement les hommes vains plutôt que sages et judicieux.

III. Ostentation de l'auteur.

Nous avons vu un effet de cette vaine science dans l'avantage que se donne notre traducteur, d'être le seul qui ait entendu un passage de saint Paul, fondé sur une critique qui paroîtra très-mauvaise, quand nous viendrons au lieu de l'examiner.

C'est encore sur le même fondement que dès l'*Epître dédicatoire* et en parlant à un si grand et si savant prince, il se fait donner par son libraire le titre ambitieux du plus « capable d'un pareil ouvrage (c'est-à-dire, d'une traduction aussi importante que celle du Nouveau Testament) et qui a si bien réussi, qu'il semble que les évangélistes eux-mêmes l'ont inspiré pour parler la langue françoise. »

Cependant cet ouvrage inspiré par les évangélistes, est corrigé d'abord par l'auteur même en une infinité d'endroits. On multiplie les corrections et on ne peut épuiser les fautes, quoique l'on n'ait point encore touché au vif; et si l'on y met la main, il n'en pourra résulter qu'un nouvel ouvrage.

IV. Exemple d'ostentation sur l'érudition hébraïque.

Au reste il faut trouver bon que dans une matière de cette conséquence, je remarque sérieusement qu'un ouvrage comme celui-ci demandoit plus de simplicité et de modestie, aussi bien que plus d'attention et d'exactitude. Lorsqu'on croit que c'est savoir tout que de savoir les langues et la grammaire, on ne veut qu'éblouir le monde, et on s'imagine fermer la bouche aux contredisans dès qu'on allègue un hébraïsme ou un hellénisme. Je dirai même librement que dans l'hébreu et le grec de notre auteur, il y a plus d'ostentation que d'utilité. Il trouve des difficultés insur-

[1] Préf., p. 3.

montables dans le passage d'un psaume cité par saint Paul, où sous le nom du Sauveur que David a prophétisé, on lit ces mots : « Il est écrit de moi à la tête du livre [1], » etc. Cette tête du livre embarrasse notre auteur : il appelle saint Jérôme à son secours aussi bien que les interprètes juifs, et ne trouve que des *conjectures*. La sienne est que par le mot « de tête, il faut entendre volume ou rouleaux, parce que les livres des Juifs étoient des rouleaux en forme de cylindre, et ils se servent encore aujourd'hui de ces rouleaux dans leurs synagogues lorsqu'ils y lisent la loi. » C'est là sans doute une érudition hébraïque ancienne et moderne, assez triviale; mais voici la fin : « Les Septante auront appelé *tête* ce que nous appelons *rouleau*, à cause de la figure ronde de ces rouleaux qui est semblable à celle d'une tête. » N'est-ce pas là une rare érudition hébraïque et une heureuse comparaison de notre tête avec un cylindre ?

« Vous aimerez le Seigneur votre Dieu de tout votre cœur, de toute votre ame et de tout votre esprit » (*Matth.*, XXII, 37). «Les Hébreux, observe la note, se servent quelquefois de plusieurs mots synonymes qui ne disent tous que la même chose. » Sans examiner l'application au précepte de l'amour divin, que servent ici les Hébreux ? Il est de toutes les langues de multiplier les synonymes pour signifier l'affection avec laquelle on parle :

v. Autre exemple, et preuve que l'auteur abuse de son savoir et de sa critique.

> Quem si fata virum servant, si vescitur aurâ
> Æetheriâ, nec adhuc crudelibus occubat umbris.

Voilà ce me semble assez de synonymes, et il ne faut pas être fort savant pour trouver beaucoup de tels hébraïsmes dans tous les auteurs. Une infinité d'hébraïsmes que le traducteur relève ne sont, comme celui-ci, que des phrases ou des figures de toutes les langues. Plus de la moitié sont si communs, que personne ne les ignore. Qu'on parcoure tous les endroits où nous avons démontré que l'auteur se trompe et qu'on pèse attentivement ceux qui paroîtront dans la suite, on verra qu'il s'est ébloui lui-même, ou qu'il veut éblouir les autres par son grec et par son hébreu; et qu'il cache sous sa critique (je le dirai hardiment, parce qu'il le

[1] *Hebr.*, X, 7; *Psal.* XXXIX, 8.

faut, et sans craindre d'être démenti par les vrais savans) une ignorance profonde de la tradition et de la théologie des Pères. J'en dirai un jour la raison; et c'est là le sort ordinaire de ceux qui en parcourant leurs écrits, ne s'arrêtent qu'à certains endroits contentieux pour en faire la matière d'un mauvais procès, sans vouloir comprendre la suite des principes où l'on auroit trouvé la décision.

VIIIe PASSAGE, ET REMARQUE.

I.
Des *deras* ou sens mystiques de l'auteur.

Je ne sais à qui en veut notre auteur, quand il attaque avec tant de force et à tant de diverses reprises [1] les explications mystiques de l'Ecriture, puisqu'il avoue si souvent que saint Paul en est rempli : mais voici sur ces sens mystiques une réflexion plus importante.

Il n'y a rien de plus commun dans les notes de notre auteur que d'attribuer, comme il fait aussi dans sa préface [2], un *deras*, c'est-à-dire, un sens sublime et spirituel à certains passages de l'Ecriture. Sans s'arrêter à son mot hébreu, qui ne sert de rien pour autoriser son sentiment, il eût fallu instruire le peuple, que ce sens « sublime et spirituel, » loin d'exclure le sens véritable, le contient souvent; et que c'est même le sens primitif et principal que le Saint-Esprit a eu en vue. Bien éloigné de faire cette observation, et au contraire opposant partout le terme de *littéral* dont il abuse au sens spirituel et prophétique, le traducteur induit le peuple à erreur : comme si les prophéties et les figures de la loi, qui sont toujours alléguées par Jésus-Christ et par les apôtres comme des avant-coureurs et des prédictions de la nouvelle alliance, n'étoient qu'allégorie et application ingénieuse. On en viendra à la preuve quand il sera temps, et il suffit quant à présent que le lecteur soit averti.

II.
Erreur des sociniens et de Grotius sur les prophéties.

On sait que c'est là une des erreurs des sociniens : Grotius s'est perdu avec eux; il a lui-même abandonné les prophéties qu'il avoit si bien soutenues dans son livre de la vraie religion, et par leurs subtilités nous serions presque réduits à ne bâtir plus avec saint Paul sur le fondement des apôtres et des prophètes. L'auteur a pris

[1] Préf., p. 12, 39 et 31. — [2] Préf., p. 31.

IXe PASSAGE, ET REMARQUE.

le même esprit; et il n'avoit garde de prémunir le peuple contre ce *deras* scandaleux des prophéties, puisqu'il les élude avec les autres, comme les remarques paticulières le feront paroître. *favorisée par l'auteur.*

Le traducteur est louable d'avoir marqué les défauts de certains manuscrits auxquels on donne trop d'autorité [1]. Il est encore louable de se servir des diverses leçons qui autorisent la Vulgate et l'ancienne tradition de l'Eglise latine; mais en même temps pour empêcher ses lecteurs infirmes de se troubler à la vue de tant de diverses leçons qu'il ramasse avec tant de soins, ce qui leur fait soupçonner trop d'incertitude dans le texte, il y avoit à les avertir en premier lieu, que ces diverses leçons ne regardent presque que des choses indifférentes; ce que l'auteur n'a marqué en aucun endroit : et en second lieu, que si l'on en trouve de plus importantes dans quelques manuscrits, la véritable leçon se trouve fixée par des faits constans, tels que sont les écrits des Pères et leurs explications, qui précèdent de beaucoup de siècles tous nos manuscrits. *I. Des manuscrits et des diverses leçons.*

Faute d'avoir proposé des règles si sûres et si évidentes, le traducteur qui n'en avertit en aucun endroit, laisse son lecteur embarrassé dans les diverses leçons et même affoiblit les preuves des vérités catholiques, dont je donnerai un exemple aussi facile à entendre qu'il est d'ailleurs important.

C'est dans l'Evangile de saint Jean une pleine révélation de la divinité de Jésus-Christ, que l'évangéliste y ait allégué d'un côté la vision d'Isaïe, VI, qui constamment regarde Dieu; et que de l'autre, le même évangéliste déclare que c'est Jésus-Christ, « dont Isaïe voyoit la gloire et dont il parloit » expressément : « Voilà, remarque saint Jean, ce qu'a dit le prophète Isaïe lorsqu'il a vu sa gloire (*gloriam ejus,* celle de Jésus-Christ dont il s'agit en ce lieu) et qu'il a parlé de lui. » (*Joan.*, XII, 41.) *II. Abus des diverses leçons dans un exemple important tiré de saint Jean, XII, 41.*

Ce passage est employé par saint Athanase, ou par l'ancien auteur « de la commune essence du Père, du Fils, et du Saint-Esprit, » et encore par saint Basile [2], à prouver que Jésus-Christ

---
[1] Préf., p. 43..— [2] Lib. V, *cont. Eun.*

est le vrai Dieu que le prophète avoit vu ; et il n'y a rien de plus convaincant que cette preuve. Mais notre auteur l'affoiblit par cette note : « Lorsqu'il vit sa gloire, c'est-à-dire, selon l'application de l'évangéliste, la gloire de Jésus-Christ, quoiqu'Isaïe parle du Père ; » ce qu'il appuie d'une diverse leçon de quelques manuscrits grecs, où « on lit » la gloire « de Dieu avec le pronom. »

III.
L'auteur approuve la fausse leçon malgré les Pères et se conforme aux sociniens.

On voit ici en premier lieu qu'il décide que l'explication que donne saint Jean à Isaïe, n'est pas un sens littéral, ou qui soit de l'intention primitive du Saint-Esprit ; « mais une application de l'évangéliste : » en second lieu, il décide encore que saint Jean a fait cette application, « quoique le prophète parloit du Père ; » comme si saint Jean n'étoit pas un assez bon garant que le Fils est compris aussi dans sa vision : on voit en troisième lieu qu'il allègue en autorité cette diverse leçon ; en quoi il suit les sociniens et Volzogue dans son Commentaire sur saint Jean et sur ce passage [1]. Cependant il n'y avoit qu'un mot à leur dire : saint Athanase et saint Basile qu'on vient de citer, et saint Cyrille [2] qu'on y ajoute, ont lu comme nous, aussi bien que les autres Pères, il y a douze et treize cents ans et, comme on a dit, tant de siècles avant, tous les manuscrits qu'on allègue pour la nouvelle leçon. Elle n'est donc digne que de mépris ; et on ne peut la produire et encore moins l'approuver, sans se rendre coupable devant l'Eglise d'avoir voulu, à l'exemple des sociniens, affoiblir ses preuves les plus convaincantes pour la divinité de Jésus-Christ.

Xe PASSAGE.

I.
Remarque de l'auteur contre les théologiens.

« Si quelques théologiens ne trouvent point dans mon ouvrage de certaines interprétations sur lesquelles ils appuient ordinairement les principes de leur théologie, je les prie de considérer que que je n'ai point eu d'autre dessein dans mes notes que d'y expliquer le sens purement littéral [3]. »

REMARQUE.

II.
Il suit de ce pas-

Il paroîtra dans la suite que l'auteur renverse une infinité de principes, non de « quelques théologiens, » mais de toute la théo-

[1] Volz. *in hunc loc.* — [2] Lib. VII, *in Joan.*, hîc. — [3] Préf., p. 40.

logie; et quand il s'excuse sur ce qu'il n'a prétendu que d'expliquer le sens littéral, premièrement il nous trompe, puisqu'il remplit toutes ses notes de dogmes théologiques; et secondement il insinue que la théologie n'est pas littérale.

<small>sage que la théologie n'est pas littérale.</small>

On ne doit pas oublier que c'est ici le même homme qui a déjà déclaré « qu'il a trouvé la méthode des théologiens scolastiques, » c'est-à-dire, dans son style, leur manière d'entendre l'Ecriture sainte, « peu sûre, et la théologie scolastique capable de faire douter des choses les plus certaines. » Il ajoute : « Les subtilités de ces théologiens ne servent souvent qu'à embarrasser les esprits, et à former de méchantes difficultés contre les mystères de la religion[1]. » C'est aussi par là qu'il s'excuse de s'être éloigné « quelquefois des opinions les plus reçues dans les écoles, » en leur préférant les pensées de quelques « nouveaux théologiens, » sous prétexte qu'il aura voulu se persuader qu'ils rentrent dans les sentimens « des plus anciens docteurs de l'Eglise; » comme si l'ancienne doctrine étoit oubliée et qu'il la fallût aller chercher bien loin. On voit assez quelles nouveautés nous avons à craindre d'un homme qui écrit dans cet esprit. Il ne se dément point dans cet ouvrage; et il y débite tant de nouveautés, si hardies, si dangereuses, qu'on voit bien que ses *quelquefois* ne sont qu'un adoucissement en paroles. Nous reviendrons dans la suite plus amplement à cette matière; et l'on ne peut pas tout dire dans un seul discours.

<small>III. Paroles de l'auteur contre la théologie scolastique.</small>

XI° PASSAGE.

« Les anciens antitrinitaires n'insistoient pas moins que ceux d'aujourd'hui sur ces façons de parler : » Etre baptisé en Moïse, croire en Moïse : « d'où ils inféroient, qu'être baptisé au nom du Saint-Esprit, n'étoit pas des expressions d'où l'on pût conclure que le Saint-Esprit fût Dieu[2]. »

<small>I. Sur ces mots : *être baptisé en Moïse*, et sur la divinité du Saint-Esprit.</small>

REMARQUE.

L'auteur oppose à cette induction des antitrinitaires un long raisonnement de saint Basile, très-bon, mais peu nécessaire en ce lieu, parce qu'on pouvoit tirer de ce même Père et des autres

<small>II. Méthode de réfuter les</small>

---

[1] Préf. *sur l'hist. crit. du texte du Nouveau Testament.* — [2] Préf., p. 30.

quelque chose de plus décisif et de plus touchant, qui est en trois mots, qu'il y a une extrême différence entre ces mots : « Etre baptisé en Moïse, » et ceux-ci : « Etre baptisé au nom du Saint-Esprit, » en égalité avec le Père et le Fils. Quand on donne aux objections des hérétiques aussi subtils que les sociniens des réponses plus enveloppées, lorsqu'on en a de précises qui ferment la bouche, on se défend mal et il semble qu'on les épargne.

hérétiques.

III. L'auteur n'est que trop suspect de ce côté-là, puisque parmi tant de passages de l'Evangile dont les saints Pères se sont servis pour prouver la divinité du Saint-Esprit, il n'en a remarqué aucun, ni n'en a enrichi ses notes, où il a promis tant de fois le sens littéral : comme si un point de foi si essentiel n'appartenoit pas à la lettre de l'Evangile.

Silence de l'auteur sur la divinité du Saint-Esprit.

XII° PASSAGE.

I. « Le bon sens veut que la copie d'un écrit, aussi bien que d'un tableau, soit conforme à l'original [1] : » par là sont condamnées les expressions qui restreignent le sens de l'Evangile ; et il faut comprendre sous cette règle, suivant ces autres remarques qui y ont rapport, que comme il faut éviter trop « d'attachement à la politesse [2], » il faut aussi se garder « des expressions basses [3], » parce que l'un et l'autre déroge à la parfaite conformité de la copie avec l'original, qui n'est ni bas ni affecté.

De la politesse affectée, et des bassesses du style.

REMARQUE.

II. Loin de contester cette règle, je prétends seulement ici examiner avec l'auteur s'il l'a observée.

« Comme Joseph étoit juste (*Matth.*, 1, 19). » La note du traducteur porte « que le mot de *juste* se prend ici pour *bon, commode, équitable, doux ;* en sorte que l'évangéliste a voulu marquer par là que Joseph étoit un bon mari, etc. » J'omets ici toutes les autres réflexions pour m'attacher seulement à la bassesse de l'expression et à la foible idée qu'elle donne de la vertu de saint Joseph, réduite au froid éloge d'être « bon mari et commode. » On avoit laissé passer cette note à l'auteur, tant on lui étoit indulgent : mais de-

Bassesse de l'expression avec laquelle on explique la justice de saint Joseph : diverses corrections de la note de l'auteur.

[1] Préf., p. 13. — [2] Préf., p. 32. — [3] Préf., p. 25.

puis apparemment il en a rougi et il a fait ce carton : « Le mot de *juste* se prend ici pour *bon, équitable, doux;* en sorte que saint Matthieu a voulu marquer par là que Joseph étoit un bon mari, etc. » C'est en cet état que le livre se débite; et l'on voit que la correction ne va pas plus loin que d'ôter le mot de *commode*, qui avoit un sens ridicule, pour ne rien dire de plus, que tout le monde a senti. L'auteur a donc fait dans un troisième carton cette dernière correction : *Juste*, c'est-à-dire selon saint Chrysostome, *doux, équitable :* χρηστὸς καὶ ἐπιεικής.

Voilà bien des raffinemens pour expliquer le mot δίκαιος, *justus*, qui est le plus simple de l'Ecriture : encore n'a-t-on pas bien rencontré à cette dernière fois. Le χρηστός de saint Chrysostome porte plus loin que la douceur, et signifie *bonté;* ce qui fait partie de la justice chrétienne. Le terme ἐπιεικής se réduit aussi à l'idée commune et générale de juste et d'homme de bien : aussi voit-on dans saint Chrysostome au même endroit, que *juste* veut dire en ce lieu « un homme parfaitement vertueux et en toutes choses [1]. » Il ne falloit pas oublier une expression si noble et si littérale, non plus que ce qu'ajoute le même saint « de la sublime sagesse et philosophie de saint Joseph, supérieure à toutes les passions, et même à la jalousie qui est une espèce de fureur. » Pourquoi retrancher ces belles paroles, si ce n'est que ce passage de saint Chrysostome a été fourni par Grotius (*hic*) et qu'on n'y a voulu voir que ce qui est rapporté par cet auteur?

III. Passage de saint Chrysostome tronqué.

Il falloit donc prendre de ce Père l'idée parfaite du juste; il y falloit voir l'amour de Dieu et du prochain, qui est la justice consommée, où toute perfection de la loi et des prophètes est contenue. L'indulgence, la condescendance, la bonté s'y seroient trouvées comme des appartenances de la justice : non que le mot δίκαιος signifie directement bon et doux (on sait les termes de l'Evangile et de saint Paul [2] pour exprimer ces vertus), mais à cause qu'il le comprend dans son étendue.

L'on voit par là qu'il falloit laisser à ce mot *juste* sa signification naturelle. Quel inconvénient d'avouer que saint Joseph étoit juste comme l'étoient Siméon « le juste [3], » Barsabas « le

IV. Vraie idée de l'Evangile, et

[1] Hom. IV, *in Matth.* — [2] *Matth.*, V, 4; *Galat.*, V, 22, 23. — [3] *Luc.*, II, 25.

affectation de l'auteur.

juste[1], » Zacharie et Elizabeth «justes devant Dieu, observant tous les commandemens et toutes les lois du Seigneur[2]. Car c'est ainsi que l'avoit distinctement expliqué saint Luc[3]; et saint Chrysostome remarque en parlant de la justice de saint Joseph, que c'est « le sens le plus général » que l'Ecriture donne à ce terme, « qui, dit-il, signifie la vertu parfaite. » Après avoir posé ce fondement, où les paroles de l'Evangile conduisent naturellement les esprits, on eût donné pour preuve de cette justice dans saint Joseph les égards qu'il eut pour sa sainte Epouse, qui enfin le rendirent digne d'apprendre du Ciel le mystère qui s'accomplissoit en elle.

Je m'étends exprès sur ce passage, afin qu'on remarque le caractère du traducteur, et qu'on entende que pour avoir voulu raffiner, cet auteur n'a pas seulement abandonné les grandes idées de l'Ecriture, mais encore qu'il est tombé dans le bas, dans le ridicule, et qu'il s'est opiniâtré à restreindre les expressions de l'Evangile sans en vouloir revenir.

V.
Autre exemple de restriction des idées de l'Evangile, aussi bien que d'affectation et de bassesse dans le style.

Passons aux autres affectations et bassesses de ses expressions : il veut nous faire trouver les *avanies* dès le temps de l'Evangile dans saint *Luc*, VI, 28, comme si les oppressions dont il est parlé en ce lieu étoient resserrées dans cette espèce. Que dirons-nous du *sofa* que Dieu donne à ses amis dans l'*Apocalypse*, IV, 4, qui pourtant est bien éloigné *du trône des rois d'Orient*, qu'il croit expliquer par ce terme : quoi qu'il en soit, il nous fait sortir par ces affectations des idées majestueuses, ainsi que des expressions de l'Ecriture.

Saint Paul avoit rejeté les faux circoncis, c'étoit-à-dire les Juifs qui ne portoient la circoncision que dans la chair, en les nommant seulement des gens *blessés et tranchés*, qui portoient *une coupure* inutile, *concisio*[4] : l'auteur en fait dans sa note des *gens charcutés*; et ce qui fait peine à rapporter, il substitue une expression si indigne à la force de celle de l'Apôtre.

Je ne sais pourquoi il a voulu expliquer dans sa note « l'aiguillon[5] » dont parle saint Paul, par « avoir une épine au pied, » qui est d'un langage si bas et d'ailleurs si fort au-dessous de ce que l'Apôtre appelle « l'ange de Satan : » ni pourquoi il explique

---

[1] *Act.*, I, 23. — [2] *Luc.*, I, 6. — [3] *Ibid.* — [4] *Phil.*, III, 2. — [5] II *Cor.*, XII, 7.

aussi « se remarier selon le Seigneur [1], » par ces mots : « En tout bien et honneur, » comme si outre la bassesse de cette expression du vulgaire, ces grands mots : « Selon le Seigneur, » se devoient réduire à une simple honnêteté selon le monde.

Il semble dans toutes les notes que l'auteur n'ait eu dans l'esprit que le dessein de ravilir les idées de l'Ecriture. Sous prétexte de rapprocher les objets et de condescendre à la capacité du vulgaire, il le plonge pour ainsi parler jusque dans la fange des expressions les plus basses.

Garder la parole et le commandement de Jésus-Christ, veut dire sept ou huit fois dans saint *Jean*, xiv, xv, xvii et en cent autres endroits de l'Evangile, les mettre en pratique, y obéir. Ainsi l'auteur avoit parfaitement rendu cette expression du Fils de Dieu : *Si sermonem meum servaverunt, et vestrum servabunt* (Joan., xv, 20), en traduisant naturellement comme tous les autres : « S'ils ont gardé ma parole, ils garderont aussi la vôtre. » Mais comme un si grand critique n'est pas content s'il ne montre qu'il voit dans son texte ce que nul autre n'y a jamais aperçu, il tombe dans la ridicule version que voici : « Gardé et observé, c'est autrement épié ; » et contre tous les exemples, il donne la préférence à cette traduction, sous prétexte que dans notre langue *observer*, veut dire « *épier*, quand nous disons observer un homme. »

« Les Juifs d'envie qu'ils eurent, ayant pris avec eux de méchantes gens de la lie du peuple, » ce qui exprimoit naturellement les paroles du texte sacré (*Act.*, xvii, 5); mais l'auteur s'est avisé de cette note : « Le mot grec signifie proprement des gens qui sont toujours sur le pavé et dans les grandes places à ne rien faire, c'est ce que nous appelons *batteurs de pavé*. » Le mot grec ἀγοραίων, qui est dans le texte, quoi qu'en puisse dire le critique, n'a aucun rapport au pavé, et il a seulement voulu montrer qu'il savoit changer les expressions les plus naturelles dans les plus vulgaires et les plus basses.

Si quelques-unes de ces remarques paroissent en elles-mêmes peu considérables, il n'est pas inutile d'observer que notre critique a peu connu, je ne dirai pas cette justesse d'esprit qui ne s'ap-

VI. Réflexions sur les der-

[1] 1 *Cor.*, vii, 39.

prend point et le bon goût d'un style simple, mais je dirai le grave et le sérieux, qui convient à un traducteur de l'Evangile : en sorte que nous voyons concourir ensemble dans cette version, avec la témérité et l'erreur, la bassesse et l'affectation, et tout ce qu'il y a de plus méprisable.

C'est quelque chose de plus d'avoir dit dans la préface sur l'*Apocalypse*, « que ce livre est une espèce de prophétie. » Jérémie étoit-il prophète à meilleur titre que saint Jean, à qui il a été dit comme à lui : « Il faut que tu prophétises aux nations, aux peuples, aux langues, et à plusieurs rois [1]; » et encore : « Bienheureux celui qui garde les paroles de la prophétie de ce livre ; » et encore : « Ne scellez point les paroles de la prophétie de ce livre [2]; » et encore : « Si quelqu'un retranche des paroles de la prophétie de ce livre [3]; » et encore : « Je suis comme vous, serviteur de Dieu et de vos frères les prophètes [4]? » Voilà donc en paroles claires saint Jean au rang des prophètes, et leur frère, ce que notre auteur n'a pas voulu voir et n'a daigné le traduire, encore qu'il soit et du grec et de la Vulgate. Cependant saint Jean ne sera « plus qu'une espèce de prophète » malgré les expressions, non-seulement des saints Pères, mais encore du Saint-Esprit dans ce divin Livre.

C'en est assez pour cette fois, et on voit déjà par la seule préface de l'auteur et par toutes les explications qu'on a observées, s'il a mérité le titre superbe du plus capable des traducteurs, surtout si on le regarde du côté de la tradition, qui est le principal fondement d'un ouvrage de cette nature. Nous en dirons davantage dans les remarques sur les passages particuliers.

REMARQUES

SUR LES EXPLICATIONS TIRÉES DE GROTIUS.

Ce n'est pas d'aujourd'hui, ni à l'occasion de la nouvelle version, que j'ai senti une sorte d'autorité que gagnent insensiblement parmi plusieurs interprètes et théologiens, même catholiques, les *commentaires* de Grotius sur l'Ecriture, et ses autres ouvrages théologiques, et il y a dix ans que je me suis cru obligé

---

[1] *Apoc.*, X, 11. — [2] *Apoc.*, XXII, 7, 10. — [3] *Ibid.*, 19. — [4] *Ibid.*, 9.

d'avertir tous nos savans de prendre des précautions contre les pernicieuses nouveautés qui s'introduisoient par ce moyen dans l'Eglise. Les raisons en sont expliquées d'une manière démonstrative dans quelques notes latines, imprimées à la fin des *Commentaires* sur les ouvrages de Salomon sous ce titre : *Supplenda in Psalmos*. Encore que mes remarques qui consistent en des faits constans, ne souffrent point de réplique, je les fortifierai par d'autres observations encore plus convaincantes : en sorte que s'il plaît à Dieu, il demeurera pour démontré que si l'on peut tirer quelque utilité de cet auteur en le regardant comme un homme qui sortoit peu à peu des ténèbres du calvinisme et des égaremens des sociniens, on établiroit les erreurs les plus énormes en le considérant comme orthodoxe.

public il y a dix ans, sur Grotius.

Comme cette démonstration sera la matière d'un plus long discours qui seroit ici hors de sa place, je découvrirai seulement par rapport à la nouvelle version, le mal que produisent les *Commentaires* de Grotius, dont l'auteur a rempli ses notes.

Je dirai avant toutes choses que son erreur est inexcusable, puisqu'il a parfaitement connu l'auteur qu'il a voulu suivre, et qu'il paroît avoir pris pour son modèle.

II. Le traducteur a bien connu Grotius, et son attachement aux sociniens

Il n'a pu taire deux fameuses Lettres de cet auteur à Crellius [1], où il loue les sociniens comme « des gens qui sont nés, » par leur doctrine et leur bonne vie, « pour le bonheur de leur siècle : » *bono sœculi natos*. A l'égard de Crellius en particulier, il proteste de s'attacher à la lecture assidue de ses écrits « pour les grands fruits qu'il reconnoît en avoir tirés, » et c'est là que notre traducteur rapporte lui-même « qu'il remercie cet unitaire de ce qu'il lui a montré le chemin pour examiner à fond le sens des Livres sacrés. »

On ne doit donc pas s'étonner qu'il ait rempli ses écrits de remarques sociniennes : je les relèverai ailleurs ; et je ferai voir en même temps qu'à mesure qu'il approfondissoit les matières, il revenoit de beaucoup de choses ; mais enfin qu'il ne pouvoit s'empêcher dans le temps de ses préventions pour Crellius, de nourrir ses notes de l'esprit dont il étoit plein : ce qui le fait tomber dans

[1] *Hist. crit. des comm.*, chap. LIV, p. 803.

des sentimens si hardis, si nouveaux et si grossiers pour un savant homme, qu'on ne le peut imaginer si on ne le voit. A vrai dire, il ne fait presque qu'orner Crellius et le charger d'humanités et d'éruditions, en sorte que le fond de ses écrits se trouve rempli d'un socinianisme caché, ou pour mieux dire trop découvert : ce que notre traducteur n'a pu nier, puisqu'il « avoue que Grotius a favorisé l'ancien arianisme, ayant trop élevé le Père au-dessus du Fils : » et encore, « qu'il a détourné et affoibli quelques passages qui établissent la divinité de Jésus-Christ [1]. »

III
Préférence sur le bon sens, donnée par le traducteur à Grotius.

Il voit par là que sans la nier, on peut tomber dans l'inconvénient *de l'affoiblir :* c'est de quoi nous l'avons convaincu lui-même : ce qui ne doit pas nous surprendre; puisqu'avec des fautes si essentielles il est si fort prévenu en faveur de Grotius, qu'il ne craint point, comme on a vu, de reconnoître que pour « ce qui est de l'érudition et du bon sens, il surpasse tous les commentateurs qui ont écrit avant lui sur le Nouveau Testament [2]. » On voit assez jusqu'où peut porter la force de ces paroles, et ce qu'on peut renfermer dans le bon sens dont on fait comme l'attribut particulier de Grotius.

IV.
Le traducteur s'attache à Grotius

Avec des préjugés si favorables, on peut bien croire que nous trouverons très-fréquemment Grotius dans les notes de la nouvelle version; et comme l'esprit socinien ne consiste pas seulement dans l'opposition à la divinité de Jésus-Christ, l'auteur qui, comme on a vu, l'a si souvent copié sur ce point, sans doute n'aura pas été plus retenu sur les autres.

V.
Interprétation de Grotius sur le péché d'habitude.

Le premier passage de cette nature qui se présente à ma mémoire, est celui-ci de saint *Luc*, xiii, 27 : « Retirez-vous de moi, ouvriers d'iniquité, » et nous avons vu que l'erreur des sociniens est d'éloigner de Jésus-Christ les seuls pécheurs d'habitude. Mais Grotius les favorise sur ces mots: ἐργάται, *operarii*, « parce que, dit-il, les Hébreux emploient les participes pour les noms verbaux. Saint Luc explique très-bien ce qui se trouve dans le psaume et dans saint Matthieu, vii, 23, ἐργαζόμενοι, *operantes*, par le mot ἐργάται, *operarii.* Car, poursuit-il, ce qu'on veut marquer par ce mot n'est pas toute sorte d'acte, mais l'habitude et l'incli-

---
[1] *Hist. crit. des comm.*, chap. LIV, p. 805. — [2] *Ibid.*

nation de toute la vie : » *Non quivis actus, sed vitæ studium indicatur.* Ainsi les sociniens auront raison de mettre à couvert de ce *discedite* de Jésus-Christ ceux qui auront commis les plus grands crimes, sans en former l'habitude de toute la vie, *vitæ studium :* et Grotius leur fournit des armes contre la vérité.

Mais n'est-il pas vrai, dira-t-on, que le terme *operarius*, « ouvrier, » marque « une habitude? » C'est ce que voudroit Grotius : mais visiblement il se trompe. L'ouvrier « est digne de sa récompense, » dans le même saint *Luc,* x, 7, ἐργάτης ne veut pas dire celui qui a l'habitude de travailler, mais celui qui travaille actuellement et qui a fait sa journée. « La moisson est grande, mais il y a peu d'ouvriers, » encore en saint *Luc,* x, 2; et tout de suite : « Priez donc le maître de la moisson d'y envoyer des ouvriers : » partout ἐργάται, et partout pour le travail actuel. C'est pourquoi le grand « Père de famille dit à celui qui avoit soin de ses affaires : Appelez les ouvriers, et payez-les de leur journée (*Matth.*, xx, 8), selon la convention qu'il avoit faite avec eux dès le matin *ibid.*, 1), » sans que l'habitude y fasse rien. Cependant si nous en croyons Grotius et les sociniens, *ouvrier* marque l'habitude : *non actum, sed studium vitæ.* Il n'y a qu'à le décider affirmativement et alléguer un hébraïsme, on fait passer par ce moyen tout ce qu'on veut : on élude même saint Matthieu, qui dans un endroit qui revient manifestement à celui dont il s'agit, se sert du mot ἐργαζόμενοι, *operantes,* ce qui marque l'acte : et Grotius est bien assuré sans en marquer aucune raison, qu'il faut expliquer saint Matthieu par saint Luc, plutôt que saint Luc par saint Matthieu, au lieu de les unir tous deux ensemble. Après cette autorité de Grotius, notre auteur n'hésite pas à déterminer souverainement, que le mot *operarii* signifie « une habitude dans le vice : » voilà comme raisonnent nos gens de bon sens. C'est ainsi que sans égard à la tradition et aux endroits de l'Evangile les plus exprès, ils donnent gain de cause aux sociniens.

VI. Erreur manifeste de Grotius et du traducteur, sur la signification du terme *operarius.*

Le Fils de l'homme « est maître même du sabbat (*Matth.*, xii, 8). » On a vu où fait pencher l'esprit socinien; mais voici une décision de Grotius : « Ceux-là se trompent, dit-il, qui entendent Jésus-Christ en particulier. » Nous verrons ailleurs que ces ma-

VII. Ce que c'est, selon Grotius, que le

nières de prononcer comme si c'étoit un jugement souverain, lui sont ordinaires : notre auteur le suit : et sur les plus foibles de toutes les conjectures qu'il ne s'agit pas d'examiner en ce lieu, ils dérogent à cent passages de l'Evangile, où le « Fils de l'homme » est déterminé à Jésus-Christ, sans qu'il y ait un seul exemple du contraire.

<small>Fils de l'homme, maître du sabbat</small>

VIII. Nous avons trouvé étrange cette traduction de notre auteur : *Sine me nihil potestis facere* (Jean, xv, 5). « Vous ne pouvez rien étant séparés de moi. » Cette traduction plaît aux sociniens, parce qu'elle éloigne l'idée de la nécessité d'une grace intérieure pour chaque acte de piété. Nous verrons ailleurs que Grotius ne l'aime pas davantage, et il s'en explique ici trop expressément ; *Sine me*, dit-il, c'est-à-dire, *seorsim, separatim*, « parce que, poursuit-il, on ne peut rien attendre de bon de celui qui se retire des préceptes et des exemples de Jésus-Christ. » C'est donc à quoi il réduit la grace, après Pélage, aux préceptes, aux exemples, à ce qui raisonne ou paroît au dehors ; et les branches de la vigne de Jésus-Christ n'ont à recevoir aucune influence intérieure du cep auquel elles sont si unies : c'est ce qu'on apprend de Grotius.

<small>Sur le *sine me*, en saint Jean, xv, 5 ; Pélagianisme de Grotius.</small>

IX. C'est de lui que notre auteur a pris son χωρὶς ἐμοῦ, *extra me*, séparément d'avec moi, en alléguant la force du terme grec : mais quand Grotius sauroit cent fois davantage de grec et qu'il produiroit deux ou trois exemples où cette particule grecque veut dire *séparément* il ne fera pas que la Vulgate n'ait pour elle la multitude et le commun des exemples ; ni que les branches n'aient point d'autre besoin du cep dont elles reçoivent la vie au dedans, que de n'en être point séparées ; ni enfin que son sentiment particulier prévale à la tradition de toute l'Eglise d'Occident, qui constamment a toujours traduit et expliqué comme nous faisons *sine me*, sans être jamais contredite.

<small>Sur le terme χωρίς.</small>

X. « Aujourd'hui cette maison est sauvée » (*Luc*, xix). « C'est, dit Grotius, la figure synecdoche ; et la maison est prise pour le père de famille. » Quel besoin de cette figure? Pourquoi ne vouloir pas croire avec le torrent des interprètes que la famille se soit ressentie de la présence de Jésus-Christ et du bon exemple du maître ? On n'en voit point de raison : ce n'est rien contre le

<small>Sur la maison de Zachée.</small>

dogme de la foi, je l'avoue ; et il suffit qu'on remarque ici Grotius et notre auteur aussi bien que les interprètes sociniens entraînés par l'affectation de la singularité.

Si je voulois chercher d'autres exemples, mon discours n'auroit point de bornes. A l'ouverture du livre et en repassant pour une autre fin le chapitre XII de saint Matthieu, verset 36, je trouve « le compte qu'il faudra rendre au jour du jugement de toutes les paroles oiseuses : » avec la note, « que Jésus-Christ appelle paroles oiseuses, non-seulement les paroles inutiles, mais celles qui sont fausses et calomnieuses, et que la suite du discours fait voir que c'est de celles-là dont il s'agit en cet endroit. » Ainsi les saints Pères, et notamment saint Hilaire, saint Jérôme, saint Bernard parmi les Latins, et saint Grégoire de Nazianze [1], avec d'autres parmi les Grecs ; tous les spirituels latins et grecs, anciens et modernes, depuis Cassien, redoutent en vain la sévérité des jugemens de Dieu, qui met à un si terrible examen jusqu'aux paroles qui ne sont mauvaises que parce qu'elles sont inutiles et hors de propos. Notre auteur les rassure, et a pour garant Volzogue et Grotius [2], qui veulent que ces paroles oiseuses, ῥῆμα ἀργὸν, soient des mensonges ou des calomnies.

XI. Sur le compte à rendre; des paroles oiseuses.

La note de notre traducteur s'appuie de saint Chrysostome, et de quelques autres commentateurs qui ont accoutumé de le suivre. Mais il ne sait point peser les paroles qu'il allègue : « La parole oiseuse, dit saint Chrysostome, est celle qui est proférée hors de propos, le mensonge et la calomnie. » Il commence par définir la parole oiseuse, selon sa propre notion, et la soumet au jugement à ce seul titre : et parce que les vains discoureurs tombent naturellement dans le mensonge, dans la médisance, dans la calomnie, il marque ces mauvaises suites de cette inutile parlerie (qu'on me permette ce mot). Est-ce là réduire la parole oiseuse au mensonge et à la calomnie ? Me veut-on obliger à rapporter toutes les paroles du Sage, qui montrent l'affinité de ce babil inutile avec l'humeur querelleuse ? En sommes-nous encore réduits à examiner les raisons qui ont obligé le Sage à nous

XII. S. Chrysostome tronqué par le traducteur.

---

[1] *Reg. brev. int.*, 23. — [2] Volzog., *Comm. in Matth.*, hîc; Grot., *in eumd. loc.*

prescrire de parler peu¹? Mais faudra-t-il ramener ces femmelettes de saint Paul, « oiseuses, fainéantes, causeuses, curieuses, qui courent de maison en maison, pour ne rien dire de ce qu'elles doivent²? » Pourquoi ne veut-on pas que Jésus-Christ ait repris cette intempérance de langue en elle-même si mauvaise, et dont les suites sont si dangereuses?

XIII. *Objection de l'auteur et de Volzogue* Mais, dit la note de l'auteur, « la suite du discours détermine à la calomnie, » *Matth.*, XII, 36. C'est sans doute ce que vouloit dire Volzogue³, que les pharisiens dont Jésus-Christ reprend en ce lieu la malignité, ne proféroient pas « seulement des paroles inutiles contre Jésus-Christ, mais encore des mensonges et des blasphèmes : » ignorans qui n'entendent pas comment le discours passe naturellement d'un sujet à l'autre. S'ils aimoient mieux consulter la tradition que de montrer leur esprit par des conjectures, Bède leur auroit appris après saint Jérôme, à concilier tout et à entendre Jésus-Christ⁴; « comme s'il disoit : Si les discours inutiles sont portés au jugement de Dieu, combien plus vos blasphèmes calomnieux : » *Ac si dixisset : Si superfluæ locutionis est ratio reddenda, quantò magis criminosæ blasphemiæ vestræ æternam damnationem generabunt?*

XIV. *On dit un mot sur Théophylacte, et on produit S. Jérôme.* Je ne parle point de Théophylacte, ni d'Euthymius, qu'il faut réduire au sens de leur maître saint Chrysostome. Il est vrai que Théophylacte fait aller les paroles oiseuses avec le mensonge et la calomnie : mais il ne falloit pas omettre qu'il y ajoute « les discours sans ordre et sans raison, ἀτάκτους, » avec ceux qui sont « ridicules, dits pour faire rire : » ce qui suppose la vraie idée de ce qu'on appelle parole oiseuse ou inutile, laquelle n'a point d'autre but que de discourir sans nécessité, sans raison, et pour divertir seulement.

Au surplus, quand le ridicule est poussé jusqu'à « la bouffonnerie, *scurrilia;* ou jusqu'à un éclat de rire emporté et immodeste, » *cachinnis ora dissolvit;* ou ce qui est encore pis, « à quelque chose de sale et de malhonnête, » *aliquid turpitudinis,* saint Jérôme nous apprend que ce n'est pas là « une parole oiseuse,

¹ *Eccl.*, V, 1. — ² I *Timoth.*, V, 13. — ³ Volzog., *Comm. in Matth.* — ⁴ *Ibid.*

mais criminelle : « *hic non otiosi verbi, sed criminosi tenebitur reus* [1]. »

Le même Père nous donne à sa manière nette et précise, une exacte définition de la parole oiseuse, en disant que « c'est celle qui se profère sans l'utilité de celui qui parle et de celui qui écoute : » *Otiosum verbum est quod sine utilitate et loquentis dicitur et audientis;* comme par exemple, « si en laissant les choses sérieuses, » *omissis seriis,* « nous nous entretenons de choses frivoles et racontons de vieux contes : » *Si de rebus frivolis loquamur, aut et fabulas narremus antiquas.* Telle est l'idée de saint Jérôme, qu'il est aisé comme l'on voit de concilier avec celles de saint Chrysostome et de ses disciples.

XV. Remarque sur le génie des faux critiques.

Il y a longtemps qu'on a remarqué que les faux critiques, qui sont ordinairement des grammairiens outrés, mettent toute la délicatesse de leur esprit à examiner les paroles, peu sensibles à l'exactitude des mœurs. Ils ne songent qu'à raffiner : le texte grec de saint Matthieu ne leur suffit pas, quoiqu'il tienne lieu de l'original du Saint-Esprit : pour en éluder la force, ils vont deviner le mot hébreu dont ils veulent que Jésus-Christ se soit servi : c'est ce qu'a fait Grotius sur ce passage de saint Matthieu, et il préfère une conjecture à la pureté du texte.

XVI. Grotius justifie l'usure : à son imitation le traducteur élude le passage de saint Luc, VI, 35.

Il y a d'autres endroits plus essentiels où ils méprisent l'austérité de la justice chrétienne. On sait que Grotius a employé toute son étude et tout son esprit à justifier l'usure : il n'a rien omis pour éluder le texte exprès de saint *Luc,* VI, 35, que toute la tradition a consacré à la condamnation de ce vice, et notre auteur l'a suivi dans le même endroit.

XVII. Pélagianisme manifeste dans une note tirée de Crellius et de Grotius.

Qu'il me soit permis d'ajouter ici une note sur le verset 10 du chapitre VIII *aux Hébreux :* « Je leur donnerai des lois qu'ils retiendront et qu'ils observeront, les comprenant facilement. »

C'est tout ce qu'on dit sur ces paroles de Jérémie, citées par saint Paul : « J'imprimerai mes lois dans leur esprit et je les graverai dans leur cœur. » Ces vives expressions du Saint-Esprit ne voudront dire autre chose, sinon que ces lois seront « aisées à retenir et à observer, » parce qu'elles sont « aisées à comprendre. »

[1] Hier., in *Matth.,* hic.

On ne parle point de l'esprit intérieur de la grace qui agit dans les cœurs; il n'y a qu'à bien retenir et à bien comprendre : il ne faut rien au dedans qui incline le cœur à aimer : ni l'Apôtre, ni le Prophète n'ont songé à la grace dans un passage qui a été fait pour l'exprimer, et que toute l'Eglise catholique y a entendu ; l'on ne pouvoit imaginer dans notre auteur un pélagianisme plus parfait.

C'est en effet que Crellius ne lui en avoit pas appris davantage : « J'écrirai et je graverai mes lois dans leurs esprits et dans leurs cœurs, en leur donnant une raison très-suffisante ; *causam sufficientissimam,* pour en conserver un souvenir perpétuel et pour les mettre en pratique[1]. » C'est ainsi que ce socinien paraphrase l'Apôtre et le Prophète, et après lui Grotius : « Le sens est, dit-il[2], je ferai qu'ils sauront tous ma loi par cœur : » *memoriter,* c'est-à-dire au premier sens, « par la multitude des synagogues qu'on a bâties en ce temps où l'on enseignoit la loi trois fois la semaine. » C'est à quoi s'arrête notre traducteur, et laisse là ce que son auteur lui auroit fourni sur un autre sens plus spirituel et plus sublime.

C'est ainsi que son livre s'est débité : depuis quelques jours on y ajoute un carton où sont ces paroles : « Je leur donnerai des lois et la grace nécessaire, afin qu'ils les retiennent et les observent : » le traducteur n'avoit oublié que la grace dans un lieu qui est mis exprès pour l'établir. Cependant il a montré sa pente vers Pélage et les hérétiques qui le suivent : et il croit en être quitte pour un carton qu'on distribue après coup lorsqu'un ouvrage est répandu. Il se trompe : il falloit déclarer qu'il se repentoit de cette prodigieuse inclination vers l'erreur.

XVIII. Conclusion.   Ceux qui joindront ces passages aux autres que nous avons traités, verront assez clairement que les sociniens et Grotius sont de même esprit, et que notre auteur qui les suit est inexcusable.

XIX. Exhortation à l'auteur.   Au reste je veux présumer quelque chose de meilleur, encore que je parle ainsi. Je suis bien aise que l'auteur se soit aperçu de quelques-unes de ses fautes, et je souhaite seulement qu'il en avertisse expressément le public. On attend sa déclaration sur la

---

[1] Crell., hic. — [2] Grot., hic.

censure prononcée avec tant d'autorité et de discussion, dans la ville où se devoit faire le grand débit de son livre : il tarde trop à témoigner sa soumission, tant sur les condamnations particulières qui toutes sont très-exactes, que sur celles qu'il a fallu prononcer en termes généraux qui ne sont pas moins véritables et n'étoient pas moins nécessaires, parce qu'il n'est pas possible de tout exprimer en particulier dans une censure. Il est donc temps que l'auteur acquiesce à un jugement si juste, et d'un si grand poids. Qu'il soit dans l'Eglise gallicane un second Léporius, qui réjouisse et édifie tout l'univers par la rétractation de ses erreurs! Bien éloigné de lui vouloir nuire en lui donnant cet avis avec toute la charité qu'il doit attendre d'un évêque de sa communion, je tâche au contraire de lui inspirer des sentimens dignes d'un prêtre, et de rendre son érudition plus profitable à l'Eglise : et puisqu'il est évident qu'il s'est attiré ces répréhensions pour s'être secrètement attaché à des auteurs qu'il n'a osé nommer, j'espère que renonçant publiquement à ces conducteurs aveugles après lesquels il est tombé dans le précipice, il nous aidera dorénavant à désabuser ceux qui pourroient être encore trop prévenus en leur faveur.

ADDITION

Sur la Remontrance de M. Simon à Monseigneur le cardinal de Noailles.

J'ai averti le lecteur qu'après la fin de cette impression, on m'apporta la *Remontrance de M. Simon,* que ses amis débitoient avec un empressement extrême, et il ne me fut pas malaisé d'y reconnoître le caractère de cet auteur ; on y découvre partout le même esprit de singularité, avec les mêmes moyens d'éluder les traditions les plus évidentes. Comme elle contient beaucoup d'endroits qui ont rapport avec ces instructions et qu'on pourroit croire utiles à y répondre, il est à propos de faire voir que j'avois prévu les difficultés, et que j'ai donné par avance les principes pour les résoudre.

PREMIÈRE REMARQUE.

Sur l'adoration des Mages.

I. Occasion de cette remarque: paroles de la Remontrance. Pour satisfaire à quelques parties de la censure du quinzième septembre 1702 touchant la divinité de Jésus-Christ, la *Remontrance* a observé [1] que le terme d'*adoration* en saint Matthieu, II, 2 et 11, ne marque pas que Jésus-Christ ait été adoré comme Dieu, et rend douteuse l'adoration qu'on lui a rendue. C'est aussi ce que l'auteur avoit dit dans la Préface de la nouvelle version [2], et j'ai repris cet endroit dans mes remarques sur cette Préface [3].

II. La tradition de l'adoration de Jésus-Christ comme Dieu, est constante dès l'origine du christianisme : témoignage de saint Irénée. C'est là que j'ai fondé l'adoration de Jésus-Christ comme Dieu, sur une tradition incontestable : elle est claire dans la Collecte du jour de l'Epiphanie, puisqu'on y lit ces paroles : « O Dieu, qui avez révélé aujourd'hui votre Fils unique aux gentils, sous la conduite d'une étoile : » qui dit Fils unique, dit un Dieu de même nature que son Père ; et Si M. Simon ne le veut pas croire, l'Eglise le confondra par la conclusion ordinaire de la Collecte, où il est porté « que ce même Fils unique Jésus-Christ est un Dieu, qui vit et règne avec son Père dans l'unité du Saint-Esprit. » Cette Collecte est de la première antiquité, et se trouve dans les plus anciens sacramentaires. Nos critiques ne s'arrêtent pas à ces éruditions ecclésiastiques : elles ne sont pas assez savantes pour eux ; mais enfin l'Eglise ne changera pas pour l'amour de M. Simon la maxime de saint Augustin, qui assure que « la foi de l'Eglise se trouve dans ses prières ; » ni la règle inviolable du pape saint Célestin, « que la loi de prier établit celle de la foi. »

Ainsi l'adoration de Jésus-Christ comme Dieu est constante dans l'Eglise : elle la chante hautement dans l'hymne de l'Epiphanie; on y distingue les trois présens, dont le second, qui est l'encens, étoit offert à Jésus-Christ comme Dieu [4]. Sédulius, qui est l'auteur de cette hymne, y avoit dit expressément « que les Mages avoient confessé par leurs présens que Jésus-Christ étoit Dieu : » *Deum fatentur munere*. Il avoit assuré la même chose dans son *Poëme pascal*, dédié à l'empereur Théodose, petit-fils de Théodose

---

[1] P. 20. — [2] Préf., p. 15. — [3] II° Passage. — [4] *Matth.*, II, 11.

le Grand [1]. Le poëte Juvencus, encore plus ancien que lui, avoit chanté semblablement la signification des trois présens, et nommément de l'encens consacré à Jésus-Christ comme Dieu; et ses vers aussi élégans que remplis de piété, qui étoient à la bouche de tous les fidèles, avoient mérité d'être insérés par saint Jérôme dans son *Commentaire sur saint Matthieu.* Voilà sans doute un consentement assez unanime, et une assez belle antiquité.

Je remonterai à présent encore plus haut, et j'alléguerai saint Irénée, qui en citant l'Evangile de saint Matthieu, a rapporté « que les Mages témoignèrent par leurs présens qui étoit celui qu'ils adoroient : la myrrhe, dit-il, marquoit sa mortalité et sa sépulture; l'or marquoit qu'il étoit un roi, dont le royaume n'auroit point de fin; et l'encens, qu'il étoit ce Dieu qui étoit connu dans la Judée, et qui se manifestoit à ceux qui ne le cherchoient pas [2], » c'est-à-dire aux gentils. Nous voilà à l'origine du christianisme, et aux premiers siècles de l'Eglise. Nous avons produit pour la même doctrine saint Chrysostome, saint Grégoire de Nazianze, saint Jérôme, saint Augustin, saint Léon, et avec eux tous les Pères, selon la règle de saint Augustin et de Vincent de Lérins.

III. Preuve théologique fondée sur la tradition : expression de M. Simon opposée à la doctrine précédente.

La théologie nous favorise : Dieu qui appeloit les Mages de si loin, et les éclairoit d'une manière si miraculeuse plus encore au dedans qu'au dehors, ne leur laissa pas ignorer en présence de Jésus-Christ l'essence de son mystère, puisqu'ils sont les prémices des gentils; ils furent chrétiens comme nous, et saint Léon a démontré qu'ils ne pouvoient pas être justifiés par la foi en un pur homme.

Nous avons vu que, pour éluder une tradition et une théologie si constante, M. Simon se contente de marquer pour l'adoration de Jésus-Christ comme Dieu, quelques anciens interprètes, comme s'il en avoit d'autres qui ne fussent pas d'accord avec ceux-ci [3]. C'est encore un manifeste affoiblissement de la véritable doctrine, d'avoir observé que les théologiens sont partagés sur ce point, encore qu'on voie que tous les Pères sont d'un côté, et le seul

---

[1] *Oper. pasch.,* lib. II. — [2] Lib. III, cap. X. — [3] Préf., p. 35, etc.; *Rem. sur la Préf.,* 2ᵉ pass., n. 2 et suiv.

Grotius de l'autre avec les sociniens. Voilà les théologiens que M. Simon a consultés, et qu'il n'a pas craint d'opposer à la tradition des saints Pères.

<small>IV.
Passage
de Luc
de Bruges allégué dans la Remontrance.</small>
Il reste maintenant à considérer ce qu'il allègue dans la *Remontrance* pour affoiblir une doctrine si unanime des Pères : il allègue le seul Luc de Bruges, qui a écrit au siècle passé, « que le terme d'*adorer* ne suffisoit pas pour établir seul la divinité de Jésus-Christ, à cause qu'il est douteux, et qu'il ne peut signifier qu'une simple vénération [1]. » Je l'avoue, à regarder ce terme uniquement en lui-même; mais la tradition si constante des saints Pères détermine à l'adoration souveraine. Ce commentateur explique lui-même [2], de quelle source la connoissance de Jésus-Christ comme Dieu avoit pu venir aux Mages : c'est qu'étant Arabes, ils descendoient d'Abraham; et que s'ils étoient Chaldéens, « une ancienne tradition célèbre parmi ces peuples leur faisoit connoître qu'il y avoit une sagesse éternellement engendrée de Dieu, » c'est-à-dire son Fils et son Verbe. Ils venoient donc, poursuit-il, « adorer le nouveau roi, persuadés que ceux-là seroient heureux, à qui sa divinité seroit propice [3]. »

Mais, dit-on, il a parlé trop foiblement de cette adoration, puisqu'il y met un « peut-être : » *fortè;* ajoutant « qu'il est vraisemblable » que ces nouveaux adorateurs, venus d'Orient, « connurent Jésus-Christ comme Dieu [4]. » Faut-il dire à un si grand critique que le *peut-être* n'est pas toujours un terme de doute, mais un terme de douce insinuation, de la nature de ces *forsitan* qu'on trouve souvent dans l'Evangile selon l'autorité de la Vulgate? Qui ne sait aussi qu'il y a des vraisemblances divines, qui sautant aux yeux tiennent lieu d'évidence? C'est pour cela que le même commentateur [5], après avoir dit que les Mages avoient adoré Jésus-Christ comme roi, se corrige lui-même en disant : « Ou plutôt ils l'adorèrent comme Dieu. » Il fortifie le *peut-être*, en assurant « qu'il n'est point douteux, *non dubium est*, qu'il ne sortît du visage de l'enfant une divine splendeur : » il prouve l'adoration de l'Eucharistie par celle qu'on rendit alors à Jésus-Christ; et conclut enfin « que la foi des Mages eût été fausse et

<small>[1] *In Matth.*, II, 11. — [2] *Ibid.* — [3] *Ibid.* — [4] *Ibid.* — [5] *Ibid.*</small>

défectueuse : » *manca neque vera*, s'ils ne l'eussent cru tout ensemble « et roi, et mortel, et Dieu; » qui est la démonstration de saint Léon.

Il ne faut pas oublier que, pour établir le vrai sens de l'adoration, il renvoie au chapitre IV de saint Matthieu, verset 10, où constamment il prend l'adoration pour une adoration souveraine [1].

Je demande ici à M. Simon si, malgré les prières de l'Eglise et après une tradition si constante et si unanime des saints Pères, dès l'origine du christianisme, il persiste encore à rendre douteuse l'adoration de Jésus-Christ comme Dieu, sans pouvoir montrer le moindre doute dans toute l'antiquité? Mais comment accorderoit-il ce sentiment avec la tradition, et avec la règle du concile, qui, « en matière de foi et de mœurs, défend d'interpréter l'Ecriture contre le sens que l'Eglise a tenu et tient, et contre le consentement unanime des Pères [2]? » Dira-t-il que l'Eglise n'a pas tenu et ne tient pas ce qu'elle chante par tout l'univers depuis tant de siècles, et qu'elle déclare de tout temps dans ses prières? Dira-t-il que la question, si les Mages ont adoré Jésus-Christ comme Dieu et s'ils ont été justifiés en sa présence sans croire sa divinité, soit indifférente ou impertinente à la foi? Niera-t-il que le retranchement d'un culte si essentiel dans la personne des Mages ôte à l'Eglise une preuve de la divinité de Jésus-Christ, un grand exemple aux fidèles pour animer leur piété, une autorité très-expresse pour établir la plénitude de la foi qui nous justifie? C'est donc chose qui appartient à la foi, et qui tombe par conséquent dans le cas de la règle du concile.

V. Demande à M. Simon sur la règle du concile.

Pour entendre cette règle, M. Simon nous renvoie au cardinal Palavicin, dont il rapporte ces paroles : « Le concile ne restreint point par une nouvelle loi le moyen d'entendre la parole de Dieu, mais seulement déclare illicite ce qui l'a toujours été. Ce cardinal ajoute, poursuit-il, que si l'on excepte les matières qui regardent la foi et les mœurs, les commentateurs ont toute liberté d'exercer leurs talens dans leurs explications; ce qui se prouve par l'exemple de tous les commentateurs catholiques, qui ont publié leurs com-

VI. On examine les paroles de la Remontrance sur l'explication de la règle du concile. Sess. IV.

---

[1] *In Matth.*, II, 2. — [2] Sess. IV, *Decr. de édit.*

mentaires, depuis le concile de Trente, lesquels se sont rendus illustres tant par leurs nouvelles interprétations que par leur érudition. » D'où il tire cette conséquence : « C'est, dit-il, sur ce principe, que j'ai pris la liberté d'interpréter quelques endroits de l'Ecriture où il ne s'agissoit ni de la foi, ni des mœurs, d'une autre manière que les Pères, lorsque j'ai cru que mes interprétations étoient plus littérales [1]. »

On voit par là qu'il s'ouvre la voie à étendre la liberté de ses interprétations contre les Pères, même lorsque leur consentement sera unanime, sous prétexte qu'il ne s'agira ni de la foi, ni des mœurs, et que son sens lui paroîtra plus littéral : mais il faut découvrir son artifice.

VII. Paroles du décret et sa véritable intelligence. Sess. IV.
Il n'y a pour cela qu'à lire les paroles du concile même : « Pour réprimer les esprits insolens (*petulantia ingenia*), le concile ordonne que personne ne s'appuie sur sa prudence dans les matières de foi, et dans celles des mœurs qui regardent l'édification de la doctrine chrétienne, pour tourner les passages de l'Ecriture à ses propres sentimens, contre le sens qu'a tenu et tient notre Mère la sainte Eglise, à qui il appartient de juger du vrai sens et de l'interprétation des mêmes Ecritures : ou pour oser interpréter la même Ecriture contre le consentement unanime des Pères : ce que le concile défend, quand même ces interprétations ne devroient jamais être publiées. Que si quelqu'un contrevient à cette ordonnance, les ordinaires le déclareront et le puniront des peines de droit. »

Il est question de bien entendre ce que veulent dire ces paroles : « En matière de foi et de mœurs qui regardent l'édification : » s'il les faut réduire aux questions déjà expressément décidées, ou si l'on y doit comprendre toutes les parties de la doctrine chrétienne. Selon la première interprétation, tout ce qui n'est point compris dans les symboles et dans les autres décrets de la foi, est laissé à la liberté des interprètes, ce qui étend la licence à un excès directement contraire à l'intention du concile : car son intention n'est pas seulement d'empêcher que les esprits pétulans, comme il les appelle, c'est-à-dire hardis, téméraires et licencieux, ne s'élèvent

[1] *Remont.*, p. 8; Pallavic., lib. VI, cap. XVIII.

contre les choses déjà décidées, mais de les tenir en bride pour prévenir les erreurs; en sorte que lorsqu'ils voudront s'abandonner à leur sens, la tradition de l'Eglise et l'autorité des saints Pères mettent des bornes à leur témérité, et les empêchent de s'appuyer sur leur fausse et présomptueuse prudence.

Que ce soit là l'intention du concile, tout le monde en est d'accord, et le cardinal Pallavicin l'a expressément démontré à l'endroit qu'on vient d'alléguer. Il faut entendre de même dans la matière des mœurs tout ce qui tend à édifier la doctrine chrétienne selon les propres termes du concile. Là est compris tout ce qui regarde « les dogmes et les mœurs, » ainsi que ce savant cardinal le répète deux et trois fois.

C'est pourquoi il a eu raison de dire que le concile ne fait pas ici de nouvelle loi, et ne restreint pas la liberté des interprètes, mais ne fait que retenir les esprits dans les bornes où l'Eglise est née, « et qui sont essentielles à notre foi, » puisque l'Eglise a toujours été obligée en ce qui regarde le dogme à entendre les Ecritures, selon le sens primitif qu'elle a reçu au commencement.

Pour les autres points, comme par exemple pour les curiosités de l'histoire ou des généalogies, ou pour celles des rits judaïques, qui peuvent servir à éclaircir l'Ecriture, ou enfin pour les autres choses de même nature, qui sont indifférentes à la religion et ne changent rien dans le fond, il est permis d'ajouter ce qu'on trouvera utile. J'en dis autant des passages obscurs et profonds, où les saints Pères se trouveront partagés, sans que l'Eglise ait pris de parti. Mais pour les points de dogme, d'édification et de mœurs, lorsque les Pères seront unanimes, leur seule unanimité, qui est la preuve de la certitude et de l'évidence, est une loi souveraine, aussi ancienne que l'Eglise, que les interprètes ne peuvent violer.

Nous ajouterons dans la suite des remarques très-nécessaires à l'intelligence de la règle du concile : mais pour faire l'application de ce qui vient d'être dit à la matière que nous traitons, il n'y a qu'à dire qu'elle regarde manifestement le dogme chrétien. Quand nous n'aurions pas tant de témoignages, n'est-ce pas à notre interprète une critique bien édifiante que d'empêcher les fidèles d'adorer avec les Mages leur Sauveur comme Dieu et homme, au

VIII. Application de la doctrine précédente à la matière de l'adoration des Mages.

saint jour de l'Epiphanie; de les faire douter des prières qu'ils offrent à Dieu avec toute l'Eglise, et des hymnes qu'ils chantent par tout l'univers depuis tant de siècles? Quelle utilité trouve-t-on à vouloir ainsi affoiblir, non-seulement la dévotion publique, mais encore les preuves de tradition que nous avons rapportées? Les évêques le peuvent-ils souffrir, eux qui sont chargés par le concile de *déclarer*, c'est-à-dire de noter les contrevenans à sa règle, et même de *les punir?* Supposons, si l'on veut, qu'un commentateur particulier du dernier siècle n'ait pas autant appuyé sur cette preuve que son importance le demandoit; ou qu'il soit échappé à quelque autre, plus nouveau encore et moins autorisé, quelques paroles trop foibles : croira-t-on pouvoir prescrire par ces petits mots contre le consentement unanime des Chrysostomes et des autres Pères, à commencer par saint Irénée? A Dieu ne plaise que la tradition soit abandonnée jusqu'à cet excès, et qu'une si vaine critique règne dans l'Eglise.

IX. Objection de l'auteur, et réponse.
« Mais, dit l'auteur, l'Eglise n'a rien décidé sur le fait dont il s'agit[1]. » Il ne songe pas qu'on n'a pas coutume de prononcer des décisions sur des vérités qui ne sont pas contestées, et qui passent de bonne foi dans le langage commun de tous les fidèles.

Mais quand il auroit conclu de là qu'on ne peut pas le condamner comme hérétique pour ce point, n'y a-t-il pas assez d'autres justes qualifications pour l'accabler, comme celles d'erronées, d'induisantes à hérésie, de périlleuses dans la foi, de contraires à la tradition et aux prières de l'Eglise, etc.? Le fait dont il veut douter, n'est pas un fait de curiosité; c'est un fait de tradition, qui doit affermir ou affoiblir le dogme de la foi, et sur lequel la variation est injurieuse à Jésus-Christ et à l'Eglise.

X. Conclusion de cette remarque, et renvoi aux remarques précédentes.
Au reste nous avons prévu qu'il chercheroit le témoignage de quelques auteurs catholiques pour appuyer son sentiment : mais pour prévenir cette objection, nous avons fait voir qu'on n'est pas quitte envers les saints Pères de la soumission qui leur est due, pour avoir trouvé quelques catholiques modernes qui n'aient pas assez appuyé leurs sentimens : nous avons montré que s'il est permis de choisir dans les auteurs catholiques tout ce qu'on vou-

[1] *Remontr.*, p. 21.

dra, sans avoir égard à la tradition, c'est ouvrir la porte à la licence et tendre un piége à la simplicité des fidèles : nous nous sommes opposés à un abus si manifeste, comme il paroît par les endroits cités à la note[1] : qu'on les pèse, qu'on les relise, puisqu'on les a sous la main : il n'en faut pas davantage, pour autoriser les évêques à maintenir la règle du concile et à noter les contrevenans.

IIe REMARQUE.

Sur ces paroles de l'Evangile : *Le Seigneur est maître du sabbat.*

Ce passage est traité dans la *Remontrance ;* et l'auteur y soutient sa note que le Fils de l'homme peut être tout homme indéfiniment, et que c'est même l'explication la plus véritable. La censure donnée à Paris reprend le sentiment de M. Simon, en ce qu'il veut que le Fils de l'homme puisse n'être pas Jésus-Christ. J'ai aussi repris cette explication, non-seulement comme étant tirée des sociniens et de Grotius, mais encore comme contraire à l'évidente parole de Dieu, à la dignité de Jésus-Christ, à la tradition de tous les siècles ; et voici les faits essentiels que j'ai posés[2].

I. Passage de la Remontrance, p. 26. Quatre faits importans que nous avons posés.

Le premier, que parmi tant de passages de l'Evangile, où Jésus-Christ s'appelle le Fils de l'homme, on n'en peut montrer un seul où ce Fils de l'homme soit un autre que lui-même.

Le second fait, que les Juifs sont les seuls à ne vouloir pas le connoître sous ce titre, lorsqu'ils disent en saint Jean, ch. XII, vers. 34 : « Qui est ce Fils de l'homme ? »

Le troisième fait que j'ai touché seulement, mais qu'il faut maintenant établir en peu de mots, est que la tradition qui prend ici le Fils de l'homme pour Jésus-Christ, est constante dès l'origine du christianisme, et que les Pères n'ont jamais varié sur ce sujet.

Le quatrième est, que M. Simon a tiré son explication de Grotius et des sociniens, et qu'il les a préférés aux saints Pères.

J'allègue d'abord saint Irénée, qui dit au livre troisième,

II. Preuve

[1] Ci-dess., *Rem. sur l'ouvr. en gén.*, n. 25-28; *Rem. sur la préf.*, 1er pass., n. 22, 26, etc. — [2] *Rem. sur l'ouvr. en gén.*, n. 2; *Rem. sur Grot.*, n. 7.

constante de la tradition dès l'origine du christianisme. que « l'Evangile ne connoît point d'autre Fils de l'homme, que celui qui est né de Marie et qui a souffert pour nous. » *Non alterum Filium hominis novit Evangelium, nisi hunc* [1], *etc.* Voilà d'abord un principe général, qui démontre la vérité du premier fait, et nous donne pour règle dans l'Evangile qu'on n'y connoît point d'autre Fils de l'homme que Jésus-Christ.

Le même saint Irénée, aussi bien que Tertullien et les autres Pères, démontrent par cette dénomination de *Fils de l'homme*, que Jésus-Christ n'est pas un homme putatif et en apparence, mais qu'il l'est véritablement : ce qui est inculqué par saint Irénée, non-seulement au lieu allégué, mais encore dans les chapitres XXVI et XXXII, du même livre troisième.

J'allègue en second lieu Tertullien, qui cite formellement ce passage : « *Le Fils de l'homme est maître du sabbat*, pour montrer, dit-il, par ce terme de *Fils de l'homme*, de quelle substance il étoit sorti [2], » et que sa chair n'étoit pas fantastique, mais réelle et véritable.

Il prouve encore la même vérité contre Marcion par la dénomination de *Fils de l'homme*, et il marque trois ou quatre fois ce passage : « Le Fils de l'homme est maître du sabbat [3], » comme ne pouvant appartenir à autre qu'à Jésus-Christ.

Il confirme la règle de saint Irénée touchant l'intelligence de ce mot *Fils de l'homme*, lorsqu'il prononce en général : « Le Fils de l'homme, c'est-à-dire, Jésus-Christ [4]. »

Il démontre contre le même Marcion la conformité de l'Ancien et du Nouveau Testament par ce même texte, lorsqu'il dit qu'en s'appelant maître du sabbat, Jésus-Christ soutenoit le sabbat « comme chose sienne, » et qui n'étoit pas d'un Dieu étranger, ainsi que le vouloit cet hérésiarque : *sabbatum ut rem suam tuebatur* [5] : et un peu après encore plus expressément : « Il étoit maître, et du sabbat et de la loi, et de toutes les institutions de son Père : » *Dominus et sabbati et legis et omnium paternarum dispositionum Christus* [6].

---

[1] Iren., lib. III, cap. XVIII, p. 277. — [2] *De carne Christi*, cap. XV. — [3] *Adv. Marc.*, lib. IV, cap. X, XII, etc. — [4] *Ibid.*, cap. XIV. — [5] *Ibid.*, cap. XII. — [6] *Ibid.*, cap. XVI.

On voit ici deux choses bien importantes : l'une, un principe général sur le titre de *Fils de l'homme*, et l'autre, une application formelle du sens qu'on lui doit donner au passage que nous traitons : ce qui enferme une démonstration complète.

Le témoignage de deux auteurs qui sont du second et du troisième siècle, fait voir de quel sens l'Église a été d'abord frappée, et combien il étoit essentiel, puisqu'ils s'en servent pour établir deux dogmes fondamentaux, dont l'un est la vérité de la chair de Jésus-Christ, et l'autre la conformité des deux Testamens.

La postérité n'a pas manqué d'embrasser cette tradition originelle : saint Hilaire qui suit de près ces deux grands auteurs, enseigne positivement, « que c'est Jésus-Christ qui est plus grand que le sabbat : » *major ipse sabbato :* et encore, « qu'il n'est pas tenu à l'observance du sabbat, puisqu'il en est le maître : » *neque sabbati præscripto dominum sabbati contineri*[1].

Ajoutons à ces témoignages celui de saint Chrysostome et de son école : ajoutons qu'on ne nous produit aucun passage contraire : ainsi la tradition des Pères est unanime : il s'agit d'un dogme qui appartient à la religion, à la dignité de Jésus-Christ, à ses pouvoirs et à des dogmes fondamentaux, comme on a vu : tout le chapitre de saint Matthieu d'où ce passage est tiré, ne respire que la grandeur de Jésus-Christ : « Il est plus grand que Salomon, plus grand que Jonas, plus grand que le temple : » c'est donc lui, et non pas un autre qui est aussi plus grand que le sabbat, et la convenance des choses et des paroles le démontre.

On est donc encore ici dans le cas de la règle du concile ; l'auteur ne peut s'excuser de l'avoir évidemment méprisée, et ce qui est pis, d'avoir préféré les sociniens aux saints Pères.

Puisqu'il vouloit avoir pour lui les hérétiques, il pouvoit remonter plus haut : nous apprenons de saint Clément d'Alexandrie, « que Prodique et les faux gnostiques attribuoient à d'autres qu'à Jésus-Christ la qualité de maître du sabbat [2] : » et telle est la source de l'interprétation qu'on entreprend de mettre aujourd'hui entre les mains de tous les fidèles.

Il a senti combien odieuse étoit cette préférence, et il tâche de

[1] *In Matth.*, XII. — [2] *Strom.*, 3.

s'en excuser par ces paroles : « Ne croyez pas, Monseigneur, que la note vienne de l'école de Socin, comme quelqu'un le pourroit croire : de savans commentateurs, qui ont écrit longtemps avant que Socin fût au monde, ont encore été plus avant que le traducteur de Trévoux : le célèbre Tostat, qui est encore aujourd'hui l'admiration des savans, est de ce nombre [1]. »

Il prouve ce qui n'est pas en question : jamais on ne lui a nié qu'on ne pût trouver quelque docteur catholique, qui ignoreroit la tradition, ou qui n'y seroit pas assez attentif : la question est de savoir si un seul docteur est suffisant pour éluder l'autorité de la tradition : et nous venons encore de démontrer le contraire.

En effet sans chercher à faire voir, ce qui me seroit aisé, que Tostat n'est peut-être pas d'accord avec lui-même, il me suffit de dire en un mot que l'autorité d'un commentateur du quinzième siècle, quoique savant pour son temps et comme parle M. Simon, « plus que ceux qui l'avoient précédé au moins dans les siècles de barbarie [2], » bien certainement n'est pas préférable à celle des Pères les plus savans et de la première antiquité. Sa conjecture est abandonnée par tous les commentateurs catholiques. M. Simon lui cherche un frivole appui dans les notes de Robert Etienne, « qui est, dit-il, de ce même sentiment [3] : » foible autorité s'il en fut jamais, et d'un auteur trop peu versé dans la théologie, et d'une foi d'ailleurs trop suspecte pour mériter qu'on l'écoute. Quoi qu'il en soit, voilà en un mot toute la tradition de M. Simon; voilà ceux qu'il préfère aux Irénées, aux Tertulliens, aux Hilaires et aux Chrysostomes; ce qu'il n'auroit jamais fait, s'il n'avoit voulu appuyer Grotius et les sociniens.

« Je puis, dit-il, assurer Votre Eminence, que je n'ai eu d'autre dessein dans cette note, que de concilier ensemble saint Matthieu, saint Marc et saint Luc [4]. » Il voudroit nous faire imaginer de grands embarras entre ces trois Evangélistes, dont on ne pourroit sortir sans sa note. Mais d'abord il n'y a point de difficulté dans saint Matthieu, ni dans saint Luc; voici celle qu'il veut trouver dans saint Marc : « Jésus leur disoit : Le sabbat est fait pour

---

[1] *Remont.*, p. 26. — [2] *Hist. crit. du Nouv. Test.*, chap. xxxv. — [3] *Remont.*, p. 27. — [4] *Remont.*, p. 26.

l'homme, et non pas l'homme pour le sabbat : c'est pourquoi le Fils de l'homme est maître du sabbat même [1]; » comme s'il disoit : J'ai eu raison de m'en rendre maître pour sauver l'homme; et ce seroit déroger à mon empire souverain sur le sabbat, si le sabbat étant fait pour l'homme, je m'y laissois assujettir jusqu'au point de n'oser permettre à mes disciples de se soulager en arrachant quelques épis dans leur extrême besoin en ce saint jour. C'est aussi à quoi se rapportent ces paroles : « Il est plus grand que le temple, et plus grand que le sabbat : » ce qui montre que sa seule présence autorisoit les disciples à faire ce qu'il leur permettoit. Il n'y a rien de plus clair; et cependant plutôt que d'entendre une conséquence qui saute aux yeux, on aime mieux renverser toute l'économie de l'Evangile et toute l'analogie de la foi.

Au reste j'ai déjà remarqué [2] que ce sont encore les mêmes sociniens qui ont fourni à M. Simon ces embarras imaginaires dans le passage de saint Marc : nous verrons peut-être ailleurs les raisons de Grotius qui sont en vérité misérables; mais il nous suffit ici d'avoir convaincu notre traducteur d'un manifeste mépris de la tradition et de la règle du concile, dans une matière dogmatique.

IIIe REMARQUE.

Sur la traduction du passage de saint Jean : *Vous ne pouvez rien sans moi*, Jean, xv, 5.

M. Simon est repris fortement et avec raison dans la censure de Paris, d'avoir altéré ce passage de saint Jean, non-seulement dans sa note, mais encore dans son texte même, en traduisant « séparément d'avec moi, » au lieu de mettre « sans moi; » et je me suis conformé à cette juste répréhension. Voyons à présent les excuses de la *Remontrance;* elles consistent en trois points : « Mon dessein, dit-il, a été de marquer plus fortement la véritable signification de la particule qui est dans le grec [3] : » frivole excuse, puisque c'est une témérité insupportable de croire pouvoir mieux entendre la force de la particule, non-seulement que la Vulgate, qui traduit *sans, sine*, mais encore que tous les Pères latins sans

I. Trois excuses de l'auteur dans sa Remontrance : la première tombe.

---
[1] *Marc.*, II, 27. — [2] *Rem. sur l'ouvr. en gén.*, n. 3. — [3] *Remont.*, p. 13.

exception, que tous les conciles, que tout l'Occident, qui a traduit naturellement de la même sorte, sans que personne se soit avisé de les contredire. Quant on veut mieux dire que toute l'Eglise, on doit être assuré qu'on dira mal : ainsi la première excuse tombe d'elle-même.

II.
Seconde
excuse
foible.
Ibid. La seconde n'est pas meilleure : « N'être point séparé de Jésus-Christ, n'est autre chose en ce lieu-ci que d'être uni à lui... La comparaison de la vigne et de ses branches appuie mon interprétation : car tant que les branches ne sont point séparées du corps de la vigne, elles en reçoivent leur nourriture. »

Je l'avoue, si par *n'être point séparé* on entend ne l'être point dans l'intérieur et non pas ne l'être point extérieurement ; ce que l'auteur n'a pas voulu exprimer pour la raison que nous allons voir, et qui achèvera de démontrer que la seconde excuse est nulle.

III.
Troisième
excuse
fondée
sur l'autorité de
Bèze. Mais la troisième est insupportable : « C'est, dit-il, que Bèze, un des plus zélés défenseurs de la grace efficace par elle-même, calviniste et qui par conséquent ne peut être suspect en ce lieu-ci, ne s'est pas contenté de traduire *seorsim*, etc., il a aussi repris dans sa note la Vulgate qui a traduit, *sine me* [1]. » Voilà sans dout pour un prêtre catholique un bon garant que Bèze, un des chefs du calvinisme !

« Mais, dit-il, il n'est point suspect, puisqu'il est un des plus zélés défenseurs de la grace efficace par elle-même, » à quoi il ne craint pas d'ajouter « que cette observation vient d'un homme qui entend la langue grecque, et est exercé dans les disputes de la grace. »

Il ne sait pas que cet homme *si exercé* dans cette matière, y est tombé dans une infinité d'erreurs ; qu'il n'a soutenu la grace que pour l'outrer, jusqu'à nier la coopération de l'homme ; et qu'il a détruit le libre arbitre, jusqu'à faire Dieu auteur du péché.

M. Simon, qui ne veut pas qu'il soit suspect, ne sait pas que tout auteur si démesurément outré est toujours suspect, comme disposé à rejeter le bon sens ; et que Bèze en particulier est suspect en cette occasion comme ennemi de l'Eglise et de la Vulgate qu'il a pris plaisir de reprendre dans sa note, comme notre auteur

[1] *Remont.*, p. 13, 14.

le remarque. Il ajoute qu'il y a aussi repris Erasme de la même faute ; et on voit que Bèze a voulu s'élever au-dessus d'un homme plus sensé que lui, et qui ne savoit pas moins la langue grecque. Voilà les auteurs non suspects que M. Simon appelle en témoignage contre la Vulgate, et contre toute la tradition.

Mais il nous cache son secret : il a trouvé moins odieux de citer Bèze, quoique calviniste, que Grotius et les sociniens, qui sont ses guides cachés. J'ai rapporté [1] l'interprétation d'un socinien et celle de Grotius, qu'il choisisse entre les deux : le premier réduit la séparation à celle de l'*apostasie*; l'autre la réduit « à se séparer des préceptes et des exemples de Jésus-Christ : » tous deux la mettent par conséquent dans quelque chose d'extérieur sans songer à l'influence intérieure de la grace : voilà toute la finesse de la nouvelle version.

IV. Dessein secret de l'auteur, de copier Grotius et les sociniens

On n'a qu'à lire les paroles d'un socinien [2], et surtout celles de Grotius, comme je les ai rapportées, pour voir d'où la note de M. Simon a été prise. Grotius y est transcrit de mot à mot : et qui saura prendre l'esprit de M. Simon dans tout son livre, ne pourra douter de son dessein.

On peut voir encore ce qu'il cite de Gaigney [3] : « C'est que celui qui se sépare de Jésus-Christ par l'hérésie et par l'infidélité, comme un sarment inutile, ne peut recevoir le suc de la grace, » etc. Voilà donc, encore un coup, à quoi se réduit la séparation d'avec Jésus-Christ; tout se rapporte à « l'hérésie et à l'infidélité, » comme si le péché mortel n'étoit rien : « et Gaigney, dit M. Simon, a très-bien exprimé le sens de ce verset de saint Jean dans ses scholies. » S'il a bien cité Gaigney, cet auteur se réfute lui-même et je n'ai point à m'en mettre en peine, puisqu'il est clair, quoi qu'il en soit, que M. Simon a composé, non-seulement sa note, mais encore son texte des paroles de deux hérétiques, qui sont Bèze et Grotius.

[1] Ci-dessus, *Rem. gén.*, n. 4; *Rem. sur Grot.*, n. 7. — [2] *Ibid.* — [3] *Remont.*, p. 13, *ibid.*

IVᵉ REMARQUE.

Sur ces paroles de saint Paul : *J'ai aimé Jacob, et j'ai haï Esaü.*
Rom., ɪx, 13.

I.
Deux questions sur ce passage.

On sait assez que M. Simon a mis dans son texte : « J'ai plus aimé Jacob qu'Esaü, » en supprimant hardiment la haine exprimée dans la Vulgate comme dans le grec : on a été étonné de cette hardiesse ; la censure l'a sévèrement reprise ; j'en ai parlé amplement en deux endroits[1] : il reste maintenant à examiner si j'ai prévenu les vaines défaites exposées dans la *Remontrance*[2].

Il y a ici deux questions : l'une sur le texte de la traduction, et l'autre sur la note.

Première question sur le texte de la version.

II.
Qu'il y a une altération inexcusable dans le texte de la version de Trévoux.

La première question est trop aisée à résoudre pour mériter un long discours. Il n'y a qu'à dire en un mot, que c'est une altération du texte que de mettre le commentaire à la place du texte même ; c'est le principe de l'auteur dans sa préface : or est-il que le même auteur est visiblement tombé dans ce défaut : tomber dans ce défaut selon lui-même, c'est faire parler l'homme à la place du Saint-Esprit : il est donc tombé dans le défaut de faire parler l'homme à la place du Saint-Esprit, qui est le plus grand et le plus énorme de tous les attentats.

J'entrerai encore en peu de mots dans une seconde considération. L'explication de saint Augustin et des Saints qui l'ont suivi dans la défense de la grace contre Pélage, suppose en Dieu une haine véritable contre Esaü comme figure des réprouvés, à cause qu'elle y suppose le péché comme l'objet de cette haine, et du moins le péché originel.

Pour abréger la matière, on voudra bien se contenter d'entendre ici le concile des saints évêques bannis en Sardaigne pour la confession de la foi. Voici comme ils parlent dans leur *Epître synodique*, que saint Fulgence a composée : « Vous dites, » ce sont les paroles de ce saint concile aux catholiques qui les consultoient,

---
[1] Ci-dessus, *Rem. gén.*, n. 6 et 7. — [2] *Remont.*, p. 14 et suiv.

« que vous assurez qu'avant la naissance d'Esaü et de Jacob, Jacob est élu par une miséricorde gratuite et qu'Esaü est haï par un juste jugement de Dieu, à cause du péché originel [1]. »

Voilà donc d'abord l'explication des catholiques bien posée, et la haine de Dieu contre Esaü établie : c'est pourquoi ces saints confesseurs ajoutent que dans l'élection de Jacob, « les dons de Dieu sont aimés; » et qu'au contraire, « dans Esaü la malice de l'iniquité humaine est certainement condamnée. » S'il ne falloit que rapporter cinq cents passages de cette force de saint Augustin et des autres Saints, tout le monde sait qu'il seroit aisé de le faire : d'où il faut conclure avec le saint concile de Sardaigne, « que c'est par la miséricorde que Jacob a été préparé à la gloire, et que par une juste colère (qui présuppose le péché) Esaü est justement préparé à la peine [2]. » Voici donc en quoi le traducteur de Trévoux est inexcusable; c'est qu'une interprétation si autorisée et si solennelle, qui est celle de saint Augustin, de tant de Saints et notamment d'un si grand nombre d'évêques bannis pour la foi de la Trinité, demeure exclue par le texte même, sans pouvoir seulement être écoutée.

Qui a donné cette liberté à un interprète particulier? Qu'il soit permis, si l'on veut, de disputer contre leur sentiment : mais que malgré la conformité du grec et du latin de la Vulgate, sans que jamais ni les Grecs, ni les Latins aient lu autrement, on ferme toute entrée à saint Augustin et à ce nombre infini de disciples qu'il a toujours eu dans l'Eglise, c'est soumettre le texte sacré à sa fantaisie, c'est le déterminer de sa propre autorité; c'est une manifeste corruption de l'Ecriture et un attentat inouï jusqu'à présent parmi les fidèles.

Seconde question : Si dans le fond *haïr* n'est que *moins aimer*.

III. L'auteur prouve ce qui n'est pas en question.

L'auteur, qui sent en lui-même que dans le fond il ne peut défendre sa note non plus que son texte, tâche dans sa *Remontrance* de se sauver comme il peut dans l'obscurité des opinions de l'Ecole sur la réprobation, qu'il prend mal et qu'il n'entend pas. Je serai donc contraint ici de démêler ces subtilités pour ne lui

[1] Cap. VI. — [2] Cap. VII.

laisser aucune réplique ; et j'ai besoin d'un lecteur appliqué.

Il prend grand soin de montrer que *haïr* se prend quelquefois dans l'Ecriture pour *moins aimer :* c'est ce qu'on ne lui a jamais contesté, et la censure de Paris porte expressément que « s'il s'étoit contenté de mettre dans ses notes son explication du mot de *haïr* et de *haine,* avec les précautions nécessaires, on pourroit ne le pas relever ; » ce qui montre la grande attention qu'on a apportée à parler correctement.

J'ai eu aussi la même prévoyance, et l'on a pu voir que bien éloigné d'exclure le *moins aimer* dans la réprobation, j'ai marqué les opinions de l'Ecole, où elle commence par là [1] : ainsi l'erreur de l'auteur n'est pas d'admettre un *moins aimer,* mais c'est d'y réduire toute la haine dans la réprobation d'Esaü.

IV. Démonstration de l'erreur de M. Simon.

Pour démontrer cette erreur, il ne faut qu'arranger quelques propositions en cette sorte.

Première proposition. Dans une opinion de l'Ecole, qui est la plus rigoureuse, la réprobation est d'abord et dans sa racine un *moins aimer*. La raison est que dans cette opinion la réprobation consiste en Dieu à préparer aux réprouvés par sa volonté souveraine, de moindres graces qui les laissent tomber dans le péché et y mourir. C'est donc ici un *moins aimer;* mais il n'en est pas moins certain en toute opinion, et c'est même un point de foi, que la réprobation n'a d'exécution qu'en présupposant le péché qui est l'objet de la haine, avec la volonté de le punir. C'est là ma première proposition qui, comme on voit, a deux parties, qu'il faut soigneusement remarquer.

Seconde proposition. La réprobation ainsi regardée dans son entière exécution et dans son effet total, est celle qui est supposée par saint Paul depuis le vers. 13, où est marquée la haine pour Esaü, jusqu'à la fin du chapitre. C'est ce qui paroît par ces paroles : « Dieu voulant montrer sa colère, » vers. 22 ; et encore dans celles-ci : « Dieu fait des vaisseaux d'honneur et des vaisseaux d'ignominie, » vers. 21. « Il fait des vaisseaux de colère préparés à la perdition, et des vaisseaux de miséricorde préparés à la gloire, » vers. 22, 23 ; toutes expressions qui, en quelque manière

---

[1] Ci-dessus, *Rem. gén.*, n. 7.

qu'on les prenne dans la destination de Dieu, ne peuvent avoir leur exécution ou comme nous avons parlé, leur effet total qu'en présupposant le péché comme l'objet de la haine. En un mot, il n'y a point de colère, il n'y a point de perdition, il n'y a point d'ignominie dans l'exécution, qu'en vue du péché permis de Dieu : et ainsi ces expressions, en les regardant dans l'exécution, ont un rapport nécessaire avec la haine marquée dans le verset 13.

Troisième proposition. Cette doctrine sur les réprouvés ne peut être universellement vérifiée, qu'en supposant le péché originel : la raison est qu'il y a des réprouvés parmi les petits enfans, qui par eux-mêmes n'ont fait ni bien ni mal. Sans ici examiner en particulier à quelles peines ils sont condamnés, c'est assez que le concile de Lyon et le concile de Florence aient défini : « Que les ames de ceux qui meurent, tant dans le péché actuel que dans le seul péché originel, descendent incontinent dans l'enfer, pour y être inégalement punies [1]. » Les voilà donc réprouvés à leur manière et réprouvés pour le seul péché originel, qui par conséquent entre dans les causes de leur réprobation à l'égard de son effet total. C'est aussi ce qui les rend par nature enfans de colère, comme parle le même saint Paul, c'est-à-dire enfans de vengeance et de perdition, ce qui n'est pas sans quelque haine : la haine entre donc aussi dans l'effet total de leur réprobation, et c'est là une vérité catholique.

Quatrième proposition. Quand on réduit absolument la réprobation à un simple *moins aimer,* comme fait M. Simon, même dans son texte, on exclut celle qui présuppose dans sa totale exécution le péché originel; ce qui est l'hérésie formelle des pélagiens et des sociniens.

Disons donc pour abréger ce raisonnement, que selon la doctrine de M. Simon, il n'y a point de petits enfans qui soient réprouvés; que saint Paul ne les comprend pas parmi les vaisseaux dont Dieu fait ce qu'il lui plaît, et qu'ils n'ont point de péchés que Dieu résolve de punir : c'est là une hérésie manifeste; et ainsi l'explication qui réduit tous les effets de la réprobation à un *moins aimer,* est

[1] Conc. Flor., *Decr. union.*

hérétique. La démonstration est complète, et ne souffre aucune réplique.

V. Esaü considéré en deux manières.

Pour entendre à fond cette haine contre Esaü, il faut le considérer en deux manières : premièrement selon l'histoire ; secondement selon l'usage que saint Paul en fait et le personnage qu'il lui donne, qui est celui d'être la figure des réprouvés.

Selon la première considération, on peut dire avec beaucoup d'interprètes qu'Esaü a été haï, parce « qu'il a été moins aimé » et favorisé de moindres bienfaits : mais à le considérer selon le personnage prophétique que le Saint-Esprit lui attribue par saint Paul, c'est-à-dire comme la figure des réprouvés, il ne peut être qu'un objet de la vengeance divine ; c'est-à-dire de la colère universelle de Dieu contre le genre humain, que les pélagiens et les sociniens ne veulent pas reconnoître.

Quand je dis qu'on peut penser que selon l'histoire être haï à Esaü, signifie *être moins aimé*, je ne dois pas oublier qu'on peut aussi penser le contraire avec beaucoup de raison ; car non content de ne pas donner à Esaü une terre aussi abondante qu'à Jacob, Dieu lui a donné une terre pierreuse, des déserts et des montagnes stériles.

Il n'a pas seulement privé sa postérité de l'empire dont devoit jouir celle de Jacob, mais encore il l'a réduite à la servitude, et l'a mise sous le joug de la race de son cadet, conformément à l'oracle de la *Genèse* conçu en ces termes : « L'aîné sera soumis au cadet [1], » ce qui étoit dans l'ancienne loi la figure odieuse de la servitude du péché.

Les interprètes ramassent beaucoup d'autres circonstances, qui font voir qu'Esaü n'a pas été seulement moins favorisé dans sa postérité, mais encore qu'il a été traité durement, privé de l'alliance jurée à Abraham et livré finalement à l'idolâtrie, pour accomplir la figure des réprouvés qu'il portoit en sa personne. Quoi qu'il en soit, il est bien certain qu'en le regardant comme figure des réprouvés, il est justement haï de Dieu à cause du péché, ou originel ou actuel, qui est inséparable de cet état.

VI. Réflexions.

Il est important de bien entendre ce personnage d'Esaü, comme

[1] *Genes.*, XXV, 23.

figure des réprouvés; car en effet il est la figure tant de ceux qui sont rejetés pour le seul péché originel, que de ceux qui le sont pour les péchés actuels. Les Pères du concile de Sardaigne ont sagement remarqué « qu'Esaü, à le regarder dans sa personne, avoit été purifié du péché originel par le sacrement de la circoncision : mais qu'ensuite il a persisté par la malice de son cœur dans les sentimens d'un homme charnel [1], » où il étoit retombé.

C'est aussi pour cette raison que dans l'*Epître aux Hébreux*, saint Paul l'appelle « profane qui a vendu sa primogéniture, et qui a été réprouvé sans avoir trouvé lieu à la pénitence, encore qu'il demandât avec larmes la bénédiction de son père [2]. »

Il n'importe pas qu'Estius ait rapporté à Isaac, et non pas à Dieu, cette « réprobation d'Esaü causée par ses démérites précédens [3]. » Il suffit que ce soit là une image des réprouvés en la personne d'Esaü. Mais afin qu'elle soit complète, il faut encore qu'il soit l'image de ceux qui sont rejetés pour le seul péché originel; ce qui paroît dans saint Paul, lorsqu'il remarque, « que dès le ventre de la mère, et avant que Jacob et Esaü fussent nés, il étoit vrai qu'Esaü étoit né pour la servitude, et que Dieu le haïssoit comme il aimoit Jacob [4]. »

Il est donc vrai qu'Esaü comme figure des réprouvés, est un personnage toujours odieux, en qui se trouve le péché, ou originel, ou actuel, ou tous les deux, à regarder sa réprobation dans son exécution et dans son effet total, qui est ce que nous avions à prouver.

Voyons maintenant les autorités qu'allègue M. Simon : il cite Tolet, il cite Estius, il cite Salmeron, et il prétend que ces trois auteurs concourent à prendre *haïr* pour *moins aimer* [5]; mais d'abord il ne produit pour cette fin aucun passage de Tolet. Venons donc à Estius. Il en rapporte deux endroits : le premier, où il dit que le *haïr* s'entend des biens temporels dans son origine chez le prophète Malachie, et que c'est là le sens littéral de ce prophète; ce qu'il répète dans la page suivante [6].

Je l'avoue, en regardant Esaü selon son personnage historique,

---

[1] Cap. VII. — [2] *Hebr.*, XII, 16, 17. — [3] Es.t, *in Rom.*, IX, 13. — [4] *Rom.*, IX, 11, 13. — [5] *Remont.*, p. 14. — [6] *Remont.*, p. 15, 16.

et non pas selon le personnage prophétique, comme figure des réprouvés, ainsi qu'il a été dit et qu'Estius le reconnoît.

Mais, ajoute-t-il, Estius avoue que c'est là un sens mystique et spirituel. Je l'accorde encore, à condition qu'on reconnoîtra avec le même Estius « que ce sens mystique et spirituel » est celui que le Saint-Esprit a eu principalement en vue : ce qui est certain par saint Paul.

L'autre passage qu'il cite est celui où Estius tient pour constant « qu'il ne s'agit point par toute la suite du discours de l'Apôtre, de cette masse corrompue par le péché originel, dans laquelle Esaü étoit compris. »

Il est vrai que ce commentateur veut une réprobation indépendante de cette masse et uniquement dépendante de la volonté absolue de Dieu, qui permet que les réprouvés tombent dans le péché, sans autre raison que son unique bon plaisir; mais il ne laisse pas de reconnoître, ce qui aussi est un point de foi, que la réprobation regardée dans son effet total, où la damnation est comprise, renferme le péché comme l'objet d'une juste haine et d'une juste vengeance, ainsi qu'il a été dit.

Il reconnoît même que la supposition « d'une masse corrompue et damnée, selon l'exposition de saint Augustin, a sa vérité dans le passage de l'Apôtre [1] : » ce qui ne peut avoir lieu qu'à l'égard des petits enfans morts sans baptême, et qui ne sont rejetés ni haïs qu'à cause du seul péché originel : il n'en faut pas davantage pour établir notre explication.

Au reste je ne trouve pas bien clairement dans Estius que le *haïr* de saint Paul soit un simple *moins aimer :* il joint au *moins aimer* et *moins estimer, posthabere,* un *négliger,* un *ne s'en soucier pas,* un *mépriser,* un *rejeter;* [2] ce qui en effet approche bien près de la haine; et s'il allègue un passage de saint Thomas qui porte « que Dieu hait ceux à qui il ne veut pas donner ce grand bien qui est la vie éternelle, » il faut entendre qu'il ne le veut pas, non point de la volonté générale et antécédente, mais de la volonté absolue ou même de la volonté conséquente, qui toutes deux dans leur dernière exécution présupposent le péché.

---

[1] *In Rom.*, IX, 21. — [2] *Ibid.,* 13.

Puisque M. Simon cite Estius pour sa défense, nous le prierons de se souvenir de ce qu'il en a dit dans sa critique : c'est que « ce commentateur étant théologien, et ayant pris parti pour saint Augustin et pour saint Thomas, on y trouve quelquefois plutôt la théologie de ces deux grands hommes que celle de saint Paul [1]. » Voilà en passant de ces traits malins, où l'on connoît le caractère de M. Simon, qui d'un seul coup attaque saint Augustin, saint Thomas et Estius même, comme opposés à saint Paul, et attaque en même temps toute la théologie, puisqu'il nous donne selon sa coutume la qualité de théologien, comme affoiblissant dans Estius celle de commentateur.

VIII. Sentiment de M. Simon sur Estius.

Quand donc il semble défendre les « bons thomistes, » comme Estius, et vouloir se conformer à leurs sentimens, on voit bien qu'il n'y a rien là de sérieux, et que toute l'utilité qu'il en veut tirer est de défendre le *moins aimer* des sociniens, très-éloigné du *moins aimer* de ces bons thomistes [2].

Je n'aurai maintenant qu'un mot à dire de Salmeron : toute sa doctrine est renfermée dans cet unique passage : « Si on prend la réprobation comme plusieurs la prennent pour l'exclusion de la gloire, elle ne se fait pas sans des démérites précédens. Mais si on prend avec saint Thomas la prédestination pour la volonté éternelle de donner la grace et la gloire et la réprobation pour la volonté de permettre le péché et de le punir : on doit assurer que sans aucun mérite ou démérite précédent et par la seule volonté de Dieu, l'un est élu ou aimé et l'autre rejeté ou haï, mais d'une haine ainsi appelée dans un sens métaphorique, selon la coutume de l'Ecriture, qui dit que celui-là est haï, à qui on préfère un autre [3]. »

IX. Doctrine de Salmeron.

Il paroît par ces paroles qu'il n'y a ici qu'à s'entendre, et qu'on est d'accord dans le fond. Si on prend la réprobation pour la permission du péché, c'est *un moins aimer :* si on la prend pour l'exclusion de la gloire, elle se fait pour les démérites et c'est une haine véritable, puisque, comme dit le même auteur, « Dieu hait les pécheurs comme pécheurs, conformément à cette parole, que

[1] *Hist. crit. du Nouv. Test.*, chap. XLIII, p. 630. — [2] *Remont.*, p. 27. — [3] Tom. XIII, disp. 27, *in Rom.*, IX, 13, p. 610.

Dieu hait l'impie et son impiété : ce qu'il étend dans le même lieu au péché originel, qui rend tout homme pécheur par lui-même et naturellement enfant de colère, c'est-à-dire ennemi capital de Dieu [1]. »

Il suit du même principe et selon le même auteur, « que les vaisseaux de colère dont parle saint Paul, sont regardés par cet Apôtre comme étant dans le péché, à cause que la colère est la volonté d'en exiger la juste vengeance [2]. »

Le même Salmeron prouve encore que l'endurcissement est la punition des péchés précédens, en sorte, dit-il, « que la dernière (et complète) réprobation présuppose les démérites [3], » et par conséquent une véritable haine ; ce qui est précisément notre explication.

Cessons donc de disputer des mots ; et pour abréger toute la doctrine précédente, disons, en une parole, qu'unir ensemble le *moins aimer* avec le *haïr* dans la totale réprobation, c'est un sentiment catholique : mais que réduire la réprobation à un simple *moins aimer* sans haine, c'est un sentiment hérétique et pélagien, puisque c'est nier la réprobation pour le seul péché originel.

x.
Remarque sur le passage de S. Luc, XIV, 26.

Personne sans doute ne niera jamais que la haine de son père, de sa mère et celle de sa propre vie ou de sa propre personne ne soit figurée : mais si c'est une raison suffisante de la changer, comme a fait l'auteur dans le texte d'une version, il en faudra retrancher beaucoup d'autres choses : il faudra effacer le feu que Jésus-Christ est venu allumer sur la terre, la croix qu'il nous ordonne de porter tous les jours et enfin tant d'autres passages, qu'il ne resteroit rien d'entier dans l'Evangile : mais au contraire plus ces figures sont fortes et expressives, plus il les faut conserver comme un monument précieux des sentimens de Jésus-Christ. Ce n'est pas assez de les retenir dans le texte, il faut que les explications se ressentent de la force des paroles : c'est-à-dire qu'il ne faut pas se contenter de donner à Jésus-Christ une simple préférence sur ses parens et sur soi-même ; il faut que le chrétien

---

[1] Tom. XIII, disp. 3, p. 76. — [2] Tom. XIII, disp. 4. — [3] Tom. XIII, disp. 18, 28, p. 614, 615.

entende qu'il doit ici employer une espèce de violence pour détruire à fond tout ce qui s'oppose à notre salut, en quelque endroit qu'il se trouve, fût-ce dans nous-mêmes. Saint Augustin nous en a donné l'exemple dans sa belle *épître à Létus* [1]. C'est ainsi que s'accomplit le précepte de l'Evangile : « Le royaume des cieux se prend par force, et les violens l'emportent : » toute courte qu'est cette réflexion, elle convaincra le traducteur de l'attentat qu'il a commis, non-seulement en changeant le texte, mais encore en affoiblissant le sens de l'Evangile, comme je l'ai remarqué [2].

Ve REMARQUE.

SUR LE LATIN DE LA VULGATE.

Préface de la version, p. 18.

La censure a repris l'auteur de ses paroles inconsidérées sur ce sujet [3] ; j'en ai parlé dans les *Remarques sur la préface* [4]. L'auteur se défend contre la censure dans la *Remontrance* [5], et prétend qu'on lui fait accuser la Vulgate dans un endroit où il la justifie : mais s'il ne vouloit que justifier la Vulgate, pourquoi se servir de ces paroles : « Le latin de notre Vulgate a jeté dans l'erreur, non-seulement quelques-uns de nos traducteurs, mais encore quelques protestans [6] ? » Est-il permis de rejeter sur la Vulgate l'erreur de ceux qui la prennent mal par ignorance ou par malice, et n'est-ce pas délibérément vouloir faire soupçonner qu'elle est en faute ? Qu'il apprenne donc à parler respectueusement d'une version si vénérable et si authentique, et qu'il cesse de la rendre suspecte par des expressions ambiguës.

VIe ET DERNIÈRE REMARQUE.

Sur trois erreurs de M. Simon dans ses justifications ; première erreur : se croire à couvert de toute censure, lorsqu'il ne s'agit pas de la foi et des mœurs.

Nous avons déjà relevé le passage de la *Remontrance* où l'auteur avoue qu'il se donne la liberté, lorsqu'il ne s'agit ni de la

1. Senti-ment de

---

[1] Epist. XXXV. — [2] *Rem. sur l'ouv. en gén.*, n. 7. — [3] Cens., p. 7. — [4] *Rem. sur la préf.*, 4° pass. — [5] *Remont.*, p. 4, 6. — [6] Préf., p. 18, 19.

l'auteur et sa plainte qu'on est trop décisif. foi, ni des mœurs, d'interpréter l'Ecriture d'une autre manière que les Pères [1].

Et parce qu'il présuppose en un autre endroit de la *Remontrance* [2] que l'Eglise n'a rien décidé sur le point de l'adoration des Mages, il conclut qu'il en peut dire tout ce qu'il lui plaît.

Je ne répéterai pas ce qui a été dit sur ce sujet; c'est qu'il y a une tradition qui doit précéder les décisions de l'Eglise, et qui fait la loi aux interprètes. Nous avons encore prouvé qu'outre ce qui est directement hérétique ou erroné, ou contre la foi, il y a ce qui l'obscurcit, ce qui l'affoiblit dans ses preuves, ce qui la blesse dans ses conséquences, et tout cela est matière de censure. M. Simon ne veut pas entendre une vérité si constante et si nécessaire, il s'en tient rigoureusement à la foi et aux décisions; et plût à Dieu du moins qu'il n'y donnât aucune atteinte !

Il se plaint que je ne sais qui, qu'il a en vue, « paroît souvent trop décisif en matière de religion [3]. » Il devoit donc expliquer ce que c'est d'être trop décisif : mais il jette ce mot en l'air sans s'expliquer, pour insinuer qu'en matière de religion les sentimens les plus libres sont en même temps les plus favorables : c'est ce qui lui a fait mépriser tant de traditions authentiques; « On est, dit-il, trop décisif : » il oublie que c'est un autre défaut de ne l'être pas assez, et d'être un observateur peu exact de la tradition des Pères.

II. *Deux propositions où sont expliqués deux défauts, qu'on peut trouver dans les versions et explications de l'Ecriture, indépendamment de la foi :* Passons outre; et sans parler davantage de ce qui regarde précisément la foi et les mœurs, montrons à M. Simon qu'il s'égare visiblement dans les deux cas que je vais marquer en deux propositions : la première, « que sans attaquer la foi et les mœurs, on est condamnable dans la version et explication de l'Ecriture, lorsqu'on y affecte des nouveautés et des singularités. » Je comprends sous ces paroles des curiosités vaines et des hardiesses à introduire ses propres pensées, ou dans l'explication, ou même dans la version de l'Ecriture; car c'est là précisément se donner un air de savant aux dépens de l'Evangile, et vouloir se faire un nom dans l'Eglise, plutôt en contentant les curieux qu'en édifiant les fidèles.

[1] *Remont.*, p. 8; ci-dessus, *Addit.*, Ire *Remarq.*, n. 7 et 9. — [2] *Ibid.*, p. 21. — [3] *Ibid.*

La suite de ces instructions fera paroître que l'ouvrage de M. Simon est rempli à toutes les pages de ces dangereuses affectations : j'en rapporterai un exemple qui me vient en ce moment dans l'esprit. Quand sur ces paroles de saint Jean, xv, verset 20 : « S'ils ont gardé ma parole, ils garderont aussi la vôtre, » il allègue comme probable la version « d'épier leur parole, » au lieu de « la garder, » il n'y a rien là sans doute contre la foi ; mais l'affectation d'une traduction si bizarre et si inouïe, montre un désir de se distinguer par des nouveautés, qui scandalise le lecteur. Si l'on veut encore un autre exemple, il n'y a rien non plus contre la foi de mettre dans les *Actes*, vi, 7 : « Les sacrificateurs du commun, » au lieu « d'un grand nombre de sacrificateurs. » Mais cet endroit bien loin d'édifier, excite le mépris d'une version téméraire et qui veut faire la savante si mal à propos. C'en est assez, et quant à présent je me contente d'avoir démontré que les erreurs contre la foi et les mœurs ne sont pas les seules qu'on est obligé de reprendre. Mais voici quelque chose de plus important, qu'il faudra développer avec plus de soin.

<small>Première proposition.</small>

Seconde proposition : « C'est un caractère dangereux dans un interprète d'être porté à suivre les hérétiques, quand même il ne s'agit point de leurs erreurs. » J'en ai apporté plusieurs exemples dans cet écrit [1] : mais celui-ci me paroît très-important. Sur ces paroles de la IIe *aux Corinthiens*, i, 9, au lieu « d'une réponse » ou « d'une sentence de mort, » M. Simon met au contraire dans le texte même « une assurance de ne point mourir. » Saint Chrysostome est contre lui, comme tous les Grecs et tous les autres interprètes. La censure a condamné son explication, et la *Remontrance* se justifie par ces paroles : « Je ne suis point l'auteur de cette interprétation, elle se trouve appuyée et expliquée fort au long par Heinsius, qui a été un des plus savans critiques du dernier siècle ; ainsi ce n'est point une nouveauté [2]. »

<small>III. Seconde proposition ; exemple tiré de la seconde aux Corinthiens I, 9.</small>

Telle est donc la nouveauté qu'il veut éviter : quoique son interprétation soit née en nos jours, elle ne lui paroît pas nouvelle, pourvu qu'elle soit d'un critique, quand même il seroit protestant : il n'a pas même besoin que ce critique soit théologien, et

---

[1] Ci-dessus, *Rem. sur l'ouv. en gén.*, n. 10-12. — [2] *Remont.*, p. 47.

c'est assez qu'il soit humaniste, poëte ou orateur, comme Heinsius ; on n'oppose que cet auteur hérétique au torrent des interprètes qui ont saint Chrysostome à leur tête. Non content de faire une note d'une telle interprétation, M. Simon en compose son texte, où sans autre garant qu'Heinsius, il met la négative pour l'affirmative : accoutumé à suivre de tels interprètes, il croit son excuse si valable, qu'il n'en oppose point d'autre à une censure si authentique ; n'est-ce pas avoir perdu, je ne dirai pas tout jugement, mais toute pudeur ?

La raison dont il appuie Heinsius n'est digne que de mépris : et sans perdre de temps à la rapporter, il suffit que nous ayons vu qu'un prêtre passe sa vie à chercher dans toute sorte d'auteurs catholiques ou protestans, indifféremment, ce qu'il y a de plus singulier et de plus bizarre pour en composer, quand il lui plaît, le texte de l'Ecriture, sous prétexte qu'il se permet tout, pourvu qu'il ne s'agisse point de la foi : et il veut que les évêques lui laissent mettre une telle version entre les mains des fidèles !

Il ne songe pas que prendre le goût des hérétiques, même dans les choses indifférentes, c'est se disposer peu à peu à goûter leurs erreurs, à se nourrir d'un esprit de libertinage, et vouloir accoutumer les fidèles à faire ce qu'il leur plaira de l'Evangile.

Seconde erreur de M. Simon dans ses justifications : se croire à couvert de toute correction en cherchant dans les versions approuvées, quelque catholique qui aura traduit comme lui.

IV.
Paroles de M. Simon, qui prouvent une vérité de fait très-importante à cette cause.

C'est une vérité constante par l'expérience, qu'il n'y a point dans les langues vulgaires de versions si exactement examinées, qu'il n'ait échappé à l'examen quelque faute plus ou moins grande, mais que toujours il faudra reprendre. On voit aussi tous les interprètes demander pardon pour leurs traductions, et promettre de se corriger au premier avis. M. Simon déclare lui-même dans sa préface [1], « qu'il n'est pas assez vain pour croire que sa version soit tout à fait exempte de défauts, et aussi qu'il ne la donne que comme un essai, et non pas comme un ouvrage parfait; » il passe jusqu'à l'excès de juger cette exactitude impos-

[1] Préf., p. 32.

sible, et dès la première page il parle ainsi [1] : « Si je donne une nouvelle traduction, ce n'est pas que je prétende qu'elle soit exempte de fautes ; car cela n'est pas possible. »

Ces fautes de son aveu peuvent être si considérables, que même elles donnent atteinte à la divinité du Fils de Dieu, et voici comme il en parle dans la *Remontrance* [2] : « Votre Eminence connoîtra par ce moyen, que messieurs de Port-Royal, qui de leur propre aveu, ont employé trente ans à composer leur traduction du Nouveau Testament, ne sont pas éloignés en plusieurs endroits des explications qui fortifient les sentimens des antitrinitaires, tant il est difficile d'atteindre cette perfection que demande l'interprétation des Livres sacrés. » Il ajoute : « Ces mêmes fautes se trouvent dans la nouvelle édition de la Bible françoise de M. de Sacy, qui a été revue et examinée par plusieurs savans théologiens de Paris, sur le témoignage desquels Votre Eminence a accordé sa permission ou approbation. »

Sans approuver le fond de la remarque, il me suffit que l'auteur reconnoisse des fautes capitales dans les versions les plus travaillées et les plus examinées.

Cela étant, il est certain qu'on n'est pas justifié en citant des traductions conformes aux nôtres. Il en faut revenir au fond, comme je l'ai déjà démontré [3] ; autrement il suffiroit d'alléguer une faute de quelque interprète pour la rendre irrémédiable ; ce qui seroit le comble de l'aveuglement.

Mais à qui conviendra-t-il mieux de relever de telles fautes qu'aux évêques qui sont chargés du dépôt des Ecritures ? Ou quand le feront-ils plus sagement, que lorsqu'ayant averti en particulier durant plusieurs mois ceux qu'ils trouvoient dans l'erreur, à la fin ils le diront à l'Eglise selon le précepte de l'Evangile ? Ce seroit en vain que M. Simon auroit avoué des fautes, s'il n'étoit prêt à les corriger toutes les fois qu'il en sera averti par les juges légitimes de la doctrine. Il ne faut donc point triompher, comme il fait partout, de quelques traductions qui se trouveront par hasard conformes aux siennes, et la bonne foi doit décider.

[1] Préf., p. 2.— [2] Remont., p. 20.— [3] Ci-dessus, *Remarq. sur l'ouv. en gén.*, n. 27 et 28.

Troisième erreur de M. Simon dans ses justifications, de se croire justifié par la publication de sa Remontrance.

V. Calomnie étrange de M. Simon.

Il faut maintenant que je représente à M. Simon le mauvais personnage qu'il fait dans l'Eglise en publiant sa *Remontrance* : en voici le principal fondement : « Etant persuadé, dit-il, que les grandes affaires dont Votre Eminence est chargée ne lui ont pas permis de lire mon ouvrage, je la supplie très-humblement de ne pas trouver mauvais que je lui fasse connoître en détail que celui qu'elle a chargé de ce soin-là m'attribue un grand nombre de fautes dans lesquelles je ne suis point tombé [1]. » Ainsi un archevêque aura eu le loisir de condamner un ouvrage, mais il n'aura pas eu le loisir de le lire : il aura chargé un autre d'un soin si essentiel à son ministère : c'est un juge qui aura jugé un procès sans en avoir vu les pièces, et qui s'en sera fié à un secrétaire, et encore à un secrétaire qui l'aura trompé : un jugement donné à l'aveugle sera publié solennellement dans les paroisses de la plus grande ville du monde et d'un diocèse si considérable : voilà de quoi on accuse un archevêque si éclairé, si attentif par lui-même à tous ses devoirs, d'une sagesse si reconnue et si consommée pour gouverner l'Eglise de Dieu : et on fait régner ce reproche dans toute la *Remontrance* : que M. Simon se juge lui-même sur les termes de soumission dont il accompagne une si étrange calomnie.

VI. Si l'on fait tort à M. Simon de le tenir pour suspect.

Il ne veut pas qu'on le tienne pour suspect. Qui le sera donc, si ce n'est celui qui a vu condamner un livre où il traitoit le fondement de la religion sans en avoir jamais rétracté aucune erreur, qui a fait le procès aux Pères dans les formes et qui a introduit tant de nouveautés dans l'Eglise qu'il n'y a personne en ce genre qui se soit plus signalé ?

Mais, dit-il, plusieurs grands prélats lui ont fait des propositions pour travailler à des ouvrages utiles [2]. Quelle merveille! Ces invitations montrent bien la charité de ces prélats, qui tâchoient de le mettre dans un bon chemin, en éclairant sa conduite : mais s'il vouloit en tirer quelque avantage, il devoit donc

[1] *Remont.*, p. 3. — [2] *Remont.*, p. 30, 31 et suiv.

alléguer quelques ouvrages utiles, où il eût effectivement répondu à la bonne intention de ces prélats; et que voyons-nous sortir de sa plume ? Une malheureuse version frappée de censures dès qu'elle a paru, et qui fait un schisme dans une Eglise catholique si célèbre.

Mais en se glorifiant des charitables invitations de nos prélats, il oublie les offres qui lui ont été faites par les protestans, et le concert où il est entré avec eux pour faire une nouvelle version françoise de la Bible. L'histoire en est remarquable : c'est lui-même qui la raconte dans l'ouvrage qui a pour titre : *Réponse à la défense des sentimens de quelques théologiens de Hollande* [1]. C'est au chapitre second et à la page soixante-dix-sept. Il se plaint que M. le Clerc, un remontrant de Hollande bien connu, a déguisé cette histoire : je le veux : je tiens pour faux tout ce que M. Simon en désavoue ; mais apparemment il ne niera pas ce qu'il rapporte lui-même. Or il rapporte « qu'il y a dix ans que messieurs de Charenton résolurent de faire une nouvelle traduction de l'Ecriture; que M. Justel (protestant dont le savoir est connu) fit entrer M. Simon dans ce dessein ; et que le même M. Simon fit le plan de cette nouvelle version ; que tous ensemble, ils demeurèrent d'accord qu'il falloit donner au public une Bible françoise *qui ne favorisât aucun parti*, et qui pût être également utile aux catholiques et aux protestans; qu'on pria M. Simon de traduire quelques chapitres selon le plan qu'il avoit proposé, afin de servir de règle à ceux qui entreprendroient ce travail ; qu'il trouva quelque temps après chez M. Justel M. Claude et M. de Frémont (l'un ministre de Charenton, et l'autre bon huguenot, s'il en fut jamais, neveu du fameux d'Ablancourt) ; qu'il s'entretint avec eux sur ce nouveau dessein : qu'ils partagèrent entre eux toute la Bible, et que le *Pentateuque* échut à M. Claude. » Voilà sans doute un beau projet pour un prêtre catholique : c'est de faire une Bible propre à contenter tous les partis, c'est-à-dire à entretenir l'indifférence des religions, et qui dans nos controverses ne décide rien, ni pour ni contre la vérité : le plan et le modèle d'un si bel ouvrage est donné

VII. Histoire remarquable de M. Simon.

---

[1] A Rotterdam, chez Leers, 1687.

par M. Simon, et le travail est partagé avec un ministre.

Au reste, on eût fait des notes : sans notes M. Simon convient encore aujourd'hui [1] qu'on ne peut traduire la Bible, et il eût été curieux de voir comme on eût gardé dans ces notes la parfaite neutralité qu'on avoit promise entre l'Eglise et l'hérésie, entre Jésus-Christ et Bélial.

M. le Clerc racontoit dans sa lettre [2], « que M. Simon avoit demandé trois mille livres de pension par an, pour employer son temps à ce travail; que sa demande parut raisonnable, et que l'on trouva un fonds de douze mille livres, que l'on résolut d'employer à l'entretenir quatre ans : c'est ce que M. Simon désavoue [3], et il soutient qu'on ne parla jamais des douze mille livres : » car aussi comment avouer qu'il ait vendu aux protestans sa plume mercenaire ? Mais cependant ce qu'il avoue n'est guère meilleur. Il raconte quelque démêlé entre Genève et Charenton : « Le plus fort de leur dispute, dit-il, rouloit sur un fonds de soixante mille livres, qu'un bon Suisse avoit destiné à cet ouvrage : et, continue-t-il, il se peut bien faire que si ces messieurs de Charenton en étoient devenus les maîtres, ils auroient reconnu les bons services que le prieur de Bolleville (c'est un des noms de M. Simon) leur auroit rendus pour attirer ce fonds à Paris. » Voilà donc ce prieur de Bolleville devenu arbitre et médiateur entre Charenton et Genève, et leur homme de confiance : il favorisoit ceux de Charenton dans le dessein qu'ils avoient de s'attirer les soixante mille livres, et il espéroit partager le butin avec eux. Ne disons rien davantage; déplorons l'aveuglement de celui qui semble ne sentir pas la honte d'un tel marché, et déplorons en même temps la nécessité où nous sommes de faire connoître un auteur, qui voudroit être l'interprète de l'Eglise catholique, après s'être livré aux protestans, pour mériter auprès d'eux cette qualité.

VIII. Moyens donnés à M. Simon de n'être plus suspect. Que si après qu'on le voit, de son propre aveu, capable d'entrer dans des liaisons si scandaleuses, il se plaint encore d'être tenu pour suspect, il a en main le moyen d'effacer cette tache, en s'humiliant devant l'Eglise, et en reconnoissant, comme il y est

---

[1] *Remont.*, p. 31. — [2] *Déf. des sent. sec. Lett.*, p. 53, à Amsterdam, chez Desbordes, 1696. — [3] *Rép. à la Déf.*, ibid., p. 78.

obligé, l'autorité de ses censures. Mais s'il persiste, comme il fait *pect à l'Eglise : passage de saint Cyprien.* dans sa *Remontrance,* à soutenir ses notes les plus téméraires, et jusqu'aux altérations qu'il a osé faire dans le texte, il ne faudra pas s'étonner qu'il soit suspect, mais il faudra s'étonner s'il ne l'est pas encore assez à tout le monde. Car après tout, que prétend-il faire par sa *Remontrance ?* Veut-il dire que l'Eglise n'a pas le pouvoir de prononcer des censures, ou bien qu'il soit permis de les mépriser, ou que celle qui est prononcée contre un mauvais livre, dans le lieu où l'on en faisoit le principal débit, n'ait pas été nécessaire et légitime, ou peut-être qu'on satisfasse à une ordonnance publique par des libelles sans aveu ? N'est-ce pas une règle constante de toute l'Eglise catholique, ou qu'il y faut acquiescer, ou qu'il faut se pourvoir par les voies que les canons ont prescrites sur les matières de doctrine? Mais qu'on entretienne la dissension parmi les fidèles, pendant qu'on devroit y mettre fin par une soumission édifiante; qu'on mette la division entre les frères, les vrais enfans de l'Eglise se soumettant à ses ordonnances et les autres s'opiniâtrant à vouloir le testament de l'étranger quoique réprouvé par un jugement légitime : c'est une erreur manifeste; c'est le cas précis où saint Cyprien diroit encore une fois « qu'il y a dans chaque Eglise un seul évêque, un évêque qui est toujours unique : *episcopus qui unus est :* un seul juge établi de Dieu pour y tenir en son temps la place de Jésus-Christ; que tous les chrétiens sont obligés par le commandement de Dieu de lui rendre obéissance, et que la source des schismes et des hérésies est qu'on n'est pas assez attentif à cette institution divine [1]. » Ce sont les maximes inébranlables sur lesquelles l'Eglise est fondée; et les violer, dit le même saint Cyprien, « c'est vouloir renverser par terre la force et l'autorité de l'épiscopat, et l'ordre sublime et céleste du gouvernement ecclésiastique. »

Soumettons-nous à cet ordre, qui est celui de Jésus-Christ; éloignons du milieu de nous ces remontrances querelleuses, qui ne peuvent satisfaire à la justice, et qui ne font qu'entretenir parmi les fidèles l'esprit de dissension : elles n'ont donc aucun caractère de l'esprit de Dieu; et si les esprits contentieux ont pra-

[1] Epist. LIV, *ad Cor.,* et LXVII, *ad Flor. Pup.*

478 SECONDE INSTRUCTION SUR LA VERSION DE TRÉVOUX.

tiqué ces mauvais moyens de se défendre, nous répondrons avec saint Paul que ce n'est pas là « notre coutume, ni celle de l'Eglise de Dieu : » *nos talem consuetudinem non habemus* [1].

IX. Expédient de M. Simon et conclusion de cet ouvrage.

Voici néanmoins l'expédient que M. Simon nous propose : « Supposé, dit-il, qu'il y ait un grand nombre de fautes dans ma version du Nouveau Testament, ne pouvoit-on pas les corriger ces fautes, ou en mettant des cartons (au hasard de les multiplier plus que les feuillets), ou dans une seconde édition [2] ? » (et en attendant, les laisser entre les mains du peuple sans les reprendre), c'est la loi que M. Simon veut imposer à l'Eglise. Il ne sert de rien d'alléguer les autres versions, ni de leur comparer celle-ci, qui depuis le commencement jusqu'à la fin, est toute pleine d'altérations et d'erreurs qu'on ne peut dissimuler sans crime. C'est trop abuser de la patience de l'Eglise ; il est temps de se soumettre à l'épiscopat, qui étant un par toute la terre, est offensé en la personne d'un seul évêque.

Que M. Simon vienne donc comme un prêtre obéissant à l'Eglise, faire lui-même ses remontrances dans les formes canoniques ; alors, ou l'on trouvera dans un jugement légitime le moyen de le convaincre ; ou, ce que l'on doit plutôt espérer, on aura la consolation que sans présumer de son savoir, il aimera mieux se laisser instruire.

SECONDE INSTRUCTION

SUR LES PASSAGES PARTICULIERS DE LA VERSION DU NOUVEAU TESTAMENT IMPRIMÉE A TRÉVOUX.

DISSERTATION PRÉLIMINAIRE

SUR LA DOCTRINE ET LA CRITIQUE DE GROTIUS.

I. Grotius dégoûté du calvinisme,

Si j'entre aujourd'hui, comme je l'ai souvent promis, dans la discussion à fond de la doctrine et de la critique de Grotius, ce n'est pas pour accuser un si savant homme, qui paroît durant

[1] I *Cor.*, XI, 16. — [2] *Remont.*, p. I, 32.

environ trente ans avoir cherché la vérité de si bonne foi, et qui aussi à la fin en étoit si près, qu'il y a sujet de s'étonner qu'il n'ait pas fait le dernier pas où Dieu l'attiroit.

<small>passe après les luthériens et arminiens à l'extrémité opposée, et devient semipélagien.</small>

On sait les sentimens de Luther et des autres prétendus réformateurs contre le libre arbitre, et pour la fatalité qui faisoit Dieu auteur du mal comme du bien. Calvin et ses sectateurs y avoient ajouté l'inamissibilité de la justice chrétienne au milieu des crimes les plus énormes, et la certitude infaillible dans chaque fidèle de sa propre prédestination en quelques crimes qu'ils pussent tomber : ce qui avoit des suites si affreuses que les gens modérés de la secte ne les pouvoient supporter.

C'est par cet endroit odieux que Grotius commença à se dégoûter du calvinisme, et se rangea dans le parti des remontrans ou arminiens, dont aussi il fut la victime. Echappé des prisons de son pays, il trouva ailleurs un meilleur sort, et ne cessa de regarder le calvinisme comme une secte de gens emportés, et qui avoient introduit dans la chrétienté sur la matière de la grace et du libre arbitre, non-seulement une doctrine outrée, mais encore des sentimens impies et barbares.

Quand on est une fois hors de la voie, on ne revient guère d'une erreur qu'en se jetant dans l'extrémité opposée. Arminius et Grotius après lui, passèrent du calvinisme au semi-pélagianisme : les luthériens avoient fait le même pas, et les mitigations de Mélanchthon les avoient menés peu à peu, des excès de Luther contre le libre arbitre, à ceux des semi-pélagiens qui l'outroient et renversoient l'idée de la grace. Les arminiens poussés par les calvinistes s'unirent de ce côté-là aux luthériens; et outre leur pente naturelle vers cet affoiblissement de la doctrine chrétienne, ils furent bien aises de s'appuyer de ce parti.

Ils firent pis : Episcopius qui devint leur chef, les engagea dans sa tolérance, et peu à peu dans les erreurs de Socin; en sorte qu'être arminien et socinien en ce temps-là et jusqu'aujourd'hui, c'étoit à peu près la même chose. Grotius eut des raisons particulières qui l'inclinèrent à ce sentiment. Il écrivit contre Socin le docte traité *de la Satisfaction de Jésus-Christ;* et Crellius y opposa une réponse dont la modération gagna tellement Grotius,

<small>II. Episcopius tourne les arminiens au socinianisme : la pente de Grotius au</small>

même parti paroît dans deux lettres à Crellius qui sont rapportées.

qu'elle attira à ce chef des sociniens les deux lettres de Grotius [1], que Crellius a rendues publiques. La première, où il le remercie de sa réponse à son livre *de la Satisfaction de Jésus-Christ*, est écrite de Paris, du 10 de mai 1631, où il lui avoue « qu'il lui a appris beaucoup de choses utiles et agréables, et l'a excité par son exemple à examiner plus à fond le sens des Ecritures. » Il ajoute : « Je me réjouis avec notre siècle de ce qu'il s'est trouvé des hommes qui ne mettent pas tant la religion dans des controverses subtiles que dans la vraie correction de leurs mœurs et dans un progrès continuel vers la sainteté. » C'étoit donner aux sociniens l'avantage dont ils se vantent le plus à tort ou à droit, et qui en effet seroit grand s'il se trouvoit véritable, ce que je n'ai pas ici à examiner; il conclut par ces paroles : « Ne pouvant rien autre chose pour vous et pour ceux que vous aimez singulièrement, je prierai de tout mon cœur le Seigneur Jésus qu'il vous protége, vous et les autres qui avancent la piété. »

La seconde lettre n'est pas moins forte, puisqu'elle contient ces mots : « J'ai résolu de lire et relire soigneusement vos ouvrages, à cause du fruit que j'en ai tiré : je continue, poursuit-il, à prier Dieu de donner une longue vie et tous les secours nécessaires à vous et à vos semblables. » Cette lettre est du 20 de juin 1632. Peu s'en faut qu'il ne se range avec les sociniens; et dans la dernière lettre il semble vouloir entrer dans une espèce d'indifférence sur les controverses qui partagent les chrétiens, qu'il insinue indéfiniment être assez légères. Et telles sont les deux lettres dont nous avons eu souvent à parler; mais qu'il a fallu rapporter ici plus au long, parce qu'elles sont un des fondemens de ce discours.

III. Grotius prend l'esprit des sociniens sur la divinité du Verbe, et M. Simon en convient.

L'effet suivit les paroles : Grotius demeura longtemps si entêté des sociniens, que non content de les suivre dans les choses indifférentes, il en reçut encore des dogmes capitaux. Quoiqu'en y regardant de près, le Verbe qu'il introduit dans le premier verset de l'Evangile de saint Jean, soit plutôt philosophique et platonicien que chrétien et apostolique, on ne doit pas l'accuser d'avoir jamais tout à fait abandonné la divinité de Jésus-Christ. M. Simon, que

[1] Tome IV, p. 232, 233.

je nomme ici, parce que je n'ai presque plus rien à rapporter de ses critiques qui ne soit tiré de ses ouvrages qui portent son nom, demeure d'accord, « qu'il favorise l'arianisme, ayant trop élevé le Père au-dessus du Fils, comme s'il n'y avoit que le Père qui fût Dieu souverain et que le Fils lui fût inférieur, même à l'égard de la divinité. « Il a, continue-t-il, détourné et affoibli quelques passages qui établissent la divinité de Jésus-Christ [1]. » Un de ces passages est celui où Jésus-Christ dit qu'il est « devant Abraham, » où il explique après les sociniens qu'il est avant Abraham dans les décrets éternels de Dieu. Il y en a beaucoup d'autres que je n'ai pas besoin de rapporter : M. Simon en a remarqué quelques-uns, et nous en avons montré d'autres, où lui-même est tombé dans cette faute qu'il reproche à Grotius [2]. On ne peut concilier *le bon sens* qu'il attribue par excellence à Grotius, avec tant de mauvaises interprétations qu'il reconnoît dans ses écrits. S'il avoit réduit ce bon sens à des choses indifférentes, on le pourroit supporter : mais comme l'erreur se trouve partout dans ses *Commentaires sur l'Ecriture*, il faut reconnoître qu'un auteur qui, comme Grotius, fait sur le dogme autant de chutes que de pas, a renoncé au bon sens, ou se voit forcé d'avouer que les dogmes de la foi y sont contraires, ou que le bon sens consiste à suivre simplement le sens humain sans s'élever au-dessus.

IV. Doctrine de Grotius sur l'immortalité de l'âme, conforme à celle des sociniens.

Grotius étoit ébloui de ce bon sens des sociniens, lorsqu'il expliquoit ce passage de l'*Ecclésiaste,* xii, 7 : « La poudre (le corps humain) retourne à la terre, et l'esprit à Dieu qui l'a donné : » par un vers d'Euripide, où il est dit que chaque chose retourne à son principe, c'est-à-dire « le corps à la terre, et l'esprit à la matière éthérée : » comme si l'*æther* étoit Dieu à Salomon même, aussi bien qu'aux stoïciens, qui l'invoquoient comme étant leur Jupiter, conformément à ce vers rapporté par Cicéron :

    Aspice hoc sublime candens,
    Quem invocant omnes Jovem.

Pour éclaircir ce texte de l'*Ecclésiaste*, il nous renvoie à son

[1] *Hist. des Comm. du N. T.*, chap. LIV, p. 805. — [2] I *Inst.*, *Rem. gén.*, n. 16; *Rem. sur la Préf.*, 1ᵉʳ pass., n. 3, 2ᵉ pass., n. 2 et 5; *Rem. sur les Interp. de Grot.*, n. 1 et suiv.

Commentaire sur Job, xxxiv, 14, et sur la *Genèse,* ii, 7; ce qui confirme l'erreur, puisqu'il remarque sur *Job* que la vie de l'homme n'est pas plus de Dieu que celle des animaux, et nettement sur la *Genèse,* que ces paroles de ce divin Livre, où l'ame de l'homme est tirée du souffle divin et d'une espèce d'inspiration ou, si l'on veut, d'aspiration particulière, ne font rien à l'immortalité de nos ames, non plus que le passage de l'*Ecclésiaste,* « à cause, dit-il, que cette immortalité n'est pas de la première création, mais de la seconde, » c'est-à-dire de la régénération spirituelle : en sorte que les ames ne sont immortelles que dans la nouvelle alliance. Ce qui aussi lui fait dire sur ces mots de Notre-Seigneur : « Tous vivent pour lui [1]; qu'Abraham, Isaac et Jacob vivent devant Dieu : » par rapport à sa toute-puissance, et à cause seulement que Dieu leur peut rendre la vie, c'est-à-dire les ressusciter : par où d'un seul trait il met au néant toutes les ames, même celles des premiers et des plus saints patriarches, jusqu'à la résurrection. Telle est sa théologie née dans la lecture des poëtes et des orateurs, et fortifiée de la doctrine des sociniens.

V. Témérité des critiques de Grotius sur les livres de l'Ecriture.

Il n'y a point de critique plus téméraire que la sienne, puisque selon lui le livre de Job, aussi bien que l'histoire de Judith, ne sont autre chose qu'une fiction et un roman, malgré la tradition de tous les siècles et les témoignages exprès de l'Ecriture même, où l'exemple de Job est marqué comme tiré d'une histoire très-réelle et très-véritable.

Il faut encore l'entendre sur ces paroles de l'*Ecclésiastique :* « J'ai invoqué le Seigneur père de mon Seigneur [2]; » où il prononce souverainement « que ce père de son Seigneur » est une addition des chrétiens : ce qu'il décide sans texte, sans autorité, sans témoignage et contre tout témoignage des modernes et des anciens, des catholiques et des protestans; et néanmoins voici son oracle : « Croyez, dit-il, que Jésus (l'*Ecclésiastique*) a écrit : J'ai invoqué le Seigneur mon Père; » et non pas « le Seigneur Père de mon Seigneur : » comme s'il étoit absurde de reconnoître *un Seigneur* qui eût un père, ou qu'il n'y eût nulle mention dans les

[1] *Luc.,* xx, 38. — [2] *Eccli.,* li, 14.

Ecritures ou d'un Etre *engendré devant l'aurore* [1], ou d'une Sagesse *conçue et enfantée* dans le sein de Dieu avant tous les siècles [2].

Grotius étoit modeste de son naturel : et néanmoins il lui échappe partout des décisions semblables, à cause que l'esprit critique rend les hommes déterminatifs, et leur fait préférer leur goût et leurs conjectures qu'ils croient dictées par le bon sens, à toute tradition et à toute autorité.

Il suit en cela ce qu'il avoit dit dans sa préface sur le livre de la *Sagesse*, où, après avoir avoué que ce livre précède le pontificat de Simon, qui est plus ancien que les *Machabées*, il ne laisse pas d'assurer « qu'un chrétien y a ajouté, ainsi qu'à l'*Ecclésiastique*, selon qu'il lui a paru commode, des sentimens chrétiens; » ce qu'il avance sans preuve, sans la moindre autorité, et simplement parce qu'il lui plaît : pernicieuse introduction qui met en péril les traditions les plus assurées, et expose le texte des plus anciens livres à la merci des critiques et de leurs jugemens arbitraires.

Pour moi, je ne puis exprimer combien les vrais catholiques qui aiment leur religion, doivent s'éloigner d'un critique qui trouvant le christianisme dans le livre de la *Sagesse*, trois cents ans avant Jésus-Christ, aime mieux dire tout seul qu'il y a été inséré par une falsification du texte, que de dire avec les saints Pères, et notamment avec saint Cyprien, que c'est un livre prophétique où Jésus-Christ se trouve à même titre que dans Isaïe ou dans Daniel.

Il ne faut point s'étonner de ces singularités, ni des erreurs de nos critiques : subtils grammairiens et curieux à rechercher les humanités, ils regardent l'Ecriture comme la plus grande matière qui puisse être proposée à leur bel esprit, pour y étaler leurs éruditions : ainsi ils donnent carrière à leur imagination dans un si beau champ : mais en même temps il leur arrive d'ôter à ces Ecritures leurs deux plus grands avantages, dont l'un est l'inspiration, et l'autre est la prophétie des mystères de Jésus-Christ.

Pour l'inspiration, Grotius est tombé dans cette erreur, de n'en

[1] *Psal.* CIX, 3. — [2] *Prov.*, VIII, 22, 24, 25, etc.

uie l'inspiration des Livres sacrés. reconnoître que dans les écrits des prophètes qui prédisoient l'avenir : il distinguoit les écrits qui ont été faits par inspiration divine; « *afflatu divino,* c'est-à-dire ceux des prophètes et par intervalle ceux de David, *interdùm,* d'avec ceux qui avoient été faits par un pieux mouvement, *pio animi motu,* sans qu'il fût besoin qu'ils fussent dictés par le Saint-Esprit : *dictari à Spiritu sancto nihil opus*[1]. » Il mettoit dans ce second rang qu'il distinguoit des prophètes, tout le reste des Ecritures canoniques, sans en excepter les Evangiles : il ne leur attribue d'autre avantage que d'avoir été composés « par ce pieux mouvement, » ce qui les met presque parmi les autres ouvrages pieux, « excepté, dit-il, que l'Eglise des premiers temps les a trouvés pieusement et fidèlement écrits, et sur des choses de très-grand poids pour le salut; ce qui, poursuit-il, les a fait mettre au nombre des Ecritures canoniques. » Ainsi ces livres sacrés n'étoient canoniques que par l'événement, et par l'approbation postérieure que l'Eglise leur avoit donnée; au lieu que la foi catholique nous enseigne qu'étant divins par leur origine, l'Eglise ne fait autre chose que d'en reconnoître et déclarer la divinité.

Ce qu'il y a ici de plus remarquable, c'est que Grotius a enseigné une erreur si capitale dans le livre intitulé : *Votum pro pace,* c'est-à-dire dans un de ses livres où il paroît le plus revenu aux sentimens de l'Eglise : ce qui montre que se redressant d'un côté, il retomboit de l'autre dans de plus grossières erreurs, comme un homme qui donnoit trop dans son sens, et n'avoit point de principe fixe.

M. Simon a relevé cette erreur de Grotius [2], qui est aussi celle de Spinosa : savoir, s'il n'en a point pris quelque teinture en divers endroits, et surtout dans celui où il a écrit : « qu'il ne falloit pas prendre au pied de la lettre ce que disent les rabbins, que Dieu a dicté de mot à mot le *Pentateuque* à Moïse [3]; » il n'est pas temps de l'examiner. Il paroît qu'il en veut toujours revenir à ces scribes inspirés de Dieu, qu'il a inventés dans sa *Critique du Vieux Testament,* pour les faire auteurs immédiats des parties du *Penta-*

---

[1] *Vot. pro pace,* art. *De can. Script.,* tom. III, p. 672. — [2] *Hist. crit. du texte du N. T.,* chap. XXIII. — [3] *Lett. sur l'Inspir.,* p. 23.

teuque, qu'il ne veut pas accorder qui soient écrites par Moïse. On trouve aussi parmi ces mauvaises critiques, qu'il y a des livres sacrés canoniques par l'événement : erreurs qu'il a soutenues en divers endroits, et qu'il n'a jamais assez clairement rétractées. Mais ce n'est pas ici le lieu de réfuter ces maximes tirées de Grotius ; et il suffit de remarquer qu'il les avoit apprises des sociniens.

Il avoit encore appris des mêmes docteurs que les prophéties alléguées dans les Evangiles et par les apôtres pour prouver que Jésus-Christ étoit le Messie, étoient des *allégories* qui n'avoient rien de littéral ni de concluant. M. Simon remarque lui-même qu'Episcopius « ne pouvoit souffrir, » qu'on prît ces prophéties à la lettre, « cela étant, disoit-il, contraire au bon sens, et même à la pensée de ceux qui se sont servis les premiers de ces sens mystiques. Ils se sont contentés, poursuit Episcopius, des miracles et de la résurrection de Jésus-Christ, pour prouver aux infidèles qu'il étoit le Messie, ayant proposé ces sortes d'interprétations à ceux qui l'avoient déjà reconnu [1]. » Voilà toujours ce bon sens des sociniens qui tend à la subversion des fondemens de la religion. Ainsi les anciennes prophéties tant inculquées par Jésus-Christ et par ses apôtres, ne pouvoient convaincre ni les gentils, ni les Juifs, et n'étoient propres qu'à ceux qui avoient déjà confessé la foi.

VII. Autre erreur de Grotius et des sociniens contre les prophéties qui ont prédit Jésus-Christ. M. Simon défend leur erreur.

La remarque de M. Simon est étonnante en ce lieu, puisqu'il ne réfute Episcopius que par ces foibles paroles : « IL ME SEMBLE pourtant qu'une BONNE PARTIE de ces autorités de l'Ancien Testament pouvoit aussi faire QUELQUE IMPRESSION sur l'esprit des Juifs mêmes qui n'étoient point encore convertis, voyant que leurs docteurs les appliquoient au Messie [2]. »

C'est tout accorder à Episcopius, que de lui répondre si foiblement. M. Simon ne parle qu'en tremblant : *Il me semble,* dit-il : il n'en sait rien, « qu'une bonne partie de ces autorités, » dont le Nouveau Testament est tout plein : il n'ose pas même dire que c'est la plus grande, « pouvoit faire : » ce n'est qu'un peut-être, et « pouvoit faire, » non une forte impression, mais « quelque im-

[1] *Hist. crit. des Comm. du N. T.,* chap. LIV, p. 801 ; Episcop., *in* I *Matth.,* XXIII, p. 8. — [2] *Hist. crit. des Comm. du N. T.,* chap. LIV, p. 802.

pression. » Mais peut-être que ces passages pouvoient faire cette impression, telle quelle, du moins par la force même des paroles. Point du tout : c'est à cause que les « docteurs juifs, » en les appliquant à d'autres, « les ont aussi appliqués au Messie. » La belle ressource pour l'Evangile! Toute la force des prophéties produites par les apôtres, consiste à faire « *peut-être* quelqu'impression sur les Juifs, » non par les paroles mêmes des prophéties qu'on leur allègue, mais parce que leurs docteurs leur auront donné un double sens, dont ils en auront appliqué un au Messie, sans être forcés par le texte, et sans qu'il puisse opérer une preuve concluante. Voilà le christianisme que nous laisseront les critiques, si nous en passons par leurs mots; et le fondement des prophéties sur lequel saint Paul a bâti [1], n'aura de fermeté qu'autant qu'il aura plu aux rabbins de lui en donner quand ils l'auront voulu.

Grotius est entré dans le sentiment d'Episcopius; et dès le commencement de son *Commentaire sur le Nouveau Testament*, Matth., I, 22, il écrit ces mots : « Que les apôtres n'ont point prétendu combattre les Juifs par ces prophéties comme par des témoignages qui prouvent que Jésus-Christ est le Messie : car ils en allèguent peu de cette nature, contens des miracles et de la résurrection de Jésus-Christ : » d'où il conclut que la plupart, et presque tous les passages qu'ils allèguent de l'Ancien Testament, « ne sont pas proprement allégués en preuve et par forme d'argumens, mais pour appuyer ce qui est déjà cru. »

M. Simon rapporte ce passage de Grotius; et après lui avoir fait alléguer le consentement des rabbins pour ces sortes d'applications, il ajoute « que ce principe lui est commun avec les plus doctes Pères, et que c'est la seule voie de répondre solidement aux objections des Juifs [2]. »

Il me semble que j'entends encore ces foibles paroles de Fauste Socin, sur les prophéties : « Il y en a, dit-il, QUELQUES-UNES dans lesquelles il est parlé ASSEZ CLAIREMENT de Jésus de Nazareth [3] : » c'est là que Grotius prenoit « ce petit nombre de prophéties » dont il a parlé, et la foiblesse qu'il attribue à cette sorte de preuves. Mais c'est combattre directement l'Ecriture sainte. Les apôtres qui

---

[1] *Ephes.*, II, 20. — [2] *Hist. crit.*, p. 808. — [3] *Inst. theol.*, Ire part., in Præf.

alléguoient les prophéties en témoignage de Jésus-Christ, ne les donnoient pas comme de simples confirmations d'une doctrine déjà reçue. Je ne sais où l'on a pris ce sentiment, puisqu'au contraire ils les adressoient aux Juifs les plus incrédules, et appeloient ces témoignages « des preuves, des convictions, des démonstrations » qui couvroient de confusion les contredisans, jusqu'à leur ôter toute réplique. Des témoignages si démonstratifs étoient répandus « dans les paroles des prophètes qui se lisent dans tous les sabbats[1]. » Quand Grotius réduit cette preuve contre les Juifs incrédules à un petit nombre de témoignages, il oublie que saint Paul les en accabloit en passant « le jour entier, depuis le matin jusqu'au soir, à établir Jésus-Christ par Moïse et par les prophètes[2], » avec une si pleine démonstration, qu'il ne restoit à l'Apôtre que l'étonnement du prodigieux endurcissement et aveuglement de ce peuple[3]. Voilà « ce petit nombre de prophéties, » que Grotius veut bien laisser à Jésus-Christ, sans songer au long entretien où Jésus-Christ en personne, « en commençant par Moïse et par tous les prophètes, » montroit à ses deux disciples, non une simple ignorance, mais « leur pesanteur et leur folie, » comme à des gens qui n'entendoient pas une vérité manifeste dont toute l'Ecriture rendoit témoignage[4]. Qu'il me soit permis à mon tour de m'étonner de l'aveuglement de ceux qui ne laissent à Jésus-Christ et à ses apôtres qu'un petit nombre de témoignages, et qui semblent vouloir leur reprocher le long temps qu'ils ont employé à les faire valoir, comme devant accabler les infidèles.

Mais, dit-on, « ils étoient contens de la résurrection et des miracles de Jésus-Christ : » Comment? puisque saint Pierre plein du Saint-Esprit qu'il venoit de recevoir, établit la preuve de la résurrection par David et par les prophètes[5] : et que le même saint Pierre alléguant l'insigne miracle de la transfiguration et de la voix entendue du ciel, ne laisse pas d'alléguer comme « plus ferme » la parole des prophètes[7] ? Jésus-Christ même après avoir confirmé sa mission par ses miracles, conclut sa preuve par

[1] *Act.*, XIII, 27. — [2] *Ibid.*, 23. — [3] *Act.*, XIII, 27, 28. — [4] *Luc.*, XXIV, 25, 27. — [5] *Act.*, II, 24, 25, 32. — [6] *Ibid.*, 25. — [7] II *Petr.*, I, 15, 19.

ces mots : « Approfondissez les Ecritures et le témoignage qu'elles me rendent [1], » faisant partout marcher ensemble ce que maintenant on veut séparer, les miracles et les prophètes.

Où a-t-on pris cette prétention, de faire dépendre la force des prophéties du consentement des rabbins, que ni Jésus-Christ, ni les apôtres n'ont pas allégué une seule fois, « ne disant rien, comme l'assure saint Paul, hors ce qui est écrit dans la loi et dans les prophètes; » et n'ayant besoin d'autre preuve sur toutes les questions qu'on pouvoit faire sur le Christ : « s'il devoit être sujet aux souffrances, et celui qui le premier de tous les hommes annonceroit la vérité aux gentils, après être ressuscité des morts [2]. »

Je sais, car qui ne le sait pas? qu'il y avoit parmi les Juifs une tradition du vrai sens des prophéties, comme on le voit par la réponse de la Synagogue aux Mages sur la naissance de Jésus-Christ à Bethléem [3], mais c'étoit une tradition non d'un double sens des prophéties, ou de l'application que les docteurs en faisoient, mais de l'évidence de ces anciennes prédictions, comme il paroît par l'expression de celle-ci, qui n'a rien au-dessus de tant d'autres qui sont rapportées. Et maintenant on y renonce pour faire valoir partout des doubles sens, qui anéantissent la preuve, et faire dépendre la foi d'une érudition rabbinique. Je dis, l'en faire dépendre dans son fond, et non pas la faire servir à un simple éclaircissement, comme ont fait les Pères et les autres bons interprètes.

VIII. Les Pères mal allégués par M. Simon en faveur de Grotius : démonstration du contraire par trois preuves, dont la première est tirée des an-

M. Simon a osé citer les Pères en faveur de l'opinion de Grotius, sans néanmoins en nommer un seul : qu'il me soit permis entre un nombre infini, d'en rapporter quelques-uns des premiers et des plus anciens, afin qu'on voie mieux dans quelle foi l'Eglise a été nourrie dès son origine, et combien les nouveaux critiques en sont éloignés.

Lorsque les païens lui objectoient qu'elle croyoit sans raison, saint Justin répondoit pour elle au sénat et à tout l'empire : « Ce n'est pas croire sans raison que de croire ceux qui n'ont pas dit simplement, mais qui ont prédit les choses que nous croyons longtemps avant qu'elles fussent arrivées : » ce qui étoit, selon

Joan., v, 39. — [2] *Act.*, XXVI, 22, 23. — [3] *Matth.*, II, 4, 5, 6. — [4] *Apol.*, 2.

lui, non-seulement une preuve, mais encore, pour me servir de ses propres termes bien opposés au nouveau langage de Grotius, « la plus grande et la plus forte de toutes les preuves et une véritable démonstration, » comme ce saint martyr l'appelle ailleurs.

C'est ainsi que parloit l'Eglise dans ces fameuses *Apologies* qu'elle publioit au nom du corps, et apparemment par députation expresse aux empereurs, au sénat et aux gentils.

Elle parloit de même aux Juifs, et si elle se servoit quelquefois du témoignage des rabbins, car aussi ne faut-il pas rejeter cette sorte de preuve à cause de son rapport avec la tradition : ce n'étoit pas pour en conclure que les preuves tirées du texte fussent foibles ou ambiguës, car saint Justin les faisoit valoir sans ce secours [1]; et l'avantage qu'il en tiroit, c'est d'avoir convaincu les Juifs, non-seulement « par démonstration, » ce qu'il attribue aux prophéties, mais encore « par leur propre consentement, » ce qui convient aux passages des rabbins : μετὰ ἀποδείξεως καὶ συγκαταθέσεως [2], qui est aussi précisément ce que nous disons.

Tertullien, un autre fameux défenseur de la religion chrétienne, dans l'Apologie qu'il en adresse au sénat et aux autres chefs de l'Empire romain, exclut, comme saint Justin, tout soupçon de légèreté de la croyance des chrétiens, « à cause, dit-il, qu'elle est fondée sur les anciens monumens de la religion judaïque [3]. » Que cette preuve fût démonstrative, il le conclut en ces termes : « Ceux qui écouteront ces prophéties trouveront Dieu ; ceux qui prendront soin de les entendre seront forcés de les croire : *Qui studuerint intelligere, cogentur et credere* [4]. » Ce n'est pas ici une conjecture, mais une preuve qui force : *Cogitur :* ce qu'il confirme en disant ailleurs : « Nous prouvons tout par dates, par les marques qui ont précédé, par les effets qui ont suivi : tout est accompli, tout est clair [5] : » ce ne sont pas des allégories ni des ambiguïtés : ce n'est pas un petit nombre de passages ; c'est une suite de choses et de prédictions qui démontrent la vérité.

Origène dans son livre *contre Celse* [6], qui est une autre excel-

---

[1] Just., *Dial. adv. Tryph.*, p. 376, etc. — [2] *Ibid.*, p. 352. — [3] Tert., *Apol.* — [4] *Ibid.* — [5] *Adv. Jud.*, VIII, p. 164. — [6] Lib. I, p. 38, 42, 43, 78, 86, etc.; lib. III, p. 127.

lente apologie de la religion, ajoute aux preuves des autres ses propres disputes, où il a fermé la bouche aux contredisans; et il répond pied à pied aux subterfuges des Juifs, qui détournoient à d'autres personnes les prophéties que les chrétiens appliquoient à Jésus-Christ. Pour nous, conclut-il, « nous prouvons, nous démontrons que celui en qui nous croyons a été prédit; et ni Celse, ni les gentils, ni les Juifs, ni toutes les autres sectes n'ont rien à répondre à cette preuve [1]. »

IX
Seconde preuve tirée des anciennes confessions de foi : celle de saint Irénée: celle de Nicée : décision expresse des papes, et des conciles généraux contre Théodore de Mopsueste.

Saint Irénée, dont on sait l'antiquité, n'a point fait d'apologie pour la religion : mais il nous fournit une autre preuve de la croyance commune de tous les fidèles, dans la confession de foi qu'il met à la tête de son livre *des Hérésies*, où nous trouvons ces paroles : « La foi de l'Eglise dispersée par toute la terre est de croire en un seul Dieu Père tout-puissant, et en un seul Jésus-Christ Fils de Dieu incarné pour notre salut, et en un seul Saint-Esprit qui a prédit par les prophètes toutes les dispositions de Dieu, et l'avènement, la nativité, la passion, la résurrection, l'ascension et la descente future de Jésus-Christ pour accomplir toutes choses [2]. » Les prédictions des prophètes et leur accomplissement entrent donc dans la profession de foi de l'Eglise; et le caractère par où l'on désigne la troisième personne divine, c'est de les avoir inspirées. C'étoit un style de l'Eglise, qui parut dès le temps d'Athénagoras, le plus ancien des apologistes de la religion chrétienne.

C'est aussi ce qu'on a suivi dans tous les conciles. On y a toujours caractérisé le Saint-Esprit en l'appelant « l'Esprit prophétique, » ou comme parle le Symbole de Nicée, expliqué à Constantinople dans le second concile général, « l'Esprit qui a parlé par les prophètes. » L'intention est de faire voir qu'il a parlé de Jésus-Christ, et que la foi du Fils de Dieu qu'on exposoit dans le Symbole, étoit la foi des prophètes, comme celle des apôtres.

Théodore de Mopsueste ayant détourné les prophéties en un autre sens, comme si celui où elles étoient appliquées à la personne et à l'histoire de Jésus-Christ étoit impropre, ambigu, et peu littéral, mais au contraire attribué au Sauveur du monde *par l'é-*

---

[1] Lib. VI, p. 98. — [2] Iren., lib. I, 11.

vénement seulement, sans que ce fût le dessein de Dieu de les consacrer et approprier directement à son Fils, scandalisa toute l'Eglise, et fut frappé d'anathème comme impie et *blasphémateur*: premièrement par le pape Vigile, et ensuite par le concile V général [1] : de sorte qu'on ne peut douter que la foi de la certitude des prophéties et de la détermination de leur vrai sens à Jésus-Christ, selon l'intention directe et primitive du Saint-Esprit, ne soit la foi de toute l'Eglise catholique : et c'est en peu de mots la seconde preuve que nous avions promise.

X. Troisième sorte de démonstration tirée des preuves des Pères pour la conformité des deux Testamens.

Cette foi paroît en troisième lieu dans la preuve dont on a soutenu, contre Marcion et contre les autres hérétiques, l'authenticité de l'Ancien Testament. Dès l'origine du christianisme, saint Irénée les confondoit par les prophéties de Jésus-Christ, qu'on y trouvoit dans tous les livres qui composoient l'ancienne alliance : il faisoit consister sa preuve, en ce que « ce n'étoit point par hasard que tant de prophètes avoient concouru à prédire de Jésus-Christ les mêmes choses : encore moins que ces prédictions se fussent accomplies en sa personne : n'y ayant, dit-il, aucun des anciens, ni aucun des rois, ni aucun autre que Notre-Seigneur, à qui elles soient arrivées [2]. »

On sait qu'Origène et Tertullien ont employé la même preuve : mais il ne faut pas oublier que le dernier nous fait voir la source de la doctrine d'Episcopius et de Grotius dans l'hérésie de Marcion. Les marcionites soutenoient que la mission de Jésus-Christ ne se prouvoit que par ses miracles; c'est pourquoi Tertullien leur adressoit ces paroles : *Per documenta virtutum : quas solas ad fidem Christo tuo vindicas.* « Vous ne voulez, dit-il, que les miracles pour établir la foi de votre Christ [3] : » mais ce grave auteur leur démontre qu'il falloit que le vrai Christ fût annoncé par les ministres de son Père dans l'Ancien Testament, et que les prédictions en prouvoient la mission plus que les miracles, qui sans cela pourroient passer pour des illusions et pour des prestiges [4].

XI. Les marVoilà donc par Tertullien deux vérités importantes, qu'il faut

---

[1] *Const. Vig.*, tom. V *Conc.*, p. 337, edit. Labb., *in Extractis Theod.*, cap. XXI-XXIII, et seq.; *Conc.* V, *ibid.*, coll. 4, *in Extractis Theod.*, cap. XX-XXII, et seq. — [2] Iren., lib. IV, LXVII. — [3] *Cont. Marc.*, lib. III, 3. — [4] *Ibid.*

cionites, ajouter à celles que nous avons vues : l'une, que les marcionites
premiers auteurs sont les précurseurs des sociniens et des socinianisans, dans le
d'Episcopius et dessein de réduire aux seuls miracles la preuve de la mission de
de Grotius. Jésus-Christ; la seconde, que bien éloigné de la réduire aux miracles à l'exclusion des prédictions, Tertullien estime au contraire que la preuve des prophéties est celle qui est le plus au-dessus de tout soupçon.

XII. Extrême opposition entre Grotius et les premiers chrétiens. De cette sorte on voit clairement qu'il n'y a rien de si opposé, que l'esprit des premiers chrétiens et celui de nos critiques modernes. Ceux-ci soutiennent que les passages dont se sont servis les apôtres, sont allégués par forme d'allégorie; ceux-là les allèguent par forme de démonstration : ceux-ci disent que les apôtres n'ont employé ces passages que pour confirmer ceux qui croyoient déjà; ceux-là les emploient à convaincre les Juifs, les gentils, les hérétiques, et en un mot ce qu'il y avoit de plus incrédule : ceux-ci ôtent la force de preuve aux prophéties; ceux-là disent qu'ils n'en ont point de plus forte : ceux-ci ne travaillent qu'à trouver dans les prophéties un double sens, qui donne moyen aux infidèles et aux libertins de les éluder; et ceux-là ne travailloient qu'à leur faire voir que la plus grande partie convenoit uniquement à Jésus-Christ : ceux-ci tâchent de réduire toute la preuve aux miracles; ceux-là en joignant l'une et l'autre preuve, trouvoient avec les apôtres quelque chose d'encore plus fort dans les prophéties : d'autant plus qu'elles étoient elles-mêmes un miracle toujours subsistant, n'y ayant point, dit Origène [1], un pareil prodige que celui de voir Moïse et les prophètes prédire de si loin un si grand détail de ce qui est arrivé à la fin des temps.

XIII. Conclusion des remarques sur les prophéties. Si je voulois joindre seulement aux Pères des trois premiers siècles ceux du quatrième et du cinquième, pour ne point parler des autres, j'en composerois un volume : on seroit étonné de voir en faveur de la preuve des prophéties les démonstrations de saint Athanase, de saint Chrysostome, de saint Hilaire, de saint Ambroise, de saint Augustin et des autres d'une semblable autorité. Cependant si l'on en croit les nouveaux critiques, les sociniens et Grotius l'emporteront sur eux tous. L'aveuglement de cet auteur

[1] Orig., *Cont. Cels.*, lib. I, 41.

sur les prophéties est d'autant plus surprenant, qu'il les avoit établies dans son livre *de la Vraie Religion;* les recherches du savoir rabbinique l'ont emporté, et il a mieux aimé réfuter lui-même le plus net et le plus utile de ses ouvrages que de ne pas étaler ces éruditions.

Passons aux autres endroits par où Grotius est répréhensible. Il n'y a aucune erreur qu'il favorise plus hautement que le semi-pélagianisme : c'est ce qui le rend ennemi si déclaré de saint Augustin, de qui il appelle à l'Eglise d'Orient et aux Pères qui ont précédé ce saint docteur, comme s'il y avoit entre eux et saint Augustin, que toute l'Eglise a suivi, une guerre irréconciliable. Mais de peur qu'on ne croie que je lui impose, il faut entendre comme il parle dans son *Histoire de Belgique*, sur l'an 1608, des disputes de Gomar et d'Arminius, dont le dernier suivi par Grotius, a relevé parmi les calvinistes l'hérésie semi-pélagienne. « Ceux, dit-il, qui ont lu les livres des anciens, tiennent pour constant que les premiers chrétiens attribuoient une puissance libre à la volonté de l'homme, tant pour conserver la vertu que pour la perdre; d'où venoit aussi la justice des récompenses et des peines. Ils ne laissoient pourtant pas de tout rapporter à la bonté divine, dont la libéralité avoit jeté dans nos cœurs la semence salutaire, et dont le secours particulier nous étoit nécessaire parmi nos périls. Saint Augustin fut le PREMIER qui depuis qu'il fut engagé dans le combat avec les pélagiens (car auparavant il avoit été d'un autre avis), poussa les choses si loin par l'ardeur qu'il avoit dans la dispute, qu'il ne laissa que LE NOM de la liberté, en la faisant prévenir par les décrets divins qui sembloient en ôter toute la force[1]. » On voit en passant la calomnie qu'il a faite à saint Augustin, d'ôter la force de la liberté et de n'en laisser que le nom : et ce qu'il faut ici observer, c'est que selon Grotius saint Augustin est le novateur : en s'éloignant du sentiment des anciens Pères, il s'éloigna des siens propres, et n'entra dans ces nouvelles pensées que lorsqu'il fut engagé à combattre les pélagiens : ainsi les sentimens naturels, qui étoient aussi les plus anciens, sont ceux que saint Augustin suivit d'a-

XIV. Grotius ouvertement semi-pélagien, accuse S. Augustin d'être novateur, et lui oppose les Pères qui l'ont précédé, l'Eglise grecque et lui-même avant ses disputes contre Pélage.

[1] *Hist. belg.*, lib. XVII, p. 551.

bord : c'est ce que dit Grotius, et c'est l'idée qu'il donne de ce Père.

Que si vous lui demandez ce qu'est devenue l'ancienne doctrine qu'il prétend que saint Augustin a abandonnée, et où s'en est conservé le sacré dépôt, il va le chercher chez les Grecs et dans les semi-pélagiens. Pour les Grecs, voici les paroles qui suivent immédiatement celles qu'on a lues. « L'ancienne et la plus simple opinion se conserva, dit-il, dans la Grèce et dans l'Asie. Pour les semi-pélagiens, le grand nom, poursuit-il, de saint Augustin, lui attira plusieurs sectateurs dans l'Occident, où néanmoins il se trouva des contradicteurs du côté de la Gaule. » On connoît *ces contradicteurs :* ce furent les prêtres de Marseille et quelques autres vers la Provence, c'est-à-dire, comme on en convient, ceux qu'on appelle semi-pélagiens, ou les restes de l'hérésie de Pélage. Ce fut Cassien, ce fut Fauste de Riez. Tels sont les contradicteurs de saint Augustin dans les Gaules, pendant que tout le reste de l'Eglise suivoit sa doctrine ; c'est en cela que s'est conservée l'ancienne et saine tradition : elle s'est, dis-je, conservée dans les adversaires de saint Augustin, que l'Eglise a condamnés par tant de sentences.

XV. Arminius est la source de ces erreurs : M. Simon les suit tous deux dans le semi-pélagianisme, et dans son opposition à S. Augustin.
Que Grotius l'ait dit ainsi, il n'y a pas tant à s'en étonner. Arminius, le restaurateur du semi-pélagianisme parmi les protestans, lui en avoit montré le chemin, et M. Simon en rapporte les sentimens en ces termes : « A l'égard de saint Augustin, il dit qu'il se pouvoit faire que les premiers sentimens de ce Père eussent été plus droits dans les commencemens, parce qu'il examinoit la chose en elle-même et sans préjugés ; au lieu que dans la suite il n'eut pas la même liberté, s'en étant plutôt rapporté au jugement des autres, qu'au sien propre [1]. » Ainsi l'esprit qu'on prenoit dans l'arminianisme, étoit celui de préférer les premiers sentimens de saint Augustin à ceux qu'il a pris depuis en examinant les matières avec plus de soin et d'attention.

Laissons donc suivre à Grotius les idées de son maître : laissons faire un plan de semi-pélagianisme à un protestant arminien qui étoit aussi socinien en tant de chefs ; la grande plaie de l'Eglise,

[1] *Hist. des Comm. du N. T.,* p. 299.

c'est qu'il ait été suivi dans l'Eglise même par tant de nouveaux critiques.

M. Simon se met à leur tête dans son *Histoire critique des Commentateurs du Nouveau Testament,* il se déclare d'abord, et commence dès sa Préface à faire le procès dans les formes à saint Augustin par les règles sévères de Vincent de Lérins, « qui, dit-il, rejette ceux qui forgent de nouveaux sens, et ne suivent point pour leur règle les interprétations reçues dans l'Eglise depuis les apôtres. » D'où il conclut « que sur ce pied-là on préférera le commun consentement des anciens docteurs, aux opinions particulières de saint Augustin sur le libre arbitre, sur la prédestination et sur la grace[1]. »

C'est en vain qu'il ajoute après « qu'il ne prétend pas condamner les nouvelles interprétations de saint Augustin[2]. » Il l'a condamné par avance en l'accusant d'être novateur, et d'avoir rejeté les explications reçues depuis les apôtres. Il poursuit cette accusation en toute rigueur dans le cours du livre. Tout est plein dans ce grand volume des nouveautés prétendues de saint Augustin; et ce qu'il y a de plus étrange, c'est qu'il ne les attribue à ce Père que dans les livres où il se déclare contre les semi-pélagiens. « Auparavant, dit-il, il étoit dans les sentimens communs; il n'avoit point de sentimens particuliers : et pour tout dire en un mot, c'est en vain[3], conclut cet auteur, qu'on accuse ceux à qui l'on a donné le nom de semi-pélagiens, d'avoir suivi les sentimens d'Origène, puisqu'ils n'ont rien avancé qui ne se trouve dans ces paroles de saint Augustin (qu'il venoit de rapporter, de l'*Exposition* de ce Père sur l'*Epître aux Romains*) : lequel convenoit ALORS avec les autres docteurs de l'Eglise. Il est vrai qu'il s'est rétracté : mais l'autorité d'un seul Père, qui abandonnoit son ancienne croyance, n'étoit pas capable de les faire changer de sentiment[4]. »

Je n'ai pas besoin de relever le manifeste semi-pélagianisme de ces paroles : il saute aux yeux. Le sentiment que ce saint docteur soutint dans ses derniers livres, a tous les caractères d'erreur :

---

[1] *Hist. des Comm.,* Préf. — [2] *Ibid.* — [3] *Hist. des Comm.,* chap. XVII, p. 252, 254. — [4] *Hist. crit. des Comm. du N. T.,* chap. XVII, p. 255.

c'est le sentiment « d'un seul Père : » c'est un sentiment nouveau : en le suivant, saint Augustin « abandonnoit » sa propre croyance et celle que les « anciens » lui avoient laissée : on voit donc dans ses derniers sentimens les deux marques qui caractérisent l'erreur, la singularité et la nouveauté.

Si ceux que l'on a nommés *semi-pélagiens* « n'ont rien avancé que ce qu'a dit saint Augustin, lorsqu'il convenoit avec les anciens docteurs de l'Eglise : » ils ont donc raison. Et ce à quoi il s'en faut tenir dans les sentimens de ce Père, c'est ce qu'il a rétracté, puisque c'est le sentiment où l'on tomboit naturellement par la tradition de l'Eglise.

C'est ce que M. Simon a pris de Grotius : il en a pris ce beau système de doctrine qui commet les Grecs avec les Latins, les premiers chrétiens avec leurs successeurs, saint Augustin avec lui-même : où l'on préfère les sentimens que le même saint Augustin a corrigés dans le progrès de ses études à ceux qu'il a défendus jusqu'à la mort, et les restes des pélagiens à toute l'Eglise catholique.

Cette doctrine va plus loin qu'on ne pourroit penser d'abord : il n'y a plus de tradition, si saint Augustin a changé celle qui étoit venue dès les premiers siècles jusqu'à lui. M. Simon est forcé à reconnoître que la plupart des interprètes latins ont suivi ce Père[1], qui a été le docteur des Eglises d'Occident : pour conclure que ce docteur des Eglises, la lumière de tout l'Occident, celui dont tant de Papes et tant de conciles ont consulté la sagesse et consacré la doctrine, après tout est un novateur.

XVI. Ignorance de Grotius et de ses sectateurs sur les progrès de saint Augustin

Quoiqu'il ne soit pas du dessein de cet ouvrage de réfuter ces illusions, et qu'il me suffise de montrer ce que l'Eglise a à craindre des écrits de Grotius et des faux critiques qui l'adorent, je ne crois pas qu'il me soit permis de raconter tant d'erreurs sans donner du moins des principes qui servent aux infirmes de préservatif contre un venin si dangereux. Voici donc à quoi je me réduis. C'est une ignorance à Grotius et à tous ceux qui accusent saint Augustin, de n'avoir avancé que dans la chaleur de la dispute ces sentimens qu'ils reprennent de nouveauté. Car il n'y a

[1] Préf. de la *Crit. des Comm.*, etc.

rien de si constant que ce qu'il a remarqué lui-même de ses livres à Simplicien, successeur de saint Ambroise dans le siége de Milan, qu'encore qu'il les ait écrits au commencement de son épiscopat, quinze ans avant qu'il y eût des pélagiens au monde, il y avoit enseigné pleinement et sans avoir rien depuis à y ajouter dans le fond, la même doctrine de la grace qu'il soutenoit durant la dispute et dans ses derniers écrits [1].

C'est ce qu'il écrit dans le livre *De la Prédestination des Saints*, et dans celui *Du bien de la persévérance*, où il montre la même chose du livre de ses *Confessions*, « qu'il a publiées, dit-il [2], avant la naissance de l'hérésie pélagienne; et toutefois, poursuit-il, on y trouvera une pleine reconnoissance de toute la doctrine de la grace dans ces paroles que Pélage ne pouvoit souffrir : *Da quod jubes, et jube quod vis :* Donnez-moi vous-même ce que vous me commandez, et commandez-moi ce qui vous plaît [3]. » Ce n'étoit pas la dispute, mais la seule foi qui lui avoit inspiré cette prière. Il la faisoit, il la répétoit, il l'inculquoit dans ses *Confessions*, comme on vient de voir par lui-même, avant que Pélage eût paru; et il avoit si bien expliqué dans ce même livre tout ce qui étoit nécessaire pour entendre la gratuité de la grace, la prédestination des Saints, et le don de la persévérance en particulier, que lui-même il a reconnu dans le même lieu qu'on vient de citer, qu'il ne lui restoit qu'à défendre « avec plus de netteté et d'étendue, » *copiosiùs et enucleatiùs*, ce qu'il en avoit enseigné dès lors.

On voit par là combien Grotius impose à ce Père, lorsqu'il lui fait changer ses « sentimens sur la grace, depuis qu'il fut aux mains avec les pélagiens, et que l'ardeur de cette dispute l'eut emporté à certains excès. » Il en est démenti par un fait constant et par la seule lecture des ouvrages de saint Augustin; et on voit par le progrès de ses connoissances que s'il a changé, il n'en faut point chercher d'autre raison que celle qu'il a marquée, qui est que d'abord « il n'avoit pas bien examiné la matière : » *nondùm diligentiùs quæsiveram* [4] : et il le faut d'autant plus croire sur sa

---

[1] Lib. *De præd. Sanct.*, cap. IV; *De bon. pers.*, XX, XXI.— [2] *De bon. pers.*, XX, n. 53. — [3] *Conf.*, X, XXIX, XXXI, XXXVII.— [4] *Retract.*, I-III; *De prædest. Sanct.*, III, n. 7.

propre déposition, qu'il y a été plus attentif et qu'il tient toujours constamment le même langage.

C'est à Grotius et aux autres une injustice criante, que de chercher à saint Augustin un sujet de reproche dans le progrès de ses travaux, comme s'il falloit nécessairement que les secondes pensées fussent toujours les plus mauvaises, et qu'il fallût envier aux hommes le bonheur de profiter en étudiant.

Baronius et les autres catholiques ont cru au contraire qu'il n'y avoit rien qui conciliât tant d'autorité à saint Augustin sur la matière de la grace, que son attachement à l'étudier, les prières continuelles qu'il employoit à la bien entendre et sa profonde humilité à confesser ses fautes. Et voilà dans l'esprit des catholiques ce qui l'a mis au-dessus de tous les autres docteurs : bien éloigné que son autorité ait pu être diminuée par ces heureux changemens.

XVII. *L'autorité de saint Augustin en cette matière clairement et savamment démontrée par le Père Garnier, professeur en théologie dans le collège des Jésuites de Paris.*

C'est ce qu'un savant jésuite de nos jours auroit appris à M. Simon s'il avoit voulu l'écouter, lorsqu'en parlant des grands hommes qui ont écrit contre les pélagiens, il commence par le plus âgé qui est saint Jérôme : « Il leur a, dit-il, fait la guerre comme font les vieux capitaines qui combattent par leur réputation plutôt que par leurs mains. Mais, poursuit ce savant religieux, ce fut saint Augustin qui soutint tout le combat, et le pape saint Hormisdas a parlé de lui avec autant de vénération que de prudence [1], » lorsqu'il a dit ces paroles : On peut savoir ce qu'enseigne l'Eglise romaine, c'est-à-dire, l'Eglise catholique, sur le libre arbitre et la grace de Dieu dans les divers ouvrages de saint Augustin, principalement dans ceux qu'il a adressés à Prosper et à Hilaire. Ces livres, où les ennemis de saint Augustin trouvent le plus à reprendre, sont ceux qui sont déclarés les plus corrects par ce grand Pape : d'où cet habile jésuite conclut « qu'à la vérité on peut apprendre certainement de ce seul Père ce que la colonne de la vérité, ce que la bouche du Saint-Esprit enseigne sur cette matière, mais qu'il faut choisir ses ouvrages et s'attacher aux derniers plus qu'à tous les autres. Et encore que la première partie de la sentence de ce saint Pape emporte une recommanda-

---

[1] *In Mercat.*, tom. I, diss. VI, cap. II, init.

tion de la doctrine de saint Augustin qui ne pouvoit être ni plus courte, ni plus pleine, la seconde contient un avis entièrement nécessaire, puisqu'elle marque les endroits de ce saint docteur où il se faut le plus appliquer, pour ne s'éloigner pas d'un si grand maître, ni de la règle du dogme catholique. » Voilà dans un savant professeur du collége des Jésuites de Paris, un sentiment sur saint Augustin bien plus digne d'être écouté de M. Simon que celui de Grotius. Mais pour ne rien oublier, ce docte jésuite ajoute : « Qu'encore que saint Augustin soit parvenu à une si parfaite intelligence des mystères de la grace, que personne ne l'a peut-être égalé depuis les apôtres, il n'est pourtant pas arrivé d'abord à cette perfection ; mais il a surmonté peu à peu les difficultés, selon que la divine lumière se répandoit dans son esprit : c'est pourquoi, continue ce savant auteur, saint Augustin a prescrit lui-même à ceux qui liroient ses écrits de profiter avec lui, et de faire les mêmes pas qu'il a faits dans la recherche de la vérité : et quand je me suis appliqué à approfondir les questions de la grace, j'ai fait un examen exact des livres de ce Père et du temps où ils ont été composés, afin de suivre pas à pas le guide que l'Eglise m'a donné, et de tirer la connoissance de la vérité, de la source très-pure qu'elle me montroit. »

Ce fut donc pour ces raisons que l'Eglise se reposa comme d'un commun accord sur saint Augustin, de l'affaire la plus importante qu'elle ait peut-être jamais eue à démêler avec la sagesse humaine : à quoi il faut ajouter « qu'il étoit le plus pénétrant de tous les hommes à découvrir les secrets et les conséquences d'une erreur [1] : » je me sers encore ici des paroles du savant jésuite dont je viens de rapporter les sentimens ; en sorte que l'hérésie pélagienne étant parvenue au dernier degré de subtilité et de malice où pût aller une raison dépravée, on ne trouva rien de meilleur que de la laisser combattre à saint Augustin durant vingt ans.

Durant ces fameux combats, le nom de saint Augustin n'étoit pas moins célèbre en Orient qu'en Occident : il seroit trop long d'en rapporter ici les preuves, je me contente de dire qu'on acquéroit de l'autorité en défendant sa doctrine : de là viennent ces

XVIII. Les oppositions que Grotius veut établir

[1] Garn., diss. VII, cap. III, § 3.

paroles de saint Fulgence, évêque de Ruspe, dans le livre où il explique si bien la doctrine de la prédestination et de la grace : « J'ai inséré, disoit-il, dans cet écrit quelques passages des livres de saint Augustin et des réponses de Prosper, afin que vous entendiez ce qu'il faut penser de la prédestination des Saints et des méchans, et qu'il paroisse tout ensemble que mes sentimens sont les mêmes que ceux de saint Augustin [1]. » Ainsi les disciples de saint Augustin étoient les maîtres du monde. C'est pour l'avoir si bien défendu que saint Prosper est mis en ce rang par saint Fulgence : mais pour la même raison saint Fulgence reçoit bientôt le même honneur : car c'est pour s'être attaché à saint Augustin et à saint Prosper, qu'il a été si célèbre parmi les prédicateurs de la grace : ses réponses étoient respectées de tous les fidèles; quand il revint de l'exil qu'il avoit souffert pour la foi de la Trinité, « toute l'Afrique crut voir en lui un autre Augustin, et chaque Eglise le recevoit comme son propre pasteur. »

{entre les Grecs et les Latins, et entre S. Augustin et les Pères ses prédécesseurs, sont détruites par des faits et des autorités certaines}

Personne ne contestera qu'on n'honorât en lui son attachement à suivre saint Augustin, principalement sur la matière de la grace : il s'en expliquoit dans le livre *de la Vérité de la Prédestination*[2]; et il déclaroit en même temps que ce qui l'attachoit à ce Père, c'est que lui-même il avoit suivi les Pères ses prédécesseurs : « Cette doctrine, dit-il, est celle que les saints Pères grecs et latins ont toujours tenue par l'infusion du Saint-Esprit, avec un consentement unanime, et c'est pour la soutenir que saint Augustin a travaillé plus qu'eux tous [3]. » Ainsi on ne connoissoit alors ni ces prétendues innovations de saint Augustin, ni ces guerres imaginaires entre les Grecs et les Latins, que Grotius et ses sectateurs tâchent d'introduire à la honte du christianisme. On croyoit que saint Augustin avoit tout concilié; et tout l'honneur qu'on lui faisoit, c'étoit « d'avoir travaillé plus que tous les autres, » parce que la divine Providence l'avoit fait naître dans un temps où l'Eglise avoit plus de besoin de son travail.

Ainsi le système de Grotius contre saint Augustin et contre la grace tombe dans toutes ses parties, et j'ajoute qu'il ne paroît pas qu'il y ait jamais apporté aucun correctif.

---

[1] Lib. I, *ad Monim.*, chap. XXX. — [2] *Vit. sancti Fulg.* — [3] Lib. II, cap. XVIII.

Au milieu de tant d'erreurs particulières où on le voit per-sister, il n'est pas croyable combien Grotius se fortifloit contre les erreurs communes des calvinistes et des protestans. Les plus savans de la secte ne pouvoient souffrir les odieuses interpréta-tions des ministres, où ils soutenoient que le Pape étoit l'Ante-christ. Mais Grotius eut le courage de leur opposer ce raisonne-ment : Celui-là n'est pas l'Antechrist, qui n'enseigne rien contre la doctrine de Jésus-Christ : cette majeure est incontestable. Or est-il, reprenoit Grotius, que le Pape n'enseigne rien de contraire à la doctrine de Jésus-Christ : c'est ce qu'il prouvoit en parcou-rant tous les points de la doctrine de l'Eglise romaine, et démon-trant article par article qu'il n'y en avoit aucun qui fût contraire à la doctrine de Jésus-Christ. Donc le Pape n'est pas l'Antechrist. La conséquence étoit claire, et c'étoit une pleine et parfaite dé-monstration.

XIX. Progrès étonnans de Gro-tius dans la doc-trine ca-tholique : et sa dé-monstra-tion pour convain-cre les protes-tans de calomnie contre le Pape, dont ils faisoient l'Ante-christ.

Il démontra en même temps avec une pareille évidence que toutes les accusations d'idolâtrie que le parti protestant intentoit à l'Eglise romaine, n'avoient pas même l'apparence. Il entra dans une longue et belle dispute avec le ministre Rivet; et il justifia l'Eglise romaine, et l'autorité de ses traditions par tant de té-moignages de l'Ecriture, et de la plus pure antiquité, qu'il n'y avoit pas moyen de lui résister. Il a persisté dans ce sentiment, et n'a pas cessé un moment de continuer cette preuve jusqu'à la fin de sa vie dans les livres qui ont pour titre : *Défenses contre Rivet, Dissertation de Cassander, Vœu pour la paix,* et autres de même sujet. Ce fut alors que, pour effacer par un seul trait tout ce qu'il avoit mêlé de socinien dans ses *Commentaires* [1], il déclara nettement qu'il tenoit sur la Trinité et sur l'Incarnation de Jésus-Christ, tout ce qu'en croyoit l'Eglise romaine et l'Uni-versité de Paris; ce qui réparoit parfaitement toutes les fautes où il pouvoit être tombé de ce côté-là. Lorsqu'on lui objectoit ses premiers écrits [2], il répondoit ce qu'on voit encore dans ses lettres soigneusement recueillies et imprimées en Hollande après sa mort, « qu'il ne falloit pas s'étonner que son jugement devînt tous les jours plus sain et plus pur, *defœcatius,* par l'âge, par les con-

[1] *Animadv. in Rivet.,* art. I, oper., tom. III, p. 636. — [2] App., ep. 647.

férences avec les habiles gens et par la lecture assidue : » ce qui fortifie la pensée de ceux qui ont cru même parmi les protestans, qu'il avoit dessein de retoucher ses *Commentaires*, et de les purger tout à fait de ce qu'il y avoit de socinien, et en quelque manière que ce fût de moins pur et de moins correct.

Quoi qu'il en soit, Dieu lui fit sentir par expérience qu'il est naturel à l'homme d'apprendre en vieillissant et en étudiant; et que c'étoit à lui trop de dureté de reprocher le témoignage et d'affoiblir l'autorité de saint Augustin, parce que ce Père avoit une fois changé en mieux.

Grotius faisoit de si grands pas vers l'Eglise catholique, qu'il ne reste plus qu'à s'étonner comment il a pu demeurer un seul moment sans y venir chercher son salut, après avoir tant de fois prouvé qu'on le trouvoit parfaitement dans son unité. Cependant il s'est arrêté dans un chemin si uni sans avoir enfanté l'esprit de salut qu'il avoit conçu; tant il est difficile aux savans du siècle, accoutumés à mesurer tout à leur propre sens, d'en faire cette parfaite abdication, qui seule fait les catholiques.

XX. Grotius demeure séparé de toute société chrétienne, et écrit deux livres pleins d'erreurs en faveur de cette indifférence.

En même temps il évitoit la communion des calvinistes, parmi lesquels il étoit né; et un homme si avancé dans la connoissance de la vérité, demeuroit seul dans sa religion et comme séparé de communion de toute société chrétienne, durant une longue suite d'années; ce qui étoit le pire de tous les états.

Il lui passoit dans l'esprit des préjugés qui entretenoient cette espèce d'indifférence de religion, et ce fut alors qu'il composa un petit traité où il examinoit la question : « S'il est nécessaire de communier toujours par les symboles extérieurs, c'est-à-dire, par les sacremens : » *An semper communicandum per symbola*[1]*?* Il conclut pour la négative, se persuadant qu'il suffisoit de s'unir dans l'intérieur avec les fidèles, sans aucun lien externe de communion. En tout cas il se contentoit de faire dans ses écrits des vœux pour la paix, et cherchoit à sa conscience un repos trompeur. C'étoit apparemment dans le même dessein qu'il avoit publié un petit écrit qui avoit pour titre : « De l'administration de la cène, où il n'y a point de pasteurs : » *De cænæ administra-*

---
[1] Oper., tom. III, p. 510.

tione, ubi pastores non sunt [1] : où il s'efforçoit de prouver que dans ce cas chacun devenoit ministre à lui-même et à sa famille, ou à ceux qui vouloient s'unir avec lui. C'étoit là cette opinion qu'on croyoit trouver dans un passage de Tertullien, dont on a tant disputé parmi les savans. Il n'est pas de ma connoissance si Grotius en est venu à la pratique; et quoi qu'il en soit, la spéculative qu'il a soutenue étoit propre à favoriser les sentimens de ceux qui prétendoient s'affranchir du ministère ecclésiastique, et se faire comme Grotius une religion à part.

Ainsi rêvoit savamment et périlleusement pour son salut un homme qui, s'apercevant qu'il étoit déçu par la religion où il étoit né, ne savoit plus à quoi se prendre et frappoit pour ainsi dire à toutes les portes, où il croyoit pouvoir trouver un refuge à sa religion chancelante. Il ne sera pas inutile aux protestans de bonne foi de considérer dans ses lettres, et principalement dans celles qu'il écrivoit à son frère à qui il paroît ouvrir son cœur à fond, les progrès d'un si savant homme dans la recherche de la vérité. C'est là qu'on remarquera ces sincères et mémorables paroles : « L'Eglise romaine n'est pas seulement catholique, mais encore elle préside à l'Eglise catholique, comme il paroît par la lettre de saint Jérôme au pape Damase. Tout le monde la connoît. » Et un peu après : « Tout ce que reçoit universellement en commun l'Eglise d'Occident, qui est unie à l'Eglise romaine, je le trouve unanimement enseigné par les Pères grecs et latins, dont peu de gens oseront nier qu'il ne faille embrasser la communion; en sorte que pour établir l'unité de l'Eglise, le principal est de ne rien changer dans la doctrine reçue, dans les mœurs et dans le régime [2]. »

Vous le voyez : ce n'est plus cet homme qui veut commettre l'Orient avec l'Occident, et les Grecs avec les Latins : ce qui suit, qui est tiré d'une autre lettre à son frère, est de même force : « Qu'il faut réformer l'Eglise sans schisme; et que si quelqu'un vouloit corriger ce qu'il croiroit digne de correction, sans rien changer de l'ancienne doctrine et sans déroger à la révérence qui est justement due à l'Eglise romaine, il trouveroit de quoi se dé-

XXI. Lettres importantes de Grotius sur la fin de sa vie, où il reconnoît la vérité de l'Eglise catholique et romaine.

---

[1] Oper., tom. III, p. 507. — [2] App., Epist. 671.

fendre devant Dieu et devant des juges équitables [1]; où il en vient enfin à reconnoître ce qu'il y a de plus essentiel, « que l'Eglise de Jésus-Christ consiste dans la succession des évêques par l'imposition des mains ; et que cet ordre de la succession doit demeurer jusqu'à la fin des siècles, en vertu de cette promesse de Jésus-Christ : « Je suis avec vous, » etc., dans saint *Matthieu,* xxviii, 18 ; par où il ajoute que l'on peut entendre avec saint Cyprien quel crime c'est d'établir dans l'Eglise un adultérin (qui ne vienne pas d'une succession légitime), et de reconnoître pour églises celles qui ne peuvent pas rapporter la suite de leurs pasteurs aux apôtres, comme à leurs ordinateurs. » Voilà ce qu'il écrivoit en l'an 1643, deux ans avant sa mort : ce qui contient toute la substance de l'Eglise catholique.

C'est sur ce fondement inébranlable qu'en l'année 1644, dont la suivante fut la dernière de sa vie, il donnoit ce conseil aux remontrans, dont il avoit peine à se détacher tout à fait, « que s'il y avoit avec Corvin (le plus sincère de tous les ministres dans son sentiment) quelques-uns d'eux qui demeurassent dans le respect de l'antiquité, il falloit qu'en établissant des évêques qui fussent ordonnés par un archevêque catholique, ils commençassent par là à rentrer dans les mœurs anciennes et salutaires, le mépris desquelles a introduit la licence de faire par de nouvelles opinions de nouvelles églises, sans qu'on puisse savoir ce qu'elles croiront dans quelques années [2]. » C'est qu'il voyoit qu'il n'y avoit de stabilité que dans l'Eglise catholique, ni de dépôt immuable et certain de la vérité et de la doctrine de Jésus-Christ que dans la succession des évêques, qui se la donnoient de main en main les uns aux autres, selon la promesse de Jésus-Christ, sans jamais rompre la chaîne de la tradition, ni démentir leurs consécrateurs. C'est là, dis-je, c'est dans cet ordre, c'est dans cette succession apostolique seulement qu'il trouvoit la stabilité; tout le reste variant sans fin, comme il le voyoit tous les jours dans les réformes prétendues du seizième siècle, qui bâties sur de mauvais fondemens, n'avoient cessé d'innover sur elles-mêmes et ne s'étoient laissé aucun moyen pour s'affermir.

[1] App., ep. 613. — [2] App., ep. 739.

Il n'étoit donc plus question de se faire soi-même son ministre, faute de trouver de légitimes pasteurs; leur succession étoit fixée par la promesse de Jésus-Christ qui devoit toujours, non-seulement en conserver la suite, mais encore être avec eux. Il n'étoit donc plus question de se faire à son gré des pasteurs imaginaires: ils étoient tous faits, et Grotius avoit reconnu qu'ils se substituoient les uns aux autres par un ordre immuable. Il ne s'agissoit non plus de rompre la sainte unité de la communion extérieure, après avoir reconnu qu'il y a toujours une suite de pasteurs, à la doctrine desquels il falloit communiquer, aussi bien qu'à leur régime et aux graces qu'ils distribuoient avec les sacremens. Tous les doutes de Grotius étoient éclaircis : toutes les peines qu'il s'étoit formées sur les liens extérieurs de la communion ecclésiastique s'étoient dissipées tout à coup, comme par un beau soleil, par l'aveu de la promesse de Jésus-Christ toujours présent, toujours agissant avec les apôtres, et leurs successeurs enseignant la doctrine de Jésus-Christ et administrant les sacremens jusqu'à la fin des siècles.

XXII. Tous les doutes de Grotius sur les liens extérieurs de la communion, sont éclaircis par cet aveu de la présence éternelle de Jésus-Christ dans son Eglise.

Longtemps avant que Grotius eût reconnu ces vérités, il s'étoit laissé emporter à une erreur opposée et aussi dangereuse que les précédentes, lorsque flatté par un décret des Etats généraux, favorable aux remontrans, il avoit établi les princes seuls juges de tout dans l'Eglise, même de la foi et de l'administration des sacremens. Il avoit appuyé cette doctrine d'une prodigieuse, mais vaine érudition, principalement dans deux livres composés durant sa jeunesse, dans la première chaleur des disputes arminiennes; dont le premier est intitulé : *Ordinum Hollandiæ et Westfrisiæ pietas* [1]; et l'autre qui est posthume, dont il s'est fait plusieurs éditions après sa mort, a pour titre : *De imperio summarum potestatum circa sacra* [2]. Là, comme il a été dit, toutes questions, même celles de la foi se décidoient en dernier ressort par les princes souverains : les évêques étoient appelés comme on appelle des experts dans ce qui regarde les arts et les métiers : ils faisoient leur rapport dans les conciles, le jugement étoit réservé aux princes; et tel fut alors le système de Grotius, admirable

XXIII. Etrange erreur de Grotius, qui faisoit les princes juges souverains des questions de la foi et maîtres absolus de la religion.

[1] *Oper.*, tom. III, p. 99. — [2] *Ibid.*, p. 203.

pour les protestans qui lui donnoient de grands avantages, dont il savoit profiter. Il n'y avoit point à s'étonner si leur réforme qui devoit tout son établissement dans le Nord au magistrat politique, y avoit tout soumis à sa puissance. Grotius étoit invincible de ce côté-là : mais pour l'Eglise chrétienne, elle avoit été fondée sur d'autres principes. Je voudrois savoir seulement si ce fut ou le concile d'Antioche, ou les empereurs Valérien ou Aurélien, persécuteurs de l'Eglise, qui jugèrent Paul de Samosate et condamnèrent son hérésie : fut-ce Dèce ou quelqu'autre prince qui jugèrent Novatien et les autres sectes, ou les Papes et les évêques répandus par toute la terre? Laissons ce raisonnement, et prenons avec Grotius une voie plus courte. Quand il a reconnu dans l'Evangile la promesse faite à l'Eglise d'une éternelle durée, il vit bien que ce n'étoit pas avec les princes et les magistrats, mais avec les apôtres et leurs successeurs, que Jésus-Christ promettoit d'être toujours. Il ne regardoit donc pas ces derniers comme des experts, dont on écoute le rapport pour juger après eux : il regardoit en eux Jésus-Christ même, qui a promis de ne les abandonner jamais : il les regardoit comme porteurs et interprètes de sa parole, avec une autorité à laquelle il faut que tout cède; et dès là on le doit considérer comme revenu d'une erreur qu'il avoit pourtant soutenue de tant de savantes recherches, et d'un nombre si étonnant de passages et d'exemples mal entendus en mal expliqués.

XXIV. *Deux sortes de décrets des empereurs chrétiens sur les matières de foi: Grotius les confond, faute de principes : ostentation de savoir dans les* C'est ici qu'il faut apprendre à connoître le génie de nos savans, qui destitués de principes théologiques, croient avoir prouvé ce qu'ils veulent, quand ils entassent des autorités et des faits sans application, sans discernement, sans exactitude. Quand l'Empire fut devenu chrétien, les empereurs publioient des lois où la foi étoit confirmée. C'est que ces princes religieux venoient à l'appui des jugemens ecclésiastiques, auxquels ils donnoient force de lois de l'Empire, en les rendant exécutoires; ou en tout cas ils entendoient que leurs édits digérés avec les évêques, tiroient leur force du consentement et de l'approbation de l'Eglise. De son côté, l'Eglise elle-même persécutée par les empereurs durant tant de siècles, après pour ainsi parler que toutes leurs lois avoient si longtemps fulminé contre elle, étoit ravie de les voir soumises à l'Evangile et les princes devenus comme de seconds prédicateurs de la foi. Mais quand ils se rendoient eux-mêmes auteurs et non protecteurs de tels décrets, elle réprimoit cet abus et condamnoit sans miséricorde de pareils édits. Ainsi furent frappés d'anathème l'*Hénotique* de Zénon ou le décret d'union de cet empereur; l'*Ecthèse* ou exposition d'Héraclius, et le *Type* de Constant. Grotius faute de principes théologiques, confond ces deux sortes de décrets des empereurs, et compte parmi les édits légitimes l'*Ecthèse* d'Héraclius détestée par les conciles et par les Papes, aussi bien que l'*Hénotique* et le *Type* [1]. Je rapporte exprès cet exemple, parce qu'il y a des auteurs qui s'y sont trompés de nos jours après Grotius, et ont tâché de faire valoir dans les matières de foi des édits de cette sorte.

écrits des critiques

On a aussi trop écouté le même Grotius, qui emploie pour le même dessein [2] l'exemple de Charlemagne choisi pour arbitre par Elipandus, archevêque de Tolède, sur l'adoption de Jésus-Christ, que ce prélat soutenoit contre la règle de la foi.

XXV. L'exemple de Charlemagne mal allégué par Grotius dans l'hérésie d'Elipandus, archevêque de Tolède.

Un peu de théologie auroit sauvé à Grotius une si grossière bévue. Il est vrai que l'archevêque de Tolède repris de renouveler l'hérésie de Nestorius en faisant Jésus-Christ Fils de Dieu par adoption et non par nature, crut se donner un protecteur favorable, lorsqu'il déféra le jugement de la question à Charlemagne et le choisit pour arbitre. Pour profiter de cet aveu, ce prince le prit au mot et accepta l'arbitrage. Mais il est beau d'apprendre de lui de quelle manière il l'exerça, et quelle fut la sentence d'un si grand arbitre. Voici donc ce qu'il en écrit à Elipandus lui-même, en lui disant « qu'il a recherché soigneusement en premier lieu, ce que le pontife apostolique croyoit sur cet article avec la sainte Eglise romaine et les évêques de ces quartiers-là : en second lieu, ce que croyoit l'archevêque de Milan et les autres docteurs et évêques des Eglises de Jésus-Christ en Italie : en troisième lieu, ce que croyoient les évêques de Germanie, des Gaules et d'Aquitaine [3]. »

---

[1] *De imp. summ. potest.*, tom. III, p. 244, n. 6. — [2] *Ordin. pietas*, p. 115. — [3] Sirmondi, *Conc. Gall.*, tom. II, *Ep. Car. mag. ad Elip.*, p. 187.

La réponse d'Adrien II déclaroit « que ce Pape par l'autorité du Siége apostolique et de saint Pierre, et par la puissance de lier, que Notre-Seigneur avoit donnée aux successeurs de cet apôtre, si Elipandus ne se repentoit, le lioit d'un anathème éternel [1]. »

L'archevêque de Milan et les évêques d'Italie, avec le concile de ceux de Germanie, de Gaule et d'Aquitaine, assemblés à Francfort, « portèrent un semblable jugement, et condamnèrent la détestable hérésie d'Elipandus [2]. » Sur cette décision le grand arbitre prononce à la nouvelle hérésie, « qu'il joint son consentement et, comme il parle ensuite, son décret et son jugement, à ce qui avoit été résolu et jugé par l'examen et la constitution de tant d'évêques; et qu'il embrasse la foi qu'il voit confirmée par leur témoignage unanime : ajoutant qu'il ne tiendra point pour catholiques ceux qui oseront résister au décret, où se trouvoient réunies l'autorité apostolique et l'unanimité épiscopale : *In quo conjunctæ essent Sedis apostolicæ auctoritas et episcopalis unanimitas :* à cause, poursuit ce prince, que ce sont là ceux à qui Jésus-Christ a dit : *Je suis avec vous jusqu'à la fin du monde.* » Si Grotius, qui tire avantage de ce jugement de Charlemagne, avoit bien considéré comment il consulte, ce qu'on lui répond et avec quelle autorité les évêques parlent, il n'auroit pu désavouer qu'ils n'agissent comme de vrais juges, « qui lient et délient par la puissance que Jésus-Christ leur a donnée, qui prononcent un anathème éternel et irrévocable, » et dont le jugement rendu sur la terre est un préjugé pour le ciel : mais c'est à quoi il ne pense pas. Peu attentif aux principes et plus curieux de citer beaucoup que de peser ses passages dans une juste balance, la vérité lui échappe : c'est le sort de ceux qui demeurent contens d'eux-mêmes, quand ils croient avoir bien montré qu'ils ont tout lu et qu'ils savent tout.

XXVI. Comment Charlemagne choisi pour

Tel fut le jugement du roi. Il est clair qu'il n'avoit jugé la question de la foi qu'après l'avoir fait juger au Pape et aux évêques, dont la décision fut sa règle; et ainsi l'acceptation de la qualité d'arbitre n'étoit qu'une pieuse adresse de ce prince habile,

---

[1] Adrian., *Epist. ad Episc. Hispan.*, ibid., p. 161. — [2] *Libell. Episc. Ital.*, ibid., p. 167.

pour engager Elipandus et ses sectateurs à reconnoître dans son *arbitre,* jugement celui de l'Eglise catholique; ce qui aussi lui fait dire : *accepta et exerça* « Vous qui êtes le petit nombre, comment croyez-vous pouvoir *cet arbitrage* trouver quelque chose de meilleur que ce qu'enseigne l'Eglise de Jésus-Christ sainte et universelle, répandue par toute la terre? » En sorte qu'il n'y avoit plus qu'à les exhorter comme faisoit Charlemagne, « à revenir à la multitude du peuple chrétien et à la sainte unanimité du concile sacerdotal [1]. »

Ce langage est bien éloigné de celui que Grotius tenoit alors, XXVII. quand encore plein des maximes protestantes, et avant que d'a- *Paroles de Gro-* voir compris les promesses de Jésus-Christ, qui devoit toujours *tius qui fait de la* demeurer avec les apôtres et leurs successeurs, il parloit en cette *religion* sorte : « Chaque particulier est juge de sa religion : l'Eglise dé- *une politique* cide de la foi de l'Eglise même : mais pour la foi de l'Eglise qui *et lui ôte toute* est publique, personne n'en peut juger que celui qui a tout le *sa force.* droit public en sa puissance, c'est-à-dire le prince [2]. » Ce qui ôte à la religion toute sa force, la réduit en politique, et prive le prince du secours que lui peut donner l'autorité et l'indépendance de sa foi.

Je n'ai pas besoin d'entrer plus avant dans ces traités de Gro- XXVIII. tius; et il me suffit de remarquer en passant, que l'autorité de *Que toute l'autorité* l'Eglise sur les matières de foi renferme au fond tous ses pou- *de l'E-* voirs, puisque n'y ayant rien de plus éloigné de l'esprit du chris- *glise catholique* tianisme que d'en réduire la doctrine à une oiseuse spéculation, *est renfermée* elle devoit au contraire se tourner toute en pratique : d'où il suit *dans celle* que la discipline chrétienne consiste à juger par la parole de Dieu *d'établir la foi :* les ennemis de la foi, soit qu'ils la nient ouvertement, ou qu'ils *quand* soient de ceux dont l'Apôtre a dit « qu'ils la confessent en pa- *Grotius a connu* roles, et la renoncent par leurs œuvres : » *factis autem negant* [3]. *cette vérité.*

Telle est la simplicité de la doctrine chrétienne, que Grotius ne connoissoit point, jusqu'à ce qu'il eût ouvert les yeux à la lumière de l'Evangile et à la promesse de Jésus-Christ d'être toujours avec son Eglise.

Je ne sais plus après cet aveu ce qui l'empêcha de se faire ca- XXIX. tholique, si ce n'est que peu fidèle à la grace qui le remplissoit de *Conclusion et*

[1] *Libell. Episc. Ital.*, ibid., p. 167. — [2] *Ord. piet.*, p. 115. — [3] *Tit.*, I, 16.

abrégé de ce discours. lumière, il n'acheva pas l'œuvre de Dieu ; et qu'enfin il a été du nombre de ceux dont il est écrit dans les prophètes : « L'enfant s'empresse de voir le jour, et la mère manque de force pour le mettre au monde : » *Venerunt filii usque ad partum, et virtus non est pariendi* [1].

Grotius a toujours voulu être trop savant, et il a peut-être déplu à celui qui aime à confondre les savans du siècle. C'étoit son défaut d'établir toutes ses maximes les plus certaines par des éruditions d'une recherche infinie ; et Dieu peut-être vouloit nous faire entendre que cette immense multiplicité de passages à propos et hors de propos, n'est qu'une ostentation de savoir aussi dangereuse que vaine, puisqu'elle fait qu'un auteur s'étourdit lui-même ou éblouit ses lecteurs ; au lieu que tout consiste en effet à s'attacher aux principes d'une saine et précise théologie, dont ces grands savans ne s'avisent guère.

Faute de s'y être rendu attentif autant qu'il falloit, Grotius est demeuré convaincu, et dans ce discours et dans l'*Instruction* précédente, des prodigieuses singularités qui lui ont fait affoiblir ou même détruire les preuves de la vérité, et jusqu'à celles de la divinité du Verbe, la doctrine de la grace chrétienne, la sainte sévérité de la morale de Jésus-Christ et la simplicité de l'Evangile ; l'immortalité naturelle à l'ame humaine par le titre de sa création ; l'unanimité de l'Eglise dans tous les temps, dans tous les lieux et dans tous les points de sa croyance ; l'inspiration des saints Livres, l'autorité des prophéties, et en la personne des Pères celle des défenseurs de la vérité. La chose deviendra plus claire encore dans la suite de ces *Instructions ;* et nous nous y verrons forcés à déplorer de plus en plus que Grotius, un homme d'une étude infatigable, savant, judicieux même jusqu'à un certain degré, et ce qu'il avoit de meilleur, qui paroissoit de bonne foi, soit devenu un lacet à la maison d'Israël, et ses livres un écueil fameux par le naufrage de ceux à qui l'appas de la nouveauté et l'envie de se distinguer par ses propres inventions, a fait perdre le goût de la tradition des Pères et de l'antiquité ecclésiastique.

[1] *Isa.,* XXXVII, 3.

PRÉFACE

QUI CONTIENT LA RÈGLE QU'ON A SUIVIE DANS CES REMARQUES, ET LE SUJET IMPORTANT DES INSTRUCTIONS SUIVANTES.

On continue avec l'espérance du secours divin, à examiner les passages particuliers où la version de Trévoux est digne d'être reprise. Il n'est pas croyable combien il s'en trouve où la foi est attaquée. S'il y en a qui ne soient pas de même importance, c'est que le dessein de ces Remarques est de faire sentir aux fidèles qu'il n'y a aucune parole sortie de la bouche de Jésus-Christ et dictée par son Esprit-Saint, qui ne doive être traitée avec révérence et religion, sans qu'il soit permis d'y altérer ou affoiblir un seul trait, et encore moins d'y mêler ses propres imaginations; ce qui ne seroit rien moins qu'une corruption et une dégradation du texte sacré.

L'intention n'est donc pas tant de reprendre les mauvaises traductions et explications dont on a déjà peut-être assez découvert les sources empoisonnées, que d'apprendre à ceux qui s'exercent dans la lecture des Livres sacrés, en profitant des chutes de l'auteur, à peser toutes les paroles de ces divins écrits, à consulter attentivement la tradition des Saints que l'Eglise nous a donnés pour interprètes, et « à croire enfin, comme dit saint Pierre, avant toutes choses, que de même que les saints hommes de Dieu n'ont point parlé par la volonté humaine, » ni par celle d'autrui, ni par la leur propre, « mais par le Saint-Esprit; ainsi nulle prophétie de l'Ecriture, » nulle parole dictée par le mouvement de cet Esprit prophétique, « ne s'explique par une interprétation particulière [1]; » de sorte qu'il ne faut rien prendre dans son propre

[1] II *Petr.*, I, 20, 21.

esprit, mais prendre celui des Pères, et suivre le sens que l'Eglise dès son origine et de tout temps a reçu par la tradition.

C'est de là qu'on puisera des principes inébranlables, dont il n'y aura qu'à suivre le fil par une théologie qui ne soit ni curieuse, ni contentieuse, mais sobre, droite, modeste, plutôt précise et exacte que subtile et raffinée; et qui sans perdre jamais de vue la convenance de la foi, la suite des Ecritures et le langage des Pères, en quoi elle fait consister la véritable critique, craigne autant de laisser tomber la moindre partie de la lumière céleste, que de pénétrer plus avant qu'il n'appartient à des mortels.

Pour procéder avec ordre dans cette discussion, je n'ai rien trouvé de plus simple, ni de plus net que d'examiner passage à passage les endroits qui seront dignes de quelques remarques, selon que la lecture les présente, et d'écrire précisément sur chacun ce que décide la tradition et la saine théologie qui en est tirée.

On s'apercevra aisément que faute de s'être attaché à cette règle, notre auteur qui n'a cherché qu'à se signaler par des nouveautés, est tombé dans les égaremens dont on n'a pu voir encore qu'une partie dans l'*Instruction précédente*, et n'a jamais pu parvenir à l'explication saine et suffisante de la sublime nativité du Fils de Dieu, ni à l'intelligence des prophéties que les apôtres ont alléguées, ni à celle des caractères divins du Saint-Esprit marqués si clairement dans l'Evangile, ni à ces douces insinuations de la grace qui fléchit les cœurs, qui les remplit et les meut dans l'intérieur : ce qui rend ses notes comme ses traductions sèches, sans onction et sans piété.

Destitué de cet esprit de charité et de paix, il n'a songé dans ce dernier livre, non plus que dans ses critiques précédentes, qu'à mettre aux mains les saints Pères les uns contre les autres, principalement sur la matière de la grace et du libre arbitre : pernicieuse invention des derniers critiques, qui se joignent aux protestans par cet endroit-là, comme ils font par beaucoup d'autres, et ne craignent pas de leur donner cet avantage contre l'Eglise.

Le ministre Basnage en triomphe dans son *Histoire ecclésiastique* [1]; et trop foible pour excuser les variations de sa prétendue église, il ne trouve plus de ressource que de reprocher à l'Eglise chrétienne d'avoir varié elle-même dès son origine sur la matière de la grace. J'avois posé ce fondement inébranlable de mon *Histoire des Variations*, que « l'Eglise portant toujours sa foi formée dans le cœur, » elle n'a jamais varié ni pu varier. C'est sur un si beau fondement que ce ministre me prend à partie en ces termes : « Si, dit-il, M. de Meaux a fait voir que les Pères grecs et latins qui ont vécu avant saint Augustin aient toujours enseigné la même doctrine sur la grace, je lui promets de reconnoître la vérité des maximes qu'il a posées : mais s'il succombe sous le fardeau, il faut qu'il permette au public de croire que son *Histoire des Variations* est inutile, puisqu'elle est appuyée sur des raisons qui ne sont pas vraies, » c'est-à-dire sur le principe de la perpétuelle immobilité de la doctrine de l'Eglise.

Puisqu'il fait consister en ce seul point la victoire de la vérité et promet de la reconnoître à ce prix, la charité m'oblige à le satisfaire : je ne quitterai pas pour cela les nouveaux critiques, puisqu'au contraire ils paroîtront d'autant plus coupables, qu'ils se trouveront convaincus d'avoir fourni des armes aux ennemis déclarés de l'Eglise catholique. Je m'engage donc à soutenir dans mes *Instructions* suivantes contre eux et les protestans unis ensemble, l'invariable perpétuité de la foi de l'Eglise chrétienne; et puisque la matière de la grace et du libre arbitre est celle qu'on veut regarder comme le sujet de la division, c'est sur ce point que je promets, avec le secours d'en haut, de démontrer plus facile-

---

[1] Basn., *Hist. ecclés.*, liv. XXVI, chap. IV.

ment et aussi plus brièvement qu'on ne le peut croire, le consentement des anciens Pères avec leurs successeurs de l'Orient et de l'Occident, et des Grecs avec saint Augustin et ses disciples.

Ceux qui pourront croire que cette entreprise ne convient pas à mon âge ni à mes forces présentes, seront peut-être consolés d'apprendre que la chose est déjà toute exécutée, et que le peu de travail qui me reste à y donner ne surpassera pas, s'il plaît à Dieu, la diligence d'un homme qui aussi bien est résolu, avec la grace de Dieu, de consacrer ses efforts tels quels, à continuer jusqu'au dernier soupir dans la défense des vérités utiles aux besoins présens de l'Eglise.

SECONDE INSTRUCTION.

SUR LES PASSAGES PARTICULIERS DU TRADUCTEUR.

SUR LE PREMIER TOME,

QUI CONTIENT S. MATTHIEU, S. MARC ET S. LUC.

Ier ET IIe PASSAGES.

Saint Matthieu et saint Luc ensemble.

« De laquelle est né Jésus, qu'on appelle Christ, » *Matth.*, i, 16. La note porte : « Est appelé, c'est-à-dire, qui est Christ; car être appelé est souvent dans l'Ecriture la même chose que être. »

On trouve la même note sur ces paroles : « Sera appelé le Fils du Très-Haut, *Luc*, i, 32, c'est-à-dire il sera ; car être appelé et être dans l'hébreu, sont souvent la même chose ; » ce qui doit s'étendre au vers. 35 du même chapitre : « Sera appelé Fils de Dieu. »

REMARQUE.

Le défaut de cette note est dans le terme *souvent*, que l'auteur affecte. Un simple lecteur qui voit l'Evangile répéter une et deux fois que Jésus-Christ « est appelé Fils de Dieu, » est tenté de croire qu'il ne l'est que par une pure dénomination [1], d'autant plus que l'idée que donne l'auteur de Jésus-Christ Fils de Dieu, sans être Dieu ni proprement Fils, puisqu'il n'est pas de même nature que son Père, induit à croire qu'il n'est donc Fils que par une façon de parler en quelque sorte figurée. L'auteur ne remédie pas à ce doute en disant « qu'être appelé, veut souvent dire être en effet. » Car le lecteur qui entend que cette explication n'est pas certaine ni universelle, ne sait pas si c'est ici le cas de s'en servir; et on ne lui en donne aucune marque, ni aucune certitude. Ainsi pour lui lever tout scrupule, il falloit lui pronon-

[1] Voy. Ire *Inst.*, *Remarque sur la Préf.*, 1er pass.

cer décisivement qu'en cet endroit, « être appelé, » c'est non-seulement « être en effet, » mais encore « être déclaré, » être reconnu pour Christ ; d'autant plus que le terme *Christ* fait ici partie du nom propre de Jésus-Christ, comme il paroît par ces mots : « Généalogie de Jésus-Christ, » et partout ailleurs ; ce qui est un dénouement manifeste des locutions semblables qui se trouveront dans les évangiles, comme dans saint *Luc*, I, 32 et 35 : « Il sera appelé Fils du Très-Haut ; il sera appelé Fils de Dieu : » Il falloit donc établir positivement qu'ici « être appelé Fils de Dieu, » c'est incontestablement l'être en effet ; et sans trop s'embarrasser dans l'hébreu, on avoit au même chapitre de saint Luc et dans les mêmes paroles de l'ange à la sainte Vierge un passage exprès, lorsqu'il est dit de sainte Elisabeth : « Celle qu'on nomme stérile est dans son sixième mois, » *Luc*, I, 36 ; ce qui exprimoit, non-seulement qu'en effet elle étoit *stérile*, mais encore qu'elle étoit reconnue pour telle. En marquant ce passage décisif, on auroit fait entendre d'abord que le terme *être appelé*, loin d'être diminutif, étoit emphatique et confirmatif ; d'autant plus que dans tout le reste de l'évangile, *Fils de Dieu*, au singulier et par excellence, vouloit toujours dire un fils unique, c'est-à-dire un fils proprement et naturellement appelé tel : c'eût été là en comparant les passages, une critique utile et édifiante : il n'eût coûté à la proposer que cinq ou six lignes qui eussent ôté entièrement la difficulté que le terme de *souvent* laisse indécise.

Un autre auroit encore ajouté que si Jésus-Christ étoit appelé et reconnu Fils de Dieu, c'étoit par son propre Père qui prononçoit du haut du ciel : « Celui-ci est mon Fils bien-aimé, » *Matth.*, III, 17, c'est-à-dire mon Fils unique et seul véritable, comme tout le monde l'entend, et cette déclaration marquée en un mot, eût tenu son rang parmi les remarques littérales que l'auteur avoit promises.

III° PASSAGE, ET REMARQUE.

C'est ici que devroit venir la note sur le mot de *juste* appliqué à saint Joseph, *Matth.*, I, 19, pour laquelle je renverrai le lecteur aux remarques sur la préface [1].

[1] Voy. 1re *Instr.*, pass. 12e de la Préf.

Je ne relèverai plus les passages qui auront été suffisamment examinés; et c'est ici une observation générale pour éviter les redites.

IVe PASSAGE, ET REMARQUE.

Par cette même raison je renverrois encore aux remarques sur la Préface et aux additions sur la Remontrance [1], ce qui regarde l'adoration des Mages, que notre auteur continue à rendre douteuse, *Matth.*, ii, 2 et 11, si je ne trouvois à propos de fortifier la tradition de Jésus-Christ adoré comme Dieu, par deux autorités célèbres.

<small>I. Passage d'Origène sur l'adoration des Mages.</small>

La première est celle d'Origène, qui a écrit au troisième siècle, durant les persécutions, et qui par son antiquité méritoit d'être joint à saint Irénée; voici donc ce que nous lisons dans le livre *Contre Celse*, qui est sans doute le plus exact et le plus savant de tous ses ouvrages : « Les Mages, dit-il, vinrent en Judée, bien instruits qu'il étoit né un certain roi, mais au reste ne sachant point dans quel royaume il devoit régner, ni le lieu où il devoit naître : et comme il étoit composé pour ainsi dire de Dieu et de l'homme mortel (c'est-à-dire des deux natures, humaine et divine), ils lui offrirent de l'or en signe de sa puissance royale, de la myrrhe comme à celui qui devoit mourir, et de l'encens comme étant Dieu. »

On voit donc la signification des trois présens bien connue dès l'origine du christianisme, et continuée sans interruption jusqu'à nos jours. C'étoit là une vérité que l'Eglise prêchoit aux gentils dès le temps des persécutions, comme reçue de tous les fidèles : voilà ce qu'elle opposoit à la calomnie de ceux qui blasphémoient avec Celse contre l'Evangile.

Pour se soutenir partout, Origène assure que les Mages furent éclairés et attirés « par l'ame de Jésus et par la divinité qui étoit en elle, » et il conclut en disant « qu'à cause que celui qui étoit venu pour sauver le genre humain étoit Dieu, et plus puissant que les anges, l'ange récompensa la piété des Mages qui étoient venus adorer Jésus, les avertissant par un oracle de retourner à leur pays par une autre voie, sans revenir à Hérode. » Voilà donc

---

[1] 1re *Inst.*, 2e pass., *Addit.*, 1re Remarque.

partout la divinité de Jésus-Christ; c'est elle qui attire les Mages des extrémités de l'Orient, c'est elle qu'ils reconnoissent en lui présentant de l'encens, c'est elle qui les récompense en les sauvant des mains d'Hérode.

II. Passage de saint Grégoire de Nazianze. J'ajouterai à ce témoignage celui de saint Grégoire de Nazianze, que l'Orient appelle son *théologien* par excellence, et dont voici les paroles dans l'admirable discours sur la nativité de Jésus-Christ : « Marchez avec l'étoile : offrez vos présens avec les Mages, de l'or, de l'encens et de la myrrhe, comme à un roi, comme à un Dieu, comme à un homme qui est mort pour vous [1] : » ces deux grands hommes méritoient sans doute de trouver leur place dans cette chaîne de la tradition que nous avons proposée.

Ve PASSAGE.

Dans la note sur ce verset : « Votre règne nous arrive, » *Matth.*, VI, 10, il est porté « que le mot de *règne* signifie ici la loi de l'Evangile, qui devoit soumettre à Dieu toutes les nations par le ministère des apôtres, et c'est ce qui est appelé dans le Nouveau Testament, *le royaume des cieux*, ou *le royaume de Dieu*. »

REMARQUE.

Il n'y a aucun Père qui n'ajoute à cette signification le vrai royaume de Dieu, qui est dans le ciel, et « où nous devons entrer [2] : » et saint Augustin dit que nous prions que « le royaume de Dieu, » c'est-à-dire la vie éternelle, « qui sans doute doit venir à tous les Saints, arrive à chacun de nous [3]. » L'Evangile y est exprès en tant d'endroits, qu'on n'en peut jamais douter; en saint *Matthieu*, V, vers. 3, 19 : « Le royaume des cieux n'est autre chose » que la miséricorde éternelle, le bienheureux rassasiement d'une ame affamée de la vue de Dieu, et le reste de même signification parmi les huit béatitudes : « Le royaume de Dieu n'est ni le boire ni le manger, mais la justice, la paix et la joie dans le Saint-Esprit [4]; » tout est plein de cette vérité qui donne lieu à cette parole : « Cherchez le royaume de Dieu et sa justice : »

---

[1] *Orat.*, XXXVIII, p. 627. — [2] *Matth.*, V, 20. — [3] *De Bon. persev.*, II. — [4] *Rom.*, XIV, 17.

cherchez la fin bienheureuse; « le reste » qui n'est que moyen, « vous sera donné, » *Matth.*, vi, 33.

L'idée la plus générale de l'Evangile et des Pères est, par le royaume de Dieu, d'exprimer l'Eglise en tant qu'elle s'exerce et se purifie sur la terre, pour être glorifiée et parfaite dans le ciel. Mais je remarque toujours avec un nouveau regret que M. Simon ne s'attache qu'à diminuer la force des expressions de l'Ecriture ; ce qui lui fait ici réduire le royaume des cieux à la prédication et aux moyens externes, comme si c'étoit là tout.

VIe PASSAGE.

Sur saint *Matthieu*, xi, 23 : « Et vous, Capharnaüm ,... si les miracles qui ont été faits chez vous avoient été faits dans Sodome, elle subsisteroit encore; » la note porte : « Il ne faut pas prendre toute expression à la rigueur de la lettre ; c'est une façon de parler qui marque seulement la grande méchanceté des Juifs : c'est, comme nous disons en notre langue, pour exagérer la stupidité de quelqu'un qui ne comprend pas ce qu'on lui dit : Si je disois cela à un cheval, il le comprendroit. »

REMARQUE.

Voyons ce que produira l'analyse de cette riche comparaison des villes impénitentes avec un cheval qui n'entend rien ; et si au défaut de la noblesse dans l'expression, nous y trouverons du moins quelque justesse apparente.

Pour la trouver, il faudroit penser que de même qu'un cheval est incapable d'entendre, de même la ville punie par le feu du ciel, incapable de se convertir, démontre au sens de l'auteur l'endurcissement de Capharnaüm, encore plus éloignée de la pénitence que Sodome, qui ne pouvoit y être disposée, non plus qu'un cheval à entendre.

Voilà quel devoit être le sens de l'auteur, qui seroit comme il veut l'entendre, un sens d'exagération, pour montrer que ce qui étoit impossible, l'étoit encore moins que la conversion des Juifs. Mais ce sens est faux visiblement : l'auteur ne soutiendra pas que la ville dont Jésus-Christ allègue l'exemple, n'eût point de grace pour se convertir. J'en dis autant de Tyr et de Sidon, dont il est marqué au même lieu qu'elles auroient fait pénitence, si les miracles de Jésus-Christ eussent été faits à leur vue, comme à celle de Corozaïn et de Bethsaïde, *ibid.*, 21. Jésus-Christ n'a pas voulu dire que Tyr et Sidon fussent sans grace ; mais que leur grace étoit moindre que celle des Juifs, et que cette plus grande grace aggraveroit leur péché et leur damnation. Mais ce n'est pas là, comme veut l'auteur, une parole d'exagération, mais une doctrine très-véritable en toute rigueur, conformément à cette juste sentence : « On redemandera davantage à celui à qui on aura beaucoup donné, » *Luc,* xii, 48. Ainsi l'intention de Jésus-Christ n'est pas de dire que Tyr et Sidon n'eussent rien reçu ; mais que les Juifs ayant reçu davantage rendroient un plus grand compte à Dieu, et seroient soumis à un jugement plus rigoureux : ce qui est vrai à la lettre. L'auteur a donc mal parlé, lorsqu'il s'est contenté de dire que cette expression « marquoit simplement la grande méchanceté des Juifs : » pour parler correctement, il falloit dire qu'elle marquoit leur « plus grande méchanceté, » leur malice plus obstinée par un abus manifeste des plus grandes graces : aussi les théologiens ont-ils conclu de ces passages, non pas que Tyr et Sidon n'eussent point de grace ; mais les uns, qu'ils n'avoient point de graces congrues ; les autres en général, qu'ils n'en avoient point d'efficaces. L'auteur qui rejette les unes et les autres, visiblement n'entend rien, et quels que soient ceux à qui il en veut dans cet endroit, sa comparaison n'est pas seulement basse et ridicule, mais encore évidemment fausse et insoutenable.

VIIe PASSAGE.

« Le Fils de l'homme est maître même du sabbat, » en saint *Matthieu,* xii, 8, avec lequel il faut conférer les textes de saint *Marc,* ii, 28, et de saint *Luc,* vi, 5.

REMARQUE.

I.
On propose les
Après ce qui a été observé dans la *Première Instruction,* sur cette matière et sur les notes du traducteur[1], nous n'aurions rien

---
[1] *Rem. sur l'ouvr. en gén.,* n. 2, et *Addit.,* VIe rem., n. 4.

à y ajouter, si nous n'avions promis pour un plus grand éclaircissement d'entrer dans le fond, et de répondre aux raisons par lesquelles on prétend prouver que le Fils de l'homme en ce lieu n'est pas Jésus-Christ.

raisons de Grotius pour sa mauvaise interprétation.

Grotius en apporte trois qui ne pouvoient être plus foibles : la première, « que Jésus-Christ s'est déclaré partout soumis à la loi, même à celle du sabbat, sans y déroger » que par manière d'interprétation tirée de la loi même.

II. La première.

On voit quelle est cette conséquence : Jésus-Christ s'est soumis à la loi par condescendance et pour l'exemple : donc il n'en étoit pas le maître absolu jusqu'à pouvoir l'abroger, comme il a fait en son temps : c'est oublier ce que dit saint Paul, que Jésus-Christ comme « fils, » et non « serviteur, » ainsi que l'étoit Moïse, « pouvoit disposer de toutes les institutions de la maison de son Père, qui étoit aussi la sienne, » *Hebr.*, III, 5, 6.

La seconde raison de Grotius, qui est celle que l'auteur appuie dans sa note sur saint *Matthieu*, est tirée de ces paroles de saint *Marc :* « Il leur disoit : Le sabbat est fait pour l'homme, et non pas l'homme pour le sabbat; c'est pourquoi (*itaque*) le Fils de l'homme est maître même du sabbat, » *Marc*, II, 27, 28; conséquence, dit Grotius, qui seroit mauvaise et entièrement inintelligible, en entendant Jésus-Christ par *le Fils de l'homme,* qui par sa qualité de Messie pouvoit abroger la loi du sabbat : mais qui sera claire en entendant l'homme en général, puisqu'il n'y a rien de plus naturel, si le sabbat est fait pour l'homme, que de conclure de là que l'homme est supérieur au sabbat, et que la loi du sabbat a dû céder au bien de l'homme : et tel est le raisonnement dont Grotius a prononcé qu'il ne souffre point de réplique.

III. La seconde.

Il tomberoit de lui-même, si l'on vouloit seulement penser que le *c'est pourquoi* de saint Marc nous marque cette conséquence : « Si le sabbat est fait pour l'homme, » j'ai eu raison, disoit Jésus-Christ, de m'en rendre maître pour sauver l'homme, et le reste que nous avons si clairement expliqué ailleurs[1], que nous n'avons rien à y ajouter.

La troisième raison de Grotius est que Jésus-Christ, quand il

IV. La troisième.

[1] *Addit.,* IIe Rem., n. 4.

proféra ces paroles en saint *Matthieu,* xii, ne s'étoit pas encore déclaré Messie au peuple et aux pharisiens : sans vouloir songer qu'encore que pour les raisons dont il ne s'agit pas ici, il défendît quelquefois et dans certaines circonstances de le désigner par le nom exprès de *Messie,* il en avoit déjà exercé toute la puissance, en prononçant ces grands mots : « On a dit aux anciens, et moi je vous dis, » etc., *Matth.,* v, vers. 21, 22, etc.; et sans sortir du chap. xii, en se disant « plus grand que Jonas, plus grand que Salomon; » et ce qui est au-dessus de tout, en remettant les péchés avec une autorité si absolue. Dire après cela qu'il ne lui convenoit pas de se qualifier maître du sabbat, ce qui étoit beaucoup moins, c'est hasarder sans raison tout ce qu'on veut.

V. Etrange excès de Grotius sur la dénomination du *Fils de l'homme.*

Il falloit s'étendre exprès sur ces remarques frivoles de Grotius, afin qu'on s'accoutumât à bien connoître ce que c'est que *le bon sens* de cet auteur, auquel on défère tant. Il passe jusqu'à cet excès de dire que « ce blasphème contre le Fils de l'homme, » dont il est parlé dans ce même chapitre xii, 32, n'est pas un blasphème contre Jésus-Christ; ce qui est d'une absurdité si manifeste, que j'aurois honte de perdre le temps à la réfuter.

VI. On corrige une note du traducteur.

Avouons donc qu'on peut bien, peut-être à cause du passage de saint Marc, reconnoître en l'homme quelque chose de supérieur au sabbat qui est fait pour lui : mais gardons-nous bien de penser qu'il ait jamais pu sortir de la bouche d'un Evangéliste, que l'homme en général pût se rendre maître du sabbat, c'est-à-dire de la plus ancienne et de la plus sainte de toutes les lois : ni que cette autorité pût appartenir à un autre qu'à celui que saint Paul appelle *le Fils et le maître de la maison,* comme nous venons de le remarquer.

Il faut encore corriger selon ces principes cette note du traducteur, sur saint *Marc,* ii, 27 : « Jésus-Christ a pu en qualité de Messie corriger la rigueur du sabbat; » ce qui est un manifeste affoiblissement de l'autorité de Jésus-Christ comme Dieu : au lieu que pour parler correctement, il auroit fallu reconnoître que même *comme Messie* il étoit Dieu et Fils de Dieu, de même autorité que son Père, ainsi qu'il y aura lieu de le remarquer plus amplement en un autre endroit.

Au reste il est si certain que ce titre de *Fils de l'homme* dans le style du Nouveau Testament est approprié à Jésus-Christ, que saint Étienne le lui donne encore en le voyant dans sa gloire : « Je vois, dit-il, les cieux ouverts et le Fils de l'homme à la droite de Dieu[1], » tant il étoit connu sous ce nom ; ce qui achève de démontrer qu'il lui est si propre et ensemble si cher, que pour ainsi dire il le conserve encore dans le ciel.

VIIIe PASSAGE.

« Le soleil s'obscurcira, la lune ne luira point, les étoiles tomberont du ciel, et ce qu'il y a de plus ferme dans les cieux sera ébranlé : » *Matth.*, xxiv, 29 ; la note porte : « Ce sont là des expressions métaphoriques, dont les prophètes se servent souvent quand ils veulent marquer des afflictions extraordinaires et de grands changemens dans un état. Il est néanmoins croyable qu'une partie de ces choses arrivera au dernier avénement du Fils de Dieu. »

REMARQUE.

Ce que les cieux ont de plus ferme sera ébranlé, que l'on ose mettre dans le texte, est une phrase inventée au gré de l'auteur et substituée aux paroles de Jésus-Christ, que rien ne peut remplacer. Ces paroles d'ailleurs n'ont aucun sens et feroient craindre la chute des saints anges, si on les prenoit à la lettre. Ainsi elles ne rendent qu'un son confus et ne conviendroient même pas à une note, loin qu'on en puisse composer le texte sacré. Il vaut mieux se souvenir du discours de Job, qui affaisse pour ainsi dire sous le poids de la majesté divine « ceux qui portent le monde, » *Job*, ix, 13, c'est-à-dire les célestes intelligences, dont Dieu se sert pour le gouverner et y faire exécuter ses volontés. On dit ces intelligences ébranlées, quand la puissance supérieure interrompt le cours ordinaire et la régularité de leurs mouvemens. En tout cas, si l'on n'entend pas un si grand mystère, il ne faut pas pour cela se donner la liberté de fabriquer un nouveau texte.

Dans la note du même verset, on laisse en doute ces grands changemens qui arriveront à toute la nature au dernier avéne-

[1] *Act.*, viii, 55.

ment du Fils de Dieu ; et contre la tradition universelle qui les reconnoît pour très-réels, on les réduit trop facilement en métaphores.

On passe aussi trop légèrement sur le jugement dernier, comme s'il n'en étoit fait nulle mention précise dans ce chapitre, et que la prédiction ne regardât que les malheurs de Jérusalem : au lieu que le dessein du Fils de Dieu a été d'unir ces deux choses comme la figure et la vérité, ainsi que le reconnoissent tous les interprètes. On tombe dans ces excès, quand on veut trancher ce qu'on n'entend pas et savoir plus qu'il ne faut.

IXe PASSAGE.

« C'est là mon corps, c'est là mon sang, » *Matth.*, XXVI, 26, 28.

REMARQUE.

L'auteur ne peut oublier ses anciennes dissertations [1] contre cette traduction : « Ceci est mon corps, ceci est mon sang ; » mais alors il traduisoit : « C'est mon corps : » il veut dire maintenant : « C'est là mon corps ; » ce que personne ne peut goûter, à cause qu'on brouilleroit cette version avec celle-ci : « Mon corps est là ; » ce qui ne dénoteroit qu'une présence locale, au lieu d'un changement de substance.

Il est vrai qu'il faut s'approcher le plus qu'on peut de ce passage : *Hic est Filius meus dilectus :* « Celui-ci est mon Fils bien aimé, » comme l'auteur l'a très-bien tourné, *Matth.*, III, 17 ; ce qui veut dire : « La personne que vous voyez, c'est mon fils. » Mais notre langue ne souffre pas qu'on traduise : *Hoc est corpus, hic est sanguis :* « Celui-ci est mon corps, celui-ci est mon sang ; » à cause que le *celui-ci* ne s'applique en françois qu'à des personnes, et par conséquent ne peut pas s'appliquer au corps et au sang qui n'en sont pas, il a fallu prendre ce qui en approche le plus, c'est-à-dire *ceci* est mon corps, *ceci* est mon sang, qui est l'interprétation où tout le monde est tombé naturellement.

C'est pourquoi on a obligé le P. Bouhours et les autres qui avoient traduit ou qui vouloient traduire : « C'est là mon corps, »

---

[1] *Hist. crit. des versions du Nouv. Test.*, chap. XXXIII, p. 377.

ou : « C'est ici mon corps, » à mettre : « Ceci est mon corps ; » à cause que dans le latin : *Hoc est corpus*, *Hic est sanguis*, le *hoc* et le *hic* ne pouvant dénoter une personne, puisque cela ne conviendroit pas au corps et au sang, et dénotant néanmoins quelque chose de substantiel, il a fallu les traduire en françois par le mot *ceci*, qui en conservant l'idée de substance et en excluant celle de personne, rapproche le plus les notions. Voilà sans chicane ni raffinement, ce qui doit déterminer les auteurs françois à traduire : « Ceci est mon corps, ceci est mon sang : » comme étant cette locution consacrée par l'usage universel, et même d'autant meilleure que selon l'usage et la propriété de notre langue, elle se trouve plus convenable à la transsubstantiation, qui est le sens véritable et naturel à ce passage, comme si le texte disoit : « La substance que je vous donne, c'est mon corps, » c'est-à-dire ce n'est plus du pain comme auparavant; c'est du pain qui est devenu mon vrai et propre corps, comme l'eau des noces de Cana est devenue de vrai vin naturel, qui est aussi l'interprétation où l'on sait que les saints docteurs se sont portés naturellement, et qui a formé la foi comme le langage de l'Eglise catholique; en sorte qu'il ne convient pas que les autres traductions soient autorisées.

X° PASSAGE.

« C'est là mon sang, le sang du Nouveau Testament, qui sera répandu pour plusieurs, pour la rémission des péchés ; » *Matth.*, XXVI, 28.

REMARQUE.

Le redoublement de ces mots : *Le sang, le sang,* est nécessaire et conforme à l'original, à cause de la répétition de l'article τὸ, τὸ. Mais par la même raison il falloit encore répéter une troisième fois *le sang*, à cause que l'article est triple, τὸ, τὸ, τὸ; il falloit même à la rigueur traduire littéralement : « Ceci est ce mien sang, ce sang de la nouvelle alliance, ce sang répandu pour vous ; » ce qui inculque la vérité avec une telle force, qu'il n'y a pas moyen d'y résister. On doit dire la même chose du corps et traduire à la rigueur en cette sorte : « Ceci est ce corps qui est le mien propre : » *Hoc est corpus illud meum :* « ce même corps livré pour vous ¹. » Mais comme la langue ne souffroit pas ces expressions, le traducteur ne devoit pas manquer d'en faire une note, s'il avoit voulu pousser à bout sa propre remarque et en tirer tout l'avantage.

Au reste on n'a pas besoin d'observer que les deux dernières remarques regardent trois Evangélistes, saint Matthieu, saint Marc, saint Luc; et regardent encore saint Paul dans la Ire *aux Corinthiens*.

S. MARC : XIe PASSAGE.

« Ils guérissoient beaucoup de malades en les oignant d'huile, » *Marc*, VI, 13; voici la note : « Cette onction des malades qui étoit fort en usage chez les Juifs, a passé dans l'Eglise : elle est l'origine de celle que nous appelons *extrême-onction*. Les Juifs joignoient aussi la prière à l'onction. »

REMARQUE.

Voilà l'*origine* que nos critiques savent donner aux sacremens de la nouvelle alliance. Un vrai théologien auroit dit que ces coutumes des Juifs étoient des figures qui ont été accomplies dans les sacremens : mais non : les critiques veulent qu'elles en soient l'*origine*, et ils espèrent qu'on leur passera leur théologie : mais peut-être qu'ils diront mieux sur ce passage de saint Jacques, qui explique et qui *détermine* celui de saint Luc : c'est ce que nous allons examiner, et traiter ensemble deux passages, dont la liaison est si manifeste.

XIIe PASSAGE.

La note sur saint *Jacques*, V, 14, s'explique ainsi : « L'onction des malades à laquelle on joignoit la prière, étoit aussi en usage parmi les Juifs : » voyez saint *Marc*, chap., VI, vers. 13.

REMARQUE.

Il eût pu dire du moins que cet apôtre y ajoutoit la promesse expresse de la rémission des péchés, *Jac.*, V, 15; mais sans s'arrêter à ces mots, il ne s'attache qu'à ceux du même verset : « Le relèvera, c'est-à-dire le fera relever de sa maladie. » Le critique

---

¹ *Marc.*, XIV, 22; *Luc.*, XXII, 19; et I *Cor.*, XI, 24.

n'en sait pas davantage; et la promesse de la rémission des péchés qui seule pouvoit établir un sacrement véritable, ne trouve point de place dans ses explications. Nous verrons qu'il ne traite pas mieux la confirmation.

XIIIe PASSAGE.

Nous trouverons encore, *Marc*, XIII, 25, comme on a vu sur saint Matthieu : « Ce qu'il y a de plus ferme dans les cieux ; » au lieu « des vertus des cieux, » qui sont reléguées à la note : mais l'auteur s'y explique un peu davantage en disant : « Ce mot de *vertus* signifie souvent dans l'Ecriture les étoiles. Il semble qu'il se doit prendre ici en général pour la force des cieux, c'est-à-dire les cieux, tout fermes qu'ils sont, seront ébranlés. »

REMARQUE.

Je ne vois pas que le terme *de vertus des cieux* soit pris pour les étoiles, et on n'en allègue aucun exemple. Jésus-Christ s'explique assez sur les étoiles, aussi bien que sur le soleil et sur la lune, lorsqu'il dit : « Le soleil s'obscurcira, les étoiles du ciel tomberont ; » il veut donc dire autre chose, lorsqu'il conclut par ces mots : « Les vertus du ciel seront ébranlées ; » et il semble qu'il veuille aller à la source des maux qui arriveront. Cette expression est conforme au style de l'Ecriture, qui distingue aussi *les vertus des cieux*, d'avec le soleil et les étoiles, et les range avec les anges : « Louez le Seigneur, tous ses anges : louez-le, toutes ses vertus; » et après : « Louez-le, soleil et lune; louez-le, toutes les étoiles et la lumière, » *Psalm*. CXLVIII; et dans le Cantique des trois enfans : « Bénissez-le, tous les anges : bénissez-le, toutes ses vertus : bénissez-le, soleil et lune : bénissez-le, toutes les étoiles du ciel, » *Dan.*, III. Je sais que les étoiles sont souvent appelées *l'armée du ciel*, et qu'*armée* s'explique souvent par *vertus*. Mais les anges sont aussi nommés *l'armée de Dieu:* et parmi ces bienheureux esprits, il y en a qui sont spécialement appelés *vertus* : il falloit donc s'en tenir à la notion générale de vertus des cieux, sans insérer dans le texte son commentaire particulier, et encore un commentaire si peu fondé.

Au reste comme on ne sait pas jusqu'à quel point, ni comment Dieu voudra accomplir les choses dans le jugement, la révérence du texte sacré doit empêcher en ces endroits plus que jamais, de déterminer le sens suspendu, pour tenir les esprits dans le respect et dans la crainte des merveilles qu'on verra en ce jour, sans en rien diminuer; autrement, non-seulement on met ses pensées à la place de celles de Jésus-Christ, mais encore on entame le secret de Dieu, plus qu'il n'est permis à des hommes.

XIVe PASSAGE.

« Personne n'a connoissance de ce jour.., ni le Fils, mais le Père seul, » *ibid.*, 32; la note sur ce verset : « Il veut faire connoître à ses apôtres par ces paroles, que c'est inutilement qu'ils lui font des questions, parce que cela ne regarde point le Messie, mais le Père seul. »

REMARQUE.

Qu'est-ce qui ne regarde pas le Messie? Le jugement? Mais n'est-ce pas au Messie même en tant qu'homme, que le jugement est déféré, *quia Filius hominis est?* Joan., v, 27. Ainsi la note est erronée et insoutenable.

S. LUC : XVe PASSAGE.

« Aucun homme n'a approché de moi, » *Luc.*, i, 34.

REMARQUE.

La sainte Vierge a dit plus absolument : « Je ne connois point d'homme ; » ce qui non-seulement exclut le passé, mais marque encore pour l'avenir une ferme résolution de demeurer vierge : le traducteur avoit éludé ce sens. Quand il faudroit avoir égard au premier carton qu'il a fait, la saine doctrine n'y est pas même à couvert, puisqu'en traduisant comme les autres interprètes : « Je ne connois point d'homme, » la note se restreint à ce sens : « C'est-à-dire, je suis vierge; » sans exprimer qu'elle vouloit l'être toujours. Tous les Pères et les interprètes catholiques établissent par ce passage contre Calvin et les autres un propos, une volonté déterminée, un vœu même selon quelques Pères, de garder sa virginité; ce qui s'évanouit entièrement dans la nouvelle version. A la fin et longtemps après, tant on a de peine à ramener M. Simon au sens orthodoxe, il a fait un dernier carton où il exprime ce sens; mais le mauvais dessein s'est déclaré d'abord, et fait encore son impression dans tous les exemplaires répandus sans ces corrections venues trop tard : outre ce qu'on a déjà dit ailleurs de l'inutilité de ses cartons, où l'on n'est pas même averti des premières fautes que l'on y corrige, ni combien elles sont considérables, et où le bien et le mal se débitent indifféremment.

XVIᵉ PASSAGE.

« Maldonat montre doctement que les antitrinitaires ne peuvent se servir de ce passage, pour établir leur hérésie contre la divinité de Jésus-Christ. » C'est la note sur ce texte de saint *Luc*, I, 35 : « Sera appelé, » c'est-à-dire, « sera Fils de Dieu. »

REMARQUE.

Puisque l'auteur en revient encore à Maldonat, sans répéter ce qu'on en a dit dans la première remarque sur la préface [1], nous y ajoutons ce mot seulement. Il est vrai que ce savant commentateur a prouvé que ce passage, quoiqu'entendu comme il a fait, ne donnoit pas gain de cause aux nestoriens : mais c'est à cause qu'il y en a d'autres pour les combattre, et même que celui-ci joint avec celui de sainte Elisabeth, qui appelle la sainte Vierge la *Mère de son Seigneur*, montre qu'elle est Mère de Dieu : ce que notre auteur a omis, aussi bien que les autres excellentes choses que Maldonat avoit observées sur les paroles de l'Ange, comme je l'ai remarqué ailleurs [2].

Je ne puis assez répéter que pour avoir cité un auteur moderne, on ne doit pas pour cela se croire quitte de l'autorité de tous les autres, ni de la règle du concile. Maldonat dans le même endroit qu'on nous oppose, pour appuyer son idée de Jésus-Christ *appelé Fils de Dieu* sans être Dieu, a soutenu qu'Adam doit être appelé *Fils de Dieu*, en singulier, dans ces paroles : *Qui fuit Dei*,

---

[1] Iʳᵉ *Inst., Rem. sur la Préf.*, n. 1 et suiv. — [2] *Ibid.*, 23, 25.

Luc, III, 38, aussi bien que Seth est appelé *fils d'Adam*, et ainsi des autres : ce qui est si peu véritable, que notre traducteur ne l'a osé dire, puisqu'il a traduit : *Qui fuit Dei;* non pas : « Qui fut fils de Dieu, » comme Seth est dit *fils d'Adam;* mais « qui fut créé de Dieu. » Choisissons donc dans les auteurs même catholiques ce qu'il y a de conforme à la règle de la foi ; et gardons ce précepte de l'Apôtre : « Eprouvez, examinez tout : et ne retenez que ce qui est bon, » I *Thess.*, v, 21.

XVIIe PASSAGE.

La note sur ce texte : « Sans en rien espérer, » *Luc*, VI, 35, à ces mots : « Le mot grec signifie, selon le sens grammatical, *desperantes*,... et la version syriaque confirme cette interprétation : mais la suite du discours appuie le sens de la Vulgate, qui est aussi celui des plus anciens interprètes et même de l'arabe... Le sens est qu'il ne faut pas faire comme les païens, qui prêtent dans la vue de recevoir la pareille : mais qu'il faut prêter, même à ses ennemis, sans en rien espérer. »

REMARQUE.

La tradition constante des conciles, à commencer par les plus anciens, celles des Papes, des Pères, des interprètes et de l'Eglise romaine, est d'interpréter ce verset comme prohibitif du profit qu'on tire du prêt, *indè*, c'est-à-dire de l'usure. L'auteur a préféré à cette tradition la doctrine de Grotius dont il a composé sa note, et qui est faite expressément pour éluder cette prohibition, et pour ôter à l'Eglise le seul passage du Nouveau Testament où le crime de l'usure est prohibé. Ce critique, non plus que le nôtre, n'allègue aucun Père, ni aucun auteur catholique : tout lui est contraire; il se fonde sur son seul raisonnement, mauvais garant de l'interprétation des Ecritures. Il faut donc rejeter la note sur ce verset, et par le même moyen supprimer le *desperantes*, qui aussi bien, de l'aveu de l'auteur, répugne à la suite du discours, et ne sert qu'à donner des vues pour obscurcir le véritable sens de ce passage. Il n'y a déjà que trop de relâchement sur cette partie de la morale chrétienne; et l'usure n'est que trop commune, sans encore l'autoriser par des notes sur le Nouveau Testament, qu'on met entre les mains de tout le monde.

XVIII° PASSAGE.

« Plusieurs péchés lui sont remis, parce qu'elle a beaucoup aimé, » *Luc,* VII, 47; la note dit : « Toute la suite du discours fait voir que cette particule *parce que,* n'est pas proprement causale : le sens est que le grand amour qu'elle avoit pour Jésus-Christ étoit une marque du grand nombre des péchés qui lui avoient été remis; et c'est ce que montrent les paroles qui suivent avec la particule adversative : *mais celui à qui on remet moins, aime moins.* »

REMARQUE.

Les calvinistes ne veulent pas croire que l'amour de Dieu soit une disposition à la rémission des péchés, et ne donnent cet avantage qu'à la foi. Mais les catholiques entendent « par la foi, avec saint Paul, la foi qui agit par amour, » *Gal.*, v, 6; et le concile de Trente regarde le commencement de l'amour comme une disposition à la justification, *Sess.* VI, chap. VI; et « la contrition parfaite en charité, » comme l'opérant entièrement avec le vœu du sacrement, *Sess.* XIV, chap. IV; et ainsi selon la doctrine catholique, la particule *parce que* est vraiment causale : la pécheresse qui attendoit de Jésus-Christ une plus grande grace, s'excitoit par avance à un plus grand amour : et Jésus-Christ lui déclare que cette disposition lui avoit attiré la rémission qu'elle attendoit.

Si l'auteur étoit théologien plutôt que grammairien et simple critique, il auroit mieux entendu la suite du discours de Jésus-Christ, et le concile de Trente lui en eût donné la lumière; mais il ne suivoit ici que celles de Grotius, qui l'ont trompé tant de fois.

XIX° ET XX° PASSAGES, ET REMARQUE.

Dans la note sur le verset 36 du chap. XVII, de saint Luc, « ces mots : *de deux hommes,* et le reste jusqu'à la fin du verset, ne sont point dans un grand nombre d'exemplaires grecs... Il y a apparence que ce passage a été pris du chapitre XXIV de saint Matthieu, verset 40. » Il n'est pas permis d'imaginer des additions au texte des Evangiles sur des apparences, ni sur ce que certaines paroles manquent à plusieurs manuscrits.

On voit que l'auteur se veut mettre en possession de retrancher ce qu'il lui plaît des Evangiles par de simples conjectures. C'est aussi ce qui lui fait dire dans la note sur saint *Matthieu*, XXVII, 8 : «Ces mots : *Haceldama* et *c'est-à-dire*, ne sont point dans le grec, et il y a apparence qu'ils ont été pris du chapitre I des *Actes*, verset 19. » Mais pour donner plus de licence à sa critique, il ajoute cette maxime générale : « Car les anciens, surtout parmi les Latins, inséroient ces sortes d'additions dans leurs exemplaires. » . Que ferons-nous à ces critiques hardis, qui soumettent les Evangiles à leur férule ? On n'a pas même besoin de rechercher des autorités : on ne lira dans les Ecritures que ce qu'ils voudront, et tout sera permis à leurs conjectures.

XXIe PASSAGE.

Afin que vous puissiez éviter : « le grec porte comme la Vulgate : *Afin que vous soyez jugés dignes d'éviter tous ces malheurs qui doivent arriver, et de paroître devant le Fils de l'homme,* » Luc, XXI, 36.

REMARQUE.

Il falloit mettre dans le texte, comme dans la note : « Afin que vous soyez jugés dignes; » autrement : « Que vous méritiez; » et non pas décider que « ce mot signifie simplement en ce lieu-ci : Vous puissiez : » ce qui est si faux, que l'auteur sur le chapitre XX, vers. 35, du même Evangile, avoit traduit ce mot tant du grec que de la Vulgate, par ces paroles : « Ceux qui seront dignes de l'autre monde et de la résurrection. » L'auteur fait ce qu'il veut de sa critique et la tourne à sa fantaisie, sans en rendre aucune raison. Cependant il ôte à l'Eglise un passage formel de l'Evangile pour établir le mérite.

XXIIe PASSAGE.

Pilate livra Jésus à leur passion. Luc, XXIII, 25.

REMARQUE.

Le grec porte comme la Vulgate qu'il livra Jésus « à leur volonté, » θελήματι, *voluntati ;* et c'est une manifeste altération du texte sacré. Le Saint-Esprit savoit bien que les Juifs agissoient *par passion :* mais il a choisi un autre mot, et a voulu mettre simplement que Jésus-Christ fut livré « à leur volonté, » pour conserver à l'Evangile ce caractère admirable de modération et de simplicité, qui fait que, sans accuser ou charger les Juifs, on y raconte simplement le fait. Ç'a été dans le même esprit que le verset précédent portoit simplement, sans rien ajouter : « Pilate prononça selon leur demande. »

TOME SECOND.

SAINT JEAN.

XXIIIe PASSAGE, ET REMARQUE.

Quoique notre auteur ne soit pas le seul à traduire : « Le Verbe étoit au commencement, *Joan.*, I, 1, je lui soutiendrai toujours qu'il y auroit eu plus de dignité à traduire : « Au commencement le Verbe étoit : » l'ancien interprète latin lui en avoit donné l'exemple. Et quoiqu'il eût pu traduire s'il eût voulu : *Verbum erat in principio,* ni lui, ni aucun autre ancien interprète, ni aucun Père latin que je sache, n'a changé l'ordre de ces paroles : *In principio erat Verbum :* le françois le pouvoit retenir comme le grec et le latin; et nous disons très-naturellement : « Au commencement le Verbe étoit, » comme nous disons aussi : « Au commencement Dieu créa le ciel et la terre, » *Gen.*, I, 1. Il paroît même que saint Jean a voulu donner à son Evangile un commencement semblable à celui que Moïse a donné à la *Genèse,* mais d'une manière plus sublime, afin de marquer expressément qu'au lieu que le monde a été fait, selon ces paroles : « Au commencement Dieu fit le ciel et la terre, » *Gen.*, I, 1, saint Jean au contraire fait paroître d'abord, et dès le premier mot de son Evangile, que le Verbe qui n'est pas fait, mais par qui toutes choses ont été faites, étoit avant tout commencement, et même avant celui que marquoit Moïse : ce sont des beautés qu'il faut conserver aux traductions quand les langues en sont capables, parce qu'elles insinuent des vérités importantes et naturelles au texte.

XXIVe PASSAGE, ET REMARQUE.

Au même chapitre i de saint Jean, vers. 14 : « Nous avons vu sa gloire, qui est une gloire du Fils unique du Père, » il faut corriger : « qui est la gloire, » pleinement et absolument. L'auteur en convient dans ses corrections à la tête de son ouvrage, et il a tort d'avoir laissé la faute dans le texte, qu'il faut présenter pur au lecteur.

XXVe PASSAGE.

« Celui qui va venir après moi est au-dessus de moi, parce qu'il est plus grand que moi, » *Joan.*, i, 15.

REMARQUE.

Il y a dans le texte ainsi traduit plusieurs fautes considérables : la première, dans ces paroles : « est au-dessus de moi; » le texte et la Vulgate portent : « A été fait au-dessus de moi; » ce qu'on traduit ordinairement : « A été élevé au-dessus de moi, » ou : « m'a été préféré, » au temps passé, et non pas avec l'auteur au temps présent.

La seconde faute est dans ces mots : « Parce qu'il est plus grand que moi; » il faut traduire : Parce qu'il *étoit*, avec le grec et la Vulgate ; le dessein de saint Jean-Baptiste étant de faire sentir que si Jésus-Christ lui est préféré et fait supérieur dans le temps, c'est à cause qu'en effet il étoit avant lui et plus grand que lui de toute éternité.

Il eût été plus clair, plus théologique et j'ajouterai plus conforme à la doctrine des Pères, au lieu de traduire : « Plus grand que moi, » de traduire plus simplement : « Il a été mis au-dessus de moi, parce qu'il étoit avant moi : » πρῶτός μου : de mot à mot : « premier que moi, » pour deux raisons : la première, qu'on eût évité l'inconvénient de dire que Jésus-Christ étoit « élevé au-dessus » de saint Jean-Baptiste, « parce qu'il étoit plus grand que lui; » ce qui semble donner pour preuve de ce qu'on avance, la même chose qu'on a avancée. La seconde, qu'on explique mieux la cause première et radicale de l'élévation de Jésus-Christ au-dessus de saint Jean, en disant qu'il ne faut pas s'étonner qu'il lui ait été préféré dans le temps, parce qu'il étoit devant lui en essence, comme en puissance, avant tous les temps. Cette critique, qui est des saints Pères, et entre autres de saint Chrysostome, de saint Augustin et de saint Cyrille, eût été meilleure que celle que notre auteur a empruntée des sociniens.

XXVIe PASSAGE, ET REMARQUE.

Dans la note sur le verset 15, l'auteur explique : « Il a été fait avant moi, » et ajoute : « Ce qui peut s'entendre de la divinité de Jésus-Christ : » de sorte que la divinité de Jésus-Christ seroit une chose faite; ce qui est impie et arien. Il convient bien à Jésus-Christ d'être fait dans le temps plus grand, ou comme l'explique saint Chrysostome, « plus illustre et plus honorable » que saint Jean-Baptiste : comme il lui convient « d'être fait Seigneur et Christ, » ainsi qu'il est écrit dans les *Actes,* II, 36; mais il faut toujours observer la différence entre ce que Jésus-Christ a été fait dans le temps et ce qu'il étoit de toute éternité : ce qui aussi est la source de tous les avantages faits ou arrivés à Jésus-Christ dans le temps, comme il a déjà été dit.

I. Erreur de l'auteur, que la divinité de Jésus-Christ peut être faite.

Ce ne sont pas là les idées que les saints Pères nous ont données. Si l'auteur pouvoit se résoudre à consulter quelquefois saint Augustin, il y trouveroit ces paroles qui expliquent parfaitement l'intention de ce texte de l'Evangile : « Il a été fait avant moi, » c'est-à-dire mon supérieur, « parce qu'il étoit devant moi. » Que veut dire cette parole : *Il a été fait avant moi ?* Ce n'est pas à dire : Il a été fait avant que je fusse; mais c'est-à-dire : Il m'a été préféré. Voilà, dit-il, ce que veut dire : *Il a été fait avant moi.* Mais pourquoi a-t-il été fait devant vous, puisqu'il est venu après? C'est parce qu'il étoit devant moi. Devant vous, ô Jean! puisqu'il étoit même devant Abraham. » *Quid est, ante me factus est? Præcessit me : non factus est antequam essem ego; sed ante-*

II. En quel sens Jésus-Christ a été fait : passage de saint Augustin *positus est mihi, hoc est, ante me factus est. Quare ante te factus est, cùm post te venerit? Quia prior me erat. Prior te, ô Joannes !... Audiamus ipsum dicentem : Et ante Abraham ego sum.* Voilà donc la cause profonde de la préférence attribuée à Jésus-Christ ; et cette cause, c'est son existence éternelle devant saint Jean, devant Abraham et enfin devant toutes choses, étant juste que tout avantage soit accordé dans le temps à celui qui a l'avantage naturel d'être éternellement.

III.
Passage conforme de saint Cyrille d'Alexandrie.

Saint Cyrille s'explique de même: « Tout le monde, dit ce grand docteur, admiroit saint Jean-Baptiste, et Jésus-Christ n'étoit pas connu... Mais Jésus-Christ a prouvé sa divinité par ses miracles, et on avoit vu que Jean-Baptiste n'avoit rien au-dessus de la condition humaine. C'est ce que Jean-Baptiste explique mystérieusement par ces paroles : « Celui qui viendra après moi a été fait devant moi, » c'est-à-dire, a été fait plus célèbre et plus grand... Mais après avoir dit : « Il a été fait devant moi, » il en falloit montrer la cause en disant : « Parce qu'il étoit devant moi, » et en lui attribuant par ce moyen la plus ancienne gloire, πρεσβυτάτην δόξαν, et une excellence éternelle, comme à celui qui étoit Dieu par sa nature : Car, dit-il, il étoit toujours devant moi, et en toutes manières plus grand et plus glorieux [2]. » C'est ainsi que les Saints trouvoient dans la préexistence éternelle du Fils de Dieu, la source radicale et primitive de toutes ses excellences.

IV.
L'auteur prend l'esprit des sociniens : raisonnement de Volzogue

C'est ce que les sociniens tâchent d'éluder, en disant qu'il est ridicule de conclure l'excellence de quelqu'un au-dessus d'un autre, parce qu'il le devance dans l'ordre du temps, et c'est le raisonnement de Volzogue [3] et des autres. Ces guides aveugles ne veulent pas voir, que Jésus-Christ, en disant qu'il étoit avant l'existence de saint Jean, qui étoit né six mois devant lui, s'attribuoit à lui-même une autre naissance ; c'est-à-dire une naissance éternelle qui le mettoit naturellement jusqu'à l'infini au-dessus de saint Jean-Baptiste, à cause qu'il étoit Dieu et Fils de Dieu par nature, c'est-à-dire de même dignité aussi bien que de même essence que son Père.

[1] *Tract.* III, *in Joan.*, n. 7. — [2] Cyril., *Comm. in Evang. Joan.*, lib. I, cap. I, 15. — [3] *Comm. in Joan.*, hîc, tome I, p. 728, 729.

Notre auteur, qui veut nous restreindre aux idées basses et humaines des sociniens, ne veut rien voir dans ce passage de l'Evangile qui nous montre la divinité de Jésus-Christ, et réduit tout aux prérogatives de Jésus-Christ dans le ministère de la parole; ce qu'il a poussé jusqu'à l'altération du texte, en traduisant : *Il est,* au lieu d'*il étoit,* comme il a été observé dans la remarque précédente.

Au reste je répète encore une fois que je ne l'accuse pas de nier absolument la divinité de Jésus-Christ qu'il reconnoît en beaucoup d'endroits : je remarque seulement qu'il a pris une trop forte teinture des interprétations sociniennes, pour les abandonner tout à fait; et enfin, qu'il le faut ranger avec ceux qui affoiblissent la divinité de Jésus-Christ sans la nier, au nombre desquels nous avons vu qu'il a mis lui-même Grotius.

Il a recours à saint Chrysostome, qui sans doute n'est pas contraire aux autres Pères : mais nous aurons dans la suite un lieu plus commode de bien expliquer la doctrine de ce Père, lorsque nous viendrons à l'endroit d'examiner celle de l'auteur sur la qualité du Messie [1].

<small>V. On renvoie à un autre endroit, un passage de saint Chrysostome cité par l'auteur.</small>

XXVIIe, ET XXVIIIe PASSAGES.

Dans la note sur le chapitre I, vers. 18 : « Le Fils unique qui est dans le sein du Père : » « cette expression, dit-il, marque une union très-intime du Père et du Fils, et telle que Moïse, ni aucun prophète ne l'ont eue. » Il parle de même dans la note sur saint *Jean,* v, 18 : « Il y a, dit-il, dans le grec : « Propre Père de Jésus-Christ; » ce qui marque qu'il n'appelle pas Dieu son Père de la manière qu'il est le père commun de tous les hommes, mais d'une manière propre et singulière. »

REMARQUE.

Ce n'est pas assez dire, et l'auteur sait bien que les sociniens en disent autant. En effet selon la doctrine qu'il approuve dans la préface et sur saint Luc, I, 35, il suffit que Dieu ait formé par le Saint-Esprit le corps de Jésus-Christ, sans qu'il soit Dieu et de

---

[1] Ci-dessous, pass. 36, etc.

même nature que son Père, pour faire que Dieu soit son Père, non d'une manière commune, mais d'une manière propre et particulière, puisqu'en effet il n'y a aucun homme qui ait été conçu de cette sorte. Les sociniens ont fait sur cela des traités entiers ; ainsi la note est insuffisante. Il falloit exprimer distinctement que cette union étoit une parfaite unité en nature et en essence, telle qu'elle est entre le Père et le Fils unique conçu et demeurant éternellement dans le sein du Père; ce que l'auteur n'a pas voulu dire.

Il faut parler conséquemment avec des hérétiques aussi subtils que les sociniens, et quand on leur a accordé que Jésus-Christ peut être appelé légitimement le *propre Fils de Dieu* d'une façon aussi singulière que celle qui résulte de la conception virginale par l'opération du Saint-Esprit, il ne faut plus espérer de se distinguer d'avec eux par des expressions équivoques.

XXIXe PASSAGE.

Sur le verset 21 du même chapitre, l'auteur traduit : *Propheta es tu :* « Etes-vous le prophète? » à cause de l'article grec : ὁ προφήτης ; et la note porte que les Juifs attendoient un prophète particulier outre Elie, avant le Messie.

REMARQUE.

Je demanderois volontiers où l'on a pris ce prophète, dans quel livre des Juifs ou des chrétiens on l'a trouvé, et enfin où l'on a vu qu'il fût nommé par les Juifs le prophète par excellence. Si cela ne se trouve nulle part, et que les Juifs ne connoissent de prophète ainsi appelé « le prophète par excellence » que le Messie seul, il faudra avec Grotius expliquer d'une autre manière l'article grec, et reconnoître peut-être que les Juifs, inquiets sur les prétentions de saint Jean-Baptiste, lui ont fait deux fois, en différens termes, la même question, « s'il étoit le Christ. » Quoi qu'il en soit, il n'est pas permis de faire accroire aux Juifs tout ce qu'on veut, ni de leur faire imaginer qu'on appelât « le prophète » par excellence un autre que Jésus-Christ. D'ailleurs saint Jean a bien pu nier qu'il fût prophète, au sens que prophète signifie quelqu'un qui doive prédire l'avenir ; mais il ne pouvoit nier de bonne foi qu'il fût le prophète qu'on devoit, comme un autre Elie, attendre avant Jésus-Christ, et qui lui devoit servir de précurseur.

XXX᪲ PASSAGE, ET REMARQUE.

Dans la note du chapitre III, sur le verset 8, j'avoue bien avec l'auteur que le mot *d'esprit* s'entend en quelque sorte du vent dans ces mots : « L'esprit souffle où il veut, » mais à condition qu'on marquera avec les Pères que sous cet esprit se comprend le Saint-Esprit, dont Jésus-Christ venoit de parler, verset 5, et qui est proprement « l'Esprit qui souffle où il veut. » On voit ici, comme presque partout, une affectation de réduire les expressions de l'Evangile au sens le plus bas; et au lieu que Jésus-Christ se sert de la comparaison du vent pour nous élever au souffle divin du Saint-Esprit, celui-ci ne songe qu'à renfermer toutes nos idées dans la matière.

XXXI᪲ PASSAGE.

Au chapitre VI, dans la note sur le verset 64 : « Ces paroles sont esprit et vie, il faut entendre d'une manière spirituelle ce que je vous dis, et non pas d'une manière charnelle et grossière, comme vous l'entendez; » et la note sur le verset 69 porte aussi que « ces paroles mènent à la vie, étant entendues, comme le remarque Euthymius, d'une manière spirituelle et non pas charnelle. »

REMARQUE.

Cette note laissée toute nue contentera les calvinistes. Je ne veux pas qu'on fasse toujours le controversiste; mais dans des passages si solennels, dont on sait que les hérétiques abusent, il faut marquer quelque chose qui nous distingue d'avec eux. Si l'auteur vouloit citer quelque auteur grec, au lieu d'Euthyme qu'on peut tourner en un mauvais sens, il auroit trouvé dans les anciens Pères quelque chose de beaucoup plus beau et plus solide sur ce texte de l'Evangile : « Ces paroles sont esprit et vie; » saint Cyrille les explique ainsi : « Jésus-Christ, dit-il, remplit ici tout son corps d'esprit et de vie; » et un peu après : « La vertu de l'esprit rend le corps de Jésus-Christ vivifiant : c'est pourquoi, continue-t-il, ces paroles, » où il ne parle que de son corps, « sont esprit, c'est-à-dire spirituelles et tirées de la vertu du Saint-Esprit; et sont vie en même temps, c'est-à-dire vivifiantes; ce qu'il ne dit pas pour destituer sa chair du Saint-Esprit, mais pour nous déclarer cette vérité, que la chair n'est pas vivifiante par elle-même, mais que la sienne l'est à cause qu'elle est unie au Verbe qui est la vie même par nature [1], » comme il le prouve en cet endroit et ailleurs par le mystère de l'Eucharistie, qui porte immédiatement l'esprit et la vie dans nos corps et pour nos ames. Les autres Pères le tournent peut-être d'une manière un peu différente, mais également contraire à la fausse spiritualité des calvinistes. On ne voit donc pas pourquoi notre auteur affecte de citer Euthyme, auteur du XIIe siècle et qui a été dans le schisme, plutôt que saint Cyrille et les anciens, si ce n'est pour donner un sens ambigu aux paroles de Jésus-Christ, qui prises dans leur naturel sont toutes pour nous.

XXXIIe PASSAGE.

« Je suis avant qu'Abraham fût né, » saint *Jean*, VIII, 58.

REMARQUE.

I. Principes pour exposer à fond ce passage: *Avant qu'Abraham fût fait, etc.*
Nous avons déjà observé que traduire ainsi, c'est ne traduire ni la Vulgate, ni le grec qui lui est conforme [2] : où il se faut souvenir de la règle sans exception que nous avons établie dans tout le Nouveau Testament : et c'est que pour expliquer ce qui s'appelle *naître* proprement, vraie nativité et naissance proprement dite, on n'y trouve jamais employé le terme γενέσθαι, mais toujours le terme γεννᾶσθαι. Mais pour démontrer plus clairement la nécessité de traduire selon la Vulgate, nous allons poser quelques principes du langage de l'Evangile de saint Jean sur le Fils de Dieu.

Nous disons donc premièrement que le γενέσθαι que la Vulgate traduit ici par *fieri*, ne peut jamais convenir à Jésus-Christ comme Dieu : cela est certain; et il n'y eut jamais que l'auteur qui ait avancé qu'on pouvoit attribuer à Jésus-Christ selon sa divinité d'*être fait*, ἐγένετο, ci-dessus, *Joan.*, I, 15.

---

[1] *In Joan.*, lib. IV, p. 377. — [2] Ire *Inst., Rem. sur la Préf.*, 5e pass., n. 7.

Le second principe du langage de saint Jean, c'est que le verbe substantif εἰμί, *je suis*, surtout étant opposé à γενέσθαι, *être fait*, ne peut convenir qu'au vrai Dieu, et c'est de quoi tous les Pères sont d'accord.

De là suit en troisième lieu que le dessein de saint Jean, ou plutôt celui de Jésus-Christ dont il rapporte les paroles, est d'attribuer à Abraham quelque chose qui ne convienne pas à Jésus-Christ comme Dieu, et réciproquement quelque chose à Jésus-Christ comme Dieu qui ne puisse convenir à Abraham.

Quatrièmement saint Jean avoit posé ce langage dès le commencement de son Evangile : « Le Verbe étoit, le Verbe étoit en Dieu, le Verbe étoit Dieu, il étoit au commencement en Dieu : » voilà le caractère de la divinité dans le Verbe substantif : *il étoit;* mais en même temps on trouve le caractère essentiel de la créature dans les paroles suivantes : « Toutes choses ont été faites par lui, ἐγένετο ; et sans lui, rien n'a été fait de ce qui a été fait. » Voilà donc bien clairement le caractère de la divinité dans Jésus-Christ *qui étoit;* et afin qu'on ne s'y trompe jamais, voilà aussi le caractère de créature dans ce qui a été fait. L'Evangéliste continue sur le même ton : « Le Verbe étoit dans le monde; » *erat*, vers. 10; et incontinent après : « Le monde a été fait par lui, ἐγένετο : » voilà toujours le Verbe avec son *erat*, ἦν ; et le monde, la créature, avec son *factus est*, ἐγένετο : et l'opposition de l'un et de l'autre passe en langage ordinaire.

Cinquièmement, comme il convient à Jésus-Christ homme d'être créé en un certain sens, l'Evangéliste distingue ce qu'il étoit naturellement d'avec ce qu'il a été fait : il étoit Dieu, il étoit Verbe ; mais « ce Verbe a été fait chair, » vers. 14, a été fait homme, σὰρξ ἐγένετο: voilà ce qu'il étoit par sa nature; voilà ce qu'il a été fait par sa bonté. Ainsi selon le langage de saint Jean, par l'*être* et par l'*être fait*, ce que le Verbe a été fait dans le temps, demeure éternellement distingué de ce qu'il étoit de toute éternité.

C'est sixièmement, ce que vouloit dire saint Jean-Baptiste dans le même chapitre I, vers. 15 de l'Evangile de saint Jean : « Celui qui viendra après moi a été fait mon supérieur, parce qu'il étoit avant moi; » par où se montre la préséance naturelle de Jésus-

II. Suite de principes pour établir le langage de saint Jean. Ce que veut dire ce mot, *erat*, « il étoit. »

Christ dans le mot d'*être*, et à la fois la cause des avantages accordés à Jésus-Christ en le faisant supérieur de saint Jean-Baptiste.

C'est donc, en septième lieu, un langage très-établi dès le commencement de l'Evangile de saint Jean, qu'il faut distinguer ce que Jésus-Christ étoit d'avec tout ce qui a été fait, ἐγένετο, et d'avec ce qu'il a été fait lui-même : *Verbum caro factum est* : Σὰρξ ἐγένετο.

En huitième lieu, c'est une suite de ce langage qui fait dire au même saint Jean, à la tête de sa Ire *Epître* canonique : « Ce qui étoit dès le commencement, » vous est devenu sensible dans la chair dont il est revêtu ; et encore : « La vie qui étoit dans le sein du Père s'est manifestée ; » afin que nous discernions ce qui étoit devant tous les temps d'avec ce qui a été manifesté, c'est-à-dire rendu sensible dans l'incarnation.

III.
Passages de saint Augustin, de saint Cyrille et de S. Chrysostome.

C'est pourquoi, en neuvième lieu, nous avons ouï saint Augustin et saint Cyrille dire d'un commun accord : l'un, que le *fieri* d'Abraham signifioit une chose qui étoit faite ; et l'autre, que le γενέσθαι signifioit une créature tirée du néant : au lieu que le verbe *sum, je suis,* opposé au *fieri* d'Abraham, emportoit en la personne de Jésus-Christ un caractère de divinité : en sorte que Jésus-Christ et Abraham, par l'*être* et par l'*être fait,* étoient caractérisés, l'un Dieu au-dessus de tout, et l'autre une pure créature.

Il résulte, en dixième lieu, que ceux qui se sont donné la peine de prouver que le γενέσθαι se doit prendre souvent pour *esse,* parmi lesquels est Grotius, sont bien loin du but, puisqu'il ne s'agit pas d'expliquer ici ce que veut dire γενέσθαι absolument, mais ce qu'il veut dire lorsqu'il est choisi évidemment pour l'opposer à *esse,* et pour caractériser Jésus-Christ comme différent d'avec Abraham.

Que si l'on objecte que tous les Pères n'ont pas marqué cette conséquence, je réponds en onzième lieu qu'il nous suffit que quelques-uns, et des principaux, comme saint Augustin et saint Cyrille, l'aient marquée si expressément et que les autres ne l'aient pas exclue : cela suffit, dis-je, pour les faire concourir ensemble, et établir le sens qu'il faut retenir dans une version. J'ajoute que les autres Pères, comme par exemple saint Chrysostome [1], ont mis un équivalent, lorsqu'ils ont dit que le verbe *sum* induisoit une égalité du Fils de Dieu avec son Père, puisqu'il s'attribuoit le *je suis* avec la même force.

C'est aussi ce qu'a remarqué le cardinal Tolet. Si néanmoins il semble permettre de traduire : « Avant qu'Abraham fût, je suis, » que sert à notre interprète cette autorité, puisqu'il n'a pas cru pouvoir la suivre ni traduire de cette sorte ? Car il a bien vu que de faire être Jésus-Christ comme Abraham, et donner une même force à γενέσθαι, et à εἰμί, *sum*, c'étoit trop ouvertement mépriser la distinction d'*être* et d'*être fait*, reconnue par ce cardinal : Abraham étant comme peut être une créature, et Jésus-Christ étant comme il convient à un Dieu, absolument et sans restriction.

IV. Conséquence en faveur de la Vulgate:

Je conclus de tous ces principes du langage de saint Jean dans son Evangile, qu'il falloit traduire avec la Vulgate : « Je suis avant qu'Abraham eût été fait, » puisqu'on sauvoit par ce moyen et la Vulgate et le grec.

On ne manquera pas de nous dire qu'il y a là trop de subtilité pour en faire un sens littéral : mais on ne peut parler ainsi que faute de distinguer ce qui est précis d'avec ce qui dégénère en fausse subtilité : la suite nous fera paroître que c'est là une des erreurs de notre auteur. On voit au reste qui sont ici ceux qui subtilisent, ou ceux qui suivent la traduction dans laquelle la Vulgate est tombée naturellement, ou ceux qui ont voulu raffiner sur elle. Si l'auteur n'eût pas voulu subtiliser, et qu'il eût pris naturellement la traduction de l'*ancienne édition latine*, comme il s'y étoit obligé par le titre de son livre, on n'auroit rien eu à lui objecter, et il auroit avec la Vulgate parfaitement représenté l'original grec.

Enfin il falloit trouver pour Abraham un mot qui ne convînt pas à Jésus-Christ comme Dieu. Or il lui convient comme Dieu, selon l'expresse définition du concile de Nicée, d'*être né* : ce n'est donc pas par *être né*, mais par *être fait*, qu'Abraham lui est op-

[1] Hom. LIV, *in Joan*.

posé : nul exemple ne pouvoit autoriser cet éloignement de la Vulgate, surtout après les raisons que nous avons rapportées ailleurs [1].

Après une si solide théologie qui, comme on a vu, n'est pas la mienne, mais celle des anciens Pères, nous concluons sans hésiter en faveur de la traduction selon la Vulgate. Rien ne la peut empêcher qu'une fausse délicatesse de langage, à cause que quelques-uns s'imaginent sentir dans notre langue quelque chose de rude, en disant « qu'Abraham ait été fait : » au lieu que sans s'arrêter à ces vaines observations, il falloit penser qu'Abraham est comme le reste des hommes au nombre des choses faites, et que nous traduisons tous les jours sans que personne s'en choque, dans le *Psaume* xciv : « Pleurons devant le Seigneur qui nous a faits, » et dans le *Psaume* xcix : « C'est lui qui nous a faits, et nous ne nous sommes pas faits nous-mêmes. »

XXXIII° PASSAGE.

« Je vous donne un nouveau commandement, » *saint Jean*, xiii, 34; la note porte que « la plupart des commentateurs grecs entendoient par ce commandement nouveau, que les chrétiens sont obligés d'aimer leurs frères plus qu'eux-mêmes, à l'exemple de Jésus-Christ. » Un peu après il ajoute : « On appelle aussi nouveau dans l'Ecriture ce qui est excellent, en sorte que cette expression, *nouveau*, pourroit marquer seulement qu'il leur donne un excellent commandement. »

REMARQUE.

Il n'est pas permis d'exclure le *nouveau* en son vrai sens, comme l'auteur fait, en permettant de traduire *excellent seulement*. La vraie signification de *nouveau*, c'est que Jésus-Christ donne à ce précepte une nouvelle étendue sur tous les hommes, comme il est dit, *Luc*, x, 27, 37; et en même temps une nouvelle perfection, en nous aimant, non-seulement comme frères, mais encore comme membres les uns des autres sous le même Chef qui est Jésus-Christ.

---

[1] Ire *Inst., Rem. sur la Préf.*, 5e pass., n. 7.

Quant à l'autre explication qui oblige les chrétiens à aimer leurs frères plus qu'eux-mêmes à l'exemple de Jésus-Christ, il falloit se souvenir que l'Evangile n'ordonne autre chose que d'aimer son prochain *comme soi-même.* Quand donc on nous donne sous le nom de « la plupart des commentateurs grecs » sans en nommer aucun, un précepte si directement contraire à l'Evangile, il y falloit apporter quelque explication qui éloignât une idée si fausse; autrement on mêleroit le vrai et le faux sans exactitude et sans règle.

Au reste si l'auteur veut dire que Jésus-Christ a aimé ses amis plus que lui-même quand il a donné son ame pour eux, il se trompe: il est vrai seulement qu'il a aimé leur salut éternel plus que sa vie corporelle et mortelle; ce qui est dans l'ordre de la charité et de la justice. Ce que Jésus-Christ a aimé plus que soi-même, c'est son Père seul, puisqu'il a dit : « Mon Père, faites votre volonté, et non pas la mienne; » et que saint Paul a dit aussi : « Jésus-Christ ne s'est pas plu à lui-même; » il n'a pas songé à se satisfaire; « mais il a dit *à son Père* dans les Ecritures : « Les injures qu'on vous a faites sont tombées sur moi, et je les ai portées pour votre gloire, » *Rom.*, xv, 3.

XXXIVe PASSAGE.

Sur le chapitre xiv, vers. 13, qui oblige à tout demander au nom de Jésus-Christ, la note porte : « Jusqu'alors les Juifs avoient demandé au nom et par les mérites de leurs patriarches Abraham, Isaac et Jacob...; mais à l'avenir on devoit demander au nom de Jésus-Christ. »

REMARQUE.

On n'exprime pas que les anciens justes étoient sauvés au nom, par la foi et par les mérites du Christ, puisqu'au contraire on l'exclut par l'opposition qu'on fait entre les anciens et les nouveaux. Un théologien solide auroit observé que lorsqu'on prioit sous la loi au nom d'Abraham, d'Isaac et de Jacob, Jésus-Christ y étoit compris comme celui qui étoit leur Fils, « en qui toutes les nations de la terre devoient être bénies; » ce qui étoit même le fondement de l'alliance avec Abraham, Isaac et Jacob. Ainsi la note demeure avec Grotius dans l'écorce de la lettre, et les critiques n'en savent pas davantage.

XXXV° PASSAGE.

Au même chapitre xiv, 16, 26 : « Mon Père vous donnera un autre défenseur ; » ce qui est encore répété, chapitre xv, 26 ; et xvi, 7.

REMARQUE.

Il y a ici une affectation peu digne d'un interprète sérieux; il falloit laisser dans le texte : *Consolateur,* qui est connu du peuple : le *défenseur* en l'expliquant auroit trouvé sa place dans la note. Quand on ôte au peuple des expressions auxquelles il est accoutumé et qu'il entend, et qu'en même temps on lui en donne qu'il n'entend pas, il ne sait presque plus si c'est l'Evangile qu'il lit. Le terme de *consolateur,* qui exprime que le Saint-Esprit sera donné pour suppléer par ses dons l'absence de Jésus-Christ, et par ce moyen nous consoler dans notre affliction, est clair et bien plus touchant que celui de *défenseur,* qui demande d'être expliqué, ce que du moins il auroit fallu faire d'abord.

XXXVI°, XXXVII°, XXXVIII°, XXXIX° ET XL° PASSAGES.

Sur la qualité de Messie.

Je comprends sous ces passages tous ceux où l'auteur affecte d'attribuer beaucoup de choses à Jésus-Christ en qualité de Messie.

En saint Matthieu, xxviii, 18 : « Tout pouvoir m'a été donné dans le ciel et sur la terre, » la note porte : « Toute l'autorité que je dois avoir comme Messie. »

Dans la note sur saint Marc, ii, 27 : « Jésus-Christ a pu, en qualité de Messie, corriger la rigueur du sabbat. »

Sur le même Evangile de saint Marc, xiii, 32, la note remarque certaines choses qui ne conviennent pas à Jésus-Christ en qualité de Messie mais au *Père seul,* comme de juger les hommes dans le dernier jugement.

Voici la note sur saint Jean, i, 15 : On peut entendre ce terme *fait* de la divinité de Jésus-Christ, ce que néanmoins il exclut après, « parce qu'il s'agit de Jésus-Christ comme Messie; » et il s'appuie de saint Chrysostome. Cette restriction de Jésus-Christ comme Messie est répandue dans tout l'ouvrage : on y a remédié par un carton sur saint Jean, v, 20, « où Jésus-Christ avoit, dit-il, parlé de soi comme Messie et envoyé de Dieu. » Il reste la question pourquoi on n'a corrigé que ce seul endroit, en laissant les autres où la même doctrine est répandue.

REMARQUE.

Ces sortes de restrictions sont établies pour distinguer ce que Jésus-Christ aura fait en qualité de Messie, de ce qu'il pourroit avoir fait en quelque autre qualité, comme par exemple en tant qu'homme ou en tant que Dieu : mais la saine théologie s'oppose à cette distinction. Les théologiens distinguent bien ce qui convient à Jésus-Christ en qualité d'homme d'avec ce qui lui convient comme Dieu : mais on ne distingue point ce qui lui convient comme Messie de ce qui lui peut convenir ou comme homme ou comme Dieu, parce que la qualité de Messie enferme l'un et l'autre.

1. C'est une erreur de distinguer ce que Jésus-Christ a fait en qualité de Messie, de ce qu'il a fait comme Dieu.

Le nom même de Messie, c'est-à-dire Christ et oint, comprend la divinité dont Jésus-Christ étoit oint par son union avec le Verbe, comme toute la théologie en est d'accord et que David le chante par ces paroles du *Psaume* XLIV : « Votre trône, ô Dieu, est éternel; et c'est pour cela, ô Dieu, que votre Dieu vous a oint, » avec excellence et d'une manière qui ne convient pas aux autres qui sont comme vous appelés oints : *Præ participibus tuis*. Ainsi l'onction de Jésus-Christ suppose qu'il étoit Dieu, et qu'il est en même temps appelé *Christ*.

En effet, si le Messie n'étoit Dieu, il ne pourroit ni parler, ni agir avec toute l'autorité qui lui convenoit, ni chasser les démons et faire les autres miracles par le Saint-Esprit, comme par un Esprit qui lui étoit propre, et qui résidoit en lui sans mesure, ainsi que l'a expliqué saint Cyrille dans son neuvième *Anathématisme;* ni enfin racheter le monde, en offrant pour nous une victime d'une dignité infinie par son union avec la personne du Verbe. Ainsi cette expression de *Jésus-Christ* comme Messie, induit une distinction du Messie d'avec Dieu, qu'il faut laisser à ceux qui ne veulent pas croire que le Christ, pour être vrai Christ, devoit être Dieu et homme tout ensemble.

Il ne falloit donc pas dire que tout pouvoir est donné à Jésus-Christ en qualité de Messie [1]; mais il faut dire que la qualité de Messie supposant qu'il étoit Dieu, l'exercice de la puissance absolue dans le ciel et dans la terre lui est due naturellement.

Il ne falloit pas non plus dire que Jésus-Christ « en qualité de Messie pouvoit tempérer la rigueur du sabbat [2]; » mais il falloit dire qu'étant vraiment Dieu, même en qualité de Messie, il étoit maître du sabbat jusqu'à pouvoir l'abolir avec une autorité aussi absolue que son Père.

Il falloit encore moins dire sur saint Marc, XIII, 32, que la qualité de juge souverain ne regardoit pas Jésus-Christ *comme Messie;* mais il falloit dire que Dieu qui a établi Jésus-Christ juge souverain des hommes et des anges, ne pouvoit remettre cette autorité qu'à un égal.

Au lieu d'expliquer sur saint Jean, I, 15, qu'on pourroit dire de la divinité de Jésus-Christ « qu'elle a été faite; » et au lieu d'exclure cette locution seulement à cause qu'en ce lieu il est parlé de lui « comme Messie, » ce qui insinue trop ouvertement que la qualité de Messie sépare de Jésus-Christ la divinité : il falloit dire que la divinité qui est naturelle au Messie ne pouvant *être faite* en aucun sens, il répugne à Jésus-Christ comme Dieu d'avoir été fait.

II. **Passage de saint Chrysostome remis exprès en cet endroit.** On a recours à saint Chrysostome pour expliquer comment Jésus-Christ a été « fait avant saint Jean, » sans intéresser sa divinité, « parce que, dit le traducteur, selon ce Père, il s'agit ici de Jésus-Christ comme Messie, qui alloit annoncer l'Evangile et qui devoit être préféré à saint Jean [3], » par où il tâche d'insinuer qu'il n'y a aucun avantage à tirer de ce passage de l'Evangile pour la divinité de Jésus-Christ; mais il ne rapporte qu'imparfaitement saint Chrysostome, en lui faisant dire « qu'il s'agit de Jésus-Christ comme Messie, » de quoi ce saint docteur ne dit pas un mot, et

---

[1] *Matth.*, XXVIII, 18. — [2] *Marc.*, II, 27. — [3] Hom. XIII, *in Joan.*

je demande au lecteur qu'il soit attentif à cette observation dont on verra l'importance.

Il est vrai que saint Chrysostome observe que saint Jean-Baptiste, lorsqu'il dit que « Jésus-Christ viendra après lui, » l'entend non pas de la naissance humaine de Jésus-Christ, mais du ministère « de la prédication, » dans lequel il est vrai aussi que Jésus-Christ est venu après saint Jean, qui en effet a prêché et a dû prêcher avant lui, puisqu'il étoit son précurseur. Il est vrai aussi que Jésus-Christ devoit être préféré à saint Jean dans ce ministère, puisqu'encore que saint Jean l'eût exercé le premier, Jésus-Christ devoit l'exercer avec plus d'autorité et de gloire : ce qui donne lieu à cette expression : « Il a été fait avant moi; » c'est-à-dire, dit saint Chrysostome, il a été fait « plus illustre et plus honorable, » ἐντιμότερος, et comme il venoit de dire, λαμπρότερος. Jusqu'ici nous sommes d'accord; mais il ne falloit pas oublier que saint Chrysostome voulant apporter la raison radicale et primitive de la préférence accordée à Jésus-Christ, conclut ainsi son discours : « Il explique, dit-il, la cause de toute cette question : et la cause, c'est, poursuit-il, que Jésus-Christ étoit le premier, » où il remarque que saint Jean-Baptiste ne dit plus : « Il a été fait avant moi; » mais : « Il dit qu'il étoit avant lui, encore qu'il soit venu après; » ce qui ne peut plus regarder que son essence éternelle.

Ainsi tout ce discours de saint Chrysostome se termine à dire que la cause première et essentielle de la préférence absolue de Jésus-Christ sur saint Jean, selon l'Evangile, est son existence éternelle : ce qu'il « tranche, dit-il, en peu de mots; » mais il ajoute : « Quoiqu'en peu de mots, nous avons touché le fond. » Le fond est donc que Jésus-Christ avoit été fait plus considérable que saint Jean dans le ministère de la prédication, à cause qu'il « étoit avant lui, » encore que venu après, en distinguant comme nous faisons à son exemple ce que Jésus-Christ avoit été fait, et ce qu'il étoit naturellement avant tous les temps.

De cette sorte il faut joindre saint Chrysostome aux autres Pères marqués ci-dessus [1], qui ont démontré par ce passage la divinité de Jésus-Christ, et ne pas croire avec l'auteur que la nature divine

---

[1] Voyez ci-dessus, pass. 25, 26.

ne convienne pas à Jésus-Christ comme Messie, puisqu'on voit que finalement il n'est vrai Messie qu'à cause qu'il étoit Dieu devant tous les temps.

Et ceux qui voudront considérer les endroits où saint Chrysostome explique à fond et expressément ce que veut dire ce mot *erat,* « il étoit [1], » attribué si souvent au Verbe éternel dans cet Evangile, verront encore plus clairement qu'il ne se peut rapporter qu'à l'éternité et à la divinité de Jésus-Christ, par laquelle celui qui « s'est fait homme, étoit » auparavant et toujours; et encore « qu'il étoit Verbe, qu'il étoit en Dieu, qu'il étoit Dieu : » sans quoi aussi on doit entendre qu'il ne seroit pas le *Christ*, ni l'oint de Dieu par excellence, puisque même par son onction il étoit Dieu, comme il a été démontré d'abord.

Ainsi cette distinction si familière à l'auteur et répandue dans tout son ouvrage, de ce qui convient à Jésus-Christ comme Messie d'avec ce qui lui convient ou comme étant Dieu ou comme étant homme, ressent la grossièreté de l'hérésie des sociniens, et non pas la sublimité de la théologie chrétienne.

ACTES DES APOTRES.

XLIᵉ PASSAGE.

Au lieu de traduire simplement en conformité avec le grec et avec la Vulgate, *Act.*, iv, 33 : « La grace étoit grande en eux tous, » c'est-à-dire dans tous les fidèles, l'auteur traduit : « Ils avoient tous de grandes graces; » et il explique dans la note : « c'est-à-dire que tous les fidèles recevoient de grands dons de Dieu : » mais il affoiblit cette note en y ajoutant ces mots : « Ce qu'on peut entendre des apôtres, qui se rendoient agréables à tous les fidèles dans le partage qu'ils faisoient des biens qui étoient en commun : car c'est ce que signifie en d'autres endroits ce mot de *grace;* et selon ce sens on peut aussi l'entendre des fidèles qui se rendirent agréables à tout le monde vivant en commun. Cette dernière interprétation s'accorde avec ce qui suit : « Car il n'y avoit aucun pauvre parmi eux, » etc., vers. 34.

[1] Hom. ii, iii, *in Joan.*

REMARQUE.

La version manque en traduisant : « Ils avoient tous de grandes graces, » au pluriel ; au lieu de traduire selon la Vulgate et le grec : « La grace étoit grande en eux tous, » au singulier : ce qui est plus expressif et plus fort.

I. Esprit des sociniens, de réduire la grace à l'extérieur autant qu'ils peuvent.

Pour la note, elle mêle le bien et le mal, ou plutôt elle affoiblit elle-même ce qu'elle a de bon, en disant qu'on peut entendre « les graces » des apôtres, « qui se rendoient agréables par le partage des biens, » etc. ; en sorte que la *grace*, selon ce sens, ne consisteroit qu'à se rendre agréable au peuple. »

Toute la suite du texte sacré répugne à cette interprétation. Voici ce qu'il porte : « Toute la multitude des croyans n'avoit qu'un cœur et qu'une ame, et personne ne regardoit ce qu'il possédoit comme son bien particulier ; mais toutes choses étoient communes entre eux. Les apôtres rendoient témoignage avec grande force à la résurrection de Notre-Seigneur Jésus-Christ, et la grace étoit grande en eux tous : car il n'y avoit point de pauvre parmi eux, parce que tous ceux qui possédoient des fonds de terre et des maisons, les vendoient et mettoient le prix aux pieds des apôtres, » vers. 32, 33, 34, 35.

II. L'esprit du texte est contraire.

L'auteur emploie ce dernier passage pour déterminer son interprétation de la *grace* au sens de l'*agrément extérieur*; mais il se trompe visiblement. Car il est clair qu'il faut rapporter la grace dont parle saint Luc à tout ce qui précède, comme « de n'avoir qu'un cœur et qu'une ame, » ce qui emporte la perfection de la charité ; et de « rendre avec force le témoignage de la résurrection de Jésus-Christ : » aussi ce témoignage est-il rapporté expressément au Saint-Esprit, au verset 13, c'est-à-dire à la grace qui est intérieure ; qui est aussi le principe de ces grands effets de la charité fraternelle dont il est écrit : « La charité est de Dieu. »

III. L'auteur abuse du texte.

C'est donc le sens naturel et certain, de regarder toutes ces merveilles comme un effet de la grace du Saint-Esprit qui abondoit dans tous les fidèles : tous les interprètes catholiques l'entendent ainsi unanimement, et notre traducteur n'allègue aucun auteur pour sa nouvelle interprétation.

IV.
Il prend l'esprit de Crellius et de Grotius.

Je puis lui nommer quelques protestans et quelques sociniens, entre autres Crellius qui explique ainsi : « La grace étoit si grande en eux : il entend la faveur du peuple; » ce qu'il appuie amplement dans son *Commentaire sur les Actes*, à l'endroit que nous traitons, chapitre IV, vers. 33.

Il faut joindre à de Creil, Grotius son perpétuel admirateur, qui sur ce même passage renvoie à l'endroit des *Actes* où il est écrit que les chrétiens « trouvoient grace devant le peuple; » c'est-à-dire en étoient aimés, *Act.*, II, 47; ce que l'historien sacré explique lui-même de la faveur au dehors.

Mais il y a bien de la différence entre la grace au dehors, c'est-à-dire la faveur du peuple, et la grace absolument, c'est-à-dire la grace de Dieu qui inspire toutes les vertus.

On s'apercevra aisément, et peut-être bientôt, que l'auteur a toujours peur du mot de *grace*, et qu'il semble craindre d'être forcé à reconnoître une grace intérieure, dont je ne vois pas qu'il ait parlé une seule fois dans ses notes.

Cependant c'est le sentiment unanime des Pères et des catholiques, que cette unité de cœur, qui faisoit admirer l'Eglise naissante, est un effet de cette grace et du Saint-Esprit, aussi bien que le courage divin des apôtres à soutenir la résurrection de Jésus-Christ.

L'auteur du *Commentaire sur les Actes*, parmi les œuvres de Volzogue [1], ne laisse pas, quoique socinien, de réfuter Crellius sans le nommer, en disant sur cet endroit : « Quelques-uns estiment que par la grace il faut entendre en ce lieu la faveur des hommes, comme sur le chapitre II, verset 47; mais comme la grace est ici nommée absolument et sans adjectif, il est mieux d'entendre la grace de Dieu, dont il est parlé *aux Ephésiens* sur la fin; dans la Ire *à Timothée* sur la fin encore, et de même sur la fin de l'*Epître à Tite*. »

On voit donc de quel esprit est poussé celui qui, sans se mettre en peine de la doctrine des Saints, propose et appuie l'interprétation de quelques sociniens, dont d'autres sociniens ont eu honte.

[1] P. 28.

XLIIᵉ PASSAGE.

Aux *Actes*, VIII, 15 : « Les apôtres prièrent pour ceux de Samarie, afin qu'ils reçussent le Saint-Esprit, » etc. ; la note porte : « C'est-à-dire le Saint-Esprit avec ses dons, savoir, l'Esprit prophétique, la science des langues, » etc. ; et dans la note suivante : « Ils n'avoient point encore reçu ces dons extraordinaires. »

REMARQUE.

C'est la foi de l'Eglise catholique, qu'il s'agit ici du sacrement de confirmation, et que l'effet de ce sacrement s'étend à l'augmentation de la grace intérieure et justifiante. Mais notre critique réduit tout aux *dons extraordinaires,* à celui de prophétie, à celui des langues ; la grace justifiante et ses suites passent tout au plus sous un *etc.,* sans qu'on daigne en faire aucune mention. On a vu comme il a parlé de l'extrême-onction : la confirmation n'est pas mieux traitée ; et c'est ainsi que les critiques expliquent les sacremens de l'Eglise. Je me lasse de répéter que ces critiques sont tirées de Crellius sur cet endroit des *Actes,* de l'auteur du *Nouveau Commentaire sur les Actes* chez Volzogue, et des autres sociniens : voilà les auteurs de notre critique et la source de ses Remarques.

TROISIÈME TOME,
QUI FAIT LE SECOND VOLUME.

ÉPITRE AUX ROMAINS.

XLIIIᵉ PASSAGE, ET REMARQUE.

Dans la note sur le verset 4 du chapitre I, l'auteur insinue que Jésus-Christ n'a été prédestiné pour être le Fils de Dieu que par rapport à sa résurrection ; mais il ne faut pas oublier ce qui est certain, et ce qui aussi a été constamment enseigné par saint Augustin et ensuite par saint Thomas, et par toute la théologie, comme le vrai sens de saint Paul, que c'est par une prédestination purement gratuite qu'un certain homme particulier, qui est Jésus-Christ, a été uni à la personne du Verbe plutôt que tout autre qui pouvoit être élevé au même honneur. L'auteur a osé reprendre en divers endroits cette excellente doctrine par de mauvaises critiques : il tâche encore ici de l'embarrasser. Mais au reste, comme il demeure d'accord que Jésus-Christ a été prédestiné à être Fils de Dieu selon la divinité qui lui est unie, cette remarque servira seulement de précaution contre les embrouillemens et les équivoques de la note du traducteur.

XLIVe PASSAGE.

Voici la note sur le verset : *Je vivois autrefois sans loi*, Rom., VII, 9. « Ces paroles montrent que saint Paul parle en sa personne, d'un homme qui vivoit avant la loi, ou de celui qui n'est point encore régénéré; » à quoi il ajoute cete réflexion : « Saint Augustin étoit dans ce sentiment avec la plupart des anciens Pères, avant ses disputes contre les pélagiens. »

REMARQUE.

I.
M.Simon toujours trop prompt à décider contre S. Augustin.

Je ne veux point entrer dans le fond de cette question, et encore moins obliger l'auteur à préférer le sentiment de saint Augustin. Mais aussi pourquoi décider magistralement entre deux interprétations si célèbres? S'il avoit bien considéré les raisons, je ne dirai pas de saint Augustin, mais celles qui ont obligé Cassien, sans doute peu attaché à ce Père, à le préférer dans cette occasion à son maître saint Chrysostome, il ne se seroit peut-être pas tant pressé de prononcer sa sentence, qu'une note de quatre lignes ne pouvoit guère appuyer. Si la chose étoit aussi claire qu'il se l'imagine, et que celui dont parle saint Paul constamment eût vécu avant la loi, comment est-ce que cet Apôtre lui fait dire « que la loi est bonne, vers. 16, et qu'elle est spirituelle, » vers. 14; et encore : « Je me plais dans la loi de Dieu selon l'homme intérieur, » vers. 22 ? Est-ce là le discours d'un homme sans grace, ou d'un homme dans la grace et dont la régénération étoit non-seulement commencée, mais encore fort avancée, puisqu'il se délecte déjà dans la loi de Dieu : ce qui n'arrive qu'au juste, en quelque sorte accoutumé à la vertu? D'ailleurs il n'y a rien de plus foible que ce passage dont l'auteur fait tout son appui : « Je vivois autrefois sans la loi, » vers. 9. Car ignore-t-on que l'homme qui est dans la grace de Dieu et qui goûte déjà la loi, n'a pas commencé par là; et qu'il a « autrefois » été sans elle, livré à ses passions et à ses vices? Je ne parle pas ainsi pour prendre parti, mais pour montrer à celui qui le prend si légèrement, qu'il a trop précipité ses décisions.

Mais ce n'est pas ce que sa note a de plus mauvais : on y ressent une secrète malignité contre saint Augustin, et son affectation à le contredire, en insinuant après Grotius que ce grand homme est toujours allé en reculant, et que depuis sa dispute « contre les pélagiens, » au lieu de profiter dans ses travaux par son application à cette matière, il a désappris ce qu'il savoit.

<small>II. L'idée qu'il donne de ce Père est fausse et maligne.</small>

On a vu une si claire réfutation de cette accusation des faux critiques [1], qu'il n'y a qu'à y renvoyer le sage lecteur, et observer seulement que les notes de M. Simon ne sont qu'une suite et une application des principes qu'il a posés dans ses critiques.

XLVᵉ PASSAGE.

Aux Romains, vIII, 30. Sur ces paroles de saint Paul : « Ceux qu'il a justifiés, il les a aussi glorifiés, » après la petite critique sur le terme *magnificavit*, « a rendu grands, » que le latin avoit autrefois et conserve encore dans quelques anciens manuscrits, au lieu de *glorificavit*, « a glorifiés, *rendus glorieux*, » la note dit « que saint Chrysostome, et les plus savans commentateurs grecs après lui, ont entendu (ce terme de *glorifiés*) des dons du Saint-Esprit, que reçoivent ceux qui ont été faits enfans de Dieu par le baptême : ce qu'il appuie par le Scoliaste Syrien, qui a expliqué le même mot des dons de faire des miracles, que les premiers chrétiens recevoient dans leur baptême par l'imposition des mains et qui les rendoient célèbres : » voilà comme il appuie ce sens : et venant à l'autre, il dit seulement : « Saint Augustin et l'École entendent cela de la gloire éternelle à laquelle arriveront infailliblement tous les prédestinés. »

[1] *Dissert. sur Grotius*, n. 14, 15, etc.

REMARQUE.

I. Que saint Augustin et toute l'Ecole ont raison d'entendre la gloire éternelle dans ce pasage.

L'interprétation de la gloire éternelle est ici absolument nécessaire : 1° par le texte même où la gradation manifeste nous mène naturellement, « de la prédestination à la vocation, de la vocation à la justification, et enfin de la justification à la gloire éternelle : » où se termine l'ouvrage de notre salut et le grand mystère de Dieu sur les élus.

2° La même chose paroît par toute la suite du chapitre, vers. 16, 17, 29, 30, et par l'aveu de l'auteur sur ce dernier verset, où lui-même il entend la gloire éternelle sous le mot *glorificavit*, comme fait aussi toute l'Ecole, ainsi qu'il le reconnoît.

Cependant cette interprétation, qui est comme l'on voit celle de toute la théologie, est celle-là même que l'auteur tâche d'affoiblir par ces moyens.

Premièrement, en l'attribuant à l'Ecole, dont il donne une triste idée dans tous ses livres : secondement, en l'attribuant à saint Augustin seul, au lieu qu'il devoit mettre avec saint Augustin tous les Pères qui ont combattu les pélagiens sous sa conduite, lesquels ne sont pas en petit nombre : troisièmement, saint Augustin même est maltraité dans ses écrits, et n'est guère considéré par les critiques de sa façon que comme le premier des scolastiques : quatrièmement, en opposant au *glorificare* de la Vulgate l'ancienne leçon *magnificare*, quoiqu'il soit certain que le *glorificare* soit meilleur, comme étant conforme au grec de mot à mot ἐδόξασε : cinquièmement, en opposant à saint Augustin et à l'Ecole, saint Chrysostome et « les plus savans commentateurs grecs, » par l'autorité desquels on voit qu'il veut affoiblir celle de l'Ecole, quoique constamment préférable pour les raisons qu'on vient d'entendre.

II. L'auteur leur oppose S. Chrysostome qu'il tronque et qu'il n'entend pas.

Or en cela il se trompe encore ; car il tronque saint Chrysostome, dont voici les propres paroles : « Il les a justifiés par la régénération du baptême ; il les a glorifiés par la grace, par l'adoption. » Je veux que par la grace on entende, non pas la grace justifiante contre le sens naturel, mais les seuls dons du Saint-Esprit. Saint Chrysostome n'attribue pas la glorification à ces dons seuls, mais il y joint *l'adoption*, et il ne faut point entendre celle qui arrive dans la régénération, que ce Père avoit déjà exprimée par le terme de *justifiés* et de *régénérés :* « mais l'adoption parfaite des enfans de Dieu, » après laquelle soupire toute créature, ainsi qu'il est dit dans ce chapitre, vers. 21, 22, 23, et où la « résurrection des corps est comprise, » conformément à cette parole de Notre-Seigneur, *Luc,* xx, 36 : « Ils seront enfans de Dieu, parce qu'ils sont enfans de la résurrection. » Ainsi manifestement la glorification dont parle saint Chrysostome contient la gloire céleste : Théophylacte et les autres, qui sont sans doute du nombre de ceux que l'auteur appelle *les plus savans commentateurs grecs,* parlent de même.

Il faut encore observer sur cette note que l'auteur, selon sa coutume, affoiblit dans l'intérieur les vrais avantages des chrétiens, en les réduisant à ce qui *les rend célèbres,* comme s'ils n'avoient pas une autre gloire à attendre, ou que celle-ci fût la principale. iii. L'auteur affoiblit l'intérieur de la grace.

En général on voit un dessein, et ici et partout ailleurs, d'opposer les Grecs aux Latins, et particulièrement à saint Augustin, en quoi il y a une double faute : la première, de commettre les Pères entre eux au lieu de les concilier comme il est facile ; la seconde, de ne marquer pas que les Pères qui ont écrit expressément contre les hérésies, sont constamment préférables dans l'explication des passages qui en regardent la réfutation, ainsi qu'il est certain par expérience et que tous les théologiens en sont d'accord, après saint Augustin et Vincent de Lérins : non que les Pères soient contraires entre eux dans le fond, mais parce que ceux qui ont traité expressément les questions s'expliquent aussi d'une manière plus expresse et plus précise. iv. Son inclination perpétuelle à mettre en guerre les Pères les uns contre les autres.

XLVIe PASSAGE.

Sur ces mots : « Les élus de Dieu, » *Rom.,* viii, 33, la note porte : « C'est-à-dire les fidèles que Dieu a choisis pour embrasser la loi évangélique. »

REMARQUE.

La notion est fausse : les élus sont ceux dont il est écrit « qu'ils ne peuvent être déçus, » *Matth.,* xxiv, 24. Tout est plein de pa- i. Les élus mal traduits.

reils endroits qui montrent que le mot d'*élus* ne doit pas être expliqué simplement par *fidèles;* et que lorsqu'il se prend ainsi, c'est à cause qu'on doit présumer par la charité que les fidèles persévéreront jusqu'à la fin. Tout le monde remarquera naturellement que ces idées de l'auteur sont de l'esprit des sociniens, qui ne veulent pas reconnoître le mystère de l'élection et de la prédestination.

II. Pente de l'auteur à changer le langage ecclésiastique, et les principes de la théologie.

On voit par ces dernières observations que l'auteur change le langage ecclésiastique; et qu'en général partout le livre où il détourne les passages de l'Ecriture, qui tiennent lieu de principes dans l'Ecole, il induit insensiblement une nouvelle théologie.

XLVII° PASSAGE.

Anathema à Christo, Rom., IX, 3. L'auteur traduit : « Anathème à cause de Jésus-Christ; » il répète dans la note ce qu'on a vu dans la préface, « que la particule grecque ἀπὸ et la latine *à*, se prennent quelquefois chez les Hébreux pour la causale *propter*, à cause de; » dont il assure « qu'on trouve des exemples dans l'Ancien et dans le Nouveau Testament. » Dans le reste de la note il réfute saint Chrysostome, comme n'ayant pas entendu ce que veut dire le mot *d'anathème,* qui ne signifie autre chose qu'exécration, ce que saint Paul ni ne vouloit, ni ne pouvoit être. On se peut souvenir ici qu'il avance dans sa préface que c'est faute d'avoir pris garde à cet hébraïsme, qu'aucun traducteur ni commentateur n'a parfaitement exprimé ce passage de saint Paul : de sorte qu'il est seul à le bien traduire.

REMARQUE.

III. Hébraïsme allégué mal à propos pour l'intelligence de la particule ἀπὸ, *à*.

Nous l'avons déjà repris d'avoir abandonné la Vulgate; et pour montrer qu'il l'abandonne sans raison, comme j'ai promis de le faire voir, je n'ai qu'à dire qu'il ne suffit pas d'alléguer un hébraïsme; il faut nommer des auteurs et ne pas traduire à sa fantaisie, puisque s'il y a peut-être un ou deux endroits, ce que nous allons examiner, où ἀπὸ signifie *propter,* on en peut produire cinq cents où il faut traduire autrement.

II. Il a tous

Le traducteur nomme des auteurs, mais qui sont tous contre

lui : et quels auteurs ? C'est saint Chrysostome avec toute son Ecole, sans en excepter les plus savans, saint Isidore de Damiette, Théodoret et les autres, qui font sans doute partie de ces savans commentateurs que le traducteur a accoutumé de nous vanter avec raison. J'y ai ajouté en d'autres ouvrages[1] saint Basile, saint Grégoire de Nazianze, saint Jérôme, Bède, qui tous en énonçant ou en supposant la signification ordinaire du terme ἀπὸ, montrent que le *propter* du traducteur ne leur est pas seulement venu dans la pensée : ce qui ne peut être arrivé sans quelque raison qu'il faudra trouver, si nous voulons expliquer ce passage à fond. {les Pères contre lui.}

Commençons par les exemples que l'auteur allègue en l'air sans en avoir marqué un seul, et surtout considérons ceux du Nouveau Testament ou de saint Paul même, qui seroient les plus convenables. Je passerai au traducteur dans toutes les *Epîtres* de cet apôtre, dans tout le Nouveau Testament, un seul endroit où il est dit que « Jésus-Christ fut exaucé à cause de son respect, » *pro suâ reverentiâ*, Hebr., v, 7; dans le grec ἀπὸ, « à cause de, » quoique d'autres qui ne sont pas méprisables aient traduit autrement; mais quand il faudroit traduire comme veut l'auteur, doit-on conclure, encore un coup, pour un seul endroit de saint Paul et du Nouveau Testament, où ἀπὸ voudra dire *propter*, qu'on doive au hasard, indéfiniment, et sans aucune raison particulière, le tourner ainsi quand on voudra ? {III. On expose l'usage des Ecritures.}

La connoissance de cet hébraïsme n'est pas si rare, qu'on ne le trouve chez les bons auteurs; et Estius le rapporte, Hebr., v, 7, sur ce mot, *pro reverentiâ :* mais le traducteur demeure d'accord que l'application de cet hébraïsme au passage dont nous parlons, ne s'est présentée qu'à lui seul, et n'est venue dans l'esprit, ni à Estius, ni à aucun autre commentateur grec ou latin. {IV. Estius qui a connu cet hébraïsme n'en est pas plus favorable à l'auteur.}

C'est aussi de quoi nous venons de dire qu'il se doit trouver quelque raison, et en effet en voici une très-simple et très-naturelle : c'est que l'ἀπὸ, lorsqu'il est uni comme ici à une personne, ἀπὸ Χριστοῦ : « de Jésus-Christ, » ne se trouve jamais pris pour *propter*, « à cause de; » ni pour autre chose que pour *à*, *à Christo:* « de Jésus-Christ. » {V. Quelle particule grecque S. Paul exprime par *propter*.}

[1] Divers écrits : *Préf., Passages éclaircis; Addition* à la même, et au chap. v.

Ces termes, *propter Christum*, « à cause, ou pour l'amour de Jésus-Christ, » sont bien connus de l'Apôtre : on trouve partout lorsqu'il s'agit des personnes : *Propter te, propter nos, propter electos, propter Deum, propter Christum*. Mais tous ces endroits et les autres à l'infini de même nature, ont leur particule consacrée qui est διά et non pas ἀπό : pourquoi donc cet endroit ici serat-il le seul où saint Paul se serve d'ἀπό ? On trouve encore pour exprimer les causes finales le *propter* mille et mille fois, et ἀπό n'y est jamais employé. Si je voulois descendre à un détail d'observations particulières, je pourrois dire que dans ces passages de l'ancienne version des Septante : *Turbatus est à furore oculus meus; non est sanitas in carne meâ à facie iræ tuæ*, et les autres en très-petit nombre où ἀπό est mis pour *propter*, désignent des causes actives ou efficientes : on « est troublé par la colère » comme par une cause active : « la colère de Dieu » est la cause pareillement efficiente, « qui altère notre santé, » et ainsi du reste. Il ne s'agit pas ici des personnes pour l'amour desquelles on veut quelque chose : il s'agit des choses qui nous mettent en certains états. C'est un fait constant : il ne faut point ici chercher de raison du sens que l'on donne à ces façons de parler. Pour l'ordinaire, il n'y en a point d'autre que le style des auteurs, ou en tout cas l'usage des langues, leur génie, leur propriété. Quoi qu'il en soit, il est bien certain, comme nous venons de le remarquer, que l' ἀπό pour *propter*, « à cause de, » ne se trouve ni dans saint Paul, ni dans tout le Nouveau Testament, lié avec une personne, tel qu'est ici Jésus-Christ, ἀπό Χριστοῦ. Si l'Apôtre eût eu alors dans l'esprit le désir d'être anathème pour l'amour de Jésus-Christ comme pour la fin de ce désir, le διά, qui étoit si familier en ce sens, se seroit présenté tout seul, et il n'auroit pas eu besoin d'aller chercher cet ἀπό, dont à peine se seroit-il servi une fois, et jamais en cas pareil. Il ne veut donc pas lui donner de sens extraordinaire, et lui laisse sa force et sa signification accoutumée, qu'on trouve partout dans ses *Epîtres* et dans toutes les Ecritures, et qu'aussi on voit jusqu'ici, comme l'auteur en convient, reconnu sans exception par tous les interprètes, parmi lesquels nous avons compté six ou sept des plus savans Pères.

Mais peut-être qu'il est forcé à cet hébraïsme par quelque nécessité ? Point du tout : le traducteur fait accroire à saint Chrysostome qu'il n'entendoit pas *anathème,* qui veut toujours dire *exécration,* en mauvaise part : ce que saint Paul ne pouvoit pas être en demeurant, comme il le vouloit, en état de grace. Telle est la seule objection du traducteur, et il ne veut pas sentir que ce Père ne l'entendoit pas autrement, puisque s'il croit que saint Paul s'offrit à être traité d'exécrable et à être séparé de Jésus-Christ en un certain sens, c'étoit en sous-entendant qu'il s'y offroit seulement s'il étoit possible, sans préjudice de l'état de sainteté et de la grace où il espéroit demeurer toujours.

<small>VI. Rien ne force à recourir à cet hébraïsme : faux raisonnement de l'auteur.</small>

Au reste si la question ne méritoit peut-être pas en ce lieu tant de discussion, il importoit de faire connoître à quel prix on met ici les hébraïsmes, et avec quelle facilité on abandonne le texte de la Vulgate, quoique conforme à l'original grec, en faveur d'une interprétation qui n'a pour appui que les conjectures d'un traducteur licencieux.

XLVIII° PASSAGE.

« Que Dieu brise le Satan sous vos pieds, » *aux Rom.,* XVI, 20; c'est ce que porte la traduction; et la note : « Le Satan, c'est-à-dire l'adversaire; » à quoi elle ajoute : « Il y a néanmoins de l'apparence qu'il a eu aussi en vue le diable. »

REMARQUE.

Il faut toujours à l'auteur quelque petit raffinement : on savoit bien que Satan veut dire *adversaire :* mais il falloit dire que ce terme général est devenu partout dans l'Ecriture le nom propre du diable, et que jamais il ne se trouve en un autre sens dans tout le Nouveau Testament. Il est donc incontestable que saint Paul a voulu parler du démon, qu'il ne pouvoit pas désigner plus clairement que par son propre nom; et quand l'auteur réduit cette explication, qui constamment est la seule véritable, à une simple apparence, je ne sais que deviner, si ce n'est qu'il veut raffiner et se singulariser à quelque prix que ce soit.

I AUX ÉPHÉSIENS.

XLIX° PASSAGE, ET REMARQUE.

Voici la note sur le vers. 1 du chap. vii : « Saint Paul loue le célibat à cause de la commodité qu'il y a de vivre sans femme, et hors les embarras du mariage. » C'est toute la froide louange que M. Simon donne au célibat, où les saints Pères ont cru voir la vie des anges. Ce que saint Paul a mis dans le texte : « Il est bon, il est honnête, » καλὸν : *bon* absolument; le traducteur dans le texte même le réduit à un « c'est bien fait; » et dans la note, à « être utile pour la commodité de la vie. » Les autres avantages que saint Paul relève, comme d'être dans le célibat plus en état de prier, plus occupé de Dieu seul et moins partagé dans son cœur, vers. 5, 20, 32, 33, 34, 35, cet auteur, aussi bien que les protestans, les compte pour peu et ne daigne les remarquer.

L° PASSAGE, ET REMARQUE.

« Ils buvoient des eaux de la pierre qui les suivoient, I *Cor.*, x, 4. En lisant son texte et sa remarque, où il énonce expressément que c'étoient les eaux qui suivoient « et accompagnoient le peuple, » on voit qu'il traduit sans attention, et non-seulement contre la Vulgate, mais encore contre le texte de saint Paul. Car c'est la pierre invisible, c'est-à-dire Jésus-Christ, qui suivoit partout le camp d'Israël, et lui fournissoit des eaux en abondance.

LI° PASSAGE.

Dans la note sur le même verset : « Saint Paul, dit-il, continue son *deras* ou sens mystique. »

REMARQUE.

Il ne falloit pas oublier que « ce sens mystique » n'est pas une explication arbitraire, ou une simple application que saint Paul fait de ces passages à la nouvelle alliance comme à un objet étranger : l'explication de l'Apôtre est du premier dessein de l'Ecriture : il est, dis-je, du dessein du Saint-Esprit, que toute la loi, et en particulier tout le voyage des Israélites dans le désert, soit la figure de l'Eglise et de son pèlerinage sur la terre où elle est étrangère. Saint Paul le remarque exprès en deux endroits de ce chapitre : « Ces choses sont arrivées pour nous servir de figures; » et encore plus expressément : « Toutes ces choses leur arrivoient pour nous servir de figure, » vers. 6, 11; ce qui déclare un dessein formé de les rapporter aux chrétiens. Les théologiens sont soigneux à marquer ce dessein formel et principal des anciennes Ecritures : mais nos critiques ne vont pas si loin, et voudroient bien regarder de semblables explications comme des applications arbitraires et ingénieuses.

LIIe PASSAGE.

Au chapitre xi, vers. 19 : « Il faut qu'il y ait encore de plus grandes partialités. »

REMARQUE.

Qui lui a donné l'autorité de retrancher de son texte les *hérésies*, qu'il trouve également et dans le grec et dans la Vulgate? Je veux qu'il lui soit permis d'indiquer dans une note la petite diversité qui se trouve ici entre les interprétations des Grecs et des Latins : mais de décider d'abord contre les Latins et, ce qui est pis, les condamner dès le texte, contre la Vulgate qu'il s'est obligé de suivre, c'est une partialité trop déclarée. Un interprète modéré et pacifique auroit plutôt travaillé à concilier ces deux interprétations, comme il est aisé, en faisant dire à saint Paul ce qui est naturel et si véritable d'ailleurs, qu'on ne doit pas s'étonner qu'il y ait des partialités parmi les chrétiens, puisqu'il faut même qu'il y ait des hérésies : *Oportet et hæreses;* c'est-à-dire *etiam hæreses*. Le passage est consacré à cet usage par toute l'Eglise latine; et la note du traducteur qui remarque que « le mot d'*hérésie* se prend ordinairement pour des dissensions dans les dogmes, » n'est pas concluante pour l'exclusion des véritables hérésies, puisque rien n'empêche que saint Paul n'ait argumenté du plus au moins : ce qui au contraire est dénoté par la particule grecque καὶ, aussi bien que par l'*et* de la Vulgate, ainsi qu'il a été dit.

LIII° REMARQUE.

« Il sera coupable comme s'il avoit fait mourir le Seigneur, et répandu son sang ; » au lieu de traduire : « Il sera coupable du corps et du sang du Seigneur, » chapitre xi, vers. 27; ce que l'auteur renvoie à la note.

REMARQUE.

C'est une licence criminelle d'introduire des paraphrases dans le texte : d'ailleurs cette expression de l'Apôtre : « Coupable du corps et du sang, » inculque avec plus de force la réalité et l'attentat actuel et immédiat sur la personne présente : ainsi le traducteur affoiblit le texte, et veut mieux dire que saint Paul.

II AUX CORINTHIENS.

LIV° PASSAGE.

Sur ces paroles de la *seconde aux Corinthiens,* chapitre i, verset 9 : « Nous avons eu en nous-mêmes une réponse, une sentence de mort, il met au contraire dans le texte même : « Une assurance de ne point mourir. »

REMARQUE.

Saint Chrysostome explique « cette réponse, ἀπόκριμα, une sentence, un jugement, une attente certaine de sa mort, qui lui étoit déclarée par toutes les circonstances[1] : » c'est à quoi le mot grec, aussi bien que toute la suite du discours, a déterminé tous les interprètes; et le traducteur demeure d'accord dans sa note qu'on l'entend ainsi ordinairement. Mais il lui faut de l'extraordinaire et de l'inouï, et il est le seul qui change l'assurance de mourir en l'assurance de ne mourir pas. Il dit pour toute raison que « la réponse » de saint Paul signifie « ici une caution, ou, comme nous disons, un répondant[2] : » et sans autre autorité que celle de Heinsius, il insère la conjecture de ce protestant dans le texte même, et il ne craint pas de l'attribuer au Saint-Esprit.

[1] Hom. IV, in II ad Cor. — [2] Voy. I *Inst., Addit.,* vi° *Rem.,* n. 3.

Je prie le sage lecteur de s'arrêter ici un moment pour considérer ce que deviendra l'Ecriture, si elle demeure ainsi abandonnée aux traducteurs.

LVe PASSAGE.

« La lettre cause la mort; » et il explique « qu'elle tue, c'est-à-dire qu'elle punit de mort, et ne propose autre chose que de sévères châtimens à ceux qui violent ce qu'elle ordonne, » II *Cor.*, III, 6.

REMARQUE.

C'est peut-être ici un des endroits où l'on ressent davantage l'esprit du traducteur. Outre la peine de mort que la loi prononce, elle tue d'une autre façon, parce que n'apportant aucun secours à notre foiblesse, elle ne fait qu'ajouter au crime la conviction d'avoir transgressé le commandement si expressément proposé. Toute la théologie a reçu cette explication, dont saint Augustin a fait un livre que tout le monde connoît, et s'en est servi après ce Père, pour montrer la nécessité de recourir à la grace, c'est-à-dire à l'esprit, qui seul peut donner la vie. Sans parler de saint Augustin, il est bien certain, et le traducteur en convient, que cette manière dont la lettre tue est de saint Paul, lorsqu'il enseigne aux Romains « que la loi nous cause la mort et nous tient liés; en sorte que le péché se rend plus abondamment péché par le commandement même : » c'est en peu de mots le fond de la doctrine de l'Apôtre, *Rom.*, VII, 5, 6, etc.

<small>I. Ce que c'est dans S. Paul que la lettre qui tue : conférence des deux passages de l'Apôtre : sentiment de S. Augustin suivi de toute l'Ecole.</small>

Il est certain que ces deux passages de saint Paul ont un rapport manifeste, puisque si l'Apôtre dit ici aux Corinthiens : « La lettre tue, et l'esprit nous donne la vie, » il avoit aussi dit aux Romains « que nous devions servir Dieu, non point dans la vieillesse de la lettre, mais dans un nouvel esprit, » *Rom.*, VII, 6.

Si donc le traducteur avoit conféré ces deux passages, dont la convenance est si sensible, au lieu de se borner, comme il a fait, à la manière dont *la lettre tue* en punissant de mort les transgresseurs, il y auroit encore ajouté cette autre manière de donner la mort, en ce que sans secourir notre impuissance, la loi ne fait que nous convaincre de notre péché. C'est sans doute ce que devoit faire notre auteur; et en proposant par ce moyen le système entier de saint Paul, il en auroit pu inférer avec saint Augustin et toute la théologie la nécessité de la grace.

II. M. Simon oppose S. Chrysostome qu'il n'entend pas, et qui dans le fond convient avec S. Augustin

Il auroit même trouvé ce beau système dans saint Chrysostome. Il est bien vrai que ce Père, sur cet endroit de la *Seconde aux Corinthiens* : « La lettre tue, » par cette lettre qui tue « entend la loi qui punit les transgresseurs[1]; » par où il semble avoir dicté l'explication du traducteur. Mais il ne falloit que tourner la page pour trouver le reste; car on y lit «que la loi n'est qu'une pierre; » n'est autre chose « que des lettres écrites, qui ne donnent aucun secours et n'inspirent rien au dedans; » et en un mot, « quelque chose d'immobile » et d'inanimé : tout au contraire « de l'esprit qui va partout, inspirant à tous les cœurs une grande force[2]; » c'est donc par là qu'il explique qu'on ne peut rien sans la grace, et que la loi ne peut que tuer; c'est-à-dire découvrir « le mal et le condamner, » au lieu que le seul esprit donne la vie.

Il prend soin ailleurs de montrer la liaison des deux passages de saint Paul, et que celui de l'*Epître aux Corinthiens,* où il est dit que « la lettre tue, » convient à ce que l'Apôtre enseigne aux Romains; « à cause, dit-il, que la loi ne fait que commander; pendant que la grace, non contente de pardonner le passé, » nous fortifie pour l'avenir[3].

Il explique sur ce fondement de quelle sorte, comme dit saint Paul, nous devons vivre, non plus « selon la loi qui vieillissoit, mais selon le nouvel esprit : à quoi il ajoute que la loi n'est autre chose qu'une accusatrice, qu'elle dispose en quelque sorte au péché, qu'elle ne fait qu'irriter le mal, et animer la cupidité par la défense[4]; » et dit enfin, sans rien excepter, tout ce que saint Augustin a si clairement digéré, et si bien tourné contre les pélagiens.

III. L'auteur resserre trop le texte de S. Paul.

On voit maintenant que le traducteur, pour expliquer que « la lettre tue, » ne se devoit pas renfermer dans les menaces de la loi qui punit de mort les transgresseurs, comme si la loi ne causoit la mort que par cet endroit, puisqu'il s'agit ici principalement de

---

[1] Hom. VI, *in Epist.* II *ad Cor.* — [2] Hom. VII. — [3] Hom. XI, *ad Rom.* — [4] Hom. XII, *ad Rom.*

la mort du péché comme opposée à la vie que la grace donne : et si la lettre ne tuoit ici que par la mort du corps, l'esprit ne vivifieroit aussi que par la vie temporelle.

Il paroît encore que dans un passage si important contre les pélagiens, on ne devoit pas laisser à part saint Augustin, ni se tant éloigner de lui, qu'on voulût priver les lecteurs des plus belles interprétations de ce Père, après que toute la théologie en a fait comme un fondement de ses dogmes les plus essentiels.

On aperçoit aisément que le traducteur a voulu selon sa coutume insinuer secrètement de l'opposition, et comme une espèce de guerre entre saint Chrysostome et saint Augustin, au lieu de montrer, comme nous venons de faire, avec quelle facilité on les concilie, puisqu'il n'y a qu'à tout lire sans s'arrêter à un seul endroit; ce qui peut aussi servir d'exemple à terminer en interprète catholique de semblables différends, que le traducteur au contraire tâche d'allumer.

IV. Il continue à vouloir commettre les Pères les uns avec les autres

ÉPITRE AUX ÉPHÉSIENS.

LVIe PASSAGE, ET REMARQUE.

Au chapitre II, verset 10 de cette *Epître*, le texte dans son entier porte ces mots : « Car nous sommes son ouvrage, étant créés en Jésus-Christ dans les bonnes œuvres que Dieu a préparées, afin que nous y marchions. » La traduction retranche ces mots, « Afin que nous y marchions; » ce n'est point par inadvertance, puisqu'on trouve ces mêmes mots dans la note. Le traducteur n'en a point voulu dans le texte, parce que cette version marque peut-être plus expressément qu'il ne vouloit, que par *cette création* intérieure par laquelle nous sommes créés dans les bonnes œuvres, Dieu prépare nos cœurs à les faire et y incline au dedans nos volontés. Aussi la note dans le même esprit ne fait-elle « Dieu créateur dans les bonnes œuvres, que par une expression métaphorique, en nous montrant ce que nous devions faire : » ce qui réduit la grace chrétienne à l'opération purement extérieure de la loi, et enseigne directement la doctrine pélagienne.

ÉPITRE AUX COLOSSIENS.

LVII° PASSAGE, ET REMARQUE.

I. *Règles pour la traduction.*

Sur le chapitre I, verset 15. Un fidèle traducteur ne se seroit jamais permis de supprimer dans le texte le terme de *premier-né* ou l'équivalent, puisqu'il est du grec et de la Vulgate et qu'il se trouve consacré dans les versions, pour mettre à la place *premier* seulement, contre la foi des originaux. Le premier objet d'un traducteur, c'est d'être fidèle au texte sans lui ôter un seul trait, ni la plus petite syllabe. De telles suppressions font imaginer aux ariens qui abusent de ce passage, qu'il est véritablement pour eux, puisqu'on est contraint de le changer : il faut éloigner de telles idées, et ne pas autoriser la coutume de mêler son commentaire à l'original.

II. *Ce mot de saint Paul, premier-né, mal expliqué par l'auteur; quelle en est la force.*

Pour expliquer ce mot : *Premier-né*, l'auteur a recours à un hébraïsme, et prétend que chez les Hébreux « ce terme signifie souvent celui qui est éminent au-dessus des autres. » C'est peu donner au Fils de Dieu que de le rendre « éminent au-dessus des créatures : » le sens de saint Paul est plus profond, et veut dire que celui qui est né, *primogenitus*, c'est-à-dire le Fils de Dieu, précède de nécessité et par sa nature, jusqu'à l'infini, tout ce qui a été fait : ce que saint Paul exprime en ajoutant que « toutes les créatures qui sont dans le ciel et sur la terre ont été faites par lui, soit visibles, soit invisibles, trônes, dominations, principautés, puissances, tout a été créé par lui et pour lui : en sorte qu'il est avant tous, et qu'il n'y a rien qui ne subsiste par lui, » *Col.*, I, 16, 17.

III. *Il falloit traduire premier-né tout du long.*

Il ne falloit donc point hésiter à traduire ici tout du long que Jésus-Christ est le *premier-né*, ni appréhender que par ce moyen il se trouvât en quelque sorte rangé avec les créatures, qui sont son ouvrage qu'il a tiré du néant par sa puissance : puisqu'après tout, quand saint Paul dit de Jésus-Christ qu'il est l'unique ou, ce qui est la même chose, le *premier-né*, sans second, avant toute créature, il ne fait que répéter ce que Salomon a vu en esprit dans ses *Proverbes*, que la sagesse éternelle, qui est le Verbe, étoit « engendrée, conçue et enfantée [1] » au sein de son Père avant

---
[1] *Prov.*, VIII, 22, 24.

tous les temps, lorsqu'il a commencé ses voies et produit au jour ses ouvrages : ce qui est si grand, qu'il ne faut pas craindre que la majesté et l'éternité du Fils de Dieu en soient rabaissées.

II AUX THESSALONICIENS.

LVIIIe PASSAGE, ET REMARQUE.

Sur le terme d'*apostasie,* chapitre II, la note sur le verset 3 : « Interprète que la plupart des chrétiens abandonnent leur religion » : c'est ajouter au texte trop visiblement et sans aucune raison. Un grand nombre n'est pas la plupart; et ce grand nombre suffit pour l'apostasie, quoique d'ailleurs le corps de l'Eglise catholique, dont on se détache, demeure toujours le plus grand, ainsi qu'il est arrivé dans tous les schismes.

LIXe PASSAGE, ET REMARQUE.

Au chapitre II, verset 14. Ce ne peut être que pour contenter les protestans, qu'on a pris plaisir de mettre avec eux *doctrine* dans le texte, et de reléguer à la note le mot de *tradition*, qui est consacré par l'usage des catholiques et par la Vulgate, aussi bien que par la suite du discours et par le témoignage exprès des saints Pères, à la doctrine de vive voix seulement. Cependant on n'a point de honte d'une telle traduction, ni d'ôter à l'Eglise un de ses plus forts argumens pour établir l'autorité de la tradition.

TOME QUATRIEME.

ÉPITRE A PHILÉMON.

LXe PASSAGE, ET REMARQUE.

Dans la traduction du verset 21 : « J'espère que vous m'écouterez : » pourquoi non : « Que vous m'obéirez, » comme la Vulgate et tous les autres traduisent, conformément à l'original? La note est encore plus mauvaise, puisqu'elle ose même rejeter le terme d'*obéir* comme impérieux, quoique saint Paul s'en serve en cet endroit et partout : ce qui tourne directement contre l'Apôtre, et ne peut servir qu'à un visible affoiblissement de l'autorité ecclésiastique.

ÉPITRE AUX HÉBREUX.

LXIe PASSAGE, ET REMARQUE.

Au chapitre I, verset 3, texte même : « A la droite de Dieu, » rien ne devoit empêcher de traduire comme dit la lettre et comme porte la note : « A la droite de la Majesté ou de la souveraine Majesté, » en y ajoutant l'explication. C'est se rendre auteur, et non pas traducteur, que de faire si souvent de tels changemens.

LXIIe PASSAGE.

Sur ces mots : « Vous êtes mon fils, » tirés du *Psal.* II, verset 7, la note porte que « l'Apôtre veut montrer par ce passage des *Psaumes* que Jésus-Christ n'est pas Fils de Dieu comme les anges, qui sont quelquefois appelés *fils de Dieu*, mais qu'il l'est d'une manière spéciale. »

REMARQUE.

Il devoit donc dire que jamais les anges ne sont appelés de ce nom en cette sorte, ni au nombre singulier et par excellence. On ne leur a jamais dit, ni « je vous ai engendré, » ni que ç'a été « aujourd'hui ; » ce qui dénote le jour de l'éternité, selon l'explication des deux Cyrilles et des autres Pères. L'auteur ne sait qu'affoiblir les passages qui établissent la divinité, et c'est le fruit qu'on peut retirer de ses critiques. Par cette même raison il se contente de dire que Jésus-Christ *est Fils de Dieu* d'une manière spéciale, ce que les sociniens ne refusent pas, comme nous l'avons souvent remarqué : mais pour parler en théologien et en catholique, il falloit encore ajouter que cette manière spéciale d'être fils est d'être vraiment fils, vraiment engendré et né de la substance de son père ; autrement on supprime les vrais caractères personnels et substantiels du Fils de Dieu. On va voir encore d'autres effets de cet affoiblissement de la saine théologie, par rapport à la divinité de Jésus-Christ.

LXIIIᵉ PASSAGE.

Dans la même note sur le verset 5 : « Je vous ai engendré aujourd'hui : » — « Saint Paul, dit le traducteur, applique avec les Juifs de son temps au Messie par un *deras*, ou sens sublime et spirituel, ce qui s'entendoit à la lettre de David élevé sur le trône. »

REMARQUE.

On voit ici un effet de l'esprit des sociniens et de Grotius, qui éludent les prophéties au sens véritable, et les réduisent en un sens mystique et spirituel : le critique entre ici trop visiblement dans cet esprit faute d'expliquer, comme il devoit, que son « *deras*, ou sens sublime et spirituel, » est souvent le sens véritable, et que celui de saint Paul en cet endroit est proprement et directement de la première intention du Saint-Esprit, puisque même l'élévation de David à la royauté n'épuise pas la grandeur de cette expression : « Dieu m'a dit, » à moi proprement et uniquement : « Vous êtes mon fils, » unique et par excellence : « Je vous ai, » non pas adopté, mais « engendré » de mon sein ; et le reste que je ne dois pas prouver, mais supposer en ce lieu, puisque même je l'ai démontré ailleurs [1].

I. L'auteur entre dans l'esprit d'éluder les prophéties et la véritable génération du Fils de Dieu.

Ainsi ceux qui ne voient ici que David proprement et naturellement, ne prennent que l'écorce de la lettre et en abandonnent l'esprit : comme il paroît par la suite du texte, tant du psaume que de saint Paul, et par la tradition de toute l'Eglise, ainsi qu'on le pourra voir dans notre exposition sur ce *Psaume* [2], si on daigne y jeter les yeux.

Selon ces principes, qui sont de la foi et de la tradition expresse de l'Eglise, il ne faut pas dire avec l'auteur que saint Paul « applique ce passage à Jésus-Christ avec les Juifs de son temps : » c'est trop resserrer la tradition que de la réduire « au temps de Jésus-Christ : » ce n'est pas ici une application à Jésus-Christ comme à un sujet étranger au texte ; mais une explication naturelle et véritable, qui étant du dessein premier et principal du

II. L'auteur affoiblit la tradition des Juifs.

---

[1] Voyez *Suppl. in Psal.*, et la *Dissert. prélim. sur Grotius.* — [2] Voyez in *Psal.* II, et *Suppl. in Psal.*

Saint-Esprit, a été transmise de main en main aux Juifs spirituels, et en effet s'est conservée par une tradition dont les Juifs ne marquent point d'origine, jusqu'au temps de Jésus-Christ et au delà.

C'est une chose à déplorer que l'explication ennemie des prophéties soit insinuée si fortement dans une traduction du Nouveau Testament, qu'on met entre les mains du peuple, et qu'on lui apprenne, conformément à l'ancien esprit des critiques précédentes [1], à éluder les prophéties qui sont le fondement de notre foi.

LXIVᵉ PASSAGE.

Dans la note sur le verset 6 du même chapitre I de l'*Epître aux Hébreux*, « il explique le premier-né, c'est-à-dire le Fils unique, ce qu'il a de plus cher; et saint Paul prouve encore par là que Jésus-Christ est Fils de Dieu d'une manière spéciale, et non comme les anges. »

REMARQUE.

Il ne dira donc jamais qu'il est Fils unique, parce que seul il est engendré de la substance de son Père et de même nature que lui : et il ne sera *Fils unique* que parce qu'il est *le plus cher*, sans vouloir sortir à cet égard des idées des sociniens par aucune remarque précise.

Nous avons souvent remarqué que la *manière spéciale* des sociniens pour la filiation de Jésus-Christ, c'est que Dieu en lui donnant une mère Vierge, a suppléé par son Saint-Esprit la vertu d'un père charnel, et seul lui tient lieu de père : ce qui suffit bien pour le distinguer des anges, mais non pour le faire Fils de Dieu par nature et proprement. Si nos critiques ignorent un si grand mystère, ou ne daignent en faire mention, pourquoi font-ils les maîtres en Israël et s'ingèrent-ils à expliquer l'Evangile?

LXVᵉ PASSAGE.

Il s'agit ici de l'endroit de Jérémie, xxx, 31, cité par saint Paul,

[1] Voyez ci-dessus, *Dissert. sur Grotius.*

Hebr., VIII, 8, que j'ai déjà remarqué [1]; mais il y faut ajouter ce qui suit.

REMARQUE.

Nous trouverons donc M. Simon toujours favorable à la grace pélagienne, c'est-à-dire extérieure et rien de plus, et toujours sous la conduite de Grotius et des sociniens : « J'écrirai ma loi dans leur cœur, » etc., *Hebr.*, VIII, 10, c'est-à-dire, selon Grotius : « Je ferai qu'ils sauront tous ma loi par cœur, *memoriter*, par la multitude des synagogues où elle sera enseignée trois fois la semaine. » Crellius : « Je leur donnerai des moyens d'en conserver le souvenir perpétuel; » ce que Grotius avoit imité; et après eux M. Simon : « Je leur donnerai des lois qu'ils retiendront et qu'ils observeront en les comprenant facilement. » Jusqu'ici ils ne sortent pas de la loi et de la doctrine, comme disoit saint Augustin; c'est-à-dire qu'ils ne vont pas plus avant que Pélage et Cœlestius, sans soupçonner seulement cette grace si clairement définie par le concile de Milève, « où non content de nous enseigner ce qu'il faut faire, Dieu nous le fait encore aimer et pouvoir [2]; » ce que j'ai voulu ajouter exprès pour donner lieu au lecteur de remarquer qu'il n'a encore rien vu et ne verra rien dans cette traduction et dans ces notes, qui ressente le vrai esprit du christianisme, c'est-à-dire celui de la grace.

I ÉPITRE DE SAINT PIERRE.

LXVI° PASSAGE.

« Et qui est-ce qui voudra vous nuire, si vous êtes zélés pour le bien? » I *Petr.*, III, 13.

REMARQUE.

Il faudra donc toujours changer le texte, et y mêler du sien? Le texte porte : « Qui est-ce qui vous nuira, ou qui vous fera du mal? » Ce qui ne signifie pas seulement : « Qui est-ce qui voudra vous nuire; » mais encore, qui le pourra quand il le voudroit?

---

[1] *Inst.*, *Rem. sur Grotius*, n. 17. — [2] *Concil. Milevit.* II, *contra Pelag. et Cœlest.*, can. IV; tom. II *Concil.*, Labb., p. 1537; sive *Concil. African. aut Carthag.*, an. 418.

Mais il a fallu suivre Grotius, qui explique ainsi : *Hoc vult, pauci erunt qui vobis nocere velint,* etc.; « peu de gens voudront vous nuire : » et la note de Grotius devient le texte de notre auteur.

I ÉPITRE DE SAINT JEAN.

LXVIIᵉ PASSAGE.

« Il n'y a point de crainte où est l'amour; mais l'amour parfait bannit la crainte, » I *Joan.,* IV, 18; où la note porte : « C'est-à-dire celui qui aime Dieu véritablement, ne craint point de souffrir pour lui. »

REMARQUE.

Il ne s'agit point ici de souffrir pour Dieu : l'Apôtre venoit de dire au verset précédent : « L'amour que nous avons pour Dieu est parfait en nous, lorsque nous avons confiance au jour du jugement : » en sorte que nous n'en soyons point troublés; ainsi la crainte que saint Jean a dessein d'exclure est celle du jugement, qu'il veut que nous attendions avec plus de confiance que de frayeur. Il nous montre donc « l'amour parfait » comme le principe de la confiance qui bannit la crainte inquiète des sévères jugemens de Dieu : c'est le sens qui se présente d'abord, et où nous mène la suite du discours : toute la théologie adopte ce sens après saint Augustin, qui l'appuie en cent endroits; mais le traducteur lui préfère une autre explication moins convenable, et ôte à l'Ecole un passage dont elle se sert pour expliquer la nature de l'amour parfait, qui inspire la confiance et qui exclut la terreur.

LXVIIIᵉ PASSAGE, ET REMARQUE.

Il s'agit ici du fameux passage : *Tres sunt qui testimonium dant in cœlo :* « Il y en a trois qui rendent témoignage dans le ciel, » I *Joan.,* v, 7; sur lequel il ne remarque autre chose, sinon que « certains critiques de Rome, sous le pape Urbain VIII, quoiqu'ils ne trouvassent dans aucuns manuscrits grecs toutes ces paroles, ont jugé qu'il les falloit conserver. » C'est en vérité trop affoiblir ce passage, que de n'alléguer pour le soutenir que le sentiment de ces *censeurs romains* qu'on ne connoît pas.

Si l'auteur vouloit alléguer quelque autorité des derniers siècles, il avoit devant les yeux l'inviolable autorité du concile de Trente et celle de la Vulgate; s'il vouloit remonter plus haut dans la tradition, il n'ignoroit pas les passages exprès de saint Fulgence, qui confirment la leçon commune. Et ce qui est encore de plus important, il n'ignoroit pas cette célèbre confession de foi de toute l'Église d'Afrique, au roi Hunéric, où ce texte de saint Jean est employé de mot à mot [1]. Un passage positif vaut mieux tout seul que cent omissions, surtout quand c'est un passage d'une aussi savante église que celle d'Afrique, qui dès le cinquième siècle a mis ce passage en preuve de la foi de la Trinité contre les hérétiques qui la combattoient. On ne doit pas oublier qu'une si savante église allègue comme incontestable le texte dont il s'agit; ce qu'elle n'auroit jamais fait s'il n'avoit été reconnu, même par les hérétiques. Il n'y a rien qui démontre mieux l'ancienne tradition qu'un tel témoignage; aussi vient-elle bien clairement des premiers siècles; et on la trouve dans ces paroles de saint Cyprien au livre de l'*Unité de l'Eglise* Le Seigneur dit : « Moi et mon Père nous ne sommes qu'un ; » et il est encore écrit du Père, du Fils, et du Saint-Esprit : « Et ces trois sont un, » *et hi tres unum sunt*. Où cela est-il écrit nommément et distinctement du Père, du Fils, et du Saint-Esprit, sinon en saint Jean, au texte dont il s'agit? Le même saint Cyprien se sert encore du même passage pour appuyer son sentiment sur la nullité du baptême de tous les hérétiques : « Si celui, dit-il, qui est baptisé par les hérétiques (marcionites) est fait le temple de Dieu, je demande de quel Dieu? Si c'est du Créateur, il ne peut pas en être le temple, puisqu'il ne le reconnoît pas : si c'est de Jésus-Christ, il n'en peut non plus être le temple, lui qui nie que Jésus-Christ soit Dieu : si c'est du Saint-Esprit, puisque ces trois ne sont qu'un, *Cùm hi tres unum sint*, comment le Saint-Esprit peut-il être ami de celui qui est ennemi du Père et du Fils [2]? »

Voilà donc un second passage de saint Cyprien, pour démontrer qu'il a lu dans saint Jean que le Père, le Fils, et le Saint-Esprit sont expressément les trois qui ne sont qu'un : ainsi la

---
[1] *Vict. Vit.*, lib. III. — [2] *Epist. ad Jubaian., de hær. bapt.*

leçon commune est établie au troisième siècle, et se trouve dans deux passages exprès d'un aussi grand docteur que saint Cyprien; les Anglois même l'avouent dans la dernière édition de ce Père : et il ne faut pas s'étonner qu'une leçon si ancienne se trouve établie au cinquième siècle dans l'autorité où nous l'avons vue.

Si j'avois à traiter ce passage à fond, il me seroit aisé de démontrer par la suite du texte de saint Jean qu'il y manqueroit quelque chose, si cet endroit en étoit ôté; mais il me suffit d'avoir montré le mauvais dessein du traducteur, qui n'a voulu que faire douter, comme il avoit toujours fait, du texte de la Vulgate, puisqu'il s'attache encore à lui opposer le grec et quelques autres versions. Voilà comme il se corrige, en laissant dans son Nouveau Testament un monument immortel de ses premières répugnances.

SAINT JUDE.

LXIX° PASSAGE.

Sur le verset 4 du chapitre unique de saint Jude, où se lisent ces paroles : « Leur sentence de condamnation est écrite depuis longtemps, » la note porte : « Saint Jude a voulu marquer par cette expression, qu'il y a longtemps que ces impies étoient destinés à commettre ces impiétés. »

REMARQUE.

Par qui destinés, si ce n'est par un décret fatal de la puissance divine ? Calvin n'a jamais rien proféré de plus impie pour faire Dieu auteur du péché. L'auteur ne s'est aperçu d'une impiété si manifeste que sur la fin de décembre 1702; car le carton qu'il a fait pour y remédier est de cette date. Ainsi l'impiété a couru un an durant : on ne donne aucune marque de repentir d'un tel blasphème, ni aucun avis aux simples qui ont avalé ce poison. On ne crie pas moins à l'injustice contre les censures d'un livre où l'impiété est si déclarée; on croit être quitte de tout par un carton inventé si longtemps après un si grand mal, et qui devient ce qu'il peut.

LXX° PASSAGE.
SUR L'APOCALYPSE.

Je ne dirai rien sur l'*Apocalypse*, puisque j'ai déjà remarqué que dès la préface de ce divin Livre, le traducteur dégrade saint Jean, dont il ne fait « qu'une espèce de prophète ¹. » Je pourrois encore ajouter que pour s'être attaché sans discernement aux explications de Grotius, qui bâtit sur le fondement d'une date visiblement fausse ², il fait deviner à saint Jean des choses passées devant les yeux de cet apôtre; en sorte qu'il faut par un seul trait effacer la plupart de ses prédictions : et c'est la raison la plus apparente pour laquelle le traducteur n'a osé donner aux révélations de saint Jean le titre absolu de prophéties.

CONCLUSION DE CES REMARQUES,
Où l'on touche un amas d'erreurs, outre toutes les précédentes.

Si l'on joint maintenant à ces remarques celles de l'*Instruction* précédente, on voit que les fautes en sont innombrables, même celles où la foi est directement attaquée.

I. Amas d'erreurs en abrégé.

Je déclare au reste que si je m'arrête aux remarques que j'ai proposées, ce n'est pas que j'aie dessein d'approuver les autres fautes, qui sont infinies, de la nouvelle version et de ses notes : et afin qu'on ne pense pas que ce soit un discours en l'air, je pourrois encore ajouter que le traducteur a dit « qu'il n'y a de véritable résurrection que celle des justes, » *Joan.*, XI, 25 : ce qui donne lieu à une erreur qui étoit commune parmi les Juifs, et qui leur est commune en partie avec les sociniens, lorsqu'ils assurent qu'en effet nuls autres que les justes ne ressuscitent pour être immortels; « qu'il a dit avec trop peu de précaution, que ce fut principalement après la résurrection que Jésus-Christ entrant dans le ciel,... fut pontife selon l'ordre de Melchisédech, *Hebr.*, V, 6, puisque l'Apôtre au verset suivant établit le plein exercice de son sacerdoce, lorsqu'il étoit sur la terre, où ayant offert d'humbles

---

¹ I*re Inst., Rem. sur la Préf.*, XI° paas., n. 7. — ² Voyez nos *Notes sur l'Apoc.*, Préf., n. 26.

prières avec de grands cris et avec larmes, il fut exaucé à cause de son respect; » ce qui enferme le fondement de ses fonctions sacerdotales : qu'il a dit d'une manière téméraire et vague que la multiplicité des paroles reprises par Jésus-Christ dans la prière, *Matth.*, VI, 7, ne consistoit « que dans une longue répétition des mêmes mots, » ainsi qu'il l'a inséré dans le texte même en traduisant : « Ne rebattez pas les mêmes paroles; » ce qui tendroit à condamner, non-seulement plusieurs saintes pratiques de l'Eglise même dans son service public, mais encore les *Psaumes* de David, et jusqu'à la prière de Jésus-Christ dans son agonie, où il passa plusieurs heures à répéter le même discours, *eumdem sermonem dicens*, Matth., XXVI, 44 : qu'il a dit sur saint *Luc*, XX, 35, que « par le siècle on entend le monde; » directement contre le texte, qui parle de ceux « qui seront jugés dignes de ce siècle-là, » c'est-à-dire du siècle à venir, par opposition aux enfans de ce siècle-ci, c'est-à-dire du siècle présent, *filii hujus sœculi*, verset 34 : qu'il a dit trop généralement et mal à propos que « les gentils ne croyoient pas que la fornication fût un péché, » *Act.*, XV, 20; et n'a pas assez distingué ce qui étoit défendu dans le décret des apôtres par une convenance d'avec ce qui l'étoit par la loi naturelle que les gentils devoient sentir au fond de leur conscience, encore qu'ils ne voulussent pas ouvrir entièrement les yeux à la lumière qui condamnoit tous ces désordres : qu'il a dit que la prophétie d'Amos, citée par saint Jacques, « étoit seulement un sens mystique et spirituel, » *Act.*, XV, 16, au lieu que bien constamment c'est une prédiction des plus précises pour la conversion des gentils et pour les temps du Messie : qu'il a dit « que ces mots, *esprit et ange*, doivent être pris pour la même chose, » *Act.*, XXIII, 8; ce qui seroit avancé trop négligemment, et à l'exclusion de l'ame qui est aussi un esprit : qu'il a dit aussi à cette occasion où il s'agissoit d'un dogme, « qu'on ne doit pas exiger des apôtres une expression fort exacte, » ce qui prononcé indistinctement, induit une confusion universelle dans les dogmes, et renverse les conclusions que les Pères et toute la théologie tirent des paroles de l'Ecriture.

II. Passage Je ne finirois jamais, si je voulois rapporter les négligences, l'inexactitude, les affectations, les singularités du traducteur. On ne peut presque ouvrir son livre sans y trouver de nouvelles fautes. Au lieu de traduire : « Nous étions naturellement dignes de la colère de Dieu, » *Eph.*, ii, 3, il falloit mettre comme dans la note : « enfans de colère, » etc., qui est un terme consacré. C'est la coutume perpétuelle du traducteur, que ce qu'il réserve pour son texte soit presque toujours le plus mauvais. Il allègue saint Jérôme dans son commentaire sur cet endroit de l'*Epitre aux Ephésiens*, pour rendre le mot *naturellement* par celui d'*entièrement* : mais il oublie les derniers mots de ce docte Père, où il conclut « qu'en tout cas, si on reçoit cette signification, elle doit être exposée selon ses explications précédentes, » dans lesquelles, pour expliquer la corruption naturelle du genre humain, il y avoit « compris la concupiscence qui nous porte au mal dès nos premiers ans, et le péché que le diable a introduit dans le monde, c'est-à-dire le péché originel. »

aux Ephésiens, que « nous sommes naturellement enfans de colère. »

Il n'est pas permis d'oublier ce que nous avons remarqué ailleurs[1], mais en passant : c'est le silence étonnant de M. Simon sur les textes qui établissent la divinité du Saint-Esprit. Tout en est plein dans l'Evangile. Nous avons suivi l'auteur comme pas à pas sur tout le texte sacré, sans y trouver un seul mot pour le grand sujet dont nous parlons. Jésus-Christ promet d'envoyer le Saint-Esprit après son départ de ce monde, pour y tenir sa place, pour y suppléer sa présence et nous consoler de son éloignement, pour nous enseigner toute vérité et nous suggérer au dedans ce que le Sauveur avoit prêché au dehors; il prend du sien, il le glorifie comme étant son Esprit, ainsi que celui du Père, et l'esprit de vérité : toutes fonctions que le Saint-Esprit ne pouvoit faire à la place de Jésus-Christ, s'il étoit son inférieur : il est donc de même rang, de même ordre, de même autorité : c'est lui qui fait les prophètes, les prédicateurs, tous les justes et tous les enfans de Dieu, en habitant dans leurs cœurs, y répandant la grace et la charité avec lui-même, qui en est la source. Tout cela passe devant les yeux de M. Simon, sans qu'il daigne en relever un seul mot : il pouvoit du moins remarquer que mentir au Saint-Esprit, c'est

III. Omissions affectées de l'auteur sur le Saint-Esprit.

[1] Ire *Inst., Rem. sur la Préf.*, 2e pass., n. 3.

mentir à Dieu. Quand il n'y auroit que les passages où nous sommes appelés *le temple du Saint-Esprit*, c'en seroit assez pour nous faire dire avec saint Grégoire de Nazianze : Un membre de Jésus-Christ ne doit pas être le temple d'une créature. Quand il n'y auroit que la consécration de l'homme nouveau en égalité au nom du Père, du Fils, et du Saint-Esprit, il n'en faudroit pas davantage pour conclure avec le même saint : Non, je ne veux pas être consacré au nom de mon conserviteur, ni enfin en un autre nom qu'en celui d'un Dieu : un petit mot sur quelqu'un de ces passages eût bien valu quelques-unes de ces misérables critiques dont l'auteur a rempli son livre : le Saint-Esprit est représenté comme le tout-puissant instigateur de toutes les bonnes pensées et l'auteur de tout l'intérieur de la grace, qui contient la consommation de l'œuvre de Dieu; mais nous avons déjà remarqué que M. Simon ne connoît guère cet intérieur, et qu'il affecte partout d'en éloigner l'idée.

IV. Récapitulation de tout cet ouvrage.

C'en est assez, et il me suffit d'avoir démontré que l'auteur fait ce qu'il lui plaît du texte de l'Evangile, sans autorité et sans règle; qu'il n'a aucun égard à la tradition, et qu'il méprise partout la loi du concile de Trente, qui nous oblige à la suivre dans l'interprétation des Ecritures; qu'il ne se montre savant qu'en affectant de perpétuelles et dangereuses singularités, et qu'il ne cesse de substituer ses propres pensées à celles du Saint-Esprit; que sa critique est pleine de minuties, et d'ailleurs hardie, téméraire, licencieuse, ignorante, sans théologie, ennemie des principes de cette science; et qu'au lieu de concilier les saints docteurs et d'établir l'uniformité de la doctrine chrétienne par toute la terre, elle allume une secrète querelle entre les Grecs et les Latins dans des matières capitales; qu'enfin elle tend partout à affoiblir la doctrine et les sacremens de l'Eglise, en diminue et en obscurcit les preuves contre les hérétiques et en particulier contre les sociniens, leur fournit des solutions, leur met en main des défenses pour éluder ce qu'il a dit lui-même contre leurs erreurs, et ouvre une large porte à toute sorte de nouveautés.

FIN DES INSTRUCTIONS SUR LA VERSION DE TRÉVOUX.

PLAN
D'UN
TRAITÉ DE THÉOLOGIE.

TRAITÉS DES PÈRES
LES PLUS UTILES POUR COMMENCER L'ÉTUDE DE LA THÉOLOGIE.

IDÉE GÉNÉRALE DE LA RELIGION.

Saint Augustin : *De catechizandis Rudibus ;* — ses quatre livres *de la Doctrine chrétienne ;* — son traité *de la Vraie Religion ;* — celui *des Mœurs de l'Eglise catholique ;* — son *Enchiridion,* adressé à Laurent.

TRINITÉ.

Le *Symbole de Nicée ;* — celui *de saint Athanase ;* — son *Recueil des passages de l'Ecriture,* qui prouvent l'essence commune du Père, du Fils et du Saint-Esprit, t. I, p. 209 ; — sa *Lettre des décrets du Concile de Nicée,* p. 248, t. II, p. 10, 16 ; — ses trois *Lettres à Sérapion sur la divinité du Saint-Esprit,* t. I, p. 173.

Saint Grégoire de Nazianze, ses cinq *Oraisons de la Théologie,* XXXIIIe, XXXIVe, XXXVe, XXXVIe, XXXVIIe.

Saint Augustin : *Contre Maximin,* arien ; — les huit premiers livres de son ouvrage *de la Trinité.*

INCARNATION.

La *Lettre* de saint Athanase *à Epictète.*

Celle de saint Augustin *à Volusien ;* — son traité *de la Persévérance,* particulièrement latin, où est expliquée la prédestination de Jésus-Christ.

Les *Lettres* de saint Cyrille d'Alexandrie, qui furent lues au Concile d'Ephèse, et celles qu'il écrivit *sur l'Accord avec les Orientaux.*

La *Lettre* de saint Léon *à Flavien.*

La *Définition du Concile de Chalcédoine.*

Les *Anathématismes du V° Concile.*

La *Définition du VI° Concile.*

La *Lettre* de saint Bernard *à Innocent II,* contre Pierre Abailard, touchant la satisfaction de Jésus-Christ et la rédemption.

GRACE.

Les huit *Canons du Concile de Milet.*

Le livre de saint Augustin : *De l'Esprit et de la lettre;* — ses deux ouvrages *contre Julien;* — celui *de la Grace et du libre arbitre;* — *de la Correction et de la grace;* — *de la Prédestination des saints;* — *du Don de la persévérance;* — ses *Lettres....;* — ses *Sermons.... sur les Paroles de l'Apôtre.*

Les *Réponses de saint Prosper aux objections de Vincent de Lérins et du Collateur.*

Le *Concile d'Orange.*

La *VI° session du Concile de Trente.*

SACREMENTS.

Les sept livres de saint Augustin *du Baptême contre le donatistes;*
Ses livres *contre Parménien;*
} les uns et les autres sur l'efficace des sacrements en général.

Les *Catéchèses mystagogiques* de saint Cyrille de Jérusalem, pour l'Eucharistie principalement.

Le traité de saint Ambroise, *De Initiandis;* — le traité *des Sacrements,* qui est entre ses œuvres.

L'homélie LXXXIII° de saint Chrysostôme sur saint Matthieu;
La XXIV° *sur la I" Epitre aux Corinthiens,* chap. x;
} ces deux pour l'Eucharistie.

Les *Catéchèses* de saint Gaudence.
Les *Catéchèses* de saint Eucher.
Le *Concile de Trente.*

PÉNITENCE.

Tertullien : *De la Pénitence ;* — son traité *de la Doctrine de l'Eglise ;* — celui *de la Pudicité.*
Les *Lettres* de saint Cyprien ; — son traité *de Lapsis.*
Lettre de saint Pacien *à Sempronien, contre les Novatiens.*
Saint Ambroise, *De la Pénitence.*
La dernière des cinquante *Homélies* de saint Augustin ; — son sermon XXXII *De verbis Apostoli,* sur la prière pour les morts ; — son livre *de Curâ pro mortuis agendâ.* — Voyez aussi l'*Enchiridion, sur la nature de l'ame ;* — ses derniers livres *de la Trinité,* savoir les IX°, X°, etc.

ÉGLISE.

Les livres de saint Cyprien : *De l'Unité de l'Eglise ;* — sa *Lettre à Antonien.*
Le livre de saint Augustin : *De l'Unité de l'Eglise ;* — sa *Lettre* CLXII°, et celles *sur les Donatistes.*
Les *Lettres* de saint Ignace *pour l'autorité épiscopale.*
La plupart de celles de saint Cyprien sur le même sujet ; et *pour le gouvernement ecclésiastique,* particulièrement celles qu'il a écrites au pape saint Corneille, à Florentius Puppiénus, etc., *sur l'autorité du témoignage des Apôtres.*
Saint J. Chrysostôme : sa 1re homélie *sur saint Matthieu ;* — les deux 1res *sur saint Jean ;* — les IVe et Ve *sur la* Ire *aux Corinthiens,* I, '26, sur ces mots : *Non multi nobiles ;* — sur la Force de *la tradition et l'autorité des décisions de l'Eglise.*
Saint Irénée, livre IIIe *contre les Hérésies.*
Tertullien, *Des Prescriptions.*
Vincent de Lérins : *Sur la forme des jugements ecclésiastiques ;* — les Ires *Actions du Concile de Chalcédoine ;* — les *Actes du* Ve *Concile, du* VIe *et du* VIIe.

MORALE.

Apologétiques { de saint Justin / d'Athénagoras / de Tertullien } où l'on voit les mœurs des chrétiens.

Le *Pédagogue* de saint Clément Alexandrin.
Les *Morales* et les *Ascétiques* de saint Basile.
Le IV⁰ livre de saint Augustin, *De la Doctrine chrétienne*.

CONTROVERSE CONTRE LES JUIFS.

Dialogue de saint Justin *avec Tryphon*.

BIBLIOTHECÆ ORDINANDÆ SERIES.

1° LOCO LIBRI IN-FOL.; 2° LOCO LIBRI IN-4°; 3° LOCO LIBRI IN-8°
ET MINORES.

In unaquaque classe hic ordo servatur

Biblia et Bibliorum Interpretes.
Patres { Græci. / Latini. }
Theologi { scholastici. / morales. / polemici. }
Prædicatores.
Jus { canonicum. / civile. / gallicum. / externum. }
Philosophi.
Oratores.

Poetæ.
Philologi.
Grammatici.
Historia { ecclesiastica. / græca. / romana. / bysantina. / gallica. / externa. }
Chronologi, seu Historiæ universales.
Geographi.

QUESTIONS PARTICULIÈRES.

DE OBJECTO ORATIONIS.

Quid imprimìs postulandum? An bona temporalia petenda sint, et quomodo? Oratio est singulis operibus et consiliis, etiam de rebus temporalibus, præmittenda.

DE DIVISIONE ORATIONIS.

In privatam et publicam. Quæ sint publicæ orationes? De supplicationibus et litaniis, seu processionibus publicis. An legitimè pro coercendis imbribus, ariditate depellendâ, procurandâ segetum felicitate et maturitate indicantur?

In vocalem et mentalem. Vocalis, unde desumenda? An ex sacris Scripturis? Mentalis orationis methodus hodierna, an cognita Patribus antiquis? Mentalis orationis, si bene fiat, utilitas. Methodus ejusdem legitima. De orationis tempore. An sit orandum semper, et quomodo orationis tempora consideranda?

Orationes breves et ardentes frequentesque, quàm utiles. Orationis efficacia. Cur Deus tandiù effectum orationum differat? An Deus velit ut oremus, quod tamen daturus non est? An orationes pro aliis exaudiantur minùs quàm quas pro nobis ipsis fundimus? An peccatores Deus nunquam audiat? Orationis subjectum seu materies. Quæ debeat esse frequens orationis materies, hæc est: miseria propria, proximi miseria, Ecclesiæ mala, beneficia Dei, Christi mysteria, Scriptura sacra. De gradibus orationis, raptu, extasi.

DE ORATIONE DOMINICA IN SPECIE.

An omnia quæ legitimè peti possunt contineat? An omnia pietatis officia complectatur? De præfatione. De I^a petitione; de II^a, III^a, IV^a, V^a. An debita temporalia debitoribus remitti debeant? VI^a: Quo sensu Deus inducere in tentationem dicatur? De VII^a petitione.

NOVISSIMA HOMINIS. — MORS.

Mors. Necessitas ineluctabilis, et incertitudo ejus. Meditatio mortis. Quæ sit optima ad mortem præparatio, nempe vita christiana. Liberavit nos Evangelium à timore mortis. Homini verè christiano solvenda est vita, optanda est mors. Cur tantoperè mors timeatur ab amatoribus vitæ? De timore etiam bonorum. Mors justi, impii, serò pœnitentis, tepidi et negligentis. Mors subita.

DE MORBO QUO IMPELLIMUR IN MORTEM.

Quis sit morborum usus legitimus? Quomodo se gerere debeant medici, cognati, pastores circa ægrotantes, initio morbi? Quâ ratione hortandi sint morituri?

An in morbis acutissimis ejulatus et impatientiæ quidem motus ægris imputentur? De sepulturâ et sepulcro. Æqualitas omnium in sepulcris. Quantùm horreant amatores vitæ tenebras et ignominiam sepulcri, cum ipsi ad inferorum tenebras ignemque vix tantùm advertant. De ritu Gentilium quo mortuos comburebant. Ubi et de ridiculâ apotheosi principum romanorum. Cur olim Hebræi et olim etiam Christiani maluerint terræ corpora sua commendare? Olim sepulcra extra urbes erant. An liceret primis temporibus in ecclesiâ quemquam sepelire? De condimentis corporum defunctorum. De conservatione cadaverum in lectulis apud Ægyptios et Constantinopolitanos, etiam sub religione christianâ. — *Vide* cætera quæ ad cœmeteria pertinent alibi tractata.

De luctu et funere mortuorum. De luctu Gentilium. De luctu et planctu Judæorum. An liceat viro christiano mortuum lugere, et quâ moderatione? An liceat pullâ et atrâ veste dolorem suum publicè per annum vel menses aliquot testari? Quid sentiendum de pompâ funebri sæculari? De religiosâ pompâ funebri, hymnis, lampadibus, cleri et monachorum comitatu, thuris et odorum crematione aliisque piis ritibus in funere defunctorum fidelium observatis. Quid de stemmatibus, atris parietum et altarium indumentis, lampadum pyramidibus? An hæc christianam pietatem oleant? Quid de epitaphiis, statuis, obeliscis, mausoleis apud christianos? An hæc in ecclesiis tolerari debeant? An pro majori ambientium pecuniâ, numerosior clerus, pretiosiores vestes, augustior supellex argentea adhiberi possint? Quid de pulsatione campanarum pro divite aliquo mortuo, ne leviter pulsatis iisdem pro inope quidem, sed sancto viro?

DE RESURRECTIONE MORTUORUM.

An sint omnes resurrecturi è tumulis? Quid fiet de iis vivis, quorum tempore judicium continget? Quid intelligendum his Symboli verbis: *Vivos et mortuos?* Argumenta resurrectionis. An resurrectio etiam impiorum per Christi virtutem et merita contingat? De conditione impiorum post resurrectionem. An eadem omninò caro, quæ nunc est, resurrectura sit?

JUDICIUM.

Judicii ultimi necessitas, signa. Terribilis apparatus. Consternatio impiorum. Bonorum, et præcipuè pauperum exultatio. Judicis majestas, æquitas, severitas, potestas. Quæ causa tremoris virtutum cœlestium? An omnia et singula, licèt occultissima, hâc die singulis et omnibus manifestanda sint? An gravatis mole peccatorum impiis et terræ hærentibus, obviam Christo in aera ituri sint justi? Quid sentiendum de loco et tempore judicii? Quomodo Apostoli sessuri sint cum Christo judices? Quomodo ii qui bona temporalia dimiserunt? Quomodo Tyrii, cives Sodomorum, Regina Austri in judicium surrecturi sint contra Judæos et Christianos? An graviores post judicium pœnæ dæmonum et damnatorum futuræ sint? An lætiores et feliciores beati? Judicii privati non magnum à publico discrimen.

IGNIS PURGATORIUS.

An sit? Qualis? Ubi? Quanto tempore igne illo justi expientur? An orationes fidelium, sacrificium missæ, largitiones in pauperes maturiùs eorum purgationem accelerent? Indulgentiæ, an ad mortuos extendantur? An certa ad certos indulgentiarum et piorum operum destinatio, semper apud Deum rata sit? Quid sentiendum de apparitionibus illis vulgatissimis animarum in igne purgatorio æstuantium?

ÆTERNITAS.

Vel beata vel misera. An medius sit aliquis status felicitatem inter et cruciatus infantibus absque baptismo decedentibus præparatos? Quid sentiendum de loco Patriarcharum ante adventum Christi? Quid de sinu Abrahæ? Æternitatis immensum pondus et pretium. Nihil præter æternitatem attentione et æstimatione dignum. Tempus est æternitatis pretium. Temporis abusus irreparabilis. Vitæ brevissimæ et pretiosissimæ in nugis consumptio. Æternitas nullo claudenda fine, quantùm ad bonum vel quantùm ad malum.

VITA ÆTERNA. — PARADISUS.

Sanctorum in vitâ æternâ cumulatissima beatitudo. In hanc nihil polluti aut inquinati ingredietur. Vitæ æternæ, sub nomine *Cœlestis Jerusalem*, magnifica descriptio in Scripturis. An sint quædam vestibula, in quibus animæ justorum ad judicium usque detineantur? Pax illius civitatis. Unio, charitas, imò unitas civium ejus, hymni et laudes quibus civitas illa resonat. Occupatio sanctissimè otiosa beatorum. Gratiarum actio continua et sine fatigatione, delectatio jucundissima sine fastidio.

INFERI.

Calamitas illius loci. Quantus horror et quanta confusio illic! Mortis secundæ quàm funestus interitus! Stridor dentium. Vermis nunquam moriturus. Fletus inutilis. Tenebræ exteriores. Vincula et compedes. Desperatio. Furoris divini et potentiæ divinæ in miseros illos diluvium. Ignis gehennæ quàm intolerabilis cruciatus! Diaboli et satellitum ejus rabies. Blasphemiarum horribile solatium. Immensi beatitudinis desiderii frustratio. Justæ Dei sententiæ et vilissimæ rei, propter quam in hanc miseriam venerunt, intolerabilis conspectus. Creaturarum omnium contra ipsos conjuratio. Beatorum, et cùm viverent et nunc post mortem, suo cum statu comparatio. Omnium, contra quam speraverant et existimaverant, in aliâ vitâ inventio. Nulla, ne exigua quidem, consolationis stilla. Corporis et animæ intestinum odium, et optata inutiliter separatio. **An diabolo et damnatis expectanda sit aliquando rerum conversio?**

DUÆ VIÆ QUIBUS AD VITAM VEL AD MORTEM ITUR.

Via angusta Christi. Pauci per illam gradiuntur. Vis inferenda sibi est. Nemo cum Christo vitam ingreditur, nisi vestigia ejus secutus. Vitæ christianæ exarata effigies. Via lata. Multi eam calcant. Aperta est, facilis et prona. Cæcitas per illam gradientium et stultitia. Quàm luctuosum tot christianos vivere vitâ Gentium, ac ne vivere quidem vitâ Judæorum !

DE DUABUS CIVITATIBUS.

Via angusta ducit ad Jerusalem et lata ad Babylonem. Duarum civitatum regnorumque in illis duorum descriptio. Societas justorum, caput ipsorum Christus. Societas malorum, caput eorum diabolus. Societas malorum, mundus est. Mundi fallacia. Mundi caducitas. Mundi nugæ et fascinatio. Mundi excommunicatio et reprobatio. Mundi crudelitas erga dilectores suos. Mundi publica et sine hypocrisi contra Christum conjuratio. Mundi et amatorum ejus interitus et ruina. Mundus sive mundi amor in solitudines etiam remotissimas aditum sibi facit. Quàm injuriosa Christo, multorum Christum inter et mundum fluctuatio! Summo odio fugiendus est mundus, puræque manus servandæ ab hoc sæculo nequam. Facilis post bellum cum mundo reconciliatio. Plena periculis cum mundo conversatio. Mundi et Christi impiè et frustrà tentata concordia. Mundum crucifigere quidem, et mundo crucifigi paucissimi nolunt. Contemptus mundi necessarius et præscriptus. Gratis colitur mundus : solus Deus gratis non colitur : nec tamen colitur. Ex mundi dilectoribus plerique turpem hunc, fallacem et iniquum norunt, nec tamen ab eo deficiunt. Misericordia Dei est maxima, cùm repellit aliquos mundus ; amarent certè si blandiretur. Quid sentiendum de iis qui à mundo repulsam passi, nunc demum de salute cogitant? Mundus nihil è christianâ veritate æmulatur. E mundo in Evangelium multi multa comportant. De scientiâ aut usu mundi, ut aiunt, quid sentiendum? An necessaria, an petenda ex aliis fontibus quàm Scripturis? An urbanitas et suavitas illa morum, quam mundus amat, conscientiis dirigendis et ministerio aliquid conducat?

ORDRE DES MATIÈRES

TRAITÉES DANS LA TROISIÈME PARTIE DE LA SOMME DE SAINT THOMAS.

DE INCARNATIONE CHRISTI.

DE EJUS NECESSITATE.

An si Adam non peccasset, incarnatio contigisset? An sine Christi incarnatione prævisâ, Deus ad creationem mundi adduci non potuisset? Collatio primi Adam cum secundo. An congruens fuerit ut statim post hominis lapsum Christus nasceretur? Cur in plenitudine temporum? Quid illa temporum plenitudo?

DE UNIONE VERBI CUM HUMANA NATURA.

Ac 1° *de ipsâ unione*. — An fuerit accidentaria et moralis solùm? An illam merita quædam saltem præcognita præcesserint? An fuerit confusio et permixtio naturarum?

2° *De unione ex parte unientis*. — An è tribus divinis personis commodius et congruentius fuerit, ut Verbum carnem susciperet?

3° *De unione secundùm naturam unitam*. — An assumpta natura humana personam humanam retinuerit vel habuerit? Quid sit persona humana? An immutatione vel potiùs adjectione humana natura personæ in Christo dignitatem non habeat? An humanitas in divinitatem commutata?

4° *De unione secundùm partes naturæ humanæ*. — An verum corpus Christus assumpserit? An corpus nostris simile? An cum carne animam? An mentem vel intellectum?

DE ASSUMPTIS CUM NATURA HUMANA QUIBUSDAM DOTIBUS, QUÆ IPSAM PERFICIANT.

De justitiâ animæ Christi. An propria et inhærens? An fides in illo? An spes? An plenitudinem gratiæ acceperit? An hæc plenitudo infinita sit?

DE GRATIA CHRISTI UT EST CAPUT ECCLESIÆ.

Caput est Ecclesiæ. An omnium hominum? An angelorum? Christi perpetuus in suos influxus. Necessitas unionis cum Christo ut capite.

DE SCIENTIA CHRISTI.

An Christi anima divinam naturam comprehendat? An omnia in Verbo etiam infinita intelligat? An scientiam beatam et scientiam infusam Patres in Christo distinguant? An experimentalem scientiam habuerit? An in illâ progressum fecerit? An ultimi judicii diem ignoraverit?

De assumptis cum naturâ humanâ quibusdam defectibus corporis, fame et siti, fatigatione infirmitatibusque aliis. Cur illis subjacere voluerit? An morbos susceperit?

DE DEFECTIBUS ANIMÆ.

An fuerit in Christo ignorantia? An dolor et passio? An tristitia, timor, ira, admiratio? An summa beatitudo cum hujusmodi rebus conciliari potuerit? Similitudine carnis peccati non peccatum assumpsit. Nulla fuit in Christo peccati originalis labes et concupiscentiæ pugna, quia conceptus ex Virgine.

DE HIS QUÆ UNIONEM CONSEQUUNTUR.

Communicatio idiomatum. Propositionum quarumdam de Christo veritas aut falsitas. De veritate Christi. Non sunt duo filii, sed unus. Non duo Christi, sed unus. Non Deus est homo, sed Deus in homine.

De unitate voluntatis. An sit in Christo voluntas humana distincta à voluntate Verbi? An illa huic fuerit omnino conformis? An plures in eo fuerint voluntates humanæ, id est diversi affectus circa rem eamdem, verbi gratiâ, mortem?

DE LIBERO CHRISTI ARBITRIO.

An libertatem cum obedientiâ servaverit? Quæ et qualis ejus libertas?

DE UNITATE OPERATIONIS CHRISTI.

An fuerit in illo unica operatio, ex divinitate et humanitate? An plures et cuique naturæ propriæ?

DE HIS QUÆ CHRISTO, UT PATRI SUBJICITUR, CONVENIUNT.

An sit subjectus Patri?

DE ORATIONE CHRISTI.

An Patrem pro se ipso oraverit? An pro omnibus planè hominibus? An oratio Christi sit exaudita? An in cœlis semper oret? An oratio ejus determinet voluntatem ejus generalem, ut hos vel illos adjuvet, hæc vel illa faciat? Christus pernoctans in oratione Dei. Dignitas orationis Christi.

DE SACERDOTIO CHRISTI.

Summus est sacerdos Patris. Sacerdos ipse et hostia, et ignis, et altare, ipse et suscipiens hostiam suam. De effectu hujus sacerdotii. De æternitate ejus. De discrimine à sacerdotio Aaronis. De abrogatione sacerdotii antiqui.

DE ADOPTIONE CHRISTI.

An sit vel dici possit filius adoptivus? Christianorum adoptio : fratres sunt Christi.

DE PRÆDESTINATIONE CHRISTI.

An sit prædestinatus? An ex prævisis bonis ejus operibus aut meritis? An ejus prædestinatio sit exemplar nostræ? An sit nostræ principium et causa?

DE MEDIATIONE CHRISTI.

Discrimen mediatoris Moysis à mediatore Christo. Officia mediatoris.

DE MYSTERIIS CHRISTI JAM ACTIS, IN COMMUNI.

Cur Ecclesia mysteria Christi quotannis celebret? De Christi mysteriorum piâ recordatione et meditatione. De Christi mysteriorum gratiâ et virtute. De eorumdem spirituali sensu. De ipsorum consistentiâ et quasi perpetuitate. De vitæ Christi interioris et absconditæ mysteriis. De usu vitæ Christi, hoc est, piâ occupatione circa Christum.

DE IISDEM MYSTERIIS SINGILLATIM,

AC PRIMO DE CONCEPTIONE QUANTUM AD MATERIAM.

An corpus Christi sumptum ex carne Adami? An ex genere David, ubi de Christi genealogiâ? An verè ex muliere, et quibus de causis nasci Christum de muliere oportuerit? An decimatus fuerit, sicut et Levi, in patris Abrahæ lumbis, et à Melchisedec benedictus?

DE CONCEPTIONE QUANTUM AD PRINCIPIUM.

Quid intelligendum his verbis: *Conceptus est de Spiritu Sancto?* An Spiritus Sanctus pater sit Christi?

DE CONCEPTIONE QUANTUM AD PERFECTIONEM.

Christus primo conceptionis instanti, mente et sapientiâ et libertate plenissimè præditus. An eo momento comprehensor?

QUANTUM AD SUBJECTUM, SIVE BEATISSIMAM VIRGINEM, AC PRIMO DE SANCTIFICATIONE MARIÆ.

An concepta sine originali labe? An saltem ante nativitatem sanctificata? An sine cupiditate vel concupiscentiæ fomite vixerit? Quæ sit plenitudo et eminentia sanctitatis Mariæ?

DE SACRA EJUS VIRGINITATE.

Integerrima fuit virgo, et ante partum et post. An virginitatis votum emiserit? Fecunditas virginitatis in Mariâ, matrumque et virginum junctâ felicitate. Virginitatis sublimitas et exemplar, quoàd mentem animumque, in Virgine Deiparâ.

DE EJUS DESPONSATIONE.

An natus conceptusque Christus de virgine sub viro et desponsatâ? An societas Mariæ et Joseph verum conjugium fuerit? Privilegia beatissimi Joseph. An virginitatem semper coluerit?

DE NATIVITATE CHRISTI.

Hujus nativitatis in membris infantilibus humilitas, ejusdem circumstantiæ singularem doctrinam et pietatem spirant. Duplex Christi nativitas. An Virgo, mater ejus, Dei mater sit?

DE MANIFESTATIONE CHRISTI.

Cur primùm nuntiatus pastoribus? Cur deinde magis? Quæ magorum patria et dignitas? Stellæ magorum ducis mysteria.

DE LEGALIBUS CIRCA JESUM INFANTEM IMPLETIS.

Circumcisionis Christi causæ, mysteria, virtus. De novissimo nomine Jesu. Oblatus Patri Christus in templo et redemptus. Purgata secundùm legis consuetudinem Virgo et mater.

DE INFANTIA SALVATORIS.

Ejus, cùm esset annorum duodecim, in Jerusalem quasi delitescentia, hujusque mysterii causæ. Inter doctores repertus. Parentibus subditus. Cur tot annos otio silentioque dederit? Cur maximam vitæ suæ partem ignorari voluerit? De opere servili, veste cultuque ejus. An egregiâ formâ conspicuus esset?

DE PRÆCURSORE EJUS.

Nativitas Joannis ejusque prodigia. Desertum, silentium, sanctitas, pœnitentiæ exemplum et tuba. Cur ab illo nullum patratum signum? Carcer ejus, mors. Cur, dùm viveret ac etiam post mortem, pro Christo à multis habitus?

DE BAPTISMO CHRISTI PER JOANNEM.

Cur inter peccatores baptismo, illoque inefficaci, tingi voluerit? Hujus baptismi circumstantiæ earumque mysteria.

DE CONVERSATIONE CHRISTI.

Cur non in solitudinem, sicut et Joannes, pervenerit? Cur auram ac singularem abstinentiam non coluerit? Cur humile abjectumque vitæ genus, non sublime et nobile, amplexus sit?

DE TENTATIONE CHRISTI.

An sæpe dæmonis tentationes pati voluerit? Cur in desertum à baptismo secesserit? Cur illic tentatus? Quibus tentatus est, iisdem et nos tentamur? An translatio Christi in montem ac templum sensu et imaginatione, non vera fuerit?

DE DOCTRINA CHRISTI.

Evangelizabat pauperes. Vicos et castella pedestris circuibat. Vitia sacerdotum et pharisæorum asperiùs insectabatur. Ad oves tantùm Israeliticas missus : quid ita ? Modus quo res divinas edisserebat, simplex et captui rudiorum attemperatus. *Cœpit facere et docere.*

DE MIRACULIS CHRISTI IN GENERE.

Miraculorum necessitas. Miraculorum Christi interior sensus et mysteria. Miraculis divinitatem suam non solùm, sed doctrinam præcipuè probavit. Miraculis adversarios suos adeo non flexit et emollivit, ut ferociores potiùs effecerit.

DE SINGULIS CHRISTI MIRACULIS SEORSIM.

DE AQUA VINUM FACTA, ETC. DE TRANSFIGURATIONE CHRISTI.

DE PASSIONE CHRISTI.

Oportuit Christum pati. Hujus passionis causæ et convenientiæ. Proditio Judæ. Oratio. Sudor sanguinis. Agonia. Negatio Petri. Omnium discipulorum fuga et desertio. Probra et contumeliæ quibus quasi saturatus est. Corona spinea; purpura, arundo, quibus ut ridiculus rex dehonestatus est. Irrisa ab Herode sapientia ejus. Flagellationis crudele et infame supplicium. Impia innocentis condemnatio. Suffixio ejus in cruce. Cur dirum illud mortis genus præ cæteris à Deo electum ? Crucis amor et desiderium in Christo. Crucis amor vel certè tolerantia necessaria christianis. Cum latronibus crucifixus, hujusque rei mysteria. Alterius latronis conversio stupenda. Ab ipso Patre suo desertus. Quæ fuerit ista desertio? **An** turbata doloribus tantis, vel fiducia ejus, vel felicitas? Sitis ejus. Oratio pro ipsis à quibus crucifigebatur. Clamor et lacrymæ, quibus sacrificium suum consummavit.

DE CAUSA PASSIONIS CHRISTI.

Oblatus est quia ipse voluit. Obediens fuit usque ad mortem crucis. Jubente Patre, mortuus. Quomodo? Manus omnium contra eum. Peccatores omnes Christi interfectores. Cur Gentes atque Judæi in mortem Christi convenerint? An ignorantes eum occiderint?

DE EFFECTIBUS PASSIONIS CHRISTI.

Abolitio chirographi quod erat contrarium nobis, id est, antiqui Testamenti cujus maledicto tenebamur. Destructio veteris hominis, et ejus cruci affixio. Reconciliatio Dei cum hominibus, et facta omnium Ecclesiæ membrorum pax et unio in uno corpore Christi Domini. Redemptio ex principe tenebrarum. Liberatio à peccato et morte, cujus est stimulus. Januæ cœli apertæ per ingressum summi sacerdotis, rupto carnis suæ velo. Justitiæ divinæ cumulatissimè satisfactum. Infinitorum filiorum, mortificato frumenti grano, posteritas, sive Ecclesiæ nativitas et fœcunditas.

DE VULNERIBUS CHRISTI.

Vulnerum istorum causæ et mysteria. E vulnere lateris exivit Ecclesia, cum mysteriis aquæ et sanguinis quibus abluitur et pascitur. Vulnerum servata post resurrectionem vestigia profunda : cur ita factum? Animarum innocentium et pœnitentium in illis vulneribus secura et suavis habitatio.

DE MORTE CHRISTI.

Mortis Christi efficacia. Christus semel mortuus, jam non moritur. Nec expectanda est peccatoribus Christi mors altera. Jam non relinquitur pro peccatis hostia post sanguinis et mortis Christi contemptum. Mortem Christi quisque sibi imputare debet. Mors Christi, sacrificia omnium, quibus variè figurabatur, implevit, et implendo delevit.

DE SEPULTURA CHRISTI.

Sepulturæ Christi circumstantiæ, mysteria crucis adhuc efficacis.

DE DESCENSU CHRISTI AD INFEROS.

Quid in hoc articulo credendum proponat Ecclesia? An iis qui tempore diluvii fuerant increduli manifestaverit se Christus, atque pœnitentes secum adduxerit? Summa Patrum antiquorum expectatio, et tunc summa lætitia. Triumphus Christi in inferis et tyranni spoliatio, liberatique, quos ille detinebat, captivi.

DE RESURRECTIONE CHRISTI.

Resurrectionis Christi virtus et efficacia. Novi hominis et novæ creaturæ per Christi resurrectionem creatio. Resurrectionis ejus invicta argumenta. Fides christianorum, resurrectio Christi. Si Christus non resurrexit, adhuc sumus in peccatis nostris. Apparitiones Christi. Institutio discipulorum, et in ipsis totius Ecclesiæ eruditio, per quadraginta Christi à mortuis redivivi dies.

DE ASCENSIONE CHRISTI.

Ascendit ut locum suis præparet. Cum Christo jam ascendimus. Cur ereptus è nostro conspectu Christus Dominus? Ecclesiæ viduatæ gemitus et fides. A Christo hìc in terris peregrinamur. Esse cum Christo multò meliùs est.

DE SESSIONE CHRISTI AD DEXTERAM PATRIS.

Quid significent *sessio* et *dextera ?* De potentià Christi et interpellatione ejus ad Patrem pro nobis.

DE JUDICIARIA EJUS POTESTATE.

Quia judicatus iniquè, justè omnium constitutus judex. De subjectione omnium sub imperio Christi. De traditione regni et imperii Deo Patri per Christum. Christus erit omnia in omnibus.

DE ECCLESIA,

Quam Christus fundavit regitque in finem usque sæculi, et quæ regnum ejus æternum futura est [1].

Ecclesiæ primordia infirma, sed incrementa stupenda. E monte Sion et Synagogâ profluxit. De catholicæ Ecclesiæ cognomine. Quid sit Ecclesia catholica? Ejus notæ. Antiquitas. Universalitas. Visibilitas. Successio ab apostolis non interrupta. Indefectibilitas. Integra fidei doctrinæque christianæ custodia. Præceptorum et consiliorum Christi visibilis et constans observantia. Miraculorum auctoritas et usus nunquam deficiens.

DE PROPRIETATIBUS ECCLESIÆ.

Unitate, infallibilitate, auctoritate, sanctitate.

DE UNITATE.

Ecclesia est una. Necessitas communionis in unitate Ecclesiæ. Unitas interior Ecclesiæ, sive pax inter Ecclesiæ ministros et filios. Ubi de communione sanctorum. Unitatis hujus vincula. Unitas exterior, sive separatio ab omni societate, vel hæreticâ, vel schismaticâ. De schismate. Nullæ esse possunt schismatis legitimæ causæ. Schisma, quantum scelus et malum. In schismate, ne martyrium quidem utile est. Schismaticorum adversùs Ecclesiam catholicam odium et calumniæ.

DE INFALLIBILITATE ECCLESIÆ.

Ejus proprietatis demonstratio. An Ecclesiæ cuidam singulari promissa infallibilitas? An hujus Ecclesiæ singularis singulari episcopo promissa illa infallibilitas? An sit Ecclesia in quæstionum de facto solutione infallibilis? An subscriptiones pro facto non revelato, sub sacramenti religione, cum diris imprecationibus exigendæ sint?

[1] La suite n'est pas selon le choix de saint Thomas, mais du P. Duguet même (note de l'abbé Ledieu).

DE AUCTORITATE ECCLESIÆ.

Auctoritas Ecclesiæ miraculis, martyrum sanguine, Patrum scriptis, solidè confirmata. Causa præcipua, propter quam Ecclesiæ tantam auctoritatem contulit Deus, fuit salus populorum et infirmorum, ut haberent cui crederent.

Ecclesiæ circa doctrinam aut mores aliquid proponenti, statim credendum est. Si repellatur ejus auctoritas, nihil jam certum immotumque erit.

DE ECCLESIÆ SANCTITATE.

An Ecclesia Christi sit tantum societas prædestinatorum vel justorum? An mali ministri et mali filii, qui non pertinent ad Columbam, pertineant ad Ecclesiam?

An nocere possit Ecclesiæ societas malorum, ejusque sanctitas illorum communione polluatur? An tolerantia malorum vel pravarum consuetudinum sit argumentum consensûs Ecclesiæ? An possit Ecclesia, quas laudavit disciplinæ suæ circa mores christianorum regulas, aliis temporibus eas damnare et repellere? Nulla extra sanctam Ecclesiam sincera sanctitas aut vera virtus.

DE FUNDAMENTIS ECCLESIÆ.

Scriptura, Traditione, Conciliis et Patrum scriptis.

DE SCRIPTURA.

Scripturæ veritas, certitudo, antiquitas, necessitas. Ejus assidua lectio et meditatio. Eo legenda est spiritu, quo scripta est. In Scripturis quidquid necessarium est, reperitur. Quod inutile aut noxium, non reperitur. Scripturæ comparatio cum philosophorum scriptis. Scripturæ inscrutabilis profunditas. Scripturæ simplicitas.

De interpretatione seu expositione scripturarum. Non pertinet Scripturæ interpretatio, nisi ad eam Ecclesiam cui commendata est. Multi sunt in Scripturis laquei propter superbos. Non est interpretanda proprio spiritu, sed ex constanti Patrum traditione. Omnes hæretici Scripturam jactant sibi favere, cum nullus habeat aut intelligat Scripturam, nisi catholicus. An admittendi sint hæretici ad publicum de Scripturis certamen?

De Scripturæ canonicæ, ab adulterinâ seu apocryphâ, separatione.

Ecclesiæ solius catholicæ judicium hoc est. An vitiosus admittatur circulus à catholicis, Scripturam Ecclesiæ auctoritate et Ecclesiam Scripturæ auctoritate demonstrantibus?

De Canone Hebræorum. De libris *Judith, Esther, Tobiæ*, quibusdam capitibus *Danielis, Esdræ, Machabæorum, Baruch.*

De novi Testamenti Scripturis, de quibus aliquando dubitatum.

De libris supposititiis et falsis, de mediis quibusdam et apocryphis.

De amissis prophetarum aliquot vel scriptorum sacrorum libris.

De calumniis et blasphemiis quorumdam hæreticorum contra veteris Testamenti libros.

De Scripturæ integritate vel adulteratione.

An corrupta sint exemplaria hebraica? An Judæi de industriâ suos codices vitiaverint? An puriores sint codices græci septuagenorum interpretum?

Quid censendum de sinceritate aut corruptione novi Testamenti græcè scripti? An emendati ad latinos codices, vel latini codices ad illius fidem emendandi sint? Hæreticorum in violandis Scripturis audacia. Antiquorum hâc de re sicut et nostrorum querelæ.

De versionibus Scripturarum.

An possit legitimè justasque ob causas Scriptura in linguam vernaculam transferri. De antiquâ Septuagenorum Interpretum translatione. An extet hodie? An fuerit universorum veteris Testamenti librorum facta à Septuagenis Interpretibus translatio? An tantùm librorum legis? Illius versionis frequentes ab hebraico fonte differentiæ, quibus causis imputandæ, et quibus modis conciliandæ?

De Symmachi, Aquilæ, Theodotionis versionibus et aliis in tetraplis, hexaplis, octaplis Origenis. De Origenis operâ et studio in comparandis conferendisque Scripturæ versionibus græcis. De operâ et studio martyris Luciani in emendandis Septuagenorum codicibus. De Hesychii circa idem argumentum labore.

De variislatinis versionibus ad græcam fidem exactis, temporibus Hieronymi et Augustini, et præsertim de Italicâ.

De hujus Italicæ lacerato corpore per Flaminium Nobilium nostris temporibus, hinc inde collectis partibus, restituto.

De emendatione versionis antiquæ per sanctum Hieronymum secundùm Septuagenos Origenis. De novâ translatione ad hebraicam veritatem ab illo factâ. De illius versionis in Ecclesiâ usu. De studio et operâ ejusdem Hieronymi circa *Psalterium* emendandum, et de novo transferendum.

De restitutione et emendatione novi Testamenti latinè ad græca exemplaria, ejusdem operâ et labore.

De auctoritate versionis Vulgatæ. Quo sensu sit authentica? An abrogata fides fontibus et originibus sacris.

De recentioribus heterodoxorum versionibus latinis aut vernaculis.

De catholicorum versionibus novis. Ubi de Bibliorum editionibus. An possit nostro sæculo fidelior et sincerior translatio fieri, Hieronymi vel Septuagenorum Interpretum versione?

De Scripturæ usu.

Scripturæ usus in theologicis quæstionibus. In alendis et exhortandis populis. In decidendis morum dubiis causis et ambagibus, in disciplinæ tuendis legibus.

DE TRADITIONE.

Traditionis auctoritas. Necessitas. Traditionis rei disciplinæ et morum, a traditione doctrinæ et rei speculativæ discrimen. Notas et characteres traditionis rei disciplinæ optimè Vincentius observavit. Et quæ sint eæ notæ singillatim?

Consuetudinis ab universâ Ecclesiâ religiosè observatæ auctoritas. Adversùs christianas traditiones hæreticorum cavillationes.

raditio et Scriptura, duæ Ecclesiæ faces.

In conciliis ex duplici illo fonte semper doctrinæ veritas petite. Ubi Scriptura et Traditio silent, Ecclesia etiam ipsa silet.

DE CONCILIIS ŒCUMENICIS.

De legitimis conciliorum generalium causis. De convocatione illorum legitimâ. An ad Pontificem romanum è jure antiquo pertineat? De publicis ad episcopos convocandos litteris. An episcopi convocati statim parere debeant, et semper paruerint? De sumptibus episcopis in viâ et in urbe suppeditatis à principe.

De ordine in conciliis.

An omnibus œcumenicis conciliis præfuerit romanus Pontifex, per se vel per legatos? Quo ordine sedes patriarcharum dispositæ fuerint in conciliis? An servatus inter inferiores metropolitas et cæteros episcopos certus aliquis ordo? De throno cui impositum erat sacrum Evangelii volumen. De loco et sede imperatorum, cùm aderant. De loco magistratuum et judicum, eorum nomine, concilii turbas sedantium.

De modo quo tractabantur res in concilio.

De exceptoribus et notariis omnia scribentibus. Omnia publicè agitabantur. Varii quibus suffragia postulabantur et dabantur modi. De clamoribus et tumultu episcoporum in conciliis, uno quasi impetu sententiam dicentium. An aliquis in postulandis et dandis suffragiis servaretur ordo? Ipsi semper accersebantur rei, et plena defendendi se suosque errores dabatur potestas.

De libertate conciliorum.

Sine libertate concilium planè nullum est.

Quæ sit libertas necessaria? An concilium esse possit sine partium studiis, animorum odiis, dolisque et artibus quorumdam episcoporum?

An hæretici concilium contra se coactum, eo nomine unquam repudiaverint, vel repudiantes auditi fuerint, quòd non pari numero cum episcopis judicibus sederent, aut essent episcopis sententiæ contrariæ?

De conciliorum generalium auctoritate. An errare possint legitimè deliberantes omnium Ecclesiarum episcopi? An necessaria sit romani Pontificis in concilio præsentia, vel ejus legatorum, aut certè confirmatio rerum gestarum ab illo postulanda sit? An abrogare possit romanus Pontifex, quæ in concilio generali decreta sunt? Ubi de quæstione, an inferior concilio vel superior sit?

De conciliorum generalium numero.

Quot numerent Græci? Quot ipsi numeremus? Ubi de variis hàc de re theologorum sententiis.

De sacris canonibus in conciliis generalibus vel conditis, vel probatis.

Ipsorum auctoritas. An solâ desuetudine antiquari et aboleri, possint? An jus posterius sit antiquo melius, aut non minùs legitimum? Distinctio duplicis juris : usurpatione unum, constitutionibus et legibus liberis aliud constituitur.

De renovatione antiquorum canonum.

De dispensatione à sacris canonibus aut decretis. Legitimæ dispensationis conditiones. Ad quem spectet dispensationis concessio? Dispensatio vel œconomia sanctorum aliquot Patrum et conciliorum in re etiam doctrinæ.

DE PATRUM SCRIPTIS PATRUMQUE AUCTORITAS, UBI SUNT UNANIMES.

atribus diversa sentientibus, quâ ratione alii sint aliis præferendi? Patrum de moribus et vitâ christianâ tractantium, adhuc auctoritas major quàm cùm de rebus theologicis disserunt. Patres assiduè legendi et versandi, sed cum discipuli docilitate, non judicis supercilio, et ut sequamur, non ut sequantur. Patrum apud hæreticos contemptus, contra ipsorum synagogas evidens præjudicium.

Patrum in exponendis Scripturis succus et pietas, ariditas è contrariò hæreticis et curiosa tantùm venantibus. E Patribus antiquis, alii philosophiæ nimiùm addicti, interiora Evangelii non altiùs penetrarunt; sed alii in scholis christianis primùm eruditi, purè et dilucidè de gravibus religionis articulis disseruerunt.

DE SACRAMENTIS,

Quibus sanctificatur et in finem usque conservatur Ecclesia.

DE SACRAMENTIS IN GENERE.

Quid sacramentum? Discrimen sacramentorum novæ legis à sacramentis antiquæ. Quomodo efficacia sint sacramenta nostra? Ecclesiæ preces et gemitus sacramentis virtutem conferunt. Cur Deus sacramentis et signis tegi spiritualia voluerit? Errores hæreticorum circa naturam et efficaciam sacramentorum. De numero sacramentorum. Hæreticorum hàc de re somnia, fides catholica. De ministro sacramentorum. Malus sit aut probus minister, eadem est sacramenti vis et efficacia.

Intentio ministri necessaria. Quænam est? De charactere quorumdam sacramentorum. An notus antiquis Patribus character ipse? Quid sit?

DE BAPTISMO.

De sacramento ipso, ejus naturâ, formâ, unitate, effectu; dilatione, comparatione cum circumcisione et cum baptismo Joannis, ejus necessitate; de baptismo parvulorum, adultorum; de susceptoribus, de ministro, de baptisteriis, de immersione aquæ.

DE BAPTISMO SECUNDUM SE.

Ejus nomina apud antiquos. Dignitas, mysteria, causæ. Ejus institutio, necessitas.

De materiâ baptismi. Quorumdam hæreticorum circa materiam baptismi ineptiæ. De igne in baptismo. De observatis apud antiquos aquæ mysteriis et figuris.

De formâ seu invocatione personarum Sanctæ Trinitatis. An apostoli baptismum in solo Christi nomine contulerint? Quinam ex hæreticis formam baptismi corruperint?

DE BAPTISMI UNITATE.

An sit unus et idem baptismus in Ecclesia et in hæreticorum aut schismaticorum conventibus? An remissio peccatorum extra

Ecclesiam baptismum comitetur? Iteratio baptismi in Ecclesiâ catholicâ suscepti, quantum scelus? Et qui ex hæreticis aut schismaticis illud tentaverint? Iterari alia sacramenta ab hæreticis collata tam nefas, quàm ipsum baptismum iterari.

DE BAPTISMI EFFECTIBUS.

Plena peccatorum ac ipsius etiam pœnæ laxatio. Regeneratio ac totius hominis innovatio. Effectûs baptismi ab effectu pœnitentiæ discrimen. In infantibus quid baptismus efficiat?

DE BAPTISMI IMMERSIONE.

Frequentata olim immersio, eaque trina vel unica. Immersionis et emersionis à divo Paulo et ab antiquis Patribus notata mysteria. Nudi viri et nudæ etiam mulieres in aquam demittebantur. Aliquid tamen utrosque pudoris causâ retinuisse certum videtur. Seorsim à viris mulieres tingebantur.

DE BAPTISMI DIVISIONE.

Baptismus martyrii omnibus olim Patribus indubitatus. Baptismus voti et desiderii incertior. Quid de re istâ antiqui decreverint?

DE BAPTISMI MINISTRO.

Ad episcopos primò, ad omnes deinde spectat baptismi ministerium. De laico et de muliere dubitatum. De infideli res incertior. Solemnis et privati baptismi distinctio. An diaconi solemnis ministri fuerint?

DE BAPTISMI COMPARATIONE CUM CIRCUMCISIONE ET BAPTISMO JOANNIS.

An circumcisio peccati originalis delendi vim haberet? An habeat vim istam ex fide parentum? An baptismus Joannis peccatorum remissionem operaretur?

DE BAPTISMO PARVULORUM.

Ex traditione apostolicâ, ipsis innocentissimis (ut putantur) infantibus, absolutè baptismus necessarius. Decedentibus absque baptismo, quis destinatus sit locus? De osculo parvulis recèns natis impresso. Inquiritur an ceremoniæ observatæ in baptismo adultorum, in ipsorum quoque infantium baptismo observarentur.

DE BAPTISMO ADULTORUM, AC PRIMO DE DILATIONE BAPTISMI EJUSQUE CAUSIS ET EXEMPLIS.

Dilationem baptismi Patres improbant.

DE DISPOSITIONIBUS PRÆVIIS AD BAPTISMUM, AC PRIMO DE INTERIORIBUS.

Vitæ et morum conversio; ubi de concordiâ dispositionum baptizandi cum effectu baptismi, abdicatione injusti atque inhonesti officii ante baptismum.

DE DISPOSITIONIBUS EXTERIORIBUS.

Ubi de catechumenorum generibus et gradibus diversis. *Audientes* apud Latinos primi dicebantur, quibus verbum divinum audire fas erat aut in lectionibus, aut in concionibus episcoporum ;

Christiani ; quo ritu christianus aliquis efficiebatur ?

Catechumeni, propriè dicti, qui à doctoribus erudiebantur et instituebantur. Ubi de catechesibus, doctoribus catechumenorum, de sale catechumenorum docendique genere. Summâ curâ catechumenis præcipua christianæ religionis arcana occultabantur ;

Competentes vel *electi*, nomen suum dabant episcopo, ut in numerum baptizandorum referrentur. Postulationis baptismi observati ritus. Variis exorcismis purgabantur. Exorcismorum antiquitas, causæ, ritus. Nuditas exorcizandorum, humiliatio, pavor. De tactu narium, aurium, oculorum et linguæ, ex sputo per presbyteros. Diabolo renuntiabant ad Occidentem versi, manibus erectis, discalceati et nudi. Hujus renuntiationis solemnitas et obligatio. Symbolum et Orationem dominicam edocebantur. Fidem profitebantur publicè. Hujus ritus observatæ circumstantiæ. Scrutiniis plurimis explorabantur. Oleo inungebantur ante baptismum. Variæ Ecclesiarum consuetudines. Variis pœnitentiæ laboribus ad baptismi gratiam præparabantur, vigiliis, humicubationibus, jejuniis et observatione Quadragesimæ, abstinentiâ ab venere et balneis. Ante baptismum, sordes pœnitentiæ squalore contractas eluebant. Pedes ipsis episcopus abluebat, et lotos osculabatur.

DE SUSCEPTORIBUS.

Cur susceptores adhiberentur, causæ, eorumque officia. Masculi masculos, fœminas fœminæ suscipiebant. Unus unum, et una unam suscipiebat. Susceptorum cognatio cum suscepto et cum susceptore altero. De impositione nominis infantibus. An mutaretur adultis nomen? An susceptorum nomina baptizatis imponerentur?

DE IIS QUÆ BAPTISMUM CONSEQUEBANTUR.

De osculo baptizatorum. De unctione chrismatis à confirmatione distinctâ. De veste candida, ejus depositione, conservatione, mysteriis. Ubi de coronâ, calceis, velo mystico. De lacte, melle et vino. De cereis et lampadibus baptizatorum aliorumque manibus gestatis. De hymnis et exultatione cæterorum fidelium. De religione et castitate per octo dies. De concione episcopi ad neophytos. De anniversariâ baptismi solemnitate.

DE TEMPORE BAPTISMI.
PASCHÆ ET PENTECOSTES SOLEMNIBUS. INFANTIUM AD HOS DIES DELATIONE. HORUM DIERUM MYSTERIIS.

DE BAPTISTERIIS ET DE AQUA BAPTISMALI.

Baptisteria seorsim ab ecclesiis ædificabantur. Eorum situs, forma, picturæ, dedicatio. In civitatibus solis primùm erat et in singulis civitatibus unum duntaxat baptisterium; deinde in ecclesiis plebanis solùm, hoc est in vicis frequentiore populo et privilegiis insignibus. Baptismalis aquæ benedictio. Hujus benedictionis ritus et antiquitas.

DE CONFIRMATIONE.

An verum sacramentum? An solemnis quidam baptismi ritus? An impositio manuum, quâ utebantur apostoli in recèns baptizatos, ob collationem doni linguarum, non propter justitiam et Spiritus Sancti infusionem adhiberetur?

DE CONFIRMATIONIS MATERIA.

An sola sit manuum impositio, an potiùs chrisma? An apud Occidentales impositione manuum, apud Orientales chrismatione, baptizati confirmarentur?

De impositione manuum in genere ad illustrandam quæstionem. An impositio manuum quâ hæretici ad fidem catholicam, aut schismatici ad unitatem reversi, apud Romanos et Africanos admittebantur, esset confirmatio ? De chrismatis mixtione.

DE CONFIRMATIONIS FORMA.

An quædam esset antiquitùs impositioni manuum juncta precatio apud Latinos, et quæ illa esset? An apud Græcos cæterosque Orientales cum chrismatione, simplex verborum formula, σφραγὶς, observaretur ?

An oratio, ubi usu erat recepta, chrismationi præmitteretur, aut simul illam comitaretur ? An omnes Ecclesiæ chrismatis per certas preces benedictionem observarent, et testari possit ex hoc capite, omnium Ecclesiarum in precibus aut formâ confirmationis consensus?

DE CONFIRMATIONIS MINISTRO.

An solus episcopus confirmationem conferre possit?

An sacerdotibus olim sacramentum hoc ministrare permissum sit, tum apud Græcos, tum apud Latinos? Ubi de interpretatione canonis Arausicani. An chrismatis benedictio soli semper episcopo reservata sit?

DE CONFIRMATIONEM SUSCIPIENTE.

Ipsi olim infantes statim à baptismo confirmabantur, idemque baptismi et confirmationis nexus circa adultos erat. Hujus ritùs causæ. Quas dispositiones exigat hoc sacramentum, cùm à baptismo seorsim suscipitur?

DE PARTIBUS UNCTIS IN CONFIRMATIONE.

An distinctio semper observata sit inter frontis et verticis unctionem? An solius frontis unctio olim apud veteres Latinos et Græcos usurpata sit?

DE ITERATIONE CONFIRMATIONIS.

An Ecclesia romana et africana unquam iteraverit? An Græcorum Ecclesiæ nonnullæque Latinorum posse iterari supposuerint?

DE EFFECTIBUS ET NECESSITATE.

Negligentia hujus sacramenti ex parte episcoporum, et ex parte fidelium, quàm dolenda?

An danda esset confirmatio infantibus et adultis decedentibus? Quæ sit propria ejus efficacia et virtus? Ubi de plenitudine gratiæ christianæ et de constantiâ et fortitudine in persecutionibus pro nomine christiano.

DE CONFIRMATIONIS RITIBUS.

Pace, alapâ, capitis ob reverentiam chrismatis obligatione, susceptorum usu, nominis additione aut mutatione.

DE EUCHARISTIA.

DE INSTITUTIONE EUCHARISTIÆ.

An Christus illam instituerit post celebratum Pascha, id est, agni comestionem? An teste Judâ proditore? Ubi inquiritur de communione Judæ. Observatæ hujus institutionis circumstantiæ, cum mysteriis ipsarum.

DE VERBIS DOMINI CONSECRATORIIS.

An intellecta ab apostolis sub figuræ sensu. An sensum illum figuratum verba pati possent? An similia sint multis Scripturæ textibus, qui figuralem sensum complectuntur, et tamen eodem modo effectiva videntur.

DE REALI PRÆSENTIA

Omnium temporum et omnium christianorum hæc fuit fides. Observata in disciplinâ et praxi Ecclesiæ hujus fidei argumenta. Notatæ quorumdam auctorum sententiæ, quæ huic fidei adversari videntur. Eucharistiæ fides et doctrina ex traditione solâ discitur. Omnes schimaticorum sectæ, cum Ecclesiâ catholicâ, de reali Christi præsentiâ consentiunt. Circa introductas, loco absentiæ realis, de reali præsentiâ opiniones, hæreticorum somnia et contradictiones. Insensibilium quarumdam circà aliquos Ecclesiæ ritus mutationum, cum istâ insensibili circa Eucharistiæ fidem variatione, comparatio.

DE EFFICACIA VERBORUM CHRISTI.

Quomodo et quid operentur? An hodie quoque in ore cujuslibet sacerdotis efficacia sint?

DE TRANSSUBSTANTIATIONE.

Antiquis Patribus res certissima, etsi fortè nomen hoc ignotum. De transsubstantiationis necessitate et modo. De hæreticorum argumentis ex philosophiâ petitis. Quam opinionem de hujusmodi argumentis Patres semper habuerint? Et quid hâc de re Scriptura doceat? Mysteriorum difficultates immensæ Patribus observatæ, sed neglectæ. An tentanda per rationem harum difficultatum enodatio?

DE MATERIA EUCHARISTIÆ.

Panis semper creditus materia, exceptis paucis hæreticis. An azymo pane aut fermentato potiùs Eucharistiam Christus confecerit? Ubi de tempore quo pascha celebravit. Christi hâc in re non necessaria imitatio. Quam consuetudinem Ecclesia antiqua servaverit? An eamdem quam Græci? An semper divisi a Græcis Latini? De figurâ, quantitate panis eucharistici, et impressione vel imaginum sculptarum expressione; de præparatione tritici, farinæ ac panis ad Eucharistiam.

Vinum aquâ mixtum altera materiæ pars. Ecclesiæ religio in

adhibendâ vino aquâ ab apostolis. Hujus ritûs mysteria. Græcis consuetudo est, ut post consecrationem calida infundatur calici. An antiqua hæc consuetudo?

DE EUCHARISTIA UT SACRIFICIO.

Unicum est verum novi Testamenti sacrificium, corporis et sanguinis Christi oblatio est. Ab omnibus legis sacrificiis, vel etiam ante legem figurabatur. Eaque implendo abolevit, ipsisque successit. Quomodo veri sacrificii rationem habeat Eucharistia ? Cruentæ in cruce immolationis incruenta continuatio. Omnium sacrificiorum usus et virtutes hoc unum complectitur. Omnes sacrificii partes hìc mirificè reperiuntur. Hujus sacrificii toto orbe celebratio, et in finem usque duratio.

DE DEO PATRE, CUI OFFERTUR ILLUD SACRIFICIUM.

Ab apostolorum temporibus observatum est, ut preces liturgicæ ad Patrem dirigerentur. Sacris tamen Trinitatis personis individuè offertur. In honorem martyrum et sanctorum, sed non martyribus et sanctis offertur. Hâc in re observatæ diligenter pietatis Ecclesiæ vigilantia et cautio.

DE CHRISTO QUI OFFERTUR.

Christus qualis nunc est, id est, à mortuis redivivus sedensque ad dexteram Patris offertur ab Ecclesiâ. Ipsa etiam Ecclesia cum Christo, cujus est corpus et plenitudo, offertur. Ipse Christus Ecclesiam suam offert Patri in Spiritu Sancto ; et se pro illâ, et illam pro se, id est, loco sui, ut post resurrectionem suam illa moriatur et immoletur in filiis membrisque suis.

DE SPIRITU SANCTO IN QUO OFFERTUR.

Quomodo Christus in cruce per Spiritum Sanctum obtulit se immaculatum Deo, ita etiam nunc in altari per ministerium sacerdotum. Ab apostolorum temporibus, semper in oblatione corporis divini invocatione Spiritûs Sancti præsentia et potestas. Spiritûs Sancti in dona descensus et lapsus; ipsique formationis corporis divini, sicut olim in utero Virginis, tributa potestas.

DE MINISTRO.

Solus est sacerdos. Tentatæ à laicis, à mulieribus, ab hæreticis nostris, hujus potestatis immane flagitium. Christus, unus sacerdos, manu et voce sacerdotum utitur. Ipse victima, sacerdos et altare. Quomodo sacerdotes cum Christo unum efficiant sacerdotem, et quomodo in ejus sacrum sacerdotium sine divisione et successione admittantur? Incredibilis ipsorum dignitas ex oblatione Eucharistiæ. Deum inter et populum christianum, cum Christo mediatores et intercessores fiunt. Omnium votis, gratiarum actionibus, precibus, satisfactionibus, adorationibus, quasi onerati sunt, quia unicum novæ legis sacrificium hæc omnia complectens soli offerre possunt. Quanta esse debeat illorum innocentia, fides, puritas; quantus etiam tremor?

DE RATIONE ET ORDINE SACRIFICII, ID EST, MINISTERIO SEU LITURGIA.

De Liturgiis. Quid Liturgia? Quæ celebriores in Occidente et Oriente? Quæ cujusque ætas, auctoritas et observatio? An circa sacrificium aliquid apostoli præscripserint? An nationes omnes liturgiâ idiomate vulgari conscriptâ utantur?

DE PRÆCIPUIS LITURGIÆ PARTIBUS.

De introitu, sive psalmodiâ et lectione Scripturarum. An à Psalmis aut à lectione Scripturarum omnes Ecclesiæ inchoarent? Quæ Scripturæ legerentur? Quo tempore, ex quo loco, quo ordine? De auscultatione fidelium, intelligentiâ et usu Scripturarum.

De missâ infidelium, Judæorum et omnium ab Ecclesiæ sinu alienorum. De missâ catechumenorum, qui Psalmis et lectioni Scripturarum intererant. De missâ pœnitentium.

De prædicatione vel interpretatione Scripturarum, cui omnes interesse poterant. Quâ ratione episcopi ad populum tractarent. Hujus concionandi necessitas et utilitas. An ex editiori loco? Quando institutus sublimiorum cathedrarum usus? Quis fidelium situs, concionante episcopo? Solis episcopis licebat Scripturam interpretari. Presbyteris in Oriente et Occidente coram episcopis tractandi ad populum facta licentia. Olim plures ex presbyteris populum exhortabantur, etiam præsente episcopo ; et ultimus ipse episcopus quasi perorabat, postremusque, ut omnium pater, omnes hortabatur.

DEMISSA FIDELIUM.

Quinam possent illi interesse? De dispositione, ordine, silentio omnium, vigilantiâ diaconorum, ne quis strepitus ederetur. De custodiâ portarum, ne quis post incœpta mysteria profanus ingrederetur, vel etiam fidelis adventu suo aliquid turbaret. De habitu corporis. An starent, an sederent, an flecterent genua? De *Kyrie eleison.* De *Gloria in excelsis.* De orationibus earumque per Christum conclusione, etc. An eædem semper essent? An in solemnitatibus martyrum, eorum suffragia publicis orationibus in mysteriis poscerentur?

De lectione Scripturæ veteris aut Apostoli.

De lectione evangelii. Ad quem spectaret? Ex quo loco legeretur? Quâ pompâ deferretur? Ubi de antiquorum fidelium erga sacrum Evangelii codicem religione. De osculo codicis Evangelii. An omnes oscularentur? An stantes et clerici et fideles Evangelium audierint? Episcopus pallium deponebat. An ista omnia ad missam fidelium attineant, aut ante ipsam præmitterentur?

DE OBLATIONE PANIS ET VINI.

Ipsi fideles olim offerebant illa. Ipsi christiani principes. Alia tempore sacrificii deferre vetitum erat. Nomina offerentium recitabantur. Jus oblationis et jus communionis idem erat. Ex oblatis pars altari in sacrificium, pars sacrario in usum sacerdotum deputabatur. Illatio et deportatio solemnis munerum apud Græcos, an usitata apud Latinos fuerit? De precibus et invocatione Spiritûs Sancti in oblata.

DE PRÆFATIONE.

De verbis : *Sursùm corda*, et *Gratias agamus.* De solemni gratiarum actione ad altare, et commemoratione præcipuorum beneficiorum Dei. De angelicorum ordinum cum Ecclesiæ ministris et filiis unione. De sacro trisagio. Quid Græci *trisagii* nomine intelligant?

DE CANONE ANTE CONSECRATIONEM.

De commemoratione Sanctæ Virginis et quorumdam martyrum nominatim, omniumque Sanctorum in genere. De expressione causarum propter quas sacrificium offertur. De commemoratione vivorum. De sacris diptychis; quid essent? quinam ipsis inscriberentur? Quomodo recitarentur

DE CONSECRATIONE.

An apud omnes nationes verba Christi Domini consecrationi Eucharistiæ adhibita sint? An ipsis duntaxat efficaciam antiqui tribuerent, nihil verò precibus Ecclesiæ præviis? An in quibusdam liturgiis post hæc verba preces adhuc reperiantur, quibus corporis divini et sanguinis consecratio postuletur, et quo sensu interpretandæ sint? An hæc verba consecratoria, altâ voce aut demissâ pronuntiarentur?

DE MYSTERIORUM CONSECRATIONE.

Notatus apud Græcos usus alius. De velorum deductione. De adoratione Eucharistiæ. De variis cultùs et religionis testificationibus apud varias gentes erga sacram Eucharistiam.

DE CANONE POST CONSECRATIONEM.

De memoriâ passionis Christi et cæterorum ejus mysteriorum. De commemoratione mortuorum. De sacrificii oblatione pro mortuis. De certis diebus post obitum observatis majori religione. De die anniversariâ. De communione cum fidelibus qui decesserunt, et adhuc purgantur, hujusque communionis necessitate. De parte quam fideles mortui cum Christi sacrificio habent. De multiplici mysteriorum etiam post consecrationem benedictione. Ubi etiam de multiplici, in sacrificio, signi sanctæ crucis usu. De Orationis dominicæ recitatione. De divisione hostiæ et immissione particulæ in calicem. De divisione hostiæ in plures partes sanctis tributas secundùm Græcos, et quorumdam de illarum consecratione dubitatione. De pace et *Agnus Dei*. An eodem tempore apud Græcos et Latinos pax daretur? Ubi de pacis osculo.

Ab ipso episcopo pacis osculum amplexumque omnes presbyteri sumebant. Quomodo pax ad mulieres deferretur?

DE COMMUNICATIONE.

Necessitas communicationis ad integritatem sacrificii. An omnes ministri qui aderant episcopo sacra facienti communicarent? Quis illis communionem corporis porrigeret? Quis sanguinem funderet? De voce illâ diaconi : *Sancta sanctis*. An omnes, qui sacris mysteriis intererant, fideles ad communionem accederent? An deferretur Eucharistia ad absentes, qui justâ causâ non aderant?

DE RELIQUIIS POST COMMUNIONEM REMANENTIBUS.

· Quis usus illarum? Quibus dividerentur? De pane benedicto communionis vicario, illiusque institutione, usu, benedictione. De eulogiis eucharisticæ communionis symbolis; quid essent? Ad quos mitterentur? Quæ illarum esset antiquitas? Quid sit ἀντίδωρον Græcorum, quo longam pœnitentium ab Eucharistiâ abstinentiam solantur? De orationibus post fidelium communionem recitatis, psalmis, etc. De dimissione plebis. Ubi de origine missæ. De ultimâ benedictione. An presbyteris populum benedicere liceret? De variis ad populum salutationibus inter sancta mysteria. Observatæ harum salutationum formulæ. Cur episcopi soli pacem populo precantur? Ubi presbyteri, ante priores orationes, utuntur formulâ : *Dominus vobiscum*. De concelebrantibus cum episcopo vel primo sacerdote. An omnes sacerdotes simul concelebrarent, et omnia, quæ episcopus, verba efferrent? An omnes diaconi et inferiores ministri adessent, et se sine delectu variis immiscerent officiis? Quæ dispositio altaris, throni episcopi, sedilium presbyterorum omniumque ordinum esset?

DE UNITATE MISSÆ.

An unica in singulis ecclesiis missa celebraretur? Quando mutatus usus? Retentus adhuc à Græcis usus non celebrandi iterum eodem die mysteria super eodem altari. De missis privatis. An legitimæ, an cognitæ antiquis Patribus?

DE SYNAXIBUS.

Quibus olim diebus synaxes haberentur? An in singulis synaxibus Eucharistia offerretur? Observata inter ecclesias circa quotidianam aut interruptam Eucharistiæ oblationem, varietas.

An imposita esset fidelibus necessitas, quoties sacrum celebraretur, ad synaxim conveniendi? An saltem diebus dominicis? De conventibus tempore persecutionis. De conventibus solitariorum monachorumque deserta incolentium.

DE LOCIS IN QUIBUS FIEBANT SYNAXES.

In privatis domibus, nascente Ecclesiâ et urgente persecutione, atque in ipsis carceribus, in areis et cœmeteriis. Ubi inquiritur hujus ritûs origo et causa, et quæ essent eorum cœmeteriorum latebræ, ædificia, commoditas. Ubi etiam de cryptis et catacumbis. De ecclesiis, quæ ipsarum antiquitas? Quis situs, forma exterior et interior? De separatione fidelium à ministris altaris. De separatione virorum à mulieribus. De loco virginum et ascetarum. De sumptu in ornandis auro et marmore ecclesiis sententiæ antiquorum. De tapetis, peristromatis, velis. De picturis. De sculptis imaginibus. De partibus ecclesiarum apud Græcos et Latinos. De apside. De ambone et pulpito. De exedris et sedilibus. De cancellis. De choro. De narthecio.

De loco altaris. Confutatio hæreticorum, qui altaria primis temporibus erecta fuisse stultè negant. An lapidea aut lignea? De ipsorum dedicatione, et de dicatione ecclesiæ : ipsius sacri ritûs antiquitate, mysteriis ac omni πολιτεία. De mysterio et significatione altaris, et de frequentissimâ altaris osculatione. De altarium velis, palliis, pallis, mappis, etc. De altaribus translativis. De antimensis Græcorum. De altarium sacrâ veneratione. De unitate vel multiplicitate altarium. De reliquiis martyrum, quæ in altaribus condebantur.

DE VESTIBULO ET ÆDIFICIIS ADHÆRENTIBUS ECCLESIÆ SICUT OLIM IN TEMPLO JEROSOLYMITANO.

Quæ esset vestibuli forma? Quis usus? De aquâ lustrali in vestibulo, fontibus, conchis, etc.

De ædificiis, in quibus servabantur energumeni, alebantur pauperes, hospites excipiebantur.

De domo episcopi. De pastophoriis eorumque situ.

De bibliothecis sacris. De sacrorum vasorum vestiumque apothecis.

DE VASIS SACRIS.

De materiâ, pretio, amplitudine, numero et figurâ. De dicatione ipsorum. De maximâ olim fidelium erga vasa sacra veneratione. Ubi de potestate ipsâ contingendi, laicis et mulieribus negatâ vel concessâ. De custode vasorum. De singulis vasis sacris inquisitio.

DE SACRIS VESTIBUS.

An distinctæ essent à vulgatis et communibus? De pretio, forma, colore. De singulis vestibus Latinorum et Græcorum. De mutatione vestium certis anni temporibus, variorumque colorum ad varias solemnitates aptatione.

DE INVITATIONE AD SYNAXIM.

De turribus ecclesiarum, earumque antiquitate et usu. De campanarum usu, benedictione, modulatione, enormi mole, ad sedandas tempestates, ad significandam publicam lætitiam, ad pompam funebrem, pulsatione.

DE EUCHARISTIA UT SACRAMENTO

De variis Eucharistiæ nominibus. Quomodo significata est ab antiquis. Mirabilis hujus sacramenti vis èt efficacia? De causis propter quas Christus instituit Eucharistiam. De dignitate illius. De figuris veteris Testamenti prænuntiis hujus sacramenti.

DE EFFECTU HUJUS SACRAMENTI.

Hoc pane vita nutritur christiana. Hoc solatio nostrum toleratur exilium. Anticipatio est æternæ beatitudinis. Vinculum est nostræ cum Christo et per Christum cum Patre unionis. Ecclesiæ pacis et unitatis, communionisque sanctorum, sacramentum et causa efficiens est. Mirâ suavitate interiora animæ replet : omnis nostra fortitudo ab hujus cibi virtute oritur : concupiscentiæ fomitem restinguit : ab amore mundi ad purum cœlestemque amorem, ad sanctas lacrymas, ad solitudinem, ad Christi et crucis ejus amplexum, animum convertit.

DE NECESSITATE IPSIUS.

An necessaria infantibus? Quo tempore illis sumenda præponeretur? Contra intolerandam adultorum quorumdam negligentiam.

DE DISPOSITIONIBUS.

De antiquâ Ecclesiæ disciplinâ, quâ post peccata mortalia, ad finem usque vitæ vel certè per plures annos, ab Eucharistiâ interdicebatur. Negatus vel Eucharistiæ conspectus pœnitentibus, lacrymantibus, sacco et cineri incubantibus. Post peractam integrè pœnitentiam, velut ultima Ecclesiæ pacis testificatio perfectumque bonum tandem concedebatur. Summa Ecclesiæ antiquæ cautio et vigilantia, ne indigni ad sacram mensam obreperent. Ignoti repulsi. Ab advenis postulatæ communicatoriæ litteræ. Parochiæ uni addictæ alterius ecclesiæ negata communio.

Innocentia baptismalis, ut præcipua dispositio semper spectata est. A peccatis etiam quotidianis, si multa sint aut si amentur, obex Eucharistiæ ponitur. Abstinentia ab uxore legitimisque nuptiis exigebatur. Expositi quorumdam Patrum textus ad Eucharistiam omnes invitantium.

De malis dispositionibus.

Ipsa hominum vita ordinaria, deliciis, otio, luxu, curiositate et nugis acta, hoc cœlesti cibo indigna est. Chorearum, spectaculorum, ludi mundique pomparum amor, sine alio crimine, arcet à sacrâ mensâ.

Odii fraterni virus cum Agno cœlesti conciliari non potest : virginis carnis ab ore impuro non est polluenda castitas. Inquisitio an Eucharistia remedium sit illi qui in quintum præceptum ex habitu peccat.

In audaces corporis Domini violatores divinæ animadversionis exempla.

DE EUCHARISTIA UT SACRAMENTO.

DE FREQUENTI COMMUNIONE.

An melius sit ob terrorem abstinere, quàm ob amorem accedere? Et de utriusque extremis vitiosis.

An quotidie communicarent fideles primis Ecclesiæ sæculis? De singulari quorumdam erga sacram corporis Domini communionem pietate et fame. De præcepto Ecclesiæ circa communionem paschalem.

DE MODO COMMUNIONIS.

Quo in loco fideles laici communionem acciperent? An viri permissi mulieribus, et mulieres viris? De dominicali communione mulierum. De manu virorum nudâ. De formulâ quâ utebatur antiquitùs sacerdos, tribuendo corpus dominicum, et responsione sumentis.

DE COMMUNIONE SUB UTRAQUE SPECIE.

An fideles utramque speciem sumerent?

Notatæ singulares observantiæ. De consuetudine quæ apud aliquas Occidentis ecclesias obtinuit, et nunc apud Græcos viget, corpus cum sanguine in cochleari porrigendi. An necessariam existimaverit Ecclesia consuetudinem sumendæ utriusque speciei? An sacramento essentialem putaverit? An legitimè calice interdicere fideles Ecclesia potuerit? Observata hâc in re quorumdam privilegia.

DE COMMUNIONE DOMESTICA, QUA FIDELES SE IPSI PASCEBANT.

Ubi de reservatione Eucharistiæ, et comportatione. Quo ritu Eucharistia domi vel in itinere tolleretur et sumeretur? De abrogatione hujus consuetudinis.

DE CONSERVATIONE EUCHARISTIÆ IN BASILICIS.

An in quodam loco ad id præparato, Eucharistia olim in basilicis servaretur? Quis iste locus esset? Publicus, secretus? Quomodo ornatus? An in singulis parochiis servaretur? An cereis, lampadibus, aut lucernâ, locus illustris esset? An veneratione publicâ, cervicis inclinatione, genuflexione, aut alio aliquo modo prætereuntes religionem suam testarentur?

DE SUSPENSIONE EUCHARISTIÆ.

De antiquitate hujus ritûs. De tabernaculis eorumque generibus variis. De publicâ Eucharistiæ ostensione et solemni ipsius pompâ. De delatione Eucharistiæ ad infirmos, ab apostolis derivata traditio. De ritu quo infirmis administrabatur. An utraque species ? An vino panis intinctus ? An post Ecclesiæ pacem, ministros Eucharistiam deferentes aliqui viri pii comitarentur ?

Quid veteres per *Viaticum* intelligerent ? Eucharistiam an reconciliationem ?

DE RENOVATIONE EUCHARISTIÆ.

Quo die Eucharistia innovaretur propter infirmos ? Num uno tantùm per singulos annos die, ut nunc de Græcis narratur ?

DE SACRAMENTO PŒNITENTIÆ.

DE PŒNITENTIA UT VIRTUS EST CHRISTIANA.

Pœnitentiæ necessitas, et peccatoribus et innocentibus imposita. Vita christiana, continua pœnitentia est. Hujus rationes et causæ. Pœnitentiæ veræ et sinceræ conditiones à sanctis Patribus notatæ. Non animi solùm conversionem, sed pœnam etiam pœnitentia complectitur. Varia delicatorum hominum ad declinandam pœnitentiam effugia. Sanctorum et innocentium hominum erga pœnitentiam amor, et quorumdam exempla notatu digna.

DE PŒNITENTIA UT SACRAMENTO.

Est à Christo institutum istud sacramentum. Veram concessit apostolis suis et per ipsos, Ecclesiæ suæ, peccata ligandi et solvendi auctoritatem, præter baptismum. Notati hæresi fuere, quotquot dogma illud insectati sunt. Vera montanistarum systematis delineatio. Item et Novatiani et discipulorum ejus sententia refertur. Ea etiam hæreticorum nostri temporis exponitur.

DE CONFESSIONE.

Est prima pars hujus sacramenti. Ipsius nomina quid ἐξομολόγησις ? Confessionis peccatorum etiam occultissimorum sacerdotibus factæ, nec criminum duntaxat, sed etiam venialium, continuata ab apostolorum temporibus traditio.

An confessio criminum occultorum publica, imperata unquam fuerit aut certè usu et traditione recepta? An in secretâ confessione occulti criminis participem accusare teneretur reus? Confessionis spontaneæ utilitas. Confessionis requisitæ à Patribus conditiones. An circumstantiæ peccatorum et minutiores particulæ in confessione referrentur et exigerentur? An confessionum quarumdam formulæ generales in ritualibus relatæ sufficerent, sine distinctâ peccatorum propriorum accusatione? Inquiritur an detestandæ flagitiorum species in iis relatæ, cuilibet sine discrimine recitandæ proponerentur.

DE SIGILLO CONFESSIONIS.

Confessionis sigillum non esse resignandum apostolicâ traditione didicit Ecclesia. An uti possit eâ cognitione, quam ex confessione accepit sacerdos, ut rei utilitatem, licèt inviti, procuret?

DE CONFESSIONE NON SPONTANEA.

Primis Ecclesiæ temporibus, ad confessionem peccatores cogebantur, et pœnitentiæ gravissimæ subjacebant, si accusati convincerentur? Ad accusationem et revelationem criminum ab aliis admissorum secretò vel publicè, sed sibi viâ aliquâ cognitorum, fideles cogebantur, priùs tamen fraternâ correptione præmissâ. Hujus disciplinæ rationes.

DE CONFESSIONUM REPETITIONE.

Quæ antiquitas iterandæ confessionis, de quâ dubitatur? De confessionibus generalibus, ut vocantur. An utiliter fiant? An utiliter repetantur?

DE CONFESSIONE VENIALIUM.

An quotidiana et venialia peccata ad tribunal pœnitentiæ deferrentur? Ubi de variis expiationum generibus agitur, quibus ea justorum peccata purgabantur. Quando frequentes confessiones peccatorum leviorum in usu esse cœperint, et quâ occasione? Quid censendum de repetitis ejusmodi tam sæpe confessionibus? Exempla quorumdam virorum eximiæ pietatis, qui quotidie confitebantur. An confessio ejusmodi iisdem conditionibus fieri debeat, quibus confessio criminum, scilicet cum contritione, proposito non peccandi de cætero, correctione, curatione?

DE PŒNIS PECCATORIBUS IMPOSITIS POST CONFESSIONEM
SIVE DE SATISFACTIONE QUÆ EST ALTERA HUJUS SACRAMENTI PARS.

DE IPSIS SATISFACTIONIBUS IN GENERE.

Necessitas peccatori imposita, ut puniat ipse quod à Deo puniri non vult. Discrimen pœnitentiam inter et baptismum. In hoc donantur peccata sine sudore, in illâ sine magnis fletibus et laboribus non redimuntur. Quanta sit gravitas criminis post baptismum commissi, ob contemptum mortis et sanguinis Christi novique fœderis? Ubi de impossibilitate illâ, de quâ *ad Hebræos*, VI, 4, agitur, ob violatæ legis cognitionem, cum anteà excusaret ignorantia; ob flagitium in homine novo patratum, cùm anteà in veteri homine delictum esset, secundùm concilia. Satisfactionum pro redimendâ æternâ pœnâ, pro excitandâ et reparandâ justitiâ interiori, necessitatem perpetuò agnoverunt Patres. Ubi refellitur inepta hæreticorum fabula, propter ædificationem publicam esse inventas.

DE SATISFACTIONE SEORSIM SEU DE SATISFACTIONE PUBLICA.

Pœnitentia publica vulgò appellatur.

An pro criminibus occultis ageretur? Post finem quinti sæculi pœnitentes acceptam publicè pœnitentiam in locis secretis agere cœperunt. Quando publicari cœpit axioma : *De publicis peccatis, publicè; de occultis, occultè esse pœnitendum?* Post abrogatam de criminibus occultis pœnitentiam publicam, reviviscere posterioribus sæculis cœpit occultorum scelerum publica castigatio. Quæ hujus mutationis occasio?

An omnia peccata, quæ lethalia existimabantur, pœnitentiæ

publicæ subjacerent? An tria tantùm graviora, eorumque species publicè punirentur, alia verò secretâ pœnitentiâ eluerentur?

An pœnitentiæ publicæ clerici in superioribus gradibus constituti, primis sæculis fuerint subjecti? Quid de voluntariâ episcoporum et presbyterorum confessione, et pœnitentiæ publicâ postulatione?

De iteratione pœnitentiæ publicæ.

Pœnitentia publica una erat, neque iterari olim poterat. Negatæ secundæ pœnitentiæ publicæ, secreta quædam pœnitentia non implebat vices. An in fine vitæ, lapsis iterum pœnitentibus venia indulgeretur?

De efficaciâ pœnitentiæ publicæ. De publicorum criminum pœnitentiæ publicæ conservatione.

De ritu qui in imponendâ pœnitentiâ publicâ servabatur. Jus agendæ pœnitentiæ, sacco et cinere horrentes, multis precibus pœnitentes primis sæculis impetrabant. Imponebatur illis manus in pœnitentiam. Ubi quæritur, quid sit impositio manuum sub imagine pœnitentiæ? Ordo ceremoniæ, preces et psalmi, benedictiones, in impositione pœnitentiæ apud Græcos et Latinos.

De gradibus diversis pœnitentiæ publicæ.

Quatuor erant : fletus, auditio, substratio, consistentia. An cogniti primis Ecclesiæ sæculis? An usitati apud Latinos? Prima statio fletûs. Secunda statio auditionis. Multa observanda, imprimis prudens illa Ecclesiæ, pœnitentes, velut catechumenos, instituendi ratio. Tertia statio substrationis. Ubi frequens impositio manuum cum oratione conjuncta. Quarta statio consistentiæ. Ubi nullum jus oblationis. De quæstionibus quibusdam quatuor his gradibus convenientibus.

De disciplina et operibus pœnitentium.

1° *De habitu.* — Cilicio induti et cinere conspersi erant. Ubi de usu cilicii et cinerum agitur. Atrâ et lugubri veste mortem animæ suæ lugebant, et sordibus omnem carnis venustatem obscurabant. Barbam et comam tondebant, iis in locis in quibus argumentum luctûs erat; et si non tonderent, negligebant horrentes et squalidos crines. Nudis pedibus incedere et sine femoralibus aliquando jussi sunt, sed non nisi post septimum sæculum.

2° *De modo vivendi et conversandi.* — Conviviis et balneis abstinebant. Humi cubabant. Vigiliis, noctis partem ducebant insomnem. Militiam, mercaturam magistratusque abdicabant. Nuptiis legitimis abstinebant. An apud Græcos et Latinos similis disciplina? Quo tempore desiit in Occidente?

3° *Quoad peculiares satisfactiones.* — Jejunia. Eleemosynas. Preces et supplicationes ad Deum, ad sacerdotes, ad plebem ipsam fusas, psalmorum et precationum longam seriem pœnitentibus indicendi consuetudo. Maceratione corporum, flagellatione spontaneâ. Ubi de ejus antiquitate et origine. E patriâ suâ voluntario exilio, et peregrinatione vel in quemlibet locum, vel ad loca religione celeberrima. Monachismi professione et abdicatione sæculi.

De pœnitentiæ secretæ severitate.

Iisdem pœnis et remediis canonicis occulta crimina occultè, quibus publica publicè, post septimum sæculum curabantur; solaque inter publicam pœnitentiam et secretam intererat solemnitas. Pœnitentiales libelli ordinandis sacerdotibus dati, quibus post confessionem exceptam, occultæ satisfactiones præscribebantur secundùm canones. Qui aliter præscriberent libelli, tradebantur ignibus.

Antiqui Patres, ubi de novâ peccati specie, aut novâ circumstantiâ agebatur, nihil sine concilio et non auditis collegis suis definire audebant. Peccatores gravium criminum reos ad romanum Pontificem, vel ad viros eximiè sanctos mittendi consuetudo, ut diligentiùs et exactiùs tractarentur. Falsum omninò est arbitrarias esse pœnitentias.

De tempore quo pœnitentia imponebatur.

In capite Quadragesimæ publica pœnitentia, ut plurimùm, imponebatur. Ubi pœnitentium per Quadragesimam observati mores, ac præcipuè inclusio ipsorum in locis secretis.

De abrogatione seu potiùs desitione pœnitentiæ publicæ.

Apud Græcos, primò. An pœnitentiam publicam Constantinopolitanus Nestorius aboleverit? Ubi de omni Ecclesiæ Constantinopolitanæ circa pœnitentiam usu accuratè disseritur. An tribus pœnitentiæ stationibus apud ipsos, à mille et ducentis annis extinctis, sola supersit consistentia? Apud Latinos etiam post septimum sæculum pœnitentia publica retenta, sed propter publica solùm crimina; nec impositio manuum in pœnitentes, nec pœnitentium ab Ecclesiâ dimissio post hæc audiuntur.

De relaxatione pœnitentiæ canonicæ.

Prima hujus relaxationis occasio, redemptio pœnitentiæ canonicæ. Ex hâc redemptione, novus computandi et imponendi pœnitentias usus exortus.

Secunda occasio, expeditio Jerosolymitana ad recuperanda loca sancta, nec non Hispana adversùs infideles.

Tertia occasio, totius pœnitentiæ vel partis ejus remissio, ob donum temporale spirituali bono applicatum, hæcque omnium injustissima.

Quarta, Indulgentiarum nimia facilitas.

De indulgentiis.

De initiis indulgentiarum, et primis quasi radicibus libellis martyrum. An efficaces essent libelli martyrum, ante ipsorum felicem exitum? Quæ conditiones, ut libelli martyrum legitimi essent, requirebantur? Presbyterorum et diaconorum cura, ne immeritis et præcipitanter concederentur. Poterant episcopi, exemplo sancti Pauli et auctoritate canonum, pœnitentibus humilitate, fide et diligentiâ spectatissimis, partem pœnitentiæ concedere. Jus etiam aliquod fidelibus, non auctoritate, sed intercessione, in relaxatione pœnitentiæ reorum inerat. Unde natus indulgentiarum episcopalium quadraginta dierum usus? Unde nata indulgentiæ plenariæ summo Pontifici reservatio? De indulgentiis, quas Græcorum episcopi concedunt, quas vocant ἀφίσμα. Quid de thesauro Ecclesiæ, vel ex meritis Christi, vel ex abundantioribus sanctorum egregiè factis doctores senserint? Quænam indulgentiarum, ut valeant, requirantur conditiones?

DE ABSOLUTIONE
QUÆ EST TERTIA PŒNITENTIÆ PARS.

Non concedebatur illa nisi post pœnam perfectamque pœnitentiam; eaque sacramentalis absolutio erat, non ritus aliquis externus. Graves et multæ, cur absolutio usque ad pœnitentiæ finem differretur, sanctorum Patrum rationes. Prima, quia absolutio merces est et præmium laboris. Secunda, quia tentanda erat et exploranda pœnitentis animi sinceritas et constantia. Tertia, quia non nisi post multos gemitus sanitatem animæ ac pristinam valetudinem restitui posse existimabant. Quarta, quia ligatos et à Christo nondum vivificatos absolvere verebantur. Quinta, quia his temporibus Eucharistia absolutionem sequebatur, ejusque quasi sigillum erat, et sacramenta cum indignis communicare horrebant. Quorumdam Patrum dicta, quæ obstare videntur, explicata. In pœnitentiâ etiam occultâ, eadem consuetudo servata.

DE HUJUS CONSUETUDINIS MUTATIONE.

Primi hanc mutationem Græci induxerunt. Tempus inquiritur. Sincerè pœnitentes ante quamlibet mandatæ pœnitentiæ executionem absolvunt; sed non nisi post impletam et interdùm post annos plures Eucharistiam concedunt. Alteram ipsi absolutionem, post peractam pœnitentiam, impertiuntur. Quid de ejus effectu sentiant?

Apud Latinos expeditiones Jerosolymitanæ occasionem dederunt absolutionem conjungendi cum sacramentali confessione, et Scholastica tum emergens eam praxim confirmavit; sed ubi absolutio confessionem comitari cœpit, dilata est nihilominùs Eucharistia post impletam pœnitentiæ partem.

Necessitas absolutionem diffendi, ubi non legitimè dispositus est pœnitens.

DE ABSOLUTIONIS DENEGATIONE.

An quibusdam pœnitentibus Ecclesia catholica, aut saltem illustres in eâ Ecclesiâ, absolutionem etiam in ipsâ morte negaverint? Ubi quid sit communio explicatur. Datâ occasione quæritur, an quod ait vir eruditissimus, Ecclesiam olim sub apostolis fuisse mitissimam, sed à Montano ad Novatianum, et à Novatiano deinceps severiorem fuisse, sit omnino certum?

DE FORMA ABSOLUTIONIS.

Absolutio à peccatis deprecatoria olim erat. Non aliam exhibent rituales libri, nec de aliâ loquuntur Patres.

Initio duodecimi sæculi indicativi aliquid adjectum, et formæ indicativæ deinde obtinuit. Apud Græcos non alia quàm indicativa in usu est.

DE RITIBUS RECONCILIATIONIS SIVE ABSOLUTIONIS.

Impositio manûs annis 1250 absolutionem comitata est. Publicè pœnitentes in publicâ missâ reconciliati, occulti sæpe in missâ privatâ. Publici post evangelium aut consecrationem, occulti post peractum sacrificium. Apud Græcos observata harum rerum vestigia. In Cœnâ Domini, in sextâ feriâ majori vel in sabbato sancto, pœnitentes qui id meriti fuerant, absolutionem publicè accipiebant. Privata absolutio omnibus temporibus dari poterat. Hortabantur tamen pastores populum, ut initio Quadragesimæ peccata confiteretur et ante Pascha absolutionem acciperet. Publicæ et privatæ absolutionis ritus antiqui, juxta Græcos et Latinos. Illorum cum hodierno usu comparatio.

DE EFFECTU ABSOLUTIONIS.

Nullum habet effectum nisi ex sententiâ supremi Judicis feratur, ligato quem ligat, soluto quem solvit. Ejus virtus et efficacia ad salutem æternam, et ad animæ liberationem, atque justificationem, ex apostolicâ traditione demonstratur.

De effectu absolutionis generalis in plures effusæ, ut in Cœnâ Domini. De effectu absolutionis in absentes nihil tale tunc cogitantes. De effectu absolutionis à pluribus ad unum, et ab eodem uno ad plures.

DE DISPOSITIONIBUS AD ABSOLUTIONEM.

De odio peccati, et amore justitiæ dominante. An timore solo cor pœnitentis converti possit? An timor gehennæ sit vitiosus et inutilis? Quid contritio? quid attritio? Unde nata hæc nomina apud catholicos, et quæ antiquorum theologorum circa necessitatem contritionis sententiæ?

Conciliatio contritionis cum effectu absolutionis sive sacramenti. Observatio circa initia justificationis impii vel peccatoris. Observatio circa modum et essentiam justificationis. Observatio circa receptam de habitibus infusis opinionem. An cognita patribus antiquis hæc doctrina?

Secunda dispositio, certa et constans non iterum peccandi voluntas, ex quâ sequitur occasionum fuga. Peccati mortalis plena cessatio. Violatæ proximi vel famæ vel rei compensatio. Contra recrudescentes cicatrices, et secundos tertiosque in peccata lapsus.

DE MINISTRO HUJUS SACRAMENTI.

An diaconi confessiones in extremo periculo audire, et pœnitentes reconciliare apud Latinos aliquando fas fuerit? Quid antiqui de confessione laicis factâ et reconciliatione à laicis impetratâ censuerint? Minister impositionis publicæ pœnitentiæ et absolutionis publicæ, solus erat episcopus et presbyter, jubente episcopo. Mandatum tamen id muneris apud Græcos et apud Latinos primario cuidam presbytero credit vir eruditus. Pœnitentiarii presbyteri officium et institutio. Quo sensu fideles claves habeant et clavibus utantur per ministros suos, episcopos et presbyteros, **ex Augustino**?

DE ANTIQUA ECCLESIÆ DISCIPLINA CIRCA MORIENTES.

Absolutio morientibus olim negata est, si pœnitentiam in extremis positi rogarent. Quandiù hæc disciplina duraverit? Pœnitentia illis concedebatur, non concessâ absolutione, ne totum negaretur. Mollior deinde successit disciplina, nec voces tantùm morientium auditæ, sed significationes quælibet, aut amicorum testificationes, vel etiam ipsa de hominis voluntate præsumptio in his extremis sufficere credita est. Pœnitentia tamen et absolutio eorum, qui utramque in infirmitate susceperant, infirmæ Patribus semper visæ sunt, etsi de baptismo in morte suscepto nihil ipsi dubitaverint : pœnitentibus in ipso pœnitentiæ decursu morbo correptis, et subito casu obstupescentibus, negata nunquam est absolutio. Fidelibus repentino morbo obmutescentibus concedenda est absolutio, licet nec tum eam postulent, nec illam anteà postulaverint. An veteres christiani, vel nullius sibi criminis conscii, vel pœnitentià et absolutione expiati, ante mortem confiteri postularent? Quando mos ille invaluit, ut nemo sine prævià confessione et absolutione decedere sineretur? Quæ hujus sanctæ et piæ consuetudinis initia et causæ? Pœnitentiam primis temporibus publicam, quæ sola erat, petebant : secreta deinde concessa. Pœnitentibus absque reconciliatione defunctis nonnullæ ecclesiæ communicabant; nonnullæ detrectabant communicare. Sed pars mitior et justior obtinuit. Quando imprimis Ecclesia sibi in mortuos jus damnationis et absolutionis tribuit, illoque usa est? Pœnitentes in infirmitate pacem adepti, primis temporibus, inter fideles sacramentis communicabant, si à morbo convalescerent; sed mutatà disciplinà, ad ordinem pœnitentium postmodùm redacti. Quid actum de fidelibus illis, qui zelo et pietate laude dignis, pœnitentiam publicam petierant; sed nullum, quod eà dignum esset, crimen confessi erant? Ritus pœnitentiæ et reconciliationis morientibus dandæ.

DE CENSURIS, QUÆ PŒNITENTIÆ SUNT ἐπιτιμία ET EX POTESTATE CLAVIUM ORIGINEM HABENT.

An esset notus antiquis censurarum hodiernus usus? An notus sæculo duodecimo? De censuris, canonistarum hodierna methodus et doctrina.

DE EXCOMMUNICATIONE.

Pœnitentes olim verè erant excommunicati, sed proprià sponte et ut vulneribus suis mederentur. Excommunicatio in rebelles quàm tremenda! Ultima iratæ Ecclesiæ vindicta. Quibus de causis et quo temperamento fulmen illud exercendum? Injustæ aut dubiæ excommunicationis effectus, an impunè ab excommunicato contemni possit?

Excommunicatio minor, quid, unde et ubi timenda? (De suspensione et depositione, alibi; de interdicto consule Morinum, *Exercit.*, lib. II, exercitat. ultim.) Quæ sit hujus censuræ origo et antiquitas? Quis usus legitimus?

DE ENERGUMENIS.

Olim pœnitentibus accensebantur, et sacris interesse prohibebantur. Energumeni baptizati ante possessionem à conspectu Eucharistiæ arcebantur, nec orabant cum fidelibus ex antiquâ traditione. Quidam tamen monachi Eucharistiam ipsis dandam esse opinabantur. Cur initio Ecclesiæ multi energumeni? Fidelium olim, et postea eximia sanctorum in dæmonem potestas et auctoritas. Ad sepulcra martyrum energumeni ducebantur. Possessionis diversæ causæ. Pœna est interdùm, sæpè remedium : possessionis internæ longè tristior calamitas. Inter dæmoniacos epileptici ; morbis inusitatissimis obnoxii et nefandæ libidini addicti, inter energumenos olim numerabantur. Energumeni publicè ab episcopo, privatim ab exorcistis curabantur.

DE SACRAMENTO EXTREMÆ UNCTIONIS.

DE SACRAMENTO ORDINIS
VEL DE SACRIS ORDINATIONIBUS.

DE INSTITUTIONE.

Christus instituit verum in Ecclesiâ sacerdotium, quod perpetuâ successione ordinationis conservatur. Qui non huic successioni cohæret laicus est, et ad res sacras nullum sibi jus vindicare potest. Cæcitas et temeritas nostrorum hæreticorum, qui ex laicis ipsi per se sacerdotes fiunt, et qui ordinationem in Ecclesiâ catholicâ acceptam abdicaverunt et execrati sunt.

DE RITIBUS ORDINATIONIS. — DE MATERIA.

Traditio instrumentorum nova est, et antiquis Patribus incognita, latinis æquè ac græcis. Impositione manuum, χειροτονία, et oratione ordines olim conferebantur, et nunc etiam conferri censendi sunt. An impositio manuum sit materia ordinis, et cujuscumque sacramenti materia esse possit? Disquisitio circa originem hujus methodi, per materias et formas, sacramentorum naturam explicandi. Quæ sint aut esse debeant hujus methodi leges, ne vanis subtilitatibus res gravissimas et sacras exponat ludibrio? Ante hanc methodum faciliùs et æquè solidè substantia sacramentorum explicabatur.

DE FORMA SEU PRECIBUS ECCLESIÆ.

In ordinatione episcopi, secundùm Latinos, atque secundùm Græcos et Orientales, observata utrorumque in essentià conformitas. Observatæ in utrisque primis ritibus novorum adjectiones. Verborum istorum in ordinatione episcopi : *Accipe Spiritum Sanctum*, novitas. Impositio Evangelii supra caput episcopi, ejusque mysteria.

De formâ et precibus Ecclesiæ in ordinatione prebysteri, ex ritualibus latinis et græcis, nec non orientalium nationum. Observatio circa triplicem manùs impositionem in ordinatione presbyteri. Quæ ex illis tribus sit antiquior? De antiquo usu hostiæ consecratæ episcopis et presbyteris post ordinationem apud Latinos datæ, per quadraginta dies degustandæ et consumendæ. De ritu Græcorum, qui sancti panis particulam ordinato presbytero tradunt, reddendam pontifici tempore communionis.

De formâ et precibus Ecclesiæ in ordinatione diaconi, ex iisdem fontibus cum iisdem observationibus; de cæteris ordinibus. alio loco.

DE EPISCOPORUM ET PRESBYTERORUM UNCTIONE.

Hujus unctionis nullum apud Græcos vestigium extat. Utraque unctio antiquissima est in Gallià. Episcopalis unctio Romæ usitata erat sub sancto Leone, presbyteralis incognita sub Nicolao.

De sacrarum ordinationum temporibus, et jejuniis ordinationi præmissis. De sacrorum ordinum iteratione. In quibus Ecclesiis antiquitùs hæc iteratio locum habuisse videatur? In quibus improbata? Natæ in Occidente hâc de re post Formosum, romanum pontificem, innumeræ contentiones. Meliori sententiæ omnes ab annis quadringentis concesserunt.

DE MATRIMONIO.

DE IPSIUS NATURA, NON SPECTATA CHRISTIANA RELIGIONE.

An si primus homo in rectitudine permansisset, fuisset conjugium et nuptiarum usus? Hæreticorum adversùs nuptias calumniæ. De infinitis conjugii doloribus et malis. De societatis virum inter et mulierem utilitate et bonis.

DE CONJUGIO INFIDELIUM.

Quæ esset opinio infidelium de sanctitate et religione nuptiarum? Diversi gentilium ante et post christianam religionem in nuptiis ritus.

DE CONJUGIO HEBRÆORUM.

De mysterio conjugii Adami. De nuptiis sanctorum virorum, et eximiâ inter plures uxores castitate.

Christianis nubentibus non favent causæ propter quas nubebant patriarchæ, et castitas patriarcharum in nuptiis christianorum castitati comparari non potest.

DE NUPTIIS CHRISTIANORUM.

An nuptiæ christianorum veri et legitimi sacramenti rationem habeant? Unde id habetur, et quibus argumentis probari potest? Quid opinari possit prudens quisque de hujus sacramenti per Christum institutione, et institutionis tempore ac modo?

DE COMPARATIONE NUPTIARUM CUM VIRGINITATE.

Difficile est virginitatem commendare sine vituperatione nuptiarum. Quis modus inter extrema observandus? Magno intervallo virginitas nuptiarum sanctitatem superat; non tamen virgo cuiquam ex conjugatis præferre se, vel etiam æquare potest, quia in sublimi ordine humilis, et in humili sublimis quisque esse potest. Vir prudens et clericali ordine insignis nuptias non consulet; hortabitur autem ad virginitatem et quos poterit, et quantùm poterit,

DE MATRIMONIO.

DE BENEDICTIONE NUPTIARUM, SIVE DE MINISTRO.

Non ipsi contrahentes nuptias, nuptiarum sunt ministri, sed Ecclesiæ pastores. Distinctione solidâ conjugii, ut est contractus vel etiam sacramentum unionis Christi cum Ecclesiâ, sed inefficax, et conjugii, ut plenum et efficax sacramentum est, omnes ferè difficultates sine ullo negotio solvuntur. An præsentia pastoris coactè adstantis et nullas fundentis preces, nuptiis conciliandis sufficiat?

De nuptiis clandestinis. Quid antiqui de illis censuerint? Gravibus de causis prohibitæ. Quo sensu et quâ ratione olim ratæ fuerint, nunc invalidæ?

DE FORMA HUJUS SACRAMENTI.

Non in verbis aut signis contrahentium, sed in precibus Ecclesiæ posita est, etsi contractûs forma, illorum verba aut signa quibus præsentem suam voluntatem testantur, et dici et esse possent. Quæ sint preces aut formulæ antiquitùs usitatæ apud ecclesias Occidentis et Orientis? Quid mutatum, quid additum? Diligens circa præcipuos Ecclesiæ ritus in benedictione inquisitio. Circa ritus civiles diversarum nationum christianarum observatio.

DE MATERIA.

An aliquid certi habeatur hâc de re? Corpora contrahentium, signa et actus ipsorum, sed potissimùm ipse contractus, civilibus primùm, et deinde Ecclesiæ decretis consentaneus, ipsa materia sacramenti esse potest.

De conditionibus legitimi contractûs. An ad solos principes temporales spectet conditiones contractui apponere, quibus aut valeat aut nullus sit? An decretis principum hâc de re Ecclesia nec obsistere possit, nec obstiterit? De verâ et legitimâ principum in nuptiarum conditiones potestate. An omnis qui legibus sæculi conformis est contractus, liceat; qui contrarius, non liceat?

DE IMPEDIMENTIS IN GENERE.

Distinctio impedimentorum in genus duplex, prohibentium nuptias aut dirimentium : an antiquis cognita? Numerum impedimentorum an olim parem observaverint, et quæ nunc sunt impedimenta, semper fuerint? An iisdem nunc moribus omnes christiani utantur circa rem istam?

De impedimentis vetantibus.

Non observata solemnis publicatio. De illâ publicatione, quid antiqui? De ejus modo, etc. Non observata temporis legitimi libertas. An olim certis temporibus à nuptiis interdiceretur, et quibus? Non observata prima fides in sponsalibus data.

De sponsalibus. — An usitata apud veteres christianos sponsalia? Quis in eorum celebratione ritus? Quâ religione sponsio servaretur, et quibus pœnis vindicaretur ejus infractio? An decretis jam sponsalibus tabulis, inter sponsum et sponsam præcox nuptiarum usus, aut saltem deliciæ sine crimine esse possent? An justæ sint solvendæ sponsionis, etiam sacramento obligatæ, rationes; et quænam jure admittantur?

De impedimentis nuptias solventibus.

Error. — Alterius pro alterâ suppositio personæ.

Conditio. — Ignorantia conditionis servilis hujus cui nupsit conjugis. De nuptiis servorum. De potestate dominorum in nuptias et liberos servorum. De injustis dominorum hâc in re privilegiis.

Votum. — Perpetuæ continentiæ votum, si solemne sit, nuptias dirimit. An ita semper observatum sit? Distinctio solemnis voti à simplici. An olim cognita? Nuptiæ, ante usum nuptiarum, professione continentiæ aut religionis solvuntur. Votum alterius ex conjugibus, ignorante altero, crimen est, non officium pietatis. Ex mutuo consensu, post nuptias, continentiæ votum eximiæ virtutis est et purissimæ charitatis.

Crimen. — Adulteri cum adulterâ, nece conjugis innocentis procuratâ, ecclesiasticis legibus conjugium solvitur.

Cultùs disparitas. — An Ecclesia antiqua nuptias cum infidelibus vetuerit? An conjuges fideles ab infidelium thoro separaverit? De nuptiis cum judæis, cum hæreticis.

Vis. — An legitima sit conjugii solvendi causa? Extortus minis et violentiâ consensus. An nullo cogente, vel certè non ita cogente, ut vir prudens et fortis obsistere non possit, solemnibus verbis publicè prolatis, sed tacitâ mentis revocatione infirmatis, nuptiæ ratæ sint et validæ?

Ordo. — An passa sit Ecclesia antiqua conjugatos post sacerdotium aut diaconatum, ministros esse simul et maritos? An nuptias illas semper separaverit? Quæ nunc græcarum ecclesiarum praxis?

Ligamen ex jam contractis nuptiis. — Vinculum nuptiarum insolubile est, ut dicetur in tractatu *de Divortio*. Observationes circa nuptias secundas vivente conjuge, sed in remotissimis locis, et omnium opinione defuncto.

Cognatio. — Si sit affinis, honesta.

De consanguinitate. — Neglectus olim à patriarchis, et deinde à Judæis, consanguinitatis pudor; quid ita? Quot antiqui consanguinitatis gradus numeraverint, ut nuptiis adversantes? Quæ deinde facta restrictio, et unde habetur dirimi nuptias inter consanguineos contractas?

De affinitate. — Affinitas uxoris ad consanguineos viri, et viri ad uxoris consanguineos in gradibus prohibitis, nuptias efficit nullas. Horum graduum ad quartum limitatio. Patriarchis et Judæis affinitas non ita displicuit.

De publicæ honestatis impedimento. — Quid intelligant canonistæ his verbis? Species est affinitatis, ex fornicatione, sponsalibus et matrimonio contracto non consummato. Ex fornicatione, secundum gradum includit; ex sponsalibus, iisque validis, primum duntaxat; ex nuptiis non consummatis, quartum.

De cognatione spirituali. — An eam veteres observaverint? Ad primum nunc gradum revocata.

De cognatione legali, sive ex adoptione. — Hinc adoptatum et adoptati uxorem et filios, inde adoptantem et adoptantis uxorem filiosque includit; discrimine tamen aliquo se ad filios ista cognatio habet. Circa usitatam olim filiorum adoptionem observationes.

Si fortè coïre nequibis. — De maleficii aut ignaviæ naturalis imbecillitate et ἀῤῥωστίᾳ. An vera sint quæ de maleficiis illis vulgò jactantur? De vanâ circa quosdam anni menses superstitione, maium, augustum aut alios. An impotentia viri declarari possit publico diplomate, et deinde solvi matrimonium possit? An revocandus, qui abjectus ut iners, in secundis nuptiis virum se probavit? An similes quondàm causæ ad tribunalia pontificum delatæ sint? An auditæ de incantatis, vel imbellibus viris apud Græcos et Romanos matronarum querelæ ?

De dispensatione circa nuptiarum impedimenta.

An liceat episcopis impedimenta vetantia removere? An liceret ipsis olim etiam dirimentia dispensatione solvere? Unde factum, ut ad romanum Pontificem dispensationes deferrentur? An liceat principibus, aut etiam reginis hæreticis, ab impedimentis nuptias dirimentibus absolvere? Quæ esset olim in dispensationibus hujusmodi auctoritas principum?

DE UNITATE NUPTIARUM OPPOSITA POLYGAMIÆ.

Cur Deus olim polygamiam sanctis patriarchis concesserit? Virorum illorum inter multas mulieres castitas. Polygamia non à sanctis viris cœpit, nec incontinentiæ remedium est. Polygamia legibus Græcorum et Romanorum prohibita. Quibus pœnis obnoxia? An supplicio capitali sub principibus christianis affecta? Polygamia Turcarum aliarumque nationum.

DE UNITATE NUPTIARUM OPPOSITA DIVORTIO.

Quæ fuerint causæ repudii Judæis permittendi? Inauditus anteà, sed frequentissimus deinde apud Romanos divortii usus. An apud infideles æqua viro et uxori divortii licentia esset? An ex Evangelio divortium ex causà fornicationis permittatur viro tantùm, an etiam uxori, cujus est adulter maritus? An præter fornicationis causam, alias divortii causas leges sub christianis principibus concederent? Quid de legibus istis Patres censuerunt? An conjugum à communi thoro separatio aliis quàm adulterii causis legitima sit? Quid de illà Patres opinati sint?

De divortio cum concubinis. Quid olim concubinæ apud Romanos? Uxores erant, sed indotatæ. Item etiam apud christianos. Quid essent dotales tabulæ? Romanorum et gentium aliarum circa dotes uxorum usus. An concubinæ dimissionem, et cum nobili uxore post repudium istud nuptias Ecclesia unquam probaverit?

DE MATRIMONIO.

DE UNITATE NUPTIARUM OPPOSITA BIGAMIÆ ET SECUNDIS NUPTIIS.

An secundas nuptias Ecclesia legitimas esse semper existimaverit? Græcorum et Latinorum sententiæ. Cur secundis nuptiis juncta pœnitentia et negata benedictio? Inquiritur ex occasione an qui primùm nuberet conjugi viduatæ, sine benedictione esset? De tertiis et quartis nuptiis Græcorum sententiæ et praxis à Latinorum usu diversa.

De statu viduatûs. Patres olim viduas summoperè hortati sunt ad secundas nuptias non convolare, et conjugatis continentes viduos viduasque prætulerunt. Viduæ christianæ officia. Desolata, à deliciis aliena, uni Deo addicta, nec jam divisa esse debet. Junioribus viduis, ut ita manere possint, tradita à Patribus vivendi ratio.

De fide, quæ velut vinculum nuptiarum est. An solum adulterii crimen fidei conjugum mutuæ adversetur, non etiam cujuslibet alterius familiaritas amorque ad virum non relatus? An ornari possit uxor ut aliis quàm viro placeat? Justas aut etiam injustas suspiciones, et vir propter uxorem et uxor propter virum, summâ curâ vitare debent.

DE ZELOTYPIÆ INCOMMODIS, CAUSIS, REMEDIIS.

De adulterio contrario fidei. An uxoris adulterio maritus consentire possit, ut morte liberetur? An justè secundùm Dei leges vir uxorem in ipso flagitio deprehensam cum mœcho possit occidere? An viro liceat cum uxore adulterâ simul habitare et vivere? An postquam dimisit adulteram, recipere possit correctam et pœnitentem? An uxoris adulterium gravius sit mariti adulterio, liceatque viris contra adulteras quod uxoribus contra adulteros non liceat?

DE PROLE QUÆ FRUCTUS EST NUPTIARUM.

An liceat parentibus masculam prolem potiùs quàm fœmineam optare? An tristitia, quòd numerus filiorum augeatur, votumque secretum ne συνουσίαν sequatur fecunditas, grave peccatum sit? Omnis molitio ne vel conceptio fiat, vel conceptus fœtus vivat, vel vivus nascatur, homicidium est. Inquisitio de tempore, quo conceptus fœtus vivat.

DE OBSTETRICIBUS.

Earum fides, castitas, instructio. An viri obstetricari possint? De purificatione post puerperium. Cur ex Judæorum lege purificandi ritum Ecclesia susceperit? Quantùm temporis purgandis puerperis lege christianâ præscribebatur? Ecclesiarum ritus, quibus levantur, et ad altare admittuntur puerperæ.

DE EDUCATIONE CHRISTIANA LIBERORUM, QUÆ FINIS EST NUPTIARUM.

De alendi suo lacte prolem suam necessitate. De nutricibus, eorumque moribus et temperamento. De oblatione et consecratione liberorum Christo Domino, Beatissimæ Virginis tutelâ, aliorumque sanctorum commendatione. Quâ ratione piè et sanctè educandi sint filii, tenelli adhuc, paulò validiores; et quâ curâ ipsis invigilandum sit, ubi ab infantiâ ad rationis usum transitum faciunt? Peculiaris matrum circa filios diligentia, et præcipuè ubi adolescunt et sese jam sentire norunt.

Liberalis et honesta, non servilis et dura, debet esse liberorum educatio. De præceptoribus et pædagogis. An ad publicas scholas mittendi, vel educandi sub præceptoribus domesticis sint liberi? Horum præceptorum spectandi imprimis puri et integri mores. An ad litteras et publicè et domi bene instituantur hodie liberi? An linguis tantùm græcæ et latinæ per multos annos idonei sint, non etiam solidioribus studiis?

DE USU LEGITIMO NUPTIARUM.

An sine illo sacramentum integrum non sit? Ubi de conjugio Mariæ et Joseph. Propter orationem, Eucharistiam et jejunium intermittendus est. Solâ cupiditate, non amore liberorum illicitus, veniâ tamen dignus ob sanctas nuptias. Potest uxor sic intemperanter amari, ut qui legitimus est maritus, adulter fiat uxoris. Vitia et maculosa secreta non casti conjugii. De christianâ viri cum uxore conversatione, et utriusque mutuis officiis. Quomodo conjuges piè et purè vivere debeant, et quibus modis possint? Quæ cura esse debeat viro salutis uxoris, et quæ uxori salutis viri?

DE MATRIMONIO.

DE DISPOSITIONIBUS AD NUPTIAS.

Quæ debeant esse nubentium intentiones, quæ consilia? Multis anteà precibus exorandus Deus, ut suam significet voluntatem. Quid spectandum in electione sponsi aut sponsæ? Ubi de pulchritudine, divitiis, nobilitate, ingenio, virtute christianâ. Quibus mediis quærendus maritus, aut quærenda uxor? Solus potest conjugem dare utilem summus Deus. An liceat puellæ nubili procos domi suscipere, cum ipsis confabulari, ostentatione pulchritudinis, immodestâ nuditate aliisque artibus allicere? An noceat silentium, solitudo, chorearum cœnorumque fuga? An munera suscipi possint? An spe lactare possit, quem non est animo admittere. An, inconsultis parentibus, animum et voluntatem puellæ aut adolescentis adducere justum sit?

De potestate et consensu parentum. — An eligere ipsi uxores aut maritos liberis suis debeant? An sine parentum consensu invalidæ sint nuptiæ? Ubi examinatur supremæ curiæ auctoritas in solvendis nuptiis absque parentum consensu, ante certos annos contractis.

De dispositionibus proximis. — Quæ sint dispositiones ad benedictionem nuptiarum sanctè et utiliter suscipiendam? An statim à sacramento vir et uxor simul versari possint? Contra missas nocturnas nuptiales, post quas itur cubitum. De effectu benedictionis nuptialis, sive gratiâ sacramenti.

De convivio nuptiali. — Quâ modestiâ instrui debeant epulæ nuptiales? An pastor et clerici ejusmodi conviviis adesse possint aut debeant? Reciso convivii superfluo apparatu, effundenda est in pauperes liberalitas.

De benedictione cubilis nuptialis. — Hujus antiquitas benedictionis et ceremoniæ. De oneribus nuptiarum. Mutua uxoris et viri servitus. Sollicitudines et impedimenta paci et puro ac simplici Dei amori obstantia, liberorum plena periculis, timoribus et anxietatibus cura.

SACRAMENTALIA.

Vocantur signa per se non efficacia.

DE SIGNO CRUCIS.

Hujus antiqua et ab apostolis derivata praxis et religio. Frequens ac fermè continuus usus, efficacia, mysteria. Quibus præcipuè partibus corporis signum crucis imprimeretur? Fronti, oculis, ori, pectori, in loco cordis.

DE AQUA BENEDICTA.

Hujus antiquissimus usus. Ad fores templorum in conchis servari solita : ubi de aquâ lustrali paganorum. Ritus solemnes benedictionis aquæ; exorcismi, salis infusio. Aquæ benedictæ tributæ ab antiquis virtutes; exempla ejus efficaciæ. Cur non simplici prece, sed aquæ vel olei, vel alicujus liquoris benedictione, miracula ut plurimùm sancti patraverunt?

DE THURE.

An primis temporibus Ecclesia suffitus et odores in mysteriis adhibuerit? Thuris Deo oblati sacrificium, sanctificanti episcopo vel offerenti mysteria, et cæteris ex ordine clericis nec non ipsi populo, quasi propinati, mysteria et causæ. Observationes circa honorificæ thurificationis fastum præscriptosque sive dignioribus ex laicis, sive etiam episcopis thuris honores.

DE CEREIS, LAMPADIBUS, LUCERNIS.

An cereos non nisi nocte antiqui accenderent? Martyrum sepulcra cereis et lampadibus ornata. Lucernarum usus continuus et suspensio. In publicâ lætitiâ cerei et lampades accendi solebant. Ignis imperatori et patriarchæ Constantinopolitano prælatus.

DE VARIIS BENEDICTIONIBUS.

Primitiarum frugum, vexillorum, armorum, vestium, palmarum ad reges mittendarum. Quæ ex his benedictionibus expectanda protectio?

DE MINISTRIS ECCLESIÆ.

Quorum auctoritate, officio, scientiâ fideles reguntur, pascuntur et custodiuntur.

DE ROMANO PONTIFICE,
VEL SUCCESSORE APOSTOLORUM PETRI ET PAULI, PRIMAM IN ECCLESIA SEDEM OBTINENTE.

Petrus Ecclesiæ figura, in cujus verbis et factis illa semper spectanda est. An in Petro aut fide Petri fundata Ecclesia? Et si in Petro, an alio sensu quàm quo fundata est in apostolis? Quo sensu Petrus apostolorum primus? Cathedra Petri, prima. In Petro, unitas. An inde in apostolos jurisdictionis aliquid, aut directionis, aut quædam imposita ipsis cum Petro consentiendi necessitas, quæ mutuò inter se apostolos non respiceret?

De primatu et privilegiis Petri. An Romam venerit? An Romæ passus? De privilegiis Pauli. An Romæ passus? De unione duplicis apostolatûs in circumcisionem et in gentes? An Petrus et Paulus unum constituant Ecclesiæ apicem unumque caput, sub capite Christo?

De primatu romani Pontificis. — An romanus Pontifex solidam Petri et Pauli successionem collegerit? Quid antiquis hàc in re visum? Quæ privilegia temporalia fuere in apostolis? Quæ ab ipsis in Pontificem transmissa? An apostoli ad ecclesias singulares venerint, atque ut certarum civitatum pastores crediti ab antiquis?

Quæ ex primatu romani Pontificis legitimè deducantur? Quid ut primus possit? Quæ ipsi conciliis et consuetudine tributa? Effusa et prostituta adulatorum Curiæ romanæ κολακεία.

DE NOMINIBUS ET TITULIS
METROPOLITANI, ARCHIEPISCOPI, EXARCHI ET PATRIARCHÆ

DE PATRIARCHARUM ORIGINE.

Divisio Imperii in orientale et occidentale. Qui hujus divisionis fines? Ecclesiæ in orientalem et occidentalem facta pariter partitio, et iidem inter utramque termini. Diœceses Imperii orientalis et occidentalis sub Præfectis prætorii : de præfecturæ illius origine, divisione, potentiâ.

De diœcesi Egypti politicâ et ecclesiasticâ : una et eadem utriusque extensio. Per totam illam diœcesim singulos episcopos ordinabat patriarcha Alexandrinus : explicatur canon sextus concilii Nicæni. Ex omnibus diœceseos provinciis ad concilium episcopos convocabat.

De diœcesi Orientis vel Antiochenâ, civili et ecclesiasticâ. De utriusque finibus et origine. An sedes Alexandrina et Antiochena ex fundatione Petri omnia privilegia acceperint? An ex magnitudine urbium? Quid de Româ ipsâ sentiendum? Justa inter contendentes transactio.

De patriarchatu romano et ecclesiis suburbicariis.

Romani pontifices nec se patriarchas ante Nicolaum primum dixerunt, nec patriarchis accenseri voluerunt. Ecclesiæ suburbicariæ sine dubio ultra regiones suburbicarias non extendebantur. Quæ essent suburbicariæ provinciæ, demonstratur. Ruffini *Apologia*. Per omnes provincias suburbicarias easque solas, episcopos omnes sine metropolitanis ordinabat romanus Pontifex : alibi nec metropolitanos consecrabat. An essent metropolitani in provinciis urbicariis et suburbicariis? Episcopus Mediolanensis omnes episcopos ordinabat in septem provinciis Italiæ diœceseos. Ex suburbicariis provinciis legatos suos ad concilia mittebant, et ex solis suburbicariis episcopos ad concilium suum romani pontifices convocabant. Solus Occidens non agnoscebat romanum Pontificem ut patriarcham. Quo concilio schismatici Græci totum Occidentem romano Pontifici concesserint? Appellatus romanus Pontifex à Græcis catholicis *Patriarcha œcumenicus*, à Latinis etiam *Archiepiscopus universalis*. Unde œcumenicum se dixerit Constantinopolitanus patriarcha, conjectura.

De patriarchatu Jerosolymitano.

Jerusalem apud Judæos et apud primos christianos honor supremus. *Omnium ecclesiarum Mater* dicta est ab antiquis, et verè est. Initio religionis christianæ, prima sedes et primus thronus erat.

Cur Petro non concessa prima sedes, cùm primus esset. Pellam translata est sedes Jerosolymitana, et ex ignobilitate loci multùm obscurata. Causæ destructionis Jerusalem. An contra Christi Domini verbum reædificata?

Episcopi Æliæ verè erant episcopi Jerusalem ob continuatam successionem, et proinde apostolici, sed sub Cæsareæ novâ metropoli. Episcoporum Jerusalem ad concilium usque Nicænum, honoris privilegium. Post revelationem crucis et sepulcri Domini erectumque à Constantino μαρτύριον τῆς Ἀναστάσεως jam sub Cæsareâ se non continere ampliùs potuerunt episcopi Jerosolymitani. Variæ illorum affectationes primatûs ad concilium usque Ephesinum. In concilio Chalcedonensi, Antiochenum inter et Jerosolymitanum, res ita transacta ut tres Palestinæ huic parerent, usurpatæ Phœniciæ duæ et Arabia illi restituerentur.

De patriarchatu Constantinopolitano.

Majestas urbis animos episcopis Constantinopolitanis addidit. Quid tentatum in concilio Constantinopolitano primo? Quid concessum? Variæ ab hoc concilio ad Chalcedonense usque, Constantinopolitanorum præsulum in diœceses Asiæ, Ponti et Thraciæ expeditiones. Chalcedonensi et Constantinopolitano conciliis, cur tanto conatu sese opposuerint romani pontifices, et quis horum conatuum fructus? De *Œcumenici* cognominis affectatione.

DE EXARCHIS VEL CAPITIBUS MAJORUM DIŒCESEON.

De diœcesi Ælianâ, civili et ecclesiasticâ, et privilegiis episcopi Ephesi. De diœcesi Ponti civili et ecclesiasticâ, et privilegiis episcopi Cæsareæ. De diœcesi Thraciæ: ejus provinciæ, ejus metropolis administrationis ratio. De diœcesi Africanâ: provinciarum numero. De dignitate et privilegiis episcopi Carthaginensis. De diœcesi Illyrici; ejus divisione in orientale et occidentale. De Sirmiensis episcopi privilegiis. De Thessalonicensi exarchatu. De diœcesi Mediolanensi, sive Italiæ.

De diœcesibus liberis.— De administratione Galliarum: provinciarum numero; connexione inter se. De administratione Hispaniarum: provinciarum numero. De administratione Britanniarum.

DE PRIMATIBUS ET EXARCHIS POST CONSTITUTAM ECCLESIARUM DISCIPLINAM NATIS :

Aquileiensi et Gradensi ex ruinis Mediolanensis : Acordensi ex ruinis Thessalonicensis : barbarorum occidentalium exarchis : schismaticorum orientalium catholicis.

De primatibus in Galliâ seorsim, in Hispaniâ, in Britanniâ Majori, in Germaniâ.

De vicariis Sedis apostolicæ; eorum antiquitate, jure, utilitate : in Galliis, Hispaniis aliisque provinciis, usu.

DE METROPOLITANIS.

Metropoles ecclesiasticæ temporibus apostolorum, civili provinciarum partitioni conformes fuêre. Observatæ metropoleon civilium in Ecclesiâ distinctionis causæ et momenta. Omnia metropolitanorum jura ex ipsâ metropoleon institutionis notitiâ apertè sequuntur. Quæ sint hujusmodi jura? Ad quem pertineret olim novæ metropoleos erectio? Episcopos comprovinciales visitandi metropolitanis imposita necessitas. De metropolitanorum in Galliis, Hispaniis, etc., extinctione, restitutione.

De conciliis provincialibus, quæ metropolitanus quisque convocare debebat.

Conciliorum provincialium utilitas. Quo tempore celebranda essent concilia provincialia? Litteræ primatis vel metropolitani ad comprovinciales episcopos. Legitimæ excusationes absentium. Quibus de rebus in conciliis hujusmodi ageretur, et quæ illorum auctoritas? Abrogationis conciliorum provincialium antiquæ et novæ causæ.

De conciliis diœceseon sub patriarchis, eorumque auctoritate.

De conciliis nationalibus in Galliis, Hispaniâ, Germaniâ. statuum convocatione.

DE EPISCOPIS ET EPISCOPATU.

Jure divino instituti sunt episcopi apostolisque successère. Eorum à presbyteris distinctio solidè probatur adversùs Blondellum.

Incidentes quæstiones de presbyterorum et episcoporum confusis olim nominibus. De 72 discipulorum auctoritate et ministerio. De evangelistarum, doctorum, prophetarum, etc., officio. Episcopatùs unitas in multis episcopis, et in episcopis singulis solidus episcopatus. Cur necesse fuit, ut numerosus esset episcoporum cœtus? Episcopus, etsi unius parœciæ, occasione datâ, plenam in omnes ecclesias exercere auctoritatem potest. Episcoporum tituli : *Summi sacerdotes, patres patrum, vicarii Christi, papæ.*

DE EPISCOPORUM IN DIŒCESI VEL PARŒCIA SUA PRÆSENTIA.

Illius ex jure divino necessitas. Esse præsentem non solùm, sed utilem et strenuum episcopum oportet. An possit episcopus gregem suum deserere tempore persecutionis? An tempore pestis et morbi epidemici?

An legitima sit causa absentiæ, legatio diuturna apud alienum principem? De causis legitimis ad comitatum eundi. Antiqua circa profectiones episcoporum disciplina. De concilio episcoporum in urbe regiâ commorantium variis de causis.

DE VISITATIONIBUS EPISCOPORUM.

Quanta in cognoscendis ovibus, et præcipuè ovium pastoribus, presbyteris, ponenda sit diligentia? Quid in visitationibus præstandum? Quæ observanda methodus?

DE SYNODIS EPISCOPORUM.

De concionandi et docendi necessitate. Ad episcopos præsertim spectat Scripturarum interpretatio et exhortatio populi. Vanæ mutorum et inertium præsulum excusationes. Quæ sit christiana et sincera Evangelii prædicatio?

DE HOSPITALITATE EPISCOPORUM.

De curâ pauperum, viduarum, orphanorum, virginum : omnibus defensione egentibus pater et tutor esse debet. Intercedebat olim pro reis et capitali sententiâ damnatis : quis eorum scopus? De immunitatibus vel asyli jure sacris basilicis concessis.

DE TRIBUNALI VEL JURISDICTIONE EPISCOPORUM CIRCA CLERICORUM LITES COMPONENDAS, CIRCA LAICORUM CAUSAS.

An provocari posset ab episcoporum sententiâ ad judices forenses ?

DE HUMILITATE EPISCOPORUM.

An superbia et fastus episcopalem majestatem amplificent? Auctoritas nemini à Christo confertur propter ipsum qui habet, sed propter alios solùm.

DE ORATIONE ET PIETATE EPISCOPORUM.

Quàm ardenter et assiduè pro grege suo orandus Deus? Quàm necessaria episcopo multis curis distracto, oratio, solitudinis secretum, pia Scripturæ meditatio!

DE PRUDENTIA ET DISCRETIONE, ETC.

De libero ab omnibus præjudiciis animo, ut nemini injustè aut noceat, aut faveat, etc.

DE JUDICII GRAVITATE ET MATURITATE.

De vigore et constantiâ in justis sanctisque consiliis, etiam adversantibus omnibus. De delectu virorum bonorum et eruditorum, quibuscum arduas et implicatas res communicare possit.

DE PRESBYTERIS.

Quanta eorum dignitas : consiliarii et fratres episcoporum. Conciliis aderant, et sedentes sententiam dicebant. Probata episcoporum, presbyterorum et diaconorum hierarchia, græcorum et latinorum Patrum testimoniis.

DE CHOREPISCOPIS.

Eorum antiquitate, dignitate, officiis, abrogatione. De vicariis episcoporum et pœnitentiariis. De archipresbyteris. De parochis eorumque officiis : parochorum origo et antiquitas. De archidiaconis.

De diaconis; eorum institutione, ministeriis, privilegiis; adversùs presbyteros supercilio; numero. De cælibatu sacris ordinibus annexo, apud Græcos et Latinos. De subdiaconis eorumque officiis : cælibatu.

De minoribus ordinibus.

De ordinum interstitiis : an nullus ex sacris ordinibus unquam omitteretur? De ætate ad ordines suscipiendos necessariâ.

DE CLERICALI TONSURA.

An essent antiquitùs clerici, solâ tonsurâ insignes, nulli ministerio deputati? Tonsuræ antiquitas, origo, forma, mysteria.

Vestes clericorum an distinctæ à vestibus laicorum? Unde cœpit distinctio? Quæ modestia in vestibus clericorum splendere debeat? De certorum colorum delectu.

Cantus, psalmodia, musica : instrumentorum symphonia. Officii canonici, horarum canonialium apud Græcos et apud Latinos recitatio publica et privata, hujusque officii origo et partes. Laicorum ad horas canonicas concursus et in iis recitandis studium.

DE CONGREGATIONIBUS CLERICORUM.

De seminariis clericorum, et eorum in iis educatione. An docendi litteras humaniores et profanas, et quo delectu? Quid ex philosophiâ degustare possent? Theologicis disciplinis quomodo imbuendi?

DE ECCLESIARUM CATHEDRALIUM CLERO ET CAPITULIS.

Canonicorum regularium in omnibus penè ecclesiis institutio : vita communis : loci regulares; habitus. Hujus institutionis initia, ac tandem in pluribus ecclesiis mutati mores.

De cardinalibus.

DE SACRIS VIDUIS ET DIACONISSIS.

De solemni diaconissarum consecratione. De ætate ipsis et viduis ac virginibus ante dedicationem à legibus præscriptâ. De illarum officiis. De illarum abrogatione.

De locis orphanorum, advenarum, ægrotorum, debilium et seniorum curæ destinatis, annexisque presbyteris vel ministris. De privatis oratoriis, martyriis, sacellis.

De officiis et ministeriis solà promotione conferri solitis. De cimeliarchis, xenophylacibus, sacristis. De defensoribus. De syncellis. De cartophylace. De notariis. De cancellariis, vicedominis, bibliothecariis, archicapellanis in palatio regum. De clericis palatii, aut sacelli regii. De legatis romanorum pontificum.

DE CONDITIONIBUS AD SACROS ORDINES SUSCIPIENDOS VEL CONFERENDOS.

De vocatione; ejus necessitas, signa. An ad sacros ordines quisque legitimè aspirare possit? Ineluctabili necessitati cedendum est, nec præterea confidendum. Conatibus omnibus propriæ indignitatis conscius nunquam cedere debet. Incredibiles sanctorum virorum conatus, ut sacerdotium vel episcopatum à se averterent. Soli infirmi et indigni validos se et habiles arbitrantur, sanctis et magnis viris trementibus. Ante corruptam ætatem offerre se vel offerri à parentibus liberi poterant. Admissi ad clericatum, quos vis et metus cogebant.

Irregularitates. — De vitiis vel defectibus à sacris ordinibus arcentibus. An veteres attenderint defectus corporis et mutilationem? De eunuchis. De irregularitate ab imperitià. Quæ doctrina necessaria est? De scholis antiquis. De bigamià. De militum, judicum, curialium ad ordines impedimentis. De irregularitate crimine et pœnitentià, contractà. De neophytorum repulsà. De hæreticorum, schismaticorum, apostatarum abdicatione. De exclusione energumenorum.

De examine ordinandorum. Aderant olim presbyteri, clerici omnes et populus. Quibus de rebus præsertim interrogabantur?

De subjectione clericorum, et addictione certo episcopo et certæ ecclesiæ. Poterat olim episcopus quemlibet fidelem ordinare, et ordinatione suum facere, neglectà patriæ et domicilii ratione. An posset episcopus alienum clericum ordinare, aut clericus episcopum, à quo primos ordines acceperat, deserere et sese alteri tradere? Ordinatione suâ quisque certo ministerio et certæ ecclesiæ obligabatur.

De immutabilitate clericorum. Clericatum aut ministerium nemo abdicare poterat. A ministeriis suis inviti moveri non poterant ad nutum episcopi.

DE ELECTIONE EPISCOPORUM.

De electionibus ante tempora Constantini. De jure populi, monachorum et magistratuum in electionibus, post Constantini tempora, apud Græcos et Latinos. Suprema suffragiorum moderatio ad episcopos provinciales spectabat.

De confirmatione electionis. Confirmanda erat electio, auctoritate metropolitani. Confirmare metropolitanos exarchi et patriarchæ debebant.

De jure regio in electionibus episcoporum. — Quale jus in eligendis episcopis, primis quinque sæculis imperatores habuerint? Quale primæ dynastiæ reges Franciæ? Quale secundæ dynastiæ? Quale tertiæ dynastiæ principes? De jure regum Hispanorum; regum in Italiâ, Africâ, Britanniâ; imperatorum in Oriente.

De consecratione episcoporum. — A quo consecrandus episcopus? Trium antistitum præsentia, an necessaria?

De præstatione sacramenti episcoporum : 1° metropolitanis; 2° romano Pontifici ; 3° regibus et principibus. Ubi de hominis honore. De potestate episcoporum in eligendis vel designandis successoribus. De coadjutoribus.

De episcopis *in partibus*, vel solo titulo insignibus. De translationibus episcoporum apud Græcos et Latinos. Cujus auctoritate translationes fierent? De abdicatione et demissione episcopatûs.

DE BONIS ET REBUS ECCLESIÆ
QUIBUS EJUS ALUNTUR MINISTRI.

De decimis et primitiis. De oblationibus. De collectis. De immobilibus, agris, hæreditatibus. De testamentis Ecclesiæ nomine scriptis et legibus imperatorum. De principatibus, ducatibus aliisque titulis et feudis Ecclesiæ alienis. De temporali Ecclesiæ romanæ regno. De immunitate clericorum et rerum Ecclesiæ. De donis et muneribus annuis episcoporum et abbatum regi oblatis. De jure hospitii in episcopiis et abbatiis. De amortizatione.

De bonis et reditibus Ecclesiæ, sanctorum sententiæ. Ditiorem quotidie fieri Ecclesiam fundis et agris lugebant sanctiores episcopi. Non tantùm has Ecclesiæ divitias non amabant, sed abdicatione et venditione patrimonii ad sacros ordines sese præparabant. Quibus legitimis modis sustentare se clerici possunt? An clerici privatis facultatibus divites è reditibus ecclesiasticis quidquam, tutâ conscientiâ, possint percipere? An ipsi proprio manuum opere, vitam tolerare debeant? Exempla hâc de re illustria. An negotiationi, procurationi, fundorum locationi, animum adjicere clericis liceat?

DE NATURA ET USU LEGITIMO BONORUM ECCLESIÆ.

Omnes Ecclesiæ facultates patrimonium sunt pauperum, ex omnium Patrum græcorum et latinorum sententiâ. Ab episcopis ad ultimum usque clericatùs gradum, nullus est redituum ecclesiasticorum dominus, sed dispensator. Ut primi pauperes, ea solùm quæ necessaria sunt, episcopi aliique sibi sumere possunt. Frugalitas mensæ, simplicitas domûs, vestium, familiæ, supellectilis. An in publicis operibus, pontibus, balneis, fontibus, collegiis, reditus ecclesiasticos episcopis insumere liceat?

DE USU ILLEGITIMO.

In venatione, spectaculis, ludis, voluptatibus : militari expeditione; nepotum et propinquorum locupletatione ; sumptu et magnificentiâ in iis omnibus, quæ ex canonibus Patrumque decretis simplicia esse debent et humilia.

DE PARTITIONE ET DISPENSATIONE BONORUM ECCLESIÆ.

Suprema in dividendis et dispensandis Ecclesiæ bonis episcoporum auctoritas, in concilio tamen provinciali, rationem administrationis suæ reddere tenebatur. Quot partes ex Ecclesiæ bonis fierent? An antiqua sit solemnis in quatuor partes divisio? Dividebantur parochiarum reditus in quatuor partes. De divisione bonorum Ecclesiæ inter episcopum et canonicos.

DE ŒCONOMIS EPISCOPO ADJUNCTIS.

Œconomorum institutio et auctoritas. Diaconorum et archidiaconorum in dispensandis Ecclesiæ reditibus potestas, et natum inde supercilium. Œconomis invigilare poterat et tenebatur episcopus.

De testamento episcoporum aliorumque Ecclesiæ addictorum. De testamento episcoporum et clericorum, abbatum et monachorum.

De statu bonorum Ecclesiæ post decessum episcopi vel abbatis. De spoliatione domûs episcoporum aliorumque clericorum. De custodiâ ecclesiarum viduarum. De tempore et diuturnitate vacationis.

DE BENEFICIIS PROPRIE DICTIS, SECUNDUM RECENTIOREM DISCIPLINAM.

De beneficiorum naturâ et origine. — Quando primùm dividi cœperunt Ecclesiæ fundi inter clericos? An ea divisio esset perpetua, aut in solidam massam post obitum reverteretur?

De collatione beneficiorum. — Quis hæc beneficia divideret aut conferret? An solus episcopus? An posset olim romanus Pontifex in diœcesi episcopi beneficia conferre? Quis nunc in variis ecclesiis usus? Collatorum officia, privilegia, conditiones. Conferri non possunt beneficia, officia, dignitates nisi digniori.

De jure patronatûs et præsentationis. Ecclesiastici. Laici.

De pluralitate beneficiorum. Episcopatùs, abbatiæ, aliorum beneficiorum inferiorum.

De commendationibus beneficiorum, ecclesiasticis, laicis, ordinum militarium.

De resignatione beneficiorum. De conditionibus legitimæ resignationis. De antiquitate et initiis hujus consuetudinis. Quis admittere possit resignationem? De reservationibus et pensionibus.

De simoniâ et ejus variis speciebus.

DE MONACHIS ET SACRIS VIRGINIBUS,
HOC EST SANCTIORI GREGIS CHRISTIANI PARTE,
SED EXTRA HIERARCHIAM.

Monachorum instituti origo, et per totum orbem diffusio. Vitæ monasticæ utilitates et encomium.

Monachorum varia genera primis temporibus. De solitariis. De cœnobitis. De viduarum institutione, et solitariam inter et cœnobiticam vitam mediâ quâdam viâ. Monachorum et philosophorum pallium. Monachorum vestes, quæ et quales, et cujus coloris? Vestium partes, nomina, numerus.

Monachorum jejunia. De jejuniis eorum continuatis. De jejuniis per totum annum. Quo tempore reficerentur? An nullus, præter dominicas et sabbata, ac fortè Quinquagesimam, Pentecosten, dies à jejunio immunis esset? An ad hæc jejunia monachi tenerentur? An uniformis apud omnes disciplina? Quibus cibis alerentur monachi in solitudine, in cœnobiis? Quo uterentur potu? Quibus cibis vescerentur diebus à jejunio liberis?

Monachorum jejunia, et nocturnæ preces. De acœmetis. Cubilium et stratorum descriptio. Humi cubabant plurimi. Monachorum psalmodia in cœnobiis : quibus horis? Quot psalmi recitarentur? An cum cantu an alternis vocibus? Psalmodia solitariorum et eorum qui in cœnobiis non morabantur.

Monachorum silentium. Amor, meditatio, lectio Scripturæ. Maximam Scripturæ partem memoriæ commendabant.

Monachorum opus manuale. Hujus utilitas et necessitas. Quale illud esset?

Monachorum humilitas, mundi contemptus, injuriarum tolerantia.

MONACHORUM NOVITIATUS.

An antiqui novitios probarent, antequam in societatem admitterent et in convictum? Quæ esset probatio solitariorum? quæ cœnobitarum? Quanto tempore novitiatus ille duraret? Quando primùm statutus novitiatus? Annui probatio, vel etiam biennii. An novitiis et tyronibus habitum religionis, aut alium à sæculari veste distinctum conferrent? Vestis religionis induendæ solemnis ritus.

PROFESSIO MONACHORUM, SEU VOTORUM EMISSIO.

Quà ratione sese olim professione obligarent monachi? Quid pollicerentur? Quando distinctè vota solemnia emittendi consuetudo obtinuit?

DE STABILITATE MONACHORUM.

An stabilitatem olim promitterent? An è loco in locum migrare, an ex instituti sui disciplinâ in aliam disciplinam admitti possent?

DE CASTITATE MONACHORUM.

An castitatem voverent antiquitùs? An licitæ ipsis nuptiæ post monachatum, an saltem concessus legitimarum uxorum usus? An contractæ nuptiæ post monachatum abrumperentur?

DE OBEDIENTIA MONACHORUM.

Incredibilis obedientiæ exempla. Obedientiæ etiam voto obstrictæ libertas. An essent monachi plures acephali? An solitarii immunes essent ab obedientiæ jugo?

DE PAUPERTATE MONACHORUM.

An facultates suas paternas dimitterent? An neglectas possent repetere? an aliquid ex opere manuum lucri servare?

DE VOTIS RELIGIOSORUM IN GENERE.

Eorum sanctitas, meritum, finis, causæ. De validitate votorum religiosorum, reclamatione voventium, dispensatione aut commutatione votorum.

DE ÆTATE RELIGIOSIS VOVENTIBUS NECESSARIA.

De iis qui, ante ætatem legitimam et ante libertatis usum, à parentibus religioni consecrabantur, et severitate quarumdam ecclesiarum contra reclamantes : contra crudeles et inhumanos parentes, qui vel ambitione, vel odio injusto, quosdam ex liberis suis monasterio invitos addicunt. Vanitas et præsumptio electionum hujus ad militiam, illius ad Ecclesiæ beneficia, tertii ad militarem ordinem, etc.

VITIA QUIBUS RELIGIOSI, NON INSTITUTI DEFECTU, SED MISERIA ET FRAGILITATE HUMANA, SUBJECTI ESSE POSSUNT.

Monachorum quorumdam inquietum, ardens et turbulentum ingenium. Mala per imprudentes et temerarios ascetas Ecclesiæ irrogata. Levitas et locorum facilis mutatio. Fratres et solitarios virtute insignes invisendi sine justâ necessitate pruritus. Superbia et laicorum contemptus. Interioris hominis neglectus. Omnis in rebus externis et per se non necessariis collata spes. De suâ perfectione et sanctitate facilis opinio. Defectus occasionum pro solidâ virtute habetur. ἀπαθείας et perfectæ sensuum subjectionis variè affectatus triumphus : quorumdam ex hoc fonte illusiones, ineptæ conclusiones, vana philosophia, hypocrisis, inanis gloriæ amor : simulatæ actu dæmonibus pugnæ.

DE MONASTERIORUM REGIMINE ET POLITIA.

Monachorum et monasteriorum sub episcoporum auctoritate subjectio. Monasteriorum exemptiones et privilegia. Eorum initia, causæ, limitatio. Plurimorum monasteriorum sub uno rectore congregatio in Oriente et in Occidente. De cellis, obedientiis, hospitiis, villis ad majora monasteria attinentibus natisque inde prioratibus, etc.

DE ABBATIBUS SINGULORUM MONASTERIORUM PATRIBUS.

De origine, nominibus et officiis illorum. De virtutibus abbati necessariis. De vitiis quibus abbates aliique monachorum patres obnoxii esse possunt.

De electione abbatum. De jure monachorum, de jure episcoporum in eligendis aut confirmandis abbatibus. De jure regum et principum in dandis, aut confirmandis, aut præsentandis abbatibus.

De benedictione abbatum.

De abbatibus episcopalia insignia habentibus. Potestate suos sine dimissoriis litteris ad ordines mittendi ; minores ordines, subdiaconatum, aut diaconatum suis conferendi.

De potestate abbatum in eligendis aut designandis successoribus suis. De coadjutoribus abbatum. De translationibus abbatum.

De demissione et spontaneâ abdicatione.

De administratione bonorum monasterii, cui ratio reddenda?

De depositione abbatum.

De abbatibus commendatariis, eorum origine et potestate : an legitimè bona religiosis data possideant?

DE VARIIS MONASTICÆ VITÆ REGULIS,

Cujusque ætate, auctore, usu, apud Græcos ad sæculum duodecimum, et apud Latinos. De ordinibus mendicantibus. De aliis recentioribus monachorum institutis non mendicantibus. Monasticæ vitæ cum clericorum officiis unio.

DE SACRIS VIRGINIBUS.

Aliæ domi manebant, aliæ in monasteriis claudebantur. Virginum cum clericis aut cælibibus, et clericorum cum virginibus vetitum contubernium. Claustri necessitas erga virgines.

De velo virginum. Aliæ publicè velabantur, et cum solemni apparatu, aliæ sibi ipsi velum imponebant. Velationis ritus. Solis episcopis publicè velandi virgines facultas concessa : causæ. Ad presbyteros tandem pervenit. Velum benedictum in mortem et sepulturam servatum.

De virtutibus sacris virginibus necessariis, ac præcipuis continentiæ et virginitati tuendæ utilibus remediis.

De vitiis quibus virgines Deo sacræ obnoxiæ esse possunt, ac potissimùm garrulitate, cum viris familiaritate, formæ adhuc et pulchritudinis curâ.

De puellis adhuc teneris et rudibus sacris virginibus commendatis, ut pietatem edoceantur. An liceat parentibus filias adhuc sæculi ignaras in monasteriis recludere hoc fine, ut ab aurâ sæculi tutæ, ipsum neque sciant, neque ament; sed sanctæ virginitatis propositum amplectantur?

De simoniâ et pactis simoniacis in ingressu monasterii.

De habitu sacrarum virginum. De tonsurâ virginum. De curâ

episcoporum circa virgines sacras. An justum sit eximi monasteria virginum ab inspectione et jurisdictione ordinariorum?

De variis sacrarum virginum regulis, institutis, ordinibus.

De monasteriis ad virgines nobiles easque solas destinatis. An hujusmodi monasteria humilitati christianæ et Evangelio non repugnent?

De canonicis virginibus, vestem laicam post officium peractum sumentibus, et nulla continentiæ lege obstrictis.

De abbatissis. Earum benedictione, officiis, virtutibus, vitiis : electione, translatione, demissione, depositione.

De monasteriis. In quibus locis primò ædificata? Cur in civitatibus deinde? An virginum monasteria extra urbes, in pagis ædificari tutius sit? Quæsitæ olim à Patribus, ædificandis monasteriis incommodæ, steriles et valetudini contrariæ sedes. An magnifico apparatu monasteria ædificari debeant?

DE JUDICIIS EPISCOPORUM CANONICIS.

Hæc quæstio pertinet ad tractatum *de Episcopis;* hùc rejecta est ob latiorem disserendi campum. Qui immediatè episcoporum judices? De retractationibus judiciorum, cùm in usu appellationes non erant. De appellationibus ad romanum Pontificem. De judicibus in partibus delegatis à romano Pontifice. De appellationibus ad principem. De appellationibus ad senatum, ob illicitum ecclesiasticæ potestatis usum.

De judiciis canonicis presbyterorum, diaconorum et cæterorum inferiorum clericorum.

De legitimis clericorum accusatoribus.

De judiciis et pœnis canonicis monachorum.

TABLE

DES MATIÈRES CONTENUES DANS LE TROISIÈME VOLUME.

AVERTISSEMENT AUX PROTESTANS
SUR LEUR PRÉTENDU ACCOMPLISSEMENT DES PROPHÉTIES.

Remarques historiques. I
I. Que les interprétations des prophéties, et surtout de l'*Apocalypse*, proposées par les ministres, sont une manifeste profanation du texte sacré. Trois vérités démontrées sur ce sujet dans ce discours. 1
II. Premier défaut. Que le système des protestans n'a aucun principe. Preuve par eux-mêmes, et par le ministre Jurieu. 5
III. Que les ministres n'ont aucun principe pour prouver que la Babylone de l'*Apocalypse* fut une église chrétienne, et que cela est impossible. . 12
IV. Démonstration que saint Jean ne parle ni du Pape, ni d'aucun pasteur de l'Eglise chrétienne. Vaines objections des ministres. 14
V. Que le mystère écrit sur le front de la prostituée, ne prouve point que ce soit une église chrétienne. 15
VI. Conte ridicule de Scaliger, méprisé par Drusius, protestant, et relevé par le ministre Jurieu. 16
VII. Sur le mot *Lateinos*; qu'il n'a rien de commun avec le Pape. Démonstration par saint Irénée, duquel il est pris. 16
VIII. Evidence de la démonstration précédente. 17
IX. Confirmation de cette preuve, parce que saint Jean a évité d'appeler du nom d'*adultère*, la prostituée de son *Apocalypse*. 17
X. Deux endroits de l'*Apocalypse* produits par les protestans, et leur utilité. 20
XI. Autre objection ridicule sur un jeu de mots. Ce que c'est dans l'*Apocalypse* que vendre les ames. Témoignages des savans protestans. . . 21
XII. Réflexion sur ce qui vient d'être dit. On passe au second défaut du système des protestans, qui est de détruire tous les caractères marqués dans l'*Apocalypse*. 23
XIII. Les chap. XIII et XVII de l'*Apocalypse* : deux choses à considérer. . 23
XIV. Les sept têtes pour les sept formes de gouvernemens. Première illusion des protestans. 24
XV. Incertitude des protestans et renversement prodigieux de l'histoire dans leur système. 28

XVI. Renversement de tout le système, démontré par un seul mot de l'*Apocalypse*. 30
XVII. Illusion des ministres sur la courte durée de la septième tête. . . 31
XVIII. Réponse des ministres Dumoulin et Jurieu; et manifeste corruption du texte sacré. 32
XIX. Blasphème du ministre Jurieu. 36
XX. Que les protestans font dire à saint Jean sur les sept gouvernemens de Rome des choses, non-seulement peu convenables, mais encore visiblement fausses. 37
XXI. Illusion des protestans sur les dix rois qui doivent d'abord favoriser Rome, et ensuite la détruire. 39
XXII. Illusion sur l'explication du chap. XIII, et sur la seconde bête qui y est représentée. 45
XXIII. Réflexion sur le nom *Lateinos*; et sur le nombre 666. 47
XXIV. Système des protestans sur les douze cent soixante jours de la persécution. Démonstration que ces jours ne peuvent pas être des années, comme les ministres le veulent. 49
XXV. Contradiction du ministre Dumoulin sur le sujet des douze cent soixante jours. 51
XXVI. Plus grossière contradiction du ministre Jurieu sur le même sujet. 52
XXVII. En accordant aux ministres que les jours sont des années, l'embarras ne fait qu'augmenter, et ils ne savent où placer leurs douze cent soixante ans. 53
XXVIII. Les ministres forcés d'imputer l'idolâtrie à l'Eglise du quatrième siècle. 54
XXIX. Prodigieuse proposition du ministre Jurieu. 55
XXX. Réponse du ministre Jurieu. 55
XXXI. Le ministre établit le commencement de l'idolâtrie dans les miracles que Dieu fait pour confondre Julien l'Apostat. 62
XXXII. Autre parole prodigieuse du même ministre. 63
XXXIII. Que les Pères que ce ministre accuse d'idolâtrie, sont de son aveu les plus grands théologiens de l'Eglise. 64
XXXIV. Etrange idée du christianisme dans le parti protestant. . . . 64
XXXV. Démonstration que, de l'aveu du ministre, il n'y a rien dans l'*Apocalypse* qui marque sa prétendue idolâtrie ecclésiastique, quoique rien ne s'y dût trouver davantage selon ses principes. 67
XXXVI. Examen d'un passage de saint Paul, où le ministre prétend trouver, après Joseph Mède, son idolâtrie régnante dans l'Eglise. 69
XXXVII. Le ministre entraîné dans ses excès par le désespoir de sa cause. 72
XXXVIII. La conformité que les protestans ont imaginée entre la théologie et le culte des Pères du premier siècle et les païens, détruite par les principes. 73
XXXIX. Que l'interprétation des protestans brouille toutes les idées de l'*Apocalypse*, et ne discerne ni les idolâtres, ni les saints dont parle saint Jean. 74
XL. Vaines interprétations du chapitre XVI. 74
XLI. Sur le commandement de sortir de Babylone : qu'on ne sait ce que veut dire ce commandement, selon l'idée des protestans. 77

XLII. Question, si les protestans rebutés de l'absurdité du système de Joseph Mède et de M. Jurieu, en peuvent forger un autre plus soutenable. . 80
XLIII. Conclusion de ce qui regarde le chap. xviii de l'*Apocalypse*. . . 82
XLIV. Si les protestans peuvent admettre une double chute de Rome. . 83
XLV. Prédiction de saint Paul. II *Thess.*, ii. 83
XLVI. La première circonstance de la venue de l'Antechrist mal expliquée par les protestans. 85
XLVII. La seconde, également mal entendue. 85
XLVIII. En accordant aux protestans tout ce qu'ils demandent, ils ne concluent rien de cette parole de saint Paul : *Celui qui tient.* 86
XLIX. S'il y a quelque avantage à tirer des Pères qui font venir l'Antechrist et le jugement à la chute de l'Empire romain. 89
L. Que le sentiment des Pères est directement contraire au système protestant, en ce qu'ils reconnoissent l'Antechrist pour un seul homme. . 90
LI. Que les protestans ne s'accordent ni avec les Pères, ni avec saint Paul, ni avec eux-mêmes. 92
LII. Froideur des allégories des protestans. 96
LIII. Ce que l'on peut dire de certain de l'Antechrist. 99
LIV. Que le méchant de saint Paul ne peut être aucune des bêtes de saint Jean, et qu'il n'y a de rapport entre saint Paul et l'*Apocalypse*, que dans le chap. xx de cette dernière prophétie. 101
LV. Qu'il y a, selon le ministre, un autre Antechrist, à qui, malgré qu'il en ait, les paroles de saint Paul conviennent mieux. 102
LVI. Promesse de l'auteur sur Daniel. L'explication de saint Paul, I *Tim.*, iv, 1, déjà donnée. Conclusion de la seconde partie de cet Avertissement. 103
LVII. Les protestans toujours trompés par leurs prophètes. 105
LVIII. Ridicules interprétations de Dumoulin. Pourquoi il s'arrête à l'année 1689. 105
LIX. Raisonnement de Dumoulin improuvé par M. Jurieu. 109
LX. Comment M. Jurieu a tâché de revenir à l'interprétation de son aïeul après l'avoir méprisée. 114
RÉCAPITULATION, éclaircissement et confirmation de toutes nos preuves et de tout cet ouvrage sur l'*Apocalypse*. 118
LXI. Pourquoi cette récapitulation, ce qu'il y faudra observer. . . . 118
LXII. Première démonstration, que la destruction de la prostituée aux chap. xvii, xviii et xix de l'*Apocalypse*, par les principes des protestans, est une chose accomplie ; et ainsi qu'on y cherche en vain la chute future de la Papauté. 119
LXIII. Seconde démonstration du chap. xviii. Preuve par les protestans que l'Eglise romaine est la vraie Eglise. 121
LXIV. Troisième démonstration, en ce que la Babylone, la bête, et la prostituée de saint Jean ne peut pas être une église corrompue. 123
LXV. Que le ministre Jurieu a senti la force de cette démonstration, et par là le foible de sa cause. 124
LXVI. Nouvelle réflexion sur la preuve précédente, et confirmation de cette preuve. 125
LXVII. Quatrième démonstration par les principes généraux. Les persécutions de l'*Apocalypse* très-courtes, selon saint Jean. Ce que c'est que

le peu de temps des ministres, qui dure douze cent soixante ans. Illusion des jours prophétiques. Confusion, absurdité et impiété manifeste. 126
LXVIII. Que les protestans ne se sauvent pas en prenant un autre système que M. Jurieu. 132
LXIX. Cinquième et dernière démonstration par les principes généraux. . 134
LXX. Quels saints et quels martyrs les protestans ont trouvés dans l'*Apocalypse*, et qu'à la fin ils sont obligés de les dégrader. Passage exprès du ministre Jurieu. 137
LXXI. Preuves tirées des chapitres particuliers. Abrégé de celles du chapitre XI où l'on commence à comparer notre système avec celui des protestans. Illusion pitoyable du ministre Jurieu sur les deux témoins. . . 138
LXXII. Abrégé des preuves du chap. XII. Confirmation convaincante de celle qui détruit les douze cent soixante ans. Le système protestant se dément de tous côtés. 140
LXXIII. La bête aux sept têtes et aux dix cornes, et les sept formes de gouvernement ruinées par de nouvelles remarques. 142
LXXIV. Suite du chap. XIII. La bête qui meurt et qui revit, n'a point de sens chez les protestans. 146
LXXV. Autre inconvénient du système. Il faut trouver au chap. XIII pour une troisième fois les douze cent soixante ans. 147
LXXVI. Suite du même chapitre. La seconde bête. Dix caractères exclusifs du Pape. Deux défauts sur le nombre de six cent soixante-six. . . . 148
LXXVII. Les chap. XIV, XV, XVI. 150
LXXVIII. La fin du chap. XVII avec les suites, où le système protestant se dément le plus. 151
LXXIX. L'explication protestante n'entre qu'avec violence dans les esprits, et c'est l'ouvrage de la haine. 155
LXXX. Abrégé des preuves contre l'interprétation des protestans sur la II *Thess.*, II. 157
LXXXI. Caractères de l'Antechrist dans les ministres. Leurs allégories tournées contre eux. 161
LXXXII. Contradiction manifeste du ministre Jurieu sur le sujet de l'Antechrist de saint Paul. 165
LXXXIII. Pitoyables extrémités où s'engagent les protestans. Conclusion de ce discours. 168

DE EXCIDIO BABYLONIS

APUD S. JOANNEM.

PRÆFATIO. SECTIO PRIMA. Causæ generales tractandi *Apocalypsim*. . . 171
SECTIO II. Quid nuper Basileæ gestum. 174
SECTIO III. Quid jam gerendum nobis. 175
PRIMA DEMONSTRATIO. Quòd Babyloni Joannis nullus sit inditus romanæ, seu cujuscumque Ecclesiæ christianæ character. 176
APPENDICES QUATUOR AD DEMONSTRATIONEM PRIMAM. — APPENDIX I. Quòd idololatria urbi Romæ à sancto Joanne imputata, non aliud sit, aut esse

possit, quàm idololatria tunc temporis vigens, et deorum eodem tempore notissimorum cultus; non autem cultus sanctorum, aut aliquid quod christianismum sapiat. 182
APPENDIX II. Quòd sanctus Joannes eos tantùm canat martyres qui sub Imperio romano cum ipso Joanne passi sint, et adversùs vetera ac nota idola decertarint. 186
APPENDIX III. Quòd primatus Papæ atque Ecclesiæ romanæ, nec sit, nec esse possit bestiarum sancti Joannis, aut Babylonis, aut etiam Antichristi character. 186
APPENDIX IV. Quòd bestia ac meretrix et Babylon Joannis nequidem ad Antichristum pertineant aut pertinere possint. 190
PRÆMONENDA QUÆDAM AD II ET III DEMONSTRATIONEM. — ADMONITIO I. De eo quod ad litteram Joannes prædixit citò fieri oportere. 192
ADMONITIO II. De numeris Apocalypticis. 198
ADMONITIO III. De Româ idolis inhærente sub piis quoque principibus. . 203
ADMONITIO IV. Quale futurum esset excidium Urbis, et quandò combusta sit. 207
SECUNDA DEMONSTRATIO. Quòd Babyloni Joannis clarus et certus sit indutus character romanæ quidem Urbis, sed vetustæ illius quæ Joannis ipsius tempore visebatur, gentibus imperantis, sævientis in sanctos, et falsis numinibus inhærentis; ideòque cum suo superbissimo et crudelissimo imperio excisæ. 216
COROLLARIUM. De tribus væ Joannis : quibus demonstratur una et continua rerum series, à capitis IV initio, usque ad capitis XIX finem. 234
TERTIA DEMONSTRATIO. Quòd nostra interpretatio apta sit et congrua textui rebusque gestis, atque ab auctoris objectionibus undecumquè tuta. — ARTICULUS I. De tempore scriptæ *Apocalypseos*. 236
ART. II. Summa interpretationis nostræ, sive hoc ipsum vaticinium Joannis generatim cum rebus gestis compositum. 237
ART. III. De Judæis vindiciæ Dei ad cap. IV-IX. 238
ART. IV. De capite VIII, id est de tubis primâ, secundâ, tertiâ et quartâ, etc.; de monte; de stellâ magnâ cadente, ac de cæteris ejusdem capitis visionibus. 240
ART. V. De cap. IX, ad vers. 13, ac de secundâ stellâ, locustis, et primo væ finito. 243
ART. VI. De reliquâ parte cap. IV, à vers. 13 ad finem, ac effusis Orientis exercitibus, deque initio mali illati Gentilibus et Imperio romano, ad sextam tubam. 246
ART. VII. Summa dictorum : nova prophetandi initia ad cap. X. 247
ART. VIII. De Diocletiani persecutione, ad cap. XI, ac primùm de Verensfelsii præjudiciis. 248
ART. IX. Sequuntur sex visiones de ultione gentium : prima visio : initium persecutionis Diocletiani ab eversis Ecclesiis, ad primos versus cap. XI. 250
ART. X. De reliquâ parte cap. XI, deque væ secundo et tertio, ac de magnis motibus et laudibus. 254
ART. XI. Secunda visio de ultione Gentilium : de muliere pariturâ et dracone rufo, deque persecutione per tres vices insurgente, cap. XII. . . 256
ART. XII. Tertia visio circa ultionem Gentilium : historica ad cap. XIII spec-

tantia afferuntur, ac primùm persecutio Diocletianica sub septem regibus
bestiæ. 260
ART. XIII. Excursus ad protestantes. 264
ART. XIV. De tribus præcipuis bestiæ characteribus : ad cap. XIII, 2. . . 265
ART. XV. De plagâ lethali bestiæ, eâque curatâ per Julianum Augustum;
qui primus ejus est character singularis. Ad cap. XIII, 3-5, etc. . . . 266
ART. XVI. De altero charactere Juliani, ac de secundâ bestiâ, sive philo-
sophiâ ac magiâ, suppetias idololatriæ romanæ veniente : ad cap. XIII,
11, etc. 270
ART. XVII. De duobus secundæ bestiæ cornibus speciatim : ad cap. XIII, 11. 272
ART. XVIII. De imagine bestiæ primæ sanitati restitutæ. 273
ART. XIX. De charactere bestiæ dexteræ et fronti ementium ac venden-
tium impresso, deque ejus nominis numero : ad finem cap. XIII. . . . 275
ART. XX. De quartâ visione circa ultiouem Gentilium; deque Babylonis
casu; ac de duplici falce immissâ in Babylonis imperium ad messem et
ad vindemiam : ad caput XIV. 278
ART. XXI. Quinta visio; de septem phialis ac plagis : ad cap. XV et XVI. . 280
ART. XXII. Observanda quædam ad cap. XVI. 281
ART. XXIII. De Româ paganicâ clarè expressâ; deque Babylonicâ meretrice
destructâ ad cap. XVII. Ex his generalioribus, enodationes quatuor. . . 284
ART. XXIV. Quinta, sexta et septima enodatio, ex specialibus septem capitum, seu septem regum historiis : ad cap. XVII, 9, 10. 286
ART. XXV. De plagâ lethali bestiæ Maximino cæso : lux affertur capiti XIII,
vers. 3, ex cap. XVII, vers. 10; quâ de re Verensfelsii objectio veritatem
firmat. 288
ART. XXVI. De Licinii persecutione propriâ : deque Verensfelsii objectione
quæ rem elucidet : decima enodatio : ad hanc partem vers. 10 : *Alius
nondùm venit, et oportet illud breve tempus manere.* 289
ART. XXVII. Undecima enodatio : de capite octavo, quod de septem sit, et
cur vocetur bestia : deque Maximiano bis Augusto, ad vers. 11, cap. XVII. 290
ART. XXVIII. De bestiâ ascendente è mari, atque pereunte : ad cap. XIII, 1;
XVII, 7 et seq.; deque enodatione duodecimâ et decimâ tertiâ : ad idem
cap. XVII. 291
ART. XXIX. Summa dictorum, ubi de prophetarum perspicuitate. . . . 293
ART. XXX. De diabolo ligato et soluto : deque persecutione ultimâ : Verens-
felsii vana objectio : ad caput XX. 295
ART. XXXI. De persecutione ultimâ, sive Antichristi, per seductionem : ad
eumdem locum. 297
ART. XXXII. Somnia protestantium : ad idem cap. XX. 298
ART. XXXIII. De voce Antichristi. 300
ART. XXXIV. Quòd ille adversarius apud Paulum II *Thess.*, II, sit persona
singularis; et quòd pseudopropheta Joannis sit persona mystica ex ipso
contextu, cap. XIII, 2; XVI, 13; XIX, 20; XX, 10. 301
ART. XXXV. De regno Christi cum beatis animabus per mille annos : ad
cap. XX, 4. 302

AVERTISSEMENT SUR LE LIVRE DES RÉFLEXIONS MORALES

AVEC DES EXTRAITS D'UNE ORDONNANCE PORTÉE PAR L'ARCHEVÊQUE DE PARIS.

§ I. De l'utilité de ces *Réflexions*, et pourquoi on les publia dans le diocèse de Châlons. 305
§ II. Nouveaux soins dans la translation de M. de Châlons à Paris. Un libelle scandaleux est publié, et quel en est le dessein. 308
§ III. Malicieuse suppression des passages où les *Réflexions morales* expriment très-clairement la résistance à la grace. 310
§ IV. Suppression, autant affectée, des passages où il est dit que la grace ne nécessite pas. 312
§ V. Si c'est induire une grace nécessitante que de dire qu'on ne peut pas résister à la volonté de Dieu. 312
§ VI. Que la doctrine de saint Augustin sur la grace qu'on nomme *efficace* et *victorieuse*, est nécessaire à la piété. 317
§ VII. Objection qu'on fait à l'auteur sur la grace de Jésus-Christ. . . . 318
§ VIII. Doctrine du livre des *Réflexions morales* contre l'impossibilité des commandemens de Dieu. 320
§ IX. Doctrine de saint Augustin et de l'Ecole de saint Thomas sur le pouvoir, et qu'il y a un pouvoir qui n'est que le vouloir même. . . . 324
§ X. Doctrine de saint Augustin sur la possibilité d'éviter les péchés véniels. 326
§ XI. Sur le don de persévérance, deux décisions du concile de Trente et doctrine de saint Augustin. 328
§ XII. Sur les paroles de Notre-Seigneur : *Nul ne peut venir à moi, si mon Père ne le tire.* 330
§ XIII. Ce que c'est d'être laissé à soi-même, dans saint Pierre et dans les autres justes qui tombent dans le péché. 333
§ XIV. Récapitulation de la doctrine des *Réflexions morales*, et conclusion de ce qui regarde la chute de saint Pierre et des autres justes. . . 337
§ XV. Sur le principe de foi, que Dieu ne délaisse que ceux qui le délaissent les premiers. 340
§ XVI. Sur la volonté de sauver tous les hommes. 342
§ XVII. Sur le don de la foi, et s'il est donné à tous. 344
§ XVIII. Rétablissement d'une preuve de la divinité de Jésus-Christ, qui avoit été affoiblie dans les versions de l'Evangile. 348
§ XIX. Sur les endroits où il est dit que sans la grace on ne peut faire que le mal. 350
§ XX. Sur les vertus théologales, en tant que séparées de la charité. . . 351
§ XXI. Sur la crainte de l'enfer, et sur le commencement de l'amour de Dieu. 353
§ XXII. Sur les excommunications et les persécutions des serviteurs de Dieu. 355
§ XXIII. Sur les membres de Jésus-Christ. 358
§ XXIV. Sur l'état de pure nature. 361
§ XXV. Conclusion et répétition importante des principes fondamentaux de la grace. 361

EXTRAIT DE L'ORDONNANCE ET INSTRUCTION PASTORALE du cardinal de
Noailles, archevêque de Paris, du 20 août 1696, dont il est parlé en plusieurs endroits de cet écrit de M. l'évêque de Meaux. 364
PRIÈRE POUR DEMANDER LA CHARITÉ, tirée du Missel romain. 371

INSTRUCTION SUR LA VERSION DU NOUVEAU TESTAMENT

IMPRIMÉE A TRÉVOUX,

AVEC TROIS LETTRES ET UNE ORDONNANCE DE M. L'ÉVÊQUE DE MEAUX.

PREMIÈRE LETTRE. A M. le cardinal de Noailles, archevêque de Paris. . . 372
SECONDE LETTRE. A M. de Malezieu, chancelier de Dombes. 373
TROISIÈME LETTRE. A M. l'abbé Bertin. 377
ORDONNANCE DE MGR. L'ILLUSTRISSIME ET RÉVÉRENDISSIME ÉVÊQUE DE
MEAUX, portant défense de lire et retenir le livre qui a pour titre : *Le Nouveau Testament de N.-S. J.-C.*, traduit, etc., avec des remarques, etc. 379
Avis au lecteur. 382

PREMIÈRE INSTRUCTION

SUR LE DESSEIN ET LE CARACTÈRE DU TRADUCTEUR.

REMARQUES SUR SON OUVRAGE EN GÉNÉRAL, où l'on découvre ses auteurs, et son penchant vers les interprètes les plus dangereux. 385
I. Dessein de ces remarques générales. 385
II. Explication extraordinaire d'un passage où le Fils de l'homme est déclaré maître du sabbat. 385
III. Autre passage de l'Evangile traduit et expliqué selon des principes erronés. 386
IV. Passage de l'Evangile de saint Jean. 387
V. Abus du grec. 387
VI. Passage de saint Paul, *j'ai haï Esaü* : d'où est prise la version du traducteur. 387
VII. Autre passage où le traducteur ôte le terme *haïr* : force de ce terme. . 388
VIII. Autre passage de saint Paul : doctrine du traducteur sur le domaine absolu de Dieu, qui lui fait rejeter les justes; et de qui elle est tirée. . 389
IX. Etrange explication d'un passage de saint Paul, *Rom.*, XIV, 4, et de qui tirée. 390
X. Vaine excuse de l'auteur, et son attachement aux hérétiques les plus pervers, mal justifié. 390
XI. Bizarre traduction d'un passage des *Actes* prise des mêmes sources. . 390
XII. Singularité sur la conversion de Zachée : de qui tirée. 391
XIII. Remarque singulière sur les diacres : et de quel auteur elle est. . . 392
XIV. Louanges données par ce critique à Fauste Socin, à Crellius, et à Grotius. 392
XV. On marque en passant le vrai caractère des sociniens, bien éloigné des idées qu'en donne l'auteur. 394

xvi. Question, si le traducteur est tout à fait net sur la divinité de Jésus-Christ. 394
xvii. Passage de saint Paul, I *Cor.*, xv, 24, 25, et note peu convenable à la divinité de Jésus-Christ : de qui tirée. 395
xviii. Divers sentimens des sociniens : le traducteur prend le plus mauvais. 395
xix. Le sens du traducteur est incompatible avec la divinité de Jésus-Christ. 395
xx. Autre passage de saint Paul, traduit et expliqué par l'auteur selon l'esprit des sociniens. 397
xxi. L'auteur appelle à son secours Jean Gaigney et quelques anciens; examen des deux passages que Gaigney produit. 398
xxii. Le traducteur fournit de justes reproches contre Jean Gaigney. . . 399
xxiii. Maxime fondamentale contre les singularités. 400
xxiv. Carton du traducteur sur cet endroit de l'*Epître aux Philippiens*, et qu'il y laisse l'erreur en son entier. 400
xxv. Si c'est une excuse à l'auteur de promettre quelques anciens : maxime importante pour la tradition. 401
xxvi. Vaine excuse du traducteur. 401
xxvii. Avertissement important sur les piéges qu'on peut tendre aux simples, et sur le moyen de les éviter. 402
xxviii. Suite du même avertissement, et conclusion de ces remarques générales. 402
REMARQUES PARTICULIÈRES sur la préface de la nouvelle version. 1er PASSAGE. I. Explication de Maldonat, approuvée par le traducteur sur *saint Luc*, I, 35. 403
ii. Réflexion sur l'aveu de Maldonat; que son explication est nouvelle, et qu'il en est le premier et le seul auteur. 404
iii. Dangereuses conséquences de cette explication. 404
iv. Cette explication est celle que tous les sociniens donnent pour fondement à leur doctrine. 405
v. Les sociniens se servent, comme notre auteur, de l'autorité de Maldonat, et s'autorisent de cette même explication sur l'Evangile de S. Luc. 405
vi. Explication conforme d'Episcopius. 405
vii. Les sociniens raisonnent plus conséquemment que le traducteur. . 406
viii. Nécessité de s'opposer à cette doctrine. 406
ix. Trois vérités opposées à l'explication dont il s'agit. 406
x. Tradition unanime des saints Pères, pour prouver par un principe général que le nom de Fils, comme il est donné à Jésus-Christ, emporte la divinité. 406
xi. Définition expresse des conciles d'Alexandrie et de Nicée, suivie du témoignage de tous les Pères. 407
xii. Explications particulières des saints Pères sur le passage de saint Luc dont il s'agit. 407
xiii. Décision expresse du concile de Francfort et de tout l'Occident. . . 409
xiv. Trois passages exprès de l'Evangile pour la doctrine précédente. . 409
xv. C'est une erreur de Fauste Socin, de dire qu'on soit Fils de Dieu sans être de même nature. 410
xvi. Objection tirée de l'idée de l'ange. 410

XVII. Réponse par la doctrine des saints Pères : ce que c'est que l'*obumbrare* et le *Sanctum* de l'ange. 411
XVIII. Sentiment des cardinaux Tolet et Bellarmin, appuyé par saint Cyrille de Jérusalem. 411
XIX. Sentiment conforme de Luc de Bruges. 412
XX. Des divines convenances et de la liaison des mystères, par rapport à l'*ideò* du saint ange. 412
XXI. Autre remarque du cardinal Tolet pour expliquer la liaison de tous les mystères. 412
XXII. Réflexion sur la doctrine précédente et sur la règle du concile. . . 413
XXIII. On rapporte les propres paroles de Maldonat, qui condamnent son explication. 414
XXIV. On prévient une objection, et on propose la règle. 415
XXV. Le traducteur a omis ce qu'il y a d'excellent dans Maldonat. . . 415
XXVI. On cherche en vain des auteurs modernes qui aient suivi Maldonat. 416
XXVII. Conclusion de cette remarque : excuse envers Maldonat. . . . 416
II*e* PASSAGE. I. Sur l'adoration des Mages. 417
II. Affoiblissement de la doctrine contraire à saint Chrysostome et à saint Augustin. 417
III. Passages et preuves de saint Léon. 417
IV. Démonstration, que ce sentiment des Pères étoit unanime. 418
V. Qui sont ceux que le traducteur appelle théologiens. 418
III*e* PASSAGE. I. Sur le changement de la femme de Lot en statue de sel. 419
II. Réflexion sur ce passage : inutilité des cartons, de la manière dont l'auteur les fait. 419
IV*e* PASSAGE. I. Sur la Vulgate. 420
II. Dessein du concile de Trente, dans le décret qui autorise la Vulgate. . 420
V*e* PASSAGE I. Belle règle de l'auteur sur l'obligation de traduire selon la Vulgate. 420
II. Le traducteur commence dès sa préface à violer sa règle. Traduction d'un passage de saint Paul, *Rom.*, IX, 3. 421
III. L'auteur se glorifie d'avoir innové, p. 21. 421
IV. Avis important au lecteur. 421
V. Divers exemples de contravention à l'autorité de la Vulgate. . . . 421
VI. Autre exemple sur l'*Epître aux Hébreux*. 422
VII. Le grec et le latin mal traduits, dans un passage important, *Joan.*, VIII, 58. 422
VI*e* PASSAGE. I. Sur les règles de la traduction. 424
II. L'auteur omet la principale qui est celle du concile de Trente. . . . 424
III. Carton inutile. 424
VII*e* PASSAGE. I. Erreur de réduire principalement les qualités d'un interprète à la connoissance des langues et de la critique. 425
II. L'auteur se préfère lui-même aux plus célèbres traducteurs de notre temps. 426
III. Ostentation de l'auteur. 426
IV. Exemple d'ostentation sur l'érudition hébraïque. 426
V. Autre exemple, et preuve que l'auteur abuse de son savoir et de sa critique. 427

VIIIe Passage. I. Des *deras* ou sens mystiques de l'auteur. 428
II. Erreur des sociniens et de Grotius sur les prophéties, favorisée par l'auteur. 428
IXe Passage. I. Des Manuscrits et des diverses leçons. 429
II. Abus des diverses leçons dans un exemple important tiré de saint Jean, XII, 41. 429
III. L'auteur approuve la fausse leçon malgré les Pères et se conforme aux sociniens. 430
Xe Passage. I. Remarque de l'auteur contre les théologiens 430
II. Il suit de ce passage que la théologie n'est pas littérale. 431
III. Paroles de l'auteur contre la théologie scholastique. 431
XIe Passage. I. Sur ces mots : *être baptisé en Moïse*, et sur la divinité du Saint-Esprit. 431
II. Méthode de réfuter les hérétiques. 431
III. Silence de l'auteur sur la divinité du Saint-Esprit. 432
XIIe Passage. I. De la politesse affectée, et des bassesses du style. . . 432
II. Bassesse de l'expression avec laquelle on explique la justice de saint Joseph : diverses corrections de la note de l'auteur. 432
III. Passage de saint Chrysostome tronqué. 433
IV. Vraie idée de l'Evangile, et affectation de l'auteur. 433
V. Autre exemple de restriction des idées de l'Evangile, aussi bien que d'affectation et de bassesse dans le style. 434
VI. Réflexions sur les dernières remarques. 435
VII. Dernière remarque qui dégrade l'*Apocalypse* : version infidèle d'un passage de ce livre : conclusion de ces remarques. 436
Remarques sur les explications tirées de Grotius. I. Importance de ces remarques : avertissement donné au public, il y a dix ans, sur Grotius. . 436
II. Le traducteur a bien connu Grotius, et son attachement aux sociniens. 437
III. Préférence sur le bon sens, donnée par le traducteur à Grotius. . . 438
IV. Le traducteur s'attache à Grotius. 438
V. Interprétation de Grotius sur le péché d'habitude. 438
VI. Erreur manifeste de Grotius et du traducteur, sur la signification du terme *operarius*. 439
VII. Ce que c'est, selon Grotius, que le Fils de l'homme, maître du sabbat. 439
VIII. Sur le *sine me*, en saint Jean, xv, 5. Pélagianisme de Grotius. . . 440
IX. Sur le terme χωρίς. 440
X. Sur la maison de Zachée. 440
XI. Sur le compte à rendre des paroles oiseuses. 441
XII. S. Chrysostome tronqué par le traducteur. 441
XIII. Objection de l'auteur et de Volzogue. 442
XIV. On dit un mot sur Théophylacte, et on produit saint Jérôme. . . . 442
XV. Remarque sur le génie des faux critiques. 443
XVI. Grotius justifie l'usure : à son imitation le traducteur élude le passage de S. Luc, VI, 35. 443
XVII. Pélagianisme manifeste dans une note tirée de Crellius et de Grotius. 443
XVIII. Conclusion. 444
XIX. Exhortation à l'auteur. 444

ADDITION sur la Remontrance de M. Simon à Monseigneur le cardinal de Noailles. 445

Ire REMARQUE. Sur l'adoration des Mages. I. Occasion de cette remarque : paroles de la Remontrance. 446

II. La tradition de l'adoration de Jésus-Christ comme Dieu, est constante dès l'origine du christianisme : témoignage de saint Irénée. 446

III. Preuve théologique fondée sur la tradition : expression de M. Simon opposée à la doctrine précédente. 447

IV. Passage de Luc de Bruges allégué dans la Remontrance. 448

V. Demande à M. Simon sur la règle du concile. 449

VI. On examine les paroles de la Remontrance sur l'explication de la règle du concile. *Sess* IV. 449

VII. Paroles du décret, et sa véritable intelligence. *Sess.* IV. 450

VIII. Application de la doctrine précédente à la matière de l'adoration des Mages. 451

IX. Objection de l'auteur, et réponse. 452

X. Conclusion de cette remarque, et renvoi aux remarques précédentes. . 452

IIe REMARQUE. Sur ces paroles de l'Evangile : *Le Seigneur est maître du sabbat.* I. Passage de la Remontrance, p. 26. Quatre faits importans que nous avons posés. 453

II. Preuve constante de la tradition dès l'origine du christianisme. . . . 453

III. M. Simon ne se sauve pas en citant Tostat. 455

IV. Autre évasion de M. Simon. 456

IIIe REMARQUE. Sur la traduction du passage de S. Jean : *Vous ne pouvez rien sans moi*, Jean, XV, 5. I. Trois excuses de l'auteur dans sa Remontrance : la première tombe. 457

II. Seconde excuse foible. 458

III. Troisième excuse fondée sur l'autorité de Bèze. 458

IV. Dessein secret de l'auteur, de copier Grotius et les sociniens. 459

IVe REMARQUE. Sur ces paroles de S. Paul : *J'ai aimé Jacob, et j'ai haï Esaü*, Rom., IX, 13. I. Deux questions sur ce passage. 460

II. Qu'il y a une altération inexcusable dans le texte de la version de Trévoux. 460

III. L'auteur prouve ce qui n'est pas en question. 461

IV. Démonstration de l'erreur de M. Simon. 462

V. Esaü considéré en deux manières. 464

VI. Réflexion sur la doctrine précédente. 464

VII. M. Simon cite trois auteurs, dont les deux premiers ne disent rien. . 465

VIII. Sentiment de M. Simon sur Estius. 467

IX. Doctrine de Salmeron. 467

X. Remarque sur le passage de S. Luc, XIV, 29. 468

Ve REMARQUE. Sur le latin de la Vulgate. 469

VIe ET DERNIÈRE REMARQUE. Sur trois erreurs de M. Simon dans ses justifications. I. Sentiment de l'auteur et sa plainte qu'on est trop décisif. . 469

II. Deux propositions où sont expliqués deux défauts, qu'on peut trouver dans les versions et explications de l'Ecriture, indépendamment de la foi : première proposition. 471

III. Seconde proposition; exemple tiré de la seconde aux Corinthiens, I. 9. 471

iv. Paroles de M. Simon, qui prouvent une vérité de fait très-importante à cette cause. 472
v. Calomnie étrange de M. Simon. 474
vi. Si l'on fait tort à M. Simon de le tenir pour suspect. 474
vii. Histoire remarquable de M. Simon. 475
viii. Moyens donnés à M. Simon de n'être plus suspect à l'Eglise : passage de saint Cyprien. 477
ix. Expédient de M. Simon, et conclusion de cet ouvrage. 478

SECONDE INSTRUCTION

SUR LES PASSAGES PARTICULIERS DE LA VERSION DU NOUVEAU TESTAMENT

IMPRIMÉE A TRÉVOUX.

DISSERTATION PRÉLIMINAIRE SUR LA DOCTRINE ET LA CRITIQUE DE GROTIUS.
i. Grotius dégoûté du calvinisme, passe après les luthériens et arminiens à l'extrémité opposée, et devient semi-pélagien. 478
ii. Episcopius tourne les arminiens au socinianisme : la pente de Grotius au même parti paroît dans deux lettres à Crellius qui sont rapportées. . 479
iii. Grotius prend l'esprit des sociniens sur la divinité du Verbe ; et M. Simon en convient. 480
iv. Doctrine de Grotius sur l'immortalité de l'ame, conforme à celle des sociniens. 481
v. Témérité des critiques de Grotius sur les livres de l'Ecriture. 482
vi. Grotius nie l'inspiration des Livres sacrés. 483
vii. Autre erreur de Grotius et des sociniens contre les prophéties qui ont prédit Jésus-Christ. M. Simon défend leur erreur. 485
viii. Les Pères mal allégués par M. Simon en faveur de Grotius : démonstration du contraire par trois preuves, dont la première est tirée des anciennes apologies de la religion chrétienne. 488
ix. Seconde preuve tirée des anciennes confessions de foi : celle de saint Irénée : celle de Nicée : décision expresse des papes et des conciles généraux contre Théodore de Mopsueste. 490
x. Troisième sorte de démonstration tirée des preuves des Pères pour la conformité des deux Testamens. 491
xi. Les marcionites, premiers auteurs d'Episcopius et de Grotius. . . . 491
xii. Extrême opposition entre Grotius et les premiers chrétiens. 492
xiii. Conclusion des remarques sur les prophéties. 492
xiv. Grotius ouvertement semi-pélagien, accuse saint Augustin d'être novateur, et lui oppose les Pères qui l'ont précédé, l'Eglise grecque et lui-même avant ses disputes contre Pélage. 493
xv. Arminius est la source de ces erreurs : M. Simon les suit tous deux dans le semi-pélagianisme, et dans son opposition à saint Augustin. . 494
xvi. Ignorance de Grotius et de ses sectateurs sur les progrès de saint Augustin. 496
xvii. L'autorité de saint Augustin en cette matière clairement et savamment démontrée par le Père Garnier, professeur en théologie dans le collége des Jésuites de Paris. 498

XVIII. Les oppositions que Grotius veut établir entre les Grecs et les Latins, et entre saint Augustin et les Pères ses prédécesseurs, sont détruites par des faits et des autorités certaines. 499

XIX. Progrès étonnans de Grotius dans la doctrine catholique; et sa démonstration pour convaincre les protestans de calomnie contre le Pape, dont ils faisoient l'antechrist. 501

XX. Grotius demeure séparé de toute société chrétienne, et écrit deux livres pleins d'erreurs en faveur de cette indifférence. 502

XXI. Lettres importantes de Grotius sur la fin de sa vie, où il reconnoît la vérité de l'Eglise catholique et romaine. 503

XXII. Tous les doutes de Grotius sur les liens extérieurs de la communion, sont éclaircis par cet aveu de la présence éternelle de Jésus-Christ dans son Eglise. 505

XXIII. Etrange erreur de Grotius qui faisoit les princes juges souverains des questions de la foi, et maîtres absolus de la religion. 505

XXIV. Deux sortes de décrets des empereurs chrétiens sur les matières de foi : Grotius les confond, faute de principes : ostentation de savoir dans les écrits des critiques. 506

XXV. L'exemple de Charlemagne mal allégué par Grotius dans l'hérésie d'Elipandus, archevêque de Tolède. 507

XXVI. Comment Charlemagne, choisi pour arbitre, accepta et exerça cet arbitrage. 508

XXVII. Paroles de Grotius qui fait de la religion une politique, et lui ôte toute sa force. 509

XXVIII. Que toute l'autorité de l'Eglise catholique est renfermée dans celle d'établir la foi : quand Grotius a connu cette vérité. 509

XXIX. Conclusion et abrégé de ce discours. 509

PRÉFACE qui contient la règle qu'on a suivie dans ces Remarques, et le sujet important des Instructions suivantes. 511

SECONDE INSTRUCTION

SUR LES PASSAGES PARTICULIERS DU TRADUCTEUR.

SUR LE PREMIER TOME.

QUI CONTIENT S. MATTHIEU, S. MARC ET S. LUC.

Ier et IIe PASSAGES. — *Saint Matthieu* et *saint Luc* ensemble. — Jésus-Christ appelé Fils de Dieu, etc. 515

IIIe PASSAGE : Sur saint Joseph. 516

IVe PASSAGE : Sur l'adoration des Mages. 517

I. Passage d'Origène. 517

II. Passage de saint Grégoire de Nazianze. 518

Ve PASSAGE : « Votre règne nous arrive. » 518

VIe PASSAGE : « Et vous, Capharnaüm... si les miracles, » etc. 519

VIIe PASSAGE : « Le Fils de l'homme est maître du sabbat. » 520

I. On propose les raisons de Grotius pour sa mauvaise interprétation. . . 521

TABLE. 671

II. La première. 521
III. La seconde. 521
IV. La troisième. 521
V. Etrange excès de Grotius sur la dénomination du *Fils de l'homme*. . . 522
VI. On corrige une note du traducteur. 522
VIIIe Passage : « Le soleil s'obscurcira..... et ce qu'il y a de plus ferme dans les cieux sera ébranlé. » 523
IXe Passage : « C'est là mon corps; c'est là mon sang. » 524
Xe Passage : « Le sang du nouveau Testament. » 525
Saint Marc. — XIe Passage : « Ils guérissoient beaucoup de malades en les oignant. » 526
XIIe Passage : Sur le même sujet. 526
XIIIe Passage : « Ce qu'il y a de plus ferme dans les cieux. » 527
XIVe Passage : « Personne n'a connoissance de ce jour,... ni le Fils, mais le Père seul. » 528
Saint Luc. — XVe Passage : « Aucun homme n'a approché de moi. » . . 528
XVIe Passage : « Il sera appelé Fils de Dieu. » 529
XVIIe Passage : « Prêtez... sans en rien espérer. » 530
XVIIIe Passage : « Plusieurs péchés lui sont remis. » 531
XIXe ET XXe Passages : Addition au texte. 531
XXIe Passage : « Afin que vous puissiez éviter tous ces malheurs. » . . 532
XXIIe Passage : « Pilate livra Jésus à leur passion. » 532

SUR LE SECOND TOME.

S. JEAN.

XXIIIe Passage : « Le Verbe étoit au commencement. » 533
XXIVe Passage : « Nous avons vu sa gloire. » 534
XXVe Passage : « Celui qui va venir après moi est au-dessus de moi. » 534
XXVIe Passage : « Il a été fait avant moi. » 535
I. Erreur de l'auteur, que la divinité de Jésus-Christ peut être faite. . . 535
II. En quel sens Jésus-Christ a été fait : passage de saint Augustin. . . . 535
III. Passage conforme de saint Cyrille d'Alexandrie. 536
IV. L'auteur prend l'esprit des sociniens : raisonnement de Volzogue. . . 536
V. On renvoie à un autre endroit un passage de saint Chrysostome cité par l'auteur. 537
XXVIIe ET XXVIIIe Passages : « Le Fils unique qui est dans le sein du Père. » 537
XXIXe Passage : « Etes-vous le prophète ? » 538
XXXe Passage ; « L'esprit souffle où il veut. » 539
XXXIe Passage : « Ces paroles sont esprit et vie. » 539
XXXIIe Passage : « Je suis avant qu'Abraham fût né. » 540
I. Principes pour exposer à fond ce passage : « Avant qu'Abraham fût fait, » etc. 540
II. Suite des principes pour établir le langage de saint Jean. Ce que veut dire ce mot *erat*, « il étoit. » 541
III. Passage de S. Augustin, de S. Cyrille et de S. Chrysostome. 542

iv. Conséquence en faveur de la Vulgate. 543
XXXIIIe Passage : « Je vous donne un nouveau commandement. » . . 544
XXXIVe Passage : « Demandez, et vous recevrez.. » 545
XXXVe Passage : « Mon Père vous donnera un autre défenseur. » . . . 546
XXXVIe à XLe Passages : Sur la qualité de Messie. 546
 i. C'est une erreur de distinguer ce que Jésus-Christ a fait en qualité de Messie, de ce qu'il a fait comme Dieu. 547
 ii. Passage de S. Chrysostome remis exprès en cet endroit. 548

ACTES DES APOTRES.

XLIe Passage : « La grâce étoit grande en eux tous. » 550
 i. Esprit des sociniens de réduire la grace à l'extérieur autant qu'ils peuvent. 551
 ii. L'esprit du texte est contraire. 551
 iii. L'auteur abuse du texte. 551
 iv. Il prend l'esprit de Crellius et de Grotius. 552
XLIIe Passage : « Les Apôtres prièrent pour ceux de Samarie, afin qu'ils reçussent le Saint-Esprit. 553

SUR LE TOME TROISIÈME QUI FAIT LE SECOND VOLUME.

ÉPÎTRE AUX ROMAINS.

XLIIIe Passage. Jésus-Christ prédestiné. 553
XLIVe Passage : « Je vivois autrefois sans loi. » 554
 i. M. Simon toujours trop prompt à décider contre saint Augustin. . . . 554
 ii. L'idée qu'il donne de ce Père est fausse et maligne. 555
XLVe Passage : « Ceux qu'il a justifiés, il les a aussi glorifiés. » . . . 555
 i. Que saint Augustin et toute l'Ecole ont raison d'entendre la gloire éternelle dans ce passage. 556
 ii. L'auteur leur oppose saint Chrysostome qu'il tronque et qu'il n'entend pas. 556
 iii. L'auteur affoiblit l'intérieur de la grace. 557
 iv. Son inclination perpétuelle à mettre en guerre les Pères les uns contre les autres. 557
XLVIe Passage : Sur les élus de Dieu. 557
 i. Les élus mal traduits. 557
 ii. Pente de l'auteur à changer le langage ecclésiastique, et les principes de la théologie. 558
XLVIIe Passage : « Anathème à cause de Jésus-Christ. » 558
 i. Hébraïsme allégué mal à propos pour l'intelligence de la particule ἀπο, à. 558
 ii. Il a tous les Pères contre lui. 558
 iii. On expose l'usage des Ecritures. 559
 iv. Estius, qui a connu cet hébraïsme, n'en est pas plus favorable à l'auteur. 559
 v. Quelle particule grecque saint Paul exprime par *propter*. 559
 vi. Rien ne force à recourir à cet hébraïsme : faux raisonnement de l'auteur. 561
XLVIIIe Passage : « Que Dieu brise le Satan sous vos pieds. » 561

TABLE.

Iʳᵉ AUX CORINTHIENS.

XLIXᵉ Passage : Sur le célibat. 562
Lᵉ Passage : « Ils buvoient des eaux de la pierre qui les suivoient. » . 562
LIᵉ Passage : Sur le *deras* ou sens mystique de saint Paul. 562
LIIᵉ Passage : « Il faut qu'il y ait encore de plus grandes partialités. » . 563
LIIIᵉ Passage : « Il sera coupable comme s'il avoit fait mourir le Seigneur. » 564

IIᵉ AUX CORINTHIENS.

LIVᵉ Passage : « Nous avons eu en nous-mêmes une assurance de ne point mourir. » 564
LVᵉ Passage : « La lettre cause la mort. » 565
  I. Ce que c'est dans saint Paul que la lettre qui tue : conférence des deux passages de l'Apôtre : sentiment de saint Augustin suivi de toute l'Ecole. 565
  II. M. Simon oppose saint Chrysostome qu'il n'entend pas, et qui dans le fond convient avec saint Augustin. 566
  III. L'auteur resserre trop le texte de saint Paul. 566
  IV. Il continue à vouloir commettre les Pères les uns avec les autres. . . 567

ÉPÎTRE AUX ÉPHÉSIENS.

LVIᵉ Passage : « Car nous sommes son ouvrage, étant créés en Jésus-Christ. » 567

ÉPÎTRE AUX COLOSSIENS.

LVIIᵉ Passage : Sur le terme de *premier-né*. 568
  I. Règle pour la traduction. 568
  II. Ce mot de saint Paul, *premier-né*, mal expliqué par l'auteur : quelle en est la force. 568
  III. Il falloit traduire *premier-né* tout du long. 568

IIᵉ AUX THESSALONICIENS.

LVIIIᵉ Passage : Sur le terme d'*apostasie*. 569
LIXᵉ Passage : Sur les mots *tradition* et *doctrine*. 569

SUR LE TOME QUATRIÈME.

ÉPÎTRE A PHILÉMON.

LXᵉ Passage : « J'espère que vous n'écouterez. » 569

ÉPITRE AUX HÉBREUX.

LXIᵉ Passage : A la droite de Dieu. » 570
LXIIᵉ Passage : Vous êtes mon fils. » 570

LXIII° Passage : « Je vous ai engendré aujourd'hui. » 571
  I. L'auteur entre dans l'esprit d'éluder les prophéties et la véritable génération du Fils de Dieu. 571
  II. L'auteur affoiblit la tradition des Juifs. 571
LXIV° Passage : Sur ces termes : « Ce qu'il a de plus cher. » 572
LXV° Passage : « J'écrirai ma loi dans leur cœur. » 572

Ire ÉPÎTRE DE S. PIERRE.

LXVI° Passage : « Et qui est-ce qui voudra vous nuire, si vous êtes zélés pour le bien ? » 573

Ire ÉPÎTRE DE S. JEAN.

LXVII° Passage : « Il n'y a point de crainte où est l'amour. » 574
LXVIII° Passage : *Tres sunt qui testimonium dant in cœlo.* 574

ÉPÎTRE DE S. JUDE.

LXIX° Passage : « Leur sentence de condamnation est écrite depuis longtemps. » 576
LXX° Passage : Sur l'Apocalypse. 577
Conclusion de ces remarques, où l'on touche un amas d'erreurs, outre toutes les précédentes. 577
  I. Amas d'erreurs en abrégé. 577
  II. Passage aux Ephésiens : « Que nous sommes naturellement enfans de colère. ». 578
  III. Omissions affectées de l'auteur sur le Saint-Esprit. 579
  IV. Récapitulation de tout cet ouvrage. 580

PLAN D'UN TRAITÉ DE THÉOLOGIE.

Traités des Pères les plus utiles pour commencer l'étude de la Théologie. — Idée générale de la religion. 581
Bibliothecæ ordinandæ series. 584
Questions particulières. 585
Ordre des matières traitées dans la troisième partie de la *Somme* de saint Thomas. 590
DE ECCLESIA, quam Christus fundavit regitque in finem usque sæculi, et quæ regnum ejus æternum futura est. 598
DE SACRAMENTIS, quibus sanctificatur et in finem usque conservatur Ecclesia. 604
De Baptismo. 604
De Confirmatione. 608
De Eucharistiâ. 608
De Eucharistiâ ut sacrificio. 614
De Eucharistiâ ut sacramento. 614

De sacramento Pœnitentiæ. 628
De sacramento Extremæ-Unctionis. — De sacramento Ordinis vel de sacris Ordinibus. 630
De Matrimonio. 632
De ministris Ecclesiæ. — Quorum auctoritate, officio, scientiâ fideles reguntur, pascuntur et custodiuntur. 641
De Romano pontifice, vel successore apostolorum Petri et Pauli, primam in Ecclesiâ sedem obtinenti. 641
De nominibus et titulis Metropolitani, Archiepiscopi, Exarchi et Patriarchæ. 641
De presbyteris. 646
De chorepiscopis. 646
De clericali tonsurâ. 647
De sacris viduis et diaconissis. 647
De conditionibus ad sacros ordines suscipiendos vel conferendos. . . . 648
De bonis et rebus Ecclesiæ quibus ejus abutuntur ministri. 649
De Monachis et sacris virginibus, hoc est sanctiori gregis christiani parte, sed extra hierarchiam. 652
De judiciis episcoporum canonicis. 656

FIN DE LA TABLE DU TROISIÈME VOLUME.

BESANÇON. — IMPRIMERIE D'OUTHENIN CHALANDRE FILS.

ŒUVRES COMPLÈTES

DE

S. FRANÇOIS DE SALES

ÉVÊQUE ET PRINCE DE GENÈVE

Publiées d'après les manuscrits et les éditions les plus correctes, avec un grand nombre de pièces inédites
précédées de sa Vie, par M. de Sales
et ornées de son portrait et d'un *fac-simile* de son écriture

DEUXIÈME ÉDITION.

14 beaux volumes in-8°, papier vélin glacé. — Prix : 84 francs.

Cette deuxième édition sera imprimée avec même caractère et sur même papier que la première, dont le succès a été tel, qu'elle s'est trouvée épuisée en même temps que terminée.

La réimpression de cet ouvrage sera terminée dans le courant de l'année 1862.

Nous ne louerons pas des écrits dont Fénelon mettait « le style naïf et la simplicité aimable au-dessus de toutes les grâces de l'esprit profane, » que l'Académie française proposait à tous pour modèle dans le temps même où elle relevait les fautes de Corneille, et dont l'Eglise dit par toute la terre dans la récitation de l'Office divin : « Pleins d'une doctrine céleste, ils répandent une vive lumière qui montre un chemin sûr et aisé pour arriver à la perfection chrétienne. » (*Brev. Roman.*)

Voici ce qu'un juge compétent, M. Foisset, conseiller à la cour impériale de Dijon, écrit dans le *Correspondant* (numéro du 25 septembre 1857) concernant notre édition des Œuvres complètes de saint François de Sales :

« En réclamant une édition nouvelle des *Pensées* de Pascal, M. Cousin disait qu'il fallait traiter Pascal COMME UN ANCIEN. Que dirons-nous de saint François de Sales ?

» C'est mieux qu'un ancien, c'est un saint. Et pourtant avec quel sans-façon n'a-t-on pas traité ses écrits ? On ne s'est pas contenté de les mutiler, on les a traduits de l'inimitable langage que vous savez, dans l'incolore et insipide français d'un académicien du XVIII° siècle.

» Puis on est revenu au vrai saint François de Sales, mais avec quelle incurie du texte ! Ouvrez la plus estimée des éditions modernes, celle de M. Blaise, vous y trouvez des *non-sens* comme celui-ci : « Election de la souveraine dilection, » pour « Reyne de la souveraine dilection ; » — ou cet autre : « Dans le précieux gage que ce grand prince vous a laissé de votre mariage, *laquelle* étant une image vivante du père, » au lieu de : *Je veux dire en Mademoyselle de Mercœur, laquelle,* etc. — Notez qu'il y a vingt passages tout aussi inintelligibles, mais dont j'épargne l'énumération aux lecteurs du *Correspondant,* les fautes d'impression de M. Blaise n'ayant pas même l'excuse, si c'en est une, d'être amusantes.

» Le nouvel éditeur littéraire paraît avoir pris sa tâche au sérieux. Il ne se permet pas, comme la plupart de ses devanciers, de corriger saint François de Sales ; il a, si j'ose ainsi parler, la religion du texte original. Il sera le premier qui ait rétabli l'orthographe même du saint évêque de Genève. Il a recouru avec le plus louable scrupule aux plus anciennes éditions, moins complètes évidemment, mais bien plus exactes que les éditions modernes, et surtout à celle du commandeur de Sillery, l'ami de sainte Chantal. Nous n'avons sous les yeux que l'*Introduction à la vie dévote* et le *Traité de l'amour de Dieu;* mais ces deux chefs-d'œuvre du saint évêque ne nous laissent rien à désirer quant à la pureté du texte et à la bonne exécution typographique. »

Toutes les Œuvres sont divisées comme en cinq classes. La première comprend les ouvrages ascétiques et les ouvrages de piété ; la deuxième, les sermons et les discours ; la troisième, les écrits concernant le diocèse de Genève et les congrégations religieuses ; la quatrième, les livres de controverse ; enfin la cinquième, les lettres. Chaque partie est précédée d'un avertissement contenant de courtes notices sur les ouvrages qui la composent. On trouve des détails plus étendus dans la Vie du Saint par Ch.-A. de Sales, qui est imprimée en tête des Œuvres et y sert d'introduction.

Un vocabulaire, beaucoup plus complet que celui des éditions précédentes, explique les termes et les locutions dont le sens peut s'être obscurci par le cours des années.

BESANÇON. — IMPRIMERIE D'OUTHENIN CHALANDRE FILS.

www.ingramcontent.com/pod-product-compliance
Lightning Source LLC
Chambersburg PA
CBHW050058230426
43664CB00010B/1359

www.ingramcontent.com/pod-product-compliance
Lightning Source LLC
Chambersburg PA
CBHW050058230426
43664CB00010B/1363